So

Avec ce guide, voici les cartes Michelin qu'il vous faut :

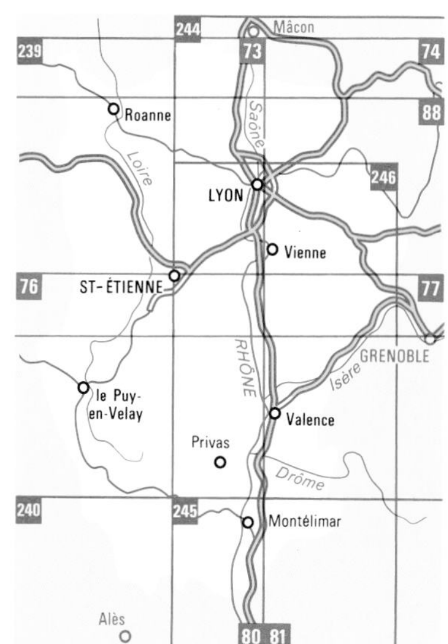

V. R. 1

Principales curiosités
4
St-Amour Bellevue
la Terrasse
Avenas
Romanèche-Thorins
les Écharmeaux
Corcelles
Beaujeu
Claveisolles
Mt Brouilly
Belleville
LE BEAUJOLAIS
Salles-Arbuissonas-en-B.
St-Julien
Lac des Sapins
Villefranche-s-Saône
Ars-s-Formans
Ternand
Oingt
Trévoux
Tarare
Azergues
Neuville-s-S.
Mont-d'Or lyonnais
Musée de l'Automobile
l'Arbresle
Couvent d'Éveux
Charbonnières-les-Bains
Col de la Luère
Parc animalier de Courzieu
LYON
Arches de Champonost
Yzeron
Signal de St-André
MONTS DU LYONNAIS
St-Symphorien-s-Coise
Chazelles-s-Lyon
St-Galmier
Veauche
Ternay
Givors
Gier
Châtillon-s-Chalaronne
St-Paul-de-Varax
LA DOMBES
Villars-les-Dombes
Parc ornithologique
Pérouges
AIN
St-Maurice-de-Gourdans
Grottes de la Balme
Parc archéologique de Larina
Ile Crémieu
Crémieu
RHÔNE
Brangues
Morestel
St-Chef
Butte de Montceau
St-Pierre-de-Chandieu
Septême
Bourgoin-Jallieu
la Tour-du-Pin
le Crozet
Ambierle
Roanne
Roannaise
Renaison
Côte
Rocher de Rochefort
Belvre de Commelle-Vernay
St-Maurice-s-Loire
Gorges Roannaises de la Loire
l'Aubépin
St-Marcel-de-Félines
LOIRE
Belvre de la Sauveté
Pommiers
St-Germain-Laval
l'Hôpital-sous-Rochefort
Boën
Chau de Couzan
Feurs
la Bastie-d'Urfé
Montverdun
Chalmazel
Col du Béal
MONTS
Pierre sur Haute
Champdieu
Montbrison
Col des Supeyres
MOULINS
CLERMONT-FERRAND
VICHY
GENÈVE
AIX-LES-BAINS
03
71
69
42
63
01
73
N 7
D 982
D 482
A 72
N 89
N 82
D 89
D 496
A 6
SAÔNE
A 46
N 83
A 42
A 40
D 517
N 75
A 43
A 47

Itinéraires de visite

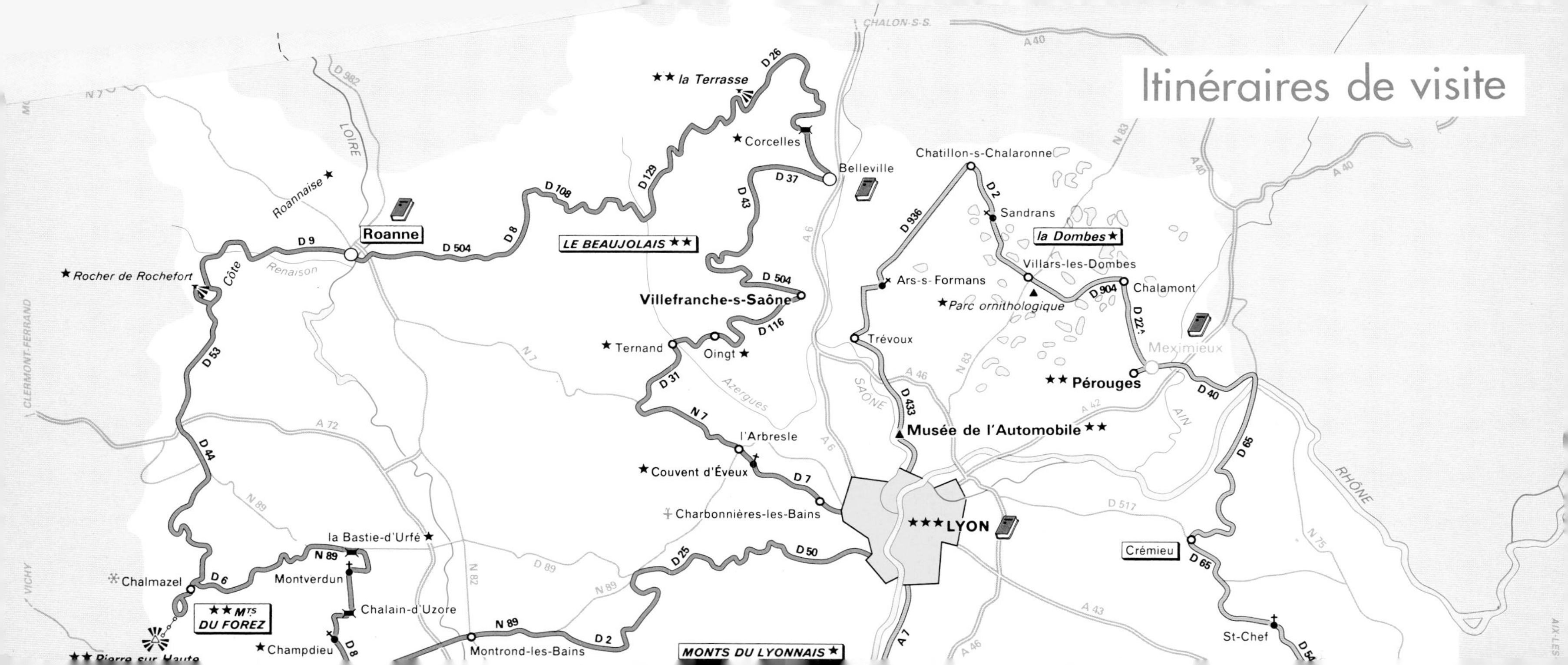

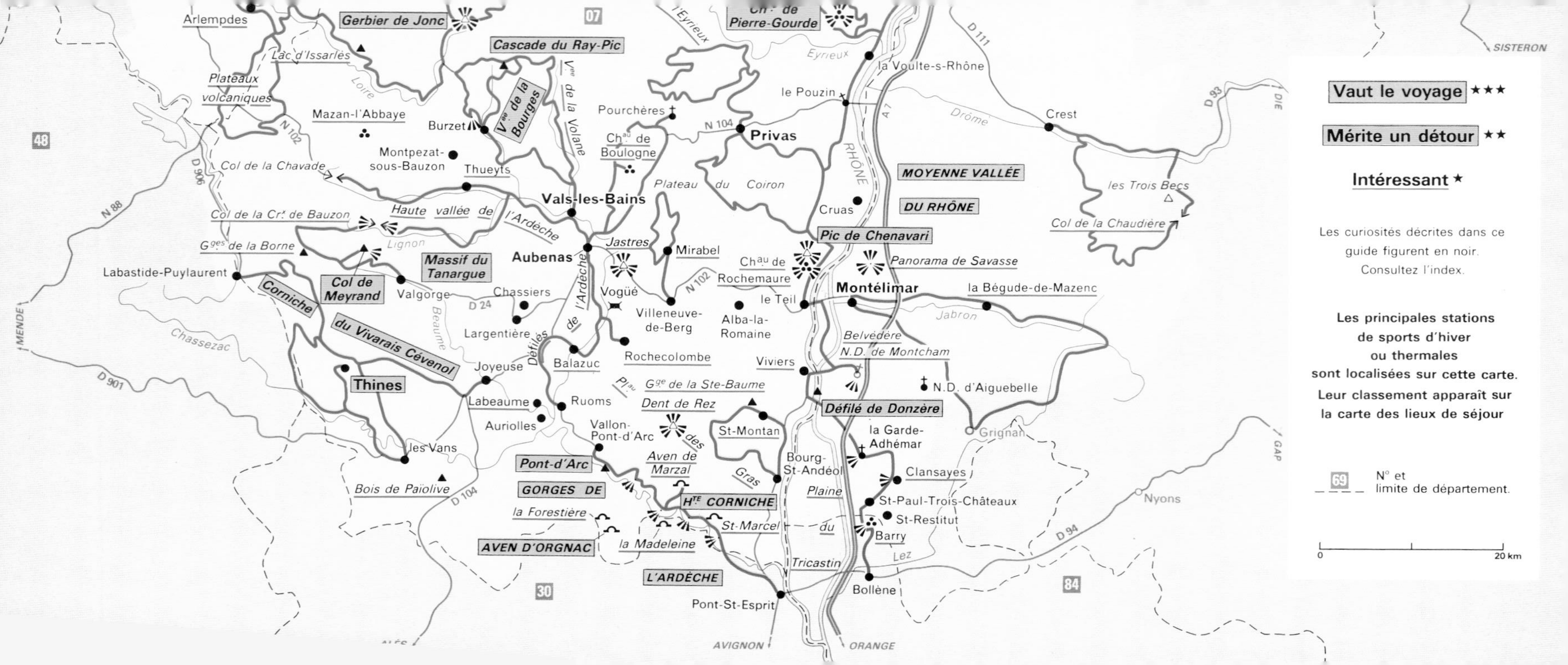
Vaut le voyage ★★★
Mérite un détour ★★
Intéressant ★
Les curiosités décrites dans ce guide figurent en noir. Consultez l'index.
Les principales stations de sports d'hiver ou thermales sont localisées sur cette carte. Leur classement apparaît sur la carte des lieux de séjour
69 N° et limite de département.
0
20 km
Gerbier de Jonc
Cascade du Ray-Pic
Ch.au de Pierre-Gourde
V.ée de la Bourges
V.ée de la Volane
Arlempdes
Lac d'Issarlès
Plateaux volcaniques
Mazan-l'Abbaye
Burzet
Montpezat-sous-Bauzon
Thueyts
Col de la Chavade
Col de la Cr.ᵉ de Bauzon
Haute vallée de l'Ardèche
Vals-les-Bains
Aubenas
Jastres
Mirabel
G.ges de la Borne
Labastide-Puylaurent
Col de Meyrand
Massif du Tanargue
Valgorge
Chassiers
Largentière
Corniche du Vivarais Cévenol
Thines
Joyeuse
Labeaume
Auriolles
Ruoms
Balazuc
Défilés de l'Ardèche
Vogüé
Villeneuve-de-Berg
Rochecolombe
Les Vans
Bois de Païolive
Pont-d'Arc
Vallon-Pont-d'Arc
GORGES DE L'ARDÈCHE
H.TE CORNICHE
Aven de Marzal
Dent de Rez
G.ge de la Ste-Baume
Pl.au des Gras
la Forestière
AVEN D'ORGNAC
la Madeleine
St-Marcel
Pont-St-Esprit
Pourchères
Ch.au de Boulogne
Plateau du Coiron
Privas
le Pouzin
la Voulte-s-Rhône
Cruas
Pic de Chenavari
Ch.au de Rochemaure
le Teil
Alba-la-Romaine
Viviers
St-Montan
Bourg-St-Andéol
Plaine du Tricastin
Montélimar
Panorama de Savasse
MOYENNE VALLÉE DU RHÔNE
Crest
les Trois Becs
Col de la Chaudière
la Bégude-de-Mazenc
Jabron
Belvédère N.D. de Montcham
N.D. d'Aiguebelle
Défilé de Donzère
la Garde-Adhémar
Clansayes
St-Paul-Trois-Châteaux
St-Restitut
Barry
Bollène
Grignan
Nyons
Lez
Loire
Lignon
Beaume
Chassezac
Eyrieux
l'Eyrieux
Drôme
RHÔNE
N 102
N 104
N 88
D 906
D 24
D 104
D 901
D 111
D 93
D 94
A 7
48
07
30
84
MENDE
ALÈS
AVIGNON
ORANGE
GAP
DIE
SISTERON

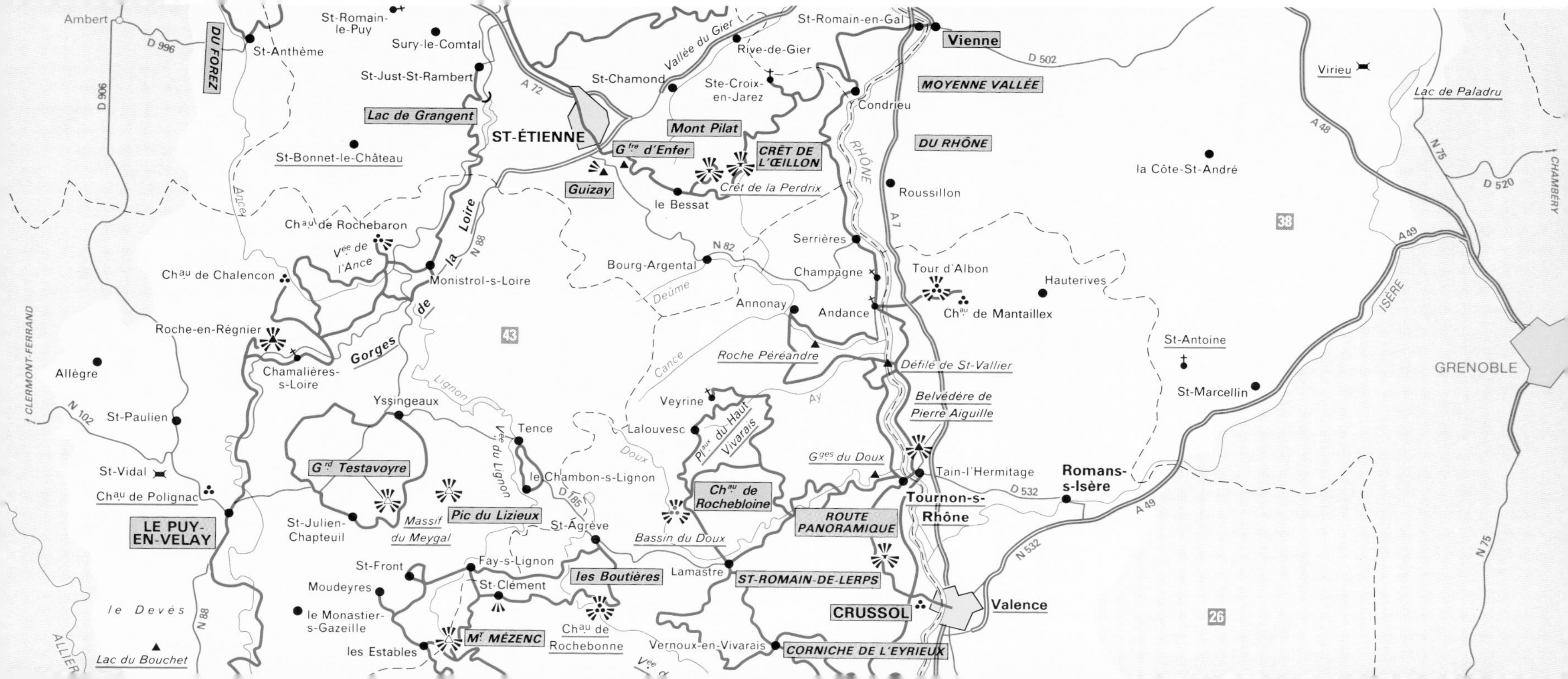
Ambert
DU FOREZ
D 996
D 906
St-Anthème
St-Romain-le-Puy
Sury-le-Comtal
St-Just-St-Rambert
Lac de Grangent
St-Bonnet-le-Château
Ance
Chau de Rochebaron
Vée de l'Ance
Chau de Chalencon
Monistrol-s-Loire
Gorges de la Loire
N 88
Roche-en-Régnier
Chamalières-s-Loire
Allègre
CLERMONT-FERRAND
N 102
St-Paulien
St-Vidal
Chau de Polignac
LE PUY-EN-VELAY
le Devès
ALLIER
Lac du Bouchet
Yssingeaux
Lignon
Grd Testavoyre
St-Julien-Chapteuil
Massif du Meygal
Pic du Lizieux
Tence
Vée du Lignon
le Chambon-s-Lignon
D 185
St-Agrève
Fay-s-Lignon
St-Front
Moudeyres
le Monastier-s-Gazeille
St-Clément
les Estables
Mt MÉZENC
Chau de Rochebonne
les Boutières
43
A 72
ST-ÉTIENNE
St-Chamond
Vallée du Gier
Rive-de-Gier
Ste-Croix-en-Jarez
Mont Pilat
Gfre d'Enfer
Guizay
CRÊT DE L'ŒILLON
Crêt de la Perdrix
le Bessat
N 82
Bourg-Argental
Deûme
Annonay
Cance
Veyrine
Lalouvesc
Plaux du Haut Vivarais
Doux
Chau de Rochebloine
Bassin du Doux
Lamastre
ST-ROMAIN-DE-LERPS
Vernoux-en-Vivarais
Vée d
CORNICHE DE L'EYRIEUX
CRUSSOL
ROUTE PANORAMIQUE
Gges du Doux
Ay
Roche Péréandre
Serrières
Champagne
Andance
St-Romain-en-Gal
Vienne
Condrieu
RHÔNE
A 7
MOYENNE VALLÉE
DU RHÔNE
Roussillon
Tour d'Albon
Chau de Mantaillex
Défilé de St-Vallier
Belvédère de Pierre Aiguille
Tain-l'Hermitage
Tournon-s-Rhône
D 532
Romans-s-Isère
N 532
Valence
26
Hauterives
St-Antoine
St-Marcellin
A 49
ISÈRE
GRENOBLE
N 75
38
la Côte-St-André
D 502
Virieu
A 48
Lac de Paladru
N 75
D 520
CHAMBÉRY

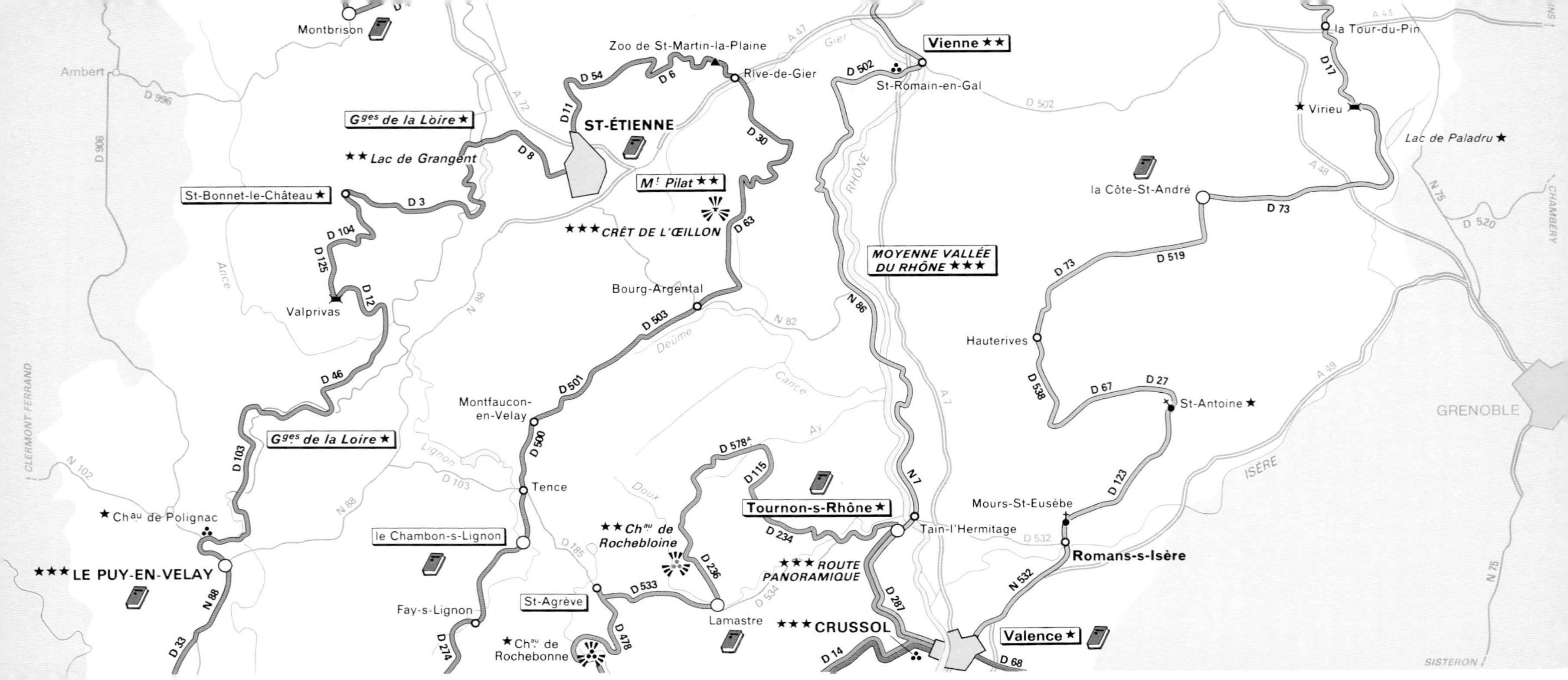
Montbrison
Ambert
Zoo de St-Martin-la-Plaine
Rive-de-Gier
Vienne ★★
St-Romain-en-Gal
la Tour-du-Pin
Virieu
Lac de Paladru ★
ST-ÉTIENNE
Gges de la Loire ★
★★ Lac de Grangent
St-Bonnet-le-Château ★
Mt Pilat ★★
★★★ CRÊT DE L'ŒILLON
la Côte-St-André
MOYENNE VALLÉE DU RHÔNE ★★★
Valprivas
Bourg-Argental
Hauterives
St-Antoine ★
GRENOBLE
Montfaucon-en-Velay
Gges de la Loire ★
Tence
Tournon-s-Rhône ★
Mours-St-Eusèbe
Tain-l'Hermitage
Romans-s-Isère
★ Chau de Polignac
le Chambon-s-Lignon
★★ Chau de Rochebloine
★★★ ROUTE PANORAMIQUE
★★★ LE PUY-EN-VELAY
St-Agrève
Fay-s-Lignon
Lamastre
★★★ CRUSSOL
Valence ★
★ Chau de Rochebonne
CLERMONT-FERRAND
CHAMBÉRY
SISTERON
RHÔNE
ISÈRE
Gier
Ance
Deûme
Cance
Ay
Doux
Lignon
D 54
D 6
D 11
D 8
D 3
D 104
D 125
D 12
D 46
D 103
N 88
D 33
D 30
D 63
D 503
D 501
D 500
D 274
D 502
N 86
N 7
D 578A
D 115
D 234
D 236
D 533
D 478
D 287
D 14
D 68
N 532
D 123
D 27
D 67
D 538
D 73
D 519
D 17
D 520
N 75
A 43
A 47
A 72
A 48
A 49
A 7
N 82
N 102
D 906
D 996
D 185
D 534
D 532

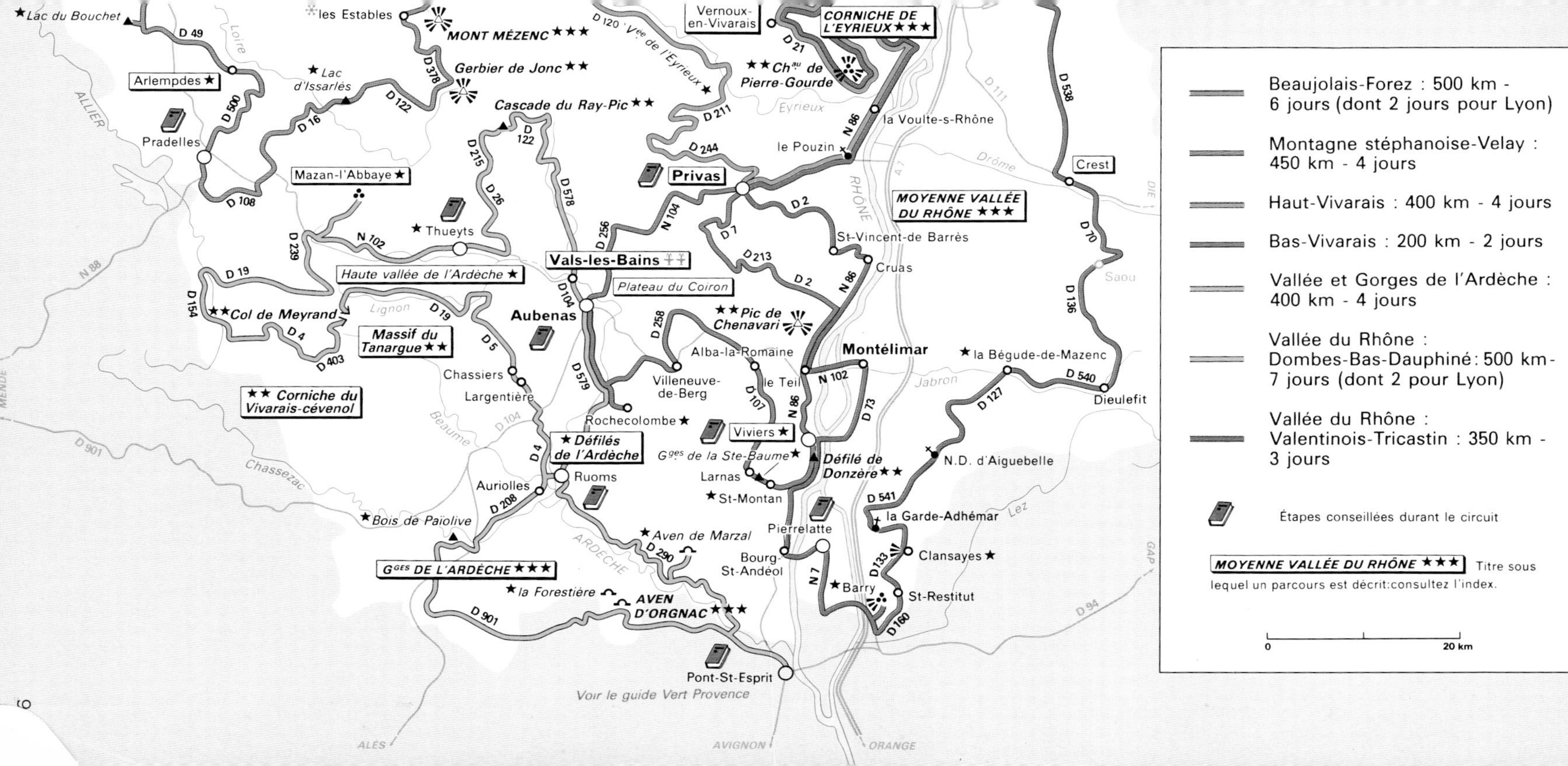

Beaujolais-Forez : 500 km - 6 jours (dont 2 jours pour Lyon)
Montagne stéphanoise-Velay : 450 km - 4 jours
Haut-Vivarais : 400 km - 4 jours
Bas-Vivarais : 200 km - 2 jours
Vallée et Gorges de l'Ardèche : 400 km - 4 jours
Vallée du Rhône : Dombes-Bas-Dauphiné : 500 km - 7 jours (dont 2 pour Lyon)
Vallée du Rhône : Valentinois-Tricastin : 350 km - 3 jours
Étapes conseillées durant le circuit
MOYENNE VALLÉE DU RHÔNE ★★★ Titre sous lequel un parcours est décrit: consultez l'index.
0
20 km
★ Lac du Bouchet
les Estables
MONT MÉZENC ★★★
Gerbier de Jonc ★★
★ Lac d'Issarlès
Arlempdes ★
Pradelles
Cascade du Ray-Pic ★★
Mazan-l'Abbaye ★
★ Thueyts
Vernoux-en-Vivarais
CORNICHE DE L'EYRIEUX ★★★
★★ Chau de Pierre-Gourde
Vee de l'Eyrieux ★
la Voulte-s-Rhône
le Pouzin
Privas
Crest
Saou
MOYENNE VALLÉE DU RHÔNE ★★★
St-Vincent-de Barrès
Cruas
Vals-les-Bains
Plateau du Coiron
Haute vallée de l'Ardèche ★
★★ Col de Meyrand
Massif du Tanargue ★★
★★ Corniche du Vivarais-cévenol
Aubenas
★★ Pic de Chenavari
Alba-la-Romaine
le Teil
Montélimar
★ la Bégude-de-Mazenc
Dieulefit
Villeneuve-de-Berg
Chassiers
Largentière
Rochecolombe ★
Viviers ★
★ Défilés de l'Ardèche
Ggres de la Ste-Baume ★
Défilé de Donzère ★★
N.D. d'Aiguebelle
Larnas
★ St-Montan
Ruoms
Auriolles
★ Bois de Païolive
★ Aven de Marzal
Pierrelatte
la Garde-Adhémar
Clansayes ★
Bourg-St-Andéol
★ Barry
St-Restitut
Gges DE L'ARDÈCHE ★★★
★ la Forestière
AVEN D'ORGNAC ★★★
Pont-St-Esprit
Voir le guide Vert Provence
ALLIER
Loire
Lignon
Beaume
Chassezac
ARDÈCHE
Eyrieux
Drôme
RHÔNE
Jabron
Lez
MENDE
ALÈS
AVIGNON
ORANGE
GAP
DIE
D 49
D 500
D 108
D 16
D 122
D 378
D 120
D 211
D 244
D 215
D 26
D 578
D 239
N 102
D 19
D 154
D 4
D 403
D 5
D 104
D 256
N 104
D 7
D 213
D 2
N 86
D 258
D 107
D 579
D 73
N 102
D 208
D 290
D 901
N 7
D 133
D 160
D 541
D 127
D 540
D 136
D 70
D 538
D 111
A 7
N 88
D 94

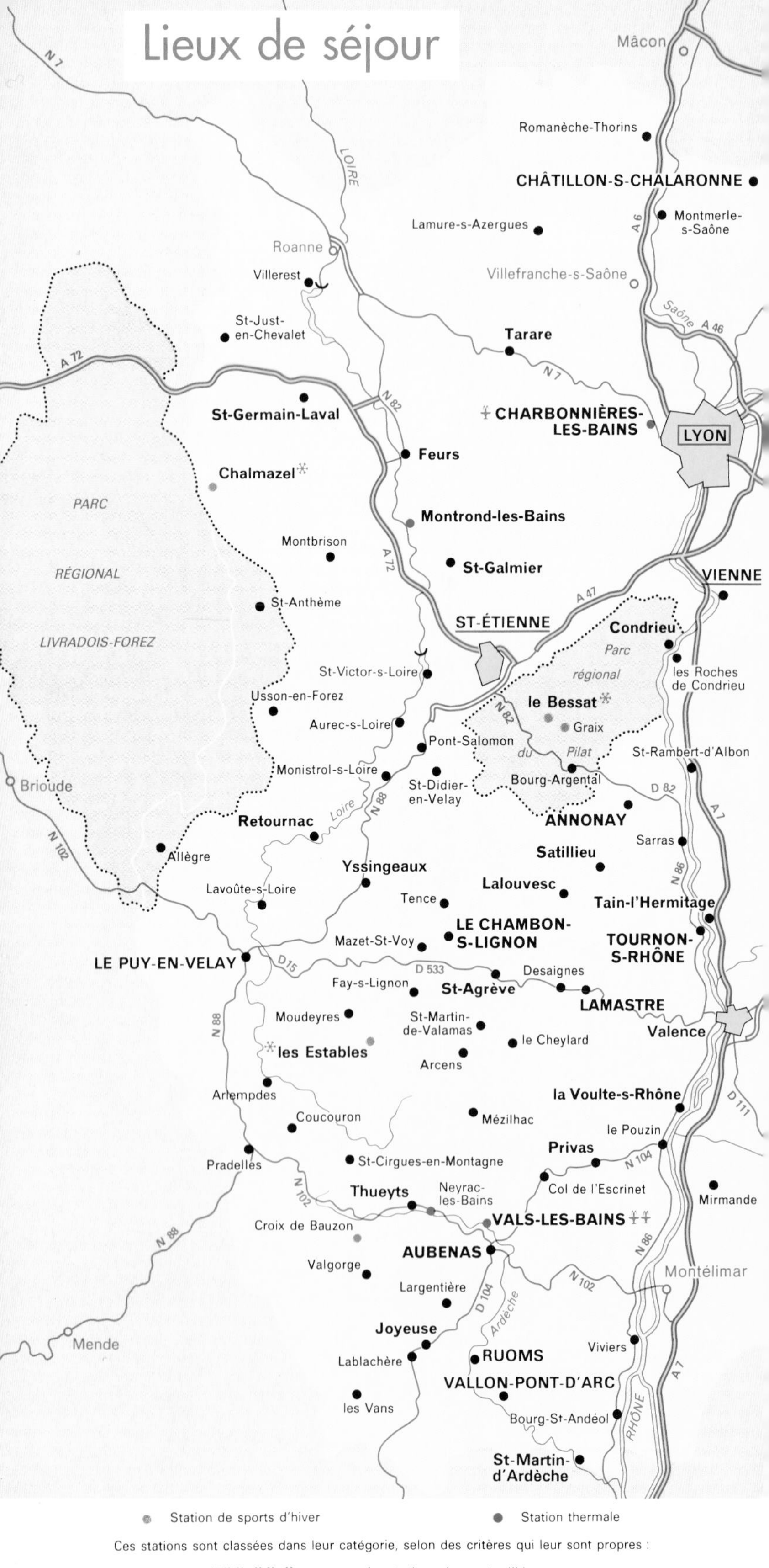

● Station de sports d'hiver ● Station thermale

Ces stations sont classées dans leur catégorie, selon des critères qui leur sont propres :

✻✻✻, ✻✻, ✻ pour les stations de sports d'hiver

‡‡‡, ‡‡, ‡ pour les stations thermales

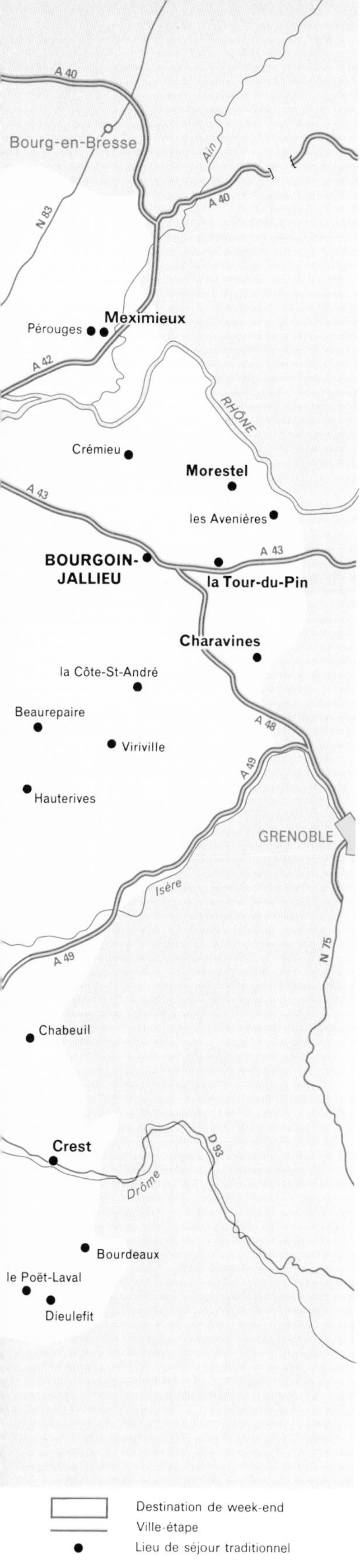

Cette carte propose une sélection de localités particulièrement adaptées à la villégiature en raison de leurs possibilités d'hébergement, des loisirs qu'elles offrent et de l'agrément de leur site.

Pour l'hébergement

Le **guide Rouge Michelin France** des hôtels et restaurants et le **guide Camping Caravaning** France. Chaque année, ils présentent un choix d'hôtels, de restaurants, de terrains, établi après visites et enquêtes sur place. Hôtels et terrains de camping sont classés suivant la nature et le confort de leurs aménagements.

Pour le site, les sports et les distractions

Les **cartes Michelin au 1/200 000** *(assemblage p. 3)*. Un simple coup d'œil permet d'apprécier le site de la localité. Elles donnent, outre les caractéristiques des routes, les emplacements des baignades en rivière ou en étang, des piscines, des golfs, des hippodromes, des terrains de vol à voile, des aérodromes...

Choisir son lieu de séjour :

La carte ci-contre fait apparaître des **villes-étapes**, localités de quelque importance possédant de bonnes capacités d'hébergement, et qu'il faut visiter. En plus des **stations de sports d'hiver** et des **stations thermales** sont signalés des **lieux de séjours traditionnels** sélectionnés pour leurs possibilités d'accueil et l'agrément de leur site.

Lyon, par l'abondance des curiosités à visiter et la diversité des manifestations organisées, constitue à elle seule une **destination de week-end**.

Les Offices de tourisme donnent des renseignements complémentaires sur certaines formes d'hébergement (meublés, gîtes) et sur les activités saisonnières. Les coordonnées des plus importants d'entre eux figurent en fin de ce volume, au chapitre des Renseignements pratiques.

Chambres d'hôtes – Un des charmes du tourisme rural notamment dans le Velay, le Forez et en Ardèche tient à ses nombreuses demeures et fermes que l'on découvre nichées au creux d'un vallon ou dominant sur le bord d'un plateau un paisible paysage vallonné. Certains réservent quelques chambres, avec petit déjeuner, voire dîner, aux hôtes de passages qui bénéficient ainsi d'un cadre séduisant dans un site champêtre.

Stations thermales – Situées le long des failles des massifs centraux, les sources minérales et thermales ont permis le développement de stations thermales réputées : Vals-les-Bains, Neyrac-les-Bains, Montrond-les-Bains et Charbonnières. Elles offrent, outre leurs spécificités thérapeutiques, la possibilité d'un séjour d'agrément grâce à leurs sites à proximité de lacs et à la multiplicité des activités de loisirs proposées.

Château de Crussol

Introduction au voyage

J. Guillard/SCOPE

Physionomie du pays

La formation du relief – A la fin de l'**ère primaire**, il y a environ 200 millions d'années, un bouleversement formidable de l'écorce terrestre (plissement hercynien) fait surgir le sol granitique du Massif central, sous forme de hautes montagnes. Les débris végétaux entraînés dans les dépressions périphériques et enfouis sous une masse d'alluvions subissent à l'abri de l'air une fermentation qui les transforme en houille. Pour la région lyonnaise, citons le sillon houiller de la vallée du Gier et la vallée de la Brévenne.
L'**ère secondaire** est une période plus calme : les sédiments calcaires s'accumulent à la périphérie du massif qui s'aplanit sous l'action de l'érosion.
Pendant la première moitié de l'**ère tertiaire**, un affaissement progressif du socle hercynien de direction générale Nord-Sud est à l'origine du couloir rhodanien. Le plissement alpin exerce une formidable poussée sur le Massif central qui, trop rigide pour se plisser à son tour, bascule d'Est en Ouest, en se disloquant. A la faveur des fissures, le magma interne, en fusion, jaillit. Des volcans s'édifient, donnant naissance à des appareils éruptifs de grande ampleur : sucs du Velay, plateau basaltique du Coiron. La bordure orientale du massif, fortement redressée, a subi une vigoureuse reprise de l'érosion des versants qui a donné aux formes de relief une nouvelle hardiesse.
Au début de l'**ère quaternaire**, il y a environ 2 millions d'années, le Rhône, charriant de grandes quantités de matériaux arrachés aux montagnes voisines, édifie des systèmes complexes de terrasses alluviales. Les glaciers, enfin, ont laissé leur empreinte : collines morainiques, lacs de la Dombes et du Bas-Dauphiné.

LES PAYSAGES

Les pays du couloir rhodanien

La Dombes – C'est un plateau argileux parsemé d'étangs. Le sol doit son imperméabilité à sa forte teneur en silice. Le plateau se termine sur les vallées qui l'enserrent de trois côtés par les « **côtières** » assez abruptes de la Saône, à l'Ouest, et du Rhône, au Sud. Au Nord, il se confond avec la Bresse.
Les eaux de fonte du glacier rhodanien ont creusé la surface de légères cuvettes et laissé sur leurs bords les moraines, accumulation des débris qu'elles entraînaient. C'est sur ces **poypes** ou buttes dispersées formant de légers reliefs que se sont fixés les villages. Le charme de la Dombes naît des lignes sereines de ses paysages, de ses rangées d'arbres, de la présence de nombreux oiseaux, de ses eaux dormantes réfléchissant le ciel.

Le Bas-Dauphiné – Ensemble de plateaux caillouteux, de plaines et de collines s'étirant d'Ouest en Est, le Bas-Dauphiné a vu ses reliefs s'édifier aux dépens de la montagne alpine. La topographie générale a été profondément remaniée par l'action glaciaire : alignement des collines morainiques, déblaiement et élargissement des vallées.

Les plaines à l'Est de Lyon – Les prairies artificielles voisinent avec les champs cultivés. Sur les collines alentour alternent vignes et vergers.

L'Ile Crémieu – C'est un plateau calcaire séparé du Jura, au Nord, par le Rhône, des plaines de Lyon, à l'Ouest, par une falaise très caractéristique. Le travail des eaux d'infiltration dans le sol a créé une série de grottes dont les plus connues sont celles de la Balme. L'Ile Crémieu est un pays de frais pâturages. Les Terres basses, région marécageuse de Morestel, s'étendent au Sud-Est du plateau.

Les Balmes viennoises ; les Terres froides – A l'Est de Vienne, des rives du Rhône aux Terres froides, les Balmes sont des collines granitiques et schisteuses séparées du mont Pilat par le Rhône. Elles sont recouvertes en partie par le vignoble.

Dans le prolongement oriental des Balmes, le plateau des Terres froides est débité en lanières par de nombreuses vallées étroites dans lesquelles se développent des cultures maraîchères. Les villages et les hameaux sont entourés de vergers, de châtaigniers et de noyers qui donnent à la région l'aspect d'un riant bocage.

Les plateaux de Bonnevaux et de Chambaran – Ils s'étendent au Sud de Vienne de part et d'autre de la plaine de Bièvre-Valloire. Vastes étendues boisées, ces plateaux sont presque vides d'habitants. Les villages se nichent au creux de vallons abrités.

La Bièvre-Valloire – Cette large et riche plaine céréalière correspond à l'ancien lit de l'Isère abandonné après le retrait des glaces. A l'immensité nue de la Bièvre, fait suite, à l'Ouest, la Valloire plus humide et moins austère. Les arbres fruitiers autour de Beaurepaire annoncent les vergers de la vallée du Rhône.

La vallée de l'Isère – Au Sud du plateau de Chambaran, elle débouche sur le bassin de Valence. Ses terrasses bien cultivées portent de magnifiques plantations de noyers.

Le Valentinois et le Tricastin – De Tain au défilé de Donzère, la vallée du Rhône s'élargit à l'Est du fleuve, jusqu'aux premières collines des Préalpes, en plaines compartimentées qui forment transition entre le Nord et le Sud de la vallée.

La plaine de Valence – Elle est constituée par un ensemble de terrasses alluviales qui se disposent en gradins. Si le Provençal voit en elle un pays septentrional, l'homme du Nord au contraire perçoit les premiers caractères du midi méditerranéen dans ses

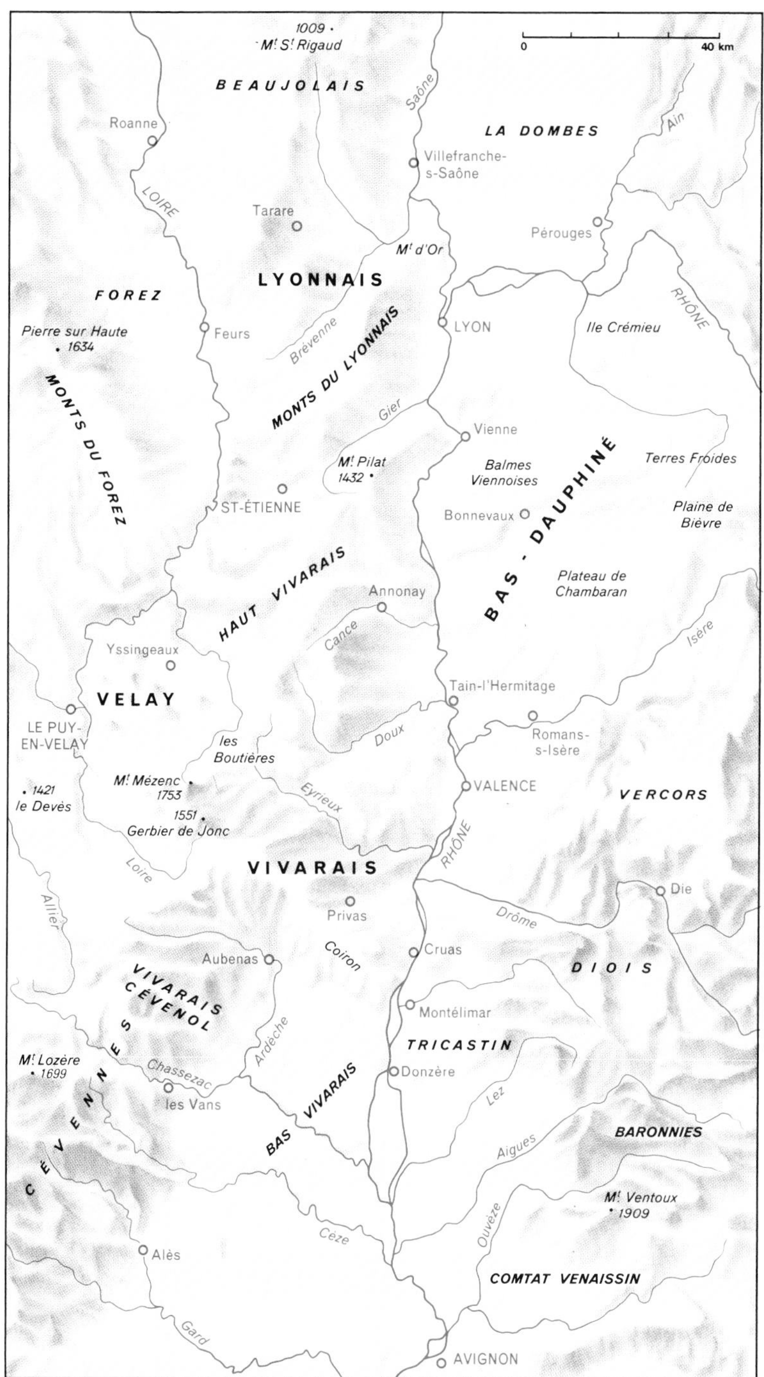

champs irrigués et dans son climat. Cette campagne doit son aspect bocager par endroits aux rangées de mûriers, l'« arbre d'or », introduit au 17e s., qui assurait une aisance convenable aux paysans dans une économie axée sur le ver à soie. De nos jours, les vergers donnent au pays sa physionomie dominante.

Le bassin de Montélimar – Au Sud du défilé de Cruas, il rappelle, en plus exigu, la plaine de Valence ; les oliviers apparaissent sur les versants les mieux exposés.

Le Tricastin – Annonçant déjà le comtat Venaissin, le Tricastin, arrosé par le Lauzon et le Lez, se présente comme une succession de collines sèches où croissent la vigne et l'olivier. Ses vieux villages occupent des sites défensifs formant de remarquables belvédères. La plaine irriguée est cloisonnée en petits champs étroits, protégés du vent par des rideaux de cyprès ou des hayons (claies formant abri).

Le rebord du Massif central

Le Massif central se termine à l'Est par un escarpement cristallin qui domine la vallée du Rhône.
Véritable talus constitué par une série de massifs, cet ensemble a été brisé, soulevé puis basculé par le contrecoup du plissement alpin ; depuis l'ère tertiaire, il subit une vigoureuse attaque par les rivières qui s'y enfoncent en gorges étroites.

Le Beaujolais – Le Haut Beaujolais, au Nord, est une zone montagneuse de terrains, essentiellement granitiques, du plissement hercynien. Sur les versants abrupts dévalent les affluents de la Saône orientés Ouest-Est. Le point culminant est le mont St-Rigaud (1 009 m).
Le Bas Beaujolais, au Sud, est surtout formé de terrains sédimentaires de l'ère secondaire qui furent fortement fracturés. Parmi eux, les calcaires tirant sur l'ocre lui valent l'appellation de « pays des pierres dorées ». Des collines, ne dépassant pas 650 m d'altitude, constituent le paysage.
Du point de vue économique, la séparation se fait d'Est en Ouest : à l'Est, la « Côte », qui domine le val de Saône, est la zone du vignoble ; à l'Ouest, la « Montagne » ou arrière-pays, est le domaine de la forêt, des cultures et de l'activité industrielle.

Le Lyonnais – Entre le bassin de St-Étienne, les monts de Tarare et l'agglomération lyonnaise, ce plateau est marqué de hautes croupes herbeuses, de bois de pins et de hêtres et de vergers sur les versants les mieux exposés. Le Mont-d'Or y forme un ensemble aux allures accidentées dont le mont Verdun, à 625 m d'altitude, est le point culminant. Le Lyonnais doit l'unité de sa physionomie à l'activité industrielle qui l'a imprégné depuis plusieurs siècles. Il s'achève dans le superbe promontoire qui domine le confluent de la Saône et du Rhône, et sa grande métropole, par la colline de Fourvière.

Le Forez et le Roannais – Les monts du Forez sont particulièrement verdoyants ; jusqu'à près de 1 000 m d'altitude s'étend le domaine des champs et des prairies bien irrigués : plus haut, des forêts de sapins et de hêtres couvrent les pentes et alimentent de nombreuses scieries. A partir de 1 200 m, les croupes dénudées des « hautes chaumes », dont les landes de Pierre sur Haute marquent le sommet, s'animent en été par la vie pastorale. Au pied de ces montagnes, la plaine humide du Forez, dans laquelle musarde la Loire, a été comblée par les alluvions à l'ère tertiaire. Elle est piquetée de buttes volcaniques portant des ruines de sanctuaires ou de châteaux. Le bassin de Roanne, séparé du Forez par le seuil de Pinay, est un pays rural fertile, orienté vers l'élevage et dominé, à l'Ouest, par les coteaux couverts de vignes des monts de la Madeleine.

Arnica des montagnes

Le Pilat et le bassin stéphanois – Le mont Pilat offre, au-dessus des dépressions qui l'environnent, une silhouette pyramidale rehaussée de beaux ensembles forestiers qui lui donnent un air montagnard. Ses sommets, qui atteignent 1 432 m au Crêt de la Perdrix, sont coiffés de blocs de granit appelés **« chirats »** ; ils constituent de remarquables belvédères, en particulier, à l'Est, sur la vallée du Rhône et le Bas-Dauphiné qu'ils dominent de 1 200 m.
A ses pieds, la région de St-Étienne, formée par les dépressions du Furan, de l'Ondaine, du Janon et du Gier épouse la forme en amande du bassin houiller qui s'étend entre la Loire et le Rhône. Celui-ci correspond à un pli synclinal (« en creux ») de couches carbonifères, formées à la fin de l'ère primaire. Ce sillon, qui s'élève à une altitude variant entre 500 et 600 m, apparaît comme un véritable chapelet d'usines contrastant avec les verts pâturages couvrant les versants du Pilat et des monts du Lyonnais qui l'encadrent.

Le Velay et le Devès – Le pays vellave déroule la succession de ses vastes plateaux basaltiques à près de 1 000 m d'altitude dans une lumière déjà méridionale. L'originalité de ces paysages est soulignée par les boursouflures des **sucs**, hardis pitons formés par des laves pâteuses. Dans ce pays aux maigres cultures de céréales (froment, seigle, lentilles), le bassin du Puy, irrigué par la Loire, se présente comme une riante oasis. Ces planèzes herbeuses, piquetées de fermes isolées, dont les calmes horizons sont favorables aux vacances d'été, voient la vie pastorale dérouler ses scènes traditionnelles sur les pentes des massifs du Meygal et du Mézenc, tandis que la région d'Yssingeaux leur adjoint une activité liée aux industries du Puy-en-Velay et de St-Étienne.
Les monts du Devès, s'orientant suivant un axe Sud-Est – Nord-Ouest, forment un vaste plateau, où les coulées basaltiques portent des pâturages et des champs d'orge et de lentilles. Sur la ligne de faîte, marquant le partage des eaux entre les bassins de la Loire et de l'Allier, des lacs profonds comme le lac du Bouchet occupent encore les cratères d'explosion. La planèze est parsemée d'environ 150 cônes volcaniques formés de scories noires ou rougeâtres (désignées localement sous le nom de « gardes ») dont le sommet est souvent couronné de pins. Le point culminant est le Devès (1 421 m) lui-même.

LE COULOIR RHODANIEN : SCHÉMA GÉOLOGIQUE

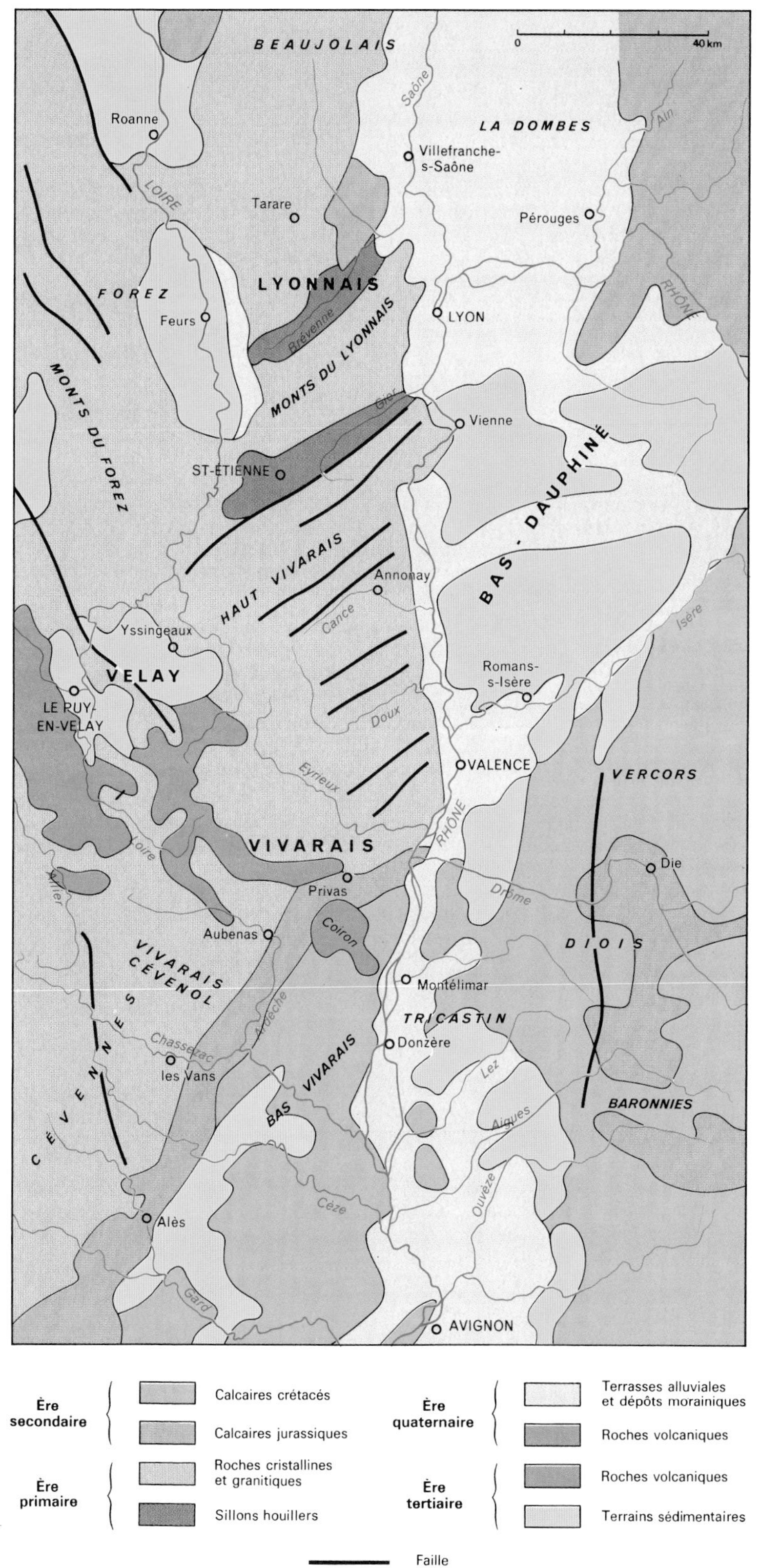

Ère secondaire		Calcaires crétacés
		Calcaires jurassiques
Ère primaire		Roches cristallines et granitiques
		Sillons houillers
Ère quaternaire		Terrasses alluviales et dépôts morainiques
		Roches volcaniques
Ère tertiaire		Roches volcaniques
		Terrains sédimentaires
		Faille

Le Vivarais – Il forme la plus grande partie du rebord oriental du Massif central. Par ses grandes coulées basaltiques descendues des volcans vellaves, par ses arêtes schisteuses, par les grands phénomènes d'érosion de son pays calcaire, il offre aux touristes un choix exceptionnellement varié de curiosités naturelles.

Haut Vivarais – Il s'étend du mont Pilat et du Velay à la vallée du Rhône. Le sombre et austère pays des Boutières, aux gorges profondes et étroites, vit de l'élevage du gros bétail et de l'exploitation de ses forêts de sapins.
Dans la descente vers le riant « rivage » rhodanien apparaissent les arbres fruitiers et les vignes ; vers le Nord, le plateau d'Annonay, coupé de vallées, domine en terrasses la plaine du Rhône.

Vivarais cévenol – De la haute vallée de l'Allier au bassin d'Aubenas, le Vivarais cévenol est dominé par l'échine de la montagne de Bauzon et par la crête du Tanargue. A l'Ouest, la « montagne », encore marquée par les volcans du Velay, est couverte de pins, de hêtres et de prairies. A l'Est, les **« serres »** schisteuses, crêtes étroites et allongées, aux pentes abruptes, séparent des vallées profondes, dans un paysage confus. Les routes doivent s'accrocher aux versants pour monter à l'assaut des plateaux ou des crêtes d'où se révèlent de superbes horizons.

Bas Vivarais – De Lablachère et de Privas à la vallée du Rhône, le Bas Vivarais calcaire forme un ensemble de bassins et de plateaux où se manifeste la nature méridionale. Ses garrigues, ses oliviers, ses amandiers, quelques mûriers et des vignes s'accommodent de sa sécheresse estivale. Son sol alluvial doit à l'irrigation de porter des vergers.
Au Nord, le plateau du Coiron, aux falaises de basaltes noirs, le sépare du Haut Vivarais ; ses vastes planèzes qui s'inclinent vers l'Est sont parcourues par des troupeaux de moutons : elles sont caractérisées par leurs **dykes** (murailles) ou leurs **necks** (pitons) – appareils volcaniques dégagés par l'érosion de leur revêtement meuble – dont le plus célèbre est celui de Rochemaure. Les plateaux calcaires des Gras se présentent comme de véritables causses avec leur pierraille blanchâtre, leurs rochers ruiniformes, leurs avens et leurs vallées creusées en gorges.

GROTTES ET AVENS

Contrastant avec les profondes entailles des vallées vives, le plateau du Bas Vivarais déroule ses vastes solitudes grises et pierreuses. Cette sécheresse du sol est due à la nature calcaire de la roche qui absorbe comme une éponge toutes les eaux de pluie. A cette aridité correspond une intense activité souterraine.

L'infiltration des eaux – Chargées d'acide carbonique, les eaux de pluie dissolvent le carbonate de chaux contenu dans le calcaire. Alors se forment des dépressions généralement circulaires et de dimensions modestes appelées **cloups** ou **sotchs**. La dissolution des roches calcaires contenant particulièrement du sel ou du gypse produit une sorte de terre arable qui se prête aux cultures ; lorsque les cloups s'agrandissent, ils forment de plus vastes dépressions fermées appelées **dolines.**
Si les eaux de pluie s'infiltrent plus profondément par les innombrables fissures qui fendillent la carapace calcaire, le creusement et la dissolution de la roche amènent la formation de puits ou abîmes naturels appelés **avens** ou **igues**. Peu à peu, les avens s'agrandissent, se prolongent, se ramifient, communiquent entre eux et s'élargissent en grottes.

Les rivières souterraines – Les eaux d'infiltration finissent par former des galeries souterraines et se réunissent en une rivière à circulation plus ou moins rapide. Elles élargissent alors leur lit et se précipitent souvent en cascades. Lorsqu'elles s'écoulent lentement, elles forment de petits lacs en amont des barrages naturels tels que les **gours** édifiés peu à peu par dépôt de carbonate de chaux. Il arrive qu'au-dessus des nappes souterraines se poursuive la dissolution de la croûte calcaire : des blocs se détachent de la voûte, une coupole se forme, dont la partie supérieure se rapproche de la surface du sol. C'est le cas de la gigantesque Salle supérieure d'Orgnac, haute de 50 m et que quelques dizaines de mètres seulement séparent de la surface du causse. Lorsque la voûte de la coupole devient très mince, un éboulement découvre brusquement la cavité et ouvre un gouffre.

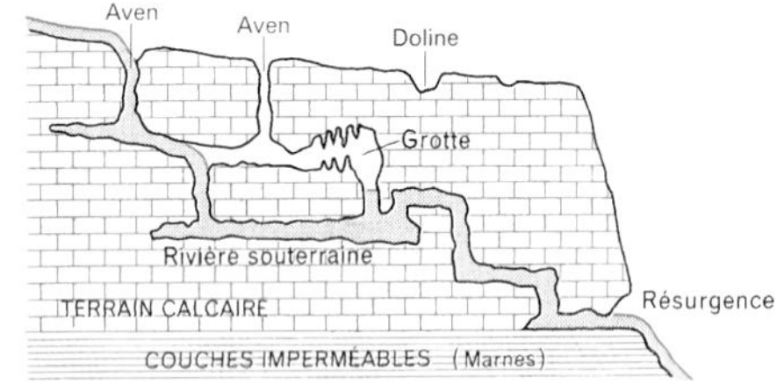

Circulation souterraine des eaux

Formation des grottes – Au cours de sa circulation souterraine, l'eau abandonne le calcaire dont elle s'est chargée en pénétrant dans le sol. Elle édifie ainsi un certain nombre de concrétions aux formes fantastiques défiant quelquefois les lois de l'équilibre. Dans certaines cavernes, le suintement des eaux donne lieu à des dépôts de calcite (carbonate de chaux) qui constituent des pendeloques, des pyramides, des draperies, dont les représentations les plus connues sont les stalactites, les stalagmites et les excentriques. Les **stalactites** se forment à la voûte de la grotte. Chaque gouttelette d'eau qui suinte au plafond y dépose, avant de tomber, une partie de la calcite dont elle s'est chargée. Peu à peu s'édifie ainsi la concrétion le long de laquelle d'autres gouttes d'eau viendront couler et déposer à leur tour leur calcite.

Delon/PIX

Aven de Marzal

Les **stalagmites** sont des formations de même nature qui s'élèvent du sol vers le plafond. Les gouttes d'eau tombant toujours au même endroit déposent leur calcite qui forme peu à peu un cierge. Celui-ci s'élance à la rencontre d'une stalactite avec laquelle il finira par se réunir pour constituer un pilier reliant le sol au plafond.

La formation de ces concrétions est extrêmement lente : elle est, actuellement, de l'ordre de 1 cm par siècle sous nos climats. Les **excentriques** sont de très fines protubérances, dépassant rarement 20 cm de longueur. Elles se développent dans tous les sens sous forme de minces rayons ou de petits éventails translucides. Elles se sont formées par cristallisation et n'obéissent pas aux lois de la pesanteur. L'aven d'Orgnac, celui de Marzal et la grotte de la Madeleine en possèdent de remarquables. A la fin du siècle dernier, l'exploration méthodique et scientifique du monde souterrain, à laquelle est attaché le nom d'**Édouard-Alfred Martel**, a permis la découverte et l'aménagement touristique d'un certain nombre de cavités. Depuis, les recherches n'ont pas cessé. En 1935, **Robert de Joly** explora l'aven d'Orgnac et en découvrit les richesses ; plus tard, la présence d'un « trou souffleur » dans l'aven devait conduire à la découverte, en 1965, d'un immense réseau de galeries supérieures. Notre connaissance du monde souterrain est encore très incomplète, de très nombreux gouffres échappant aux recherches.

Dans le guide Rouge Michelin France *de l'année,*
vous trouverez un choix d'hôtels agréables, tranquilles, bien situés,
avec l'indication de leur équipement (piscines, tennis, plages aménagées, jardins...)
ainsi que les périodes d'ouverture et de fermeture des établissements.

Vous y trouverez aussi un choix de maisons
qui se signalent par la qualité de leur cuisine :
repas soignés à prix modérés, étoiles de bonne table.

Dans le guide Michelin Camping Caravaning France *de l'année,*
vous trouverez les commodités et les distractions offertes par de nombreux terrains
(magasins, bars, restaurants, laverie, salle de jeux, tennis, golf miniature,
jeux pour enfants, piscines...)

Activités régionales

Dotée d'un réseau particulièrement dense de moyens de transports – autoroutes, routes, dessertes ferroviaires, dont le Train à Grande Vitesse (TGV) et aériennes (aéroport de Satolas), liaison fluviale à grand gabarit, gazoducs, oléoducs –, la vallée du Rhône constitue un remarquable carrefour européen entre les pays rhénans et le bassin méditerranéen, d'une part, et entre l'Europe centrale et la façade atlantique, d'autre part.

INDUSTRIE

L'industrie, bénéficiant des capitaux issus des grandes foires de Lyon, est née au 16e s. du travail de la soie. Elle a trouvé ensuite, dans le gisement houiller de la région stéphanoise, un facteur favorable à son expansion. Actuellement, alors que l'exploitation charbonnière s'éteint, la relève dans l'approvisionnement énergétique est assurée par les centrales hydro-électriques, la centrale thermique de Loire-sur-Rhône, et aussi par la mise en œuvre du programme électronucléaire français dans les unités du Bugey, de Creys-Malville (surgénérateur), de St-Alban-St-Maurice, de Cruas-Meysse et du Tricastin.
L'économie dans la moyenne vallée du Rhône se caractérise par la diversité de ses activités, la souplesse de son organisation liée au système de la « Fabrique » *(voir ci-dessous)* qui a débordé le monde du textile, et son dynamisme commercial.

Métallurgie – La métallurgie occupe, entre Lyon et St-Étienne et dans la vallée du Rhône, une place prépondérante. Le développement de cette industrie fut d'abord favorisé par les ressources en charbon du bassin houiller de St-Étienne, dont les « perrières » étaient déjà exploitées au 13e s. *(voir p. 215)*. Ce bassin, qui, de la Révolution au milieu du 19e s., fut le plus important de France, n'est plus exploité à l'heure actuelle.
Approvisionné par d'autres sources d'énergie *(voir ci-dessus)*, le secteur métallurgique produit des aciers fins et spéciaux, des métaux rares, des produits fissiles à l'usage du cycle nucléaire et le secteur de la fonderie bénéficie de la forte demande en pièces moulées (chaudronnerie et tuyauterie).
Dans le domaine des constructions mécaniques, les machines-outils, la mécanique de précision (Angénieux, fournisseur de matériel optique pour la NASA), la construction automobile (Renault Véhicules Industriels à Annonay et Vénissieux) font de la région Rhône-Alpes la première région mécanicienne de France. Les constructions électriques et électroniques – matériel de haute tension, téléphonique (Thomson-CSF) et informatique, appareils électroménagers – sont très bien représentées dans la région lyonnaise.

Textile – Activité traditionnelle de la région, c'est le secteur qui a subi les plus profonds changements. Malgré cela, il reste après la métallurgie, les secteurs électrique et électronique et la branche du bâtiment et des travaux publics, celui qui fournit le plus grand nombre d'emplois.
Au 19e s., après les insurrections des canuts de 1831 et de 1834 dans les traboules de la Croix-Rousse, l'industrie textile avait débordé le cadre purement urbain du travail en atelier pour connaître une large diffusion dans les villages. Les fabricants, approvisionnés par les ateliers de moulinage, répartissaient la matière première à traiter, le tissage et la teinture à une main-d'œuvre rurale. C'est le système de la **« Fabrique »** qui, assoupli et perfectionné, s'est perpétué jusqu'à nos jours.
La part de la soie s'est considérablement amenuisée au profit des fibres synthétiques mais le « tissage de soierie » (assemblage de fils et fibres de toutes origines) conserve sa renommée traditionnelle : on a su appliquer aux nouveaux produits la richesse d'invention et les qualités de goût qui lui avaient valu sa primauté.
La production de matières premières textiles est regroupée à Valence pour les fibres de nylon et les fils polyester. A côté de la laine et du coton, l'industrie des textiles artificiels alimente de nombreuses activités : tissage, teintures et apprêts à Tarare, en Isère et en Ardèche, confection (prêt-à-porter, vêtements de sport, lingerie) dans l'agglomération lyonnaise, bonneterie (maille de luxe) à Roanne, rideaux à Tarare où les « voiles » ont remplacé les mousselines, et pour une moindre part, ruban élastique et dentelle aux fuseaux mécaniques dans le Velay. St-Étienne s'est maintenu comme centre mondial de production du textile étroit (ruban et sangle).
Le secteur textile est lié à celui de la chimie pour la création de nouvelles fibres et la mise au point de traitements performants.

Chimie – L'industrie chimique est née à Lyon pour répondre aux besoins de l'industrie textile (colorants, fixateurs et apprêts).
Au sud du port Édouard-Herriot est implanté l'un des centres européens de la pétrochimie, représentée par de grandes firmes comme Elf-France, Rhône-Poulenc Chimie, Atochem. A Feyzin, domaine de la chimie lourde, fonctionnent, entre autres, une très grosse raffinerie et un vapocraqueur (raffinage de produits pétroliers en présence de vapeur d'eau).

La pétrochimie sert à l'élaboration de matières plastiques qui, par ailleurs, font l'objet de recherches dans les laboratoires à l'aide de produits de synthèse. Ste-Sigolène, en Haute-Loire, grand centre textile aux 18e et 19e s., a retrouvé un nouveau souffle avec la production de film plastique qui est aussi fabriqué à Firminy.
L'industrie du caoutchouc est représentée par Michelin à Roanne et à Blavozy-St-Germain-Laprade où est également établi M.S.D., leader en chimie fine.
St-Étienne anime, autour de la société SNF, un pôle sur les technologies de l'eau et de la dépollution.
De nombreuses entreprises moyennes s'orientent avec succès vers la para-chimie (produits vétérinaires, fongicides, peintures, vernis) et les fabrications pharmaceutiques (Aguettant, Boiron, Givaudan-Lavirotte, Institut Mérieux, Roussel-Uclaf, Specia).

Autres activités industrielles – Elles se répartissent dans le domaine agro-alimentaire avec quelques spécialités régionales comme les industries laitières, les salaisons, les liqueurs du Velay, les produits diététiques, dans les matériaux de construction et le verre, dans les industries du cuir et de la chaussure (Annonay, Romans). La fabrication de papier carton dans l'Isère, de papiers spéciaux à Annonay (Canson et Montgolfier), de jouets, d'articles de sport et de bijoux parachève le large éventail de productions réalisées dans la vallée du Rhône.

AGRICULTURE

Les bassins séparés par des défilés dans lesquels le Rhône s'est taillé un passage cloisonnent la vallée et font insensiblement passer de l'humidité et du froid tributaires des influences océaniques ou continentales à la chaleur et à la lumière du Midi. Peu à peu apparaissent les amandiers, les oliviers et quelques mûriers.
Les cultures exigeantes trouvent là des conditions favorables : terres fertiles et faciles à irriguer, sols meubles et siliceux, main-d'œuvre experte, cuvettes ou combes bien abritées, offertes aux chaleurs printanières, organisation coopérative de la commercialisation, voisinage de marchés importants.

Vignobles – Sur les coteaux dominant la Saône et le Rhône, s'étagent les prestigieux vignobles qui sont l'objet d'une culture spécialisée intensive. La diversité des terroirs, des cépages et du climat permet à la région de décliner toute une gamme de vins classés selon leur qualité : les meilleurs vins reconnus bénéficient de l'Appellation d'Origine Contrôlée (A.O.C.) ; viennent ensuite les Vins Délimités de Qualité Supérieure (V.D.Q.S.), puis les vins de Pays et vins de Table qui peuvent être très agréables et répondent à des normes internationales de qualité.

Le Beaujolais – Les vins du Beaujolais, tout en enrichissant la gamme des Bourgognes, se rattachent par tradition au patrimoine gastronomique lyonnais. Ce vin est en effet idéal pour accompagner les produits du terroir et la cuisine des « bouchons » lyonnais. Le vignoble s'étend sur une longueur de soixante kilomètres et une largeur d'environ douze kilomètres. Il occupe une superficie de près de 22 000 ha, avec une production moyenne supérieure à 1 000 000 d'hl par an. Il s'étage entre 180 et 550 m d'altitude, et couvre la pente des coteaux ensoleillés qui dominent la Saône. Le cépage commun est le Gamay noir à jus blanc pour les vins rouges ; au Nord, l'élite du Beaujolais est constituée de 10 crus dont les plus célèbres sont le Brouilly, le Fleurie et le Moulin à vent ; les Beaujolais-Villages, au cœur du vignoble, sont des vins charpentés et fruités de qualité ; plus au Sud, le Pays des Pierres Dorées se distingue par son sol sédimentaire et regroupe des Beaujolais et Beaujolais supérieurs. La caractéristique du Beaujolais est de se boire jeune et frais ; chaque année, le troisième jeudi de novembre à 0 heure, une partie de la production est commercialisée sous le nom de « Beaujolais Nouveau ». Le succès de ce vin primeur est tel qu'il a redonné au Beaujolais une réputation qui franchit largement nos frontières.

La Côte roannaise et le Forez – A l'Ouest, des vignobles moins connus présentent des vins de bonne qualité : c'est le cas de la Côte roannaise dont les vins rouges ont reçu l'A.O.C. en 1994. Les Côtes du Forez ont l'appellation V.D.Q.S., tandis que le vin de Pays d'Urfé est un agréable vin local.

La vallée du Rhône – *Voir aussi le guide Vert Provence.* L'origine des vignobles remonte au temps des Romains ; les vétérans des légions romaines plantèrent des vignes qui prospérèrent jusqu'au coup d'arrêt de Domitien qui en ordonna la destruction par crainte de concurrence. Le vin le plus ancien est certainement la Clairette de Die, que Pline qualifie de « vin doux vraiment naturel ». Le célèbre Hermitage doit son nom à un chevalier, Gaspard de Sterimberg, qui se retira sur le coteau après la croisade contre les Albigeois (1213). Les ordres religieux contribuèrent au développement des vignobles, parfois relayés par l'intérêt de la cour royale ; ainsi, les vins du Vivarais connurent le succès à la cour de Louis XII. A la fin du 19e s., le phylloxéra fit des ravages dans les vignes ; mais le développement de l'œnologie et des réglementations a permis d'améliorer la qualité des vins. Aujourd'hui, la vigne occupe plus de 160 000 ha, dont le tiers produit des crus de qualité, fortement représentés par les Côtes du Rhône. 2 500 000 hl de vins d'appellation contrôlée, dont la plus grande partie est commercialisée par des coopératives, soit 14 % du volume total de la récolte française de vins fins, disent l'importance de ce vignoble.

Les Côtes du Rhône doivent leur célébrité à quelques grands crus : La Côte-Rôtie, Château-Grillet, Condrieu, St-Joseph, Hermitage et Crozes-Hermitage, Châteauneuf-du-Pape. Certains vins n'en ont pas l'appellation contrôlée, comme les Coteaux du Tricastin ou la Clairette de Die. La plupart des Côtes du Rhône font d'excellents vins de garde, mais certains peuvent être dégustés en primeur à partir de mi-novembre.

Le vignoble s'étend sur 200 km ; il se divise en deux secteurs, septentrional et méridional, séparés par la plaine de Montélimar. Il doit sa variété aux cépages choisis, Marsanne et Viognier pour les blancs, Syrah et Grenache pour les rouges et quelques autres tels que le Cinsault et le Mourvèdre ; aux différences des sols sur lesquels il s'est installé, granits friables des défilés, sables, cailloux roulés ou marnes qui dominent les plaines limoneuses ; aux nuances climatiques des bassins ; enfin aux diverses expositions des gradins qui s'étagent en direction des Cévennes et des Alpes.

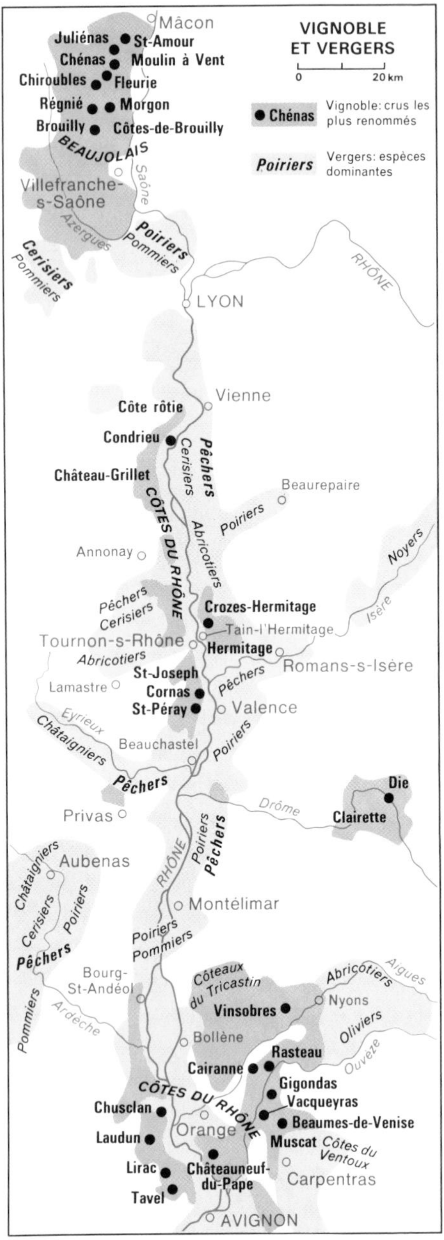

Vergers – En 1880, les cultures fruitières ont pris le relais du vignoble sévèrement touché par le phylloxéra. Au printemps, la vallée ressemble à un riant jardin. L'échelonnement de la maturité rendu possible par la sélection des variétés et l'utilisation judicieuse des différences d'exposition ou d'altitude permet aux vergers de la vallée du Rhône de produire le tiers de la production fruitière française.

Les fruits – Aux framboises, aux groseilles, aux cassis, aux noix de l'Isère, aux quelque 5 000 t de châtaignes et de marrons de l'Ardèche, il convient d'ajouter les cerises et les abricots, dont la production s'accroît actuellement, les poires et les pommes. Mais la palme revient aux pêchers. Depuis les premières plantations à St-Laurent-du-Pape, à partir de 1880, ils font la renommée de la vallée de l'Eyrieux d'où ils se sont répandus dans la vallée du Rhône.

Pour organiser vous-même vos itinéraires,
consultez tout d'abord les cartes au début de ce guide ;
elles indiquent les parcours décrits, les régions touristiques,
les principales villes et curiosités.

Reportez-vous ensuite aux descriptions, dans la partie « Villes et curiosités ».
Au départ des principaux centres, des buts de promenades sont proposés.

En outre, les cartes Michelin *n°s 239, 240, 244, 245 et 246*
signalent les routes pittoresques, les sites
et les monuments intéressants, les points de vue, les rivières, les forêts...

Quelques faits historiques

(en italique : quelques jalons chronologiques)

Avant J.-C.

vers 2500 De l'époque néolithique subsiste le site préhistorique du village des « Baigneurs » immergé dans le lac de Paladru *(p. 170)*.

vers 2000 Âge du bronze : la vallée du Rhône est la grande voie de passage de l'ambre et de l'étain.

600 Les Celtes s'installent de part et d'autre du Rhône : Helviens sur la rive droite, Allobroges sur la rive gauche. Les Phocéens (Grecs d'Asie mineure qui ont fondé Marseille et Arles) créent des comptoirs à Baix, St-Jean-de-Muzols et Serrières.

Époque romaine

121 Les légions romaines s'installent à Vienne, capitale des Allobroges, et sur la rive gauche du fleuve *(p. 258)*.

43 Peu après la conquête de la Gaule par César, un de ses lieutenants, Munatius Plancus, fonde Lyon en installant des colons romains *(p. 115)* sur les hauteurs qui dominent les rives de la Saône.

27 Lyon, capitale des Gaules.

Après J.-C.

177 Persécution de Marc Aurèle : martyre des premiers chrétiens dans l'amphithéâtre de Lyon *(p. 144)*.

280 L'empereur Probus enlève aux Lyonnais le monopole de la vente du vin en Gaule. C'est le début du déclin de Lyon, devenue, sous Dioclétien, simple capitale de la province lyonnaise.

Les grandes invasions

5e s. Les Burgondes s'installent sur la rive gauche du Rhône et leurs rois choisissent Vienne comme résidence *(p. 258)*.

5e-9e s. Fondation des premières abbayes : Ile-Barbe, Ainay, St-Pierre à Lyon ; St-André à Vienne ; St-Chef dans l'Isère ; le Monastier en Velay ; Savigny en Lyonnais ; Cruas en Vivarais ; St-Barnard à Romans.

6e-12e s. En continuelle opposition avec les comtes d'Auvergne et leurs nombreux vassaux, les gens d'Église, évêques, abbés et chapitres, mettent en valeur le bassin du Puy.

8e s. Incursions arabes dans la vallée du Rhône.

Moyen Âge

843 *Traité de Verdun. Partage de l'empire de Charlemagne entre les trois fils de Louis le Débonnaire. Lothaire reçoit les territoires allant de Rouen à la mer du Nord, la Provence, la vallée du Rhône et la Bourgogne.*

879 Boson, beau-frère de Charles le Chauve, se fait couronner à Mantaille roi de Bourgogne.

9e-10e s. Ascension des comtes du Forez. Extension du domaine des évêques de Viviers qui deviendra le Vivarais *(p. 272)*.

10e-11e s. Apparition de « mottes castrales » autour du lac de Paladru *(p. 170)*.

11e-12e s. De nouvelles abbayes sont fondées en Vivarais : Charay, Mazan, les Chambons, Bonnefoy.

Les comtes d'Albon « Dauphins de Viennois » étendent leurs possessions ; leurs terres, du Rhône aux Alpes, recevront le nom de Dauphiné *(p. 206)*.

13e s. Le développement des cités entraîne l'octroi de nombreuses chartes de franchises communales.

1229 *Le traité de Paris met fin à la guerre des albigeois et à l'influence des comtes de Toulouse en Vivarais.*

13e-14e s. Pénétration des rois de France dans la vallée du Rhône :
– 1292 : nomination d'un « gardiateur » royal à Lyon ;
– 1307 : les conventions dites « Philippines » consacrent la mainmise de Philippe le Bel sur Lyon ;
– 1308 : l'évêque de Viviers reconnaît la suzeraineté royale ;
– 1349 : rattachement du Dauphiné à la France *(p. 206* et constitution des États du Dauphiné.

1419 Les premières foires de Lyon *(p. 120)* instituées par le Dauphin Charles, futur Charles VII, font de la ville l'un des plus grands entrepôts commerciaux du monde.

1422 | Réunion des premiers États du Vivarais chargés de répartir les impôts royaux. A partir de 1425, les États du Vivarais sont subordonnés aux États du Languedoc.

1450 | Charles VII accorde à Lyon le monopole de la vente de la soie dans le royaume.

1452 | Création de l'Université de Valence *(p. 247)*.

15e s. | Début de la fabrication des armes à feu à St-Étienne *(p. 215)*.

Renaissance

1473 | Premier livre imprimé à Lyon par Barthélemy Buyer.

1494 | *Début des guerres d'Italie.* Charles VIII s'installe à Lyon avec la cour. Essor de la banque Lyonnaise.

1528 | La Réforme est prêchée à Annonay.

1532-1534 | Rabelais publie, coup sur coup, à Lyon, à l'occasion des foires, son *Pantagruel* et *son Gargantua.*

1536 | Installation à Lyon d'une manufacture de soie. François Ier prend possession du comté du Forez.

Fondation du collège de Tournon, foyer de la culture de la Renaissance, par le cardinal François de Tournon *(p. 241)*.

1546 | Première église réformée lyonnaise.

1562 | Les bandes protestantes du baron des Adrets ravagent la vallée du Rhône et le Forez.

De Henri IV à la Révolution

1598 | *Promulgation de l'édit de Nantes.*

1600 | Olivier de Serres, le Père de l'agriculture française, publie son *Théâtre d'Agriculture et Mesnage des Champs (p. 28)*.

1607-1628 | Publication de l'*Astrée*, le premier roman français, par Honoré d'Urfé *(p. 65)*.

1617 | Fondation de la confrérie des Dames de Charité par saint Vincent de Paul, à Châtillon-sur-Chalaronne *(p. 80)*.

1629 | Siège et destruction de Privas par les troupes royales *(p. 180)*. Démantèlement des forteresses par Richelieu.

17e s. | *Contre-Réforme : création de nombreux couvents (Augustins, Vistandines).*

Missions de saint François Régis en Velay et Vivarais *(p. 108)*.

1685 | *Révocation de l'édit de Nantes.* Dragonnades en Vivarais.

1704 | Première édition du Dictionnaire de Trévoux *(p. 243)*.

1783 | Annonay : première ascension publique en ballon des frères Montgolfier ; leur ballon s'élève à 2 000 m *(p. 50)*.

Révolution et dix-neuvième siècle

1790 | Première municipalité lyonnaise et formation des départements.

1793 | Résistance lyonnaise contre la Convention ; pour punir la ville, la Terreur y prend un caractère violent *(p. 117)*.

1800 | Début de la fabrication de la mousseline à Tarare *(p. 234)*.

1804 | Invention du métier Jacquard *(p. 28)*.

1820 | Essor de la culture de la soie en Vivarais.

1825 | Construction à Tournon, par les frères Seguin, du premier pont suspendu sur le Rhône *(p. 191)*.

1827 | Construction du premier chemin de fer, de St-Étienne à Andrézieux *(p. 215)*, puis en 1832, inauguration de la ligne St-Étienne-Lyon.

1831-1834 | Insurrections des canuts à Lyon.

1838 | Mise en service du canal de Roanne à Digoin. Développement de l'industrie des cotonnades.

1850 | Crise de la pébrine, maladie du ver à soie. Déclin brutal de la sériciculture en Vivarais.

1863 | Fondation du Crédit Lyonnais.

1880 | Le phylloxéra détruit la moitié du vignoble ardéchois. Développement des vergers dans la vallée du Rhône et de l'Eyrieux *(p. 22 et 96)*.

fin 19e s. | Création de l'industrie chimique lyonnaise et essor de la métallurgie *(p. 20)*.

1895 | Lyon : invention du cinématographe par les frères Lumière *(p. 30)*.

Vingtième siècle

1916 Rétablissement de la Foire de Lyon.

1923 Premières coopératives vinicoles en Bas Vivarais.

1934 Création de la Compagnie Nationale du Rhône pour l'aménagement du fleuve *(p. 191)*.

1942-1944 Lyon « capitale » de la Résistance.

1944 Combats de la Libération dans la vallée du Rhône. Destruction par les Allemands des ponts du Rhône *(p. 191)*.

1948-1952 Construction des ouvrages de Donzère-Mondragon *(p. 245)*.

1967 Mise en service à Pierrelatte d'une usine de séparation isotopique, portant l'enrichissement de l'uranium à un taux supérieur à 90 %.

1970 *Paris relié à Marseille par l'autoroute A6-A7.*

1972 Création de la région Rhône-Alpes.

1981 Mise en service de la première ligne du Train à Grande Vitesse (TGV) entre Paris et Lyon.

1986 Mise en service à Creys-et-Pusignieu, dans le département de l'Isère, de Superphénix, premier réacteur européen à neutrons rapides fonctionnant à l'échelle industrielle.

1994 Lyon confirme ses ambitions internationales par le complexe aéro-ferroviaire de Lyon-Satolas, remarquable par le grand oiseau métallique de la gare TGV (œuvre de S. Calatrava).

LA VIE RELIGIEUSE DANS LES PAYS RHODANIENS

Dès le 1er quart du 16e s., les pays rhodaniens sont atteints par la Réforme. Théâtres aux 16e et 17e s. de luttes sanglantes entre catholiques et protestants, ils conservent, de nos jours, de nombreux foyers de protestantisme.

La Réforme – Dès 1525, la Réforme se propage vers les Cévennes, grâce aux colporteurs de bibles et aux marchands, par la vallée du Rhône, le Vivarais et la vallée de la Durance, Lyon imprimant et diffusant largement les doctrines prêchées à Bâle et à Genève.

Les débuts – Vers 1528, les premiers prédicateurs commencent à œuvrer à Annonay. Malgré la répression exercée par le Parlement de Toulouse, l'« hérésie » gagne du terrain. Dans le Bas Vivarais, à Privas, notamment, les idées nouvelles sont prêchées par des prêtres convertis. Très tôt, le protestantisme est stimulé par le rayonnement, sur l'autre rive du Rhône, de l'Église vaudoise, réformée depuis 1532, qui répand les influences genevoises et lyonnaises. Les habitants ont été sensibles aux idées calvinistes, qui répondent à leur goût d'indépendance, diffusées par les artisans des bourgs, les cardeurs, les marchands de soie qui vont à Montpellier par le Puy-en-Velay et Alès ainsi que par les cordonniers dont les boutiques et les tanneries tiennent fréquemment lieu d'officines de propagande.

En Velay, au nombre des prédicateurs venant de Lyon, comptent des prêtres et des hommes de loi. En 1548, au Puy-en-Velay, le tribunal exceptionnel des « Grands jours » tient ses assises pour dénoncer et juger les nombreux excès commis ainsi que plusieurs « hérésies ». Plusieurs propagandistes sont condamnés à être brûlés vifs, place du Martouret. A St-Voy, une église solidement organisée est « dressée » sous la conduite de son ancien curé, acquis à la Réforme.

L'établissement – Vers 1550-1560, la Réforme achève la conquête du pays (Lyonnais, Vivarais, Cévennes, Dauphiné). Sans doute, parmi les adeptes, les artisans restent-ils les plus nombreux, mais ils sont rejoints par des savants comme l'agronome Olivier de Serres, et des nobles comme le comte Antoine de Crussol. Les « religionnaires » affirment publiquement leurs croyances. Comme à Genève, le protestantisme se durcit. En 1559, s'ouvre, à Paris, un premier synode national qui adapte une confession de foi commune et les bases d'un système fédératif. Les « consistoires », assemblées représentatives et délibérantes mènent campagne contre les festins, les danses, les cartes, les dés. Les biens de l'Église catholique sont mis en vente. A la fin du siècle, la messe n'est généralement plus célébrée et le pays ne compte plus guère de « papistes ».

Les guerres de Religion (1562-1598) – Catholiques et protestants de la région du Rhône ne tardent pas à s'affronter. Les huit guerres qui se dérouleront pendant près de trois décennies coïncideront avec une période d'instabilité monarchique. Elles seront entrecoupées de trêves et d'édits de pacification qui redéfiniront à chaque fois les conditions d'exercice du culte réformé, mais n'apaiseront jamais totalement les passions. En 1562, l'assassinat d'un groupe de protestants à Wassy en Champagne par le duc de Guise déclenche le soulèvement huguenot, tandis que la résistance catholique s'organise sous la direction du Parlement de Toulouse. Les affrontements sont particulièrement vifs dans le Dauphiné et le Vivarais, où entre les « religionnaires » et les « papistes » s'ouvre une guerre de sacs de ville et de massacres. Le sinistre baron des Adrets s'empare des principales villes du Dauphiné, où il conduit le mouvement huguenot, après quoi il décime la vallée du Rhône avec ses bandes puis marche sur le Forez où il fait tomber Montbrison. Plus tard, passant à nouveau au catholicisme, sa foi d'origine, il se retournera contre les réformés, qui seront alors défendus par le connétable François de Lesdiguières.

Les violences obligent parfois les minorités de chaque région à rallier l'Église dominante. Ainsi, après le massacre de la Michelade à Nîmes, en 1567, où 80 religieux sont rassemblés dans la cour de l'évêché pour être égorgés, les derniers catholiques des Cévennes, terrorisés, abjurent leur religion.

Après la nuit tragique de la Saint-Barthélemy (24 août 1572), le conflit revêtira un caractère politique beaucoup plus accentué, et paradoxalement naîtront des formes de collaboration entre huguenots et catholiques qui s'exerceront à l'encontre du pouvoir royal.

La paix n'est rétablie, toutefois, qu'en 1596, et deux ans plus tard, Henri IV promulgue l'édit de Nantes, stipulant que les sujets du roi, adeptes de la RPR (religion prétendue réformée) obtiennent la liberté de conscience, des lieux de culte et des places de sûreté.

La révocation de l'édit de Nantes (1685) – Sous Louis XIII et Louis XIV, la Contre-Réforme catholique, grâce aux ordres religieux soutenus par l'autorité royale, refoule progressivement les réformés. La paix d'Alès *(1)*, accordée en 1629 par Louis XIII aux protestants, leur retire privilèges politiques et places de sûreté mais leur laisse la liberté du culte.

Cependant, à partir de 1661, Louis XIV, désirant réaliser l'unité politique et religieuse du royaume, entreprend une vive campagne contre la RPR. Dès 1683, il lance sur le Languedoc et les Cévennes les fameuses « dragonnades », persécutions menées par l'intendant du Languedoc Basville, exécutées par les dragons royaux. Logés chez les réformés, ces soldats sont chargés de les convertir par la terreur : des abjurations massives sont rapidement obtenues. Louis XIV signe alors, le 18 octobre 1685, la révocation de l'édit de Nantes : le culte réformé est interdit, les temples démolis, les pasteurs chassés du royaume. Cette décision entraîne l'exode de 300 000 à 500 000 huguenots vers Genève et les pays protestants : c'est un désastre pour la vie économique de la France.

L'édit de Tolérance (1787) – Après l'insurrection camisarde qui éclata dans les Cévennes entre 1702 et 1704, le protestantisme renaît dans le Vivarais avec des prédicateurs comme Antoine Court, et on continue à pratiquer le culte clandestinement, au « Désert » *(1)*, dans les solitudes des garrigues et des montagnes, jusqu'en 1787. A cette date, Louis XVI promulgue l'édit de Tolérance qui met fin aux persécutions.
En 1789, cette tolérance sera transformée en pleine liberté de conscience et les Églises protestantes ne seront reconnues officiellement par l'État que sous Napoléon en 1802.

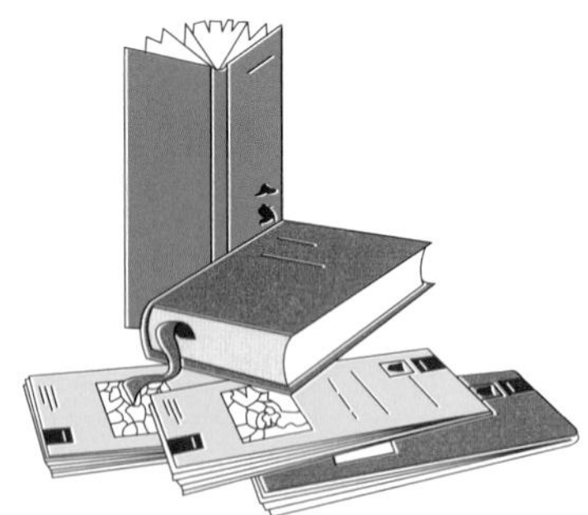

(1) Voir le guide Vert Michelin Gorges du Tarn.

Un pays de novateurs

Peu de régions ont donné à la France autant de savants et d'ingénieurs que le Lyonnais, le Vivarais et le Forez.

ÉNERGIE ET TRANSPORT

Un mouton aérien – Dans les dernières années de l'Ancien Régime, les frères **Joseph** et **Étienne de Montgolfier**, descendants de l'une des plus anciennes familles de papetiers d'Europe, ont acquis la célébrité en réussissant les premières ascensions en ballon. Poursuivant inlassablement sa recherche d'un gaz plus léger que l'air, Joseph fait une première expérience concluante avec un parallélépipède en taffetas qu'il emplit d'air chaud en faisant brûler un mélange de paille mouillée et de laine. Associant son frère à ses recherches et après plusieurs tentatives fructueuses, dont l'une menée dans les jardins de la papeterie familiale à Vidalon-lès-Annonay, ils lancent avec succès leur premier aérostat, place des Cordeliers, le 4 juin 1783 *(voir p. 50)*.

EXPLORER

Les frères Montgolfier (Joseph-Michel et Jacques-Étienne)

Mandés dans la capitale pour renouveler leur exploit devant le roi, ils décident de se séparer momentanément, le temps que l'un d'eux accomplisse cette mission. C'est ainsi que le 19 septembre de la même année, fut inauguré, à Versailles, sous la conduite d'Étienne et devant la famille royale et la Cour, médusées, le premier vol habité. Au ballon est attaché une cage à claire-voie, où les premiers passagers de l'espace sont : un coq, un canard et... un mouton. En quelques minutes, le « Réveillon », où se détachent, sur fond bleu, les chiffres du roi, s'élève dans les airs, puis va se poser en douceur dans le bois de Vaucresson. Le mammifère et les deux volatiles semblent avoir parfaitement supporté le voyage ! Un mois plus tard, au château de la Muette à Paris, le marquis d'Arlandes et Pilâtre de Rozier réalisent le premier vol humain à bord d'une montgolfière. Tous les espoirs pour conquérir l'espace sont permis.

La chaudière de Marc Seguin – Marc Seguin est né à Annonay en 1786. Il n'a pas seulement, avec son frère Camille, contribué à améliorer la technique des ponts suspendus par câbles de fer *(voir p. 191)*. Une autre de ses découvertes allait avoir une influence considérable sur le développement des chemins de fer. Les premières locomotives produisaient à peine assez de vapeur pour atteindre 9 km/h. Appliqué en 1830 à la « Rocket » (Fusée), l'une des locomotives de l'Anglais Stephenson, le nouveau système de chaudière tubulaire se révèle une remarquable innovation : en effet, en développant une plus grande quantité de vapeur dans un appareil de petites dimensions, la vitesse se trouve considérablement accrue. Dans une première expérience, la Fusée atteint 60 km/h. Aux essais suivants, elle fut même poussée à près de 100 km/h. Conscient de l'importance de son invention, Marc Seguin laissa tomber le brevet dans le domaine public, estimant qu'il n'avait pas le droit de tirer un profit personnel de l'intelligence dont le ciel l'avait favorisé. On doit également à Marc Seguin des travaux sur les bateaux à vapeur, ainsi que l'idée de remplacer les rails en fonte par des rails en fer et les dés en fer par des traverses en bois.

Un savant distrait – Le physicien André-Marie **Ampère**, d'origine lyonnaise et qui passa toute son enfance à Poleymieux, ne fut pas seulement célèbre de son vivant par ses découvertes dans le domaine de l'électrodynamique. Les distractions de ce savant absorbé par ses pensées faisaient la joie de ses élèves et de ses amis. Réfléchissant un jour, dans la rue, à une formule algébrique, il sort de sa poche un morceau de craie et, croyant se trouver devant son tableau noir, il commence à couvrir d'équations un omnibus en stationnement. Soudain les calculs sont interrompus par le départ de l'omnibus, emportant la formule ébauchée. Un jour, se rendant à son cours, Ampère ramasse un petit caillou et se met à l'examiner. La pensée de sa leçon lui revient brusquement ; il tire sa montre de sa poche et, se voyant en retard, la jette dans la Seine par-dessus la passerelle du pont des Arts, tandis qu'il replace le caillou dans sa poche. A l'École polytechnique, ses élèves ne comptaient plus les leçons où il essuyait le tableau avec son foulard, tandis qu'il utilisait pour se moucher le chiffon rempli de craie. Invité à déjeuner par des amis et se croyant chez lui, il s'écrie soudain au milieu du repas : « Décidément, avec cette nouvelle cuisinière, il n'est pas possible de faire un bon repas. »

DU FIL A L'ÉTOFFE

Le Mesnage des champs – **Olivier de Serres**, le père de l'Agriculture française, naît à Villeneuve-de-Berg en 1539 et meurt en 1619 dans son domaine du Pradel, près de sa ville natale.
Gentilhomme huguenot, exploitant lui-même ses terres, il mesure les ruines causées par les guerres de Religion. Aussi lorsque Henri IV, après la publication de l'édit de Nantes en 1598, fait appel aux bonnes volontés pour restaurer le royaume, Olivier de Serres consigne son expérience dans une étude sur *L'Art de la cueillette de la soie*. L'idée entre dans les vues du roi : l'extension de la culture du mûrier, jusque-là très localisée, permettrait d'arrêter les sorties d'or pour l'achat d'étoffes étrangères. Henri IV, pour donner l'exemple, fait planter 20 000 pieds de mûriers aux Tuileries ; une magnanerie modèle est construite. La sériciculture s'étendra ensuite à la moitié de la France.
Encouragé par ce premier succès, Olivier de Serres publie en 1600 : *Le Théâtre d'Agriculture et Mesnage des champs*. L'auteur y préconise le labour profond, l'alternance des cultures, le soufrage de la vigne, les prairies artificielles, la culture du maïs, de la betterave à sucre, du houblon, de la pomme de terre : autant d'innovations qu'il a mises en pratique au Pradel.
Ce gros ouvrage de 1 000 pages, par sa langue admirable, son style imagé, sa philosophie sereine, compte parmi les grandes œuvres de la littérature française. Henri IV, enthousiasmé, se fit faire la lecture du *Théâtre* tous les soirs, quatre mois durant.

Les vicissitudes d'un inventeur – Par le courage dont il fit preuve au milieu des difficultés, **Jacquard** est resté une figure populaire.
Il naît à Lyon en 1752. Le père de Jacquard, petit fabricant en étoffes façonnées, emploie son fils à « tirer les lacs », ces cordes qui font mouvoir la machine compliquée servant à former le dessin de la soierie. L'enfant, de santé fragile, n'y résiste pas. On le place chez un relieur, puis chez un fondeur de caractères ; dans une famille de canuts, quitter le métier équivaut à une déchéance.
Après la mort de son père, Jacquard tente de monter une fabrique de tissus. Son inexpérience commerciale et ses recherches pour perfectionner le tissage le ruinent. Il doit se placer comme ouvrier chez un fabricant de chaux du Bugey, tandis que sa femme tresse la paille.
En 1793, il s'engage dans un régiment de Saône-et-Loire, avec son fils : celui-ci sera tué à ses côtés. A peine rentré à Lyon, Jacquard perd sa femme. Il travaille alors chez un fabricant. La nuit, il construit le nouveau métier qu'il a conçu, puis invente une machine à fabriquer les filets de pêche. La République cherche des inventeurs : Carnot, ministre de l'Intérieur, fait venir Jacquard à Paris, avec un traitement de 3 000 F. Au Conservatoire nouvellement créé, il perfectionne une machine du Grenoblois **Vaucanson**, qui avait déjà installé des moulins d'un nouveau modèle à Aubenas.
En 1804, Jacquard retourne à Lyon pour achever le métier auquel son nom est resté attaché. A un attirail de cordages et de pédales exigeant le travail de 6 personnes, Jacquard substitue un mécanisme simple, permettant à un seul ouvrier d'exécuter les étoffes les plus compliquées aussi facilement qu'une étoffe unie. 3 ouvriers et 2 ouvrières se trouvent supprimés pour chaque métier ; dans une ville qui compte alors 20 000 métiers, des dizaines de milliers d'ouvriers se voient menacés dans leur travail. Les canuts se dressent contre cette « évantion » qui leur coupe les bras. Les plus excités veulent jeter son auteur au Rhône.
Pourtant Jacquard parvient à convaincre les canuts de l'utilité de sa découverte : en diminuant le prix de revient de la soierie, on éliminera la concurrence étrangère, et surtout la consommation s'accroîtra. Des fabricants montrent l'exemple et, en 1812, plusieurs « Jacquards » fonctionnent à Lyon. Retiré à Oullins, leur inventeur put enfin goûter un repos bien mérité.

Un inventeur malchanceux – Aussi opiniâtre que le tisseur lyonnais, **Thimonnier** n'eut pas comme lui le bonheur de voir sa découverte exploitée dans son pays natal. Son père était un teinturier lyonnais venu se réfugier à l'Arbresle au moment de la Révolution. En 1795, la famille s'installe à Amplepuis, où le jeune Barthélemy est placé comme apprenti tailleur. Il se marie une première fois en 1813. En 1822, il quitte la région d'Amplepuis pour s'installer comme tailleur d'habits à Valbenoîte près de St-Étienne. Hanté par l'idée de coudre mécaniquement et s'inspirant du crochet utilisé par les brodeuses des monts du Lyonnais, il construit dans le secret un appareil en bois et métal permettant d'exécuter le point de chaînette. La machine à coudre était née.
Pour prendre un brevet, l'inventeur s'associe à Auguste Ferrand, répétiteur à l'École des Mineurs de St-Étienne. Une demande est déposée le 13 avril 1830 aux noms des deux associés. Ferrand, de son côté, réussit à intéresser à cette affaire l'ingénieur Beaunier, l'inventeur du premier chemin de fer à traction animale.
Thimonnier quitte alors St-Étienne pour la capitale, où, bientôt, le premier atelier de couture mécanique voit le jour, au 155 de la rue de Sèvres. Là, 80 machines à coudre fonctionnent, six fois plus vite que manuellement. Mais cela déclenche la haine des tailleurs parisiens qui lui reprochent de vouloir ruiner leur profession. Dans la nuit du 20 au 21 janvier 1831, 200 ouvriers couturiers saccagent l'atelier. Thimonnier, ruiné, revient à Amplepuis, où, pour nourrir sa nombreuse famille, il reprend son métier de

Velours ciselé –
Lyon – 2nd Empire

Broderie au point plat –
France – Époque Régence

Brocatelle, soie et lin –
Lyon – 1867

Lampas broché (jupe) –
France – Début 18e s.

Satin liséré, lancé, brodé –
France – Fin 19e s.

Cannelé façonné, soie –
France – 18e s.

Photos Basset/Remerciements à la Banque d'Images Textiles du Musée des Tissus, Lyon.

tailleur. En 1834, on le retrouve à nouveau à Paris, où, en fait, personne ne veut de la couture mécanique. Deux ans après, à bout de ressources, il refait le voyage, en sens inverse, à pied, en portant sur son dos sa machine qu'il fait fonctionner pour payer le gîte et le couvert. En 1848, par l'intermédiaire d'un certain Magnin, une compagnie de Manchester s'intéresse à son « couso-brodeur ». Épuisé par 30 ans de travail et de luttes, il s'éteint à l'âge de 64 ans... trop tôt pour connaître l'extraordinaire essor de la machine à coudre.

LA SCIENCE ET LES MIRACLES

Les premiers doutes de Claude Bernard – Le grand physiologiste, devenu professeur au Collège de France, racontait volontiers son enfance lyonnaise. Son père était un petit vigneron de St-Julien *(p. 223)* : on peut voir encore sa maison au hameau de Chatenay, près du musée consacré au savant.

Le curé du village apprend le latin à l'enfant ; devant ses dispositions, on l'envoie au collège de Thoissey, puis à celui de Villefranche-sur-Saône. Obligé bientôt de subvenir lui-même à ses besoins, mais voulant néanmoins poursuivre ses études, le jeune Claude décide de se faire aide-pharmacien.

Au mois de janvier 1832, âgé de 18 ans, il entre à la pharmacie Millet à Vaise ; il fait les courses ; quand il rentre, son travail de potard consiste surtout à mettre de l'ordre dans la boutique. Il n'est pas question de jeter les vieux fonds de pots qui traînent ; le patron pratique l'art d'utiliser les restes : « Garde ça pour la thériaque. » La thériaque c'est, depuis des siècles, la drogue miracle qui guérit tout. Celle du père Millet, à défaut de vertus thérapeutiques, eut au moins celle d'éveiller le sens critique du savant.

L'outremer à bon marché – **Jean-Baptiste Guimet**, en 1834, crée à Lyon une fabrique d'outremer artificiel qui allait faire sa fortune. Guimet avait trouvé en effet le moyen de fabriquer à peu de frais une substance colorante ayant toutes les qualités de l'outremer naturel, couleur extraite du lapis-lazuli. Grâce à Guimet, le prix au kilogramme de l'outre-mer tomba de 3 000 F à 2 F. Quelques années plus tard, la consommation en Europe atteignait 2 500 t.

« La Sortie de l'usine Lumière » – En 1882, un photographe venu de Besançon, Antoine Lumière, s'installe dans un hangar de la rue St-Victor à Lyon et entreprend la fabrication de plaques sèches au gélatino-bromure d'argent, selon une formule qu'il a trouvée. Quatre ans plus tard, il a déjà vendu plus d'un million de plaques sous le nom d'« Étiquette bleue ». Les deux fils de l'ancien photographe, Louis et Auguste Lumière, associés à leur père, travaillent à un appareil de leur invention. Sans avoir songé à lui donner un nom, ils le présentent en 1895 à la Société d'Encouragement. A la fin de l'année a lieu la première projection publique, boulevard des Capucines, à Paris. L'appareil, qui recevra finalement le nom de cinématographe, sera présenté à Lyon le 10 juin 1896.

D'abord indifférent, le public se rue bientôt pour voir les dix premiers films, courtes saynètes dont l'humour n'a pas vieilli. La première de ces séquences représente *la Sortie de l'usine Lumière* ; suivent le *Débarquement* du Congrès de photographie à Lyon, *le Jardinier* (c'est le célèbre « arroseur arrosé »), *le Repas de bébé, la Place des Cordeliers à Lyon.* Sortie d'un hangar lyonnais, la prodigieuse aventure du cinéma commençait.

Institut Lumière/LYON.

GUIDES MICHELIN

Les guides Rouges (hôtels et restaurants) :

Benelux - Deutschland - España Portugal - Main cities Europe - France - Great Britain and Ireland - Ireland - Italia - London - Paris et environs - Portugal - Suisse.

Les guides Verts (paysages, monuments, routes touristiques) :

Allemagne - Autriche - Belgique Grand-Duché de Luxembourg - Bruxelles - Canada - Californie - Disneyland Paris - Espagne - Florence et la Toscane - France - Grande-Bretagne - Grèce - Hollande - Irlande - Italie - Londres - Maroc - New York - Nouvelle-Angleterre - Paris - Pays rhénans - Portugal - Le Québec - Rome - Suisse

... et la collection des guides régionaux sur la France.

Un langage imagé

La savoureuse langue lyonnaise, largement nourrie des expressions employées au 19e s. par les canuts, n'est plus aujourd'hui qu'un langage d'érudits. Le « gaga » est un langage encore fréquemment utilisé dans la région de St-Étienne.
Les dialectes ardéchois si colorés sont encore parlés par les « anciens ». Le parler vivarois n'est pas le même en montagne qu'au bord du Rhône ; il y a un dialecte de tournure provençale à Bourg-St-Andéol et un autre, mâtiné d'auvergnat, dans les cantons reculés de la montagne.
Si ces langages tendent à disparaître, la sagesse populaire dont ils sont empreints, la moquerie malicieuse, les traits de caractère dont ils témoignent persistent, chez les descendants de ceux qui les parlaient couramment.

PETIT VOCABULAIRE DE LANGUE LYONNAISE

a cha peu	petit à petit
agottiaux	bras et jambes
apincher	guetter
se bambanner	se promener
bénazet, bugne	benêt, bête
cabèche	tête
catolle	vieille
corgnole	gosier
cachemaille	tirelire
se coquer	s'embrasser
détrancané	détraqué
embierne	ennui
fenotte	épouse
frouille	tricherie
fumerons	jambes
gongonner	maugréer
gone	enfant (toujours employé)
mâchon	repas sans apparat entre amis
picarlats	échalas
quinquets	yeux
rafatailles	objets sans valeur
sandrouille	personne désordonnée
trivasse	raclée

PETIT LEXIQUE « GAGA » (PARLER STÉPHANOIS)

abouser (s')	tomber
babièle	femme très bavarde
basseuille	homme sot
broger	broyer du noir
carcameler	tousser
coissou	jeune enfant
débéloise	cafetière
gnaque	coup
jabiasser	parler à tort et à travers
marpailler	abîmer
pagnot	voyou
pampille	fête
raptaret	petit homme rusé
viron	promenade

QUELQUES EXPRESSIONS ET DICTONS ARDÉCHOIS

bégudo	action de boire, abreuvoir
aguiouno	châtaigne très sucrée
capiter bien	arriver au bon moment
corcovel	noix creuse (se dit de quelqu'un qui cherche midi à 14 h)
éboulissé	embrouillé, ébouriffé
s'enfiéouler	s'enivrer
enfumer	ensorceler
fresteller	donner une raclée
potouille	boue
rhounet	le mistral
ronguiniaire	ronchonneur
solinou	moulin à sel
toberlo	idiot
tzoutrouiller	remuer les morceaux d'un plat pour en choisir le meilleur
lever la nifle	humer l'air, renifler
faire pinchou	observer d'une fenêtre à la dérobée
ne pas porter le boudin	être brouillé

« Fille qui monte et vache qui descend toute la vie s'en repent » dicton illustrant la rivalité opposant l'habitant des hauts plateaux, le « padgel », au paysan du bas pays, le « rayot » ou « royol ».
On dit d'une femme très maigre qu'elle « ferait un baiser entre les cornes d'une chèvre ».

L'art

ABC D'ARCHITECTURE

A l'intention des lecteurs peu familiarisés avec la terminologie employée en architecture, nous donnons ci-après quelques indications générales sur l'architecture religieuse et militaire, suivies d'une liste alphabétique des termes d'art employés pour la description des monuments dans ce guide.

Architecture religieuse

illustration I ▶

Plan-type d'une église : il est en forme de croix latine, les deux bras de la croix formant le transept.
① Porche – ② Narthex – ③ Collatéraux ou bas-côtés (parfois doubles) – ④ Travée (division transversale de la nef comprise entre deux piliers) – ⑤ Chapelle latérale (souvent postérieure à l'ensemble de l'édifice) – ⑥ Croisée du transept – ⑦ Croisillons ou bras du transept, saillants ou non, comportant souvent un portail latéral – ⑧ Chœur, presque toujours « orienté » c'est-à-dire tourné vers l'Est ; très vaste et réservé aux moines dans les églises abbatiales – ⑨ Rond-point du chœur – ⑩ Déambulatoire : prolongement des bas-côtés autour du chœur permettant de défiler devant les reliques dans les églises de pèlerinage – ⑪ Chapelles rayonnantes ou absidioles – ⑫ Chapelle absidale ou axiale. Dans les églises non dédiées à la Vierge, cette chapelle, dans l'axe du monument, lui est souvent consacrée – ⑬ Chapelle orientée.

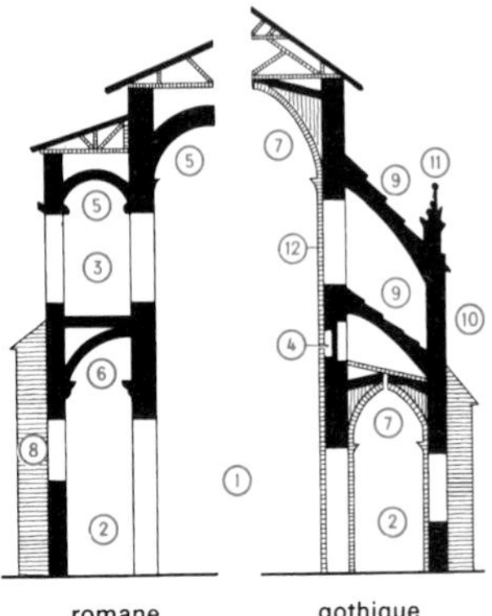

◀ illustration II

Coupe d'une église : ① Nef – ② Bas-côté – ③ Tribune – ④ Triforium – ⑤ Voûte en berceau – ⑥ Voûte en demi-berceau – ⑦ Voûte d'ogive – ⑧ Contrefort étayant la base du mur – ⑨ Arc-boutant – ⑩ Culée d'arc-boutant – ⑪ Pinacle équilibrant la culée – ⑫ Fenêtre haute.

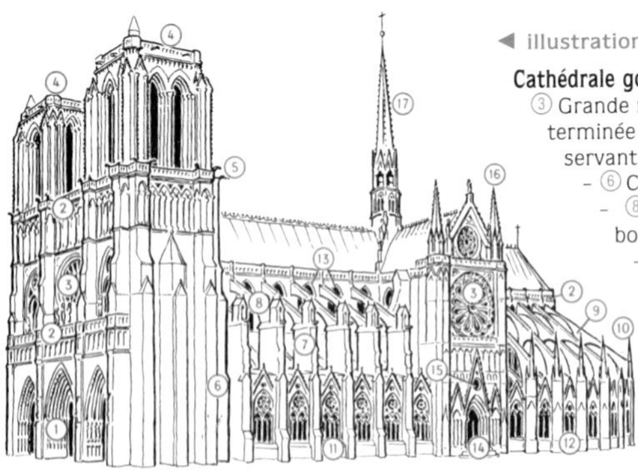

◀ illustration III

Cathédrale gothique : ① Portail – ② Galerie – ③ Grande rose – ④ Tour-clocher quelquefois terminée par une flèche – ⑤ Gargouille servant à l'écoulement des eaux de pluie – ⑥ Contrefort – ⑦ Culée d'arc-boutant – ⑧ Volée d'arc-boutant – ⑨ Arc-boutant à double volée – ⑩ Pinacle – ⑪ Chapelle latérale – ⑫ Chapelle rayonnante – ⑬ Fenêtre haute – ⑭ Portail latéral – ⑮ Gâble – ⑯ Clocheton ⑰ Flèche (ici, placée sur la croisée du transept).

◀ illustration IV

Voûte d'arêtes :
① Grande arcade
② Arête – ③ Doubleau.

illustration V ▶

Voûte en cul-de-four : elle termine les absides des nefs voûtées en berceau.

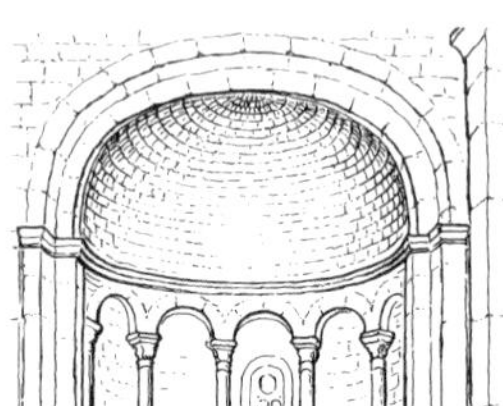

illustration VI

Voûte à clef pendante : ① Ogive - ② Lierne - ③ Tierceron - ④ Clef pendante - ⑤ Cul-de-lampe.

illustration VII

Voûte sur croisée d'ogives ① Arc diagonal - ② Doubleau - ③ Formeret - ④ Arc-boutant - ⑤ Clef de voûte.

▼ illustration VIII

Portail : ① Archivolte ; elle peut être en plein cintre, en arc brisé, en anse de panier, en accolade, quelquefois ornée d'un gâble - ② Voussures (en cordons, moulurées, sculptées ou ornées de statues) formant l'archivolte - ③ Tympan - ④ Linteau - ⑤ Piédroit ou jambage - ⑥ Ébrasements, quelquefois ornés de statues - ⑦ Trumeau (auquel est généralement adossée une statue) - ⑧ Pentures.

illustration IX ►

Arcs et piliers : ① Nervures - ② Tailloir ou abaque - ③ Chapiteau - ④ Fût ou colonne - ⑤ Base - ⑥ Colonne engagée - ⑦ Dosseret - ⑧ Linteau - ⑨ Arc de décharge - ⑩ Frise.

Architecture militaire

illustration X

Enceinte fortifiée : ① Hourd (galerie en bois) - ② Mâchicoulis (créneaux en encorbellement) - ③ Bretèche - ④ Donjon - ⑤ Chemin de ronde couvert - ⑥ Courtine - ⑦ Enceinte extérieure - ⑧ Poterne.

illustration XI

Tours et courtines : ① Hourd - ② Créneau - ③ Merlon - ④ Meurtrière ou archère - ⑤ Courtine - ⑥ Pont dit « dormant » (fixe) par opposition au pont-levis (mobile).

◄ illustration XII

Porte fortifiée : ① Mâchicoulis - ② Échauguette (pour le guet) - ③ Logement des bras du pont-levis - ④ Poterne : petite porte dérobée, facile à défendre en cas de siège.

illustration XIII ►

Fortifications classiques: ① Entrée - ② Pont-levis - ③ Glacis - ④ Demi-lune - ⑤ Fossé - ⑥ Bastion - ⑦ Tourelle de guet - ⑧ Ville - ⑨ Place d'Armes.

TERMES D'ART EMPLOYÉS DANS CE GUIDE

Pour les termes relatifs à l'art romain, voir p. 37 ; pour ceux concernant l'architecture rurale traditionnelle, voir p. 40 et 41.

Abside : extrémité généralement arrondie de la nef principale d'une église qui contient le chœur. Sa partie extérieure s'appelle le chevet.

Absidiole : illustration I.

Accolade : arc formé de deux doubles courbes contrariées qui se rejoignent en pointe à leur sommet.

Appareillage : taille et agencement des matériaux constituant une maçonnerie.

Arabesque : ornement à la manière arabe, formé de lettres, de lignes, de feuillages entrelacés.

Arcature : suite de petits arcs accolés ; lorsqu'ils sont adossés à un fond vertical, on les désigne sous le nom d'arcatures aveugles.

Arcature (bande) lombarde : décoration en faible saillie, faite de petites arcades aveugles reliant des bandes verticales, caractéristiques de l'art roman en Lombardie.

Arc boutant : illustration II.

Arc de décharge : illustration IX.

Arc polylobé : arc festonné de plusieurs lobes.

Arc rampant : arc dont les naissances ne sont pas à la même hauteur.

Arc surbaissé ou en anse de panier : arc aplati, très utilisé à la fin du Moyen Âge et à la Renaissance.

Arc triomphal : grande arcade à l'entrée du chœur d'une église.

Archivolte : illustration VIII.

Acrotère : ornement disposé aux angles des frontons.

Atlante : statue masculine servant de support.

Baldaquin : ouvrage couronnant le maître-autel et soutenu par des colonnes.

Balustre : petite colonne renflée supportant une tablette d'appui.

Baptistère : bassin circulaire ou polygonal servant au baptême par immersion dans les églises paléo-chrétiennes.

Barbacane : meurtrière ; ouvrage de défense avancé.

Bas-côté : illustrations I et II.

Bas-relief : sculpture en saillie sur un faible fond.

Billette : moulure faite de petits boudins.

Bossage : saillie « en bosse » dépassant le nu d'un mur et encadrée de ciselures profondes ou refends. Les bossages ont été très à la mode à la Renaissance.

Bretèche : illustration X.

Caisson : compartiment creux ménagé comme motif de décoration (plafond ou voûte).

Campanile : clocher isolé ou lanterne en charpente surmontant le comble d'un édifice et abritant la cloche de l'horloge.

Cannelé : orné de moulures creuses.

Cariatide : statue féminine servant de support. Illustration XVI.

Cartouche : encadrement sculpté ou peint en forme de feuille de papier à demi déroulée découvrant une inscription, des armoiries...

Chaire : tribune élevée dans la nef d'une église, souvent ouvragée et pourvue d'un abat-voix, réservée au prédicateur.

Chapelle latérale : illustration III.

Chapelle rayonnante : Illustration I.

Chapiteau : illustration IX.

Chemin de ronde : illustration X.

Chevet : partie extérieure de l'abside. Illustration I.

Chicane : passage en zigzag ménagé à travers un obstacle.

Claveau : l'une des pierres formant un arc ou une voûte.

Clef : claveau placé au sommet du cintre de l'arc.

Clef pendante : illustration VI.

Clocher-mur : partie supérieure du mur de façade d'une église, transformé en clocher et généralement en forme de pignon.

Clocher-peigne : clocher en forme de mur évidé où sont placées les cloches.

Clôture : dans une église, enceinte fermant le chœur.

Collatéral : Se dit des côtés de la nef lorsqu'ils sont de la même hauteur que celle-ci. Illustration I.

Colonne engagée : illustration IX.

Colonne renflée : colonne en forme de fuseau.

Colonne torse, torsadée : colonne à fût contourné en spirale.

Console : moulure saillante supportant une corniche ou un balcon.

Contrefort : illustrations II et III.

Corbeau : pièce de bois partiellement engagée dans le mur et portant sur sa partie saillante une poutre ou une corniche.
Corinthien (ordre) : ordre d'architecture grecque caractérisé par des chapiteaux à volutes presque entièrement recouverts de feuilles d'acanthe recourbées.
Courtine : illustration X.
Créneau : llustration XI.
Crochet : ornement en forme de feuille à extrémité recourbée.
Croisée du transept : illustration I.
Croisillon : illustration I.
Crypte : église souterraine.
Cul-de-four : illustration V.
Cul-de-lampe : llustration VI.
Culot : ornement sculpté en forme de souche végétale, parfois synonyme de cul-de-lampe lorsqu'il supporte la retombée d'un arc.
Déambulatoire : illustration I.
Dorique (ordre) : ordre d'architecture grecque caractérisé par des chapiteaux non sculptés.
Donjon : illustration X.
Doubleau : illustrations IV et VII.
Échauguette : illustration XII.
Écoinçon : ouvrage de maçonnerie de forme triangulaire formant encoignure.
Encorbellement : construction en porte à faux.
Entablement : saillie au sommet d'un bâtiment supportant la charpente.
Entrelacs : ornement composé de cordons entrelacés.
Fenêtre haute : illustrations II et III.
Flèche : illustration III.
Fleuron : ornement sculpté en forme de fleur et de feuillage.
Fresque : peinture murale appliquée sur l'enduit frais.
Frise : illustration IX.
Fronton : ornement d'architecture triangulaire couronnant l'entrée principale d'un édifice ; le fronton est dit « brisé » lorsque ses rampants sont interrompus avant leur rencontre au faîte.
Gâble : pignon décoratif très aigu. Illustration III.
Gargouille : illustration III.
Géminé : groupé par deux (arcs géminés, baies géminées).
Gisant : effigie funéraire couchée.
Gloire : auréole entourant un personnage ; en amande, elle est appelée aussi mandorle (de l'italien « mandorla » : amande).
Historié : décoré de scènes à personnages. Les chapiteaux historiés sont caractéristiques de l'architecture romane.
Jambage : illustration VIII.
Lambrequin : bordure à festons, garnie de franges ; découpures en bois ou zinc bordant le pourtour des auvents.
Lambrissé : revêtu de panneaux en marbre, en stuc ou en bois.
Lancette : arc en tiers-point surhaussé ressemblant à une pointe de lance.
Lanterneau ou lanternon : tourelle ajoutée au-dessus d'un dôme.
Linteau : illustrations VIII et IX.
Loggia : galerie extérieure en étage, souvent à arcades, ouverte d'un côté.
Mâchicoulis : illustrations X et XII.
Mandorle : voir « gloire ».
Meneaux : croisillons de pierre divisant une baie.
Merlon : illustration XI.
Meurtrière : illustration XI.
Miséricorde : illustration XV.

◀ illustration XIV

Coupole sur trompes :
① Coupole octogonale – ② Trompe – ③ Arcade du carré du transept.

illustration XV ▶

Stalles : ① Dossier haut – ② Pare-close – ③ Jouée – ④ Miséricorde.

Mitre (arc en) : composé de deux lignes droites se coupant (mitre = coiffure des prélats pendant les offices).
Modillon : petite console soutenant une corniche.
Monolithe : objet taillé dans un seul bloc de pierre.
Narthex : Illustration I.
Oculus, pl. oculi : fenêtre ronde, baie de forme circulaire (du latin œil).
Œil-de-bœuf : petite fenêtre ronde ou ovale ouverte dans un mur.
Ogive : arc diagonal soutenant une voûte. Illustrations VI et VII.
Orgues : illustration XVI.
Palmette : ornement en forme de feuilles de palmier disposées symétriquement autour d'une tigette centrale.
Piédroit : illustration VIII.
Pignon : partie supérieure, en forme de triangle, du mur qui soutient les deux pentes du toit.
Pilastre : pilier plat engagé dans un mur.
Pietà : mot italien désignant le groupe de la Vierge tenant sur ses genoux le Christ mort ; on dit aussi Vierge de Pitié.
Pinacle : illustrations II et III.
Plein cintre : en demi-circonférence, en demi-cercle.
Poivrière (en) : à toiture conique.
Pont-levis : illustrations XII et XIII.
Porche : lieu couvert en avant de la porte d'entrée d'un édifice.
Reliquaire : réceptacle contenant des reliques de saints ; il a parfois la forme de la relique qu'il renferme : bras-reliquaire, par exemple.
Remplage : réseau léger de pierre découpée garnissant tout ou partie d'une baie, une rose ou la partie haute d'une fenêtre.
Retable : illustration XVII.
Réticulé : en forme de réseau.
Rosace, rose : illustration III.
Sanguine : dessin exécuté avec un crayon d'hématite rouge.
Sarcophage : cercueil de pierre ou de marbre dans lequel les Anciens mettaient les corps (non incinérés).
Stalles : illustration XV.
Stuc : mélange de poussière de marbre et de plâtre, lié avec de la colle forte, utilisé en décoration.
Tiers-point (arc en) : arc brisé dans lequel s'inscrit un triangle équilatéral.
Tore : grosse moulure ronde, demi-cylindrique à la base d'une colonne ou d'un piédestal.
Tour-lanterne : tour ajourée en forme de coupole élevée à la croisée du transept.
Transept : illustration I.
Travée : illustration I.
Tribune : illustrations II et XVI.
Triforium : illustration II.
Triptyque : ouvrage de peinture ou de sculpture composé de trois panneaux articulés pouvant se refermer.
Trompe : section de voûte formant saillie et supportant la poussée verticale d'un élément de construction en encorbellement dans chaque angle d'une tour carrée : les quatre trompes d'angle permettent de passer du plan carré au plan octogonal. Illustration XIV.
Trompe l'œil (en) : peinture produisant, grâce à des artifices de perspective, l'illusion d'objets réels en relief.
Tympan : illustration VIII.
Vantail, pl. vantaux : battant de porte, de fenêtre ; panneau mobile.
Verrière : baie garnie de vitraux ou grand vitrail.
Voussures : illustration VIII.
Voûte d'arêtes : illustration IV.
Voûte en berceau : illustration II.
Voûte sur croisée d'ogives : illustration VII.

◀ illustration XVI
Orgues :
① Grand buffet – ② Petit buffet – ③ Cariatide – ④ Tribune.

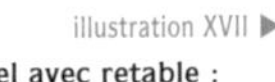

illustration XVII ▶
Autel avec retable :
① Retable – ② Prédelle – ③ Couronne – ④ Table d'autel – ⑤ Devant d'autel.

L'ART DANS LA VALLÉE DU RHÔNE

Les monuments romains

Mort et résurrection des cités antiques – Les cités romaines de Lyon et de Vienne, au faîte de leur splendeur au 2e s. après J.-C., ont décliné à partir du 4e s.
Les troubles et les incursions barbares ont occasionné des ravages multiples : incendies, pillages, destructions. Au Moyen Âge, les grands monuments servirent de carrière ; la plupart des statues de marbre qui les ornaient ont alimenté les fours à chaux. Au début de ce siècle, rares étaient les vestiges gallo-romains encore visibles. A partir de 1922 à Vienne et de 1933 à Lyon, sur les chantiers des sites archéologiques, des ensembles monumentaux remarquables furent exhumés. Ce sont les théâtres auxquels s'adjoignent des édifices plus petits ou odéons. De nos jours, les fouilles se poursuivent sans relâche. Certains bâtiments sont encore en cours de dégagement et bien des zones restent à explorer, notamment à St-Romain-en-Gal, sur la rive droite du Rhône, où une partie d'un quartier résidentiel de Vienne a été mise au jour.

Les théâtres – Ils se présentent comme l'indique le schéma ci-contre : des gradins terminés par une colonnade, l'orchestre réservé aux personnages de marque, une scène surélevée par rapport à l'orchestre.
Les acteurs jouent en avant d'un mur percé de portes par où se font leurs entrées. Derrière le mur de scène, richement décoré, se trouvent les loges des acteurs et les magasins. Au-delà encore, un portique donnant sur des jardins reçoit les acteurs avant leur entrée en scène. Les spectateurs viennent s'y promener pendant les entractes ou s'y abriter de la pluie.
L'acoustique des théâtres romains nous étonne encore dans ces édifices à moitié détruits : on imagine la perfection qu'elle devait atteindre, il y a 2 000 ans.

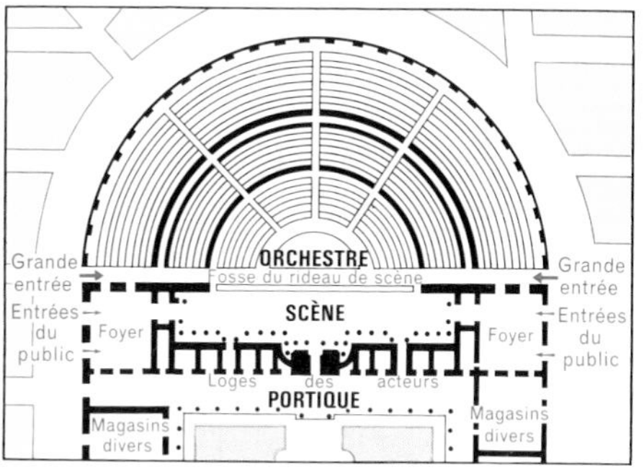

Les temples – Ils se composent d'un sanctuaire fermé contenant une effigie divine – qui peut être celle d'un empereur divinisé – et d'un vestibule ouvert. Les temples sont entourés partiellement ou totalement d'une colonnade. Le temple d'Auguste et de Livie à Vienne, comparable à la Maison Carrée à Nîmes, est un des mieux conservés *(voir p. 261)*.

Les thermes – Les thermes romains, publics et gratuits, sont à la fois bains publics, établissements de culture physique, club, casino, centre de conférences, ce qui explique les séjours fréquents et prolongés qu'on y fait. Le fonctionnement des thermes prouve une grande maîtrise des problèmes d'adduction d'eau et de chauffage. L'eau arrive par un aqueduc *(voir ci-dessous)*, elle est accumulée dans des citernes puis distribuée par un circuit de canalisations en plomb et en mortier ; l'évacuation se fait par un réseau d'égouts. Le chauffage de l'eau et des pièces est assuré par un système de foyers et d'hypocaustes en sous-sol : l'air chaud obtenu par la combustion du bois ou du charbon de bois circule par un conduit de pilettes puis par des tubulures établies à l'intérieur des murs.
Dans ces très vastes bâtiments, la décoration est somptueuse. Colonnes et chapiteaux rehaussés de couleurs vives, parements de mosaïques, revêtements de marbres de couleur, voûtes à riches caissons, fresques sur les murs, statues étalent partout les fastes d'un luxe inouï. Des statues d'une haute qualité ont été trouvées dans les vestiges des thermes de Ste-Colombe près de Vienne.

L'amphithéâtre – L'élément principal est l'arène, de forme ovale généralement, où se donnent les spectacles : combats de bêtes fauves ou de gladiateurs, exécutions de condamnés non citoyens romains qui sont livrés aux bêtes ou au bourreau. Le cri « aux lions, les chrétiens » est resté tristement célèbre. Autour de l'arène s'ordonnent les gradins qui reçoivent les spectateurs. Lyon, centre du culte officiel de Rome en Gaule, se devait d'avoir un amphithéâtre. C'est l'amphithéâtre des Trois Gaules *(voir p. 144)*.

Le cirque – Il attire les foules passionnées de courses de chars. Au milieu de la piste, se trouve une longue construction rectangulaire, la spina, limitée à chaque extrémité par de grosses bornes semi-circulaires. Les chevaux et les clochers portent les couleurs blanches, bleues, rouges ou vertes des factions rivales qui organisent la compétition. Construit en grande partie en bois, le cirque, malgré ses dimensions imposantes – plusieurs centaines de mètres de longueur sur cent de largeur – est un édifice particulièrement vulnérable aux destructions. Deux cirques en France ont fait l'objet de fouilles, celui d'Arles et celui de Vienne. On pourra voir, à Vienne, la « Pyramide » qui marquait le centre de la spina.

L'art roman

Lyonnais et région de Vienne – Les églises romanes des régions de Lyon et Vienne assurent la transition entre la Bourgogne (clochers-porches de St-Martin d'Ainay et de St-Pierre de Vienne et la Provence (arcs trilobés de St-Pierre à Vienne).

Lyon – St-Martin-d'Ainay

Vienne – St-Pierre

Vienne – Chapiteau de St-André-le-Bas

Forez-Velay – En Forez, la décoration extérieure est très simple, tandis que l'influence de l'art musulman s'exerce sur le pays vellave (arcs festonnés, claveaux de couleurs alternées).

St-Rambert-sur-Loire

Chamalières-sur-Loire

Le Monastier-sur-Gazeille

Vivarais – En Vivarais, l'église romane est remarquable par l'équilibre de ses volumes et la sobriété de ses formes (chevets de Cruas et Larnas, église de Vion).

Cruas

Larnas

Vion

Tricastin – Dans le Bas-Rhône, les traditions antiques persistent : portail à fronton triangulaire, chapiteaux à feuilles d'acanthe, frise sous le faux triforium.

St-Restitut

Le Val des Nymphes

St-Paul-Trois-Châteaux

Du gothique à nos jours

Période gothique (13e-15e) – Dans la vallée du Rhône et les régions voisines, l'époque gothique est loin d'être aussi riche en œuvres d'art que la période romane. L'emploi systématique de la croisée d'ogives et de l'arc brisé constitue le caractère essentiel de l'architecture religieuse. Désormais l'architecte, maître des poussées de l'édifice, les dirige sur les quatre piliers déterminant une travée au moyen des arcs ogives, formerets et doubleaux. Il suffit alors d'épauler les piliers par des contreforts et des arcs-boutants. Les colonnes suffisent donc à soutenir l'église ; on peut évider les murs et garnir les baies de vitraux. Avec le style flamboyant, apparaissent des arcs purement décoratifs, dits liernes et tiercerons.

La vallée du Rhône n'a pas donné naissance à ces grands sanctuaires qui font l'orgueil de la France du Nord. On n'y trouve pas non plus une architecture religieuse homogène encore que celle-ci ait plutôt subi des influences méridionales discernables dans la largeur des édifices et l'horizontabilité de leurs toits. Les cathédrales de Lyon et de Vienne, amples monuments aux lignes austères et rudes, sont intéressantes dans leurs détails. L'abbatiale de St-Antoine, commencée au 12e s. et terminée au 15e s., permet de suivre l'évolution du style gothique de sa naissance à son déclin. L'église St-Nizier de Lyon et celle d'Ambierle offrent de bons exemples du style flamboyant sans les outrances habituelles au genre.

R. Lanaud/EXPLORER

Détail d'un vitrail du 13e s.
(abside de la primatiale St-Jean de Lyon)

L'architecture militaire est abondamment représentée en cette marche-frontière entre le « Royaume » et « l'Empire » ; les châteaux ruinés de Rochemaure, de Tournon, de Crussol ou de Polignac sont des témoignages marquants de la féodalité rhodanienne et vellave.

Période Renaissance (16e s.) – Sous l'influence de l'Italie, l'architecture Renaissance suit une orientation nouvelle marquée par le retour aux formes antiques ; colonnes et galeries superposées donnent de la grandeur aux monuments. Les façades sont sculptées de niches, de statues, de médaillons, de baies qui encadrent des pilastres.

La Renaissance italienne a trouvé dans le sillon rhodanien son principal chemin d'accès vers le Nord de la France. Elle a laissé son empreinte à la maison des Chevaliers à Viviers, au château de la Rochelambert dans le Velay, dans certaines maisons lyonnaises des quartiers St-Jean et St-Nizier et, près de Feurs, au château de la Bastie d'Urfé, orné d'une admirable galerie.

Période classique (17e-18e s.) – Tantôt sobre et relevant de la manière antique, tantôt surchargé et s'inspirant de l'esprit baroque, l'art classique a laissé maintes preuves de sa faveur dans les régions décrites par ce guide, mais on ne découvre d'ensembles majeurs qu'à Lyon.

L'urbanisme classique trouve son principal champ d'action, au 17e s., dans le quartier des Terreaux, autour de l'hôtel de ville, et, au 18e s., dans les quartiers de Bellecour et Perrache construits à l'emplacement d'anciens marais : la place Bellecour, tracée sous Louis XIV et encadrée d'immeubles Louis XVI, en est l'élément capital. L'architecte lyonnais **Soufflot** (1710-1783) fait figure de chef d'école à l'égard du style Louis XVI par son souci de remettre l'Antiquité à l'honneur. L'auteur du Panthéon réalise des ponts, des ensembles immobiliers le long des quais et le majestueux mais austère Hôtel-Dieu que domine sa coupole à pans.

Période moderne (19e-20e s.) – Au 19e s., l'**école lyonnaise de peinture**, partagée entre le réalisme et l'idéalisme, allie une certaine austérité allant parfois jusqu'à la mélancolie, sensible dans les portraits, les paysages, les natures mortes et même les grandes compositions décoratives à la Puvis de Chavannes.

A la suite du dessinateur Jean-Jacques de Boissieu (1736-1810) et du paysagiste Pillement (1728-1808), s'imposent, dans la première moitié du siècle, des artistes réalistes, tels **Berjon** (1754-1808), auteur attentif de natures mortes et de portraits, puis **Grobon** (1770-1853) qui se consacre surtout au paysage.

La seconde partie du siècle voit régner le triumvirat composé de **Ravier** (1814-1895), Carrand (1821-1899) et Vernay (1821-1896) aux paysages riches en effets de lumière, et souvent dramatiques en ce qui concerne Ravier, le plus doué des trois. Cependant un courant idéaliste persiste avec **Puvis de Chavannes** (1824-1898), grand décorateur qui compose les peintures murales de l'escalier du musée des Beaux-Arts de Lyon.

L'art des architectes et des ingénieurs s'est exercé à Lyon lors de la construction de la basilique de Fourvière, élevée dans un style byzantino-médiéval original bien que contestable, et sur le Rhône dans le lancement, à partir de 1825, de ponts suspendus en fer qui, après la Seconde Guerre mondiale, furent remplacés par des ouvrages en béton.

Depuis 1945 ont été édifiés des monuments religieux d'une conception neuve comme le couvent d'Éveux, l'église du Pouzin ainsi que des ensembles urbains comme Firminy et le quartier de la Part-Dieu à Lyon.

Maisons rurales traditionnelles

Au cours des siècles, les maisons rurales ont suivi l'évolution du travail des champs, subi l'influence des régions voisines et des nouveaux procédés de construction ; elles montrent cependant combien les hommes ont su s'adapter aux particularités de leur province et en tirer parti.

Les maisons du Forez et du Lyonnais

La ferme forézienne – C'est une ferme close, ordonnant ses hauts murs, souvent faits de lits de pierres disposées obliquement, de chant, autour d'une cour fermée. Certaines maisons sont pourvues d'une galerie de bois à balustrade. La couverture est en tuiles.

Ferme forézienne

Les jasseries – Sur les hauteurs du Forez et du Pilat, les jasseries sont des annexes éloignées de la ferme. Solides constructions de pierre, couvertes de chaume, elles se composent d'une étable, d'une pièce où, durant l'été, le berger dispose du matériel nécessaire à la fabrication des fromages et, au-dessous, d'une cave à fromages.

La maison beaujolaise – Couverte de tuiles romaines, la demeure beaujolaise, bâtie sur plan rectangulaire, est en pierre grise au Nord, brune ou rousse dans la Montagne, dorée au Sud. Robuste et simple, elle comporte toujours au rez-de-chaussée une cave ou caveau à l'entrée en anse de panier, caractéristique. Un escalier extérieur couvert d'un avant-toit formant auvent soutenu par des colonnes de bois ou de pierre donne accès au logement. Les bâtiments annexes ferment rarement la cour.

Une ferme de la Dombes – La ferme dombiste est allongée et pourvue d'un étage. Extérieurement, elle présente un crépi protégeant les murs en brique (terre cuite) ou en **pisé** (terre crue). Le toit en tuiles rondes soutenu par des étais forme auvent *(voir p. 93)*.

La maison du Velay

Au Sud et au Sud-Est du Velay, sur les flancs du Mézenc, la ferme est sans étage. Vers le Nord, en descendant des plateaux, l'habitation tend à devenir plus haute et plus confortable. A côté de la cuisine, on trouve la salle, souvent appelée salon, où l'on recevait les hôtes. Dans un recoin de la cuisine, du côté Nord, la souillarde sert de garde-manger.

En terre plus riche, la maison possède un étage percé d'étroites fenêtres.

Dans les vallées du Nord et de l'Est, la maison, adaptée au travail ancien de la dentelle ou du ruban, est pourvue de hautes fenêtres qui éclairaient la chambre du métier.

La maison vellave est originale par sa maçonnerie en moellons bruts où domine la lave grise ou rouge foncé en terrain volcanique, le granit gris clair en terrain ancien, l'arkose jaune en terrain sédimentaire. Les blocs de pierre sont cimentés d'un mortier souvent pétri avec de la pouzzolane (gravier volcanique rougeâtre).

Dans les villages, un clocheton signale l'« assemblée » ou maison de la « béate » *(voir p. 182)*.

Les maisons rhodaniennes

Le sillon rhodanien n'a pas un type d'habitat très individualisé, ses maisons n'en présentent pas moins d'attrayants caractères.

Plaines de Valence et de Montélimar – Le caractère le plus constant de la maison rurale est un mur aveugle du côté du Nord, d'où souffle le mistral. La protection est souvent renforcée par un écran de verdure, thuyas, cyprès ou platanes. Le type le plus simple et le plus courant est une petite maison partagée au rez-de-chaussée entre l'écurie et la cuisine ; à l'étage, entre la fenière (fenil) et la chambre.

De grosses exploitations isolées groupent leurs bâtiments autour d'une cour fermée : avec leurs murs extérieurs aveugles, elles ressemblent à des maisons fortes.

Les maisons des mariniers – Les plus typiques se trouvent dans les vieux quartiers de Condrieu, Serrières, Bourg-St-Andéol, Bais.

La maison du Bas-Dauphiné

Dans le Bas-Dauphiné, les cailloux roulés et les pignons à mantelure font l'originalité de certaines maisons.

La maison en cailloux roulés – Entre Bourbe et Isère, on utilisait couramment comme matériau les galets ou cailloux roulés, abondants dans cette région de dépôts morainiques et alluviaux.
Les cailloux sont placés de chant, sur un lit de mortier, en changeant le sens de leur inclinaison d'un lit à l'autre. Ce procédé conférait à la construction plus de solidité et d'agrément. Les quartzistes avaient la préférence des maçons de village.

Les pignons à mantelure – Dans la région de Morestel, à Creys, Brangues, Mérieu, on rencontre un mode de couverture emprunté aux Préalpes : le pignon à « escalier » de pierre ou mantelure. Le toit, en tuiles plates, prend appui sur les pignons des murs latéraux dont les rampants présentent des décrochements ; les marches ainsi constituées sont couvertes d'une grosse dalle de pierre débordante, donnant à la maison une silhouette curieuse.

La maison vivaroise

Dans les villages qui ont échappé à l'exode rural, la maison vivaroise s'est conservée de façon remarquable, illustrant le mot d'Auguste Perret : « Dans ce pays, la moindre étable est une architecture. »
A mesure que l'altitude décroît et que les ressources se diversifient, l'ordonnance des fermes devient plus complexe pour s'adapter à la polyculture.

La maison du Haut Vivarais – Aux confins du Velay, dans le massif du Mézenc et sur les hauts plateaux dominant l'Ardèche et l'Eyrieux naissants, on rencontre la maison de montagne, basse et trapue, au toit de **lauzes** (dalles de schistes ou de lave phonolithique). La maison paraît écrasée sous cette carapace conçue pour résister aux intempéries : « Qui bien lauze, pour cent ans pose », rappelle un vieux dicton ; les maisons aux toitures de chaume ou de genêts sont en voie de disparition.

Maison du Haut Vivarais

Cette maison aux murs de granit ou de **basalte** (roche éruptive) aux ouvertures rares est une habitation d'éleveurs. On y pénètre par un porche-auvent, protégeant le seuil de l'amoncellement de neige. La première pièce était l'étable, au sol en terre battue ou recouvert de dalles ; une cloison de planches la séparait de la cuisine où, dans l'épaisseur des murs, étaient aménagés des lits-placards. Au-dessus de l'étable se trouvait la fenière, munie de trappes, permettant, l'hiver, d'alimenter le bétail sans avoir à affronter les intempéries.
Dans la région de Vernoux, les bâtiments de l'habitation rurale s'ordonnent en fer à cheval autour de la cour ; au Sud, le logis fait un angle droit avec l'étable à l'Est, surmontée de la grange. La cuisine fait l'articulation entre l'étable, la salle à manger et la « salle » commandant elle-même une chambre. Des hangars bordent la cour, dont le **calabert**, monté sur des poteaux de bois, qui abrite les instruments aratoires.
Sur le plateau de St-Agrève, les fermes en granit ont un étage et des chambres à côté de la fenière. Au rez-de-chaussée, la cuisine et l'étable possèdent chacune leur entrée indépendante. Une rampe côté montagne permet d'accéder à la fenière située au-dessus de l'étable. La couverture du toit est en lauzes ou en tuiles.

Ferme du plateau de St-Agrève

La maison du Coiron – Elle présente un aspect assez confus en raison des multiples bâtiments annexes accolés autour du corps de logis initial.
Les constructions sont, en général, en basalte noir et les toits sont presque plats. Les villages sont établis sur des versants ensoleillés.
Au Sud du Coiron, apparaissent le couradou et la génoise de la maison du Bas Vivarais.

La maison du Bas Vivarais – C'est une maison à étage, sur plan carré, de type méridional. Le toit, en tuiles romaines, présente une faible pente ; à la naissance du toit, le haut du mur est décoré le plus souvent par le double ou triple bandeau d'une **génoise** faite de morceaux de tuiles prises dans le mortier. Une treille garnit en général la

Maison du Bas Vivarais

façade tournée vers le Midi. Le rez-de-chaussée, couvert d'une voûte solide, sert d'étable pour le petit bétail et de cave pour le matériel viticole.
On accède au 1er étage, réservé à l'habitation, par un escalier de pierre débouchant sur une terrasse généralement couverte, le **couradou**, qui donne accès à la cuisine, dallée de pierres ou de carreaux de terre cuite.
La magnanerie avait souvent son entrée directe sur le couradou ; réservée à l'élevage du ver à soie, ce fut, jusque vers 1850, un élément essentiel de l'habitation et de la vie vivaraises. De la cuisine, sur laquelle donnent les chambres, part un petit escalier en bois menant au grenier. Chez les propriétaires aisés, cet escalier est à vis, pris dans une tourelle qui le signale du dehors ; il mène aux chambres. Au corps de logis, des bâtiments annexes s'ajoutent souvent : four à pain, grange et, dans la zone du châtaignier, le séchoir à châtaignes : **clède** (ou clédo).
Dans la moyenne vallée de l'Ardèche, la maison en pierres calcaires est de règle. A l'Ouest et au Nord de Joyeuse, dans la zone du châtaignier, la maison de schiste domine. Elle n'a qu'un seul étage, le couradou a disparu. La clède à châtaignes est essentielle, un hangar lui est souvent adjoint.

Les jeux

La boule lyonnaise – Né à Lyon, ce jeu au charme particulier s'est répandu avec succès dans toute la France. La rigueur de ses diverses obligations et pénalités lui donne le caractère d'un véritable sport. Le terrain, ou cadre, aménagé dans un « clos » paisible et ombragé, mesure 27,50 m de longueur sur 4 m de largeur.
On joue depuis une ligne dite pied de jeu. D'autres raies, tracées sur le sol, déterminent divers emplacements : lancement au but, boule pointée, etc. Chaque joueur dispose de trois boules et fait partie d'une doublette ou d'une quadrette. La partie se joue généralement en 13 points.
Chaque année, à la Pentecôte, le boulodrome du pont Pasteur s'emplit de milliers de boulistes venus s'affronter dans un grand tournoi. Pendant quatre jours, Lyon ne vit plus que pour les boules, et les finales sont disputées dans une atmosphère passionnée haute en couleur. En dehors de la compétition, la partie de boules est une excellente occasion pour faire un « mâchon » entre amis.

La sarbacane – Ce jeu, pratiqué dans la région stéphanoise, consiste à envoyer de petites flèches le plus près possible du centre d'une cible, au moyen d'un long tube d'acier – le canon – dans lequel il faut souffler très fort.
On distingue trois sortes de cibles : la cible pour le jeu à la franchise, papier imprimé de cercles concentriques numérotés, de l'extérieur au centre, de 1 à 6 ; la cible pour le tir au but, petit disque de bois, de 8 mm de diamètre, au centre duquel est planté le piquillon (aiguille d'acier), et, enfin, le papegai, oiseau composé de pièces de bois que l'on fixe au sommet d'un mât de 9 m de hauteur.
Les sociétés de sarbacane sont organisées en confréries : la fête des rois, le tir au papegai en juin, les mariages, les baptêmes sont autant de prétextes pour se réunir joyeusement. Comme le dit un couplet d'une chanson composée pour le centenaire d'une société de sarbacane :

« A cette soirée de famille,
Chacun chante sa chanson,
Danse valses et quadrilles
En vidant de nombreux flacons. »

Les joutes nautiques – Organisées autrefois par les bateliers de la Saône et du Rhône, les joutes nautiques sont encore à l'honneur dans la région lyonnaise. Deux jouteurs, placés chacun sur une barque dirigée par 8 ou 10 rameurs, tentent, au croisement des deux barques, de se jeter mutuellement à l'eau au moyen de leurs lances.

De nombreux terrains de camping offrent des commodités
(magasins, bars, restaurants, laveries)
et des distractions (salle de jeux, tennis,
golf miniature, jeux pour enfants, piscine, location de bungalows...)
*Consultez le **guide Michelin Camping Caravaning France** de l'année.*

La table

Des voies de communication excellentes bordées de régions d'une exceptionnelle richesse de productions naturelles font de la vallée du Rhône une terre d'élection pour le tourisme gastronomique. Trait d'union entre le Nord de l'Europe et la Méditerranée, elle offre aux voyageurs qui la traversent une grande variété de cuisines auxquelles de riches vignobles apportent leur alliance généreuse.

Valentin/HOA QUI

Gratinée lyonnaise

La cuisine lyonnaise – Elle est simple, elle est « vraie », elle est de tous les jours. Ici point de snobisme. Le plus humble des bistrots, si la chère y est sans reproche, voit passer chez lui toutes les classes de la société lyonnaise dont la passion vigilante pour les choses de la table est légendaire.
Ce n'est pas par hasard que les esprits les plus avertis situent la capitale mondiale de la bonne cuisine à Lyon. Cette active cité dispose, à ses portes mêmes, des riches élevages de la Bresse et du Charollais, des gibiers de la Dombes, des poissons des proches lacs savoyards, des primeurs et des fruits de la vallée du Rhône et du Forez. Ces conditions ont permis l'épanouissement du talent de « chefs » célèbres, dont le renom a passé les frontières, et des fameuses « Mères », robustes cuisinières, qui ont marqué de leur empreinte féminine le caractère même de la cuisine lyonnaise dont les subtiles et délicates nuances sont dues à un habile mariage de produits de haute qualité sélectionnés avec un soin jaloux.

Spécialités lyonnaises – Elles sont nombreuses. Il faut citer : la quenelle de brochet qu'il est bon de consommer gratinée au four dans un beurre blond grésillant, le saucisson de Lyon, le cervelas chaud truffé et pistaché, la truite braisée et farcie, les matelotes au vin de Bourgogne, les volailles et surtout la poularde demi-deuil avec des lames de truffes entre chair et peau et cuite au bouillon, le poulet Célestine, le poulet à la crème, les cardons à la moelle ou gratinés, le gras-double, les toasts, galettes pérougiennes et les bugnes.

Les autres cuisines rhodaniennes – La prestigieuse cuisine lyonnaise étend ses influences bien au-delà de ses limites naturelles. Mais dans la vallée du Rhône, comme à l'Ouest ou à l'Est de celle-ci, les cuisines locales conservent leurs caractères propres.

Forez – En Forez, les produits de la pêche, de la chasse et de l'élevage sont à la base d'une cuisine fine et savoureuse. Écrevisses et truites du Lignon, volailles entrent dans la préparation de nombreux plats. La qualité des viandes de boucherie est ici exceptionnelle. A moins que vous ne préfériez déguster un pâté en croûte, une dodine de canard ou un délicieux jambon du pays, sans oublier la Rosette de Feurs ; en automne le gibier vous proposera ses pâtés et ses terrines. Peut-être aussi aurez-vous la chance de trouver sur quelques tables des bécasses dont le vol traverse encore cette région.

Vivarais – La table souvent rustique n'y est pas toujours frugale. Au pays des châtaignes, des bolets et des mousserons, citons parmi les spécialités solides et savoureuses : perdrix aux choux, grive aux raisins, poule en vessie, poulet aux écrevisses, oie ou dinde aux marrons, lièvre en poivrade et enfin cochonnailles de l'Ardèche. Quant aux fruits, ils sont parmi les plus beaux de France, cerises, abricots, pêches, poires, prunes, pommes y viennent en abondance.

Bas-Dauphiné – Le Bas-Dauphiné rhodanien marque la transition entre le Lyonnais et la Provence. C'est le pays du gratin, pommes de terre en tranches cuites au four dans du lait, du cul de veau aux poireaux, des pognes (brioches) de Romans et de Valence, du fromage de St-Marcellin, du bœuf braisé à la grignanaise et de l'inimitable nougat de Montélimar.

Les vins – Pays du bien-manger, le Lyonnais et la vallée du Rhône puisent aux deux grands vignobles du Beaujolais et des Côtes du Rhône le complément naturel à leurs tables recherchées. Alors que la majorité des vignobles du Beaujolais ne datent guère que du 18e s., ceux des Côtes du Rhône sont vraisemblablement les plus anciens de France puisque les premiers cépages en auraient été apportés par les Grecs plusieurs siècles avant notre ère.

Beaujolais – Le Beaujolais peut être consommé comme boisson désaltérante au cours de la journée, ou tout au long d'un repas. Il se déguste de préférence jeune et frais en raison de sa légèreté, de sa souplesse et de son fruité. Certains crus plus charnus et robustes peuvent se conserver plusieurs années comme leurs voisins de la Côte-d'Or : Moulin-à-Vent, Morgon, certains Fleurie, Chénas...

Côtes du Rhône – Les vignobles des Côtes du Rhône qui s'étendent en un long ruban de part et d'autre du fleuve produisent des crus dont la qualité et l'équilibre sont dus à un savant dosage des cépages. Les rouges se boivent peu chambrés, les blancs très frais. Pour les amateurs, citons les vins « élégants » de la Côte Rôtie au bouquet de violette, le Condrieu et le Château-Grillet qui se classent parmi les grands vins blancs de France et qui, jeunes, font merveille avec un gratin de queues d'écrevisses, les vins de l'Hermitage au parfum de framboise, le Saint-Joseph, le Cornas apprécié de Charlemagne, le vin blanc de St-Péray qui se traite en mousseux et la Clairette-de-Die, pétillante, franche et musquée. Enfin, dans l'épanouissement de la vallée marquant l'entrée en Provence *(voir carte p. 22)*, le chaleureux Châteauneuf-du-Pape, vin puissant à la robe de pourpre, le Gigondas, le muscat de Beaumes-de-Venise, suave et généreux et de l'autre côté du Rhône, le rosé de Tavel, les rouges et les rosés de Lirac et de Chusclan.

J.-D. Sudres/SCOPE

Le tablier du sapeur

Découper des tranches carrées dans de la fraise de bœuf bien épaisse et les faire blanchir à l'eau bouillante. Les mettre ensuite à mariner au moins 3 heures dans un vin blanc (Pouilly) avec du citron, sel et poivre. Mélanger un œuf entier avec de l'huile et tremper les tabliers dans ce mélange. Puis les rouler dans de la mie de pain avant de les faire griller dans de l'huile chaude. Les tabliers se servent avec de la sauce gribiche.

La cervelle de canut

Battre un fromage blanc jusqu'à ce qu'il devienne « claqueret », c'est-à-dire juste ferme. Ajouter alors sel, poivre, herbes et ail ainsi qu'une cuillerée d'huile et éventuellement un peu de vinaigre. La cervelle se sert aussi avec de la crème fraîche.

Quand partir ?

La région décrite est une grande zone de transition climatique où chaque entité conserve ses particularités saisonnières.

Le **printemps** est une période instable. La neige persiste jusqu'à fin avril dans les massifs du Forez et du Pilat et même fin mai dans le Mézenc. Les cols au Sud du Pilat conservent un enneigement tardif qui peut surprendre l'automobiliste venant de la vallée rhodanienne déjà gagnée par un printemps précoce. Les vallées de la Drôme embaument alors des floraisons fruitières tandis que la vallée de l'Eyrieux offre une éblouissante féerie rose.

De **juin** à **septembre**, c'est une saison sèche qui attend le touriste avec un important ensoleillement, accentué au Sud de Valence où s'impose la végétation méditerranéenne. En août, les gorges de l'Ardèche connaissent une affluence digne des stations de la Côte d'Azur.

L'**automne** garde un caractère doux le long du Rhône, mais de très fortes averses peuvent marquer la saison dans les Cévennes. En altitude, on assiste aux premières neiges. Les étangs de la Dombes se parent de couleurs fauves à la lumière douce d'octobre.

C'est en **hiver** que les contrastes régionaux sont les plus accusés : froide, sèche et égayée par de belles éclaircies sur l'axe Saône-Rhône, la saison dépose un épais manteau de neige sur les pentes du Pilat, du Forez et du Mézenc où se retrouvent les adeptes des sports d'hiver et de la randonnée. Sur les plateaux vellaves, cette neige, balayée par la **burle**, peut rapidement former d'importantes congères. Au Sud de Valence, le **mistral** maintient un ciel très dégagé, cependant le domaine méditerranéen n'est pas exempt de redoutables et imprévisibles tempêtes de neige.
Lyon conserve sa particularité, avec les brumes épaisses de l'été qu'accompagnent les chaleurs lourdes, et celles de l'hiver qui forment couvercle sur la ville. Le printemps et l'automne restent les saisons les plus agréables pour la découverte du Lyonnais.

Quelques prétextes pour partir

– **Rallye de Monte-Carlo**	*mi-janvier* dans la vallée de l'Ardèche et le Vivarais
– **Vol historique de la 1re Montgolfière**	*1er dimanche de juin* Annonay
– **Montgolfiades**	*3e week-end de juin* Annonay
– **Fête du Roi de l'oiseau**	*Mi-septembre* Le Puy-en-Velay
– **Fête des lumières**	*8 décembre* Lyon

Le Puy-en-Velay – St-Michel d'Aiguilhe et le rocher Corneille

Villes et curiosités

D. Pignol

Notre-Dame d'AIGUEBELLE

Cartes Michelin n° 81 pli 2 ou 246 pli 22.

L'abbaye de N.-D. d'Aiguebelle fut fondée en 1137 sous l'impulsion de saint Bernard, abbé de Clairvaux. D'un lieu désert, les moines firent une région prospère et l'abbaye, riche et renommée pour la sainteté de ses moines, connut une période de grandeur. Puis vint la décadence. Au 15e s., elle passa en commende ; en 1562, les réformés la pillèrent et en commencèrent la destruction. La Révolution acheva sa ruine.
Rachetée en 1815 et habitée de nouveau par les moines, elle reprend vie et c'est maintenant un monastère florissant où se fabrique une liqueur réputée.
L'abbaye a bénéficié du mouvement de réforme de l'abbé de Rancé, au 17e s. Elle est soumise au régime austère de la Trappe. Tout luxe est sévèrement banni. La vie des moines est organisée selon la règle de saint Benoît : les heures de prière, de travail manuel ou intellectuel et de repos sont également réparties.

Église abbatiale ⓥ – L'église abbatiale qui, seule, se visite adopte le plan cistercien traditionnel tout en y mêlant des éléments caractéristiques du style roman de transition. La nef se compose de trois travées qui communiquent avec les bas-côtés voûtés d'ogives par des arcades en plein cintre. Les arcs doubleaux, très légèrement brisés, reposent sur de massifs piliers rectangulaires. Les croisillons du transept sont flanqués à l'Est de quatre absidioles semi-circulaires, probablement carrées à l'origine. Le chœur présente une voûte en cul-de-four à cinq pans et reçoit la lumière par trois baies en plein cintre.
Autour du cloître qui jouxte l'église au Sud, se répartissent les bâtiments abbatiaux : armarium (bibliothèque), salle capitulaire, grande salle, cuisine et réfectoire, logement des convers, cellier. Les champs et les jardins cultivés par les moines s'étendent autour de l'abbaye.

ALBA-LA-ROMAINE

990 habitants

Cartes Michelin n° 80 pli 9 ou 246 plis 21 ou 22.

Au pied du village actuel, dans la plaine de l'Escoutay, s'élevait, sous l'Empire romain, « Alba Helviorum », la **capitale des Helviens**, dont le territoire couvrait à peu près l'actuel Bas Vivarais.
La ville, embellie par Auguste, offrait le visage d'une cité gallo-romaine traditionnelle, avec forum, thermes, aqueduc, théâtre, cirque, curie et de nombreux temples. Ses habitants avaient le rang de citoyens romains. Vers la fin du 4e s. ou au début du 5e s., fut établi à Alba un siège épiscopal qui, aux alentours de 475, fut transféré à Viviers. La ville, déchue de son rang de cité, eut, par la suite, à subir les invasions barbares puis sombra dans un lent déclin.
Ce n'est qu'au Moyen Âge, que l'on retrouve trace d'une communauté villageoise groupée autour d'un donjon et enserrée derrière une enceinte. La famille d'Aps, propriétaire des lieux, donna son nom à la localité qui le conserva jusqu'en 1903, date à laquelle elle reprit son appellation antique *(1)*.

La ville romaine – De part et d'autre de la D 107, des vestiges de l'ancienne Alba ont été mis au jour, notamment à droite en direction de Viviers, ceux des thermes (aujourd'hui recouverts) et de deux maisons *(dans une propriété privée)*. A gauche par un chemin descendant, on atteint les ruines en partie relevées du théâtre (où des représentations ont lieu en saison) et un vaste complexe comprenant un sanctuaire et un forum, bordés par une voie Nord-Sud, le cardo *(on ne visite pas)*.

Les vestiges paléochrétiens – Le croisement de la D 263 et de la D 107 délimite un enclos de fouilles révélant un ensemble d'églises et de ruines paléochrétiennes. L'église romane du 12e s., représentant la partie la mieux conservée, servit d'église paroissiale du Moyen Âge jusqu'au début du 16e s.

★**Le bourg médiéval** – Regroupé autour du château féodal, il est circonscrit dans le périmètre de l'ancienne enceinte fortifiée. De nombreuses maisons du 15e s., avec escalier extérieur, sont reliées par un réseau de ruelles sous voûtes, notamment la Grande Rue et la rue du Four. Remarquer les inscriptions, linteaux datés et sculptures en réemploi.

Château d'Alba ⓥ – Établi sur un neck volcanique *(voir p. 18)*, ce château, élevé au 17e s., à l'emplacement d'un donjon du 11e s., dresse sa silhouette de grosse bastide méridionale au-dessus de la rivière et du bourg. A l'intérieur, rénové, certaines salles abritent des expositions de peinture en saison.

Église St-André ⓥ – Bâtie au 16e s., avec réemploi de matériaux gallo-romains, elle abrite de beaux objets religieux des 16e et 17e s. et une belle Annonciation du 17e s.

---

(1) Pour plus de détails, lire « Alba, de la cité romaine au village », par R. L'Auxerrois (Guides archéologiques de la France).

J.-D. Sudres/SCOPE

La roche et le château d'Alba

La Roche – En bordure de l'Escoutay, le village médiéval de la Roche est également dominé par un neck basaltique. Les restes de son enceinte fortifiée transformée en maisons d'habitation et ses ruelles enchevêtrées sont pittoresques.

ENVIRONS

Sceautres – *8 km au Nord par la D 263.*
Ce minuscule village, blotti sur un replat herbeux en bout de vallée, semble écrasé contre le rocher de basalte noir qui le domine. Ce **site★** étrange est constitué d'un neck, dégagé des flancs d'un ancien volcan par le tumultueux torrent qui coule à son pied. Par un sentier escarpé, on peut accéder en une 1/2 h au sommet du rocher que coiffe une statue de la Vierge. Par temps dégagé, beau **panorama★** sur la coulée basaltique des Coirons à l'Ouest et la plaine d'Alba au Sud.

ALLÈGRE

1176 habitants (les Allègras)
Cartes Michelin n° 76 pli 6 ou 239 plis 33, 34.

A 1021 m d'altitude, Allègre étage ses maisons sur les pentes d'un ancien volcan. Sa foire annuelle de la St-Martin (12 novembre) atteste son passé d'active cité commerçante. La principale source actuelle de revenus est constituée par l'exploitation forestière, qui anime plusieurs scieries.

Du château qui fut, au Moyen Âge une forteresse redoutée, il ne subsiste qu'une ruine qui se détache sur le ciel, comme un portique. Cette forme curieuse est due à l'effondrement du mur entre deux tours, les mâchicoulis formant pont.
La **place du Marchédial** a conservé l'unité architecturale du 15e s. avec les maisons-fortes (anciens hôtels particuliers) qui la bordent. Au milieu de celle-ci, s'élève la chapelle Notre-Dame-de-l'Oratoire, surmontée d'un clocher à peigne, qui abrite une Pietà polychrome du 16e s.
De la table d'orientation, superbe **panorama★** sur les monts du Forez, le Mézenc et le Velay.

ENVIRONS

Le mont Bar – *45 mn aller à pied. Départ du parking situé derrière la salle polyvalente d'Allègre par le sentier balisé « PR 50 ».*
Cette intéressante promenade permet d'accéder au sommet (1 168 m) de cet ancien volcan. Son originalité réside dans la formation au sein de son cratère d'une profonde **tourbière**, unique en son genre en France.

Lac de Malaguet – *6 km. Quitter Allègre par la D 13 au Nord ; à 5,5 km prendre à gauche le chemin d'accès, long de 600 m.*
Situé à 1 012 m d'altitude, le lac a une superficie d'environ 21 ha. Il a pour déversoir la Borne occidentale qui, après son confluent avec la Borne orientale, va baigner la ville du Puy-en-Velay avant de se jeter dans la Loire. Dans un cadre de prairies et de forêts de sapins, c'est un site reposant.

AMBIERLE★

1 763 habitants

Cartes Michelin n° 73 pli 7 ou 239 pli 10 – Schéma p. 200.

Le bourg, bien exposé au soleil du matin, s'étage sur les pentes de la Côte roannaise *(p. 171)*, couverte de vignobles produisant un agréable rosé. Il conserve, dans sa partie haute, un ancien prieuré de Cluny montrant encore une porte fortifiée, un vaste logis du 18e s. et une belle église gothique.

CURIOSITÉS

★**Église** – Bâtie à la fin du 15e s., elle est de style gothique flamboyant.
A l'intérieur, la nef étroite est d'une grande élégance. De magnifiques **vitraux★** du 15e s. garnissent les cinq fenêtres du chœur, hautes de 13 m, celles des deux chapelles latérales et du bas-côté gauche.
Sur le maître-autel, derrière la grille du chœur, est exposé un **retable flamand★** du 15e s., dont les volets peints, attribués à Roger van der Weyden, sont d'une exceptionnelle qualité. Les sculptures sur bois de la partie centrale représentent des scènes de la Passion.

Musée Alice-Taverne ⓥ – Aménagé dans un bâtiment du 18e s., ses centres d'intérêt portent sur l'habitat et les usages domestiques, avec une reconstitution de la « maison », pièce unique du logis rural avec son âtre central et de divers intérieurs (auberge, atelier de couturière, etc.). L'évocation des jeux, coutumes, rites et superstitions, qui émaillaient la vie dans les campagnes voisines, est passionnante. Une section est consacrée aux costumes locaux et aux accessoires vestimentaires. Dans la cour et les hangars annexes sont présentés les outils de la forge, les métiers du cuir et du bois ainsi que du matériel agricole ancien. Des expositions temporaires occupent le second étage.

ANNONAY

18 525 habitants

Cartes Michelin n° 76 pli 10 ou 246 pli 18 – Schéma p. 194.

Annonay est établie dans une profonde entaille du plateau vivarois, au confluent de la Deûme et de la Cance. C'est d'ailleurs en raison de la qualité exceptionnelle de leurs eaux que leurs rives furent déjà au Moyen Âge animées par le travail du cuir et de la laine.
La ville, l'une des premières à se donner à la Réforme, fut durement éprouvée par les guerres de Religion ; mais au 17e s., elle prit un nouvel essor avec le développement de papeteries renommées grâce à l'installation des Johannot et des Montgolfier.
Aujourd'hui, à ces activités traditionnelles, s'ajoute une gamme variée d'industries : carrosserie, constructions mécaniques, feutres industriels, laines, chaussures, produits diététiques et pharmaceutiques. Implantés sur les plateaux environnants, ces nouveaux secteurs forment un saisissant contraste avec les façades du Vieil Annonay.
Annonay, ville natale des frères Montgolfier, est également celle d'un de leurs descendants, **Marc Seguin** (1786-1875) – *voir p. 27.*

Une expérience aérostatique – Les **frères Montgolfier** avaient remarqué la force ascensionnelle de l'air chaud *(voir p. 27)*. Après plusieurs essais concluants pour capter cette énergie et l'exploiter, ils expérimentent leur procédé publiquement, à Annonay, le 4 juin 1783, en présence des États particuliers du Vivarais. Un aérostat de 769 m^3 est lancé ; les fuseaux qui forment l'enveloppe sont confectionnés avec de la toile d'emballage et du papier ; ils sont assemblés par quelque 1 800 boutonnières. Il s'élève en neuf minutes et demie à sa hauteur maximale (entre 1 000 et 2 000 m selon les divers témoignages), demeure en l'air pendant une demi-heure et finalement atterrit à plus de 2 km du lieu de lancement. L'aérostation, prélude de l'aviation, était née.
Un obélisque, dressé au rond-point de l'avenue Marc-Seguin, une plaque apposée, place des Cordeliers, où eut lieu l'expérience, ainsi qu'une reconstitution historique du premier envol *(voir p. 289)* commémorent cet exploit.

LA VIEILLE VILLE *visite : 1 h 1/2*

Les vieux quartiers, qui s'étagent sur les collines enserrant les deux rivières, font l'objet d'une vaste campagne de restauration.

Partir de la place de la Libération.

Sur cette place se dresse la statue des frères Montgolfier, érigée en 1883 à l'occasion du premier centenaire commémorant le succès de leurs expériences aérostatiques.
A gauche du bureau de poste, un petit belvédère offre une **vue** sur la vallée de la Cance et le parc Mignot en contrebas, à droite.

Emprunter la rue Boissy-d'Anglas.

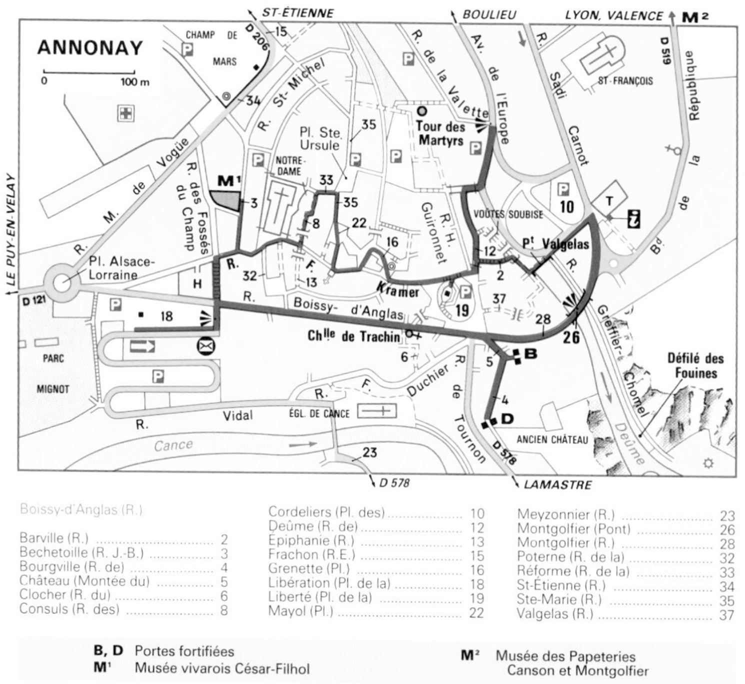

Chapelle de Trachin – Seul vestige d'un prieuré fondé en 1320 par **Guy Trachin**, bourgeois d'Annonay, cet édifice gothique, qui a échappé aux destructions des guerres de Religion, servit à différentes reprises de chapelle de confrérie et d'église paroissiale. La haute flèche de pierre est du 16e s. Le porche Nord est surmonté d'une sculpture représentant la tête du fondateur ; au-dessus, une Vierge à l'Enfant du 17e s.

S'engager dans la montée du Château, en contrebas de la place de la Liberté.

Portes fortifiées – La montée du château s'élève en rampe raide jusqu'à une ancienne porte à mâchicoulis (**B**), vestige des Rohan-Soubise. Une seconde porte d'enceinte subsiste à droite, rue de Bourgville (**D**).

La rue Montgolfier mène au pont du même nom.

Pont Montgolfier (**26**) – Jeté sur la Deûme, il offre en amont une **vue** sur le vieux **pont Valgelas** du 14e s. en dos d'âne et le couvent Ste-Marie, élevé au 16e s. En aval, la Deûme s'engage dans le **défilé des Fouines**, étroit et sombre passage rocheux, bordé de mégisseries désaffectées.

Place des Cordeliers (**10**) – Elle doit son nom à l'ancien couvent édifié à l'emplacement où s'élève aujourd'hui le théâtre. A droite de l'Office de tourisme, une plaque rappelle la première expérience publique des frères Montgolfier *(voir ci-dessus)*.

Regagner le pont Valgelas et emprunter les pittoresques voûtes Soubise ainsi que la rue Barville en escalier. Par la rue de Deûme, gagner l'avenue de l'Europe.

A l'intersection de l'avenue de l'Europe, qui couvre en partie la Deûme, et la rue de la Valette, s'offre, à gauche, une **vue** sur la **tour des Martyrs** (12-13e s.), dernier vestige des remparts de la vieille ville, et l'ancien couvent Ste-Marie.

Place de la Liberté (**19**) – Très animée le mercredi et le samedi, jours de marché, elle occupe le cœur de la cité.
Au Nord-Ouest de la place s'élève la statue de Marc Seguin. Jolie vue sur la chapelle de Trachin.

Rue Franki-Kramer – C'est l'ancienne grande rue d'Annonay. Avec les places Grenette et Mayol, voisines, elle est bordée de pittoresques maisons des 16e, 17e et 18e s. Sur la gauche, une plaque signale la maison natale de Marc Seguin. Un peu plus haut, une maison d'angle présente des bardages en fer destinés à protéger les murs.

Gagner la place Grenette et revenir à la rue Franki-Kramer.

Au n° 15, l'ancienne église de l'aumône du 17e s. est aujourd'hui un temple protestant.

Par le passage et la place Mayol, puis la rue Ste-Marie, gagner la rue des Consuls.

Sur la gauche, vieille demeure à fenêtres à meneaux.

Musée vivarois César-Filhol (**M**[1]) ⏱ – L'ancien bailliage royal (1700) rassemble d'intéressantes collections concernant le Vieil Annonay, ses grands hommes et le folklore vivarois. Parmi les objets d'art local, remarquer dans la salle un beau Christ en bois datant du 16e s., provenant du prieuré de Veyrine *(p. 109)*, et une émouvante Pietà en bois du 17e s. Une cuisine vivaroise a été reconstituée. Une salle est consacrée aux précurseurs de la locomotion : les frères Montgolfier, Marc Seguin (maquette de sa locomotive, 1828) et les frères Seguin créateurs du moteur rotatif d'aviation « Gnôme » en 1908.

J.-D. Sudres/SCOPE

Musée vivarois – Locomotive de Marc Seguin

AUTRE CURIOSITÉ

Musée des Papeteries Canson et Montgolfier (**M**[2]) ⏱ – *2,5 km. Quitter Annonay par le boulevard de la République, en direction de Valence. Juste avant la zone industrielle de Davézieux, prendre à gauche une route en descente signalée « Musée des Papeteries Canson et Montgolfier ». Laisser la voiture sur le parking devant l'église.*
Aménagé dans la maison natale des frères Joseph et Étienne de Montgolfier, inventeurs des aérostats *(voir p. 27 et 50)*, il retrace l'histoire des papeteries installées sur les rives de la Deûme, et plus précisément celle de Vidalon, devenue grâce à la qualité de ses produits manufacture royale en 1784. Un atelier traditionnel de fabrication a été reconstitué avec sa cuve, son jeu de formes, son étendoir et sa presse en bois. De nombreux documents, tableaux explicatifs et outils permettent de suivre l'évolution des techniques utilisées à Vidalon, depuis le premier moulin à papier installé par la famille Chelles, originaire de Beaujeu, ainsi que dans les pays d'Extrême-Orient. L'aspect social et la vie quotidienne sont évoqués, dévoilant les usages en vigueur chez les papetiers de l'Ancien Régime. Un ancien laboratoire et un bureau de papetier du début du siècle ont été recréés. Un vaste atelier voûté, en sous-sol, accueille du matériel lourd dont une machine à papier à forme ronde, étape intermédiaire entre la fabrication à la main et les techniques actuelles. Dans cet espace, un atelier de fabrication de papier à main présente aux visiteurs ce procédé traditionnel.

ENVIRONS

★**Safari-parc de Peaugres** ⏱ – *6 km par le boulevard de la République, au Nord-Est.* Situé au pied du mont Pilat *(p. 174)* et aménagé de part et d'autre de la N 82, ce parc animalier abrite environ 400 mammifères, 300 oiseaux et une soixantaine de reptiles.

Visite en voiture – *Se conformer aux consignes de sécurité données à l'entrée.* La route goudronnée serpente dans les quatre enclos séparés par un sas et permet de voir évoluer librement hamadryas (singes sacrés dans l'ancienne Égypte) et zèbres, lions africains, ours « barribal » et bisons américains, dromadaires, buffles, yaks, hippopotames, daims et éléphants.

Visite à pied – Dans le parc évoluent oiseaux aquatiques, girafes, autruches, élans du Cap (grandes antilopes africaines). Les caves du manoir abritent le **vivarium** où vivent lézards, caïmans, boas, pythons et roussettes. La singerie permet de découvrir mandrills, ouistitis, orangs-outangs et lémuriens. La visite se termine par les panthères des neiges, guépards, loups, tigres et cerfs d'Europe.

Boulieu – *5 km par l'avenue de l'Europe, au Nord.*
Ancien bourg fortifié conservant, de part et d'autre de la rue principale, le dessin de son enceinte carrée.

Château de Thorrenc *(on ne visite pas)* – *10 km au Nord-Est : après la gare routière prendre à droite la D 370 et à gauche la D 291.*
Récemment restauré, ce château du 11e s. se dresse au creux du ravin du Thorrençon.

Barrage du Ternay – *10 km par la D 206 au Nord, puis la N 82 et la D 306.*
Construit en 1867 pour l'alimentation en eau d'Annonay, il offre un joli plan d'eau bordé d'une ceinture de cèdres.

VALLÉES DE L'AY ET DE LA CANCE

Circuit de 44 km – environ 2 h

Quitter Annonay par la rue de Tournon au Sud en direction de Lamastre.

Quintenas-le-Peyron – Le village est dominé par le beau clocher (14e s.) de son **église** romane. Mentionnée dès 776 comme dépendance de l'abbaye de St-Claude dans le Jura, elle fut fortifiée au 14e s. puis restaurée au 19e s. : remarquer la bretèche de la façade et, du côté Sud, les arcatures qui formaient mâchicoulis.

A Quintenas, à droite, en face de l'église, prendre la direction de St-Romain-d'Ay.

La petite route serpente dans la campagne offrant de belles vues sur le Haut Vivarais.

On laisse sur la gauche l'église de St-Romain et on atteint la D 6 où tourner à gauche.
A 100 m, à droite, un chemin en descente conduit à N.-D.-d'Ay.

N.-D.-d'Ay – Ce modeste sanctuaire du Haut Vivarais, établi sur un promontoire, est un lieu de pèlerinage très fréquenté ; les terrasses de l'ancien château offrent un joli coup d'œil sur le ravin.

Faire demi-tour, prendre la D 6 à droite, puis suivre la D 221 vers Sarras.

Au-dessus de l'Ay qui cascade, les versants rocheux offrent un aspect déchiqueté. A un tournant, apparaît, sur un éperon, le pan de mur de la tour d'Oriol.

A Sarras, tourner à gauche pour suivre la N 86 et à 2 km, avant le pont de la Cance, prendre à gauche la D 270.

La route suit en corniche étroite la vallée de la Cance aux versants abrupts tapissés de chênes. Le torrent baigne en bouillonnant la **roche Péréandre★**, se dressant à plus de 40 m de hauteur.

L'ARBRESLE

5 199 habitants

Cartes Michelin n° 88 pli 7 ou 244 pli 13 ou 246 pli F.

Au confluent de la Brévenne et de la Turdine, cette cité industrielle, qui était spécialisée dans la soierie, est dominée par les vestiges du château des abbés de Savigny et par les pinacles couronnant le clocher (19e s.) de l'église.
L'Arbresle est la patrie de **Barthélemy Thimonnier**, inventeur de la machine à coudre *(voir p. 28)*.

Église - Remarquer, dans le chœur, les belles verrières (16e s.) des hautes baies et les stalles du 18e s. La première chapelle du collatéral gauche abrite une statue de saint Pierre et une Pietà du 15e s.

ENVIRONS

★**Couvent d'Éveux** ⓥ – *2,5 km au Sud-Est par la D 19.*
Situé à flanc de coteau, le couvent dominicain de **Ste-Marie-de-la-Tourette** a été édifié de 1956 à 1959 sur les plans de **Le Corbusier**. C'est un remarquable exemple d'architecture moderne appliqué à la vie conventuelle. L'ensemble des bâtiments, construits en béton brut, dessine un quadrilatère fermé au Nord par l'église. Celle-ci, très dépouillée, est éclairée latéralement par d'étroites fentes horizontales ; à droite, en entrant, la chapelle du saint sacrement capte la lumière par trois ouvertures inclinées suivant des axes différents. Les cellules des religieux donnent sur les prairies et les bois environnants.

Savigny – *5,5 km au Sud-Ouest par la N 89 et la D 7 à droite.*
Ce bourg s'est bâti autour d'une abbaye bénédictine fondée au 8e s. Des bâtiments abbatiaux, subsiste un corps de logis Renaissance.
Dans le cœur du bourg se trouve un petit **musée lapidaire** ⓥ où sont exposées des sculptures des 12e et 14e s. provenant de l'abbaye bénédictine : linteau présentant la Cène, chapiteaux richement sculptés, fragments de clôture de chœur.
Dans l'église, remarquer une Vierge de majesté en bois du 13e s. et un retable du 16e s.
Autour du village des sentiers aménagés proposent d'agréables promenades.

Pour organiser vous-même votre voyage vous trouverez, au début de ce guide, la carte des principales curiosités et un choix d'itinéraires de visite.

Gorges de l'ARDÈCHE***

Cartes Michelin n° 80 plis 9 et 10 ou 245 plis 1, 2, 14, 15 ou 246 pli 23.

Les gorges de l'Ardèche, que domine une route hardiment tracée, prennent rang parmi les plus imposantes curiosités naturelles du Midi de la France ; la majeure partie a été constituée en réserve naturelle. Cet ensemble paysager exceptionnel a été érigé, depuis 1993, en Grand Site d'intérêt national.

Un régime irrégulier - L'Ardèche prend sa source dans le massif de Mazan, à 1 467 m d'altitude. Elle se jette dans le Rhône, à 1 km en amont de Pont-St-Esprit, après une course de 119 km. La pente, très forte, est particulièrement accusée dans la haute vallée *(voir p. 59)*, mais c'est dans le bas pays que se présentent les exemples d'érosion les plus étonnants. Ici, la rivière a dû se frayer un passage dans les assises calcaires du plateau, déjà attaqué intérieurement par les eaux souterraines. Les affluents de l'Ardèche dévalant de la montagne accentuent son régime irrégulier, de type méditerranéen : maximum d'automne, faible débit hivernal, crues de printemps et basses eaux en été. En période de crue, on assiste à de redoutables convergences d'eau à Vallon-Pont-d'Arc. Le débit de l'Ardèche peut varier dans la proportion inouïe de 1 à 3 000, passant de 2,5 m^3/s à plus de 7 000 lors des plus fortes crues d'automne, les fameux « coups de l'Ardèche ». Un véritable mur d'eau avance alors dans la vallée à une vitesse de 15, parfois de 20 km à l'heure. La force de ces afflux subits est telle que la rivière repousse vers l'Est le flot pourtant puissant du Rhône et entasse dans le lit du fleuve un cône de déjections. En 1890, les eaux furieuses de l'Ardèche ont traversé le Rhône et crevé la digue de Lauzon sur la rive opposée. La décrue n'est pas moins soudaine.

Denis Pignol

Cirque de la Madeleine

DE VALLON-PONT-D'ARC A PONT-ST-ESPRIT

58 km – compter la journée – schémas p. 56 et 57

A la sortie du bassin de Vallon, l'Ardèche franchit le plateau calcaire du Bas Vivarais. De part et d'autre des gorges s'étendent à gauche le plateau des Gras, à droite le plateau d'Orgnac *(p. 56)*, recouverts d'un taillis de chênes verts et truffés de grottes. La D 290, **route panoramique**, domine l'entaille du plateau côté rive gauche.

Vallon-Pont-d'Arc – *Voir p. 251.*

Quitter Vallon en direction du Pont-d'Arc.

La route passe au pied du château du Vieux Vallon *(restauration en cours)* puis, après avoir franchi l'Ibie, rejoint l'Ardèche. A gauche s'ouvre la **grotte des Tunnels** où coulait autrefois un torrent souterrain, puis la **grotte des Huguenots** ⓥ, qui abrite une exposition sur la spéléologie et la préhistoire.

★★ **Pont-d'Arc** – Laisser la voiture aux parcs de stationnement situés de part et d'autre du belvédère. La rivière passe sous l'arche naturelle (34 m de hauteur, 59 m de largeur, au niveau de l'eau). Autrefois, l'Ardèche contournait par un méandre – c'est le chemin qu'on vient de suivre en voiture – ce promontoire. A une époque géologique reculée, l'arche devait être un simple goulet par où s'écoulait un cours d'eau souterrain. Le travail d'affouillement de l'Ardèche et l'érosion l'ont isolé,

puis la rivière, à la faveur d'une forte crue, a abandonné son ancien méandre pour se glisser à travers l'orifice, qu'elle a peu à peu agrandi *(on peut accéder au pied du Pont-d'Arc par un sentier s'amorçant à 150 m du belvédère, côté Vallon)*.
A partir du Pont-d'Arc, le paysage devient grandiose. La rivière dessine une succession de méandres harmonieux, entrecoupés de rapides, au fond d'une gorge déserte, longue de 30 km. La hauteur des falaises – certaines atteignent 300 m –, la richesse de leur coloration, leur profil contrasté laissent une impression inoubliable.
Après Chames, la route dessine ensuite un crochet à gauche, au fond du vallon de Tiourre qui forme un imposant **cirque**★ rocheux, et gagne le rebord du plateau.

★★ **Belvédère du Serre de Tourre** – Établi presque à la verticale de l'Ardèche qui coule à 200 m en contrebas, il offre une superbe **vue** sur le méandre du **Pas du Mousse** ; sur l'échine rocheuse, vestiges du château d'Ebbo (16e s.).
En face, se dressent les falaises de Saleyron au sommet en forme de calotte arrondie. A l'horizon, sur la droite, se détache la haute croupe du mont Lozère, tandis qu'à gauche s'étend le plateau d'Orgnac. La route touristique, largement tracée, épouse le relief tourmenté des falaises de la rive gauche se déroulant dans le taillis de chênes verts du bois Bouchas puis du bois Malbosc.

★★ **Belvédères de Gaud** – **Vue** sur la partie amont du méandre de Gaud et les tourelles de son petit château (19e s.).

★ **Belvédères d'Autridge** – Emprunter la boucle panoramique formant déviation, puis gagner les deux belvédères. Vues sur l'aiguille de Morsanne qui s'avance au-dessus de l'Ardèche comme la proue d'un navire.
500 m après la majestueuse combe d'Agrimont, du rebord de la route se développent de belles **perspectives**★★, en amont, sur l'Ardèche, dont la courbe magnifique est dominée au premier plan par l'aiguille de Morsanne.

★★ **Belvédères de Gournier** – Ils sont très bien situés, à 200 m au-dessus de la rivière. On aperçoit, en contrebas, la ferme ruinée de Gournier, dans un petit champ bordant l'Ardèche qui se fraie un passage au milieu des rochers de la Toupine (marmite) de Gournier.

★ **Grotte de la Madeleine** – *Page 154*

Gagner l'aven de Marzal par la route qui court sur le plateau des Gras.

★ **Aven de Marzal** – *Page 155.*

Revenir au grand carrefour de la Madeleine et gagner les parcs de stationnement du belvédère de la Madeleine.

★★★ **La Haute Corniche** – C'est la partie la plus remarquable du parcours, les belvédères se succèdent et offrent des vues saisissantes sur les gorges.

★ **Belvédère de la Madeleine** – Beau point de vue sur le « Fort » de la Madeleine qui barre l'enfilade des gorges vers l'aval ; ces falaises sont les plus élevées des gorges et dominent la vallée de 300 m.

★★ **Belvédère de la Cathédrale** – *1/4 heure à pied AR.*
Point de vue imprenable sur une des curiosités majeures des gorges : « la Cathédrale », immense rocher ruiniforme, qui dresse fièrement ses flèches de pierre en aplomb de la rivière.

Balcon des Templiers – Vues saisissantes sur le méandre resserré de la rivière, dominé par les magnifiques parois du cirque. En contrebas, petit éperon surmonté des ruines d'une maladrerie des Templiers.

Belvédère de la Maladrerie – De ce belvédère, vue vers l'amont sur la « Cathédrale ».

Belvédère de la Rouvière – En face se développent les « Remparts » du Garn.

Belvédère de la Coutelle – Vue vertigineuse en à-pic sur l'Ardèche qui coule 180 m plus bas ; vers la droite, sur la fin des Remparts du Garn ; sur la gauche, dans l'axe des gorges, surgissent les rochers de Castelviel. Remarquer les rapides de la Fève et de la Cadière.

★ **Grand Belvédère** – Vue sur la sortie des gorges et le dernier méandre de l'Ardèche.

★ **Grotte de St-Marcel** – *Page 224.*

★ **Belvédère du Colombier** – Il offre une belle vue au-dessus d'un méandre aux berges entièrement rocheuses.
La route décrit ensuite un crochet au fond d'une vallée sèche, puis, après le promontoire de Dona Vierna, fait un long détour au fond du vallon du Louby.

Quelques conseils à l'intention des randonneurs :
Les canoéistes doivent savoir que les locations de canoës sont suspendues quand le niveau d'eau est au-dessus de la côte 0,80 m sous le pont de Salavas. Avant d'entreprendre une randonnée à pied dans les gorges, il convient de s'informer sur le niveau des eaux pour pouvoir traverser les gués en toute sécurité.
La réserve naturelle des gorges de l'Ardèche est un site protégé : il faut donc tout mettre en œuvre pour en préserver l'écosystème. Il est notamment interdit d'y faire du feu, d'y abandonner des détritus, d'arracher les plantes ou d'ébrancher les arbres, de s'écarter des sentiers. Par ailleurs, il n'est pas possible de camper ou bivouaquer en dehors des aires autorisées.

★★ **Belvédère du Ranc-Pointu** – Situé à l'extrémité de la rampe montant du vallon du Louby, il domine le dernier méandre encaissé de l'Ardèche. Remarquer les différents phénomènes d'érosion : stries, marmites, grottes.

Du Ranc-Pointu, au cours de la descente, le paysage change brusquement : à l'entaille des gorges succède une vallée cultivée s'ouvrant largement vers le Rhône.

A droite, le village d'**Aiguèze** *(voir p. 56)* s'agrippe sur une arête rocheuse et domine l'Ardèche.

St-Martin-d'Ardèche – C'est la première ville depuis Vallon.

Chapelle St-Sulpice – *4 km, par Trignan, au départ de St-Martin-d'Ardèche.*

La chapelle romane de St-Sulpice (12e-17e s.) est isolée sur un replat, au milieu des vignes. L'édifice est d'une blancheur éblouissante ; au côté Sud : remplois de pierres sculptées à motifs d'entrelacs.

Franchir l'Ardèche par le pont suspendu de St-Martin.

La D 901 que l'on prend à gauche rejoint la N 86 peu avant le confluent de la rivière avec le Rhône.

La N 86 atteint Pont-St-Esprit.

Pont-St-Esprit – *Guide Vert Provence.*

LE PLATEAU D'ORGNAC (rive droite) *schéma ci-dessus*

Aiguèze – Ce village médiéval aux rues pavées couronne les dernières falaises des gorges. L'église présente un portail Nord du 16e s. avec un arc en plein cintre. La décoration intérieure de couleurs vives est représentative de l'art sacré de la fin du 19e s. Après avoir franchi un arc taillé dans le rocher, on pénètre dans l'ancienne forteresse du 14e s. Le chemin de ronde offre un joli **coup d'œil**★ sur la sortie du canyon jusqu'au mont Ventoux, les tours en ruine et en contrebas le pont suspendu reliant Aiguèze à St-Martin-d'Ardèche.

Les Crottes – Village martyr dont les ruines sont en partie relevées. Une stèle rappelle le massacre de ses habitants par les Nazis le 3 mars 1944.

★ **Aven de la Forestière** Ⓥ – Exploré en 1966 par A. Sonzogni, cet aven a été ouvert aux touristes en 1968. Peu profond, il est d'un accès et d'une visite faciles. La grande salle et les salles annexes sont riches en concrétions d'une extrême finesse : cristallisations en forme de chou-fleur, longs macaronis pendant de la voûte, excentriques aux formes capricieuses, petites draperies de stalactites aux couleurs variées et surtout imposant plancher stalagmitique mis en valeur par un éclairage habile. Un zoo cavernicole permet d'observer des crustacés, poissons, batraciens et insectes.

Labastide-de-Virac – Au Nord de ce village fortifié (bastide : lieu fortifié), situé à la limite du Languedoc et du Vivarais et point de départ d'excursions vers les gorges de l'Ardèche et le plateau d'Orgnac, se dresse le **château des Roure** Ⓥ, construction du 15e s., qui commandait le passage des gorges de l'Ardèche au niveau du Pont-d'Arc. Les deux tours rondes ont été abaissées en 1629 pendant les guerres de Religion. En 1702, éclate dans les Cévennes l'insurrection camisarde, riposte des réformés aux fameuses « dragonnades » lancées par Louis XIV pour déclencher des abjurations mas-

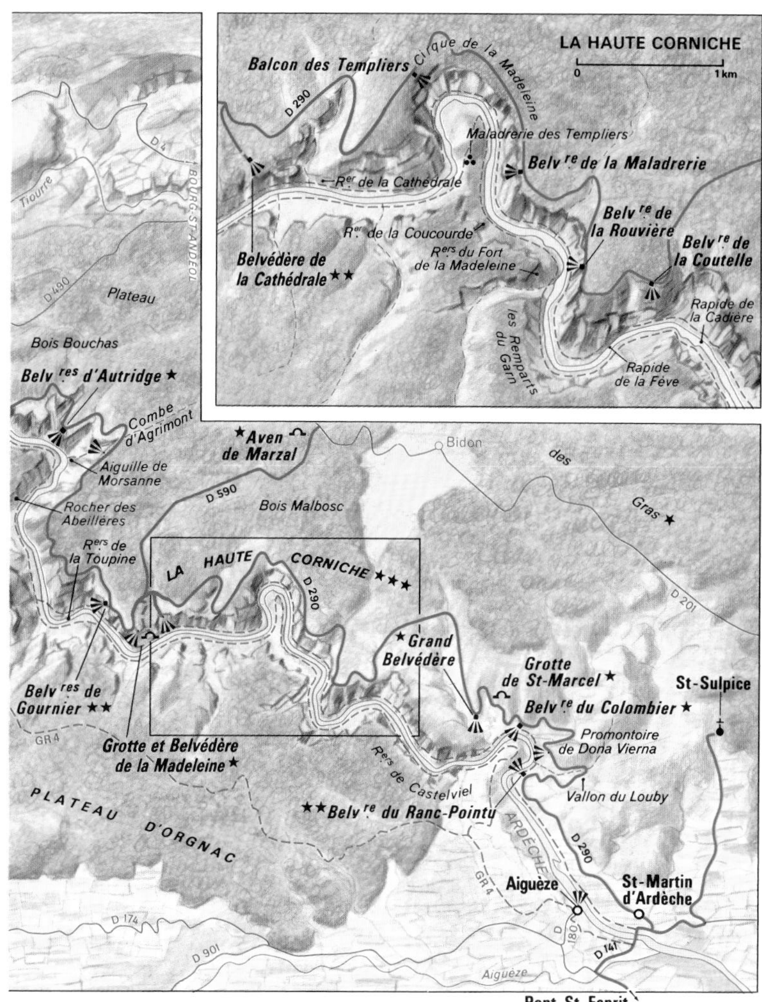

sives de la part des protestants et dont le nombre s'était multiplié après que le roi eut ordonné la révocation de l'édit de Nantes en 1685. L'année suivante, Jean Cavalier, l'un des chefs camisards se heurtant aux troupes royales, prit d'assaut le château de Labastide-de-Virac. Depuis 1825, la demeure est entre les mains de la famille du sculpteur James Pradier, dont les ascendants étaient métayers des comtes du Roure.
Au cours de la visite, on remarque la cour de style florentin, l'escalier à vis, la grande salle du 1er étage avec sa belle cheminée. Du chemin de ronde, on domine le plateau ardéchois et le plateau des Gras ; par temps clair, on distingue le mont Lozère et le mont Mézenc tout au Nord. La visite s'achève sur une exposition de soieries artisanales locales. Une magnanerie en activité fait revivre l'élevage traditionnel du vers à soie.

★★Belvédère du Méandre de Gaud – De ce promontoire se révèle une très belle **vue★★** sur l'Ardèche et le cirque de Gaud.

★★Aven d'Orgnac – *Page 167.*

★★★DESCENTE EN BARQUE, EN CANOË OU A PIED

Du Pont-d'Arc à St-Martin-d'Ardèche *schémas ci-dessus*

Descente en barque ou en canoë Ⓥ – Elle peut s'effectuer de mars à fin novembre ; la meilleure époque se situe en mai et juin.
Après un vaste plan d'eau calme, l'Ardèche pénètre en méandre dans les gorges. On aperçoit, à droite, l'entrée de la grotte d'Ebbo, puis le Pas du Mousse, passage étroit dans la falaise donnant accès au plateau : à gauche se détache le rocher de l'Aiguille. Aux hautes falaises de Saleyron succèdent le rapide de la Dent Noire, puis le méandre et le cirque de Gaud avec son petit château. Les rapides alternent avec de magnifiques plans d'eau dominés par d'imposantes falaises ; on remarque à gauche, bien détachée, l'aiguille de Morsanne et, à droite, les arrachements rouges et noirs des Abeillères.

Après les rochers et les trous de la Toupine (marmite) de Gournier, où le fond atteint par endroits 18 m, on aperçoit au loin le rocher de la Cathédrale, après environ 4 h de descente. Une des entrées naturelles de la grotte de la Madeleine s'ouvre à gauche. Peu après, l'Ardèche se glisse au pied de l'énorme rocher de la Cathédrale.
Au pied d'énormes falaises, les Rochers de la Madeleine sont l'un des plus beaux passages des gorges. Détroits, rapides et plans d'eau irisés se succèdent dans un paysage où les chênes verts contrastent avec les pans à nu des parois. Après le singulier rocher de la Coucourde (= le crâne en provençal) et le surplomb de Castelvieil, on aperçoit, à gauche, l'entrée des grottes de St-Marcel. Le promontoire de Dona Vierna précède le belvédère du Ranc-Pointu, puis les falaises s'abaissent à l'entrée de la percée finale. A droite, la tour d'Aiguèze, sur le rebord de l'escarpement rocheux, domine l'élargissement terminal de la vallée.

Descente à pied ⓥ – Seule la rive droite au départ de Salavas ou d'Aiguèze permet d'effectuer un parcours « au sec ». Au départ de St-Martin ou de Chames, sur la rive gauche, il faut franchir deux gués, praticables seulement par basses eaux.

Un nouveau sanctuaire de la Préhistoire

Sur le site de la Combe-d'Arc, dans les gorges de l'Ardèche, a été découvert fin 1994 un ensemble de peintures et de gravures rupestres d'un intérêt exceptionnel. Intégrée dans un vaste réseau de galeries souterraines, la cavité, qui porte le nom de **grotte Chauvet** (du nom de son inventeur), recèle sur ses parois près de 300 peintures noires ou rouges et autant de gravures, composant un véritable bestiaire, où l'on a recensé, entre autres, des chevaux, des mammouths, des ours, des rhinocéros laineux, des félins, des aurochs et, fait rarissime, une hyène et un hibou. Des signes géométriques, des mains positives ou négatives accompagnent ces figures qui témoignent d'une grande maîtrise dans la justesse du trait et le rendu du mouvement et du relief.
Les premières observations font remonter ces œuvres d'art au paléolithique supérieur, environ 30 000 ans avant l'époque actuelle. Par le nombre, la qualité et l'originalité de ses représentations animalières, la grotte de Vallon Pont-d'Arc est, comme la grotte Cosquer dans le massif des Calanques et la grotte de Lascaux en Dordogne, d'une importance capitale pour l'étude de l'art pariétal dans le monde. De plus, préservée de toute intrusion depuis l'occupation paléolithique, elle constitue un immense champ d'investigation pour les paléontologues qui analyseront les ossements d'ursidés disséminés dans la cavité et les archéologues qui tenteront de définir les activités pratiquées par nos ancêtres grâce aux nombreux vestiges laissés sur place : foyers, silex taillés, empreintes de pas, etc.
Pour l'heure, l'accès de la grotte est réservé aux seuls spécialistes, mais à terme la réalisation d'un fac-similé ou d'une représentation virtuelle devrait permettre à tous d'admirer ses trésors. En attendant, une exposition, rue Miarou à Vallon-Pont-d'Arc, présente les trésors des différentes grottes ornées de l'Ardèche (☎ 04 75 37 17 68).

Les défilés de L'ARDÈCHE★

Cartes Michelin n° 80 plis 8 et 9 ou n° 240 plis 4, 8.

La vallée de l'Ardèche, d'une splendide luminosité, dessine une ample cuvette qui se prolonge vers l'Ouest par le bassin du bas Chassezac. Elle présente une succession de bassins fertiles où la rivière décrit des méandres, et de défilés où elle s'encaisse profondément ; ses eaux vertes contrastent avec les bancs de graviers clairs et les berges de sable doré.

LA MOYENNE VALLÉE, D'AUBENAS A RUOMS

44 km – environ 2 h – schéma p. 60

Aubenas – *Page 63*

Quitter Aubenas par ④ du plan, D 104. A St-Étienne-de-Fontbellon, emprunter, à gauche, la D 579.

La route, tracée au milieu des vergers et des vignobles sa rapproche de la rivière.

Vogüé – *Page 274.*

★**Rochecolombe** – *5,5 km au départ de Vogué. Description p. 204.*

Au pont de Vogué, prendre la D 114, rive droite.

A Lanas, la route franchit la rivière par un point étroit : jolie vue sur l'Ardèche, à son confluent avec l'Auzon.

A St-Maurice-d'Ardèche, emprunter à droite la D 579, puis 300 m après la gare de Balazuc, tourner dans la D 294.

A la montée, **vue**★ sur le bassin, dominé par le Coiron.

R. Valarcher/PIX

Balazuc

★**Balazuc** – Ce village de calcaire, autrefois fortifié, est accroché à la falaise, dans un défilé retiré. C'est de la rive opposée, une fois le pont franchi *(laisser la voiture au bord de la route qui monte à gauche)*, qu'on a le meilleur point de vue sur le village, dominé par le clocheton de son église romane et les vestiges de ses tours.

Laisser la voiture sur le parking, à 50 m du pont, en bas du village.

Aux 8e et 9e s., Balazuc fut l'un des villages du Bas Vivarais où s'établit une colonie de Sarrasins ; les vieilles rues fleuries qui s'élèvent vers le château, invitent à la flânerie. Le pont, au pied du village, est le point de départ *(prendre le chemin de terre sur la gauche)* d'une très jolie promenade à pied, en aval, au bord de l'Ardèche resserrée entre les falaises ; celle de droite porte les vestiges de la tour de la Reine Jeanne.

Au cours de la montée sur le plateau rive droite, la **vue**★ embrasse tout le défilé. Du plateau rocailleux, très aride (buis, genévriers), la route redescend vers la dépression d'Uzer ; en face, on aperçoit les hauts de Largentière et une des tours de Montréal, dominés par la Cham du Cros, le Tanargue et, à gauche, le sommet du Lozère.

Emprunter la D 104 vers Uzer puis, à Bellevue, la D 4 en direction de Ruoms.

Un étroit passage rocheux marque l'entrée des gorges de la Ligne ; une belle **perspective** s'ouvre sur l'Ardèche, en amont, au confluent des deux rivières, dominé par des falaises hautes de près de 100 m. La régularité des strates est frappante.

Aux gorges de la Ligne succède le **défilé**★ de Ruoms. La route offre de jolis passages en tunnel. A la sortie des tunnels, la silhouette du rocher de Sampzon, en forme de calotte, se dresse en avant, dans l'axe de la vallée.

Prendre le pont à gauche vers Ruoms.

Ruoms – *Voir p. 108.*

Il est possible de découvrir ces fascinants paysages de différentes façons. Un aménagement de la rivière permet de naviguer en canoë d'Aubenas ou de Vogüé jusqu'à Vallon Pont d'Arc. Des sentiers ont été aménagés pour les randonnées à pied ou en VTT. D'autres activités ludiques sont proposées, comme le parc d'attraction d'Aérocity (voir à Aubenas).

La haute vallée de l'ARDÈCHE★

Cartes Michelin n° 76 Sud des plis 17 à 19 ou 239 plis 47, 48.

Profil de la haute vallée – L'Ardèche prend sa source dans le massif de Mazan, à 1 467 m d'altitude. Elle se jette dans le Rhône, à 1 km en amont de Pont-St-Esprit, après une course de 119 km. La pente, très forte, est particulièrement accusée dans la haute vallée : sur les 24 premiers kilomètres de son cours, l'Ardèche « tombe » de 40 m par km (à titre de comparaison, le Rhône est « rapide », de Valence au confluent de l'Ardèche, avec une pente de 0,77 m par km).

A sa naissance, l'Ardèche est un torrent de montagne dégringolant au pied d'âpres versants rocheux. A Thueyts, le décor change : un vaste verger fleurit sur la plate-forme d'une épaisse coulée basaltique descendue de la Gravenne de Montpezat et au pied de laquelle la rivière s'enfonce en gorge. Puis c'est le bassin d'Aubenas : la lumière, les couleurs, la végétation annoncent le Midi.

Un régime irrégulier – Les affluents de l'Ardèche dévalant de la montagne accentuent son régime irrégulier, de type méditerranéen : maximum d'automne, faible débit hivernal, crues de printemps et basses eaux en été. En période de crue, on assiste à de redoutables convergences d'eau à Vals-les-Bains. Le débit de l'Ardèche peut varier dans la proportion inouïe de 1 à 3 000, passant de 2,5 m^3/s à plus de 7 000 lors des plus fortes crues d'automne, les fameux « coups de l'Ardèche ». Un véritable mur d'eau avance alors dans la vallée à une vitesse de 15, parfois de 20 km à l'heure. la décrue n'est pas moins soudaine.

DU COL DE LA CHAVADE A AUBENAS

42 km – compter 1 journée

Col de la Chavade – Alt. 1 266 m. C'est un seuil marquant la ligne de partage des eaux entre l'Atlantique et la Méditerranée. Quelques fermes montagnardes s'y blottissent. La N 102, qui relie le Puy à Viviers, suit la voie de passage traditionnelle entre le Velay et la vallée du Rhône.

Aux lignes horizontales de la planèze succède brusquement la trouée verticale de la vallée de l'Ardèche ; à 800 m du col, la route franchit le torrent qui tombe en cascade à gauche.

Le parcours, assez accidenté, offre surtout de belles vues dans l'axe de la vallée, dominée à droite par le sommet en dôme de la Croix de Bauzon et les découpures du rocher d'Abraham.

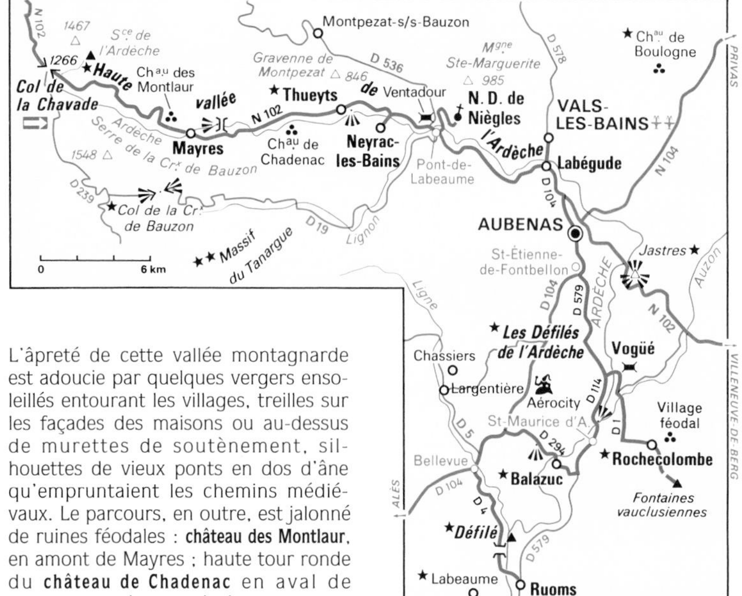

L'âpreté de cette vallée montagnarde est adoucie par quelques vergers ensoleillés entourant les villages, treilles sur les façades des maisons ou au-dessus de murettes de soutènement, silhouettes de vieux ponts en dos d'âne qu'empruntaient les chemins médiévaux. Le parcours, en outre, est jalonné de ruines féodales : **château des Montlaur**, en amont de Mayres ; haute tour ronde du **château de Chadenac** en aval de Mayres ; et, à l'arrivée à Pont-de-Labeaume. le **château de Ventadour**, ancienne forteresse médiévale en partie relevée de ses ruines.

Mayres – Bourg situé dans une gorge boisée.

D'une passerelle jetée sur l'Ardèche à 1 km en aval ; jolie **vue★** *sur le hameau et la haute vallée.*

★Thueyts – *Page 239.*

A la sortie de Thueyts, **vue** *sur la vallée, dominée à gauche par la montagne de Ste-Marguerite.*

⚕ **Neyrac-les-Bains** – Petite station thermale, adossée au volcan du Soulhiol. Les eaux, bicarbonatées, connues des Romains, passaient au Moyen Âge pour guérir de la lèpre.

A la sortie de Pont-de-Labeaume, prendre à droite la route en montée signalée « Notre-Dame de Niègles » qui se dirige au fond du vallon avant d'atteindre un replat. Laisser la voiture en contrebas à droite.

Notre-Dame de Niègles ⓥ – L'église se dresse sur une colline en surplomb de la rivière. De l'architecture d'origine (10e s.), il subsiste peu d'éléments et l'aspect actuel est le résultat d'adjonctions successives. Le portail date du 18e s. L'intérieur *(en cours de restauration)* est éclairé sur les côtés par des oculi ; l'abside est la partie la plus ancienne (11e s.). Au 16e s., l'église comportait 5 chapelles latérales. Devant l'entrée, pittoresque cimetière.

La route de retour à Pont-de-Labeaume offre à la descente de belles échappées sur la forteresse médiévale de **Ventadour** *(en cours de restauration)*.

‡‡ **Vals-les-Bains** – *Page 252.*

Labégude – Le village tire son nom d'un vieux mot provençal signifiant « guinguette, buvette » *(voir p. 31)*. Au bord de l'Ardèche, est installée une unité de production (verrerie) appartenant au groupe BSN.

La D 104 mène à Aubenas.

Aubenas – *Page 63.*

ARLEMPDES★

142 habitants

Cartes Michelin n° 76 pli 17 ou 239 pli 46 – Schéma p. 113.

Arlempdes présente un des **sites★★** les plus singuliers du Velay : perchées sur un piton volcanique d'aspect chaotique, les ruines d'un château féodal surplombent les gorges de la Loire d'un à-pic de 80 m.

Le village – Campé au pied du château, il conserve une porte d'enceinte fortifiée du 11e s. et une charmante église ⓥ. Sur la placette devant l'église, se dresse une belle croix à personnages du 15e s.

Château ⓥ – *1/4 h à pied AR. Emprunter, à gauche de l'église, le sentier passant sous une arche et menant à la porte d'entrée.*
Construit par les seigneurs de Montlaur au 13e s., il fit l'objet de plusieurs mises à sac malgré sa position imprenable. Le sommet de l'éperon est couronné des vestiges d'une petite chapelle en pierres volcaniques rouges.
Le chevet de la chapelle offre un **point de vue★★** impressionnant sur les gorges où gronde la Loire.
Le mur d'enceinte Nord garde son couronnement de merlons et de créneaux, face aux splendides coulées basaltiques de la rive opposée. Du pied de la tour de droite, le regard plonge sur la vallée de la Loire à l'aplomb d'une saisissante aiguille basaltique.

★LES PLATEAUX VOLCANIQUES

Circuit de 56 km – compter 1/2 journée

Quitter Arlempdes par la D 54 à l'Est et prendre à droite la D 500.

St-Paul-de-Tartas – Village dominé par sa petite église romane aux pierres volcaniques violacées.

Au carrefour de la D 500 et de la N 102, prendre à droite puis à gauche vers Pradelles.

S. Chirol

Le site d'Arlempdes

Pradelles – Le bourg, situé sur un promontoire, au carrefour des routes du Velay et du Vivarais, conserve en bas de la rue de traversée un vieux quartier qui témoigne de l'importance de cette ancienne place forte.

La place de la Halle, notamment, avec son ancien château fort, ses maisons à arceaux, ses logis Renaissance, les gros corbeaux de pierre ou de bois soutenant les toitures – certaines offrent, par contraste, un fronton à génoise *(voir p. 40)* – forment un ensemble intéressant. Un réseau de ruelles adjacentes descend vers la porte fortifiée de la Verdette qui donne accès à l'église et vers celle de St-Clément au Sud. A gauche de la place des Halles, dans le pittoresque « carrierou de l'Oustaou », pavé, on remarque plusieurs maisons aux fenêtres Renaissance ; l'une d'elles abrite en saison des **expositions** ⓥ sur le terroir.

En 1588, la cité, assiégée, par le capitaine Chambaud, chef des huguenots, fut délivrée grâce à l'intervention héroïque d'une simple paysanne, Jeanne la Verdette. Un bas-relief moderne commémore cet événement, à droite de la porte de la Verdette.

Musée Vivant du Cheval de Trait ⓥ – Installé dans une auberge du 19e s. reconstituée, il accueille les neuf races lourdes reconnues par les Haras nationaux : ardennais, auxois, boulonnais, breton, cob normand, comtois, mulassier poitevin, percheron et trait du nord. Un espace d'exposition présente les différents véhicules de transport (omnibus, cabriolet ou traîneau...), les outils pour le travail de la terre et l'évolution du matériel équestre du 14e s. à nos jours.

De la Croix d'Ardennes (butte volcanique de 1 133 m), au-delà du cimetière, belle vue sur la haute vallée de l'Allier.

La N 88 au Sud, puis la D 108, à gauche, mènent à Lespéron.

Lespéron – L'**église** romane, mêlant le granit et la pierre volcanique, est un exemple intéressant de sanctuaire montagnard, avec son clocher-peigne, les chapiteaux sculptés de la nef et surtout sa belle abside à cinq pans.

Par la D 108 et la D 300, gagner la N 102, où tourner à gauche, en direction de l'auberge de Peyrebeille située sur la commune de Lanarce.

Auberge de Peyrebeille – Cette vieille maison reconstruite sur plan ancien, située sur la commune de Lanarce, est célèbre dans les annales criminelles. C'est ici que les époux Martin, aidés de leur domestique, ont, pendant un quart de siècle, systématiquement massacré, pour les piller, les voyageurs qui s'arrêtaient chez eux. Le futur préfet du Second Empire, Haussmann, faillit être leur victime. L'affaire éclata en mai 1831. Les assassins furent finalement arrêtés, condamnés à mort et exécutés en 1833 dans la cour même de l'auberge. La thèse de leur culpabilité a fait l'objet de controverses.

Prendre à gauche la D 16.

Coucouron – Le bourg, voué à l'industrie laitière et fromagère, possède une **église** dont on remarquera le portail roman. A l'intérieur, grand Christ en bois (16e s.).

La D 298 s'enfonce dans le vallon boisé de la Méjanne, puis gagne la D 500, où tourner à droite pour rejoindre Arlempdes.

ARS-SUR-FORMANS

851 habitants

Cartes Michelin n° 88 pli 7 ou 244 Sud du pli 3 – Schéma p. 95.

Ce petit village de la Dombes a eu pour curé **Jean-Marie Vianney** (1786-1859), originaire de Dardilly, canonisé en 1925. Depuis cette date, le « curé d'Ars » est invoqué comme patron des curés de paroisse, et le village est devenu un lieu de pèlerinage très fréquenté.

Le pèlerinage – La modeste église du village est maintenant soudée à une basilique élevée en 1862 sur les plans de Pierre Bossan. A l'intérieur, le corps du saint repose dans une magnifique châsse. A proximité s'allonge une crypte à demi souterraine de 55 m de longueur, en béton à nu, œuvre de l'un des architectes de la basilique St-Pie-X à Lourdes.

L'ancien **presbytère** ⓥ a été conservé tel qu'il était à la mort du curé d'Ars. On y voit la cuisine, la chambre du prêtre, la chambre « des reliques », contenant de nombreux souvenirs du pasteur. Dans une salle attenante au presbytère, un montage audiovisuel évoque la personnalité du saint. Après la visite du presbytère, on ira voir la **chapelle du Cœur** qui contient le reliquaire où est conservé le cœur du curé d'Ars. La statue en marbre de Carrare représentant le prêtre en prière est une œuvre du sculpteur bressan Émilien Cabuchet (1819-1902).

Le plus important pèlerinage est celui qui se déroule chaque année le 4 août, jour anniversaire de la mort du curé d'Ars.

L'Historial ⓥ – 35 personnages de cire, réalisés par les ateliers du musée Grévin, sont présentés en 17 tableaux qui nous font revivre l'extraordinaire destin du saint Curé.

AUBENAS

11 105 habitants (les Albenassiens)

Cartes Michelin n° 76 pli 19 ou 246 pli 21 – Schéma p. 60.

Aubenas occupe un **site**★ perché sur un éperon dominant l'Ardèche. Les routes s'élevant en corniche au flanc du Coiron, à l'Est, découvrent d'admirables **perspectives** sur son bassin. Son commerce de marrons glacés et de confiture est florissant.

Une Jacquerie vivaroise – Après l'hiver de 1669-1670 qui fit périr tous les oliviers, des rumeurs concernant des impôts nouveaux créent un mécontentement profond. Le 30 avril 1670, un commis des fermes est lapidé à Aubenas. Le meneur des émeutiers, jeté en prison, est délivré le lendemain par les manifestants qui se donnent pour chef un gentilhomme de la Chapelle-sous-Aubenas, **Antoine du Roure**. Tandis que le gouverneur du Languedoc cherche à gagner du temps par des négociations, les hommes de Roure s'emparent d'Aubenas. Fin juillet, la rencontre avec l'armée royale a lieu à Lavilledieu. Les paysans sont massacrés ; Roure est exécuté à Montpellier. La colère royale s'exerça particulièrement sur Aubenas et la Chapelle, condamnées à de lourdes amendes.

CURIOSITÉS

Château (Y) – C'est un bel ensemble architectural. Les plus anciennes parties datent du 12e s. Les familles illustres qui s'y sont succédé, Montlaur, Ornano, Vogüé, notamment, ont tour à tour agrandi et embelli la demeure.
La façade principale, encadrée de tours rondes à mâchicoulis, est devenue au 18e s. l'entrée principale par l'ouverture des deux grandes portes à fronton. Les tuiles plates vernissées, de facture bourguignonne, égayent cet ensemble surmonté d'un donjon du 12e s. flanqué d'échauguettes. La cour intérieure est ornée de tourelles du 15e s. occupées par des escaliers à vis et d'un bel escalier du 18e s. En étage, la succession de **salles lambrissées et meublées** garde le charme des ensembles du 18e s. L'une d'elles abrite des œuvres du peintre symboliste Chaurand-Neyrac (1878-1948).

Dôme St-Benoît (Y **E**) – Ancienne chapelle des bénédictines (17e-18e s.) de forme hexagonale. A l'intérieur, mausolée (1640) du maréchal et de la maréchale d'Ornano.

Vieilles maisons – La « **maison aux Gargouilles** » (Y **B**) (16e s.) fait face au château ; sa haute tourelle polygonale est ornée de magnifiques gargouilles et sa façade présente de belles fenêtres à meneaux. Place Parmentier, jolie tourelle d'escalier (16e s.) dans la cour de la « maison de Castrevieille », et belles façades d'hôtels particuliers rue Jourdan. La rue Delichères est amusante avec ses vieux arceaux.

Église St-Laurent (Y **F**) – Le chœur est revêtu d'un monumental ensemble de style jésuite, formé de trois retables en bois sculpté. Belle chaire en bois sculpté du 17e s.

Table d'orientation (Y **K**) – La vue s'étend sur la montagne de Ste-Marguerite, la trouée de Vals, le roc de Gourdon, le col de l'Escrinet et les barres du Coiron.

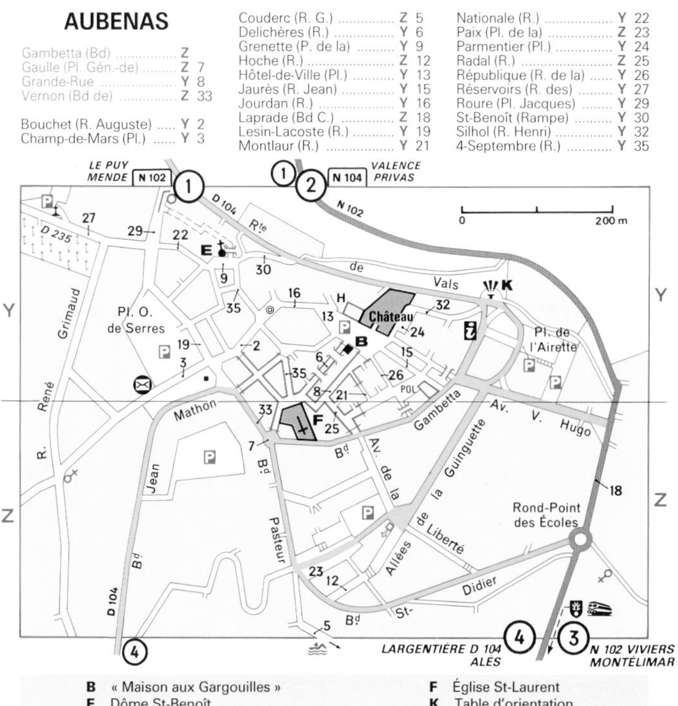

ENVIRONS

★**Panorama de Jastres** – *7,5 km par ③ du plan, N 102. A 4 km après le pont sur l'Ardèche, prendre à gauche la voie d'accès à la zone industrielle puis, 200 m plus loin, emprunter à droite un chemin revêtu, le suivre pendant 1,2 km et tourner à gauche dans un chemin rocailleux en montée ; au sommet laisser la voiture.*
On atteint le rebord du plateau *(1/2 h à pied AR)*, lieu d'habitat préhistorique. Au terme du chemin, le panorama embrasse, jusqu'au Guidon du Bouquet, toute la Basse-Ardèche, le bassin d'Aubenas, et au Nord-Est, la chaîne du Coiron.

Aérocity ⓥ – *10 km. Quitter Aubenas au Sud par la D 104.*
Ce parc d'attractions propose aux amateurs de sensations fortes « le toboggan géant » haut de 20 m pour découvrir le parachutisme, « la piscine toboggan », une initiation aux descentes en avion, un spectacle sur écran à 180° et pour les jeunes enfants, des aires de jeux et de découvertes.

AURIOLLES

Cartes Michelin n° 80 pli 8 ou 245 pli 1 ou 246 pli 22.

Sur le plateau qui sépare la basse vallée du Chassezac des gorges de la Beaume, un mas languedocien isolé du village d'Auriolles conserve d'intéressants souvenirs d'Alphonse Daudet.

Mas de la Vignasse ⓥ – *Emprunter, à hauteur de l'église d'Auriolles, à droite en venant de Ruoms, le chemin en montée menant, à environ 500 m, au mas, que signale l'effigie de l'écrivain.*
Cette demeure, restaurée et transformée en musée (**Lou Museon dou Bas-Vivarès**), a appartenu de 1642 à 1937 à la famille maternelle d'Alphonse Daudet, les Reynaud, producteurs et négociants de soie.
Dans l'ancienne magnanerie et la cour, un **musée d'Arts et Traditions rurales** expose des milliers d'outils évoquant la vie d'un grand mas d'autrefois. Moulin à huile d'olive, du 17e s., alambic du 18e s., pressoir à vin, charrues de 1700 à 1900, fours à chaux et à pain, traitement complet de la châtaigne ; métier à tisser du 16e s., dentelle fermière ; atelier pour filature de laine, du chanvre et de la soie. Matériel séricicole pour l'élevage des vers à soie et papillons vivants.
Le logement du sériciculteur (1714) abrite le **musée Alphonse-Daudet** qui fait revivre l'époque de l'écrivain (1840-1897). C'est là que le « Petit Chose », en vacances, écrivit son premier recueil *Les Amoureuses* (1858). Manuscrits, documents, articles de presse voisinent avec des portraits de famille. Remarquer la photographie de Henri Reynaud, cousin de Daudet, dont les histoires de chasse servirent de modèle au célèbre Tartarin. La cuisine date de la fin du règne de Louis XIV.

★**Promenade à Labeaume** – *1/2 h à pied AR. En quittant le mas de la Vignasse, tourner à droite et laisser la voiture à 800 m (quartier de Chantressac). Au carrefour central, emprunter, à pied, le chemin de gauche, puis tourner à droite, à environ 500 m, dans un sentier s'enfonçant sous un bosquet de sapins et un taillis d'acacias. Au terme de la descente, on débouche face à Labeaume.* *Description p. 107.*

AVENAS

105 habitants (les Avenaudis)

Cartes Michelin n° 73 pli 9 ou 244 pli 2 – 10 km au Nord de Beaujeu – Schéma p. 70.

Avenas en Beaujolais est situé sur l'ancienne voie romaine reliant Lyon à Autun.

Église – Elle date de la seconde moitié du 12e s. et renferme un magnifique **autel**★ de la même époque, en calcaire blanc. Sur la partie antérieure, le Christ en majesté, dans une gloire en forme d'amande, lève la main droite en signe de bénédiction. Il est entouré des symboles des évangélistes, tandis que les apôtres, disposés de chaque côté sur deux registres, tiennent le livre de leurs écrits qui forment, avec les Évangiles et les Actes, le Nouveau Testament.
Sur les faces latérales, on voit, à gauche, des scènes de la vie de la Vierge, à droite, le roi Louis offrant l'église d'Avenas au chapitre de St-Vincent de Mâcon. Le texte semble se rapporter à Louis VII.

Église d'Avenas – Autel

Château de la BASTIE-D'URFÉ★

Cartes Michelin n° 88 pli 5 ou 239 pli 23 – 7 km à l'Est de Boën.

C'est à la famille d'Urfé, à laquelle appartenait l'auteur de l'*Astrée*, premier roman français, que le château de la Bastie doit son second nom.
Les rudes seigneurs d'Urfé se bâtissent, au 15e s., un manoir sur les rives du Lignon. L'ascension de la famille est dès lors très rapide. Pendant les guerres d'Italie, Claude d'Urfé, l'aïeul de l'écrivain, séjourne plusieurs années à Rome comme ambassadeur. A son retour, il transforme le manoir de la Bastie en une demeure Renaissance. C'est dans ce cadre raffiné qu'**Honoré d'Urfé** (1567-1625) passe son enfance.

Une passion malheureuse – Après ses études au collège de Tournon, Honoré d'Urfé regagne la Bastie où il est l'hôte de son frère aîné. L'épouse de celui-ci, la belle **Diane de Châteaumorand**, femme ardente déçue par son mari, éveille dans le cœur du jeune homme une brûlante passion. Ayant obtenu l'annulation de ce premier mariage inconsommé, elle épouse son beau-frère en 1600. Les nouveaux époux s'installent à Châteaumorand, dans le château de Diane, au Nord-Ouest de la Pacaudière. Ce second mariage n'est pas plus heureux que le premier. Honoré d'Urfé fuit Châteaumorand et se remet à la rédaction de l'*Astrée*, ébauchée à son retour de Tournon. Publié de 1607 à 1628, le roman-fleuve de 5 000 pages lance en France la mode du roman et des bergeries. Son succès est extraordinaire. Les interminables amours d'un berger, Céladon, et de sa bergère, Astrée, servent de cadre à un véritable bréviaire de l'« honnête homme » au 17e s.

La Diana – Société historique et archéologique du Forez, Montbrison

Honoré d'Urfé

VISITE ⏱ *environ 1 h*

Le manoir primitif (14e-15e s.) a été agrandi et transformé au 16e s. par Claude d'Urfé qui fit travailler à sa décoration des artistes ramenés d'Italie.
La cour d'honneur est flanquée, à gauche, d'une aile réservée au corps de garde, à droite, d'une construction à l'italienne composée de deux galeries superposées, reliées par une rampe dont le départ est marqué par un sphinx accroupi sur un socle. Au rez-de-chaussée du corps de logis central, s'ouvre la célèbre **grotte de rocaille** ou salle de fraîcheur. Son revêtement de cailloutis, de coquillages et de sables diversement teintés, d'où se détachent des figures en relief, forme un ensemble richement coloré. Du décor païen de ce nymphée, on passe aux scènes bibliques qui décorent la chapelle contiguë. L'élégant **plafond★** à caissons de stuc doré est d'un raffinement exquis.
Les salles du premier étage montrent d'admirables plafonds peints. Elles ont retrouvé pour la plupart leur mobilier et leurs boiseries d'origine. Belle collection de tapisseries.
Dans l'enclos à l'Ouest du château, une rotonde abrite une statue de Bacchus. Les jardins ont été rétablis d'après des documents de l'époque.

Attention, il y a étoile et étoile !
Sachez donc ne pas confondre les étoiles :
- *des régions touristiques les plus riches et celles de contrées moins favorisées ;*
- *des villes d'art et celles des bourgs pittoresques ou bien situés ;*
- *des grandes villes et celles des stations élégantes ;*
- *des grands monuments (architecture) et celles des musées (collections) ;*
- *des ensembles et celles qui valorisent un détail...*

BEAUJEU

1 874 habitants

Cartes Michelin n° 73 pli 9 ou 244 pli 2 – Schéma p. 70.

« A tout venant, beau jeu », telle était la devise de l'ancienne capitale du Beaujolais, qui aligne ses maisons basses le long d'une rue étroite, entre les collines tapissées de vignes. Le commerce des vins fait la fortune de la ville et une statue, dans un décor rocheux, évoque Gnafron, vedette du guignol lyonnais *(voir p. 117)*.

CURIOSITÉS

Musée des Traditions populaires Marius-Audin ⓥ – Ce musée fut créé en 1942 par l'imprimeur érudit Marius Audin (1872-1951), né à Beaujeu.
Le 1er étage est réservé à une intéressante collection de poupées de mode du 19e s., entourées de meubles à leur taille, de malles, de jouets, de bibelots délicatement présentés. Ces poupées ont été les messagères de l'élégance française à l'étranger, surtout en Angleterre, avant de servir de jouets précieux. D'autres figurines arborent des costumes régionaux de France ou d'Italie : Champagne, Bourgogne, Piémont, Abruzzes, Sardaigne...
Dans la section du folklore, un intérieur paysan du 19e s. a été reconstitué tandis qu'une salle de classe restitue l'ambiance scolaire 1900, avec les pages d'écriture et les leçons de morale. Sont également présentés des outils de sabotier, tanneur, tonnelier, du matériel viticole, des instruments aratoires, de même que des meubles et objets provenant des hospices de Beaujeu (lit à rideaux, étains, veilleuses en porcelaine, clystères).
Au sous-sol, un caveau, le temple de Bacchus, dont l'entrée est surmontée d'une très belle tête romaine du dieu, offre à la dégustation les vins de « Beaujolais-Villages ».

Église St-Nicolas ⓥ – Les moellons irréguliers de roches noires ayant servi à sa construction lui donnent un aspect fort curieux. Édifiée en 1130, mais profondément remaniée au cours des siècles, elle a conservé son clocher roman.

Le BEAUJOLAIS**

Cartes Michelin n° 73 plis 8, 9, 10 ou 244 plis 1, 2, 3, 13, 14.

« Lyon, dit-on, est arrosé par trois fleuves : le Rhône, la Saône et... le Beaujolais. » Cette boutade tiendrait à accréditer l'idée d'un Beaujolais uniquement viticole. En réalité, si la vigne joue un rôle important dans l'économie de la région, elle n'est pas la seule source d'activité, la « Côte beaujolaise » ne constituant qu'une petite partie du pays.
Le Beaujolais doit son nom à la maison des Beaujeu. Durant les 9e, 10e et 11e s., les sires de Beaujeu se taillèrent un territoire important. État tampon entre le Mâconnais et le Lyonnais, ils fondèrent Villefranche et l'abbaye de Belleville. En 1400, Édouard de Beaujeu fait don de ses terres aux Bourbon-Montpensier et l'un d'eux, Pierre de Bourbon, épousa Anne de France, fille de Louis XI, dite Anne de Beaujeu. Sous François Ier, le profond découragement du Connétable de Bourbon face à l'attitude du Roi à son égard va le pousser à commettre des erreurs, sanctionnées par la confiscation de ses terres, et donc du Beaujolais, par la Couronne ; mais, en 1560, les Bourbon-Montpensier reprennent possession de leurs biens. A sa mort, Marie-Louise de Montpensier, la Grande Mademoiselle, lègue le Beaujolais à la famille d'Orléans qui le garde jusqu'à la Révolution.

UN PEU DE GÉOGRAPHIE

Le Beaujolais est un massif montagneux situé entre les bassins de la Loire et du Rhône, à la ligne de partage des eaux Océan-Méditerranée. Ses limites sont nettes à l'Est et à l'Ouest, beaucoup moins au Nord et au Sud où il se rattache au Charolais et aux monts du Lyonnais. Si l'altitude est relativement peu élevée - le mont St-Rigaud, point culminant, est à 1 009 m –, on est frappé par l'abondance des plateaux, l'existence des vallées sinueuses et encaissées, et surtout, par la dissymétrie entre les versants Est et Ouest. Alors qu'à l'Ouest on s'élève par une pente assez douce, c'est un talus accentué qui domine à l'Est la plaine de la Saône. Ce talus constitue la « Côte beaujolaise », tandis que tout le reste du massif forme la « Montagne ».

La Montagne – Avec ses monts et ses vallées pittoresques, ses paysages variés, la Montagne est une région digne d'être visitée. De la ligne de crêtes, et d'un grand nombre de belvédères, on découvre de vastes panoramas : au-delà de la plaine de la Saône apparaissent les contreforts du Jura et, plus loin, les hauts sommets des Alpes. Aux bois de sapins et aux genêts qui couvrent les sommets, succèdent, sur les pentes, forêts de chênes et vastes clairières. Plusieurs formes d'activités s'y sont développées. Le voisinage de Lyon, la situation du pays entre les vallées du Rhône et de la Loire favorisèrent les transactions commerciales et les transports.

Autour des bourgs de la montagne s'est organisée peu à peu une industrie textile. D'autre part les efforts entrepris, il y a un siècle, pour le boisement en résineux de la région de Monsols et de la haute vallée de l'Azergues portent aujourd'hui leurs fruits. De magnifiques plantations de sapins Douglas ont donné naissance à une florissante industrie du bois. L'activité de la Montagne beaujolaise tournée vers l'exploitation du bois et l'industrie textile contraste avec celle des coteaux dont le vignoble constitue une richesse incomparable.

LES VINS DU BEAUJOLAIS

Grâce à la culture de la vigne et à la réputation de ses vins, le Beaujolais est connu bien au-delà de nos frontières.

La vigne, cultivée ici depuis l'époque romaine, a connu des fortunes diverses : florissante au Moyen Âge, presque abandonnée au 17e s., elle bénéficie au 18e s. d'une véritable renaissance : Lyon, « la pompe à beaujolais », cesse alors d'être le seul débouché et des convois sont acheminés vers Paris. Les marchés s'élargissent avec le développement des réseaux routier et ferroviaire et la culture de la vigne devient une monoculture.

Aujourd'hui, le vignoble *(voir p. 21 – extension représentée en vert sur le schéma p. 70)* s'étend de la côte mâconnaise au Nord à la vallée de l'Azergues au Sud, il recouvre les pentes des coteaux ensoleillés qui dominent la Saône. Le cépage très homogène est constitué de gamay noir à jus blanc. Il produit des vins rouges frais et fruités dont le parfum varie selon la composition du sol. Le vignoble est en fait divisé en deux régions dont les productions sont différentes.

Pratta/ICONOS

Gaudeamus in vino

Les coteaux du Beaujolais – Au Nord de Villefranche, les terrains granitiques donnent en se décomposant le « Gore », argile à l'aspect cendreux qui est caractéristique du vignoble beaujolais. C'est la région des Beaujolais-Villages et des 10 crus : Moulin-à-Vent, Fleurie, Morgon, Chiroubles, Juliénas, Chénas, Côte de Brouilly, Brouilly, St-Amour et Régnié (dernière appellation officielle décrétée en 1988).

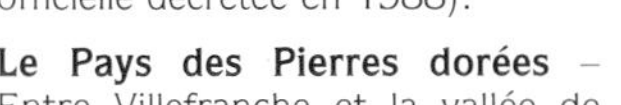

Le Pays des Pierres dorées – Entre Villefranche et la vallée de l'Azergues, le vignoble continue mais les terrains sédimentaires dominent et donnent un parfum différent au jus du gamay. C'est la région des Beaujolais et Beaujolais supérieurs.

Le Beaujolais doit être consommé jeune et possède le rare privilège pour un vin rouge de se boire frais ; de nombreuses communes offrent d'ailleurs aux touristes l'occasion de le déguster dans leurs « caveaux », « celliers » ou « châteaux » *(voir p. 287)*. Des confréries très actives comme les « Compagnons du Beaujolais », la plus connue, les « Gosiers secs de Clochemerle » et les « Grappilleurs des Pierres dorées » s'attachent à en diffuser la renommée.

★LE VIGNOBLE

1 De Villefranche-sur-Saône à St-Amour-Bellevue

98 km – environ 5 h – schéma p. 70

La route serpente à travers le vignoble, escaladant les coteaux puis redescendant vers la vallée de la Saône.

Villefranche-sur-Saône – *Page 267.*

Quitter Villefranche par la D 504. Prendre à droite la D 19, puis à gauche la D 44.

Montmelas-St-Sorlin – On contourne par le Nord le **château** féodal *(on ne visite pas)*, restauré par Dupasquier, élève de Viollet-le-Duc. Juché sur un promontoire rocheux, il a fière allure avec ses hautes murailles crénelées, ses tourelles et son donjon.

De Montmelas, poursuivre jusqu'au col de St-Bonnet. Du col, à droite, un chemin non revêtu conduit au signal de St-Bonnet (1/2 h à pied AR).

Signal de St-Bonnet – Du chevet de la chapelle, on découvre un panorama, au premier plan sur Montmelas, puis sur le vignoble et les monts du Beaujolais et au-delà sur la vallée de la Saône ; au Sud-Ouest, vue sur les monts du Lyonnais et de Tarare.

Du col, emprunter à droite la D 20.

St-Julien – *Page 223.*

Prendre la D 19 jusqu'à Salles.

Salles-Arbuissonnas-en-Beaujolais – *Page 231.*

De Salles suivre la D 35, puis la D 49^E à droite.

Vaux-en-Beaujolais – Ce village vigneron a inspiré Gabriel Chevallier (1895-1969) dans son truculent roman *Clochemerle.*

La D 49^E traverse le Perréon. Par la D 62 atteindre Charentay.

A 1 km à l'Est de Charentay dans un tournant à droite, on découvre la silhouette de l'étrange château d'Arginy.

Château d'Arginy – Très délabré, il est pourtant intéressant par le mystère qui l'entoure. Certains y placent le trésor des templiers qui aurait été rapporté par le comte Guichard de Beaujeu, neveu de Jacques de Molay, Grand Maître de l'Ordre. De l'époque templière, il ne subsiste que la grosse tour en brique rouge dite tour des Huit béatitudes ou tour d'Alchimie.

Continuer par la D 68 puis la D 19 à gauche et la D 37 à droite jusqu'à Belleville.

Belleville – Située au carrefour des axes Nord-Sud et Ouest-Est, cette ancienne bastide est à la fois un centre viticole et industriel (construction de machines agricoles). L'**église** du 12e s. faisait partie d'une abbaye de chanoines augustins, édifiée par les sires de Beaujeu. Le clocher carré fut construit au 13e s. sur le croisillon Sud. Le beau portail roman, qui donne accès à la nef gothique, présente une arcade extérieure décorée de motifs géométriques. A l'intérieur, les sculptures des chapiteaux, qui représentent les péchés capitaux, sont d'une naïve verdeur.

L'Hôtel-Dieu, construit au 18e s. en remplacement du vieil hôpital, a été occupé par des malades jusqu'en 1991. Ses trois grandes salles présentent les alignements typiques d'alcôves aux rideaux blancs et communiquent avec la chapelle par de belles grilles ouvragées. L'apothicairerie renferme une collection de faïences des 17e et 18e s., mises en valeur par les boiseries de noyer.

Reprendre la D 37.

Après Cercié, la route contourne le mont Brouilly.

Pour y accéder, emprunter la D 43, tourner à gauche dans la D 43^E, puis à 100 m, prendre, de nouveau à gauche, la route de « la Côte de Brouilly ».

Mont Brouilly – Sur ses pentes, se récolte le cru de la Côte de Brouilly, à la fois fruité et bouqueté ; ce cru est, avec le cru Brouilly, produit dans les communes s'étendant autour du mont Brouilly, le plus méridional du vignoble beaujolais.
De l'esplanade, **vue**★ sur le vignoble, les monts du Beaujolais, la plaine de la Saône et la Dombes ; une chapelle, au sommet (altitude 484 m), est un lieu de pèlerinage pour les vignerons *(voir p. 290).*

Revenir à Cercié et à la sortie du village prendre à gauche la D 68^E pour gagner le vieux bourg de Corcelles. De là, prendre à gauche la D 9.

★**Château de Corcelles** – Ce château fort fut édifié au 15e s. pour défendre la frontière entre la Bourgogne et le Beaujolais. Aménagé au 16e s., il prit une allure de gentilhommière. Au-dessus de l'entrée du donjon, armes de la famille Madeleine de Ragny. La cour intérieure est agrémentée de galeries Renaissance et d'un puits coiffé d'une ferrure du 15e s. La chapelle renferme des boiseries gothiques remarquables. Le grand cuvier du 17e s. compte parmi les plus beaux du Beaujolais.

Reprendre la D 9 à droite.

Cette route traverse le vignoble des grands crus aux noms prestigieux et offre de belles vues sur la vallée de la Saône. Dans chaque village, un caveau ou une cave coopérative propose la dégustation des grands vins.

Villié-Morgon – Ce cru a pour caractéristique de bien vieillir. Produit sur des schistes décomposés, il a un parfum très fruité.

De Villié-Morgon, prendre au Nord la D 68.

Fleurie – Ses vins « tendres » et légers se boivent jeunes.

De Fleurie, suivre la D 32, à l'Est, puis la D 186, sur la gauche.

Romanèche-Thorins – *Page 205.*

Par la D 266 traversant le hameau du Moulin-à-Vent, rejoindre la D 68.

Chénas – Cette commune est le berceau de deux grands vins : le Moulin-à-Vent, dont elle partage les vignobles avec la commune de Romanèche-Thorins, charnu et robuste, et le Chénas, proprement dit, plus léger.

Juliénas – Ses vins corsés et résistants peuvent se déguster dans le **cellier** ⓥ de la vieille église, décoré de scènes bachiques. A la sortie du village, par la D 137, la maison de la Dîme (16e-17e s.) présente une très belle façade à arcades.

Gagner St-Amour-Bellevue.

St-Amour-Bellevue – Située à la pointe Nord du Beaujolais, cette commune produit des vins rouges colorés et charnus et des vins blancs de qualité.

★LA MONTAGNE

2 De St-Amour-Bellevue à Villefranche-sur-Saône

134 km – environ 6 h – schéma p. 70

Cet itinéraire très pittoresque s'élève à travers les coteaux couverts de vignes, s'enfonce dans les sombres forêts de sapins puis redescend sur la riante vallée de l'Azergues animée par ses scieries.

St-Amour-Bellevue et Juliénas – *Description ci-dessus.*

A Juliénas, prendre la D 26 qui s'élève jusqu'au col de Durbize (550 m), puis passe par le col du Truges (445 m).

Beaujeu – *Page 66.*

Par les D 26 et D 18, on monte à la Terrasse.

★★**La Terrasse** – Alt. 660 m. Table d'orientation. Située à 1 km du col du Fût d'Avenas sur la commune de Chiroubles, dans une boucle de la D 18. De ce lieu-dit se révèle un magnifique **panorama** demi-circulaire : au-delà de la vallée de la Saône, il embrasse les plaines de la Bresse, le Jura et, par temps clair, les Alpes avec le mont Blanc, le massif de la Vanoise et le Pelvoux.

Avenas – *Page 64.*

La D 18E puis la D 32 mènent au col de Crie.

Juste avant ce col, se dégage une très belle vue vers le Nord par la trouée de la Grosne Orientale. En redescendant, sur la droite, se dresse la masse imposante du **mont St-Rigaud** (alt. 1 009 m), point culminant de la région.

Chénelette – Cette petite localité est agréablement située dans une région boisée. Elle est dominée par le **Tourvéon** (alt. 953 m) au sommet duquel se dressait l'énorme château fort dit de Ganelon, dont la trahison aurait entraîné la défaite et la mort de Roland à Roncevaux. La légende rapporte que Ganelon, fait prisonnier, fut enfermé dans un tonneau garni de pointes et jeté dans le vide du haut de la montagne. Quant à son château *(accès aux ruines : 3/4 h à pied AR)*, il aurait été rasé sur l'ordre du roi Louis le Débonnaire.

Les Écharmeaux – Une station estivale s'est développée au milieu des herbages cernés de forêts de sapins du col des Écharmeaux, important nœud routier du Beaujolais – à 720 m d'altitude. De ce carrefour, belle vue sur les monts du Haut Beaujolais.

A partir des Écharmeaux, la D 10 en direction de Ranchal passe par le col des Aillets puis celui des Écorbans à travers la forêt.
Entre Ranchal et St-Nizier-d'Azergues, la D 54 offre des **vues**★ sur la vallée de l'Azergues. Après le **col de Favardy** (alt. 862 m), un belvédère permet de découvrir un beau **panorama**★ vers le Nord-Est : au premier plan sur la vallée de l'Azergues et au loin, sur la masse du Tourvéon et les derniers contreforts du Beaujolais.

St-Nizier-d'Azergues – Ce petit bourg occupe un site agréable au-dessus de la vallée de l'Azergues.
La route très pittoresque se poursuit jusqu'à Grandris.

Après Grandris, prendre à gauche la D 504 jusqu'à la Folletière puis à gauche, de nouveau, la D 485.

La route longe la haute vallée de l'Azergues et traverse Lamure-sur-Azergues (lieu de séjour).

Au Gravier, prendre à droite la D 9.

Claveisolles – Ce petit village juché sur un promontoire est surtout connu pour ses sapinières. Au siècle dernier, le comte du Sablon importa d'Amérique des sapins Douglas. Le peuplement forestier actuel est l'un des plus beaux de France.

Revenir à la D 485 et prendre à gauche la direction de Chambost-Allières.

Chambost-Allières – Cette commune est formée de deux villages distincts. Allières, dans la vallée, est actif. C'est un lieu de passage. **Chambost**, que l'on atteint par la D 116 s'élevant au-dessus de la vallée, est un petit hameau au charme rural.
De Chambost-Allières à Cogny par le Saule-d'Oingt, le **parcours**★★ est très pittoresque. La route s'élève jusqu'au col du Joncin (alt. 735 m). C'est une agréable route de crête d'où, par temps clair, on découvre une très belle **vue**★ sur les Alpes.

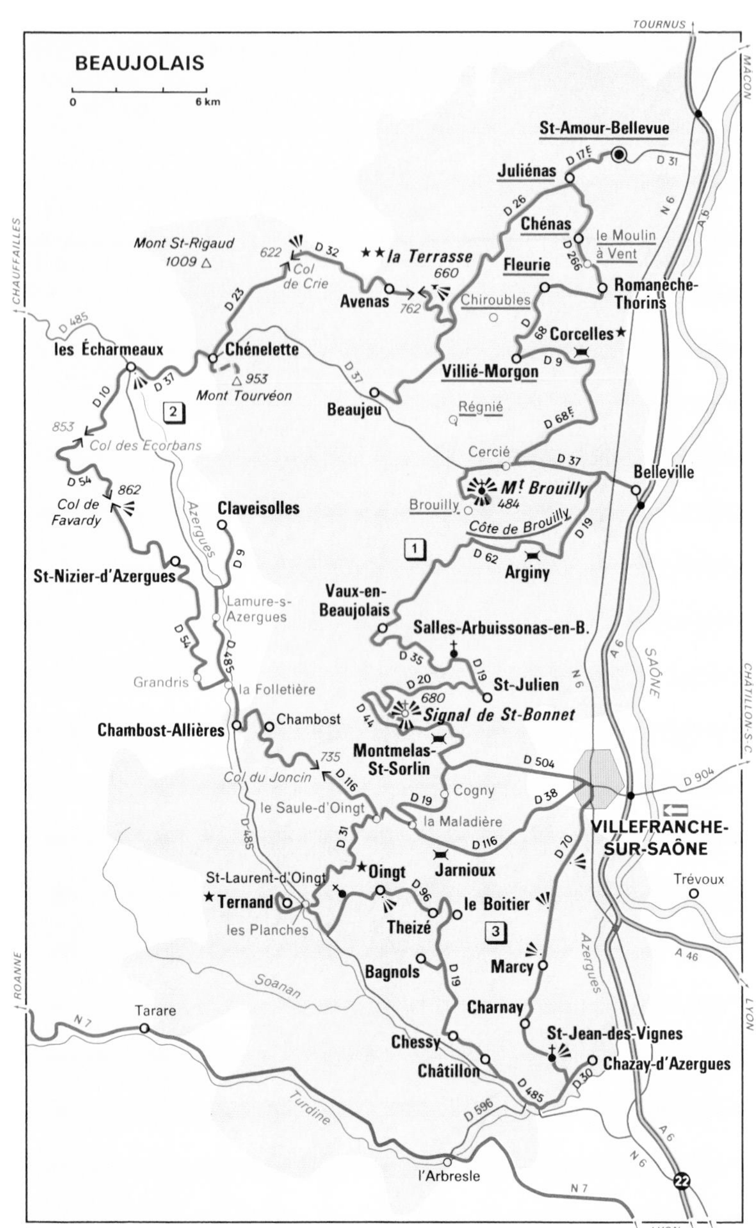

Le vignoble est représenté en vert – Les noms soulignés en rouge désignent les grands crus

Au Saule-d'Oingt, prendre à gauche la D 31, puis encore à gauche la D 19.

Au cours de la descente, le panorama s'étend à la vallée de la Saône, la Bresse et aux contreforts du Jura.

La D 504 ramène à Villefranche.

Villefranche-sur-Saône – *Page 267.*

★★LE PAYS DES PIERRES DORÉES

3 Circuit au départ de Villefranche-sur-Saône

59 km – environ 4 h – schéma p. 70

Cet itinéraire serpente à travers le **Pays des Pierres Dorées** ⓥ qui doit son nom à la couleur ocre du calcaire dont sont construits les maisons, les châteaux et les villages.

Villefranche-sur-Saône – *Page 267.*

De Villefranche, prendre la D 70.

Cette jolie **route de crête★** offre des vues dominantes sur la vallée de la Saône.

Marcy – A l'extérieur du bourg *(accès par une petite route à gauche signalée « Tour chappe »)*, se dresse une **tour** ⓥ de télégraphe, construite par Claude Chappe en 1799, dont le mécanisme à bras mobiles, restauré, a servi à transmettre des messages optiques jusqu'en 1850.
Du pied de la tour, la vue embrasse la vallée de la Saône, la Dombes, les monts du Lyonnais et du Beaujolais.

Charnay – Située au sommet d'une colline, cette petite bourgade possède des vestiges de fortifications provenant d'un château féodal du 12ᵉ s. Sur la place, entourée de maisons des 15ᵉ et 16ᵉ s., en pierres dorées, l'église abrite une très belle statue gothique de saint Christophe en pierre polychromée (12ᵉ s.). Plus haut, l'imposant château du 17ᵉ s., appelé « la Mansarde », abrite la mairie.

Prendre, au Sud de Charnay, une route étroite menant à St-Jean-des-Vignes.

St-Jean-des-Vignes – La petite église perchée offre, dans son cadre fleuri, une très belle vue sur l'ensemble du pays lyonnais.

Pierres Folles ⓥ – La présence de sites géologiques importants dans les environs est à l'origine de la création du musée. Une partie de celui-ci retrace l'histoire de la planète, telle qu'on peut la lire dans la composition du sous-sol. Des vitrines, tableaux et films expliquent cette lente évolution de la vie sur la terre ; remarquer l'aquarium de nautiles vivants et l'hologramme d'un « vol de ptérosaures ». Le reste du musée est consacré à la découverte du terroir et à son exploitation industrielle et touristique.
Un jardin botanique regroupe environ 400 espèces de plantes herbacées et d'arbustes de la flore régionale et locale.

Rejoindre la D 30 pour atteindre Chazay-d'Azergues.

Chazay-d'Azergues – De la cité fortifiée dominant l'Azergues, il subsiste un beffroi, quelques maisons des 15ᵉ et 16ᵉ s. et une porte dite « Porte du Babouin » : elle doit son nom à un bateleur qui, déguisé en ours, sauva d'une tour en feu la dame du seigneur et sa petite fille qu'il épousa. Le château *(on ne visite pas)*, du 15ᵉ s., était la résidence des abbés d'Ainay.

Emprunter la D 30 jusqu'à Lozanne, puis la D 485 jusqu'à Châtillon.

Châtillon – Ce village est dominé par une forteresse des 12ᵉ et 13ᵉ s., qui commandait l'entrée de la vallée de l'Azergues. Englobée à l'origine dans cette forteresse, la **chapelle St-Barthélemy** ⓥ *(accès en forte montée signalée à gauche de l'église paroissiale)* fut agrandie au 15ᵉ s. par Geoffroy de Balzac, gendre de Jean le Viste pour qui furent tissées, dit-on, les tapisseries de la Dame à la Licorne exposées au musée de Cluny à Paris. A l'intérieur, tableaux de Lavergne et d'H. Flandrin. Le chevet en encorbellement est fort curieux. De l'esplanade du Vingtain, en contrebas, jolie vue sur le bourg. A la sortie du village, sur la D 76 en direction d'Alix, pittoresque puits couvert dit « sarrasin ».

Suivre la D 485 bordée de terrils rouges.

Chessy – L'**église** de style gothique flamboyant abrite un beau bénitier du 16ᵉ s. et une sainte Marthe terrassant un dragon.

J.-L. Barde/SCOPE

Châtillon

Dans cette localité était exploité autrefois un important gisement de cuivre dont Jacques Cœur fut propriétaire. Le minerai, dit « chessylite » est une variété d'azurite aux beaux reflets bleus, très prisée des collectionneurs.

Emprunter la D 19 en direction de Bagnols.

Bagnols – Le village possède un château du 15e s. restauré en château-hôtel. L'**église** ⓥ, de la même époque, comporte une belle clé de voûte pendante. Sur la place : de très jolies maisons à auvent des 15e et 16e s.

Revenir à la D 19 que l'on prend à gauche. S'arrêter au hameau du Boitier.

Le Boitier – A la sortie du hameau, sur la droite se trouve le clos de la Platière où Madame Roland passa ses plus beaux jours avant la Révolution.

Theizé – Le village est dominé par la silhouette du **château de Rochebonne** ⓥ : deux tours rondes encadrent une façade classique surmontée d'un fronton triangulaire. En cours de réaménagement, il doit accueillir un pôle œnologique consacré à la vinification beaujolaise.
L'église du 16e s., restaurée, accueille des expositions et des concerts.

Dans les pays de vignobles, il est souvent possible de visiter les chais, et découvrir la grande variété des crus ; les visites sont accompagnées de dégustations de la production locale. Certaines caves sont célèbres, comme celles du Château de la Chaize (108 m de long), de Clochemerle et de Villé Morgon. Il faut parfois prendre rendez-vous ; se renseigner auprès de l'organisme « Pays Beaujolais » **(Voir aux Renseignements pratiques, sous la rubrique Dégustation).**

★**Oingt** – De la redoutable forteresse d'Oingt, il ne reste que la porte de Nizy par laquelle on pénètre dans le village. Des ruelles bordées de très belles maisons mènent à l'**église** ⓥ, ancienne chapelle du château (14e s.), où, sur les culs-de-lampe supportant les arcades du chœur, figurent les têtes sculptées de Guichard IV, son épouse et leurs six enfants. Du sommet de la **tour** ⓥ s'offre un magnifique panorama sur les monts du Lyonnais et du Beaujolais ainsi que sur la vallée de l'Azergues. Dans le bourg, deux rues piétonnes et la « Maison commune » du 16e s., restaurée.

Continuer la D 96.

Dans **St-Laurent-d'Oingt**, remarquer l'église à auvent.

En arrivant sur la D 485, tourner à droite.

Sur la gauche se dresse le bourg fortifié du vieux Ternand.

★**Ternand** – Autrefois bastion des archevêques de Lyon, Ternand a gardé des vestiges de fortifications : le donjon, le chemin de ronde qui offre une jolie perspective sur les monts de Tarare et la vallée de l'Azergues.
L'**église** ⓥ est surtout intéressante par ses chapiteaux carolingiens dans le chœur et ses peintures murales de la même époque dans la crypte.

Faire demi-tour, traverser le lieu dit les Planches et suivre la D 31.

Ce **parcours**★★ qui passe par le col du Saule-d'Oingt est très pittoresque. A flanc de coteau, de très belles fermes dominent des pâturages. Du Saule-d'Oingt, en descendant vers Villefranche, on a une vue très étendue sur la vallée de la Saône.

A la Maladière, tourner à droite vers Jarnioux.

Jarnioux – Le **château** ⓥ, à six tours, construit aux 15e et 17e s., comprend une très belle partie Renaissance. La majestueuse entrée, où subsistent des traces de pont-levis, donne accès à deux cours successives.

Revenir à Villefranche par la D 116 et la D 38.

BOURG-ARGENTAL

2 877 habitants (les Bourguisans)

Cartes Michelin n° 88 pli 18 ou 246 pli 18 - Schéma p. 175

Cette petite ville, située au pied du massif du Pilat, vit de plusieurs activités ; soieries, maroquinerie de luxe, matières plastiques, appareillage électrique, industrie du bois.

Église – Reconstruite au 19e s. dans le style roman, elle conserve, sur la façade, un portail sculpté (12e s.) ; remarquer surtout le tympan dont le registre inférieur, sous la mandorle du Christ en majesté, est orné de scènes de la vie de la Vierge, trahissant une certaine influence clunisienne.

BOURGOIN-JALLIEU

22 392 habitants (les Berjarlliens)

Cartes Michelin n° 88 pli 21 ou 246 pli 2 – Plan dans le guide Rouge Michelin France.

Au pied d'une colline boisée, Bourgoin-Jallieu est une agglomération industrielle spécialisée dans les tissages, soieries, toiles imprimées, dans la sérigraphie et la construction de métiers à tisser. Malgré la récession touchant le textile, elle constitue une centre attractif pour le Nord du département de l'Isère.

Bourgoin et une ferme dauphinoise proche de la ville (ferme de Monquin, au Sud-Est de Maubec) ont marqué une étape de la vie errante de **Jean-Jacques Rousseau**, qui y rédigea une partie des *Confessions*.

Les « chaudelets », galettes salées, parfumées à l'anis sont une spécialité locale.

Musée Victor-Charreton ⓥ – *17, rue Victor-Hugo.*
Aménagé dans l'ancienne chapelle de l'Hôtel-Dieu, il rassemble une collection de dessins et peintures de Victor Charreton (1864-1936), paysagiste nuancé, et d'artistes parisiens, lyonnais et dauphinois des 19e s. et 20e s. Il présente également des objets intéressant l'archéologie locale ainsi que de remarquables armes anciennes.

ENVIRONS

Ruy – *2 km par la D 54E.*
Le village possède une **église** romane intéressante.

★**Butte de Montceau** – *7 km à l'Est par les N 6 et D 54B.*
Elle offre un **panorama** étendu sur la chaîne des Alpes et le mont Pilat.

La Tour-du-Pin – *15 km à l'Est par la N 6.*
Remarquer, dans l'**église**, un important triptyque peint, en 1541, par un élève de Dürer, Georges Pencz.
La ville conserve, en outre, quelques logis Renaissance, notamment au n° 29 de la rue d'Italie, la **maison des Dauphins**.

Château de Moidière ⓥ – *16 km à l'Ouest par la N 6, puis la D 36, à gauche. Au lieu dit « les Eynards » prendre une petite route à gauche en direction de Bonnefamille, et à droite vers le château.*
Premier jalon historique de la « Route des Dauphins », ce château d'époque Louis XIV fut reconstruit sous l'Empire après avoir été détruit à la Révolution. Son toit en pente très accusée et couvert de tuiles à écailles lui donne une allure typiquement dauphinoise. A l'intérieur, le grand vestibule et l'escalier d'honneur sont décorés de peintures en trompe l'œil, réalisées au début du 19e s. par des artistes italiens ; on visite également le grand salon et la chambre Empire.
Dans les caves voûtées est installé un vivarium où évoluent des batraciens, reptiles, poissons et petits rongeurs.

Parc animalier – Il invite à une agréable promenade qui permet de découvrir des animaux de la région comme les fouines, putois, genettes, blaireaux, renards, rapaces nocturnes et d'autres tels mouflons, bouquetins, daims et sangliers ainsi que des loups. Un parc botanique présente le long d'un sentier d'observation plus de 2 000 arbres d'espèce régionale.

BOURG-ST-ANDÉOL

7 795 habitants (les Bourguesans)

Cartes Michelin n° 80 pli 10 ou 246 pli 23.

La flèche de son église domine la cité, joliment située sur la rive droite du Rhône. Le corps de saint Andéol, un des premiers martyrs chrétiens de la région, fut recueilli ici. Son tombeau devint l'objet d'un culte qui supplanta peu à peu celui du dieu-soleil Mithra, répandu dans la vallée du Rhône, à partir de la fin du 2e s.

Stendhal en goguette – Au siècle dernier, après avoir visité la chartreuse de Valbonne *(voir le guide Vert Michelin Provence)*, **George Sand**, habillée en homme, et **Musset**, tous deux en route pour Venise, s'arrêtent dans une auberge de Bourg-St-Andéol. Ils y retrouvent Stendhal, regagnant son consulat en Italie. Le soir, grisé par le vin du pays, Stendhal exécute avec la servante une série de pas d'une fantaisie si échevelée que Musset court à son album pour faire, de cette scène piquante, un croquis passé à la postérité.

CURIOSITÉS

★**Église St-Andéol** – Elle date dans son ensemble de la fin du 11e s. et du début du 12e s. Au-dessus de la façade, refaite au 18e s., on aperçoit le pignon primitif de la nef romane, surmonté d'un clocheton de style flamboyant.

Faire le tour de l'édifice.

La place de la République, située en contrebas, offre un joli coup d'œil sur le chevet que domine le clocher, avec ses deux étages octogonaux surmontés d'une flèche de pierre. La placette du côté Nord offre également un bon point de vue sur l'édifice et sa discrète décoration d'arcatures de type lombard.

A l'intérieur, remarquer la décoration de l'abside, les colonnes joliment travaillées de ses arcatures. Dans la chapelle à droite du chœur, se trouve le sarcophage en marbre blanc de saint Andéol. Ce sarcophage renfermait, à l'origine, la dépouille d'un jeune gallo-romain, comme l'indique l'inscription païenne du cartouche, tenu par deux amours (côté mur), tandis que l'inscription chrétienne (côté autel) évoque le martyre du diacre.

Stendhal dansant par A. de Musset

HARUNGUE-VIOLLET

Hôtel de Nicolay – Cet hôtel date du début du 16e s. Remarquer surtout la décoration de sa loggia Renaissance.

Sources de Tourne – Au débouché du vallon, entre les deux sources de Tourne, un bas-relief gallo-romain (2 m x 2 m) de Mithra a été taillé à même la paroi calcaire. Malgré son aspect émoussé, on distingue la silhouette du dieu, manteau flottant et coiffé du bonnet phrygien, en train d'immoler le taureau.

★BORDURE ORIENTALE DU PLATEAU DES GRAS

Circuit de 34 km – environ 2 h

Quitter Bourg-St-Andéol par la D 4, en direction de St-Remèze.

Au cours de la montée, la vue se développe sur le Rhône et la plaine de Pierrelatte.

★**Belvédère du Bois de Laoul** – Table d'orientation (alt. 340 m). Aménagé en bordure de la route, il offre une **vue** sur la vallée du Rhône, la plaine de Pierrelatte et son complexe industriel, les collines du Tricastin et le mont Ventoux.

Poursuivre la montée et passer au pied de la tour de relais hertzien de télédiffusion, à environ 1 km du relais, on laisse, à gauche, une petite route s'embranchant en face de l'auberge de la Belle Aurore et menant à la chapelle retirée de Notre-Dame de Chalon.

Sur le plateau, où des petits chênes rouvres succèdent aux chênes verts, tourner à droite dans la D 462.

BOURG-ST-ANDÉOL

Chalamel (Av. F.)	Y	
Champ de Mars (Pl. du)	Y	
Concorde (Pl. de la)	Z	2
Fabry (Quai)	Y	
Grande-Rue	Y	
Grandes Fontaines (R. des)	Z	4
Jaurès (R. J.)	Z	
Jeanne-d'Arc (R.)	YZ	5
Madeleine (Pl. de la)	Z	
Madier de Mont Jau (Quai)	Z	8
Mistral (Pl. F.)	Y	10
Mistral (R. F.)	YZ	13
Monschau (Q. de)	Z	
Notre-Dame (Av.)	Y	
Rambaud (Bd E.)	Z	
République (Pl. de la)	Z	14
Reynaud (Av. L.)	Z	
Rhône (R. du)	Z	
Rigaud (Pl. J.)	YZ	16
Rigaud (R. J.)	Y	
St-Michel (Pl.)	Y	
St-Michel (R.)	Y	
Ste-Marie (Bd)	Y	
Serre (R. O. de)	Z	
Tourne (Av. de)	Z	
Tourne (R. de)	Z	

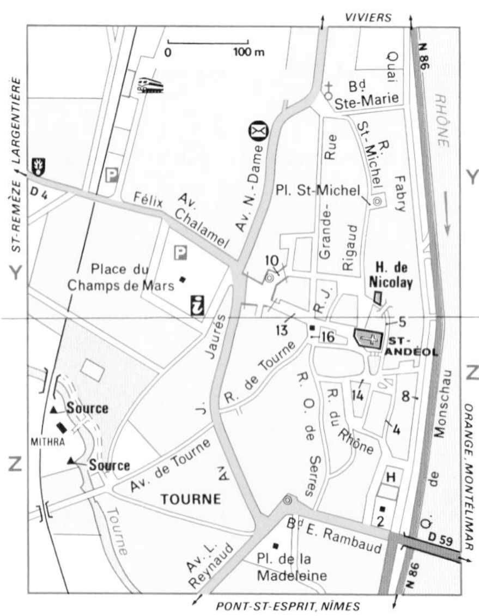

La route alterne les échappées vers la vallée du Rhône et le Bas Vivarais, puis plonge dans le ravin rocailleux de Rimouren. De vieux amandiers, des petits champs de lavande, des vignes aux ceps taillés court apparaissent. A la remontée du ravin, le profil de la Dent de Rez *(p. 104)* et son échancrure centrale se détachent tout proche.

Au Mas-du-Gras, emprunter à droite la D 262.

Larnas – L'église romane, aux lignes sobres, s'élève à 100 m de la route, à gauche, près d'un vieux cimetière planté de cyprès. De l'extérieur, jolie vue sur le chevet *(illustration p. 38)* et la coupole octogonale du transept, assise sur un soubassement carré.

★**Gorge de la Ste-Baume** – A la sortie de Larnas, la route s'enfonce dans une gorge pierreuse et calcinée. La chaleur qui y règne en été lui a valu le nom de « **Val Chaud** ». La descente en lacet, au flanc des versants couleur de cendre, offre des échappées sur la plaine de Pierrelatte et le Ventoux. A l'orée du ravin, à hauteur de la **chapelle de San-Samonta** (11e-14e s.), apparaît St-Montant sur une échine rocheuse.

★**St-Montant** – Les ruines de la citadelle féodale dominent le village. Celui-ci, avec son entassement de vieilles maisons, ses ruelles tortueuses, coupées d'escaliers et de passages voûtés, sa petite église, forme un ensemble très attachant, au débouché de la gorge calcinée.

Chapelle St-André-de-Mitroys – Église romane mise en valeur par les cyprès de son vieux cimetière.

Regagner Bourg-St-Andéol par la D 262 et la N 86.

BRANGUES

388 habitants

Cartes Michelin n° 88 pli 10 ou 246 Sud-Est du pli 1.

Ce bourg du Bas-Dauphiné est remarquable par la belle apparence de ses maisons de calcaire blanc aux grands toits de tuiles plates ; beaucoup de demeures présentent encore des pignons à mantelure *(voir p. 41)*.
Brangues intéressera, en outre, à deux titres différents, les touristes sensibles aux souvenirs littéraires.

Un fait divers stendhalien – En 1827, un ancien séminariste, **Antoine Berthet**, originaire de Brangues, tira un coup de feu dans l'église du bourg sur l'épouse d'un notable de la région. Berthet, condamné à mort, fut guillotiné en 1828.
De ce fait divers, Stendhal tira *Le Rouge et le Noir*. Le roman, qui parut au début de l'année 1830, se déroule dans une bourgade imaginaire du Jura. L'église, où eut lieu le drame, a été remplacée par un autre édifice, mais on peut voir encore, en contrebas du chevet, la petite maison qu'habitait Berthet, fort jolie d'aspect, avec son grand toit débordant et son grenier à fourrage.

La tombe de Paul Claudel – *Accès par la D 60 à l'Ouest de Brangues.*
L'auteur du *Soulier de Satin* (1868-1955) s'était attaché au château de Brangues, grosse gentilhommière du 18e s., entourée d'arbres centenaires, située aux abords Nord-Ouest du bourg. Chaque année, il y réunissait autour de lui ses enfants et ses petits-enfants.
C'est là qu'il a voulu être inhumé auprès de son épouse, dans un coin retiré du parc. A côté de la tombe du poète, repose son petit-fils Charles-Henri.

BURZET

534 habitants (Les Burzetins)

Cartes Michelin n° 76 pli 18 ou 244 pli 34.

Ce village est célèbre pour sa procession de la Passion. Chaque année, le Vendredi saint, une procession monte, par un rude sentier jalonné de stations, jusqu'au calvaire dominant le village de 300 m. En tête des fidèles qui chantent des cantiques et prient, un groupe de personnages costumés fait revivre le chemin de croix du Christ.
La Passion de Burzet demeure une manifestation de foi, rassemblant une foule de fidèles venus de toute la région *(voir p. 289)*.
Burzet serait la patrie de Bénézet qui construisit à la fin du 12e s. le célèbre pont d'Avignon *(voir le guide Vert Michelin Provence)*.

Église – Cet édifice de style gothique flamboyant vaut surtout pour sa façade, que surmonte un imposant clocher-peigne.

Meissonnier/CAMPAGNE CAMPAGNE

Cascade du Ray-Pic

★★ VALLÉE DE LA BOURGES

Environ 2 h 1/2

Quitter Burzet par la D 289, s'élevant en durs lacets.

Du tournant du calvaire, on découvre une **vue★★** impressionnante sur Burzet.

L'itinéraire emprunte le tracé d'une classique « spéciale » du rallye de Monte-Carlo. La route continue à s'élever en corniche étroite, découvrant un paysage d'une grande âpreté. Au terme de la montée, le décor change soudain : on débouche sur le rebord du plateau.

Emprunter à droite la D 122.

Elle court sur le plateau et offre, de part et d'autre, des vues très étendues.

A Lachamp-Raphaël, tourner à droite dans la D 215.

Au cours de la descente, très rapide, **vue★**, à droite, sur le haut de la cascade du Ray-Pic.

★★ **Cascade du Ray-Pic** – *3/4 h à pied AR. Laisser la voiture au parc de stationnement aménagé à droite de la route.*
De là, un sentier, d'abord en montée, mène au pied de la cascade, au fond du ravin de la Bourges. D'une plate-forme supérieure, la rivière saute par plusieurs chutes entre deux surplombs basaltiques ; remarquer, sur la gauche, l'effet de cascade des prismes basaltiques accompagnant la chute principale : le site est d'une intense sévérité.

Retour à Burzet par la D 215.

Château de CHALENCON

Cartes Michelin n° 88 Sud du pli 16 ou 239 Est du pli 34.

Les ruines du château de Chalencon occupent une position forte sur un piton rocheux, à la limite du Velay et du Forez.
Chalencon était le fief d'origine d'une des plus anciennes familles du Velay qui compta parmi ses membres plusieurs évêques du Puy-en-Velay.

Visite – *A St-André-de-Chalencon, emprunter la petite route s'amorçant derrière le chevet de l'église puis celle passant en contrebas du cimetière, à gauche. A environ 1,8 km, laisser la voiture au parc de stationnement aménagé en vue des ruines (1/4 h à pied AR).*
Le **coup d'œil★**, à l'arrivée, est superbe : en haut du vieux village silencieux, une belle tour ronde crénelée se dresse au centre d'une enceinte carrée. A l'extrémité droite de l'éperon, la façade de l'ancienne chapelle seigneuriale s'inscrit harmonieusement dans le site. Du pied de la tour, vue sur les gorges de l'Ance que franchit le pont du Diable.

Promenade de l'Ance – *En revenant à la voiture, emprunter à droite le sentier en descente menant à un second pont ancien situé en amont.*
Le **site★**, très retiré, au fond des gorges, permet une agréable promenade.

CHAMALIÈRES-SUR-LOIRE

386 habitants

Cartes Michelin n° 76 pli 7 ou 239 plis 34, 35 - Schéma p. 113.

Sur la rive droite de la Loire, en aval du Puy-en-Velay, le bourg s'allonge en terrasse au pied du mont Gerbizon (1 064 m), face à la ligne des monts Miaune dont le dernier mamelon porte les ruines du château d'Artias. Chamalières mérite un arrêt pour son église romane.

L'hommage d'un repas – En 937, l'évêque du Puy donne la terre de Chamalières à l'abbaye du Monastier qui y fonde un couvent de bénédictins. Donations de reliques et de biens temporels valent un grand prestige au nouveau prieuré ; les plus grandes familles du Velay et du Forez se disputent longtemps le titre de prieur de Chamalières. Les liens de dépendance avec l'abbaye mère se desserrent progressivement, pour se réduire en fin de compte à un simple repas, offert symboliquement chaque année aux moines du Monastier. Des bâtiments conventuels, il ne subsiste aujourd'hui que des vestiges. L'église a été restaurée au début du 20e s. ; les voûtes de la nef et le clocher, notamment, ont dû être refaits.

★ **Église** ⓥ – L'édifice *(illustration p. 38)*, date du début du 12e s. Extérieurement, la partie haute de la nef, du côté Sud, qu'on découvre en premier, est décorée, au-dessus du bas-côté, d'une belle arcature en plein cintre se poursuivant autour de l'abside.
L'intérieur comprend une nef de trois travées en berceau, flanquée de bas-côtés, à voûtes d'arêtes. L'intérêt essentiel du monument réside dans son **abside**, remarquable par sa voûte en cul-de-four, d'une ampleur exceptionnelle. A mi-hauteur de la voûte, au-dessus des oculi, les petits orifices disposés sur trois rangs correspondent chacun à un vase acoustique, ou échéa, noyé dans la maçonnerie.
Quatre absidioles s'ordonnent sur le pourtour de l'abside, décorée d'une arcature continue.

Mobilier – A droite, en entrant, se trouve une célèbre sculpture romane, à l'origine pilier monolithe de l'ancien cloître, utilisé plus tard comme bénitier, son faîte ayant été creusé d'une vasque ; quatre belles statues-colonnes de prophètes, disposées dos à dos ; on reconnaît David, Salomon, Isaïe et Jérémie.
Sur le pilier gauche du transept, du côté du maître-autel, une peinture murale (13e s.) représente la Vierge en majesté, entre deux anges. Au fond du bas-côté Sud est conservée la porte romane primitive de l'église, aux vantaux de bois sculptés (12e s.).

Église de Chamalières-sur-Loire
Le bénitier

Ancien cloître – Une porte s'ouvrant dans le bas-côté gauche de l'église donne accès aux vestiges du cloître roman, établi jadis en terrasse au-dessus de la Loire.

Créez vos propres itinéraires
à l'aide de la carte des principales curiosités et régions touristiques.

Le CHAMBON-SUR-LIGNON

2 864 habitants

Cartes Michelin n° 76 pli 8 ou 239 plis 35, 36.

Situé dans la haute vallée du Lignon, le Chambon est une agréable station estivale dotée de nombreux équipements sportifs. Il doit à la douceur de son climat, à sa situation dans un cadre pastoral et à son altitude (960 m) d'accueillir de nombreuses maisons d'enfants.

La cité huguenote – L'isolement naturel du Chambon a permis à sa population, de religion protestante, de survivre aux persécutions et de se maintenir en forte majorité. En 1598, l'édit de Nantes n'accorda la liberté de culte qu'au Chambon et à St-Voy, mais sa révocation, en 1685, entraîna dans ces deux localités en particulier une résistance cachée tenace et un attachement profond à la religion réformée.
Après la Révolution, le Concordat de 1802 reconnut l'Église consistoriale de St-Voy *(pour d'autres détails sur le protestantisme, voir p. 25).*
Pendant la Seconde Guerre mondiale, la cité protégea de nombreux Juifs des persécutions exercées contre eux *(1).*
De nos jours, le Chambon possède, entre autres fondations protestantes, un important centre international de culture, le Collège Cévenol ouvert en 1938.

★LE PLATEAU PROTESTANT

Circuit de 33 km – environ 2 h

Quitter le Chambon-sur-Lignon au Sud par la D 151, puis la D 7. A Mazet-St-Voy, prendre la 2e route à droite qui mène au hameau de St-Voy. Laisser la voiture sur le terre-plein devant l'église.

St-Voy – La petite **église** romane (11e s.) est dédiée à saint Évode, évêque du Puy vers 374. Son histoire est intimement liée à l'introduction de la Réforme au 16e s. Dès 1560, en effet, la population, à la suite de son curé Bonnefoy, adopta le courant novateur, mais l'église n'abrita le culte réformé qu'une quinzaine d'années.
L'édifice, bâti en granit et couvert de lauzes, a le charme des églises rustiques. Le chœur aux lignes pures est percé de fenêtres dont les soubassements s'élèvent de gauche à droite suivant l'ascension du soleil. La nef unique à deux travées s'ouvre à l'Ouest par un porche à trois voussures en plein cintre.

Revenir à Mazet-St-Voy et suivre la signalisation « Foyer de ski de fond du Lizieux ». A 1,3 km, prendre sur la gauche une route non revêtue, signalée « Pic du Lizieux ». A 600 m du chalet, s'embranche, à gauche de la route, le sentier d'accès au pic du Lizieux (laisser la voiture sur le terre-plein).

★★**Pic du Lizieux** – 1 388 m. Table d'orientation. *1/2 h AR à pied.* Le plus oriental des sucs *(voir p. 16)* phonolithiques du Velay domine un vaste plateau basaltique. Ses flancs se prêtent, l'hiver, à la pratique du ski de fond. Le **panorama** révèle au Nord l'Yssingelais, la vallée du Lignon, à l'Est, les monts du Vivarais, au Sud, la chaîne des Boutières avec son point culminant, le mont Mézenc, à l'Ouest, le massif du Meygal.

Regagner la voiture et par la petite route poursuivre jusqu'à Montbuzat ; de là, prendre à droite la route forestière vers le Nord.

Elle permet de contourner dans sa plus grande partie la forêt du Lizieux et offre, à l'Ouest, de belles vues sur les pâturages.

Revenir au Chambon-sur-Lignon par Mazet-St-Voy et la D 151.

VALLÉE DU LIGNON *Circuit de 19 km*

Quitter le Chambon-sur-Lignon au Nord par la D 103.

Prenant sa source au pied du versant Nord du mont Mézenc, le Lignon traverse les hauts plateaux du Velay et se jette dans la Loire en amont de Monistrol.
Ce Lignon vellave offre un cours pittoresque, alternant les passages en gorges boisées et les vallonnements.
Aux abords de Tence *(p. 237)*, en suivant la D 103, se révèlent des vues de la vallée.

Emprunter la D 185 sur la droite.

Remarquer au passage les maisons rurales traditionnelles en granit, les plus belles couvertes d'un toit de lauzes *(voir p. 41)* à deux versants.

Revenir au Chambon-sur-Lignon par la D 157.

Circuit de la vallée du Lignon par le chemin de fer touristique du Velay ⌚ – Possibilité au départ de Chambon-sur-Lignon d'emprunter le chemin de fer à voie métrique qui remonte les gorges du Lignon vers St-Agrève au Sud ou vers Tence et Dunières au Nord. *Itinéraire décrit au départ de Tence, p. 237.*

---

(1) Pour plus de détails, lire « Le Chambon-sur-Lignon sous l'Occupation », par P. Fayolle (Édition l'Harmattan, Paris).

CHAMPAGNE

406 habitants

Cartes Michelin n° 88 Sud du pli 19 ou 246 Est du pli 18 - Schéma p. 194.

Malgré sa situation sur la rive droite du Rhône, Champagne fut terre dauphinoise jusqu'à la Révolution : c'était un fief des puissants comtes d'Albon *(p. 192)* dont le château se dressait sur la rive opposée.

Église – L'édifice date, dans son ensemble, du 12e s. C'est la seule église de la vallée du Rhône à posséder une nef voûtée d'une série de coupoles sur trompes. Trois coupoles, s'appuyant sur des piliers cruciformes, coiffent la nef ; les deux premières sont étayées, en leur milieu, par un robuste arc doubleau. Une quatrième coupole surmonte le carré du transept. Les bas-côtés, à voûtes d'arêtes, sont surmontés d'une tribune s'ouvrant sur la nef par des baies géminées à arcs trilobés. Belles stalles du 15e s. La façade, en bordure de la N 86, présente un mur plat avec fronton triangulaire. Des linteaux sculptés surmontent les trois portes ; le tympan de la porte centrale représente la Cène et la Passion.

CHAMPDIEU★

1 355 habitants (les Champdieulats)

Cartes Michelin n° 88 Nord des plis 16, 17 ou 239 pli 23 – 5 km au Nord-Ouest de Montbrison.

A la limite de la plaine et des monts du Forez, Champdieu possède une remarquable église romane construite pour un prieuré bénédictin. Au 14e s., l'église et l'ensemble des bâtiments du prieuré reçurent une puissante armature fortifiée.

★**Église** – *Visite : 1/2 h.* Elle surprend par l'importance de son appareil défensif. De hautes arcatures forment mâchicoulis sur le flanc et le croisillon Sud de l'église ; un même système d'arcatures se développe le long des murs du prieuré établis en quadrilatère autour d'une cour dont l'église forme le côté méridional. Des deux clochers du sanctuaire, le plus remarquable, d'époque romane, est celui du transept, percé de jolies baies en plein cintre. Le second clocher, sur la façade, date du 15e s. ; sa base forme narthex. Au portail de la façade, à gauche, remarquer le chapiteau représentant une sirène à double queue.

Intérieur – On est frappé par la sobriété des lignes et l'influence très marquée du style roman auvergnat, le prieuré de Champdieu relevant de l'abbaye de Manglieu en Auvergne : nef centrale en berceau, collatéraux voûtés en quart-de-rond et croisillons saillants, percés à leur extrémité d'une arcature encadrant un arc en mitre caractéristique. Une arcature, à colonnettes et chapiteaux sculptés, décore l'abside principale. Sous le chœur s'étend une crypte de la fin du 11e s., remarquable surtout pour sa partie centrale divisée en trois nefs par des colonnettes à chapiteaux sculptés.

Réfectoire – *Accès par une porte s'ouvrant à gauche de l'église.*
Au rez-de-chaussée de la partie Ouest du prieuré, l'ancien réfectoire des moines a conservé sa décoration du 15e s. : plafond peint à caissons et, au-dessus de la cheminée, belle peinture murale représentant la Cène.

CHASSIERS

930 habitants

Cartes Michelin n° 80 Nord du pli 8 ou 240 plis 3, 4.

Une église fortifiée originale domine ce vieux bourg vivarois, établi en terrasse, face aux plateaux de la Basse Ardèche.

CURIOSITÉS

Église – 14e s. On en découvre la vue la plus imposante, de la place centrale du bourg, au pied du chevet. Au-dessus du mur plat de l'abside fortifiée, apparaît la flèche du clocher à arêtes dentelées ; une tour, ancienne pièce maîtresse des fortifications, constitue son soubassement. Un escalier, au Sud de l'église, permet de gagner la petite esplanade au niveau de la façade. Celle-ci est surmontée d'une jolie bretèche armoriée.

Chapelle St-Benoît – Elle est située en contrebas de la rue principale. C'est un édifice roman très simple, avec ses deux nefs accolées et ses deux absides distinctes. Dans la nef de gauche, remarquer les anciennes lanternes, les ostensoirs de procession et les bougeoirs disposés sur les stalles.

Château de la Mothe-Chalendar – 14e-16e s. A l'entrée Sud du bourg, c'est une construction basse, à l'allure de maison forte avec ses tours et ses échauguettes percées de meurtrières.

CHÂTILLON-SUR-CHALARONNE

3 786 habitants

Cartes Michelin n° 74 pli 2 ou 244 pli 3 – Schéma p. 95.

Dominée par l'enceinte de son château du 11e s., cette coquette cité très fleurie, située à la limite de la Bresse et de la Dombes, s'étale nonchalamment dans la vallée de la Chalaronne. L'arrivée par la route de Villefranche (D 936) procure une bonne **vue** sur les toits rouges du bourg, d'où surgit le clocher massif de l'ancien hospice.

Les maisons à pans à bois avec remplissage en pisé ou en brique *(voir p. 40)*, caractéristiques de l'habitat en Dombes sont égayées à la belle saison par des brassées de fleurs disposées dans des paniers en osier dits « nids-de-poule ».

On y fabrique des casques de sapeurs-pompiers, de militaires (« casques bleus ») et de motocyclistes. Tous les samedis, sous les halles, se tient un pittoresque marché aux fleurs et aux volailles.

Célébrités de Châtillon – Philibert **Commerson** vit le jour à Châtillon en 1727. Botaniste royal, il accompagna le comte de Bougainville dans son expédition autour du monde et rapporta du Japon l'arbrisseau ornemental qu'il baptisa « hortensia ».

Châtillon conserve, avec fierté, le souvenir du bref séjour qu'y fit **saint Vincent de Paul** ou **Monsieur Vincent**. Né à Pouy, près de Dax, dans les Landes, d'une famille de paysans pauvres, il se destina rapidement à la prêtrise. Devenu précepteur des enfants de M. de Gondi, général des galères, il manifesta le désir d'exercer son sacerdoce dans une paroisse retirée.

Nommé curé de Châtillon-les-Dombes en 1617, il n'y resta que quelques mois, assez cependant pour commencer ici son action charitable, auprès de ces « pauvres pêcheurs de sangsues ». Le 23 août, il créa la première Confrérie de la Charité. En 1633 avec **Louise de Marillac**, il fonda la Compagnie des Filles de la Charité, qui, aujourd'hui encore, poursuivent son œuvre.

CURIOSITÉS

Porte de Villars – Des remparts qui protégeaient la ville, ne subsiste, à l'Est que cette tour carrée du 14e s. en carrons *(voir p. 93)*, dont les assises et les angles sont en pierre calcaire. C'est un bel exemple d'architecture militaire réalisé pendant la période savoyarde de Châtillon qui dura de 1272 à 1601, date du rattachement de la cité au royaume de France.

Halles – Les halles actuelles, du 17e s., remplacent celles de 1440, détruites lors d'un incendie. C'est la Grande Mademoiselle, duchesse de Montpensier, qui fournit le bois nécessaire à leur reconstruction : la charpente repose sur 32 piliers faits chacun du tronc d'un des chênes de la forêt de Tanay. De vieilles maisons à échoppes sont restées encastrées à une extrémité de la construction. Jusque dans les années cinquante, on pratiquait sous les halles, de la fin octobre à la mi-novembre, la « louée » des domestiques.

Maison St-Vincent ⓥ – Saint Vincent de Paul, curé de Châtillon pendant 5 mois y fut hébergé par un protestant, M. Beynier ; il fonda ici la Confrérie des Dames de la Charité. Dans la chapelle élevée à l'emplacement de sa chambre, est conservé l'acte de fondation de cette institution, signé de sa main.

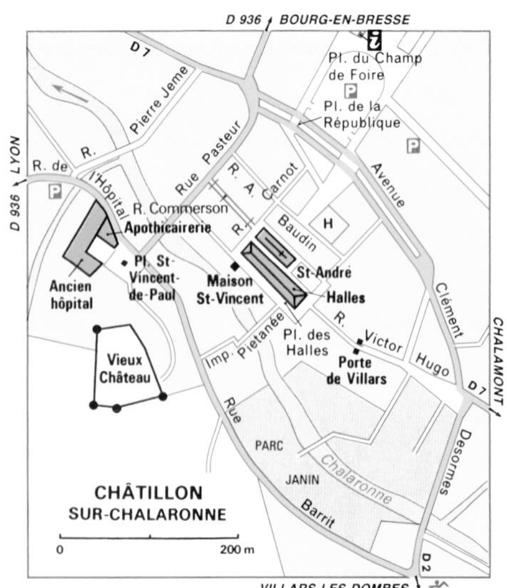

Église St-André – Commencée au 13e s. par Philippe Ier de Savoie, elle subit de nombreuses transformations au cours du 15e s. C'est un édifice très coloré avec sa façade de briques et son toit de tuiles rouges, d'une hauteur exceptionnelle en Dombes. A l'intérieur, la nef et les chapelles latérales sont en calcaire blanc du Mâconnais ; remarquer la sobre décoration flamboyante. Dans l'abside, la clef de voûte est finement ajourée.

La tour ronde, à demi encastrée dans le mur Sud, est le seul vestige de l'église primitive. Au fond, une statue de saint Sébastien, sculptée dans un seul morceau de noyer, par un artiste châtillonnais, Jean Tarrit (1865-1950), est saisissante de réalisme.

Place St-Vincent-de-Paul – Au centre, se dresse la statue en bronze de saint Vincent, réalisée par Émilien Cabuchet.

Ancien hôpital – Élevés par le comte du Châtelard au 18e s., les bâtiments de l'ancien hôpital abritent le **Centre culturel de la Dombes** ⓥ.

Apothicairerie ⓥ – La première salle forme un bel ensemble avec ses boiseries de style Directoire garnies de pots en faïence de Meillonnas.
Dans la deuxième salle est exposé un **triptyque★** exécuté en 1527, entièrement restauré. Le panneau central, représentant la Déposition du Christ, est encadré par les Apôtres endormis et la Résurrection ; aux angles inférieurs, le donateur et sa femme sont représentés, agenouillés. Remarquer l'harmonieuse disposition des groupes et la richesse des coloris.
La visite permet de découvrir également la richesse des costumes bressans exposés dans l'ancien ouvroir des religieuses aux vestiaires ornés de belles boiseries.

Ponts et berges de la Chalaronne – Ils forment, en saison, notamment à hauteur de l'impasse Pietanée et de la rue Pasteur un ravissant décor fleuri.

Remparts du Vieux Château – Vestiges d'une des plus importantes places fortes de la Bresse ; le château fut démantelé à la fin du 16e s., lors de l'invasion de la région par Henri IV.

CHAZELLES-SUR-LYON

4 895 habitants

Cartes Michelin n° 88 pli 18 ou 246 Ouest du pli 16 – Schéma p. 152.

Située sur les contreforts des monts du Lyonnais, Chazelles-sur-Lyon doit sa célébrité à la production de chapeaux de feutre de qualité, activité qui a atteint son apogée au début du 20e s., lorsque la bourgade comptait une trentaine de fabriques. Aujourd'hui, l'industrie du chapeau a bien régressé : il ne reste plus qu'une entreprise où l'on perpétue le savoir-faire traditionnel.
Au 12e s., le comte Guy II de Forez fixa à Chazelles une commanderie de chevaliers de St-Jean-de-Jérusalem dont il ne subsiste aujourd'hui qu'une tour hexagonale. Une tradition veut que les commandeurs aient appris aux habitants l'art de fouler le feutre qu'ils auraient eux-mêmes appris auprès des Arabes au cours des Croisades.

Musée du Chapeau ⓥ – Aménagé dans une ancienne usine de chapellerie, il présente dans dix ateliers reconstitués les différentes phases de fabrication du feutre de luxe depuis le soufflage et le bastissage du poil de lapin ou de lièvre jusqu'au bichonnage et au garnissage. Un film vidéo réalisé dans la dernière usine en activité, un diaporama, des démonstrations de chapeliers sur d'authentiques machines en état de marche agrémentent la visite. Un espace réservé à la création contemporaine accueille chaque année des modistes renommées.
Parmi les couvre-chefs exposés, certains furent portés par des têtes célèbres : Antoine Pinay, Grace Kelly, les Frères Jacques ; toques de grands cuisiniers (Bocuse, Troisgros), casquettes de Roger Couderc, Bernard Hinault.

G.-Rose/Musée du chapeau, Chazelles-sur-Lyon

Chapeau de feutre avec plume

Plateau du COIRON

Cartes Michelin n° 76 plis 19, 20, 80 plis 9, 10 ou 246 plis 20, 21.

La barre volcanique du Coiron, fortement usée par l'érosion, limite, au Nord, le Bas Vivarais. Du col de l'Escrinet au Rhône, ses basaltes noirs, interrompant la ligne des coteaux, créent le contraste puissant des dykes *(voir p. 18)* de Rochemaure.
La partie supérieure du Coiron offre l'aspect d'une vaste planèze dénudée, d'une altitude moyenne de 800 m, s'élevant du Rhône vers le Nord-Ouest.
Le pourtour du plateau dessine une série de lobes profondément nervurés en feuilles de chêne. Couronnant des assises sédimentaires, la couche supérieure de basalte apparaît à nu. Ces couronnes basaltiques caractérisent de loin le Coiron, tel qu'on le découvre de Villeneuve-de-Berg ou de Privas, sous la forme d'une rangée de barres régulières dominant le bas pays calcaire.

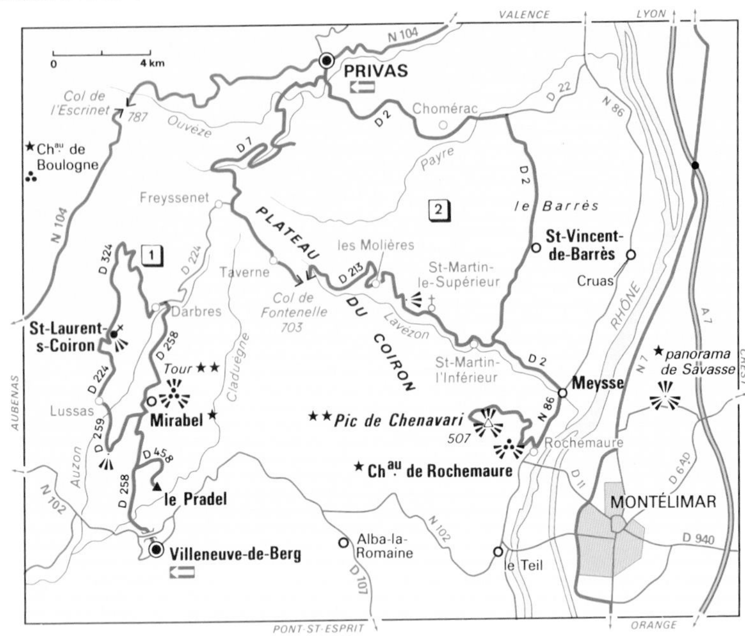

1 VILLAGES-BELVÉDÈRES DU COIRON

Circuit de 45 km au départ de Villeneuve-de-Berg – environ 2 h

Quitter Villeneuve-de-Berg (p. 269) par la D 258 en direction de Mirabel, et emprunter à droite, la route du Pradel, D 458 et D 458^A.

Le Pradel – *Page 270.*

Revenir sur la D 258 que l'on prend à droite en direction de Mirabel.

★**Mirabel** – *Page 157.*

Par la D 258 gagner ensuite le village de Darbres où l'on prend la direction de Lussas, puis, tout de suite à droite, une petite route, la D 324.

St-Laurent-sous-Coiron – Maisons de basalte noir. De la terrasse proche de l'église, on découvre, s'encadrant entre la tour de Mirabel, à gauche, et la montagne de Ste-Marguerite, à droite, une **vue**★ superbe sur le bassin d'Aubenas dominé à l'arrière-plan par le Tanargue.

Retour à Villeneuve-de-Berg par Lussas et les D 259 et 258.

Elles alternent les points de vue sur le Tanargue et les calottes basaltiques du Coiron.

★★2 CIRCUIT DU COIRON

77 km au départ de Privas – compter une demi-journée.

Quitter Privas (p. 179) par la D 7, au Sud, en direction de Villeneuve-de-Berg.

La route traverse le bassin de l'Ouvèze, puis pénètre dans le ravin calciné de la Bayonne. Au cours d'une montée se succèdent de très belles vues sur le site de Privas. Soudain le paysage s'assombrit : la couche de basalte a recouvert le socle de la montagne.

A l'embranchement vers Freyssenet, poursuivre à gauche vers Taverne.

La planèze déroule ses vastes ondulations de landes piquetées de genévriers, de buis et de genêts. Dans cet horizon dépeuplé surgit l'humble hameau de Taverne.

A Taverne emprunter la D 213.

Entre le col de Fontenelle et le hameau des Molières, une large trouée permet d'apercevoir au loin le Rhône ; les premiers plans sont constitués par des orgues basaltiques d'où s'échappe un filet d'eau ; sur un versant, à droite, l'érosion a dégagé le calcaire sous-jacent. Puis c'est la descente rapide en contre-haut du hameau des Molières et au flanc d'un ravin montrant à nu ses strates.
L'arrivée à St-Martin-le-Supérieur est précédée d'une jolie vue sur sa charmante petite église romane à clocher-mur.

En contrebas de St-Martin-l'Inférieur, suivre la basse vallée du Lavézon dont le lit s'encombre de gros cailloux roulés noirs ou blancs.

Meysse – *1/4 à pied AR.* Vieux village conservant, en arrière d'un front d'habitations plus récentes, son aspect de jadis. Autour de l'ancienne église romane, désaffectée et délabrée, s'étend un lacis de ruelles et de passages voûtés.

Quitter Meysse par la N 86 au Sud.

A la sortie du village se détache de la falaise, à droite, une aiguille basaltique, puis apparaissent les ruines du château de Rochemaure.

★**Château de Rochemaure** – *Page 204.*

★★**Pic de Chenavari** – *Au départ du château de Rochemaure. Schéma et description p. 205.*

Revenir à Meysse pour suivre la basse vallée du Lavézon par la D 2 que l'on poursuit à droite, en direction de St-Vincent-de-Barrès.

La route pénètre dans la vaste dépression du **Barrès**, aux riches cultures. Elle emprunte la vallée affluente du Rhône qui sépare le massif calcaire de Cruas à droite et les Coirons volcaniques à gauche.

St-Vincent-de-Barrès – Beau village perché sur un neck basaltique émergeant de la plaine du Barrès et dominé par les tours de basalte de son ancienne forteresse. De l'esplanade de l'église, vue sur le Barrès.

Retour à Privas par Chomérac.

CONDRIEU

3 200 habitants (Les Condrillots)

Cartes Michelin n° 88 pli 19 ou 246 pli 17 – Schémas p. 175 et 194.

Condrieu est établi au pied de coteaux qui donnent un vin blanc : le Viognier. De part et d'autre du fleuve s'étend un petit bassin cultivé approvisionnant en fruits et primeurs l'un des plus gros marchés quotidiens de la région.
Condrieu était célèbre jadis par ses mariniers. Leurs culottes doublées de cuir leur avaient valu le surnom de « culs-de-piau ». Les habitants, restés très attachés à leurs traditions marinières, s'affrontent chaque année avec les meilleurs jouteurs nationaux dans des tournois nautiques sur le Rhône.

CURIOSITÉS

Calvaire – S'élevant en lacet sur le coteau au Nord de la ville, la D 28 offre, au niveau du calvaire, une intéressante **vue**★ sur le bassin de Condrieu et la boucle du Rhône.

Église – Le tympan de son portail gothique porte un fragment de bas-relief roman, très mutilé. De belles grilles ornementées du 18e s. ferment les chapelles latérales.

Maison de la Gabelle – Située à côté de l'église, sa façade du 16e s. s'orne d'un réseau de moulures s'entrecroisant avec des pilastres à peine saillants, décorés de médaillons. La poutre d'angle sculptée du toit évoque un animal fantastique.

Maison des Villars – Au n° 31 de la rue de l'Arbuel, ce modeste logis de la famille du maréchal de Villars est précédé d'un élégant portail d'entrée.

Quartier du port – Dans la basse ville, il évoque un petit port du littoral méditerranéen. On pourra flâner rue des Sauzes et rue du Grand-Port. Au pied du pont suspendu reliant Condrieu aux Roches, la place **Frédéric-Mistral** rappelle que le grand poète provençal trouva à Condrieu l'inspiration de son *Poème du Rhône*.

La CÔTE-ST-ANDRÉ

3 966 habitants

Cartes Michelin n° 77 pli 3 ou 246 pli 3.

Bâtie en amphithéâtre sur un coteau dominant la plaine de Bièvre, cette bourgade, où les amateurs pourront déguster de délectables liqueurs, est la patrie d'**Hector Berlioz** (1803-1869).
Le peintre **Jongkind** (1819-1891), l'un des précurseurs de l'impressionnisme, y passa les dernières années de sa vie.

Un enfant du pays – Hector Berlioz, fils d'un riche médecin côtois, est né à la Côte-St-André en 1803. A l'âge de 17 ans, il arrive à Paris pour apprendre la médecine. Il suit, certes, les cours de la faculté, mais en même temps fréquente assidûment les théâtres lyriques tout en allant consulter la bibliothèque de l'École royale de musique, où, trois ans plus tard, il s'initiera à la composition auprès de Lesueur et de Reicha. En 1828, il connaît ses premiers succès avec *Huit scènes de Faust*. 1830 est l'année du Grand Prix de Rome et de *La Symphonie fantastique*.

Par la suite, il partagera son temps entre la critique musicale, qui l'aidera à vivre, et la composition où il connaîtra des alternances de succès et d'échecs : *Le Requiem, Benvenuto Cellini, Roméo et Juliette, La Marche hongroise, La Damnation de Faust, L'Enfance du Christ, Les Troyens...*
C'est à l'étranger qu'il rencontrera le meilleur accueil : Berlin, Weimar, Vienne, Prague, Saint-Pétersbourg. Il ne reviendra que fort rarement à la Côte-St-André. Mort à Paris en 1869, ce génie, méconnu de son temps, connaîtra une gloire posthume.
Berlioz, parmi les musiciens européens, est considéré comme le créateur du « poème symphonique », mode nouveau et hardi, où, à travers une riche orchestration, une définition rythmique plus souple qu'auparavant et des associations sonores inattendues, s'expriment les aspirations de l'idéal romantique épris de fantastique et de grandiose. En outre, il laisse, derrière lui, une œuvre écrite, dont un *Grand traité d'instrumentation et d'orchestration modernes.*

Musée H.-Berlioz, J.-L. et M. Bouttier, La Côte St-André

Hector Berlioz

CURIOSITÉS

Musée Hector-Berlioz ⓥ – Il est installé dans la maison natale du compositeur, demeure bourgeoise construite à la fin du 17ᵉ s. et restaurée en 1969. Dans l'entrée, buste, partitions et lettres d'admirateurs, notamment Camille Saint-Saëns et Richard Strauss, ainsi que divers instruments, dont la guitare espagnole que le musicien brisa dans un accès de colère.
Au 1ᵉʳ étage, la cuisine et, dans la salle à manger, fresque naïve du 18ᵉ s. et portraits d'Harriet Smithson, le cabinet du docteur Berlioz et la chambre natale d'Hector. Boiseries Louis XV au grand salon.
Au 2ᵉ étage sont rassemblés portraits, caricatures, autographes et partitions. Les lithographies de Fantin-Latour inspirées par l'œuvre de Berlioz décorent les chambres de ses sœurs. Un auditorium permet d'apprécier les œuvres du maître. Remarquer, à l'arrière de la maison, la cour pavée de galets roulés et le balcon en bois, typiquement côtois.

LA CÔTE-ST-ANDRÉ

Bayard (R.) 2
Berlioz (Av. H.) 4
Berlioz (Pl. H.) 5
Briand (Av. A.) 7
Cordiers (R. des) 8
Halles (Passage des) 10
Hôtel-de-Ville (R. de l') 12
Jongkind (Av.) 14
Lattre-de-Tassigny (Bd de) 16
Rocher (Av. C.) 18
St-André (Pl.) 20
Verdun (Av. de) 21

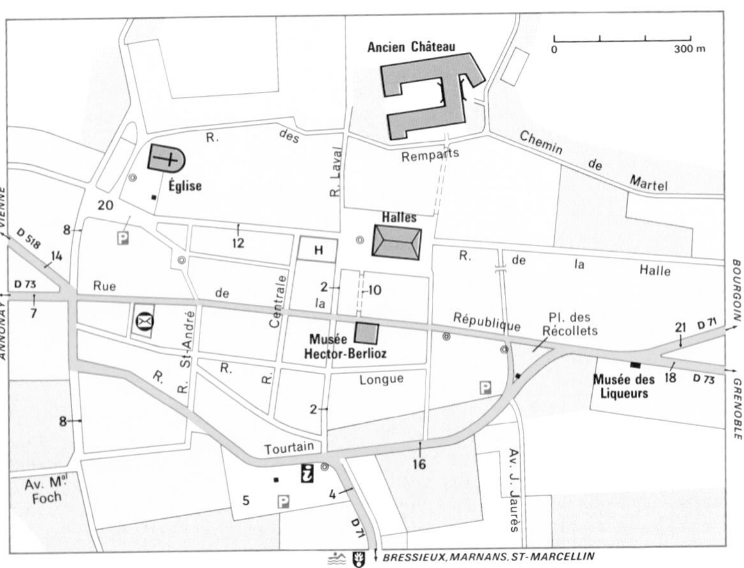

Halles – Construites au 16e s., elles frappent par leurs dimensions exceptionnelles (29 m x 76 m). Cinq allées sont ménagées sous la charpente.
En contrebas de la place, s'ouvre l'étroit passage de la Halle où, dans un retour à gauche, on remarque de vétustes maisons à balcons de bois.

Église – Élevée du 11e au 15e s., elle est intéressante par son clocher construit en cailloux roulés et en briques, contrastant avec ses chaînages d'angle en calcaire blanc. Sa silhouette et sa riche coloration ont souvent inspiré le peintre Jongkind.
A l'intérieur, dans le bas-côté gauche, gothique, remarquer les retombées des ogives en faisceau sur les piliers, et dans le chœur, un Christ de jubé du 18e s.

Ancien château ⓥ – Bâtie au 13e s. par Philippe de Savoie sur un beau site défensif, cette construction, conçue à la fois comme forteresse et château résidentiel, fut dévastée au cours des guerres du 16e s., puis réédifiée par la suite.
A l'intérieur, la salle Henry Gérard (1860-1925) abrite, outre une cheminée Renaissance, un ensemble de peintures de cet artiste et quelques beaux meubles provençaux.
De la terrasse supérieure, s'offre une **vue** étendue sur les toits rouges de la Côte, la plaine de la Bièvre et les Alpes.

Musée des Liqueurs ⓥ – Fondé en 1705 par **Barthélemy Rocher** (1675-1747), la société Cherry Rocher propose la visite de ses installations. Un petit musée des affiches, tout d'abord, accueille le visiteur, rassemblant d'anciens placards publicitaires, sur les liqueurs, eaux-de-vie et autres élixirs. Le musée proprement dit montre une série d'appareils anciens (pressoir à fruits, alambics, colonnes à rectifier, infuseurs). Un diaporama instruit sur l'évolution des techniques utilisées dans la fabrication des liqueurs à base de fruits et de plantes. En parcourant les chais, on remarque une énorme cuve en chêne de Hongrie, d'une capacité de 32 400 l. A la fin de la visite, on déguste l'une de ces liqueurs, issues d'une longue tradition de savoir-faire.

ENVIRONS

Château de Bressieux – *8 km, par la D 71 au Sud et la petite route s'amorçant, à gauche, à la sortie de St-Siméon-de-Bressieux. Au centre du village, à l'endroit où la route décrit un coude, emprunter le sentier à gauche (1/4 h à pied AR).*
Isolés sur une butte, en haut du village de Bressieux, les vestiges du château composent un décor attachant.

Marnans – *18 km par la D 71 au Sud, la D 130, Viriville et la D 156c.*
Dans un repli retiré du plateau de Chambaran, cet humble village possède une belle **église** romane. Dans la partie basse de la façade Ouest s'ouvre le portail principal en plein cintre, aux voussures moulurées de boudins, de denticules et de palmettes, et au tympan orné d'une croix grecque ; dans la partie haute s'ouvre une baie en plein cintre, surmontée d'un œil-de-bœuf. A l'Est, remarquer la sobre ordonnance du chevet et des absidioles couronnées d'une corniche à modillons.
A l'intérieur, le chœur présente une travée très courte, voûtée en berceau, précédant un hémicycle voûté en cul-de-four et percé de trois baies flanquées de colonnettes ; au-dessus de l'arc triomphal, le jour pénètre par une triple baie, dont celle du milieu est en forme de croix.

Château de COUZAN★

Cartes Michelin n° 88 Sud du pli 4 ou 239 pli 22 – 6 km à l'Ouest de Boën – Schéma p. 101.

Dominant la plaine forézienne, les ruines de la forteresse de Couzan (13e-15e s.), l'une des plus importantes du Forez, se dressent sur un promontoire rocheux, étranglé entre les ravins du Lignon et du Chagnon. En saison, un centre culturel y entretient une animation locale.

Accès – *1,5 km au départ de Sail-sous-Couzan, puis 1/4 à pied AR. Emprunter, sur la route de St-Georges-en-Couzan (D 6), le chemin revêtu, à droite, menant en très forte montée jusqu'au pied des ruines où on laisse la voiture. Gagner l'entrée de la forteresse et se diriger vers le haut des ruines.*

VISITE

Les courtines et les tours encore debout suggèrent la puissance des seigneurs de Couzan, les plus anciens barons du Forez. Du promontoire rocheux situé derrière le château, à l'Ouest : vue sur les murailles de l'enceinte, ancrées sur le roc en à-pic au-dessus du Lignon. De part et d'autre des ruines, le **panorama★** offre un vigoureux contraste entre les âpres ravins du côté montagne et la plaine forézienne.

CRÉMIEU

2 855 habitants (les Crémolans)

Cartes Michelin n° 88 pli 9 ou 246 pli 1 – Schéma p. 87.

Dans un site encaissé, assez tourmenté, Crémieu était jadis une place forte commandant l'une des portes du Dauphiné et un centre actif de négoce.
Parmi les spécialités locales, le sabodet (saucisson à cuire) et la foyesse (pâtisserie).

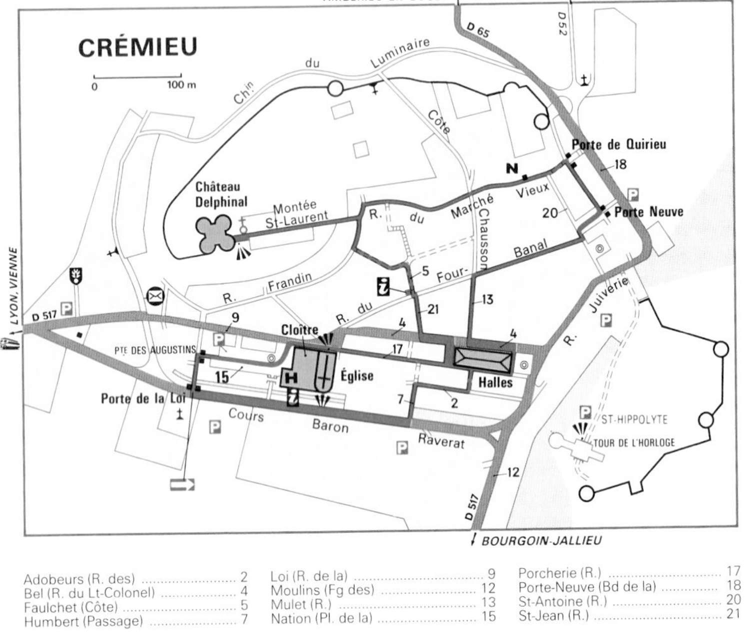

Adobeurs (R. des)	2	Loi (R. de la)	9	Porcherie (R.)	17
Bel (R. du Lt-Colonel)	4	Moulins (Fg des)	12	Porte-Neuve (Bd de la)	18
Faulchet (Côte)	5	Mulet (R.)	13	St-Antoine (R.)	20
Humbert (Passage)	7	Nation (Pl. de la)	15	St-Jean (R.)	21

H Hôtel de ville | **N** Fenêtre des Trois-Pendus

LE VIEUX CRÉMIEU *visite : 1 h 1/2*

Partir de la porte de la Loi.

Porte de la Loi – Vestige de l'enceinte du 14e s., elle est coiffée d'un toit à quatre pans et a conservé ses mâchicoulis.

Franchir la porte des Augustins.

Place de la Nation (**15**) – Elle tient son nom de la période révolutionnaire. Dans l'angle Nord-Est s'élève une fontaine à balancier construite en 1823.

Hôtel de ville (**H**) ⌚ – Il occupe, sur la place de la Nation, une partie des bâtiments de l'ancien couvent des augustins, fondé au 14e s. Le hall d'entrée conserve un plafond à la française ; à chacune de ses extrémités, des portes donnent accès, à gauche, à la salle du conseil municipal ornée également d'un plafond à la française, et à droite, à la salle de Justice de Paix, ancien chauffoir des moines : ses voûtes d'ogives retombent sur un pilier central.

Cloître – L'ancien cloître du couvent des augustins communique avec la place de la Nation par une belle grille en fer forgé réalisée au 17e s. Les dalles funéraires, qui servent de pavement aux galeries voûtées d'ogives, ont été transférées de l'église à la fin du 19e s. Sur certaines sont représentés des outils d'artisans dont le tranchet des adobeurs ou tanneurs de cuir. A l'angle Sud-Ouest du cloître, on reconnaît sur une grille le symbole des augustins : un cœur surmonté d'une flamme et transpercé de deux flèches.

Église ⌚ – Chapelle du monastère, de 1318 à 1791, l'église a subi des transformations. La grille qui permet d'apercevoir l'intérieur est signée Redersdorff (1982). L'édifice abrite un mobilier intéressant : boiseries des stalles et de la chaire, grilles en fer forgé des chapelles latérales. Remarquer aussi la forme géométrique des piliers, tous différents, et les bas-côtés étroits aux voûtes d'ogives très serrées.

Du parvis, belle **vue** sur le château Delphinal et les maisons anciennes décorées de génoises *(voir p. 41)* à double ou triple bandeau.

Par la rue Porcherie, gagner les halles.

★**Halles** – Elles ont été construites au 14ᵉ s. Leur grand toit de lauzes *(voir p. 41)* repose à ses extrémités sur un mur épais, percé de trois arcades. Remarquer sous la charpente, magnifiquement ordonnée, les trois allées qui correspondent chacune à un commerce déterminé. Au fond, à droite, apparaissent encore des auges en pierre sur lesquelles s'adaptaient des mesures pour les grains ; des goulottes permettaient de remplir les sacs.

La rue Mulet, puis la rue du Four-Banal, à droite, mènent à la Porte Neuve.

Portes fortifiées – Dite aussi de François Iᵉʳ, la **porte Neuve** a été édifiée au 16ᵉ s. La **porte de Quirieu**, avec ses degrés et sa rigole centrale est du 14ᵉ s.

Prendre la rue du Marché-Vieux.

Remarquer, sur la droite, au n° 14 (**N**), la fenêtre des Trois-Pendus (14ᵉ s.).

Poursuivre par la montée St-Laurent.

Château Delphinal ⓥ – Les origines de ce château fort, situé sur la colline St-Laurent, remontent au 12ᵉ s. Sur la terrasse se dresse une chapelle dédiée à Notre-Dame-de-la-Salette ; belle **vue** sur les toits de lauzes de l'église et de l'ancien couvent. A gauche, la colline St-Hippolyte porte les restes d'un prieuré fortifié de bénédictins, dont la tour de l'Horloge, du 16ᵉ s.

Faire demi-tour et prendre à droite la côte Faulchet.

A l'intersection avec la rue du Four-Banal, se dresse une demeure du 16ᵉ s., ajourée de fenêtres à meneaux, qui abrite la maison du tourisme.

Prendre la rue St-Jean, la rue Lieutenant-Colonel-Bel et contourner les halles par l'Ouest pour gagner la rue des Adobeurs.

Elle est bordée de petites maisons basses qui abritaient autrefois des ateliers d'artisans dont de nombreux tanneurs.

Le passage Humbert, à gauche, mène à l'avenue Baron-Ravenat.

A hauteur du chevet de l'église, belle **vue** sur le clocher hexagonal dont la flèche se dresse au-dessus d'une ancienne tour d'enceinte.

ÎLE CRÉMIEU : la route de la lauze

Circuit de 56 km – environ 3 h – schéma ci-dessous

Avec ses falaises, ses étangs, ses toits de lauzes *(voir p. 41)*, ses champs bordés de dalles levées, ses gentilhommières, l'Ile Crémieu forme un pays nettement individualisé *(voir p. 14)*.

Quitter Crémieu par la D 52 en direction d'Optevoz (Nord du plan).

La montée offre d'abord un joli coup d'œil sur l'étang de Ry et, en contrehaut, l'important **château de St-Julien** moderne.

Au débouché sur le plateau, les vues se développent vers le Bugey et en direction des Alpes.

A la sortie du frais bassin d'Optevoz, poursuivre par la D 52 jusqu'à Surbaix où l'on emprunte, à gauche, une agréable petite route (D 52ᴮ) suivant un vallon verdoyant.

St-Baudille-de-la-Tour – Ce charmant village abrite une belle maison forte du 15ᵉ s., dite des Dames, avec sa tour couverte de lauzes et son porche armorié.

Torjonas – Hameau traditionnel bien conservé, où toutes les maisons sont couvertes de lauzes.

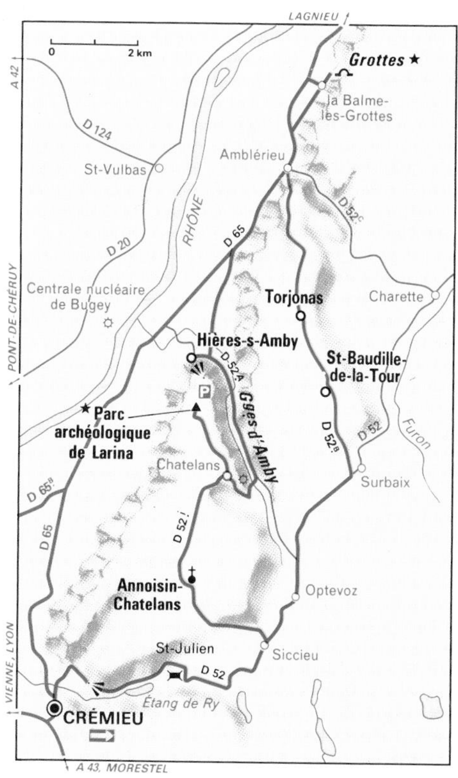

★**Grottes de la Balme** ⓥ – 270 marches. Ces grottes s'ouvrent au pied de la falaise marquant l'extrémité du plateau de l'Ile Crémieu. Connues dès le Moyen Âge, visitées par François Ier, célébrées comme une des « sept merveilles du Dauphiné », elles auraient, au 18e s., servi de repaire au fameux brigand Mandrin *(p. 248)*. Un immense porche, haut de 40 m, sous lequel s'élèvent deux chapelles superposées, donne accès à une vaste salle à l'aspect chaotique, appelée Grande Coupole. De là partent plusieurs galeries. A gauche, la galerie de Mandrin, très étroite, mène au balcon de même nom, commandant l'entrée de la grotte. La galerie du Lac longe un ensemble de petits gours étagés en cascade avant d'atteindre la torrentueuse rivière souterraine. Après une escalade dans la partie appelée « Grottes supérieures » aux riches concrétions, on pénètre dans la galerie de François Ier. Ce véritable labyrinthe conduit à un balcon surplombant d'une trentaine de mètres le lit du torrent à l'entrée de la grotte. Un spectacle son et lumière anime la salle de la Grande Fontaine.

Faire demi-tour, par la D 65, puis par la première route à gauche, rejoindre Hières-sur-Amby.

Hières-sur-Amby – La petite bourgade s'étend au débouché du val d'Amby, au pied du plateau de Larina. En contrebas de l'église, l'ancien presbytère du 18e s., couvert de lauzes, a été transformé en « **maison du Patrimoine** » ⓥ. Elle abrite les produits des fouilles effectuées sur le site de Larina *(voir ci-dessous)* : ossements, outils, monnaies, bijoux et maquette de ferme mérovingienne. Les origines du peuplement de l'Ile Crémieu sont évoquées ainsi que les arts et traditions populaires, grâce à des maquettes, bornes vidéo et une vitrine. Au rez-de-chaussée, est reconstituée par un procédé électronique la tombe sous tumulus d'un prince celtique (8e s.) découverte en 1987 à St-Romain-de-Jalionas. Les objets mis au jour, bijoux en or dont un torque et un bracelet, vaisselle, armes en bronze et le plus ancien couteau en fer découvert en Europe, sont présentés dans des vitrines voisines.

A l'entrée d'Hières-sur-Amby, tourner à gauche dans la D 52A.

Gorges d'Amby – La rivière serpente au pied des parois piquetées d'arbrisseaux. On remarque au passage la maison forte de Brotel (15e s.), à l'à-pic.

Une petite route, s'embranchant à droite sur la route des gorges, à hauteur d'une ancienne cimenterie, franchit l'Amby et conduit, par une forte montée, à Chatelans. Au centre du bourg, prendre une petite route à droite, qui, en 2,5 km, mène à la pointe du plateau occupé par le site archéologique de Larina.

★**Parc archéologique de Larina** – *Circuits balisés et panneaux explicatifs.*
Le camp de Larina s'étend sur 21 ha. Il est limité au Nord et à l'Ouest par des falaises surplombant la plaine du Rhône et le val d'Amby ; au Sud et à l'Est, il est ceint d'un rempart de pierre long de près d'un kilomètre, encore recouvert de végétation : l'occupation humaine du site est attestée par des objets datant de la période néolithique (vers 3 000 avant J.-C.). Du 5e au 1er s. avant J.-C., un oppidum est édifié sur le plateau, enserrant dans son enceinte des cabanes en bois et torchis. La découverte d'un autel et de gros blocs de fondations confirment l'érection à l'époque romaine d'un temple dédié au dieu Mercure ; en même temps, on exploite des carrières de lauzes. Un front de taille, situé au Nord de l'habitation principale, permet d'observer la structure du sous-sol de Larina : strates de calcaire gréseux se débitant aisément en dalles.

A la fin de l'Antiquité et pendant le haut Moyen Âge, deux grands domaines agricoles se succèdent. Le premier (établi aux 4e et 5e s.) regroupe autour d'une villa à galerie divers bâtiments d'exploitation (entrepôts, groupes...) construits en terre et en bois sur des fondations de galets encore bien visibles. Du 6e au 8e s., un deuxième domaine se développe autour d'une vaste maison en pierre couverte de lauzes et de ses bâtiments annexes. Sur la butte au Nord, deux nécropoles ont été édifiées ; de la deuxième, on a retrouvé des tombes d'adultes et d'enfants sous forme de coffres en dalles de lauzes.

A la pointe Nord de la falaise, où se dresse une statue de la Vierge, **vue★** sur les monts du Bugey, la côtière de la Dombes *(voir p. 14)*, les monts du Beaujolais, du Lyonnais, les torchères de Feyzin ; au premier plan, sur le Rhône, la centrale nucléaire de Bugey.

Par la D 52I, rejoindre Annoisin-Chatelans.

Annoisin-Chatelans – Sa modeste **église**, isolée sur la pente d'une prairie, présente un clocher miniature, de plan octogonal, curieusement accolé au chevet.

Au-delà des maisons coiffées de lauzes, une route agréable mène, à travers la lande calcaire du plateau, au hameau de Chatelans. Au centre du village, le **musée de la lauze** ⓥ présente de manière didactique les techniques traditionnelles de cette architecture qui caractérise l'habitat de l'Ile Crémieu.

Une route très variée et offrant des vues sur les Alpes mène à Siccieu.

Retour à Crémieu par la D 52 et l'étang de Ry.

CREST

7 583 habitants

Cartes Michelin n° 77 pli 12 ou 246 pli 6.

Au débouché de la Drôme dans la plaine de Valence, Crest tire orgueil de son donjon au pied duquel la cité partage son activité entre son rôle de marché agricole et ses industries alimentaires.

Au nombre des spécialités crestoises comptent la **défarde**, plat mitonné à base de tripes d'agneau et les picodons, petits fromages de chèvre.

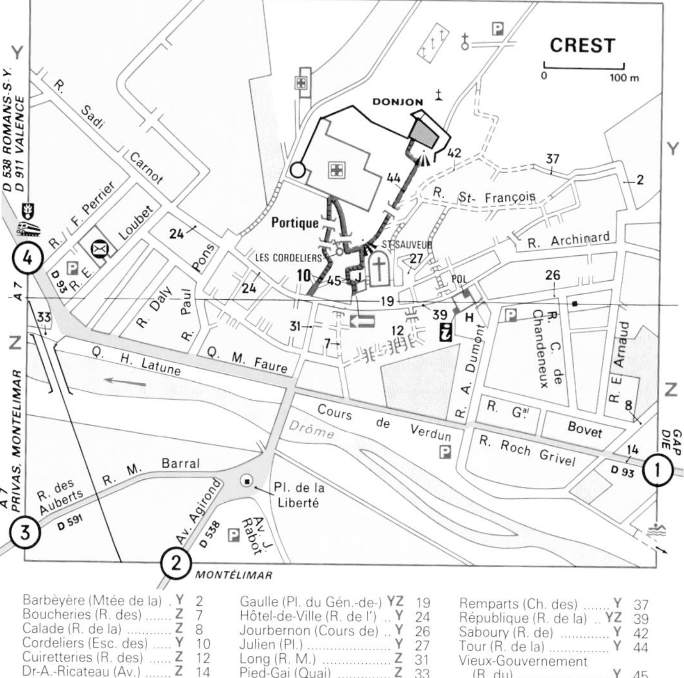

Barbèyère (Mtée de la) . Y 2	Gaulle (Pl. du Gén.-de-) YZ 19	Remparts (Ch. des) .... Y 37
Boucheries (R. des) .... Z 7	Hôtel-de-Ville (R. de l') .. Y 24	République (R. de la) .. YZ 39
Calade (R. de la) .... Z 8	Jourbernon (Cours de) .. Y 26	Saboury (R. de) .... Y 42
Cordeliers (Esc. des) ..... Y 10	Julien (Pl.) .... Y 27	Tour (R. de la) .... Y 44
Cuiretteries (R. des) ...... Z 12	Long (R. M.) .... Z 31	Vieux-Gouvernement (R. du) .... Y 45
Dr-A.-Ricateau (Av.) .... Z 14	Pied-Gai (Quai) .... Z 33	

CURIOSITÉS

Montée au donjon (Y) – *Accès par l'escalier situé à gauche de l'église St-Sauveur, la rue du Vieux-Gouvernement et la rue de la Tour. Possibilité d'accès en voiture jusqu'au parking au pied de la tour.*

De la rue de la Tour, s'offre une vue curieuse sur les vieux toits de Crest et le « casque » en ardoises couronnant la croisée du transept de l'église St-Sauveur.

★**Donjon** (Y) ⏲ – *184 marches jusqu'à la terrasse supérieure.*

Le donjon de Crest, ou « la Tour », est le seul vestige d'une forteresse démantelée en 1632 sur l'ordre de Louis XIII.

Le donjon, construit à partir de fondations romaines, fut élevé sur une crête de rochers en plusieurs étapes du 11e au 15e s. ; le mur Nord, le plus haut, atteint presque 52 m. A la base de la Tour, l'altitude est de 263 m.

A l'intérieur, les différents cachots et salles voûtées présentent des expositions thématiques et s'animent de spectacles en saison. Dans ces cachots en 1851, on y enferma 600 républicains hostiles au coup d'État de Louis-Napoléon.

La première terrasse comporte un sol constitué de grandes dalles soigneusement appareillées, inclinées vers une rigole centrale qui alimentait la citerne avec les eaux de pluie recueillies. Elle ne fut couverte qu'au 15e s. ; de puissantes arcades ainsi que d'énormes poutres soutiennent le toit.

De la terrasse supérieure, on découvre les toits de Crest ; au-delà s'étend un superbe **panorama**★, au Nord-Est, sur la montagne de Glandasse et les contreforts du Vercors, au Sud sur la chaîne de Roche-Courbe avec les Trois-Becs, puis Roche-Colombe ; à l'Ouest, l'horizon tourmenté des serres vivaroises s'élève jusqu'au Gerbier-de-Jonc et au Mézenc, visibles par temps très clair.

En descendant du donjon, laisser à gauche l'escalier emprunté à la montée et poursuivre le chemin de corniche qui contourne le chevet de l'ancienne église des Cordeliers.

En contrebas, à gauche, quelques marches conduisent à un passage voûté : le **portique des Cordeliers** (Y) comportant cinq travées d'ogives, qui débouche sur le monumental **escalier des Cordeliers** (Y **10**). Composé de 124 marches, dont 80 sont taillées dans le rocher, ce dernier produit un bel effet, surtout d'en bas.

Vieilles demeures – Bordant l'axe principal ou les rues avoisinantes, pittoresques, subsistent de vastes immeubles élevés par la bourgeoisie crestoise aux 16e et 17e s. : portails à bossages, au n° 11, rue des Cuiretteries (**Z 12**), rue des Boucheries (**Z 7**), juste avant le passage voûté débouchant sur la rue de l'Hôtel-de-Ville et au n° 2, place Général-de-Gaulle (**YZ 19**).
Dans la rue de la République, au n° 10 (**YZ 39**), le portail en plein cintre présente une clef sculptée d'un motif en forme de feuillage ; au n° 14, trois têtes en haut-relief ornent la façade.

ENVIRONS

Jardin des oiseaux ⌚ – *A Upie. Quitter Crest par la D 538 en direction de Chabeuil, puis à gauche la D 142 vers Upie.*
Dans un superbe parc, une agréable promenade permet de découvrir plus de 200 espèces d'oiseaux d'Europe et des tropiques : grues couronnées, flamands, nandous, pélicans, autruches et calaos voisinent dans des enclos.
Une intéressante **serre aux oiseaux-mouches** permet d'approcher ces oiseaux multicolores dans leur cadre naturel reconstitué. La visite se termine par les volières des perroquets et les espaces réservés aux casoars.

Le jardin aux oiseaux, Upie

Pigeon couronné de Nouvelle-Guinée

★RIVE GAUCHE DE LA DRÔME

Circuit de 75 km : 2 h 1/2. Quitter Crest par ①. A Aouste-sur-Sye, franchir la Drôme en direction de Saou.
Après un premier passage étroit, le Pas de Lauzens, séparant Roche-Colombe des pentes du Faucon, la route s'élève et débouche en vue d'un **cirque★**, fermé au fond par les **Trois-Becs** de Roche-Courbe.

Au défilé du Pertuis de la Forêt, où s'engouffre la Vèbre, on laisse à gauche la route privée de la forêt de Saou.

La **forêt de Saou** occupe un synclinal perché (pli géologique), formé extérieurement de falaises à pic et recouvert à l'intérieur par un abondant manteau forestier (chênes blancs et pins sylvestres sur la rive droite de la Vèbre, hêtres sur la rive gauche).
A la sortie du défilé, jolie vue sur le « Roc », isolé à gauche ; à droite, se dressent les rochers des Aiguilles.

A Saou, campée à l'orée d'un bassin fertile, emprunter à gauche la D 538, que l'on quitte peu après pour prendre la direction de Francillon et du Poët-Célard.

De ce village, la montée, par la D 328A, offre des **vues★** sur les versants rocailleux enfermant la forêt de Saou. A la descente sur Bourdeaux, par la D 538, succède la longue montée vers le **col de la Chaudière★**, entre la montagne de Couspeau et le surplomb du Veyou ; la montagne de Glandasse et le Vercors ferment l'horizon. Du col de la Chaudière, la descente vers Saillans ménage des vues sur la serre de l'Aup.

Retour à Crest par la rive droite de la Drôme, D 93.

Le CROZET

292 habitants

Cartes Michelin n° 73 pli 7 ou 239 pli 10 – 2 km au Sud-Ouest de la Pacaudière.

Cette petite cité médiévale étage ses maisons fleuries sur les premiers contreforts des monts de la Madeleine. Propriété au 10e s. des vicomtes de Mâcon, elle fut cédée au 13e s. aux comtes de Forez qui la fortifièrent et l'élevèrent au rang de châtellenie au siècle suivant.

LE VIEUX CROZET *visite : 1/2 h*

Laisser la voiture sur la place près du calvaire.

On pénètre dans l'ancienne place forte par la « Grant-porte » flanquée de deux tours rondes tronquées et en partie masquées par des maisons.

Suivre la rue de la Grande Charrière.

Maison du Connétable – Elle offre une belle façade à pans de bois.
A cette demeure fait suite l'ancienne halle de cordonnerie (15e s.) ; remarquer les arcades, aujourd'hui murées, qui abritaient les échoppes.

Maison Dauphin – Ancienne halle de la boucherie, cette maison de la fin du 15e s., fortement restaurée, conserve de belles fenêtres Renaissance.

Prendre la rue du Château.

★**Maison Papon** – Pénétrer dans la cour afin d'admirer la belle façade Renaissance, de céramique émaillée, ornée de fenêtres à meneaux.

Maison des Amis du Vieux Crozet ⏱ – Un petit intérieur paysan a été reconstitué dans cette maison du 15e s., ainsi qu'un atelier de sabotier et celui d'un maréchal-ferrant taillandier. Une salle est réservée aux expositions temporaires.

Donjon – Du 12e s., il se dresse à proximité de l'église (19e s.). Il a perdu son couronnement de mâchicoulis. Du sommet, la vue se porte sur les monts de la Madeleine au Sud, du Charolais à l'Est ; table d'orientation.

Revenir par la rue du Terrail.

CRUAS

2 200 habitants

Cartes Michelin n° 76 pli 20 ou 246 pli 21 – Schéma p. 196.

Au pied des falaises de la rive droite du Rhône, exploitées par d'importantes cimenteries, la vieille cité de Cruas est couverte d'une pellicule poudreuse blanche. L'ancienne abbatiale et ses cryptes constituent une intéressante étape de la moyenne vallée du Rhône. En 804, des moines bénédictins envoyés par saint Benoît d'Aniane, réformateur de l'Ordre, fondent une abbaye à Cruas. La partie la plus ancienne de l'église remonte au 11e s. Pour se protéger des invasions et des inondations du Rhône, les bénédictins élèvent peu après, sur un replat rocheux de la falaise, une chapelle-refuge, enrobée plus tard dans un ensemble défensif qui lui vaudra le nom de « château des moines ».
Aux 16e et 17e s., l'abbaye subit les attaques des huguenots, puis périclite. En 1741, l'évêque de Viviers en décide la suppression.

CURIOSITÉS

Ancienne église abbatiale ⏱ – C'est un bel édifice roman *(illustration p. 38)* situé en contrebas de la rue centrale. La façade sur la route est dominée par une puissante tour-lanterne, sur plan carré, à étages en retrait. Au-dessus de la croisée du transept s'élève une deuxième tour, surmontée d'un gros lanternon circulaire à toit conique. En contournant l'édifice, on remarque l'élégante homogénéité de sa décoration de bandes lombardes et la sobre ordonnance du chevet.

Intérieur – Très sombre, il comprend une nef voûtée en berceau et flanquée d'étroits collatéraux. Le sol a été fortement exhaussé du 15e au 18e s., à la suite d'inondations provoquées par un torrent.
Entre la nef et les bas-côtés, de robustes piliers s'ornent de chapiteaux sculptés : remarquer notamment les aigles qui s'affrontent sur un pilier à gauche.
Derrière le maître-autel, l'abside conserve un pavement en mosaïque, de style byzantin, représentant les prophètes Élie et Énoch encadrant deux arbres de vie. La mosaïque porte la date : 1098, visible à droite.

★**Crypte** – L'église repose sur une crypte du 11e s., établie sous le chœur qui présente une voûte d'arêtes sur colonnes monolithes décorées de chapiteaux archaïques ; la plupart montrent un animal isolé, oiseau ou quadrupède. L'ensemble de ce bestiaire constitue un remarquable spécimen des débuts de la sculpture romane.
Le chœur est prolongé par une tribune monastique (fin du 12e s.) qui s'étend sur les deux premières travées de la nef. Elle est surtout intéressante par son système de voûte, significatif de l'évolution de l'architecture passant du roman au gothique : les arêtes des travées sont renforcées de gros tores se croisant à la façon d'ogives.

J. Guillard/SCOPE

Cruas-Meysse – Centrale nucléaire

Donjon-chapelle – *Prendre la rue Jean-Jaurès : à environ 200 m, emprunter à gauche une route en montée ; laisser la voiture sur une esplanade et atteindre les ruines à pied.*
L'édifice évoque un donjon : ses tourelles d'angles et les imposantes arcatures soutenant son couronnement crénelé ont fait disparaître au regard la chapelle primitive du 12e s. En contrebas, remarquer un ensemble de maisons médiévales.

Centre nucléaire de production d'électricité de Cruas-Meysse ⓥ – *3,5 km au Sud de Cruas, à l'Ouest de la N 86.*
Situé sur les territoires des communes de Cruas et de Meysse, il comprend 4 tranches relevant de la filière à eau sous pression (REP) utilisant l'uranium enrichi comme combustible. Chaque unité, équipée d'une tour de réfrigération d'une hauteur de 155 m, fournit au réseau d'EDF une puissance électrique de 915 MW. L'ensemble des installations produit environ 22 milliards de kWh l'an, soit environ 5 % de la production totale d'électricité en France.
Un centre d'information à l'entrée permet au visiteur de se familiariser avec le fonctionnement d'une centrale nucléaire.

CRUSSOL★★★

Cartes Michelin n° 76 pli 20 ou 246 pli 19 – Schémas p. 194 et 242.

La montagne de Crussol porte, 200 m au-dessus de la plaine, les célèbres **ruines du château de Crussol**. La pierre blanche de Crussol a été souvent utilisée pour les constructions de Valence en raison de son grain lisse. Le **site** est l'un des plus grandioses de la vallée du Rhône *(illustration p. 13)*.

Une forteresse perchée – Au 12e s., Bastet de Crussol choisit d'établir ici son château fort. L'ambition des « petits sires de Crussol » les élève aux charges les plus hautes du royaume. Un Crussol sera chambellan de Louis XI, un autre, par son mariage, devient l'héritier du comté d'Uzès : son fils, sénéchal de Beaucaire et de Nîmes, guerroie en Italie aux côtés de Charles VIII et de Louis XII. Leurs charges officielles éloignent les Crussol de l'incommode forteresse ancestrale, qui sera en partie abattue au 17e s. En 1785, selon la tradition, Bonaparte, en garnison à Valence, réussit, avec l'un de ses frères, à faire l'ascension de Crussol par la falaise, au péril de sa vie.

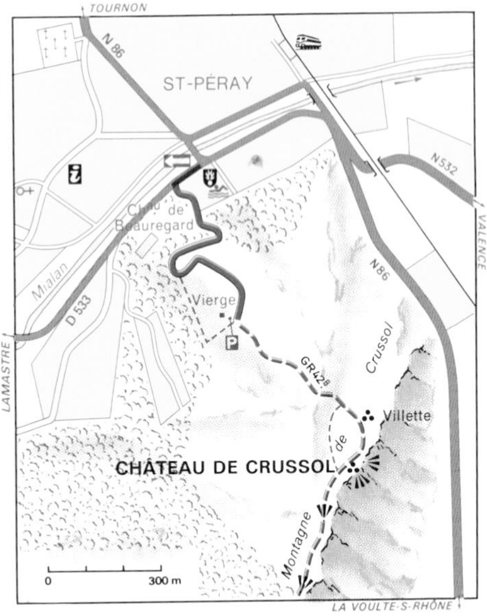

VISITE

A St-Péray emprunter la route passant devant le château de Beauregard (on ne visite pas). Parc de stationnement à l'extrémité du chemin, après la statue de la Vierge. On gagne les ruines du village fortifié et du château par un sentier (1 h à pied AR).
Après avoir franchi la poterne Nord de l'ancienne enceinte, emprunter le sentier de gauche. On grimpe à travers les vestiges de la « **villette** », ruines d'une centaine de maisons qui constitua le refuge des habitants de la plaine en période de trouble. Prendre à gauche le chemin intérieur qui longe l'enceinte, puis obliquer vers la demeure seigneuriale. Dressé sur un promontoire rocheux, le château domine de 230 m le Rhône. A l'intérieur du donjon, un belvédère aménagé offre une superbe vue sur la plaine valentinoise, le barrage de Bourg-lès-Valence et le confluent du Rhône et de l'Isère. Le Vercors, Roche-Colombe et les Trois-Becs dessinent un magnifique arrière-plan.
A l'extrémité du piton, on atteint l'ancien corps de logis. A l'angle Nord-Est, les restes d'une échauguette constituent un remarquable belvédère, au-dessus d'un vide vertigineux. Le sentier suivant la crête escarpée, au Sud, offre, avec le recul *(compter 1/2 h de plus)*, un **point de vue★★** sur les ruines qui jaillissent du roc et sur les derniers contreforts du Massif central ; il rejoint plus loin les ruines de l'oppidum et les carrières romaines.

Le DEVÈS

Cartes Michelin n° 76 plis 6, 7, 16, 17 ou 239 plis 33, 34, 45, 46.

Orientée Nord-Ouest entre l'Allier et la Loire, la chaîne du Devès sépare les anciennes provinces de l'Auvergne et du Velay.
Formée de cônes volcaniques et de coulées de laves reposant sur un socle cristallin, elle culmine à 1 421 m d'altitude. La ligne de faîte, longue de 60 km, est jalonnée par 150 bouches éruptives. Quelques-unes sont des volcans à cratère – l'un de ces cratères est rempli par le lac du Bouchet – mais la plupart ont des formes douces, arrondies, sans dépression au sommet. Leurs coulées ont constitué en se réunissant une vaste « planèze » dissymétrique : du côté de l'Allier, tout proche, la nappe basaltique, étroite, ne descend pas au-dessous de 1 000 m, tandis que du côté de la Loire, beaucoup plus éloignée, les plateaux du Velay s'abaissent rapidement en gradins, s'arrêtant dans la région du Puy-en-Velay, vers 800 m d'altitude.
La lave, décomposée par une longue érosion, fournit un sol qui se prête à la culture : c'est le domaine de la fameuse lentille verte du Puy. Malgré son altitude, le Devès, aux étés ensoleillés, est un pays d'agriculture et d'élevage.

Traversée – Plusieurs grandes routes traversent le Devès, convergeant toutes vers le Puy-en-Velay : la N 102 venant de Brioude ; la D 590, de Langeac ; la D 589, de Saugues ; la D 88 puis la N 88, de Chapeauroux. Au départ de Chapeauroux, la D 31 rejoint la D 589 à Bains et offre un parcours pittoresque sur la face orientale du Devès près de la ligne de crête. Le paysage montre des cultures, des mamelons aux teintes rougeâtres, recouverts de pins et offre des vues étendues.

Par cette même D 31 on peut, en prenant à gauche la D 312, 2 km avant Cayres, accéder au lac du Bouchet.

★**Lac du Bouchet** – *Un sentier sous bois permet d'en faire le tour en 3/4 h.*
Situé à 1 205 m d'altitude, il a une superficie de 43 ha et une profondeur de 28 m. Il occupe le fond d'un ancien cratère que révèle sa forme presque circulaire. Une forêt de sapins, d'épicéas et de pins l'enferme ; les boisements ont été réalisés entre 1860 et 1900. Touchée en 1982 par une violente tempête sur 100 ha, la forêt domaniale du lac du Bouchet a été reconstituée. On ne connaît au lac ni rivière tributaire ni déversoir. Cependant, la limpidité des eaux du lac montre qu'elles se renouvellent sans cesse.
En quittant le lac par la route, on a, à la sortie de la forêt, une très belle vue sur le Velay volcanique et en particulier sur les massifs du Meygal et du Mézenc.

La DOMBES★

Cartes Michelin n° 74 plis 1, 2 ou 244 plis 3, 4, 14, 15 – Schéma p. 95.

Situé entre Lyon et Bourg-en-Bresse et délimité par l'Ain et la Saône, le plateau de la Dombes doit sa physionomie originale et son charme très particulier à la présence d'environ un millier d'étangs qui parsèment sa surface. Ici et là émergent des poypes *(voir p. 14)*, devenues au Moyen Âge de véritables forteresses de terre, cernées de fossés.
L'habitat rural en Dombes est caractérisé par une architecture en pisé *(voir p. 40)* tandis que les châteaux et les enceintes sont construits en grosses briques rouges ou **carrons** (terre cuite).

La technique du pisé – Le pisé est le mode de construction traditionnel de la Dombes, région dépourvue de carrières de pierre. La terre argileuse qui se trouve sous la terre arable est prête à servir à la construction sans être cuite ni adjointe à un liant. Il faut d'abord aérer la terre à pisé pour lui faire prendre du volume : c'est le « frassage ». Après avoir établi un coffrage en bois, la terre frassée y est versée puis on la dame avec un « pisou », instrument en bois plein, avant de laisser sécher le mur. Les angles et soubassements sont protégés par des briques ou des galets.
L'histoire de la région comporte, elle aussi, sa note de singularité : la Dombes fut érigée en principauté par François Ier, après la confiscation des biens du connétable de Bourbon en 1523 ; à Trévoux, sa capitale, siégea un Parlement souverain qui resta en place jusqu'au milieu du 18e s.

UN PEU DE GÉOGRAPHIE

Le sol imperméable a incité très tôt les habitants à transformer leurs terres en étangs, fermés par des levées de terre battue ; le **Grand étang de Birieux**, l'un des plus vastes (330 ha), mais aujourd'hui morcelé, date du 14e s. Au Moyen Âge, les seigneurs apprécient les étangs dont l'entretien n'exige qu'une main-d'œuvre réduite. Au 16e s., la Dombes en compte près de 2 000. La trop grande étendue des eaux stagnantes provoque l'instauration d'un climat malsain ; la durée moyenne de vie, en Dombes, est, sous l'Ancien Régime, très faible. Mais au 19e s., sous l'impulsion des moines de l'abbaye N.-D. des Dombes, la superficie en eau diminue de moitié. Les surfaces ainsi libérées sont converties en cultures.

Aujourd'hui, l'eau couvre encore environ 10 000 ha. La plupart des étangs sont intermittents et constituent une chaîne de pièces d'eau contiguës qui se vident les unes dans les autres lors de la vidange précédant la pêche. Cette opération se fait à partir d'une vanne, le **thou**, installée à l'extrémité de l'étang de tête. Tour à tour, ils sont mis en eau et empoissonnés : c'est l'**évolage** qui dure six à sept ans, puis mis en culture (assec) pendant un an, grâce à un procédé de labours en « billons », facilitant le drainage rapide du sol. Si la Dombes reste un centre important de production laitière et de viande bovine, l'élevage fait part égale avec les productions de céréales (blé, orge, maïs) et oléagineux (colza). La pêche avec environ 2 000 t de poissons par an (carpes, tanches, brochets) fait de la région la première région productrice de France pour le poisson d'étang. A l'automne, on ne manquera pas d'assister à la pêche d'un étang.
La Dombes, entre la Bresse, Lyon et le Beaujolais, offre la solide réputation de sa table. Le gibier d'eau est très abondant. Enfin, l'élevage de chevaux de demi-sang demeure une activité traditionnelle : il n'est pas rare d'apercevoir, enfoncés dans l'eau des étangs, des chevaux paissant la « brouille », sorte de trèfle des marais dont ils sont friands.
Le film *L'Affût*, de Y. Bellon, démontre l'intérêt que le monde du cinéma peut accorder au particularisme de la Dombes.

★LA ROUTE DES ÉTANGS

Circuit de 99 km au départ de Villars-les-Dombes – Avec la visite des villes, compter la journée

Quitter Villars à l'Ouest par la D 2.

Bouligneux – Dans un site typique, se dresse le **château** du 14e s. en briques, à l'aspect de maison forte.

Sandrans – Ce village est renommé pour sa **poype**, sur laquelle on a reconstruit au 19e s. une maison bourgeoise. Aujourd'hui subsiste un tertre bien identifié entouré d'un fossé en eau et coiffé d'une tour circulaire en briques. L'**église**, en partie romane, est dans sa simplicité l'une des plus caractéristiques de la Dombes : nef unique, abside décorée d'une arcature romane, dont les curieux pilastres en forme de fuseau portent des silhouettes humaines très étirées ; poutres de gloire à l'entrée du chœur. Remarquer encore l'ensemble des statues et les fonts baptismaux gothiques.

Châtillon-sur-Chalaronne – *Page 80.*

A la sortie Est prendre la D 17 en direction de St-Paul-de-Varax.

St-Paul-de-Varax – *Page 227.*

Prendre au Nord la N 83 puis à droite la D 64A.

Lent – Ce village conserve de beaux monuments du 16e s., notamment un beffroi restauré au 18e s. et des maisons de bois. L'origine de l'église romane remonte au 9e s., mais son architecture date du 16e s.

Dompierre-sur-Veyle – Regroupé autour d'une vieille église romane, il voisine avec le plus grand étang de la région : le Grand Marais, 100 ha.
En empruntant la D 70 en direction de St-Nizier-le-Désert, on longe sur la gauche les importantes étendues d'eau du Grand Marais.

Didillon/CAMPAGNE CAMPAGNE

La Dombes – Orage sur étang

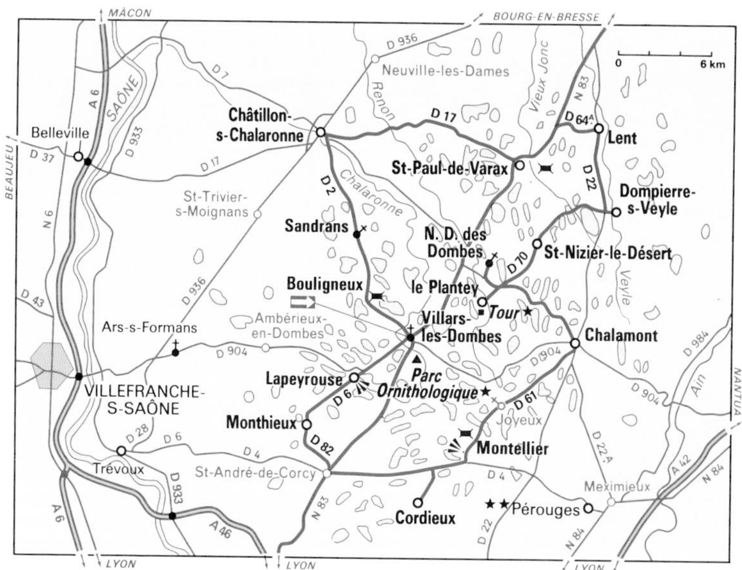

St-Nizier-le-Désert – Agréable halte où sont aménagées des aires de loisirs (pêche, promenade).

Le Plantay – Environnée des eaux de l'étang du Grand Châtel, **la tour du Plantay★** en appareil de grosses briques rouges, décorée de pierre blanche autour des mâchicoulis, fait figure de symbole de la région et constitue un but de promenade très prisé.

L'abbaye Notre-Dame des Dombes ⓥ – Fondée par les cisterciens au 19e s., a contribué à la mise en valeur des terres cultivables et à l'assainissement de la région.

Chalamont – A 334 m, c'est le point culminant de la Dombes. L'îlot de la rue des halles, dans le bourg, conserve quelques anciennes maisons du 15e s. restaurées, avec des étages en encorbellement et un vieux lavoir.

Poursuivre par la D 61 en direction de Joyeux.

On remarque à Joyeux une belle demeure du 19e s.

Avant le village du Montellier, on aperçoit sur la droite le château.

Le Montellier – Le **château** *(on ne visite pas)*, le plus imposant de la Dombes, construit en briques, est flanqué à une extrémité du donjon primitif dressé sur sa poype. Dans le village, l'église d'origine gothique renferme un beau retable sculpté du 18e s.

Cordieux – On y remarque un beau manoir en briques rouges.

Reprendre la D 4 en direction de St-André-de-Corcy, puis après avoir franchi la N 83, se diriger vers Monthieux par la D 82.

Monthieux – La belle église romane en briques roses abrite les tombeaux des seigneurs de Damas. Le manoir de Breuil du 16e s. possède un intéressant puits sarrasin.

Poursuivre vers Ambérieux et prendre la D 6 à droite.

Lapeyrouse – Du monument aux Morts, jolie vue sur la chaîne des Alpes et, au premier plan, sur les étangs du Grand Glareins et le château de Glareins, du 15e s. *(on ne visite pas).*

Revenir à Villars par la D 904.

Vallée de l'EYRIEUX★

Cartes Michelin n° 76 plis 18 à 20 ou 244 plis 34 à 36.

L'Eyrieux qui prend sa source à 1 120 m d'altitude, au Nord de St-Agrève, dégringole des hauts plateaux vivarois pour venir se jeter dans le Rhône, après une course de 70 km. Sa haute vallée porte la marque d'un caractère montagnard accusé, aux raides versants ombragés de châtaigniers et d'épicéas, c'est le pays des Boutières. En aval du Cheylard, le torrent s'enfonce en gorges, puis bassins adoucis et étranglements rocheux alternent jusqu'à sa plaine terminale, à son débouché dans la vallée du Rhône.

Des crues redoutables – Le régime de l'Eyrieux est celui d'un torrent. En raison de la pente du cours supérieur, les orages d'automne gonflent subitement la rivière et ses affluents. De 0,8 m^3/s (juillet-août), le débit peut monter à 3 600 m^3/s en quelques heures. Lors de la grande crue de septembre 1857, les eaux atteignirent 17,25 m dans l'étranglement de Pontpierre, près de St-Fortunat.

P. Dumesnyl/ICONOS

Pêchers en fleur

L'activité des hommes – De vieux hameaux isolés s'agrippent sur les versants, rayés par les murettes des cultures en terrasses. Les bourgades les plus importantes se sont fixées dans les petits bassins intérieurs de la vallée, au débouché des affluents. Quelques-unes connaissent une certaine activité industrielle comme le Cheylard, qui groupe des ateliers de peausserie, tissages, teintureries, matières plastiques, bijouterie. Mais le caractère dominant de la vallée provient de la culture du pêcher.

LA VALLÉE DES PÊCHERS

Les pêchers transforment au printemps cette rude vallée en un ruissellement de pétales roses. Des champs de légumes verts et de fraisiers complètent cette culture.

Un verger modèle – Le développement des vergers de l'Eyrieux tient à des conditions naturelles particulièrement favorables : un sol léger, perméable et chaud, se drainant bien ; une vallée abritée du mistral et des vents du Sud, où les gelées printanières sont rares ; des débuts d'été chauds, facilitant la maturation.
Cette réussite est due, pour une grande part, à la volonté des hommes. Les premiers essais de plantation, à **St-Laurent-du-Pape**, demeurée une commune pilote, datent de 1880. Les méthodes de production, patiemment améliorées depuis cette époque, ont été adoptées par les cultivateurs des régions voisines. Peu à peu les vergers ont gagné du terrain dans la vallée, mais suite à l'introduction de la mécanisation, la production des pêchers plantés au flanc des versants a fortement régressé.

La production – Chaque verger n'occupe que 1,5 ha en moyenne. Cette division s'explique par les exigences d'une culture quasi artisanale. Un arbre fournit, en pleine production, de 25 à 40 kg de fruits. Un hectare produit couramment 10 à 16 t de pêches. La pêche de l'Eyrieux s'est imposée par sa qualité sur le marché national et à l'exportation. Une importante coopérative à Beauchastel assure l'essentiel de la commercialisation des fruits. L'ensemble de la production de la vallée est de l'ordre de 12 000 t par an.

VISITE

Au printemps, à la fin du mois de mars, on ne manquera pas de parcourir la D 120 ; c'est la féerie des pêchers en fleur. L'étalement de la floraison, qui commence par les vergers de la basse vallée, crée une extraordinaire symphonie de rose pâle, de carmin et de pourpre.

★★★ **Corniche de l'Eyrieux** – *Circuit de 54 km au départ de Vernoux-en-Vivarais.* *Description p. 257.*

★★ **Les Boutières** – *Circuit de 64 km au départ de St-Agrève.* *Description p. 210.*

Pour apprécier à leur juste valeur les curiosités très importantes, qui attirent en grand nombre les touristes, il faut éviter si possible les moments de la journée et les périodes de l'année où l'affluence atteint son maximum.

FAY-SUR-LIGNON

441 habitants

Cartes Michelin n° 76 pli 18 ou 239 Nord du pli 47 - Schéma ci-dessous.

Au flanc d'un piton phonolithique jailli des hauts plateaux du Nord du Mézenc, Fay-sur-Lignon (prononcer : faï) offre, aux confins du Velay et du Vivarais, l'aspect d'une bourgade montagnarde : les maisons basses, d'aspect sévère, semblent se serrer pour mieux résister en hiver aux rafales de la « burle » glacée *(voir p. 45)*. Un foyer de ski de fond attire les amateurs de neige, l'hiver.
L'élevage constitue la ressource essentielle de Fay et de sa région, comme en témoigne l'importance du foirail.

★**Point de vue** - Partant de la rue principale de traversée, une ruelle étroite, bordée de vieilles maisons aux toits de lauzes *(voir p. 41)* minces, mène vers l'église, qui fut, jadis, chapelle du château des seigneurs de Fay.
Du cimetière, qui épouse en partie les contours de l'ancienne place forte et est signalé par une éminence phonolithique surmontée d'une croix, se développe un vaste horizon montagneux : pic du Lizieux, monts de Lalouvesc, mont Pilat, sommets des Alpes. Le vallon pastoral du Lignon forme un agréable premier plan.

★★★CIRCUIT DES DEUX MONTS

95 km – compter la journée – schéma ci-dessous

Quitter Fay par la D 262 au Sud.

D'emblée, les vues s'étendent, à droite, sur le mont Signon (1 454 m), tout proche, et sur le Mézenc. On contourne ensuite le bassin supérieur de la Rimande.

St-Clément – A la sortie Sud du village, une **vue**★★ s'offre sur la combe de la haute Saliouse où s'encadrent, de gauche à droite, les sucs de la région de Borée, le Gerbier-de-Jonc, le suc de Sara et le Mézenc.

Faire demi-tour et prendre à gauche la D 410.

Cette **route**★★, tracée en corniche, offre des vues remarquables sur ce massif volcanique aux vallées profondes hérissées de dômes phonolitiques : roche de Borée, sucs de Touron, de la Veine, de Sara, rocher des Pradoux. Elle passe par le Cruzet, point de départ d'un téléski, et contourne le Mézenc par sa face chaotique, à l'allure déchiquetée.

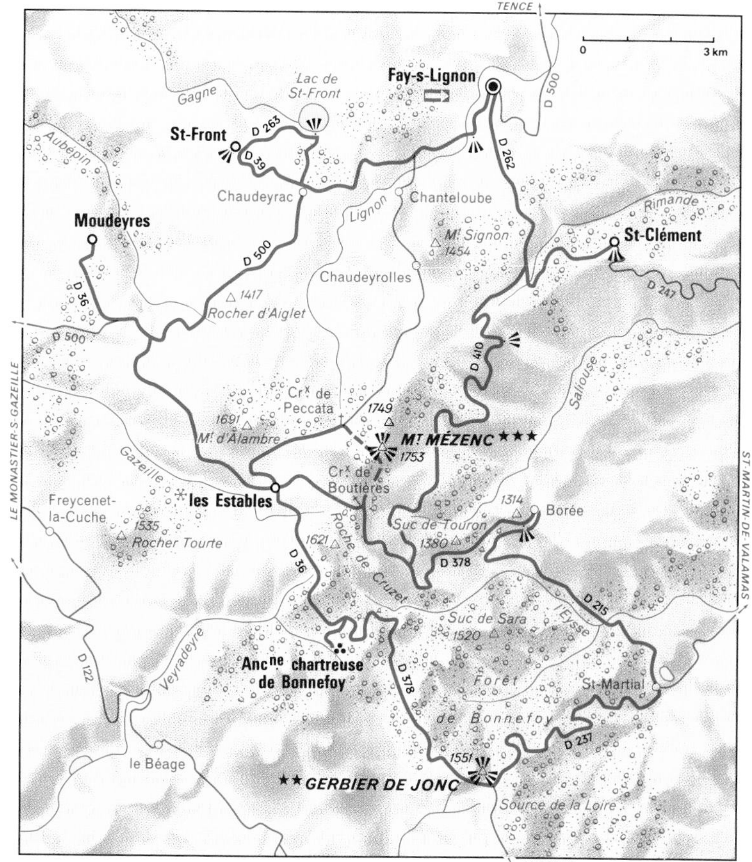

Prendre à gauche la D 378.

La route longe le suc de Touron et présente, avant Borée, une belle vue sur la vallée de l'Eysse.

A Borée, emprunter la D 215.

La descente dans la vallée de l'Eysse révèle l'intense travail de l'érosion, rongeant les versants vivarois du massif. La vallée s'adoucit à l'approche de St-Martial d'où l'on remonte par un long parcours à travers les pins. Les derniers kilomètres offrent des échappées splendides. Puis c'est la découverte du Gerbier.

★★ **Gerbier-de-Jonc** – *Page 103.*

Au pied du Gerbier, prendre la direction des Estables (D 378).

Très agréable parcours de crête, en particulier à l'approche du rocher des Pradoux.

Ancienne chartreuse de Bonnefoy – *1 km au départ de la D 378.*
Site très verdoyant. De la chartreuse, fondée au 12e s. et reconstruite après les guerres de Religion, ne subsistent qu'une tour carrée et la façade d'honneur datant de la reconstruction des bâtiments au 18e s.

La D 378A puis la D 36 mènent aux Estables.

✲ **Les Estables** – A 1 367 m d'altitude, sur les contreforts du Mézenc, ce village montagnard est le plus élevé du Massif central. Grâce aux remonte-pentes installés sur les flancs du mont Alambre (1 691 m) et aux nombreuses pistes de ski de fond, le tourisme hivernal s'y est considérablement développé.

Traverser le village dans le sens Sud-Nord pour prendre à droite vers le mont Mézenc par la Croix de Peccata.

★★★ **Mont Mézenc** – *Page 157.*

De la Croix de Peccata une route permet de rejoindre directement Fay-sur-Lignon par la haute vallée du Lignon et les villages de Chaudeyrolles et Chanteloube. Regagner les Estables où l'on emprunte, à droite, la D 36.

Les contreforts du Mézenc, côté Velay, contrastent avec le versant vivarois, parcouru en début de circuit.

Tourner à gauche dans la D 500, puis à droite dans les D 36 et 361 vers Moudeyres.

Moudeyres – Le village conserve de nombreuses chaumières typiques du plateau du Mézenc *(voir p. 40)*. La **ferme des Frères Perrel** ⓥ notamment, avec ses murs de basalte, son toit de chaume coiffant les bâtiments d'exploitation et ses lauzes couvrant l'habitation proprement dite, a conservé son ameublement et son outillage traditionnels. Au centre du village, un clocheton signale la maison de la « béate » *(voir p. 182)*.

Faire demi-tour et regagner la D 500 où l'on prend à gauche.

La profonde vallée de l'Aubépin se creuse à gauche ; sur la droite se dresse le rocher d'Aiglet et, en arrière, le mont Alambre. Peu après, on découvre un immense plateau à pâturages qui, à la fin de l'été, prend l'aspect d'une véritable steppe. A droite, à mi-côté, au flanc du Mézenc, trois sombres témoins basaltiques évoquent des tours en ruine, d'où leur nom de « Chastelas » ; pour les habitants de la région, ce sont les « Dents du Mézenc » ou « Dents du Diable ».

Gagner le lac de St-Front en traversant le bois de Chaudeyrac.

De la route, belle vue sur le lac de St-Front qu'elle longe ensuite. La D 263, à gauche, conduit à St-Front.

St-Front – Ce vieux village adossé à une butte offre une **vue**★ excellente sur le versant Nord-Est du Mézenc et le mont Alambre. Remarquer, au centre du bourg, l'église de montagne avec son clocher-peigne typique (11e s.).

Par les D 39 et D 500 revenir à Fay-sur-Lignon.

FEURS

7 803 habitants (les Foréziens)

Cartes Michelin n° 88 pli 5 ou 244 pli 12.

Établie au centre de la plaine, sur la rive droite de la Loire, Feurs, l'ancienne capitale des Gaulois ségusiaves qui a donné son nom au Forez, est un centre commercial et industriel.

Musée d'Assier ⓥ – *3, rue Victor-de-Laprade.*
Il est consacré à l'archéologie gauloise et gallo-romaine ainsi qu'aux arts et traditions populaires.
Dans le parc, reproduction d'une « villa » où sont exposés une mosaïque découverte à Feurs, des marbres et des éléments lapidaires.

Église Notre-Dame – C'est un édifice à trois nefs, de style gothique flamboyant. Le clocher, très ouvragé, refait au 19e s., porte une horloge à jaquemart de la fin du 15e s. Le chœur du 12e s. subsiste en partie. A droite du chœur, une Vierge à l'Enfant de J.-M. Bonnassieux.
Les boiseries et les stalles (18e s.) proviennent du prieuré de Pommiers.

LA PLAINE DU FOREZ

Dès que l'on s'écarte des grands axes pour emprunter ses petites routes sinueuses, la cuvette intérieure du Forez réserve d'agréables découvertes. Les premières pages de *L'Astrée*, roman pastoral d'Honoré d'Urfé *(p. 65)*, s'imposent à l'esprit : « ... il y a un pays nommé Forez qui, en sa petitesse, contient ce qui est le plus rare au reste des Gaules ; car étant divisé en plaines et en montagnes, les unes et les autres sont si fertiles et situées en air si tempéré que la terre est capable de tout ce que peut désirer le laboureur... Au cœur du pays est le plus beau de la plaine, ceinte comme d'une forte muraille de monts et arrosée du fleuve de Loire qui passe presque par le milieu, non point encore enflé et orgueilleux, mais doux et paisible... ».
Les buttes volcaniques, qui émergent de la plaine comme les îlots rocheux, portent de vénérables sanctuaires : St-Romain-le-Puy, Montverdun. A leur pied, les cultures alternent avec les bocages, les étangs et les vieilles fermes closes.

Pouilly-lès-Feurs – *7 km, au Nord de Feurs, par la N 82 et la D 58.*
Ancien bourg fortifié dont l'église romane, intéressante, dépendait d'un **prieuré** clunisien ; remarquer surtout la façade, très sobre, et, à l'intérieur, l'homogénéité de la construction du 12e s.
A l'Ouest de Pouilly, un petit pavillon Renaissance conserve un fronton sculpté et une loggia à l'étage.

La Valette – *7 km, au Nord-Est de Feurs par la D 113. A 2 km à l'Est de Salvizinet, emprunter à droite, après le pont sur la Charpassonne, le chemin d'accès revêtu s'amorçant devant l'auberge.*
Humble **église** rurale, au flanc du vallon de la Charpassonne. C'est un petit édifice roman à nef unique et chœur surélevé ; mobilier typiquement forézien, d'une naïve rusticité.

Monts du FOREZ★★

Cartes Michelin n° 88 plis 4, 16, 17 ou 239 plis 22, 23.

Les monts granitiques du Forez forment, sur 45 km, une chaîne centrale de laquelle se détachent des chaînons parallèles séparant les pittoresques vallées qui se dirigent d'une part vers la Dore et d'autre part vers la Loire. Le versant Est domine la plaine du Forez ; il est moins abrupt que le versant Ouest qui tombe brusquement sur le fossé de la Dore *(voir description dans le guide Vert Michelin Auvergne)*.

Les monts du Forez font partie du **Parc naturel régional Livradois-Forez** ⓥ, créé en 1984 et couvrant près de 300 000 ha. Ses objectifs sont : la revitalisation d'un milieu rural en déclin, la présentation et la promotion du patrimoine local, notamment artisanal et industriel. Par ailleurs, le parc cherche à favoriser le tourisme vert.

R. Lanaud/EXPLORER

Monts du Forez

★1 CIRCUIT AU DÉPART DE BOËN
par le col du Béal

95 km – environ 3 h, non compris la montée à Pierre sur Haute – schéma ci-contre

Boën – Dominant la rive gauche du Lignon, Boën (prononcer Bo-in) se consacre à la métallurgie et à la petite mécanique. Boën est la patrie de l'abbé Terray (1715-1778), contrôleur général des Finances à la fin du règne de Louis XV. Les mesures impopulaires qu'il dut prendre pour rétablir l'équilibre du budget, compromis par les dépenses de la Cour, lui valurent le surnom de « vide-gousset ».

Château de Boën ⓥ – Cette élégante demeure du 18e s. montre plusieurs salles aux riches décorations, notamment un salon à l'italienne. Dans les combles a été aménagé un **musée de la Vigne** qui rappelle la florissante activité viticole du Forez au travers des outillages ou alambics, et de la reconstitution d'une loge de vignerons.

Quitter Boën par la N 89, puis à 2,5 km, prendre à gauche la D 6 vers Sail-sous-Couzan où l'on prend à droite un chemin revêtu en forte montée.

★**Château de Couzan** – *Page 85.*

La route longe la vallée du Lignon très encaissée et boisée.

A l'entrée de Chalmazel, prendre à droite la D 101 vers Jeansagnière.

Un tracé en corniche, de flanc au-dessus de la haute vallée du Lignon dominée par Pierre sur Haute, précède l'arrivée à Jeansagnière. Poursuivre vers le **col de la Loge** : le rideau de sapins s'entrouvre en clairière, délimitant une fraîche pelouse. Avant la Chamba, la forêt cède la place à un paysage pastoral ; le tracé, épousant une succession de cirques occupés par de beaux pâturages, offre de belles échappées vers la trouée de la Dore et le Livradois.

A 2 km après la Chamba tourner à gauche et poursuivre en direction du Brugeron.

La Chambonie – Village niché dans un cirque pastoral.

Aussitôt après une scierie, prendre à droite la D 37.

Après une longue montée forestière, la vue se dégage de façon magnifique sur la chaîne des monts Dômes. Après un nouveau passage forestier, on atteint la zone des hauts pâturages parsemés de jasseries *(voir p. 40)*.

★**Col du Béal** – Du col, on jouit d'un **panorama** étendu sur les monts d'Auvergne et du Lyonnais. Il forme seuil entre les deux versants du Forez.

Les Hautes Chaumes

Les monts du Forez, qui culminent à Pierre sur Haute (1 634 m), offrent des paysages contrastés, souvent assombris par les noirs bois de sapins. Mais au-dessus, souvent masqués par les brumes et les nuages, les sommets étonnent par leurs vastes landes dénudées paraissant abandonnées. Cet étrange paysage devient presque lunaire sous certains éclairages ; seuls, des rochers granitiques, de profondes tourbières ou des buissons de genêts marquent ces rudes étendues. L'homme, ou plutôt la femme, ont pourtant essayé de vivre dans cet environnement hostile : en effet une société matriarcale a vu le jour et s'est développée dans les fermes d'estive à la belle saison ; c'est l'origine des jasseries. Tandis que les hommes travaillaient et moissonnaient dans la vallée, les femmes et les enfants rejoignaient les hauteurs avec le bétail (vache ferrandaise) pour fabriquer la fameuse fourme ou cueillir les « simples » (plantes médicinales).
Ce mode de vie difficile a lentement décliné et désormais il n'y a plus de jasserie en activité ; cependant, certaines d'entre elles ont été restaurées sous forme d'écomusées qui présentent les traditions et métiers de ces fières « amazones » de la montagne.

★★**Pierre sur Haute** – *Promenade de 2 h 1/2 à pied AR, recommandée par temps clair, en montant directement à travers les chaumes par la ligne de crête ou accès par télécabine* ⓥ. Pierre sur Haute, point culminant des monts du Forez (1 634 m), est une montagne granitique en forme de dôme, couronnée par des installations de radar de l'armée. Les landes qui la tapissent, balayées par le vent, sont surmontées çà et là de gros éboulis rocheux. Des jasseries sont établies sur ses flancs. Du point culminant (signal et croix), à droite des installations militaires, le **panorama** englobe tout le Forez, les monts du Lyonnais et du Beaujolais, la Limagne, les monts Dômes, les monts Dore, le Cantal, les monts du Velay et du Vivarais.
Au cours de la descente rapide du col du Béal sur Chalmazel, trois types de paysages se succèdent : Hautes Chaumes, puis traversée d'une belle forêt de sapins et enfin une zone de pins et de prairies.

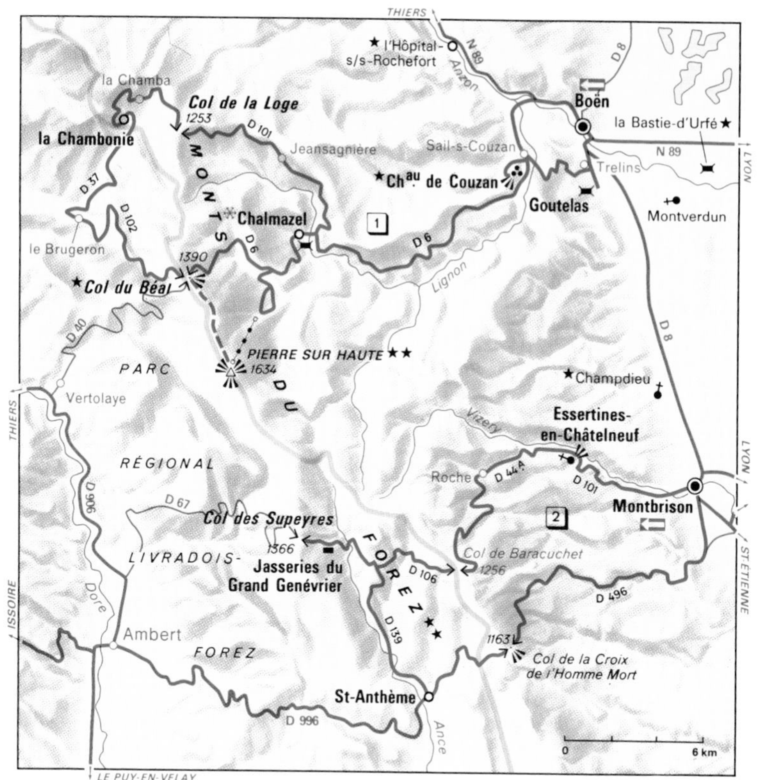

A 7 km du col du Béal s'embranche sur la droite la route qui mène aux pistes de ski et au télécabine de Pierre sur Haute.

A l'arrivée sur Chalmazel, jolie vue en surplomb sur le château.

⁂ **Chalmazel** – Accroché au flanc du ravin de Lignon, ce bourg montagnard, animé par les sports d'hiver, est dominé par l'ancien **château des Talaru-Marcilly** ⓥ (13ᵉ s.), grosse bastide flanquée de tours d'angle et conservant son chemin de ronde.

La D 6, à droite, remonte la vallée du Lignon. A Sail-sous-Couzan prendre à droite en direction de Trelins puis encore à droite la D 20ᴬ.

Château de Goutelas – Dominant en terrasses la plaine du Forez, c'est une jolie demeure de la fin du 16ᵉ s., restaurée, qui accueille des stages et des séminaires. On peut pénétrer dans la cour d'honneur et faire le tour extérieur du bâtiment.

Faire demi-tour pour regagner Boën par la D 8.

★2 CIRCUIT AU DÉPART DE MONTBRISON par le col des Supeyres

70 km – compter 1/2 journée – schéma ci-dessus

Montbrison – *Page 160.*

Quitter Montbrison à l'Ouest par la D 101 qui remonte le ravin pelé et rocailleux du Vizezy. Un court crochet mène au village d'Essertines.

Essertines-en-Châtelneuf – Petite église gothique à décoration flamboyante. Du bourg, vue sur la plaine du Forez d'où émerge le piton de St-Romain-le-Puy.

Reprendre la D 101, puis tourner à gauche par la D 44ᴬ. A Roche, prendre à gauche la D 44 et poursuivre ensuite par la D 113 vers le col de Baracuchet.

La route offre quelques échappées sur la plaine du Forez. La montée se poursuit en traversant des vallons cultivés dominés par des hauteurs boisées. A l'approche du col, les arbres rabougrissent puis laissent la place à une vaste clairière d'où l'on aperçoit, à gauche, la vallée de l'Ance et, face à la route, la ligne de crête du Forez. La montée au col des Supeyres s'effectue au milieu des Hautes Chaumes tapissées de bruyères. Çà et là des jasseries apparaissent. On laisse à gauche les jasseries du Grand Genévrier qui seront visitées au retour.

Col des Supeyres – Alt. 1 366 m. Situé à l'Est du Parc naturel régional Livradois-Forez, il offre un paysage steppique de Hautes Chaumes mal drainées, d'une solitude prenante. On ressentira particulièrement cette impression de sauvage

isolement en empruntant une amorce de route en direction de Pierre-sur-Haute, carrossable sur 1 km environ. Une table de lecture de paysage, « la Montagne des Allebasses », et un sentier à thème (durée 2 h 30), aident à la compréhension de la vie dans la région (jasseries, vie d'estive... ; *voir p. 40*).
A la descente du col vers St-Anthème, la route longe le groupe de **jasseries du Grand Genévrier**, dont l'une est ouverte aux visiteurs.

Jasserie du Coq Noir – La visite de cette ancienne ferme de transhumance instruit sur la vie pastorale en montagne, l'art de couvrir les toits de chaume et la fabrication des fourmes. On peut y faire collation de lait, de pain de seigle et de fourme de St-Anthème.
La descente sur St-Anthème offre des vues sur les sucs *(voir p. 16)* du Velay : Meygal, Lizieux, Mézenc et Gerbier de Jonc.

St-Anthème – Ce bourg abrite ses toits rouges au creux de la vallée de l'Ance.

Pour le retour à Montbrison, emprunter à St-Anthème la D 496.
Après le col de la Croix de l'Homme Mort, la route présente de très jolies vues sur la plaine du Forez, les monts du Lyonnais et le mont Pilat.

La GARDE-ADHÉMAR

1 108 habitants (les Lagardiens)
Cartes Michelin n° 81 pli 1 ou 246 pli 23 - Schéma p. 196.

Son église perchée signale de loin ce vieux village qui invite à la flânerie avec ses pittoresques maisons en calcaire, ses passages voûtés et ses ruelles tortueuses coupées d'arceaux. C'était, au Moyen Âge, une importante place forte de la famille des Adhémar. Au 16ᵉ s., un château Renaissance fut édifié par **Antoine Escalin**, baron de la Garde : à l'origine, simple berger, puis soldat, il finit sa carrière comme ambassadeur de François Iᵉʳ et général des galères de France.

Des anciens remparts, subsistent au Nord du bourg une porte fortifiée et quelques vestiges, notamment au Sud du village, non loin de la grande croix dressée sur un socle romain.

CURIOSITÉS

★**Église** – C'est un édifice roman, remarquable par ses deux absides et la jolie silhouette de son clocher à deux étages octogonaux, surmonté d'une courte pyramide. Grâce à Prosper Mérimée, alors inspecteur des Monuments historiques, elle bénéficia, au milieu du 19ᵉ s., d'une importante campagne de restauration. Une frise finement sculptée court autour de l'abside Ouest et des absidioles. L'intérieur, très dépouillé, présente une haute et courte nef flanquée d'étroits collatéraux. On y célèbre, le 24 décembre, une messe de minuit provençale avec crèche vivante.

Chapelle des Pénitents ⏲ – Cet édifice intègre à l'Ouest des fenêtres géminées du 12ᵉ s., visibles de la place de l'église. Du 17ᵉ au 19ᵉ s. s'y sont réunis les membres d'une confrérie de Pénitents Blancs, comme l'atteste la fresque décorant le mur Sud. La chapelle abrite une exposition sur la Garde-Adhémar et un montage audiovisuel, intitulé « le Tricastin en images », propose une évocation historique de la région.

★**Point de vue** – La terrasse offre une **vue** très étendue sur la plaine de Pierrelatte *(p. 244)*, dominée par les contreforts du Vivarais, où se détache la dent de Rez. A l'aplomb de la terrasse, s'étage un jardin de plantes aromatiques et médicinales.

Chapelle du Val-des-Nymphes – *2 km par la D 472 au Nord-Est du village.*
Dans un vallon dont la fraîcheur est entretenue par de multiples cascatelles et qui était comme l'évoque son nom un lieu de culte païen, se dresse une chapelle du 12ᵉ s. *(illustration p. 38)*. Longtemps en ruine, elle fut restaurée à partir de 1991, et une élégante charpente recouvre la nef. La belle abside en cul-de-four du sanctuaire roman a conservé son double étage d'arcatures. L'étage supérieur de la façade est décoré de trois arcatures aveugles en plein cintre, surmontées par un fronton.

Un devoir de protection :
le promeneur qui aime la nature ne se contentera pas de respecter les seuls espaces protégés comme les parcs, ou les espèces comme le lys martagon.
Il s'abstiendra, naturellement, de moissonner systématiquement les plantes rares :
et, s'il cueille d'autres fleurs, il évitera d'en arracher les racines et les bulbes.

GERBIER DE JONC★★

Cartes Michelin n° 76 pli 18 ou 244 pli 34 – Schémas p. 97 et 113.

A 1 551 m d'altitude, sur la ligne de crête séparant les bassins de la Loire et du Rhône, le Gerbier de Jonc évoque de loin une meule ou un immense tas de gerbes.

Un peu d'étymologie – Le mot « Gerbier » est la latinisation de la racine indo-européenne « gar » signifiant rocher ; on trouve du reste, dans d'autres régions de France, et notamment dans les Pyrénées, des appellations voisines : pics du Gar, du Ger ou du Jer. Quant au mot « Jonc », c'est un dérivé du latin « jugum », montagne. Littéralement, Gerbier de Jonc signifie donc le mont rocheux, en dépit de l'image plaisante d'une gerbe de joncs... Le Gerbier, qui appartient au massif du Mézenc *(p. 156)*, est constitué de roches phonolithiques, se délitant en plaques qui forment des éboulis instables et semblent l'habiller d'une carapace écailleuse. Au pied du versant Sud-Ouest, naissent plusieurs filets d'eau qui forment les sources de la Loire.

B. et J. Dupont/EXPLORER

Le Gerbier de Jonc

Accès – C'est en venant de St-Martial, au Nord-Est, ou de Ste-Eulalie, au Sud, en remontant le vallon pastoral de la Loire naissante, que la découverte du Gerbier de Jonc est la plus frappante.

Ascension – La montée est rude *(3/4 h à pied AR)*. Du sommet, le **panorama★★** est impressionnant. Du côté Nord-Est, le regard plonge au-dessus de la trouée de l'Eysse, affluent de l'Eyrieux ; du fond des ravins, monte le sourd grondement du torrent. La vue est particulièrement belle vers le Sud-Est, découvrant un vaste horizon de crêtes et de sucs, hérissant l'échine de la montagne, entre Eyrieux et Ardèche. Le mont Alambre, le Mézenc et le suc de Sara bornent l'horizon au Nord, le suc de Montfol à l'Ouest. Reconnaissable à sa forme tabulaire, le suc de la Barre forme un premier plan tout proche au Sud.
Une partie de la chaîne des Alpes est visible par temps clair.

Vallée du GIER

Cartes Michelin n° 73 plis 19, 20 ou 246 plis 16, 17 – Schémas p. 175 et 194.

La dépression du Gier, de Terrenoire à Givors, forme un couloir industriel encaissé au pied de pentes verdoyantes.
Telle une gouttière inclinée vers le Rhône et drainée en amont par le Janon, très modeste affluent du Gier, elle sépare les monts du Lyonnais du massif du Pilat. Le Gier prend sa source à la Jasserie près du Crêt de la Perdrix puis il franchit en cascade un « chirat » *(voir p. 16 et 174)* : c'est le Saut du Gier ; à hauteur de St-Chamond, il pénètre dans la dépression et va se jeter dans le Rhône à Givors, 30 km plus loin.
Les deux versants dominant la dépression : Lyonnais et Pilat, constituaient autrefois le pays du Jarez dont on retrouve le nom – sous différentes orthographes – accolé à celui de plusieurs bourgades des versants.
A la fin de l'ère primaire, des sédiments carbonifères se sont déposés au fond d'un fossé d'effondrement. L'érosion ayant déblayé les terrains plus tendres qui les avaient recouverts, l'exploitation de la houille s'est révélée relativement facile.

L'activité industrielle – Dès le Moyen Âge, on extrait le charbon à Terrenoire. De petites forges se créent ; armurerie, quincaillerie se développent. Mais le véritable essor industriel est lié à celui de St-Étienne, au début du 19e s. L'invention de la machine à vapeur, l'adoption du coke dans les hauts fourneaux (1822), le perfectionnement des convertisseurs servant à transformer la fonte en acier (1860), les fours Martin (1865) stimulent la métallurgie. Voie de communication naturelle entre St-Étienne et Lyon, la vallée du Gier est équipée dès 1833 d'une des premières lignes de chemin de fer.
De nos jours, les houillères sont fermées ; l'industrie métallurgique autrefois dominée par le groupe Creusot-Loire est orientée vers les aciers spéciaux pour les mines, la marine, les chemins de fer, le matériel de travaux publics et surtout l'automobile. D'autres activités se sont développées : verreries, industries textiles, industries agro-alimentaires, transformation des matières plastiques. A 5 km au Sud de Givors, le fuel lourd de Feyzin alimente en partie la centrale thermique de Loire, dont les quatre tranches en exploitation produisent en moyenne, par an, une énergie électrique d'un milliard de kWh.

St-Chamond – *Plan dans le guide Rouge Michelin France.*
C'est le noyau industriel le plus important de la vallée, groupant des forges et aciéries, des constructions mécaniques (fabrication d'engins blindés), des fabriques de plastique, tresses, lacets et tissus élastiques, des teintureries.

Givors – La localité vit de verreries, de constructions mécaniques et électriques. Des ruines du château de St-Gérald *(accès par le lotissement « Les Étoiles » adossé au flanc de la colline)*, vue sur l'hôtel de ville, les deux églises de Givors et le Rhône enjambé par l'autoroute.

Rive-de-Gier – Aciéries et forges, grosse métallurgie et verreries dont la plus ancienne remonte au début du 18e s.

Plateau des GRAS★

Cartes Michelin n° 80 plis 9, 10 ou 246 plis 22, 23.

Le plateau des Gras, dominé par la Dent de Rez, se déroule entre le Rhône, à l'Est, la montagne de Berg et l'Escoutay, au Nord, les gorges de l'Ardèche, au Sud, les défilés de Ruoms et de Balazuc, à l'Ouest.
Le plateau des Gras est constitué essentiellement d'une épaisse calotte calcaire de 700 à 800 m d'épaisseur. La roche, d'un blanc grisâtre, est compacte, dure et résistante. Sa perméabilité la rend très sensible à l'attaque chimique. Sous la surface, s'étendent de vastes excavations dues au travail des eaux et à des effondrements consécutifs à des tremblements de terre.

De chaudes couleurs – Contrastant avec les fourrés de chênes verts du bois de Laoul et du bois Bouchas, les dépressions du plateau offrent un visage plus riant, là où le calcaire cède la place à des marnes richement colorées, aux tonalités ocrées, jaunes ou rougeâtres. De vieux vergers d'amandiers, des lopins de lavande, les troncs noueux des derniers mûriers, les petites haies de buis taillés bordant parfois ses routes, comme entre les Hellys et St-Remèze, et les nombreux vignobles aux ceps à ras du sol, produisant de bons vins, composent un paysage original.
La sécheresse du plateau en été a valu autrefois à ses habitants le surnom d'« assibrats » : les assoiffés.

VISITE

★ **Dent de Rez** – Son curieux profil, sectionné par le col d'Eyrole séparant la Dent proprement dite (alt. 719 m) du sommet de Barrès (670 m), domine tout le plateau. On peut faire l'ascension du môle le plus élevé par un sentier partant du hameau de Gogne, à 4,5 km au Nord-Ouest de Gras, et suivant un ancien chemin de chars *(1 h 1/2 à pied AR)*. Au sommet, on trouve la trace d'anciens champs de lavande et de thyms odorants. Des rebords de l'escarpement, et notamment du Signal (720 m), on découvre, à l'aplomb des Hellys, une amusante vue sur le plateau de St-Remèze. Le **panorama★** s'étend, d'un côté du Ventoux au Guidon du Bouquet, de l'autre du Tanargue aux Coirons.

Gras – Petit hameau aux maisons anciennes. La voûte de l'**église** a été décorée, à une époque tardive, de curieux médaillons aux couleurs vives. Sur l'éperon rocheux à gauche du village, remarquer la chapelle du 11e s., restaurée, avec petit clocher à peigne et abside en cul-de-four.

Rimouren – Hameau bien situé dans le creux d'un vallon.

★ **Rochecolombe** – *Page 204.*

St-Andéol-de-Berg – Village pittoresque aux nombreuses maisons anciennes.

St-Maurice-d'Ibie – *Page 270.*

St-Thomé – Ce vieux village fortifié, perché sur un éperon dominant le confluent de l'Escoutay, de la Nègue et du Dardaillon conserve une église romane.

Les Salelles – *Page 270.*

Sauveplantade – *Page 275.*

HAUTERIVES

1 202 habitants
Cartes Michelin n° 88 pli 20 ou 246 pli 4.

Au pied d'un coteau portant les ruines du château féodal des Clermont, Hauterives offre une curiosité insolite : son « Palais Idéal ».

Un facteur obstiné – A la fin du 19e s., le facteur d'Hauterives, **Ferdinand Cheval**, rapporte chaque jour chez lui des cailloux aux formes étranges ramassés au cours de sa tournée. Le soir, il les utilise pour édifier dans son jardin une singulière construction, inspirée de ses lectures et de ses rêves. Peut-être aussi est-il hanté, comme l'a suggéré André Breton, par les vestiges de fontaines pétrifiantes de cette région de la Drôme. La retraite venue, Cheval poursuit son travail, charriant inlassablement, en dépit des railleries des habitants, cailloux et sable dans une brouette. Au bout de trente-trois ans d'un labeur acharné, son Palais est terminé. Cheval consacre alors les dix dernières années de sa vie à construire, de la même façon, son tombeau au cimetière. Il meurt en 1924 *(1)*.

Muriot/CAMPAGNE CAMPAGNE

Le Palais Idéal

★**Le Palais Idéal** Ⓥ – Au milieu du jardin de l'ancien facteur, sur un quadrilatère d'environ 300 m² et à une dizaine de mètres de hauteur, se dresse la construction, hérissée d'ornements bizarres.

Le côté Est, le plus singulier, montre de grandes idoles féminines constituées d'un cailloutis rougeâtre. L'entrée du Palais est située de l'autre côté. Des imitations de végétaux voisinent avec des réminiscences de palais orientaux ou moyenâgeux. L'intérieur est percé de galeries et de grottes. Par de petits escaliers, on accède à la plate-forme supérieure, au centre de l'univers fantastique du facteur. L'édifice est parsemé de sentences naïves et de « confessions », révélatrices de l'esprit de Cheval et de sa patiente obstination.

ENVIRONS

Manthes – *9 km au Nord, par les D 538, D 1 et D 137.*

L'église romane est plantée sur le rebord d'un coteau. Un beau vitrail du 14e s. décorant la fenêtre de l'abside représente saint Pierre et saint Paul. L'église est accolée à un prieuré Ⓥ clunisien.

La Motte-de-Galaure – *12 km au Sud-Ouest d'Hauterives, par la D 51.*
Le prieuré Ste-Agnès, restauré, a conservé deux arcades primitives de son cloître. L'**église** présente une charmante façade du 12e s., percée d'une fenêtre à arc polylobé, surmontée d'un fronton ajouré pour les cloches. A l'entrée du chœur, Vierge à l'Enfant en bois doré (16e s.) posée sur une colonne à fûts entrelacés provenant de l'ancien cloître.

Accolée au transept Nord, la chapelle St-Antoine de style gothique flamboyant abrite un grand Christ en bois, du 18e s.

(1) « Le Facteur Cheval, piéton de Hauterives », par C. Boncompain (Éd. Peuple libre, Valence).

L'HÔPITAL-SOUS-ROCHEFORT★

124 habitants (les Pitarlas)
Cartes Michelin n° 88 pli 4 ou 239 pli 22.

Le village fut fortifié au 15e s. « Petite ville close », nota Montaigne dans son journal, lorsqu'il y fit étape à son retour d'Italie. De l'enceinte, subsistent deux portes.

Église – C'est un édifice du 12e s., fortifié lors de la construction de l'enceinte du bourg. La façade présente un mur carré surmonté d'une jolie arcature ouverte.
A l'intérieur, le chœur et le transept datent de l'époque romane. L'abside principale est décorée d'une arcature reposant sur une murette. Remarquer les chapiteaux du transept, notamment, à droite, deux énormes figures grotesques.
La nef, étroite, abrite une remarquable **Vierge à l'Enfant★★** en bois polychrome, de la fin du 15e s. Cette statue, grandeur nature, est merveilleuse de grâce et de fraîcheur.

LES VALLÉES DE L'ANZON ET DE L'AIX

69 km – environ 2 h 1/2

Quitter l'Hôpital-sous-Rochefort par la D 21 à l'Ouest, direction St-Didier-sous-Rochefort, sur laquelle s'embranche le chemin d'accès à Rochefort.

Rochefort – Vieux village perché.

Revenir sur la D 21 et prendre la direction de St-Didier-sous-Rochefort.

St-Laurent – (avec Rochefort). Remarquer, à côté de l'église, une belle croix à personnages du 15e s.

Gagner St-Didier-sous-Rochefort par la D 21.

Entre St-Didier-sous-Rochefort et St-Julien-la-Vêtre, un mégalithe, **la Pierre Branlante**, se dresse au bord de la route (D 73).

La N 89 mène à Noirétable.

Noirétable – *Description dans le guide Vert Michelin Auvergne.*

Quitter Noirétable par la N 89, en direction de Thiers et, à la sortie du bourg, prendre à droite la D 24.

Cervières – *Laisser la voiture sur l'esplanade à l'entrée du village.*
On pénètre en passant sous une belle arche de granit. Au Moyen Âge, Cervières fut la résidence d'été des comtes de Forez. Dans l'**église** ⓥ gothique, un peu trapue, remarquer les retombées d'ogives sculptées en forme de masques et une petite Pietà naïve. En face de l'église, belle maison Renaissance : l'Auditoire.
Franchir le passage voûté sous la maison où l'on peut voir l'atelier d'un sculpteur de pierre. Continuer sur la gauche la ligne des anciennes fortifications jusqu'à la deuxième arche de granit. Une ruelle en montée ramène à l'église. En poursuivant au-delà de la mairie, on atteint le « champ de foire » qui offre un joli panorama sur les alentours.

Gagner Champoly par la D 53. A la sortie Est de Champoly, part une petite route revêtue et balisée qui conduit au site du château d'Urfé.

Château d'Urfé – *3/4 h à pied AR.*
Cette forteresse (12e au 15e s.) a été la résidence de la famille d'Urfé, avant la construction de la Bastie-d'Urfé *(voir p. 65)*. Ce château, également connu sous le nom de « Cornes d'Urfé », est progressivement restauré ; une table d'orientation installée en haut du donjon accompagne la belle vue circulaire sur les monts du Lyonnais et les contreforts des monts d'Auvergne.

Revenir vers Champoly : laisser à droite la D 24 pour emprunter la D 53, pittoresque en direction de St-Just-en-Chevalet dont on découvre la plaisante silhouette après avoir longé le parc du château de Contenson.

Suivre la D 1 au Sud-Est.

Grézolles – Village dominé par le clocheton d'ardoise d'une petite chapelle du 16e s.

Gagner St-Martin-la-Sauveté et, au Sud du village, prendre à gauche de la D 20, le sentier d'accès au belvédère.

★ **Belvédère de la Sauveté** – Table d'orientation. *1/4 h à pied AR.* Le chemin mène au pied du château d'eau et de la statue de la Vierge : vaste **panorama**.

Regagner St-Martin-la-Sauveté et descendre vers la vallée de l'Anzon et l'Hôpital-sous-Rochefort, par les D 20 et 21.

Belle **vue★** sur Pierre-sur-Haute.

Les guides Verts Michelin sont périodiquement révisés.
L'édition la plus récente assure la réussite de vos vacances.

Lac d'ISSARLÈS★

Cartes Michelin n° 76 plis 17, 18 ou 239 pli 47 – Schéma p. 113.

De forme arrondie, ce joli lac de montagne, d'un bleu intense, dont la surface offre un plan d'eau de 90 ha, occupe un cratère volcanique profond de 138 m. Le lac fait partie de l'ensemble hydro-électrique de Montpezat *(p. 165)*, ce qui provoque des variations de niveau de son plan d'eau, sauf pendant la période du 15 juin au 15 septembre, durant laquelle il est maintenu en pleine eau et attire les amateurs de baignade.

★**Point de vue** – *1/4 h à pied AR. Emprunter, à l'extrémité Sud du village, le chemin montant à gauche de la plage. Suivre ce chemin à travers les pins, jusqu'aux vestiges d'une habitation troglodytique creusée dans un affleurement rocheux.*
Un peu plus loin, un second rocher forme un excellent belvédère au-dessus du lac et de son cadre forestier. De cette plate-forme, un sentier dégringole vers la rive sablonneuse, que l'on pourra suivre au retour.

J.-D. Sudres/SCOPE

Lac d'Issarlès

LABEAUME★

455 habitants

Cartes Michelin n° 80 Est du pli 8 ou 245 Sud du pli 1.

Ce vieux village est situé au flanc des gorges de la Beaume, affluent de l'Ardèche. Les maisons semblent, de loin, faire corps avec le roc. Au pied du village, un pont submersible dépourvu de parapet, aux piles robustes protégées par des avant-becs, franchit la rivière et s'intègre de façon heureuse dans le site.

Laisser la voiture sur une vaste place à l'entrée du village.

Église – Son clocher-porche du 19e s., très élevé, repose sur deux grosses colonnes rondes.

Prendre à gauche de l'église une ruelle menant, au bord de la rivière, à une esplanade ombragée. Pour avoir le meilleur coup d'œil sur le village, franchir le pont submersible et suivre sur quelques mètres le chemin qui s'élève sur la rive opposée.

★**Gorges de la Beaume** – La promenade, rive gauche, vers l'amont, près des eaux transparentes, face à la falaise calcaire que l'érosion a rongée avec la plus grande fantaisie, est très attrayante.

Le village – Au retour vers la voiture, on pourra flâner dans les ruelles en pente du village. Leurs passages couverts et les maisons à galeries qui les bordent, certaines restaurées par des artistes, sont particulièrement pittoresques.

ENVIRONS

★**Défilé de Ruoms** – *5 km. Quittant Labeaume par la D 245, prendre à gauche dans la D 4.*
La route offre de jolis passages en tunnel et la vue plonge sur la rivière dont les eaux vertes offrent une belle transparence. Au défilé de Ruoms succèdent les gorges de la Ligne. Au confluent des deux rivières, dominé par des falaises hautes

de 100 m, s'ouvre une belle **perspective** sur l'Ardèche en amont. La régularité des strates est frappante. Au retour, à la sortie des tunnels, la silhouette du rocher de Sampzon *(voir ci-dessous)*, en forme de calotte, se dresse en avant, dans l'axe de la vallée.

★ **Rocher de Sampzon par Ruoms** – *8 km. Quitter Labeaume, et traverser l'Ardèche en direction de Ruoms.*

Ruoms – Petit centre commercial, Ruoms mérite une flânerie dans son quartier ancien, inscrit dans une enceinte carrée, flanquée de sept tours rondes. Au centre de la ville close, l'église romane est intéressante par son clocher percé d'arcatures et décoré de motifs incrustés en pierre volcanique ; la ruelle St-Roch, s'ouvrant place de l'église, en offre la meilleure vue.

Quitter Ruoms par la D 579 en direction de Vallon.

★ **Rocher de Sampzon** – *Sur la rive droite de l'Ardèche, par une route étroite en forte montée et en lacet. Laisser la voiture au parking en contrebas de l'église du vieux village de Sampzon et gagner le sommet (3/4 h à pied AR) par le chemin goudronné puis par le sentier qui prend à hauteur de l'aire de retournement.* Du sommet (relais de télévision), le **panorama★★** embrasse le bassin de Vallon, l'entablement du plateau d'Orgnac et les méandres de l'Ardèche.

LALOUVESC

514 habitants (les Louvetous)
Cartes Michelin n° 76 pli 9 ou 246 pli 19.

Établie sur un col à 1 050 m d'altitude, Lalouvesc (prononcer Lalouvé) occupe un site choisi pour la pureté de l'air et des sources, entre deux monts boisés de conifères. On y vénère la mémoire de saint François Régis mort en 1640 ainsi que celle de **sainte Thérèse Couderc** (1805-1885), canonisée en 1970.

L'apôtre du Vivarais – Né à Fontcouverte, près de Narbonne, en 1597, **Jean-François Régis** entre au noviciat des jésuites à Toulouse où il est ordonné prêtre en 1630. C'est l'époque de la Contre-Réforme : les évêques envoient à travers leur diocèse des « missionnaires » chargés moins de convertir les protestants irréductibles que de ranimer la foi catholique dans les campagnes. Dès ses premières missions, Jean-François Régis, par son humilité et sa flamme, sait gagner le cœur des populations simples et farouches des Boutières et des hauts plateaux du Velay et du Vivarais. Lalouvesc n'est encore qu'un humble village quand, à la fin 1640, l'apôtre vient y prêcher une mission à la veille de Noël. Égaré sur les pentes de la montagne de Chaix, dans la tempête de neige et la « burle » glacée, il passe la nuit dans une cabane de bûcheron où il prend froid. Il meurt à Lalouvesc le 31 décembre. Les habitants gardent jalousement son corps : des miracles se produisent. Il fut canonisé en 1737.

Basilique – Construite au 19e s. par Bossan, l'architecte de Notre-Dame de Fourvière à Lyon, elle se dresse, comme l'église qu'elle a remplacée, sur le lieu de la tombe du saint. A l'intérieur, une châsse en bronze abrite ses reliques.
A proximité de la basilique, les pèlerins peuvent visiter en outre la chapelle St-Régis, élevée sur le lieu de la mort du saint (petit musée avec diorama, œuvre de Serraz et souvenirs de saint Régis), et le couvent du Cénacle où se trouvent la chapelle et la châsse de sainte Thérèse Couderc. Pèlerinages le 16 juin et le dimanche suivant, le 15 août et le 2e dimanche de septembre.

★ **Point de vue** – De la table d'orientation située devant la basilique se découvre un vaste **panorama** sur la vallée du Rhône et les Alpes au-dessus de la trouée de l'Ay.

★ LES PLATEAUX DU HAUT VIVARAIS

Circuit de 62 km – environ 2 h 1/2

Quitter Lalouvesc par la D 532, direction Tournon, puis emprunter à droite la D 236 vers Lamastre. La route contourne la montagne du Besset. Le parcours, agréablement ombragé, offre des échappées vers le Mézenc et des **vues★** *sur les villages perchés de Lafarre et Molières.*

Col du Buisson – Alt. 920 m. *Laisser la voiture sur le parking.*
Au-delà du village de Pailharès, au Nord-Est, la **vue** porte, par temps clair, sur le mont Blanc, les Grandes Rousses et la Meije ; au Sud, se profilent la vallée du Doux, et, plus à l'Ouest, les monts Mézenc et Gerbier de Jonc. A l'intersection des D 273 et D 236, s'étend un **village ardéchois en miniature** ⌚, réalisé en granit du pays.

Emprunter la D 273 à gauche.

Pailharès – *Page 109.*

St-Félicien – *Page 109.*
A St-Félicien, emprunter, à gauche, la D 115.

Le parcours en corniche offre de belles **vues★** en direction de la vallée du Rhône.

A Satillieu, emprunter la D 480 en direction de St-Symphorien-de-Mahun, puis prendre une route à gauche.

Veyrine – L'**église** ⓥ est un édifice roman en granit d'une simplicité attachante, notamment la façade avec son porche creux orné de tores *(voir p. 36)*.
A l'intérieur, remarquer, à l'entrée du chœur, deux frustes chapiteaux : à droite, la Descente du Christ aux limbes ; à gauche, Ève recevant du serpent, dans une main, la pomme qu'elle place, de l'autre main, dans la bouche d'Adam.

Retour à Lalouvesc par la D 578^{A}, s'élevant au flanc de la montagne de Chaix.

LAMASTRE

2 717 habitants

Cartes Michelin n° 76 Nord du pli 19 ou 246 pli 19.

Lamastre, située à 373 m d'altitude sur les rives du Doux, exerce une petite activité industrielle (fabrique de chaussures de sécurité, matériel de camping, traitement de l'aluminium, ébénisterie, mécanique générale) et artisanale (produits régionaux).

Église – Située en haut de la ville, dans le vieux quartier de Marcheville, c'est une construction de style roman, aux pierres d'une jolie coloration rose. Seule l'abside, décorée extérieurement d'une baie polylobée, date du 12e s. ; le reste de l'édifice est une reconstruction moderne. De la terrasse de l'église, vue plongeante sur le site de la ville, dominée par les vestiges d'un château féodal.

★BASSIN DU DOUX *Circuit de 60 km – environ 1 h 1/2*

Les plateaux du Haut Vivarais *(p. 18)* s'abaissent vers le Rhône, qu'ils dominent par un front de coteaux. Ils sont constitués de roches anciennes, granit et gneiss. L'altitude, qui dépasse 1 200 m à proximité du Velay, atteint encore 700 à 900 m autour de Lamastre. Au Nord, les monts de Lalouvesc sont la seule émergence de ce vaste plan incliné, qui doit son relief aux bassins du Doux, de l'Ay, de la Cance et aux affluents de l'Eyrieux. Les cuvettes intérieures dessinent de vastes zones de culture et d'élevage, entourées de châtaigneraies, parures du Haut Vivarais.

Quitter Lamastre à l'Ouest par la D 236.

Au début de la montée, la route offre une vue sur les ruines du château de Retourtour. Jusqu'à Nozières, le parcours en corniche découvre des **vues★** étendues sur les crêtes séparant le Doux et l'Eyrieux, puis, à droite, sur la butte de Boucieu-le-Roi. A 2,5 km au-delà de Nozières, un chemin se détache à gauche ; le sentier qui le prolonge mène aux ruines de Rochebloine.

★★**Point de vue de Rochebloine** – Dans un virage prononcé à droite, un chemin *(1/4 h à pied AR)* mène à l'extrémité du promontoire où subsistent quelques vestiges d'un château fort. La **vue** est saisissante sur le haut bassin du Doux.

Col du Buisson – *Page 108.*

Emprunter la D 273.

Pailharès – Le village conserve le dessin rectangulaire de son ancienne enceinte fortifiée.

St-Félicien – L'**église** est intéressante pour ses parties romanes : arcature du collatéral Nord, avec ses pilastres surmontés de colonnes engagées.

A St-Félicien, emprunter la D 234, puis les D 578 et D 209.

Boucieu-le-Roi – *Page 242.*

Le Crestet – Devant l'église, belle croix sculptée, en pierre.

Regagner Lamastre par la D 534.

Chemin de fer touristique de montagne

Gorges du Doux

★ENTRE DOUX ET EYRIEUX *64 km – environ 3 h*

Quitter Lamastre au Sud, en direction de Vernoux (D 2), puis emprunter à droite la D 283 vers Cluac.

Le tracé offre de jolies vues sur le vallon de la Sumène et le bassin supérieur du Doux.

A Cluac emprunter la D 21, à droite.

La descente sur Nonières offre une vue sur un horizon hérissé de sucs volcaniques ; puis, au cours de la montée vers St-Julien-Labrousse, par la D 241, un virage dévoile une ample **vue★** sur les sucs du massif du Mézenc.

Chalencon – Ce vieux bourg, jadis fortifié, était le siège d'une importante baronnie. De l'esplanade du monument aux Morts, située dans la partie la plus ancienne du bourg, vue plongeante sur les gorges de l'Eyrieux.

Vernoux-en-Vivarais – *Page 257.*

Château de la Tourette – *Accès et description p. 257.*

Quitter Vernoux par la D 14 et revenir à Lamastre, par la D 105 et le col de Monreynaud, D 2.

Le parcours ombragé de châtaigniers est agréable ; remarquer les maisons basses du plateau de Châteauneuf-de-Vernoux. Du col, on découvre une vue sur le bassin de Lamastre et la haute vallée du Doux, dominés au Nord par les monts de Lalouvesc.

★GORGES DU DOUX PAR LE CHEMIN DE FER DU VIVARAIS

Parcours en train à vapeur de Lamastre à Tournon. Description de l'itinéraire en sens inverse, p. 242.

LARGENTIÈRE

1 990 habitants

Cartes Michelin n° 80 Nord du pli 8 ou 240 plis 3, 4.

Située dans la vallée de la Ligne, cette cité doit son nom à des mines d'argent, exploitées, du 10e au 15e s., par les comtes de Toulouse et les évêques de Viviers.

LE VIEUX LARGENTIÈRE

visite : 3/4 h

La **porte des Récollets**, du 15e s., donne accès à la vieille ville, dédale de ruelles étroites, parfois bordées d'hôtels particuliers.

Hôtel de ville (**H**) – Il est installé, en partie, dans une sobre demeure du 15e s., flanquée d'une tourelle d'angle.

Église – Située sur une plate-forme, cette église gothique (13e s.) est intéressante par sa haute abside à trois pans. La flèche est néo-gothique.

Château – L'ancienne demeure des barons de Largentière, du 15e s., domine la vieille ville. Au 19e s., on ajouta deux étages à l'édifice primitif. Il abrite aujourd'hui un hôpital. Sur la rive opposée, lui fait face le Palais de Justice à l'allure de temple grec.

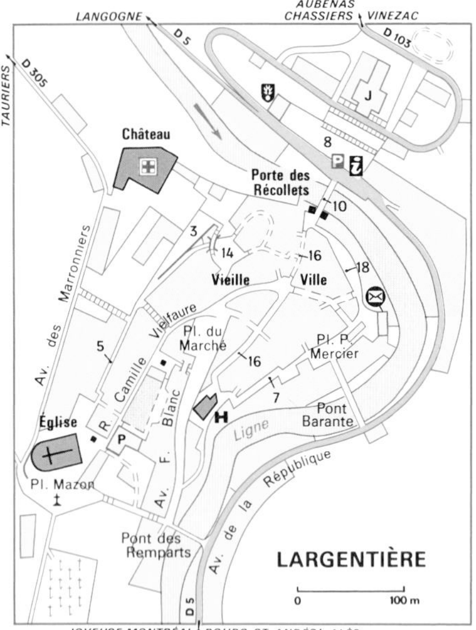

Écoles (Pl. des)	3	Récollets (Pt des)	10
Écoles (R. des)	5	République (Pl. de la)	14
Jaurès (R. J.)	7	Soulavie (R. J.-L.)	16
Récollets (Pl. des)	8	Suchet (R. Mar.)	18

ENVIRONS

Chassiers – *1,5 km par la D 103, au Nord-Est. Description p. 79.*

Montréal – *1,5 km par la D 5, les D 212 et 312, au Sud.*

Dominé par d'imposantes tours carrées, vestiges d'une forteresse (13e s.) qui défendait jadis les mines de Largentière, le village est surtout intéressant par ses belles et hautes maisons rurales, en moellons de grès soigneusement appareillés.

J.-P. Garcin/DIAF

Largentière

Tauriers – *2 km au Nord-Ouest, par la D 305, petite route s'amorçant place Mazon, près de l'église.*
Village autrefois fortifié, perché sur un éperon au-dessus de la vallée de la Ligne.

Vinezac – *8 km à l'Est, par la D 103 et la D 423.*
L'**église** ⓥ romane de ce vieux bourg est remarquable par sa haute abside polygonale et son clocher à gargouilles.

JOYEUSE ET LES GORGES DE LA BEAUME

Circuit de 40 km – environ 2 h. Quitter Largentière par la D 5 et la D 212 au Sud

Le village de Joyeuse fut le berceau d'une famille illustre aux 16e et 17e s.
Le vicomte de Joyeuse, maréchal de France, eut plusieurs fils qui s'illustrèrent diversement : l'aîné, Anne, favori de Henri III, épousa la sœur de la reine ; le deuxième devint archevêque, cardinal, présida les États généraux de 1614 et sacra Louis XIII à Reims ; un autre enfin, tour à tour soldat et capucin, commanda les ligueurs du Midi contre Henri IV, puis fut gouverneur du Languedoc avant de retourner au couvent.
Le bourg, qui conserve quelques maisons anciennes, s'allonge en terrasse, face au Tanargue.

Partant de Joyeuse, la D 203 suit, à partir des Deux-Aygues, les gorges supérieures de la Beaume.

D'âpres aiguilles schisteuses alternent, ici, avec de gros chaos granitiques ; la vallée, resserrée, est très sauvage.

Retour à Largentière par la D 24 et la D 5.

Gorges de la LOIRE*

Cartes Michelin n° 73 pli 18 ou 76 plis 7, 8, 17, 18 ou 239 plis 10, 11, 23, 34, 35, 46, 47.

Du Gerbier de Jonc à Roanne, la vallée de la Loire voit succéder à un haut vallon pastoral une suite de défilés et d'amples bassins, reflets d'une histoire géologique agitée.
Le cours de la Loire occupe un ancien fossé marin qui a subi le contrecoup de la surrection alpine, à la fin de l'ère tertiaire. De véritables fosses d'effondrement : bassins du Puy, du Forez, de Roanne, obligèrent alors le fleuve à se tailler un passage dans les plateaux séparant ces bassins.
Dans le Velay, le fleuve a dû lutter contre les épanchements volcaniques à la fin du tertiaire et au début du quaternaire : à Arlempdes, la rivière est parvenue à se frayer un passage à travers les coulées basaltiques ; en revanche, dans le bassin du Puy, le cours du fleuve s'est trouvé déporté vers l'Est.
Dans le Forez, les gorges de la Loire, taillées dans le socle cristallin, présentent leur aspect le plus sauvage au lac de Grangent et dans les méandres de St-Victor-sur-Loire.

Lacs artificiels – A l'œuvre de la nature s'est ajoutée celle des hommes. Des barrages noient la vallée primitive (barrages de la Palisse, de Grangent, de Villerest ; projet de barrage au lieu dit « Serre de la Fare », en amont du Puy-en-Velay).

Vieux châteaux et sanctuaires – De belles forteresses en ruine et quelques vieilles demeures regardent la rivière, perchées sur des éperons rocheux ou sur le flanc des versants bien exposés : Arlempdes, Bouzols, Lavoûte-Polignac, Roche-Baron, St-Victor, Grangent, St-Maurice-sur-Loire...
Des églises romanes, dont l'origine fut souvent un prieuré, jalonnent la route des gorges ; la plus remarquable est celle de Chamalières-sur-Loire.

★LA HAUTE VALLÉE VELLAVE

1 Du Gerbier de Jonc au Puy-en-Velay

115 km – compter une journée – schéma ci-contre

★★**Gerbier de Jonc** – *Page 103.*
La route descend le long du vallon pastoral de la Loire. A Ste-Eulalie et près d'Usclades-et-Rieutord, on aperçoit encore des maisons à toit de chaume. Après Usclades, la route longe le lac artificiel de la Palisse. Peu après un passage forestier, belle coulée basaltique à gauche, dominant la Loire. La route franchit la vallée encaissée du Gage.

★**Lac d'Issarlès** – *Page 107.*
A ce premier parcours montagnard succède un tracé accidenté s'écartant à maintes reprises de la Loire qui s'enfonce en gorge dans le plateau vellave.

★**Arlempdes** – *Page 61.*

Goudet – Petit hameau dominé par les ruines du château de Beaufort.

St-Martin-de-Fugères – De la D 49, en haut du bourg, **vue★** sur le bassin du Puy, les gorges de Peyredeyre et les monts du Velay.

★★★**Le Puy-en-Velay** – *Page 181.*

2 Du Puy-en-Velay à Retournac

58 km – compter une journée – schéma ci-contre

★★★**Le Puy-en-Velay** – Page 181.

Quitter le Puy-en-Velay au Nord, par la D 103.

En sortant du bassin du Puy, la Loire s'enfonce dans les gorges de Peyredeyre.

A Peyredeyre, prendre à droite la D 71.

Chaspinhac – La route pittoresque surplombe la vallée de la Sumène avant d'atteindre le hameau de Chaspinhac dont la modeste **église** romane, au bel appareil en pierre volcanique rouge, renferme de beaux chapiteaux sculptés.
L'apparition du château de Lavoûte-Polignac marque l'entrée dans le riant bassin de l'Emblaves où la vallée s'épanouit, au pied d'un cirque de hauteurs et de pitons de formes variées.

Château de Lavoûte-Polignac ⓥ – Déjà possession des Polignac au 13e s., il était destiné à servir de manoir de plaisance alors que Polignac était la forteresse. L'unique corps de bâtiment restauré après la Révolution vaut surtout pour son site perché, à l'intérieur d'une « voulte » (boucle) de la Loire.
La visite est intéressante par les évocations que permettent les **souvenirs★** de famille (mobilier, tableaux, tapisseries, correspondance).

Lavoûte-sur-Loire – La petite **église** ⓥ romane, à nef unique, abrite, au-dessus du maître-autel, un remarquable **Christ★** en bois sculpté du 13e s.

Vorey – Station climatique d'été.

A 2 km de Vorey, prendre à gauche la D 89.

Roche-en-Régnier – Vieux village perché sur la rive gauche et dominé par un chicot volcanique portant une ancienne tour de défense.
Au pied de la tour, **panorama★** sur les monts du Velay, du Forez et les sucs d'Yssingeaux.

Chamalières-sur-Loire – *Page 77.*

Retournac – **L'église** en partie romane se signale extérieurement par sa construction en pierres d'une belle coloration jaune, son clocher massif et sa couverture de lauzes *(voir p. 41)*. L'abside est flanquée de deux absidioles et décorée d'un motif de grosses perles.
A l'intérieur, remarquer la coupole sur trompes, la sobre élégance du chœur, une Vierge à l'Enfant, œuvre italienne du 16e s., l'autel moderne de P. Kaeppelin et des vitraux d'H. Guérin.

★ENTRE FOREZ ET VIVARAIS

3 De Retournac à Aurec *35 km – environ 2 h – schéma p. 113*

Retournac – *Page 113.*

Quittant le petit bassin de Retournac, la route (D 46), tracée sur le plateau rive gauche, s'écarte un moment de la Loire qui s'épanouit de nouveau en aval dans le bassin du Basset.

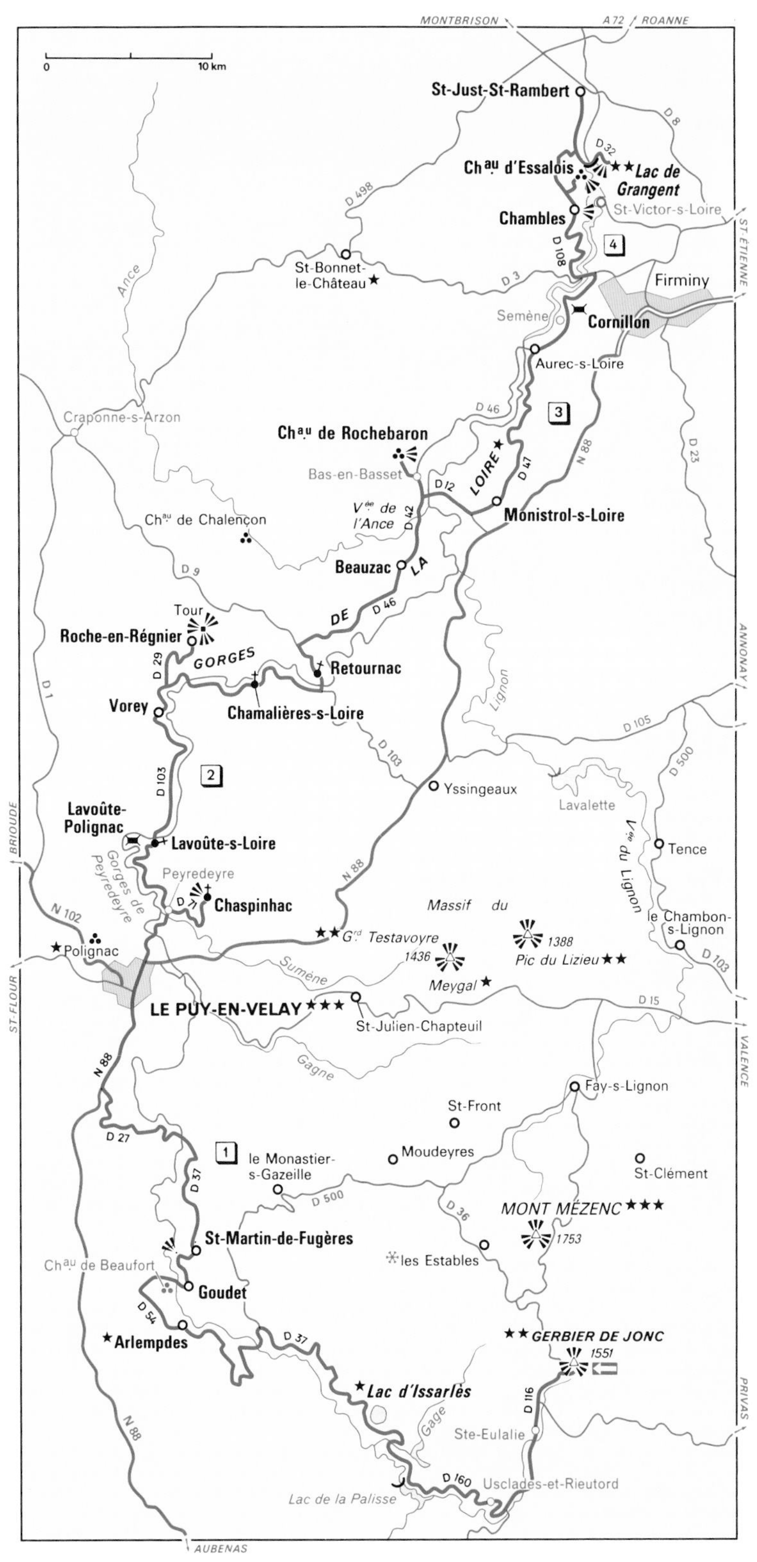

Beauzac – *Page 160.*
Château de Rochebaron – *3/4 à pied AR. Description p. 159.*
Monistrol-sur-Loire – *Page 159.*

La retenue de Grangent

4 D'Aurec à St-Just-St-Rambert

30 km – environ 3 h – schéma p. 113.

A partir d'Aurec-sur-Loire, commence **le lac de retenue de Grangent★★** : de Semène à la crête du barrage, le parcours en **corniche★★** escarpée (D 108, puis D 32) offre des vues sur les méandres sauvages en partie submergés.

Cornillon – Le **château** *(on ne visite pas)*, perché sur un éperon, domine les gorges de la Loire ; ce fut jadis le siège d'une des plus importantes baronnies du Forez.

Chambles – Ce site est l'un des plus beaux des gorges de la Loire : à côté de l'église trapue, la tour de l'ancien château se dresse sur le rebord d'un haut escarpement, dominant les méandres de Grangent. Cette tour est caractéristique du système défensif des châteaux du Moyen Âge par son entrée située à mi-hauteur, qui n'était accessible qu'avec une échelle escamotable ; une porte plus récente permet de grimper au sommet *(accès difficile)*, d'où s'étend un vaste **panorama★** sur le Forez et le Lyonnais ; à gauche, silhouettes des châteaux de Vassalieux et d'Essalois.

2 km après Chambles, prendre à droite, la petite route vers les ruines du château d'Essalois.

Château d'Essalois – Sa robuste silhouette se détache au-dessus des gorges escarpées, et de ses ruines restaurées s'étend une **vue★★** impressionnante sur le lac et l'île de Grangent.
A proximité du château, un oppidum celtique témoigne de l'importance stratégique des lieux.

Sur l'autre rive, des sites comme le plateau de la Danse (site préhistorique) ou St-Victor-sur-Loire (base nautique) permettent d'autres points de vue sur les Gorges. Possibilités de croisière (*voir Excursions autour de St-Étienne*).
Ces lieux ont une histoire, faite de légendes mythologiques, de guerres et de vie religieuse, qui leur donne, aujourd'hui encore, une part de magie et de mystère.

Île de Grangent – Le lac artificiel a isolé la languette d'une échine rocheuse portant les vestiges du château de Grangent (tour du 12e s.) et une petite chapelle coiffée de tuiles rouges. De la D 32, sur la rive droite, **vue★**, dans un virage *(à 750 m de la crête du barrage)*.

St-Just-St-Rambert – *Voir à ce nom.*

En aval de St-Rambert, à l'entrée de la cuvette du Forez, la Loire, grossie à Andrézieux par les eaux du Furan descendues de la région stéphanoise, devient un fleuve de plaine, aux rives basses.

★GORGES ROANNAISES DE LA LOIRE
De Balbigny à Roanne

Route décrite en sens inverse p. 200

LYON★★★

Agglomération 1 262 223 habitants
Plans de ville n° 30 ou 31 et Cartes Michelin n° 88 plis 7, 8 ou 246 plis B, C, F, G – Schémas p. 152 et 194.

Vingt siècles d'histoire, une situation admirable au confluent de la Saône et du Rhône confèrent à Lyon une physionomie unique.
D'une superficie de 50 000 ha et comptant plus d'un million cent mille habitants, la Communauté urbaine de Lyon (ou COURLY) regroupe 55 communes limitrophes, qui, par l'intermédiaire d'un conseil de délégués, assure un ensemble de services communautaires et élabore d'importants plans d'urbanisme et d'équipement : c'est la deuxième agglomération française. Par ailleurs, l'Association pour le développement de la région lyonnaise (ADERLY) recherche la promotion sur le plan international en promouvant l'implantation de firmes étrangères sur son sol.
Le dynamisme actuel de Lyon rappelle que les sommets de son histoire - Empire romain et Renaissance - se situent à des époques de grands échanges, quand la ville sut tirer le meilleur parti d'une position géographique exceptionnelle : plaque tournante sur le chemin de l'Italie, entre les régions du Centre et de l'Est, à la rencontre de la France du Nord et des provinces du Midi.
Métropole industrielle où la mécanique, la chimie et le bâtiment occupent les premières places, capitale de la soierie et des textiles synthétiques, Lyon est aussi une ville universitaire et médicale réputée (Bron accueille désormais l'École militaire de santé), le siège d'une cour d'appel et d'un archevêché dont le titulaire porte le titre de « Primat des Gaules ». Centre de tourisme, Lyon doit enfin à la renommée de sa cuisine de compter parmi les plus célèbres étapes gastronomiques de France.

VINGT SIÈCLES D'HISTOIRE

La capitale des Gaules *(1)* – D'après une légende celtique, deux princes, Momoros et Atepomaros, s'arrêtent un jour au confluent et décident d'y construire une ville. Tandis qu'ils creusent les fondations, une nuée de corbeaux s'abat autour d'eux. Reconnaissant dans cette manifestation une intervention divine, ils appellent leur cité Lugdunum (colline des corbeaux).
Décidé à conquérir la Gaule, César établit ici son camp de base ; après sa mort, l'un de ses lieutenants, Munatius Plancus, y installe des colons romains, en 43 avant J.-C. Peu après, Agrippa, qui a reçu d'Auguste la mission d'organiser la Gaule, choisit Lugdunum pour capitale.

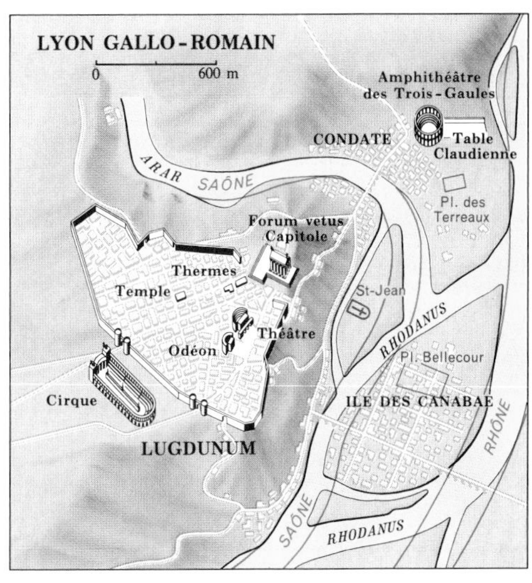

Le réseau des routes impériales s'établit au départ de Lyon : cinq grandes voies rayonnent vers l'Aquitaine, l'Océan, le Rhin, Arles et l'Italie. Auguste séjourne dans la cité. L'empereur Claude y naît. Au 2e s., des aqueducs conduisent à Fourvière l'eau des monts voisins. La ville, gouvernée par sa curie, a le monopole du commerce du vin dans toute la Gaule. Les nautes de son port sont de puissants armateurs ; ses potiers, de véritables industriels. Les riches négociants occupent un quartier à part, dans l'île des Canabae, à l'emplacement actuel d'Ainay.
Sur les pentes de la Croix-Rousse s'étend la ville gauloise, Condate. L'amphithéâtre des Trois Gaules (dont on a retrouvé en 1958 l'inscription votive) et le temple de Rome et d'Auguste voient se réunir chaque année la bruyante Assemblée des Gaules.

Le christianisme à Lyon – Lyon est devenue le rendez-vous d'affaires de tous les pays. Soldats, marchands ou missionnaires arrivant d'Asie mineure se font les propagateurs du nouvel Évangile et bientôt grandit dans la ville une petite communauté chrétienne.

(1) Pour plus de détails, lire « Lyon, miroir de Rome », par Amable Audin (Éd. Fayard).

Vue générale de Lyon depuis Fourvière : au premier plan, la cathédrale St-Jean

Pratta/ICONOS

En 177, éclate une émeute populaire qui aboutit aux célèbres martyres de saint Pothin, de sainte Blandine et de leurs compagnons *(voir p. 144)*. Vingt ans plus tard, lorsque Septime Sévère, après avoir triomphé de son compétiteur Albin que Lyon avait soutenu, décide de livrer la ville aux flammes, il trouve encore à Lyon 18 000 chrétiens qu'il fait massacrer ; parmi eux figure saint Irénée, successeur de saint Pothin. Cette foi s'est perpétuée à travers les siècles. Le **8 décembre**, la fête de l'Immaculée Conception est célébrée à Lyon avec un grand éclat. Le soir, des milliers de lampions multicolores éclairent les fenêtres de la ville. Cette « Fête des lumières » a pour origine l'inauguration de la Vierge dorée de Fourvière en 1852. Des inondations retardèrent le travail du sculpteur Fabish, qui ne put livrer la statue le 8 septembre. La cérémonie fut reportée au 8 décembre, fête de l'Immaculée Conception. Ce jour-là, de très fortes pluies firent annuler la fête nocturne ; contrairement à toute attente, elles cessèrent « miraculeusement » à l'heure prévue. Les Lyonnais illuminèrent spontanément leurs balcons avec des milliers de lumignons. Cette tradition religieuse est devenue une fête populaire avec la participation de la municipalité et des commerçants qui inaugurent leurs étalages de Noël.

Lyon au Moyen Âge – Après le règne de Charlemagne, legs et dots font passer Lyon de mains en mains. Finalement la ville tombe sous l'autorité temporelle de ses archevêques. C'est une grande époque de construction. A Lyon et dans tout le Lyonnais s'élève une floraison d'églises et d'abbayes. Le pont du Change est lancé sur la Saône ; le pont de la Guillotière, œuvre des Frères Pontifes, permet de franchir le Rhône.
Au début du 14e s., Lyon est rattachée directement au pouvoir royal et obtient le droit d'élire douze consuls : la commune est proclamée à l'Ile Barbe en 1312. Les consuls, issus de la riche bourgeoisie, lèvent les impôts, assurent la police. Le petit peuple, volontiers porté à la « rebeyne » (rébellion), et qui n'hésitait pas à assiéger l'archevêque dans son palais, découvre alors que la main des consuls est encore moins tendre que celle du clergé.

Le règne de la Belle Cordière – A la fin du 15e s., la création des foires et le développement de la Banque attirent les commerçants de l'Europe entière. La vie mondaine, intellectuelle et artistique s'épanouit, stimulée par la venue de François Ier et de sa sœur, la reine Marguerite.
De célèbres « libraires » : Jean Meumeister, Jean de Tournes, Guillaume Roville, portent au loin le renom de l'imprimerie lyonnaise qui compte 100 ateliers en 1515, plus de 400 en 1548.
Peintres, sculpteurs, céramistes, imprégnés de culture italienne, préparent la Renaissance française.
A Lyon brillent des poètes comme Maurice Scève et Clément Marot, des conteurs comme **Rabelais** ; médecin à l'Hôtel-Dieu, ce dernier publie coup sur coup, en 1532 et 1534, à l'occasion des foires, son *Gargantua* et son *Pantagruel*.
Mais c'est une Lyonnaise, **Louise Labé**, qui incarne l'esprit de l'époque, tant par sa grâce et sa beauté, que par sa veine poétique. A vingt ans, Louise sait le grec, le latin, l'espagnol, l'italien et la musique. Le goût des aventures la fait partir pour le siège de Perpignan, abandonnant les « habits mols des femmes » et « envieuse de bruit ». Revenue à Lyon, mariée au bonhomme cordier Ennemond Perrin, la « Belle Cordière » ouvre son salon aux poètes, aux artistes, aux érudits, comme le fera Mme de Sévigné un siècle plus tard. Elle-même compose des poèmes qui ne sont pas sans agrément.

Pyroscaphe, montgolfière et jacquard – Les lettres et les arts ont triomphé à Lyon au 16e s. Les sciences y prennent leur revanche au 18e s. avec les **frères Jussieu**, illustres botanistes, Bourgelat qui fonde à Lyon, en 1762, la première école vétérinaire d'Europe. En 1783, **Jouffroy** expérimente sur la Saône la navigation à vapeur avec son « Pyroscaphe » qui ne lui rapportera guère que le surnom ironique de « Jouffroy la pompe ».
En 1784, Joseph de Montgolfier et Pilâtre de Rozier réussissent, aux Brotteaux, une des premières ascensions en aérostat. Quelques années plus tard, Ampère le grand physicien, Jacquard avec son métier à tisser, révèlent à leur tour un génie inventif *(voir p. 27)*.

« Lyon n'est plus » – Le 12 octobre 1793, le Comité de Salut Public rend le célèbre décret « Lyon fit la guerre à la liberté, Lyon n'est plus ». Et, pour punir la ville de la résistance qu'elle a opposée à la Convention, la Terreur y prend un caractère terriblement violent. Couthon prescrit la destruction des maisons de Bellecour. Le nom de Lyon est changé en celui de « Commune affranchie ». Chaque jour, d'innombrables Lyonnais périssent, victimes de l'exaltation des agents de Robespierre.

Le guignol lyonnais – Guignol, la sympathique marionnette de bois dont la renommée s'étend à toute la France, sa femme Madelon et son habituel partenaire Gnafron, à la belle voix de basse éraillée par le Beaujolais, incarnent plaisamment l'esprit populaire lyonnais.

Laurent Mourguet – (1769-1844) était un ouvrier en soie, qui se reconvertit en forain et arracheur public de dents. La tradition de cette époque voulait que l'on attirât les clients en improvisant des saynètes avec des poupées animées. Mourguet utilisa donc ce moyen « publicitaire » avec la marionnette vedette en ce début du 19e s. : Polichinelle. Il innova rapidement avec l'apparition de **Gnafron**, et vers 1808 de **Guignol**. Devant le succès remporté par les premières représentations, il se consacra uniquement à ces spectacles.

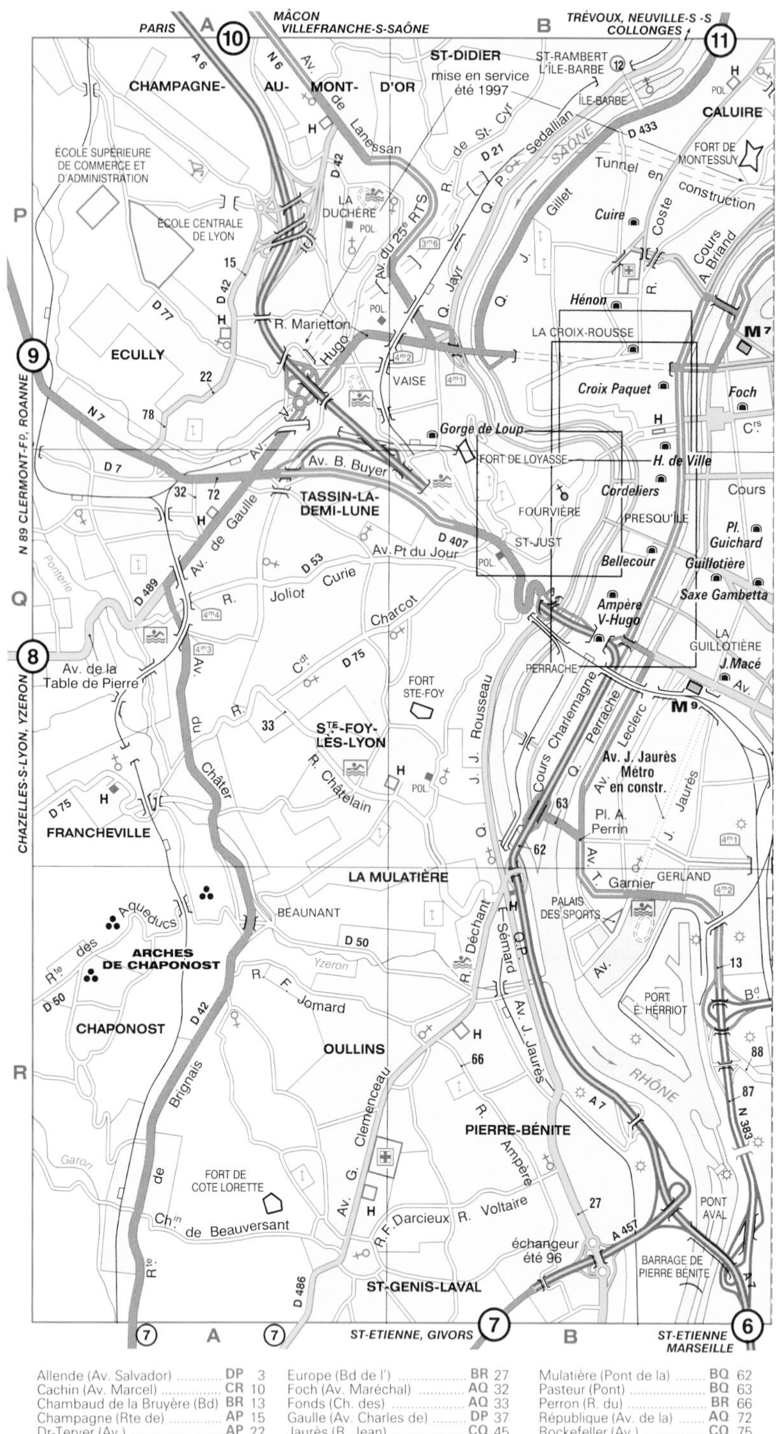

Allende (Av. Salvador) .... DP 3	Europe (Bd de l') .... BR 27	Mulatière (Pont de la) .... BQ 62
Cachin (Av. Marcel) .... CR 10	Foch (Av. Maréchal) .... AQ 32	Pasteur (Pont) .... BQ 63
Chambaud de la Bruyère (Bd) BR 13	Fonds (Ch. des) .... AQ 33	Perron (R. du) .... BR 66
Champagne (Rte de) .... AP 15	Gaulle (Av. Charles de) .... DP 37	République (Av. de la) .... AQ 72
Dr-Terver (Av.) .... AP 22	Jaurès (R. Jean) .... CQ 45	Rockefeller (Av.) .... CQ 75

Les représentations se déroulaient dans un « castelet » mobile en plein air ou dans un café, pour distraire un public populaire. Celui-ci se sentit immédiatement en harmonie avec ce nouveau personnage qui venait lui parler de lui-même dans une langue qui était la sienne et qui jouait un rôle de gazette en commentant les faits de la journée, les événements de la ville et des quartiers. Bientôt, l'audience s'élargit et Mourguet joue un peu partout à Lyon, au Petit Tivoli et dans la grande allée des Brotteaux où le dimanche on doit disposer un triple rang de chaises.
Mourguet meurt à Vienne où il animait un théâtre, mais ses 16 enfants, formés à son école, perpétuent son art. Aujourd'hui, des comédies d'actualité et des spectacles originaux sont donnés sur la scène du Guignol de Lyon *(p. 126)*.

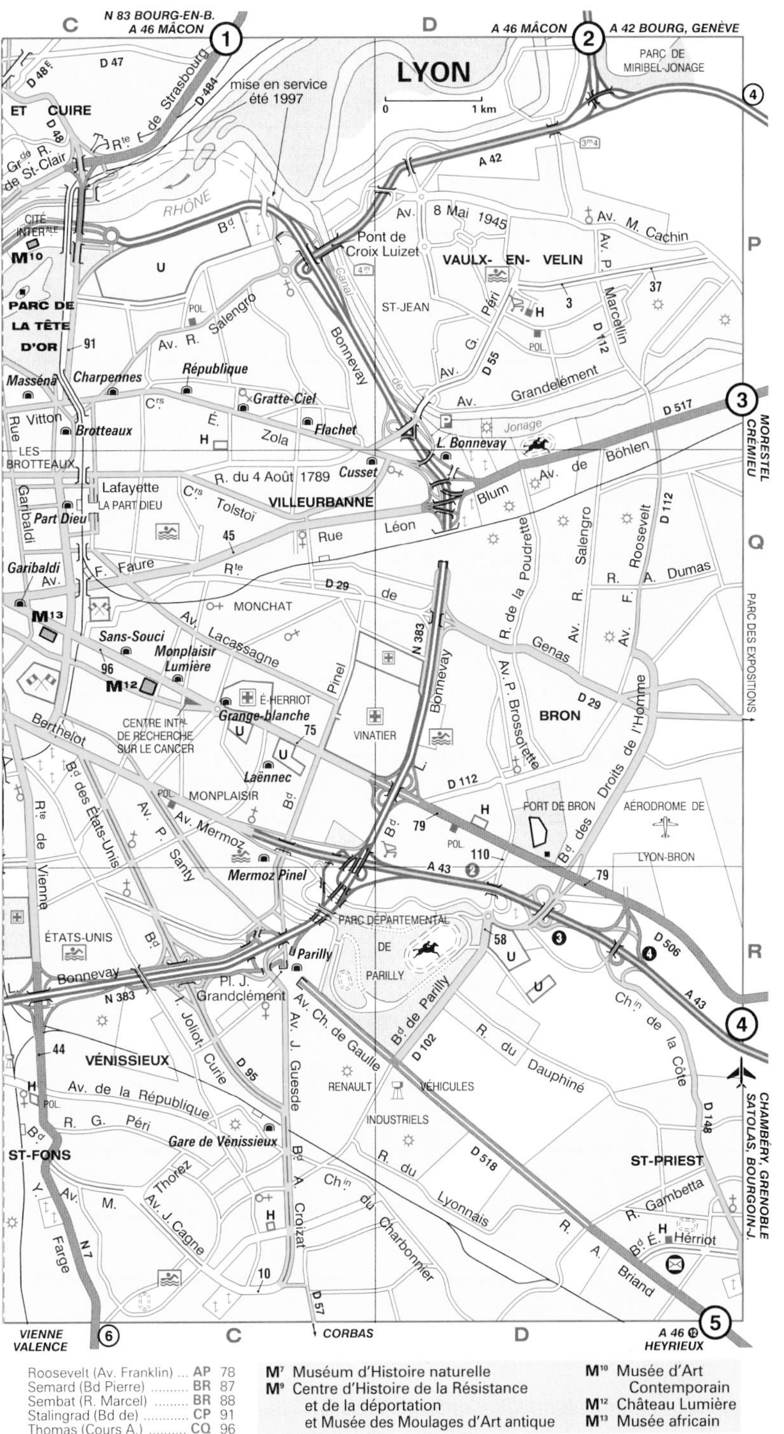

Roosevelt (Av. Franklin) ... AP 78
Semard (Bd Pierre) .... BR 87
Sembat (R. Marcel) .... BR 88
Stalingrad (Bd de) .... CP 91
Thomas (Cours A.) .... CQ 96

M⁷ Muséum d'Histoire naturelle
M⁹ Centre d'Histoire de la Résistance et de la déportation et Musée des Moulages d'Art antique
M¹⁰ Musée d'Art Contemporain
M¹² Château Lumière
M¹³ Musée africain

L'industrie de la soie – C'est la soie qui, au 16e s., a fait de Lyon une grande ville industrielle. Jusqu'alors la plus grande partie des étoffes de soie venait d'Italie. En 1536, le Piémontais **Étienne Turquet** propose d'amener à Lyon des tisseurs génois et d'y établir une manufacture. Soucieux de combattre l'exportation d'argent provoquée par l'achat de soieries étrangères, François Ier accepte et poursuit ainsi la politique de Louis XI qui avait déjà supprimé taxes et impôts sur le travail de la soie. En 1804, **Jacquard**, s'inspirant d'une machine de Vaucanson, invente un métier qui, utilisant un système de cartes perforées, permet à un seul ouvrier de faire le travail de six. Le quartier de la Croix-Rousse se couvre alors de ses maisons-ateliers caractéristiques : leurs étages élevés abritent les métiers sur lesquels les « canuts » tissent la soie fournie par le fabricant.

En 1875, une véritable révolution se produit dans l'industrie soyeuse. L'introduction du métier mécanique et le changement de la mode qui n'est plus aux étoffes façonnées ou brochées réduisent le canut à la misère. Seuls subsistent à Lyon quelques métiers destinés à la fabrication d'étoffes spéciales de très grand prix. Pour les soieries ordinaires, on va chercher dans les campagnes une main-d'œuvre meilleur marché. Importée d'Italie ou du Japon, la soie naturelle ne représente plus, actuellement, qu'un infime pourcentage des quantités traitées ; elle fait l'objet des soins les plus vigilants à la maison des Canuts.

Mais le tissage, dit « de soierie » utilisant des fibres de toutes origines (verre, carbone, bore, aramide) reste un art lyonnais. Le savoir-faire traditionnel des soyeux trouve, notamment, des applications directes dans l'élaboration de pièces hautement sophistiquées (techniques Michel-Brochier) servant à l'industrie aéronautique, spatiale et même électronique. Ces activités sont étroitement liées à la chimie pour la recherche et la combinaison de molécules nouvelles (Rhône-Poulenc Fibres).

Les autres industries – La métallurgie et la mécanique, regroupant plus de 54 000 salariés, viennent en tête dans l'ordre des activités de l'agglomération lyonnaise. Elles se répartissent en un grand nombre d'entreprises spécialisées : fonderie, travail des métaux, biens d'équipement, mais surtout construction de véhicules automobiles et de matériel de transports.

La construction automobile est apparue très tôt grâce à ces pionniers que furent les Lyonnais Rochet-Schneider, Audibert-Lavirotte, Marius Berliet.

Aujourd'hui les usines Berliet, intégrées dans le groupe Renault Véhicules Industriels, font de Lyon un des grands centres en France de construction de poids lourds.

La construction électrique demeure une industrie spécialisée de la région lyonnaise : biens d'équipement lourds, moteurs, fils et câbles.

Dans le domaine de la chimie, l'industrie des colorants, née des teintures de soie, doit son premier essor, au 19e s., à François Gillet et à l'ingénieur J.-B. Guimet, inventeur du « bleu Guimet ».

Depuis, des unités moyennes se sont orientées vers des activités para-chimiques comme les produits photographiques Lumière/Ilford et surtout vers l'industrie pharmaceutique avec des laboratoires renommés.

La chimie lourde et la pétrochimie sont concentrées dans de très grosses usines établies à St-Fons, Pierre-Bénite et Feyzin, tandis que la branche du bâtiment et des travaux publics compte une vingtaine d'établissements importants.

Les autres activités (appareils électroménagers Calor, briquets Feudor, etc.) comptent autant que les industries du textile et de l'habillement.

Lyon, par ailleurs, est devenu un pôle d'activités tertiaires (banques, assurances) important. En matière scientifique et médicale, notamment, la renommée de la ville est souvent internationale : unités performantes comme le service des grands brûlés de l'hôpital Édouard-Herriot, laboratoires du CNRS (Centre National de Recherche Scientifique) dans toutes les grandes disciplines y compris la physique nucléaire et la biochimie, implantation depuis 1965 du Centre International de Recherche contre le Cancer, centres de recherche de l'Institut Pasteur de Lyon et de l'Institut Mérieux.

La foire de Lyon – Au Moyen Âge, Lyon est l'« une des clefs du royaume », à la frontière des pays de Savoie, Dauphiné, Italie et Allemagne d'un côté, Beaujolais, Bourgogne, Languedoc, Forez et Auvergne de l'autre. Le jour où, en 1419, le Dauphin, futur Charles VII, comprenant la valeur commerciale d'une telle situation, y établit deux foires franches par an, il fait de Lyon l'un des plus grands entrepôts du monde.

A partir de 1463, grâce à Louis XI, les foires ont lieu quatre fois par an, encourageant la création du Change, origine de la Bourse actuelle, et du Tribunal de la Conservation, d'où sortiront plus tard les Tribunaux de Commerce.

Rétablie en 1916 après une longue interruption, la Foire internationale de Lyon, qui se tient chaque année à Chassieu, dans le vaste parc des expositions, « Eurexpo », maintient sa tradition de grande place d'affaires internationale. Elle est doublée de salons spécialisés comme Ipharmex (pharmacie), Infora (informatique), Eurobat (bâtiment et construction) ou le Salon des métiers de bouche.

Le nouveau visage de Lyon – Les années 30 avaient vu surgir les ensembles de gratte-ciel de Villeurbanne et du quartier des EU qui représentaient alors une réalisation audacieuse. L'après-guerre a été marqué par un plan d'urbanisme structuré, d'où sont issus les vastes ensembles de Bron-Parilly, Rillieux-la-Pape, Vénissieux, la Duchère et Vaulx-en-Velin.

A la construction des tunnels routiers de la Croix-Rousse et de Fourvière, des voies sur berge du Rhône, de l'aménagement du quartier de la Part-Dieu et du port Édouard-Herriot, succède la poursuite de la restauration du Vieux Lyon, de la rénovation des quartiers Mercière-St-Antoine et Tolozan-Martinière, de l'aménagement du quartier du Tonkin à Villeurbanne. Dans l'ancienne gare des Brotteaux, qui a reçu le premier TGV en 1981, a été aménagée une salle des ventes.

A l'Est de Lyon, la ville nouvelle de l'Isle-d'Abeau a été conçue pour équilibrer le développement de la métropole régionale. La nouvelle gare de Satolas, à l'architecture futuriste symbolisant l'envol d'un oiseau, est signée par l'architecte espagnol Calatrava. Elle assure les liaisons nationales du TGV avec l'aéroport régional.

Morel/CAMPAGNE CAMPAGNE

Gare TGV de Lyon-Satolas

D'autres projets concernent l'aménagement du réseau routier et autoroutier dans l'Ouest et l'Est lyonnais. Depuis 1993, l'autoroute de contournement Est de la ville permet de désengorger notablement le quartier du tunnel de Fourvière et les voies sur berge du Rhône.

Pour assurer son avenir, par ailleurs, Lyon développe dans ses quartiers suburbains plusieurs technopoles où s'interpénètrent la recherche scientifique, l'enseignement et l'industrie. C'est ainsi qu'entre le Rhône et le parc de la Tête d'Or, la « **Cité internationale** » reçoit un nouveau Centre des Congrès Internationaux de 2 000 places et accueille dans un bâtiment aux formes audacieuses, le siège d'Interpol (Organisation internationale de police criminelle), ainsi qu'un ensemble hôtelier et le musée d'Art Contemporain. A l'Est, autour du campus universitaire de la Doua, s'implantent d'importants bureaux de recherches techniques.

Le quartier de Gerland (**BQ**) poursuit sa mutation *(voir p. 148)*.

L'Ouest lyonnais (Dardilly, Écully, Marcy-l'Étoile) n'est pas en reste, dans ce domaine, avec un ensemble important d'écoles et d'instituts d'enseignement supérieur au milieu de sociétés d'informatique, de centres de recherche scientifique et technique et d'établissements tertiaires (banques, compagnies d'assurances).

PRIVILÈGES DU SITE ET DE LA SITUATION

★★★ **Le site** – La Saône et le Rhône offrent le magnifique spectacle de leurs cours contrastés, au pied des deux célèbres collines de Fourvière et de la Croix-Rousse, face à la basse plaine dauphinoise. Venue du Nord, la Saône contourne le petit massif du Mont-d'Or et s'engage dans le défilé de Pierre-Scize, creusé entre Fourvière et la Croix-Rousse. Le Rhône arrive des Alpes en un large flot qui bute contre la Croix-Rousse ; à l'époque romaine, le confluent se situait au pied de la colline *(plan p. 115)*. Les alluvions du Rhône l'ont repoussé vers le Sud ; la presqu'île ainsi formée est devenue le centre vital de la ville. Les pentes de Fourvière et de la Croix-Rousse offrent de nombreux belvédères sur la ville. Certains d'entre eux sont célèbres : observatoire de la basilique de Fourvière, place Rouville et rue des Fantasques sur la Croix-Rousse. Plus éloignés, mais non moins remarquables sont les panoramas de l'esplanade de Ste-Foy et du mont Thou.

Un carrefour européen – Lyon est située au milieu d'un réseau autoroutier la reliant dans le sens Nord-Sud à l'Europe du Nord et méditerranéenne et dans le sens Ouest-Est au Massif central, à la Suisse et à l'Italie via St-Étienne, Clermont-Ferrand, Genève, Annecy, Chambéry et Grenoble.

Depuis 1981, en complément de nombreuses liaisons ferroviaires rapides avec l'ensemble de la France, Lyon bénéficie d'une desserte accélérée par le Train à Grande Vitesse (TGV) mettant la capitale rhodanienne, entre autres, à deux heures de Paris. L'aéroport international de Satolas, à l'Est de la ville et desservi par une ligne TGV, connaît un trafic important qui le place au 4e rang français. L'aéroport de Bron est dévolu à l'aviation d'affaires. Par ailleurs, dans la perspective de la voie fluviale à grand gabarit qui reliera la Méditerranée à la mer du Nord, le port Édouard-Herriot, au Sud de Gerland, connaît un trafic notoire de chalands lourds remontant jusqu'à Auxonne sur la Saône (32 km au Sud-Est de Dijon) : une ligne fluvio-maritime directe sans transbordement a été ouverte avec Le Pirée en 1984, Alger en 1986 et Haïfa en 1991.

LYON PRATIQUE

Se déplacer – Le métro est le transport en commun le plus commode ; adapté aux besoins du touriste, le **ticket-liberté**, valable une journée, est le moyen le plus économique qui permet d'utiliser, sans limitation du nombre de voyages, toutes les lignes du réseau urbain lyonnais (métro, autobus, funiculaire, trolley-bus). Se renseigner auprès des kiosques TCL ou tél. : 04 78 71 70 00.

Circuits organisés – L'Office de tourisme propose des circuits à pied, en bus, en bateau, en taxi ou en hélicoptère.
Des **visites conférences** ⌚ sont organisées dans le Vieux Lyon et le quartier de la Croix-Rousse.

Promenades en bateaux-mouches ⌚ – Elles permettent une approche insolite de la ville, vue de ses quatre rives ; l'une fait découvrir le confluent de la Saône et du Rhône, l'autre remonte la Saône jusqu'à l'Ile-Barbe qu'elle contourne.

Lyon – Promenade en bateaux-mouches — Naviginder, Lyon

Les programmes de visite à Lyon – Si l'on ne peut réserver qu'**une journée** à la découverte de Lyon, la matinée doit être consacrée au Vieux Lyon (à pied), à la terrasse de Fourvière et aux théâtres romains en utilisant le funiculaire (à l'exclusion des musées s'y trouvant) ; dans l'après-midi, la presqu'île avec le musée des Tissus et, au choix, la visite du musée des Beaux-Arts ou la promenade du Gros-Caillou sur les pentes de la Croix-Rousse.

Deux jours permettront d'explorer plus à fond la colline de Fourvière et les divers musées, et de flâner le long de de la Saône, la première journée. Le lendemain sera consacré à la visite à pied de la presqu'île vers ses musées (des Tissus, de l'Imprimerie, des Hospices civils) et à une des promenades proposées dans le quartier de la Croix-Rousse.

Une troisième journée permettrait de découvrir le Centre de Documentation de la Résistance et, au choix, le musée automobile Henri Malartre à Rochetaillée ou le Château de la poupée au parc Lacroix-Laval.

La vie lyonnaise – « Porte du Midi », où sous les toits de tuiles romaines se conservent des vertus du Nord, Lyon, derrière son activité de grande cité laborieuse, témoigne d'un art de bien vivre. La gastronomie y occupe une place prépondérante. La simplicité qui marque la vie lyonnaise, toute pétrie d'habitudes, se trouve dans les distractions favorites des Lyonnais : jeu de boules et tournois boulistes de la Pentecôte ; flânerie le long des quais du Rhône et de la Saône ; plaisir de trabouler sur les pentes de la Croix-Rousse, de faire ses emplettes dans la presqu'île et le quartier de la Part-Dieu ou de rêver aux fastes de la Renaissance dans le Vieux Lyon ; calme des matinées au Parc de la Tête d'Or et promenade rituelle à la roseraie au mois de juin ; longues conversations dans les cafés devant une « tassée » de Beaujolais, joies plus bruyantes des « vogues » ou fêtes de quartiers, déjeuner entre amis dans un « bouchon » au solide parfum de cuisine lyonnaise ; sans oublier la joie simple entre toutes de retrouver son âme de « gone », un dimanche après-midi, en face des marionnettes de Guignol.

Marchés – Le dimanche matin, marché de la Création, quai Romain-Rolland et marché de l'artisanat, quai Fulchiron. Les bouquinistes occupent le quai de la Pêcherie, chaque après-midi.

Artisanat – Atelier de guignol, place du Change ; magasin et exposition de marionnettes « Cardelli Disagn », 6, rue St-Jean ; atelier de démonstration d'impression sur soie, 33, rue Romarin.

Commerce – Les Grands Magasins (Galeries Lafayette, Printemps, Grand Bazar) se situent dans le 2e arrondissement entre la place de la République et la place des Cordeliers. Le Centre commercial de la Part-Dieu, un des plus grands d'Europe, réunit 260 magasins et restaurants. La Cité des Antiquaires s'est installée avec ses 150 boutiques, 117, bd Stalingrad à Villeurbanne.

Culture – Créations lyriques à l'Opéra, place de la Comédie ; spectacles de danse à la Maison de la Danse, 8, avenue Jean-Mermoz ; La musique est à l'honneur avec des concerts à la Halle Tony Garnier, 20, place Antonin-Perrin ou à l'Auditorium-Orchestre National, 149, rue Garibaldi ; Le Théâtre des Célestins, place des Célestins, présente dans un décor prestigieux, un répertoire original et varié ; le Théâtre National Populaire, transféré à Villeurbanne en 1973, poursuit son objectif initial qui est d'offrir des spectacles de qualité accessibles au plus grand nombre ; fameuses satires locales au « Guignol de Lyon », rue Louis-Garrand.
Au nombre des manifestations culturelles, comptent aussi le Festival international de la Marionnette et le Festival des Cinémathèques, organisé par l'Institut Lumière (voir le tableau des « Principales manifestations »).
Dans le domaine de l'art contemporain, d'importantes expositions ont lieu au centre d'Échanges de Perrache, dont le niveau supérieur est affecté à l'Espace Lyonnais d'Art Contemporain, au Nouveau Musée de Villeurbanne et au Musée d'Art Contemporain à la Cité Internationale (Biennale d'Art Contemporain). La commune de Villeurbanne s'est dotée, par ailleurs, d'une médiathèque ultra moderne, la Maison du Livre, de l'Image et du Son, conçue par l'architecte Mario Botta.

Gastronomie – La « Capitale mondiale de la gastronomie » est représentée par une multitude d'établissements ; la particularité lyonnaise réside dans ses « bouchons » *(voir p. 287)* : « Chez Brunet », 23, rue Claudia, « La Voûte », 11, place Antonin-Gourju, « La Machonnerie », 36, rue Tramassac... A noter la célèbre rue Mercière où se succèdent restaurants, brasseries et cafés. La « Brasserie Georges », 30, cours Verdun, est devenue une véritable institution. Des chefs comme Bocuse (à Collonges-au-Mont-d'Or), Chavent (La Tour-Rose, Les Muses) et J.-P. Lacombe (Léon de Lyon), perpétuent la réputation des grandes tables Lyonnaises. *Voir le Guide Rouge Michelin France.*

Sortir le soir – Chaque soir, la ville se découvre un nouveau visage en se parant des subtils éclairages du **« Plan Lumière »★★** ; *voir l'encadré « Lyon, Ville Lumière ».* Le restaurant « Cinémascope Opéra », 22, rue J.-Serlin propose des soirées à thème aux amoureux du 7e art ; l'« Eden Rock Café », 68, rue Mercière, invite à la détente sur les rythmes rock des années 60 ; autres ambiances dans des pubs comme « Le Monocle », 15, rue Mercière, « le Pub », 4, rue de ia Baleine, ou dans un café-théâtre comme « La Mi-Graine », 11, place St-Paul ; des animations et de somptueux décors dans les bars de « la Tour-Rose » et de « la Cour-des-Loges », rue du Bœuf.

Sport – Les Lyonnais disposent d'un équipement très complet : palais des Sports, 350, avenue J.-Jaurès ; stade Gerland, allée de Coubertin ; vélodrome de la Tête d'Or, parc de la Tête d'Or ; patinoire Charlemagne, cours Charlemagne ; golf de Lyon-Chassieux, route de Lyon à Chassieux ; une douzaine de piscines, des gymnases et terrains de sport, les parcs de Miribel-Jonage, de Bron-Parilly et de Lacroix-Laval.

Lyon, ville lumière

Célèbre par la Fête de la lumière qui l'illumine tous les 8 décembre avec des milliers de bougies, la ville de Lyon avait sans doute des prédispositions pour valoriser son éclairage public ; elle vient de le prouver par la réalisation du « Plan Lumière » qui a pour objectifs la sécurité et la mise en valeur de son patrimoine. Plus d'une centaine de sites et monuments ont été choisis pour bénéficier de mises en lumière cohérentes qui leur donnent une nouvelle dimension. La basilique de Fourvière se détache comme un phare au sommet de la colline ; l'Opéra se projette dans le futur avec son immense verrière rougeoyante ; les places des Terreaux ou de la Bourse, les quais de Saône ou du Rhône s'illuminent chaque soir d'éclairages indirects et de toute une palette de couleurs chaudes ou froides selon les lieux. Le « crayon » de la Part-Dieu, le port St-Jean, l'Hôtel-Dieu et de nombreux autres monuments de la ville participent à ce vaste spectacle qui crée une atmosphère empreinte de poésie et de magie. Cette invitation à la vie nocturne, relayée par le développement des animations, fait de « Lyon by night » une étape incontournable. Un guide « Plan lumière » est disponible dans les Offices de tourisme.

C. Favardin/ICONOS

Lyon : illumination de la colline de Fourvière

LA COLLINE DE FOURVIÈRE

visite : 1 journée – voir plans p. 128 et 129

Le nom « Fourvière » viendrait de « Forum vetus », situé au cœur de la colonie romaine établie en 43 avant J.-C., dont subsistent quelques vestiges : théâtre, odéon, aqueducs...

Le forum, occupant l'emplacement de l'actuelle esplanade de la basilique, se serait effondré en 840.

A partir du 3e s., la colline fut abandonnée et on remploya les pierres pour reconstruire la ville en contrebas. Au Moyen Âge, la colline fut en grande partie remise en culture (surtout celle de la vigne). Au 17e s., de nombreux ordres religieux y implantèrent des établissements, ce qui inspira à l'historien Michelet le mot célèbre : Fourvière, la « colline qui prie » face à la Croix-Rousse, la « colline qui travaille ». Aujourd'hui, Fourvière avec sa basilique, ses monuments romains, son musée constitue avec les quartiers anciens qu'elle domine de plus de 100 m un pôle touristique très visité.

LES MONTÉES

Escaliers tortueux ou rues en forte pente, les « montées » escaladent la colline de Fourvière tout en offrant des vues plongeantes sur la vieille ville. Chacune possède son charme particulier.

Montées des Carmes-Déchaussés et Nicolas-de-Lange (HJV) – La première doit son nom au monastère fondé au début du 17e s. et occupé aujourd'hui par les Archives départementales ; elle comporte 238 marches. Si l'on y ajoute les 560 marches de la deuxième, c'est un total de 798 marches qu'il faut descendre pour atteindre la place St-Paul en partant de la tour métallique de Fourvière.

Montée du Change (JV) – Elle réunit la rue de la Loge et la montée St-Barthélemy. A la descente, ses degrés offrent une vue amusante sur les flèches de l'église St-Nizier, surgissant des immeubles bordant la Saône.

★**Montée du Garillan** (JV) – Elle est remarquable par ses escaliers en chicane (224 marches).

Montée des Chazeaux (JV) – Avec ses 228 marches fort raides, elle rejoint la montée St-Barthélemy.

Montées du Chemin-Neuf et St-Barthélemy (HJX-JV) – De ces montées, on domine les toits du Vieux Lyon et la primatiale.

Montée du Gourguillon (HJX) – Sur les pentes de Fourvière, c'était au Moyen Âge la voie couramment empruntée par les charrois se rendant en Auvergne ; on a peine à imaginer les lourds équipages gravissant une pente aussi raide. C'était également la communication directe entre le cloître St-Jean des chanoines-comtes et St-Just, la ville fortifiée des chanoines-barons. Au n° 2, maison Renaissance. Un peu plus haut, **l'impasse Turquet** (JX) est fort pittoresque avec ses vieillottes galeries de bois.

Montées des Épies (HX) – Elle grimpe au-dessus du quartier St-Georges et domine l'église dédiée à St-Georges, édifice néo-gothique dû à Bossan, architecte de la basilique de Fourvière.

★★★LE VIEUX LYON *voir plan p. 129* (JVX)

Étiré sur plus de un kilomètre de longueur entre la Saône et Fourvière, le Vieux Lyon se compose des **quartiers St-Jean**, (JVX) au centre, **St-Paul**, (JV) au Nord et **St-Georges** (HJX) au Sud. C'était autrefois le centre de la cité, où se regroupaient toutes les corporations, notamment les ouvriers de la soie – on comptait 18 000 métiers à tisser à la fin du règne de François 1er. Négociants, banquiers, clercs, officiers royaux y habitaient de magnifiques demeures.

Près de 300 d'entre elles ont été conservées, formant un exceptionnel ensemble urbain de l'époque Renaissance. Dans ce secteur sauvegardé, objet de très importants travaux de restauration, on remarque la variété de la décoration de ces logis, le soin apporté à leur construction et leur hauteur, qu'explique le manque de place : ces maisons vieilles de quatre siècles ont fréquemment quatre étages d'origine. Des étages supplémentaires ont été ajoutés dès le 16e s. pour pouvoir exposer les métiers à tisser à la lumière.

Une des caractéristiques du Vieux Lyon sont ses nombreuses **traboules** (du latin « trans ambulare », circuler à travers), notamment entre la rue St-Jean, la rue des Trois-Marie et le quai Romain-Rolland, la rue St-Georges et le quai Fulchiron. Faute de place pour ménager un large réseau de rues, ces passages perpendiculaires à la Saône relient les immeubles par des couloirs voûtés d'ogives ou de plafonds à la française et des cours intérieures à galeries Renaissance.

L'aspect des logis, reflétant la date de leur construction, échelonnée du 15e au 17e s., permet d'y distinguer plusieurs styles.

Les **maisons fin gothique** se signalent par l'élégante décoration de leurs façades de style flamboyant : arcs polylobés ou en accolades, fleurons, gâbles sculptés et ornés de crochets. Les fenêtres s'ordonnent souvent sur un rythme dissymétrique. Un couloir voûté d'ogives conduit à une cour intérieure où une tourelle d'angle abrite l'escalier à vis.

Les **maisons Renaissance fleurie** sont les plus belles et les plus nombreuses. La structure n'a pas changé, mais l'ensemble de la construction est plus important. De nouveaux détails décoratifs, d'inspiration italienne, apparaissent. Les tourelles d'escalier, polygonales, sont d'une parfaite exécution. Chaque cour possède ses galeries superposées, à arcs surbaissés.

Les **maisons Renaissance française** sont moins nombreuses. On y relève le retour à l'antique avec l'apparition des « ordres ». Le célèbre architecte Philibert Delorme, d'origine lyonnaise, lance ce nouveau style avec sa galerie sur trompes, 8, rue Juiverie. L'escalier, souvent rectangulaire, est établi au centre de la façade.

Les **maisons fin 16e et préclassiques** se signalent par la rigueur des lignes. La décoration des façades se concentre au rez-de-chaussée : frontons triangulaires avec claveau central en relief, appareil en bossage. Les galeries sur cour trahissent une influence florentine : arcades en plein cintre, reposant sur des colonnes rondes.

L'accès aux traboules

Les traboules sont des passages privés habituellement fermés par les riverains. Les conventions passées entre la ville de Lyon, les propriétaires et la communauté urbaine permettent d'assurer le libre accès des visiteurs à un certain nombre d'entre elles, notamment les plus importantes ; ne pas hésiter à utiliser les boutons d'ouverture des portes, souvent situés au-dessus des interphones et systèmes de codes. D'autres traboules sont visibles dans le cadre des visites organisées par l'Office de tourisme de Lyon.

Il est par conséquent utile de se procurer, auprès de celui-ci, la liste actualisée des traboules librement praticables.

La visite de certaines cours intérieures des maisons décrites dans le Vieux Lyon est conseillée dans la matinée lorsque les accès sont libres *(1)*.

(1) Pour plus de détails, lire « Le Vieux Lyon – Old Lyons », par M.-A. Nicolas (Éd. lyonnaise d'art et d'histoire).

Au cours de la visite, apprécier au passage : statues de la Vierge dans les cours ou dans les niches d'angle, enseignes sculptées, impostes et grilles en fer forgé, traboules, vieux puits, amusants culs-de-lampes des retombées d'ogives des couloirs voûtés.

Partir de la place du Change et suivre l'itinéraire indiqué sur le plan.

Place du Change (JV) – A l'origine, place de la Draperie, elle fut, aux 15e et 16e s., fréquentée par les changeurs de monnaie. La **Loge du Change** est pour une grande partie l'œuvre de l'architecte Soufflot qui transforma l'édifice d'origine de 1747 à 1750 : à l'étage, des colonnes engagées sont surmontées de chapiteaux ioniques et d'entablements sculptés. Depuis 1803, le bâtiment est affecté au culte de l'Église réformée.
Au n° 2, en face, la **maison Thomassin** (**B**) possède une façade édifiée au 15e s. dans le style du 14e s. : au 2e étage, les baies accolées par des meneaux et se terminant par des arcs trilobés s'inscrivent dans des arcs en ogive où apparaissent des blasons.

Prendre la rue de la Loge ; en face s'élève la montée du Change.

Rue Juiverie (JV **17**) – Les juifs en furent expulsés à la fin du 14e s. ; les banquiers italiens, qui s'y installèrent, firent élever de somptueuses demeures. Au n° 23, à l'angle formé avec la rue de la Loge s'élève la **maison Dugas** (**D**) dont la longue façade est ornée de bossages et de têtes de lions. En face, au n° 22, la **maison Baronat** (**E**) possède une tourelle d'angle en encorbellement surplombant la montée du Change. Au n° 20, maison construite par un gentilhomme prospère du 15e s. : E. Grolier. La façade est ornée de fenêtres à meneaux flanquées de colonnettes. Dans la cour, remarquer la tour qui abrite un escalier à vis, et les galeries voûtées d'ogives.
Le n° 21 se distingue par ses fenêtres accolées aux frontons cintrés. Son sous-sol cache une cave gallo-romaine.
La **maison de Paris** (**Z**), au n° 18, du 15e s., possède une cour où, sur les croisées d'ogives des loggias, figurent des étoiles juives à six branches.
Entre les nos 16 et 18, la pittoresque **ruelle Punaise** (JV **32**), pentue, rejoint la montée St-Barthélemy ; au Moyen Âge, elle servait d'égout à ciel ouvert.
La façade Renaissance de la **maison d'Antoine Groslier de Servières** (n° 10) (**F**) présente, au rez-de-chaussée, cinq arcades surmontées de frontons en marbre noir, triangulaires ou brisés.
Au n° 8, la 2e cour de l'**hôtel Bullioud** (**K**) montre la célèbre **galerie**★★ de Philibert Delorme, joyau de l'architecture de la Renaissance française à Lyon, qu'il édifia en 1536, à son retour de Rome ; remarquer les trompes soutenant les pavillons d'angles décorés à l'antique ; frise dorique à l'entablement du niveau inférieur avec ses métopes et ses triglyphes, pilastres à volutes ioniques à l'étage supérieur.
L'**hôtel Paterin** (**L**) ou « maison Henri IV », au n° 4, est un important témoin de l'art de la Renaissance ; l'**escalier**, dans la cour d'honneur, avec ses trois séries d'arcades superposées reposant sur des colonnes massives produit un bel effet. A droite, dans une niche, buste de Henri IV.

Palais de la Miniature (**Y**) ⓥ – Ce petit musée expose une étonnante variété de reconstitutions à diverses échelles de maisons de poupées, de scènes de la vie quotidienne et traditionnelle (village des Cévennes), de types d'architecture, et un ensemble de crèches miniatures.
Remarquer également les sculptures d'œufs et les pliages orientaux (origami). L'entrée est décorée d'une belle miniature en bois de tilleul du dôme de Milan et d'une présentation de la salle à manger des premières classes du paquebot *Normandie*.

On peut revoir de l'extérieur la cour d'honneur et la façade Ouest de l'hôtel Paterin en s'engageant dans la montée St-Barthélemy (p. 122), avant de gagner l'église St-Paul.

Église St-Paul (JV) ⓥ – Sa construction s'échelonne du 12e au 16e s., ce dont témoigne la juxtaposition d'éléments romans, flamboyants et Renaissance. A l'extérieur, le mur Nord est soutenu par des contreforts surmontés de pinacles.
A la croisée du transept, s'élève une **tour-lanterne** du 12e s. composée de deux dômes octogonaux superposés.
A l'intérieur, le nef, voûtée d'ogives, donne sur les bas-côtés par des arcades en plein cintre ; dans la 3e chapelle de droite, la voussure de l'arc ogival offre une charmante décoration, d'époque flamboyante, composée d'une frise d'anges musiciens. Sur le croisillon Sud donne une chapelle dont les nervures reposent sur cinq clefs pendantes ; celle du centre est en couronne.

Gagner la rue Fr.-Vernay. A gauche s'ouvre la rue Carrand, dominée par le Palais du Conservatoire, où ont lieu les représentations du Guignol de Lyon.

Théâtre « le Guignol de Lyon » (JV **T**) ⓥ – **Guignol** *(voir aussi p. 117)* porte sous son bonnet noir une petite tresse qu'il appelle son « sarcifis ». Sous la naïveté et la gentillesse du personnage perce un esprit moqueur qui sait déceler les ridicules

et s'en amuser. Il incarne parfaitement l'âme du « gone » lyonnais : un gros bon sens, une ironie narquoise, un peu d'esprit frondeur et une pointe de poésie. Sa femme **Madelon**, avec laquelle il a souvent des scènes de ménage, est une épouse modèle mais ronchonneuse. L'inséparable ami, c'est le truculent **Gnafron** dont le nez rubicond traduit un net penchant pour le Beaujolais ; lui demande-t-on sa profession, il la définit ainsi : « Les gens qui ont reçu de l'éducance nous appellent savetiers, ceux qui n'en ont pas reçu nous appellent gnafres. »
Dans le théâtre municipal du Guignol de Lyon, C. Cappezzone, qui a succédé en 1991 au dernier descendant du créateur de la marionnette, concilie la tradition de la verve railleuse de Guignol avec l'innovation de spectacles de marionnettes adaptés d'auteurs contemporains et même de films.

Rue Lainerie (JV **18**) – Dans la cour du n° 10, remarquer l'étonnant escalier à vis dépourvu de fût central. Au n° 14, la **maison de Claude de Bourg** (**V**) a été construite en 1516 pour ce riche magistrat lyonnais et présente une riche façade fleurie très caractéristique avec ses accolades abondamment sculptées. A hauteur du 2e étage, une niche d'angle à coquille abrite une Vierge.

Traverser la place du Change d'où la rue Soufflot mène à la rue de Gadagne.

★**Hôtel de Gadagne** (JV **M**¹) ⓥ – Il s'étend du n° 10 au n° 14 de la rue de Gadagne et constitue le plus vaste ensemble Renaissance du Vieux Lyon.
En 1545, il fut acheté par les frères Gadagne, banquiers d'origine italienne à la fortune colossale ; « riche comme Gadagne » devint un dicton lyonnais. Remarquer, côté rue, sur la façade en retrait, la tour à pans coupés avec, à sa gauche, la grille du soupirail, chef-d'œuvre de serrurerie. Dans la cour intérieure, deux corps de bâtiments aux vastes fenêtres à meneaux sont reliés par trois étages de galeries. Le puits, coiffé d'un dôme à écailles, a été transféré ici de la maison du Chamarier (37, rue St-Jean – *voir p. 129*) ; il est attribué à Philibert Delorme.
L'hôtel abrite le musée historique de Lyon et le musée international de la Marionnette.

★**Musée historique de Lyon** – Les salles du rez-de-chaussée, aménagées en **musée lapidaire**★, présentent des bas-reliefs et sculptures provenant d'anciennes églises ou abbayes lyonnaises, notamment d'Ainay, de St-Pierre et de l'Ile Barbe (bas-relief de l'Annonciation, manteau de cheminée dit « Couronne de Charlemagne »). Les trois autres étages sont en partie consacrés à l'histoire de Lyon, de la Renaissance au 19e s. Au hasard des salles, on peut également admirer des faïences, étains, meubles lyonnais, une remarquable collection de faïences de Nevers des 17e et 18e s. Nombreux documents et objets concernant la Révolution à Lyon, ainsi que des souvenirs de Napoléon Ier (clés de la ville, 18e s.). Deux autres salles retracent l'histoire du compagnonnage avec présentation de chefs-d'œuvre et d'emblèmes compagnonniques. Peintures et estampes représentent la ville.

★**Musée international de la Marionnette** – Au 1er étage de l'hôtel Gadagne, il rassemble autour de Guignol et des marionnettes à gaine créées par Laurent Mourguet *(p. 117)*, une collection exceptionnelle de marionnettes (à tringle, fils, tige et théâtres d'ombres) provenant de France, d'Angleterre, de Belgique, de Hollande, de Venise, de Turquie, de Russie et d'Extrême-Orient.
Au Sud de l'hôtel de Gadagne, s'ouvre la montée du Garillan *(p. 122)*.

Par la place du Petit-Collège, gagner l'entrée de la rue du Bœuf.

Au n° 6, l'hôtel « La Cour des Loges » occupe un bel ensemble restauré de 4 immeubles. On peut, avec discrétion ou à l'occasion d'un petit rafraîchissement, admirer la belle cour et ses galeries en U étagées sur 3 niveaux.

Dans la cour du n° 3, les balustres de l'escalier ont été refaits en bois d'après le modèle ancien.

Trabouler par le n° 1, qui débouche au 24, rue St-Jean.

On traverse la vaste cour de l'**hôtel Laurencin** (**O**), où une tour octogonale, crénelée au niveau supérieur, abrite l'escalier à vis. Les loggias des galeries superposées sont voûtées sur croisées d'ogives.

Dégustations lyonnaises

Les promenades dans les quartiers anciens et les secteurs piétonniers peuvent être l'occasion de découvrir les friandises comme :
les **cocons** et les **coussins**, sucreries lyonnaises aux images empruntées à l'industrie de la soie,
les **bugnes**, pâtisseries faites de pâtes sucrées et torsadées.
Le soir, leurs restaurants offrent un vaste choix de préparations locales aux appellations colorées :
la **cervelle de canut** (préparation à base de fromage blanc),
le **tablier du sapeur** (tripes panées avec des pommes vapeur),
la **pierrade** (pierre chauffée sur laquelle est cuit un assortiment de viandes).

FOURVIÈRE VIEUX LYON

Antiquaille (R. de l') .... HX
Audry (R. Pierre) .... GX
Baleine (Pl. de la) .... JV 3
Bœuf (R. du) .... JV
Bombarde (R. de la) .... JV 4
Bonaparte (Pont) .... JX
Bondy (Quai de) .... JV 5
Carmes-Dechaussés
(Montée des).................................. JV
Change (Montée du) .... JV
Change (Pl. du) .... JV
Chazeaux (Montée des) .... JV
Chemin-Neuf (Montée du) .... HJX
Chevaucheurs (R. des) .... GX
Choulans (Chemin de) .... GX
Cléberg (Rue) .... HX 7
Docteur-Rafin (Rue du) .... GV
Epies (Montée des) .... HX
Farges (R. des) .... HX
Feuillée (Pont de la) .... JV 9
Fourvière (Montée de) .... HVX
Fourvière (Place de) .... HV
Fulchiron (Quai) .... JX
Gadagne (Rue de) .... JV 10
Garillan (Montée du) .... JV
Garrand (Rue Louis) .... JV 12
Gerlier (R. Cardinal) .... GVX
Gerson (Pl.) .... GV
Gourguillon (Montée du) .... HJX
Gouvernement (Pl. du) .... JV 13
Homme de la Roche
(Passerelle de l') .... HV 15
Jaricot (Rue P.-M.) .... GVX
Juin (Pont Alphonse) .... JV 16
Juiverie (Rue) .... JV 17
Lainerie (Rue) .... JV 18
Loge (Rue de la) .... JV 20
Macchabées (R. des) .... GX
Max (Av. Adolphe) .... JX 22
Montauban (R. de) .... GHV
Mourguet (R.) .... JX 24
Neuve St-Jean (Place) .... JV 26
Nicolas-de-Lange (Montée) .... HV
Observance (Montée de l') .... GV
Palais de Justice (Passerelle du) .. JV 28
Petit-Collège (Place du) .... JV 30
Plat (R. du) .... JX
Punaise (Ruelle) .... JV 32
Radisson (R. Roger) .... GHX
Romain-Rolland (Quai) .... JVX
Saint-Barthélemy (Montée) .... HX
Saint-Georges (Passerelle) .... JX 38
Saint-Georges (Rue) .... HJX
Saint-Jean (Place) .... JX
Saint-Jean (Rue) .... JV
Saint-Paul (Place) .... JV
Saint-Paul (Rue) .... JV 42
Saint-Vincent (Passerelle) .... JV 43
Sainte-Croix (Rue) .... JVX 44
Sala (Rue) .... JX
Sarra (Montée de la) .... GV
Scize (Quai P.) .... GHV
Soufflot (Rue) .... JV 48
Télégraphe (Montée du) .... GHX
Tilsitt (Quai) .... JX
Trinité (Pl. de la) .... JX
Trion (Pl. de) .... GX
Trion (Rue de) .... GX
Trion (R. des Fossés de) .... GX
Trois-Maries (R. des) .... JV
Turquet (Impasse) .... JX
Vernay (Rue F.) .... JV 56
Vollon (Pl. A.) .... JX
Wernert (Place) .... GX
158e R.I. (Pl. du) .... GV

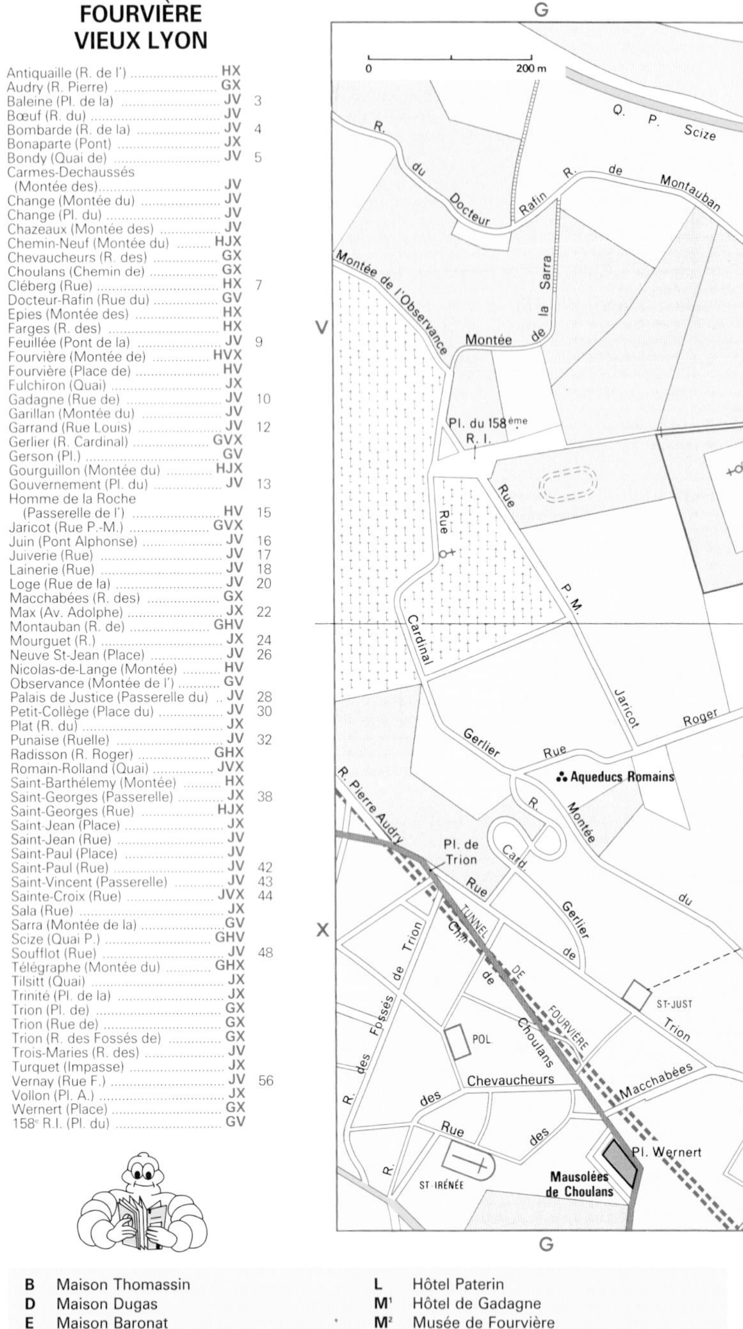

B	Maison Thomassin	L	Hôtel Paterin
D	Maison Dugas	M1	Hôtel de Gadagne
E	Maison Baronat	M2	Musée de Fourvière
F	Maison d'Antoine Groslier de Servières	M3	Musée de la civilisation gallo-romaine
K	Hôtel Bullioud	N	Maison des Avocats

Par la place de la Baleine, gagner la rue des Trois-Maries.

Rue des Trois-Maries (JV) – Elle tire son nom de la niche ornant le fronton du n° 7, et abritant la Vierge entre deux saintes femmes.
Le n° 3 est un bel immeuble Renaissance française dont l'escalier, au centre de la façade, est surmonté d'une tour ; on retrouve cette disposition au n° 5, place du Gouvernement.
La façade du n° 4 est rythmée de pilastres cannelés ; dans la cour, une tour bien ajourée laisse entrevoir son escalier à vis.
Au n° 5, à côté, autre niche, à coquille, montrant une Vierge à l'Enfant.
Au n° 6, une traboule traverse deux cours restaurées et aboutit au 27, rue St-Jean. De l'autre côté s'ouvrent de nombreuses traboules qui descendent vers la Saône ; le n° 9, par exemple, donne sur le 17, quai Romain-Rolland.

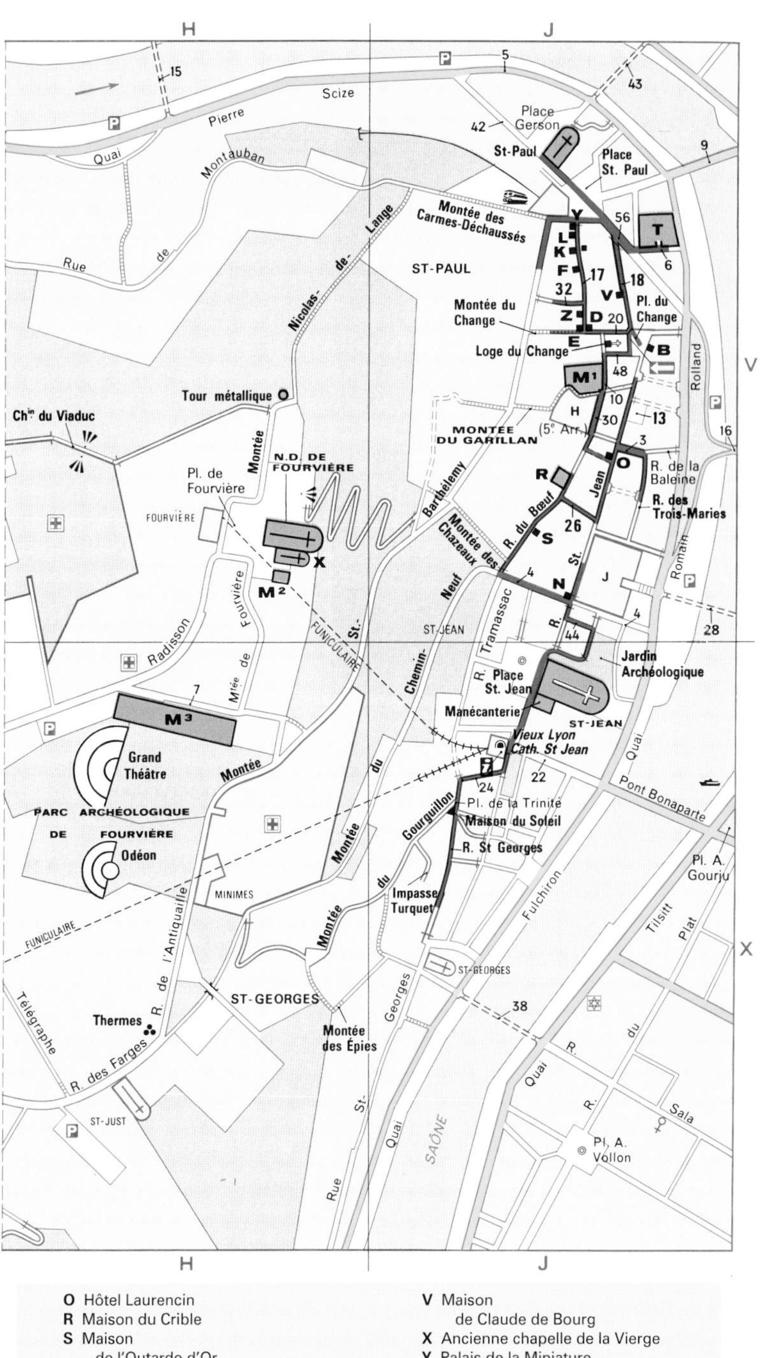

O Hôtel Laurencin
R Maison du Crible
S Maison de l'Outarde d'Or
T Théâtre le « Guignol de Lyon »
V Maison de Claude de Bourg
X Ancienne chapelle de la Vierge
Y Palais de la Miniature
Z Maison de Paris

Place du Gouvernement (JV 13) – La façade du n° 5, avec ses portails surmontés d'impostes en fer forgé et d'un balcon de pierre, est du début du 17e s.
Au n° 2, se situe l'hôtel du Gouvernement (16e s.), dont on atteint la cour haute par un long passage couvert d'ogives ; du puits, à droite, ne subsiste plus que le couronnement à coquille (traboule avec le 10, quai Romain-Rolland).
Regagner la rue St-Jean.

★**Rue St-Jean** (JV) – C'était l'artère principale du Vieux Lyon, empruntée par les cortèges royaux et les processions religieuses.
Le n° 7 montre une façade en gothique flamboyant.
Faire demi-tour.
La façade du n° 27 possède des fenêtres à meneaux encadrées de pilastres cannelés.

Carbonare/ICONOS Lyon

Le Vieux Lyon : la tour rose

Le n° 28 cache une magnifique **cour★★** : son imposante tour renferme un escalier à vis ; les voûtes d'une des galeries sont ornées de décors surprenants (*Illustration dans le chapitre des Conditions de visite*).
Au n° 36, maison de la fin du 15ᵉ s., où une tour polygonale abrite l'escalier à vis ; les clefs de voûte des galeries sont ornées d'écussons aux deux premiers niveaux, et le puits est couvert d'un dais en coquille orné de perles. La niche à l'angle de la rue St-Jean et de la place Neuve-St-Jean abrite une statue de saint Jean-Baptiste.
L'ancien « hôtel de la Chamarerie », au n° 37, fut édifiée au 16ᵉ s. pour le chamarier de la primatiale, responsable de la surveillance du cloître. Sa façade, remaniée au 19ᵉ s., est de style gothique flamboyant.
Au n° 54, une traboule, la plus longue du Vieux Lyon, traverse cinq cours avant d'aboutir au 27, rue du Bœuf.
Le n° 58 se distingue par son puits à voûte tripartite, accessible à la fois de la cour, de l'escalier et de l'échoppe.

Place Neuve-St-Jean (JV **26**) – Ancienne rue transformée en place sous le Consulat, signalée à une extrémité par l'enseigne de la rue du Bœuf et à l'autre par une niche qui abrite une statue de saint Jean-Baptiste.
Au n° 4, se dresse, en retrait, une vaste demeure avec un bel escalier sur arcs rampants correspondant à des galeries à arcs surbaissés.

Rue du Bœuf (JV) – Elle doit son nom à une statue de bœuf (plus exactement de taureau !), enseigne attribuée à M. Hendricy et située à l'angle de la place neuve St-Jean ; elle présente de beaux ensembles Renaissance, parfois occupés par des établissements hôteliers haut de gamme.
Le n° 14 donne sur une belle cour à tour polygonale et galeries dont les arcs de support en accolades sont surmontés d'une frise grecque.
Au n° 16, **la maison du crible★** (**R**) du 17ᵉ s., possède un riche portail à bossages et colonnes annelées, dont le fronton est orné d'une petite Adoration des Mages, attribuée à Jean de Bologne. Une allée voûtée d'ogives reposant sur des culs-de-lampe sculptés mène à une cour intérieure, dont l'élégante tour ronde, aux ouvertures décalées, doit à son célèbre crépi le nom de « **Tour Rose** ». *Ne pas monter vers les jardins suspendus.*
La « Tour Rose » est également le nom du célèbre complexe hôtelier qui a déménagé au n° 22 : il est possible, avec l'aimable autorisation de l'hôtel, de découvrir ses deux cours étagées ; un verre dans le bar de l'établissement peut être une occasion de contempler l'un des deux murs de jeu de paume du Vieux Lyon encore visibles.
La **maison de l'Outarde d'Or** (**S**) se signale, au n° 19, par son enseigne en pierre sculptée ; la cour est surtout intéressante par ses deux tourelles : l'une, ronde, sur trompe, l'autre, en encorbellement, de section rectangulaire sur une pyramide renversée. On remarque encore : au n° 23, les moulures des fenêtres à meneaux et l'escalier à vis aux ouvertures s'appuyant sur des arcs rampants ; au n° 27 (traboule la plus longue avec le 54, rue St-Jean) un élégant escalier à vis du 16ᵉ s. précédant trois cours successives ; au n° 29, les balcons de fer forgé ornant les galeries dans la cour.
Le n° 36 s'ouvre sur une belle cour ornée de galeries restaurées ; il est intéressant de les comparer (*en se retournant*) à celles du n° 38, restées obturées par des constructions parasites. La plupart des galeries avaient été fermées avec la paupérisation du quartier, pour gagner de la place et avoir une meilleure isolation.
Descendre la rue de la Bombarde.

Maison des Avocats (JV **N**) – Avec ses galeries à arcades reposant sur des colonnes massives et ses dépendances revêtues de crépi rose, elle forme, côté rue de la Bombarde, un bel ensemble du 16ᵉ s., d'inspiration italienne.
Longer le palais de Justice jusqu'au 52, rue St-Jean.

La résidence de l'imprimeur Guillaume Leroy (fin 15e s.) comporte un escalier à vis logé dans une tour ronde dont les baies s'appuient sur des arcs rampants.

Faire demi-tour jusqu'au 37, rue St-Jean.

Construite pour le chamarier de la primatiale, chargé de l'économat, elle possède un curieux escalier à vis, avec des trompes à coquilles ménagées dans les angles.

Par la rue Ste-Croix, gagner le jardin archéologique.

Jardin archéologique (JX) – Sur le site de l'église St-Étienne, au Nord de l'actuelle primatiale, ont été mis au jour les vestiges des quatre édifices qui se sont succédé depuis le 4e s. : thermes gallo-romains, baptistère paléo-chrétien, arcade de l'église Ste-Croix (15e s.).

Place St-Jean (JX) – Au centre, se dresse une fontaine à quatre vasques surmontée d'un petit pavillon ajouré abritant la scène du baptême du Christ. Elle est bordée à l'Est par la primatiale St-Jean et la manécanterie.

Lyon.
Fontaine de la place St-Jean

★**Primatiale St-Jean** (JX) ⓥ – Commencée au 11e s., la cathédrale ou « primatiale » St-Jean est un édifice gothique, élevé à partir d'une abside romane. Elle se signale extérieurement par ses quatre tours, deux à la façade et deux sur les bras du transept, qui dépassent de peu la hauteur de la nef.

La cathédrale a abrité, en 1245 et 1274, les deux conciles de Lyon ; au siècle suivant, elle fut le théâtre de la consécration du pape Jean XXII. En 1600, Henri IV y épousa Marie de Médicis. Plus près de nous, en 1943, s'y sont déroulées les fêtes du 6e Grand Pardon ; ces fêtes se célèbrent environ une fois par siècle lorsque la Fête-Dieu coïncide, le 24 juin, avec la Saint Jean-Baptiste, titulaire de l'église.

Le 5 octobre 1986, le pape Jean-Paul II est venu s'y recueillir.

Façade – Ses lignes horizontales sont mises en valeur par les gâbles aigus des portails et la pointe du pignon central, surmonté d'une statue du Père éternel. Cette façade, élevée au 15e s., a constitué la dernière étape de la construction.

Les 3 portails à gâbles et quadrilobes étaient ornés de statues, détruites pendant les guerres de Religion par les troupes du baron des Adrets ; mais les piédroits ont conservé leur remarquable **décoration**★, du début du 14e s.

Plus de 300 médaillons forment une suite de scènes historiées : au portail central, les Travaux des mois, le Zodiaque, l'histoire de saint Jean-Baptiste, la Genèse ; au portail de gauche, les histoires de Samson, de saint Pierre et l'Apocalypse ; à droite, la légende de Théophile.

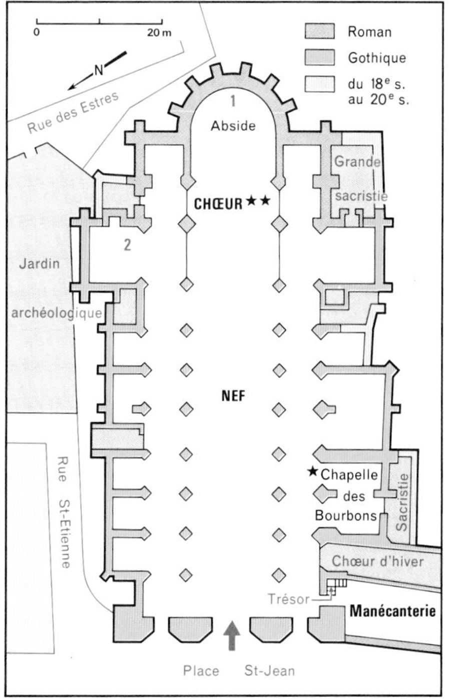

Intérieur – Remarquer l'absence de déambulatoire qui caractérise les églises du Lyonnais. La nef, avec ses voûtes d'ogives sexpartites retombant sur de fines colonnes engagées, présente une belle unité gothique.

Le **chœur**★★ constitue avec l'abside la partie la plus ancienne de l'église : la construction du soubassement date du 12e s. La décoration de l'abside est un exemple typique de l'art roman dans la vallée du Rhône. Au pourtour de l'abside, une série de pilastres cannelés supporte une arcature aveugle, surmontée d'une frise de palmettes en incrustations de ciment brun-rouge *(voir la cathédrale St-Maurice de Vienne)*.

Deux autres frises de même style se développent au-dessus et au-dessous du triforium qui, avec ses pilastres et son arcature en plein cintre, contraste avec celui, gothique, de la nef.

Le trône de l'évêque (1) est adossé au mur de l'abside, remarquer, au-dessus du simple pilastre qui lui sert de dossier, un petit chapiteau roman représentant le Christ. Des **vitraux** du début du 13e s. garnissent les fenêtres basses du chœur *(illustration p. 39)*. Les médaillons de la fenêtre centrale, consacrés à la Rédemption, sont les plus remarquables. Les vitraux des fenêtres hautes (13e s.), très restaurés, montrent des figures de prophètes.

Les roses du transept et la grande rose de la façade portent des verrières gothiques. Dans le croisillon gauche, une **horloge astronomique**★ ⓥ (2), remontant au 14e s., donne une curieuse sonnerie dite de l'hymne à saint Jean, avec chant du coq et jeu d'automates représentant l'Annonciation.

La **chapelle des Bourbons**★ de la fin du 15e s. présente une parure flamboyante d'une remarquable finesse.

★**Trésor** ⓥ – *Accès au fond du bas-côté droit.*

Aménagé au 1er étage de la manécanterie, il présente des pièces d'orfèvrerie religieuse, dont une belle croix processionnelle, ornée d'émaux de Limoges et une plaque de psautier rhénan, toutes deux du 13e s., une crosse en argent niellé de la fin du 16e s., des objets et ornements liturgiques ayant appartenu au cardinal Fesch, des tapisseries d'Aubusson et des Flandres du 17e s. Remarquer le beau coffret byzantin en ivoire (9e s.) représentant les jeux du cirque.

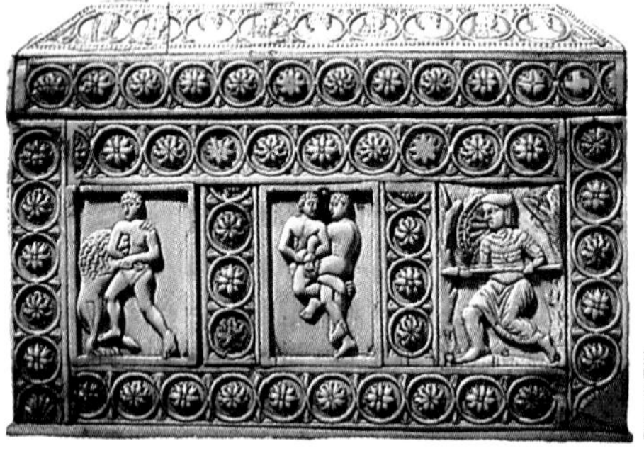

Trésor de la primatiale St-Jean.
Coffret en ivoire (9e - 10e s.)

Revault/PIX

Manécanterie (JX) – Sur la place St-Jean, à droite de la façade, s'élève un édifice du 12e s., la manécanterie ou maison des chantres. Enfoncée de 0,80 m par suite de l'exhaussement du sol, la façade, décorée d'une arcature aveugle, surmontée d'incrustations de brique rouge, de colonnettes et niches à personnages, a conservé, malgré des remaniements, une allure romane.

De la station de métro St-Jean, s'offre la possibilité d'utiliser la correspondance avec le funiculaire ou « ficelle » menant à Fourvière et d'y revenir après avoir visité la basilique, le musée de la Civilisation gallo-romaine et les théâtres romains. Gagner la rue Mourguet que l'on remonte jusqu'à la place de la Trinité.

Maison du Soleil (JX) – Rendue célèbre par le décor de Guignol, elle agrémente la place d'un charme vieillot ; les niches d'angle de sa façade abritent, à droite, la statue de saint Pierre, à gauche, celle de la Vierge. L'emblème du soleil surmonte une fenêtre à meneaux plats au 1er étage.

A l'intérieur *(accès par le n° 2, rue St-Georges)*, la cour présente des balcons en ellipse.

Rue St-Georges (HJX) – Au rez-de-chaussée du n° 3, les arcs sont en anse de panier, et l'imposte du portail est décorée de deux lions debout en fer forgé. Au n° 3 *bis*, l'imposte est ornée d'un phénix sur son bûcher. Au n° 6, la maison du 16e s. possède une jolie cour intérieure (galerie d'art) ; l'escalier à vis est logé dans une tour ronde à ouvertures sur rampants. Au n° 7, les fenêtres géminées sont surmontées d'arcs trilobés.

Sanctuaire de Fourvière *voir plan p. 128* (HV)

L'histoire des édifices religieux élevés à l'emplacement du forum romain en l'honneur de la Vierge couvre une période de près de huit siècles. L'actuelle basilique, couronnant de sa silhouette massive la colline de Fourvière, fait partie intégrante du paysage lyonnais.

Basilique Notre-Dame (HV) ⓥ – Lieu de pèlerinage célèbre, la basilique a été élevée, sur les plans de l'architecte Bossan, après la guerre de 1870 à la suite d'un vœu de Mgr de Genouilhac : l'archevêque de Lyon s'était engagé à construire une église si l'ennemi n'approchait pas de la ville. Des murailles crénelées pourvues de mâchicoulis et flanquées de tours octogonales constituent un mélange curieux d'éléments byzantins et moyenâgeux ; l'abondance de la décoration intérieure – nef et crypte – n'est pas moins insolite. Dans la nef couverte par trois coupoles, des mosaïques relatent l'histoire de la Vierge, à droite dans l'histoire de France, à gauche dans l'histoire de l'Église. A l'entrée, façade Ouest, une dalle incrustée dans le pavement rappelle le passage du pape Jean-Paul II en 1986.

Ancienne chapelle de la Vierge (HV **X**) – A droite de la basilique, la chapelle de pèlerinage proprement dite, du 18e s., abrite une Vierge miraculeuse (16e s.).

Musée de Fourvière (HV **M²**) ⓥ – Aménagé dans la chapelle et les bâtiments des jésuites, il abrite une collection de statues en bois polychromes (12e-19e s.), différents projets conçus au 19e s. pour la basilique et de nombreux ex-voto.

Points de vue – L'**esplanade** située à gauche de la basilique offre une **vue★** célèbre sur la presqu'île et la rive gauche du Rhône dominée par la tour du Crédit Lyonnais ; à l'arrière-plan vers l'Est se profile un horizon montagneux : Bugey, Grandris, Alpes, Chartreuse et Vercors.
Pour avoir un **panorama★★** circulaire, on peut monter à pied à l'**observatoire** ⓥ de la basilique (287 marches – table d'orientation) ; on découvre alors les monts du Lyonnais, le mont Pilat et le Mont-d'Or ; par beau temps, on distingue à l'Ouest la chaîne des Alpes avec le mont Blanc et à l'Est, le Puy de Dôme.

Parc des Hauteurs – Cette ambitieuse réalisation a pour objectif la mise en valeur de l'ensemble de la colline de Fourvière par la création de promenades panoramiques. La principale originalité a été la construction du « chemin du viaduc » (HV), passerelle longue de 72 m, qui offre une belle **vue★** plongeante sur Lyon et la Croix-Rousse.

Tour métallique (HV) – Bâtie en 1893 sur le modèle de la tour Eiffel, mais en réduction (85 m de hauteur), elle sert aujourd'hui d'émetteur de télévision.

★Parc archéologique de Fourvière – *voir plans p. 128 et 129* (GHX)

Le chantier de fouilles ouvert en 1933 a permis de mettre au jour, à Fourvière, des édifices publics antiques présentés dans un parc. Dans la rue des Farges, on remarque des thermes gallo-romains, et rue des Macchabées ainsi que quai Fulchiron (montée de Choulans) les vestiges de basiliques évoquant les premiers temps du christianisme.

★★Musée de la Civilisation gallo-romaine (HX **M³**) ⓥ – Sur la colline de Fourvière, au cœur du quartier du plateau de l'antique Lugdunum, a été créé, sur les plans de l'architecte Zehrfuss, ce musée qu'abrite une originale architecture de béton, hélicoïdale, noyée dans le flanc de l'éminence. Il présente par thèmes le très haut niveau de civilisation qu'a connu la région lyonnaise du néolithique au 7e s. après J.-C., et en particulier la capitale des Gaules. L'ensemble épigraphique est particulièrement riche.
Dans l'espace consacré à la préhistoire régionale est exposé le char processionnel de la Côte St-André, datant de la période de Hallstatt (8e s. avant J.-C.). Les espaces suivants abordent la fondation de Lugdunum, son urbanisme, l'administration municipale et provinciale, l'armée, les religions, le théâtre et les jeux du cirque, la vie économique et domestique, le culte des morts et les débuts du christianisme en Gaule. Quelques pièces sont particulièrement remarquables : la **table claudienne★★★**, belle inscription sur bronze du discours de l'empereur Claude prononcé au Sénat romain en 48 ; le **calendrier gaulois** de Coligny gravé dans le bronze à l'époque romaine. D'autres pièces méritent l'attention : l'inscription dédicatoire de l'amphithéâtre des Trois Gaules, le buste de l'empereur Caracalla, le gobelet d'argent aux dieux gaulois, les larves ou masques funéraires, la mosaïque des Jeux du cirque.
Du sanctuaire de Cybèle érigé en 160 on verra l'autel et une tête de divinité orientale. L'activité des potiers, verriers, ferronniers et orfèvres est illustrée par des céramiques, des vases, des outils et des bijoux. Le trésor d'une villa gallo-romaine, découvert en 1992 dans le quartier de Vaise, est venu enrichir la collection.
Une vaste baie ménagée dans la salle où sont présentées les maquettes des théâtres romains permet d'en admirer les vestiges.

Théâtres romains (HX) ⓥ – L'ensemble monumental dégagé dans la montée de l'Antiquaille comprend un théâtre construit sous Auguste (1er s. avant J.-C.), et agrandi à plusieurs reprises et un odéon du 2e s. après J.-C.

Grand théâtre – *Voir le plan d'un théâtre romain, p. 37.* De dimensions analogues à ceux d'Arles et d'Orange (108 m de diamètre), ce théâtre, moins vaste que celui de Vienne, est le plus ancien de France.
La première construction est antérieure à l'ère chrétienne. Plus tard le nombre des gradins est augmenté en prenant sur les promenoirs. Le dallage de marbre de l'orchestre a pu être reconstitué. L'anneau extérieur du théâtre montre des

substructions où les archéologues reconnaissent le soin apporté par les constructeurs aux dégagements par des couloirs souterrains, et à l'assainissement du sol par un réseau de canalisations et d'égouts.
La machinerie du rideau de scène, abritée dans la fosse, est l'une des mieux conservées du monde romain ; une maquette de son dispositif est visible au musée.

Gravir l'escalier menant au sommet des gradins.

Le théâtre apparaît dans toute son ampleur. Une voie romaine, faite de grosses dalles de granit, permet de le contourner à la partie supérieure.

Par la voie romaine, descendre en direction de l'odéon.

Odéon – Les odéons, réservés à la musique et aux conférences, accueillaient une élite dans un cadre raffiné. Les dispositions d'ensemble sont identiques à celles du théâtre, mais les dimensions en sont plus réduites.
L'épaisseur du mur d'enceinte suggère qu'une véritable toiture, suspendue en porte à faux, abritait les gradins. Remarquer le ravissant décor géométrique du dallage de l'orchestre, reconstitué à partir d'éléments trouvés sur place : brèche rose, granit gris et cipolin vert.

Quartier dominant le théâtre (**HX**) – Au-dessus de la voie dallée qui ceinture le théâtre, les fouilles récentes ont montré qu'il n'existait pas de temple de Cybèle comme on l'a longtemps affirmé. Dès la fin du 1er s. avant J.-C., est construite à cet emplacement une très vaste et riche demeure de plan centré, bordée côté rue par une série de boutiques ouvrant sur un portique. Un vaste édifice public la recouvre au début du 1er s. après J.-C. On en perçoit surtout, au-dessus du théâtre, les puissantes fondations destinées à prolonger vers l'Est une imposante plate-forme. A une date indéterminée, fut construite une énorme citerne qui appartint sans doute à l'aqueduc du Gier.

Aqueducs romains (**GX**) – A l'entrée de la rue Roger-Radisson – ancienne voie d'Aquitaine – on peut voir, de part et d'autre de la chaussée, des vestiges intéressants de l'aqueduc du Gier, l'un des quatre qui alimentaient la ville en eau. Remarquer le bel appareil réticulé et losangé des piliers et, à l'amorce des arcades disparues, les claveaux alternés de pierres et de briques.

Mausolées de Choulans (**GX**) – Au centre de la place Wernert, trois mausolées rappellent l'existence d'une nécropole gallo-romaine située hors les murs. Celui du milieu, le plus ancien (1er s. avant J.-C.), porte sur une face latérale une inscription rappelant que le monument fut érigé par les esclaves affranchis de Calvius Turpion.

LA PRESQU'ÎLE

visite : 1 journée (sans les musées : 2 h) – voir plan p. 140

Elle regroupe, autour de la place Bellecour, les grands quartiers centraux de Lyon. Sa fonction commerçante y est définie depuis longtemps ; jusqu'au 19e s., celle-ci s'exerçait principalement autour de la rue Mercière (**FT**). Deux grands axes piétonniers la traversent entre la place des Terreaux et la gare de Perrache : la rue de la République au Nord (**FST**) et la rue Victor-Hugo au Sud (**EFU**).
La rue de la République animée de grands magasins, boutiques, cinémas et brasseries, est bordée d'immeubles caractéristiques des constructions lyonnaises du 19e s. avec des façades percées de hautes fenêtres dont le linteau s'orne d'un lambrequin en tôle découpée ; deux autres rues commerçantes ont un tracé s'orientant du Nord au Sud : la rue du Président-Herriot (**FST**) et la rue Paul-Chenavard (**FT**). Les quartiers situés au Sud de la place Bellecour épousent les contours de l'ancienne île des Canabae, où se développa l'abbaye d'Ainay.

Place Bellecour (**FT**) – Cette célèbre place, dominée à l'Ouest par la silhouette curieuse de la basilique de Fourvière, est l'une des plus vastes de France (310 m sur 200). Les immenses façades symétriques qui la bordent à l'Ouest et à l'Est, de style Louis XVI, datent de 1800.
Sous le nom de « cheval de bronze », les Lyonnais désignent la statue équestre de Louis XIV. Deux bronzes des frères Coustou, le Rhône et la Saône, orientés vers les rives concernées, ornent son piédestal qui porte, sur les deux faces, cette inscription : « Chef-d'œuvre de Lemot, sculpteur lyonnais. »
Une première statue équestre du grand roi, œuvre de Desjardins (1691), avait été dressée ici dès 1713 ; considérée comme un symbole de la royauté, elle fut renversée, brisée et fondue sous la Révolution. La statue actuelle (1828) fut à son tour menacée en 1848 ; elle allait être jetée à bas lorsque le commissaire extraordinaire de la République la sauva en présentant comme une atteinte à la royauté le remplacement de la pompeuse inscription en l'honneur de Ludovicus Magnus par un hommage au talent de Lemot.
Au Sud-Est de la place, isolé, devant l'hôtel des Postes, s'élève le clocher de l'ancien **hôpital de la Charité** (17e s.).
Au Nord-Est de la place, la Banque Nationale de Paris a succédé à une salle où furent données les premières projections du cinématographe Lumière *(voir p. 30 : La Sortie de l'usine Lumière)*.

Au Nord de la place Bellecour

Musée des Hospices civils (FT **M**[4]) ⓥ – Il est installé dans la partie 17e s. de l'Hôtel-Dieu, dont la longue façade s'allongeant sur le Rhône fut agrandie au 18e s. par Soufflot. Il présente une belle collection de faïences de pharmacies anciennes, des étains, des objets d'art, notamment un buste par Coustou et une Vierge par Coysevox, originaire de Lyon. Trois salles ont reçu des boiseries provenant de l'hôpital de la Charité, aujourd'hui disparu ; les plus remarquables sont celles de l'**Apothicairerie★**, d'époque Louis XIII, ornée de motifs sculptés (l'Arracheur de dents), et de la salle des Archives (18e s.).
On peut voir un ancien lit d'hôpital pour quatre malades et d'autres curieux témoignages des techniques médicales ou hospitalières d'autrefois.

Place des Jacobins (FT) – Elle est dominée par la majestueuse fontaine des Jacobins élevée en 1886 à la mémoire de quatre artistes lyonnais portant le costume de leur époque : Philibert Delorme (architecte), Hippolyte Flandrin (peintre), Guillaume Coustou (sculpteur) et à Gérard Audran (graveur).

Église St-Bonaventure (FT) – Cet édifice, cher aux Lyonnais, a conservé son plan franciscain primitif.
Le large vaisseau répond aux nécessités de la prédication, tandis que le dépouillement et la simplicité architecturales témoignent du respect des fils de saint François pour toutes les formes de la pauvreté. Saint Bonaventure, gloire de l'ordre franciscain, mourut au 2e concile de Lyon, en 1274.

Église St-Nizier (FT) ⓥ – Selon la tradition, l'église actuelle, dont la plus grande partie date du 15e s., s'élèverait à l'emplacement du plus ancien sanctuaire lyonnais. A l'extérieur, la nef est épaulée par des arcs-boutants doubles, bien visibles de la rue de la Fromagerie.
Les flèches des clochers de St-Nizier constituent l'une des singularités du paysage urbain lyonnais. La flèche Nord, gothique, construite en briques contraste avec la flèche ajourée du clocher Sud (19e s.).
Le portail Renaissance, encadré de quatre colonnes doriques, est surmonté d'un cul-de-four à caissons dans sa partie supérieure. Il est surmonté d'un pignon néo-gothique.
L'intérieur, restauré, est caractérisé par sa décoration flamboyante (15e s.) : la voûte, nervurée, comporte des clefs ornées d'armoiries ; dans la 2e travée, une horloge couvre la clef ; un triforium très ouvragé orne tout le pourtour.
Dans une chapelle du croisillon Sud, remarquer la gracieuse **Vierge à l'Enfant★** de Coysevox.

★★ **Musée de l'Imprimerie et de la Banque** (FT **M**[5]) ⓥ – Les premières salles montrent l'importance de la banque lyonnaise et sa contribution à l'essor industriel et commercial de la ville dès le 16e s.
Les salles suivantes retracent l'histoire admirable de l'imprimerie, des premières gravures sur bois à la découverte de la typographie, à l'évolution de l'art de la mise en pages, aux réalisations contemporaines de la photocomposition.

E. Baret

Lyon – Place des Terreaux

Parallèlement, des notices et un grand nombre d'éditions anciennes de grande valeur initient le visiteur à l'esthétique des caractères et du livre, à l'évolution des techniques de l'imprimerie, aux procédés de la taille (estampes, bois gravés, cuivres gravés, eaux-fortes) et honorent les grands libraires, humanistes, illustrateurs et graveurs lyonnais. Au cours de la visite, remarquer, en particulier, un admirable incunable placé sur un lutrin de fer forgé du 15e s., le « placard contre la messe » de 1534, le plan de la ville de Lyon gravé sur deux plaques de cuivre et des presses anciennes.

Ancienne église St-Pierre (FS) – *A côté du n° 23, rue Paul-Chenavard.*
Remarquer l'étroite façade du 12e s. et le sobre portail roman encadrant de superbes vantaux de bois du 18e s. Elle abrite les sculptures du musée des Beaux-Arts.

Place des Terreaux (FS) – *Pour la voir selon sa plus belle perspective, se placer du côté Nord, près des terrasses de café.*
La place, égayée, par le vol de pigeons, est le cœur de l'animation lyonnaise. Elle tire son nom du comblement, au moyen de terres rapportées ou terreaux, d'un ancien lit du Rhône ; c'est tout près d'ici que se trouvait le confluent, à l'époque romaine. En 1642, Cinq-Mars y fut décapité, en présence d'une foule de spectatrices venues voir tomber une aussi jolie tête.
La célèbre **fontaine★** monumentale en plomb est due au sculpteur Bartholdi ; ses quatre chevaux frémissants symbolisent les Fleuves allant à l'Océan. Au Sud, la place est bordée par la façade du palais St-Pierre (17e s.) – *voir ci-dessous.*
Le réaménagement de 1994, confié à D. Buren, a conduit à la mise en place d'un dallage en granit avec une trame rythmée, la réalisation de 14 piliers et de 69 jets d'eau ; un éclairage nocturne élaboré vient compléter ce nouvel agencement.

Hôtel de ville (FS H) – Cette remarquable construction, en partie Louis XIII, élevée sur les plans de Simon Maupin, forme un grand rectangle de bâtiments, cantonné de pavillons et enserrant une cour d'honneur : l'originalité de celle-ci réside dans ses deux niveaux, séparés par un portique en hémicycle.

Longer l'édifice par la rue Joseph-Serlin.

Sur la place des Terreaux, la façade primitive a disparu à la suite d'un incendie en 1674. Jules Hardouin-Mansart et Robert de Cotte, chargés de la réfection, transformèrent profondément cette façade ; les pavillons latéraux et le beffroi furent coiffés d'un dôme. Au centre, un grand tympan arrondi, soutenu par des atlantes, est orné, sous les armes de la ville, d'une statue équestre de Henri IV.

★ **Palais St-Pierre** (FS) – L'édifice, construit aux 17e et 18e s., était l'une des plus anciennes abbayes bénédictines de Lyon, celle des Dames de St-Pierre, recrutées dans la haute noblesse. Intérieurement, les bâtiments conservent une partie de leur décoration primitive, d'inspiration italienne, notamment le réfectoire et l'escalier d'honneur. Désaffecté à la Révolution, le bâtiment fut transformé en musée au cours du 19e s. En 1884, Puvis de Chavannes peignit le *Bois sacré* dans l'escalier d'entrée au musée des Beaux-Arts.

★★ **Musée des Beaux-Arts** Ⓥ – De la place des Terreaux, entrer dans le jardin de l'ancien cloître dont les galeries sont surmontées d'une terrasse. De hautes loggias coiffent les pavillons d'angle du côté Sud. Parmi les statues du jardin, on peut admirer une œuvre de Rodin (*L'Ombre*) ainsi que *Carpeaux au travail*, par Bourdelle.
En raison des travaux de réaménagement du musée qui se poursuivront jusqu'en 1998, chaque année une section et certaines salles seront fermées et leurs œuvres déplacées ou non visibles. Les indications ci-après sont donc données sous toute réserve.
Le musée des Beaux-Arts présente un exceptionnel panorama représentatif de l'art mondial au travers de toutes les époques. Ses collections sont organisées en cinq départements : peinture, sculpture, objets d'art, Antiquité et arts graphiques.

Peinture – Les salles exposent un choix d'œuvres des grandes périodes de l'art pictural européen. De la Renaissance italienne, l'**Ascension du Christ★** du Pérugin, don du pape Pie VII à la ville de Lyon, la délicate *Nativité* de L. Costa et un ensemble de l'âge d'or vénitien : *Bethsabée* de Véronèse, *Danaé* du Tintoret, deux scènes de bataille de F. Bassano ; des œuvres de l'école bolonaise *(Moïse sauvé des eaux*, et *l'adoration des Mages)*, napolitaine *(Joueuse de clavicorde* par B. Cavallino*)*, florentine *(St Jean l'évangéliste*, par F. Furini*)* et romaine *(Marc Antoine et Cléopâtre*, par Pierre de Cortone*)* ; B. Bellotto et F. Guardi avec des vues de Venise représentent le 18e s. Chez les peintres espagnols : la *Légende de Saint Michel*, par Alcaniz du 15e s., *Le Partage de la tunique*, par Le Greco et un saisissant *Saint François*, par Zurbaran. Parmi les peintres allemands, un *Portement de croix* de l'école de Cologne et un portrait de femme, par Cranach l'ancien. Les écoles flamande et hollandaise sont représentées par *la Lignée de sainte Anne* de Gérard David, *La Vierge et l'Enfant entourés d'anges* de Metsys, l'*Adoration des Mages* et *Saint Dominique et Saint François d'Assise préservant le monde de la colère du Christ*, par Rubens.

La section de peinture française comprend un ensemble important d'œuvres des maîtres du 17e s. dont Simon Vouet *(La Crucifixion)*, Jacques Stella *(Salomon sacrifiant aux idoles)*, Jacques Blanchard *(Danaé)*, Philippe de Champaigne *(L'Adoration des bergers)*, Charles Le Brun *(La Résurrection du Christ)*. Le 18e s. est représenté par J.-B. Greuze *(La Dame de Charité)*, Boucher *(La Lumière du monde)*, A.-F. Desporte *(Nature morte au paon)*. Le « Salon des fleurs » annonce le passage au 19e s. avec une gracieuse statue de Juliette Récamier par J. Chinard, un charmant « buste de fillette » de Houdon, les compositions florales colorées d'A. Berjon *(Fruits et fleurs dans une corbeille d'osier)* et de J.-F. Bony *(Le printemps)*. Une large place est consacrée à la peinture lyonnaise du 19e s. *(voir p. 39)* avec J.-M. Grobon *(L'Ancien quartier de la Pêcherie de Lyon)*, Fleury Richard *(Ver-Vert, ou l'histoire du perroquet des visitandines de Nevers : voir le guide Vert Bourgogne)*, Pierre Révoil *(Un tournoi au 14e s.)* ou A.-J. Duclaux *(Halte des artistes lyonnais à l'île Barbe)*. Parmi les artistes lyonnais du 19e s., il faut également citer Bonnefond *(Portrait de Jacquard)*, Flandrin *(Pièta)* et Janmot qui termine la collection par son « Poème de l'Âme » constitué de 18 tableaux mystiques. Les autres courants du 19e s. sont illustrés par une toile de l'atelier de David *(La Maraîchère)*, des œuvres de Delacroix *(Femme caressant un perroquet)*, Géricault *(La Monomane de l'Envie)*, Daumier, Corot *(Champs de blé dans le Morvan* et *L'Atelier)*, Monticelli, Courbet *(La Vague)*, N.-T. Charlet *(Épisode de la campagne de Russie)* et Fantin-Latour *(La Lecture)*. Des œuvres marquantes de Degas, des impressionnistes : Monet *(Mer agitée à Étretat)*, Sisley *(la Seine à Marly)*, Renoir *(la Joueuse de guitare)*, Gauguin *(Nave Nave Mahana)* et des nabis. Bonnard *(Devant la fenêtre)* et Vuillard préludent à un panorama de la peinture du 20e s., illustrée, au début, par des compositions de Dufy *(Bateau pavoisé)*, Villon *(L'Écuyère)*, Gleizes *(L'Éditeur Figuière)*, Braque *(Le Violon)*, Jawlensky *(Méduse)*, Chagall *(La Corbeille de fruits, le Coq)*, Severini *(La Famille du peintre)*, Foujita *(Autoportrait)*. Parmi les artistes contemporains, on relève les noms de Masson *(Niobé)*, Atlan *(Bérénice)*, Max Ernst, Dubuffet et de N. de Staël *(La Cathédrale)*.

Musée des Beaux-Arts, Lyon/Basset, Caluire

L'ascension du Christ par Le Pérugin

Sculpture – De l'époque romane : un fragment d'archivolte où figure un jongleur (Bourges), une Vierge en majesté auvergnate et des chapiteaux de la vallée du Rhône. Les productions européennes du gothique et de la Renaissance sont représentées par une Vierge à l'Enfant, travail d'albâtre d'Ile-de-France, une œuvre florentine représentant saint Jean-Baptiste par Mino da Fiesole, un gracieux groupe de l'Annonciation, un buste de femme en médaillon provenant de Vienne (Isère), un saisissant Jugement dernier souabe en bois polychrome, ainsi qu'une Dormition de la Vierge de l'école de Burgos.

Parmi les œuvres du 17e s. au début du 20e s., retiennent l'attention : deux bustes (*Colbert*, par Coysevox, *Fontenelle*, par Lemoyne), les *Trois Grâces* de Canova, une série de bustes-charges, par Daumier, des marbres ou bronzes d'Étex *(Caïn)*, Pradier *(Odalisque)*, Bourdelle *(Héraklès)*, Maillol *(Vénus)*, J. Bernard *(La Tendresse)*, Rodin *(Minerve casquée)*.

Antiquités – Ce département est composé de trois sections organisées en salles thématiques. La mieux dotée est la **section égyptienne** qui couvre toutes les époques de l'ancienne Égypte ; le thème de « la vie après la mort » est illustré par de splendides sarcophages en bois polychrome, des amulettes ou des ouchebtis (figurines funéraires) ; la période ptolémaïque est représentée par les portes monumentales du temple de Méhamoud ; les cultes mais aussi la vie quotidienne sont largement évoqués par des stèles et masques funéraires, des instruments et objets usuels (harpe, sandales, bijoux...) ou des « modèles » en bois peint qui reproduisent, sous forme de scènes, les principales activités des Égyptiens. Du **Proche et Moyen-Orient**, remarquer la « Tête de prêtre » d'Assyrie, les têtes de statues de Chypre et les sarcophages en plomb de la Syrie romaine (3e au 6e s.). La dernière section couvre les civilisations **grecque et romaine**. Une exceptionnelle statue de Korê (jeune Athénienne) provenant de l'Acropole témoigne du degré de perfection atteint par la sculpture grecque antique ; les célèbres céramiques à figures noires rivalisent de beauté et de finesse avec la technique plus tardive des figures rouges, dans une vaste collection d'amphores, de cratères, d'hydries et autres vases. Une multitude d'objets d'Étrurie, de Campanie ou de Lucanie illustrent la créativité des ateliers péninsulaires ; remarquer une très belle urne funéraire étrusque en terre cuite polychrome et l'impressionnant pythos cannelé, qui jouxtent des éléments plus pratiques, expressions de la vie quotidienne : bagues, bracelets, casseroles, flacons et pots pour la toilette, lampes à huile...

Objets d'art – Cette section présente des collections très variées qui traversent les époques et les continents. Le Moyen Âge nous a laissé des ivoires très travaillés, comme le triptyque attribué au Maître du diptyque de Soissons ; cette qualité de travail se retrouve sur les émaux romans et gothiques, souvent de Limoges, ou sur les pièces d'orfèvrerie (bras reliquaire de la fin du 15e s.). L'art islamique est très bien représenté par des céramiques, des bronzes, ou par un bassin iranien de 1347, au décor particulièrement soigné (or et argent). La Renaissance française est illustrée par une armure de cheval dont le décor est d'une exceptionnelle précision. Cette période correspond au développement des faïences hispano-mauresques, des majoliques italiennes parfois historiées (assiette de 1533, *Hercule et Cacus*, Urbino), et des émaux peints, tel le retable de 27 plaques attribué à Jean Ier Limosin (fin du 16e s.). Les périodes suivantes ne sont pas oubliées avec des faïences françaises du 18e s., le salon de « La Norenchal » (décor en trompe l'œil caractéristique du néo-classicisme), le mobilier Art nouveau d'Hector Guimard...
Remarquer également la collection Raphaël Collin qui rassemble de nombreuses céramiques de la Chine, de la Corée et du Japon (6e au 19e s.). La salle du médaillier, remarquable par son plafond à caissons, expose pour sa part plus de 40 000 pièces, de l'époque grecque à nos jours.

Place Louis-Pradel (**FS**) – Décorée d'une fontaine et de sculptures d'Ipoustéguy, elle allie de façon heureuse les formes anciennes et modernes.

Opéra de Lyon (**FS**) – Face à l'hôtel de ville, au Sud de la place, le nouvel opéra est l'aboutissement d'une heureuse modernisation. La façade de l'ancien théâtre a été conservée et les huit muses du fronton semblent soutenir l'immense verrière semi-cylindrique, œuvre de l'architecte Jean Nouvel. L'intérieur, outre le foyer rococo d'origine, abrite un amphithéâtre pour les concerts, une salle à l'italienne de 1 300 places ainsi qu'un restaurant situé sous la verrière.
L'édifice prend une dimension particulière lorsque les éclairages nocturnes, à dominante rouge, mettent en valeur les contrastes de son architecture.
Sa réhabilitation réussie a été récompensée par son élévation au rang d'Opéra National.

Morel/CAMPAGNE CAMPAGNE

Lyon – L'Opéra vu de l'hôtel de ville

Au Sud de la place Bellecour

Basilique St-Martin-d'Ainay (EU) – L'édifice, consacré par le pape Pascal II en 1107, a subi d'importants remaniements. Le clocher-porche *(illustration p. 38)* se termine par une pyramide, encadrée de curieux acrotères d'angle qui lui donnent sa silhouette caractéristique. Remarquer la frise d'animaux courant sous la corniche entre le 2e et le 3e étage, et sa décoration à incrustations de briques.

A l'intérieur, la nef est séparée des collatéraux par de grosses colonnes d'origine romaine ; les arcades sont en plein cintre. Les **chapiteaux★** romans représentent à droite du chœur, Adam et Ève avec le serpent, l'Annonciation, le Christ en majesté ; à gauche, Caïn tue Abel, l'offrande de Caïn et d'Abel, saint Michel terrassant le dragon, Jean-Baptiste montrant le Christ.

Sur le croisillon Sud s'ouvre la chapelle Ste-Blandine, primitivement indépendante de l'édifice principal et qui passe pour avoir abrité dans sa courte crypte les restes des martyrs de 177.

De l'angle des rues Bourgelat et Adélaïde-Perrin, on a une vue d'ensemble de l'église, dominée par le clocher de la façade et la tour carrée du transept.

★★★ **Musée des Tissus** (FU) ⓥ – Fondé par la Chambre de Commerce de Lyon, il y a plus d'un siècle et aménagé dans l'hôtel de Villeroy (1730), ancienne résidence du gouverneur, ce musée, fierté des Lyonnais, constitue un véritable « conservatoire » du tissu d'art. Les prestigieuses collections provenant des pays ayant joué un rôle déterminant dans ce domaine sont présentées dans de grandes surfaces vitrées à l'abri de la lumière du jour. Le musée abrite aussi le Centre International d'Études des Textiles Anciens.

La première salle initie le visiteur aux différentes techniques utilisées dans le travail de la soie : le satin, le sergé, le taffetas, le velours... Après une vidéo sur le travail de la soie, l'exposition présente les **tissus français** avec de magnifiques étoffes exécutées surtout à Lyon depuis le début du 17e s., époque où la « Fabrique » lyonnaise *(voir p. 20)* se distinguait par son savoir-faire. Une large place est faite à son illustre représentant, **Philippe de Lassalle**, qui, sous le règne de Louis XVI, innova par ses portraits tissés (portrait de Louis XV, de profil en camée et entouré de fleurs polychromes). On appréciera aussi le « **Meuble Gaudin★** », célèbre tenture pour la chambre à coucher de Joséphine à Fontainebleau. Le début du 19e s. est marqué par le retour à l'antique : panneau à « Motif Pompéien » d'après les danseuses d'Herculanum. Dans l'ancien théâtre décoré avec des grisailles de Psyché, de petits **portraits★** en velours illustrent le haut degré de finesse obtenu par le procédé Grégoire (peinture sur fil de soie). Ce siècle voit également l'apparition de tissus imprimés à grande échelle et l'engouement pour les « châles des Indes », comme le somptueux « **Nou-Rouz★** » dont le décor est inspiré de la Perse. La collection française se termine par le 20e s. avec, entre autres, une robe « Art déco » de Mariano Fortuny, un tapis contemporain d'après Nathalie du Pasquier et « Bucolique » de R. Matta.

La section réservée à l'**Extrême-Orient** montre des pièces raffinées du 16e au 19e s. : du Japon, des panneaux brodés et peints, des kimonos ou une superbe encolure en satin dite « collier de nuage » ; de Chine, des robes impériales en K'o-sseu (tapisserie au petit point). Le musée possède un important ensemble de vêtements et d'**ornements liturgiques★** regroupant la production européenne du 12e au 18e s. D'Italie : des tissus palermitains très rares (fragment dit de la « chasuble de saint Merry », du 12e s.), vénitiens (chape aux symboles des quatres évangélistes, brodée de fils de soie et d'or, du 13e s.), somptueux velours génois et florentins de l'époque Renaissance à décor stylisé de chardons et de grenades, lampas brochés des 17 et 18e s. D'Europe du Nord-Ouest, de précieux témoignages de l'art de la broderie, mais des pièces caractéristiques de l'art franco-flamand du 15e s., comme les médaillons illustrant la vie de saint Martin de Tours. L'Espagne est représentée par des tissus hispano-mauresques au décor fortement influencé par l'art arabe, ceux de la période Mudéjar, et par d'admirables velours de soie du 16e s. Remarquer la chape offerte en 1494 par la reine Isabelle la Catholique au premier archevêque de Grenade. Les **costumes civils** sont également à l'honneur avec l'exceptionnel **pourpoint★** (32 pièces) de Charles de Blois, du 14e s., ainsi que différents costumes et robes du 18e s.

De l'**Orient**, le musée possède de nombreux éléments caractéristiques de civilisations anciennes : tapisseries coptes en laine ou en lin provenant des fouilles d'Antinoé, dont la tenture dite « aux poissons », des 2e-3e s. (de facture hellénistique), tissus sassanides à décor de scènes de chasse ou d'animaux affrontés, délicates broderies de l'Égypte des Fatimides, étoffes byzantines dont un fragment dit du « Suaire de saint Austremoine » (fin du 8e s.), ou l'étrange « Manteau de cavalier à longue manche » (Iran, vers le 6e s.). La visite se termine par un ensemble de magnifiques **tapis★**, provenant de Perse, Turquie, Chine et Espagne, du 15e au 19e s.

★★ **Musée des Arts décoratifs** (FU) ⓥ – Aménagé dans le cadre d'un hôtel construit en 1739, le musée est consacré principalement au décor de la vie au 18e s. ; ensemble de meubles portant pour la plupart l'estampille de grands ébénistes

LA PRESQU'ÎLE

Ainay (R. Remparts d') .... EFU 2
Bât d'Argent (R. du) .... FST 4
Carnot (R. du Prés.-) .... FT 7
Célestins (Q. des) .... FT 8
Charité (R. de la) .... FU 10
Chenavard (R. Paul) .... FT 12
Childebert (R.) .... FT 14
Lafayette (Pont) .... FT 20
Martinière (R. de la) .... ES 22
Morand (Pont) .... FS 23
Platière (R. de la) .... FST 24
Ste-Hélène (Rue) .... EU 28
Serlin (R. J.) .... FS 30

H Hôtel de Ville
M¹ Hôtel de Gadagne
M³ Musée de la civilisation gallo-romaine
M⁴ Musée des Hospices civils
M⁵ Musée de l'Imprimerie et de la Banque

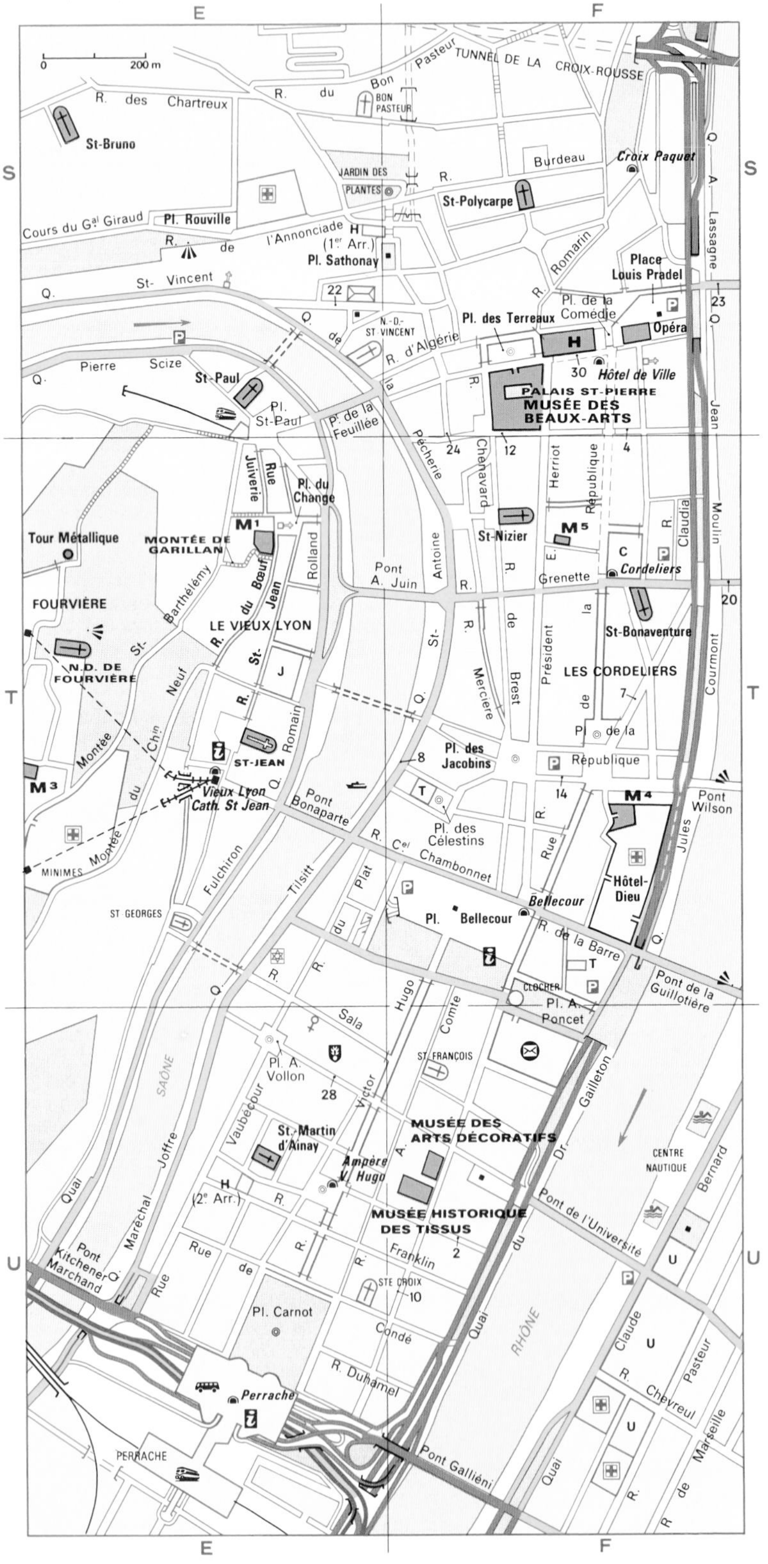

(commode d'Oeben, secrétaire de Riesener), objets d'art, tapisseries (Gobelins, Beauvais, Flandres, Aubusson), précieuse collection d'orfèvrerie, de porcelaines (St-Cloud, Sèvres, Meissen) et de faïences : remarquer notamment les productions de Lyon, Moustiers, Marseille et Paris (Pont aux Choux).
Parmi les salles consacrées à l'art du Moyen Âge et de la Renaissance, on s'attachera particulièrement à la galerie contenant plus de 200 faïences italiennes du 16e s.

LA CROIX ROUSSE

visite : environ 3 h – voir plan ci-dessous

Tirant son nom d'une croix de pierre colorée qui se dressait, avant la Révolution, à l'un de ses carrefours, le quartier de la Croix-Rousse conserve un caractère villageois et fut longtemps le dernier bastion du particularisme lyonnais. Les plus farouches Croix-Roussiens, enracinés sur « le plateau », contemplent encore de loin l'agitation d'en bas et passent parfois des mois sans y descendre.
Chaque année, à l'automne, depuis 1865, sur le boulevard de la Croix-Rousse se déroule la « **Vogue** » (fête foraine), excellente occasion de déguster marrons grillés et crêpes du pays, la « matefaim ».
L'invention de nouveaux métiers à tisser par Joseph-Marie Jacquard (1752-1834) entraîna l'abandon des maisons basses du quartier St-Jean et l'installation des canuts, ouvriers de la soie, dans de grands immeubles sévères aux larges fenêtres laissant passer la lumière. Au 19e s. les rues retentissaient du « bistanclaque «, bruit des métiers à bras actionnés par quelque 30 000 canuts.
Les traboules *(voir p. 125)* de la Croix-Rousse, épousant la topographie du terrain, comportent de nombreux degrés. Elles permettaient de transporter les pièces de soie à l'abri des intempéries. En 1831 puis en 1834, elles furent le théâtre des sanglantes insurrections de canuts arborant le drapeau noir, symbole de misère, où était inscrite la devise fameuse : « Vivre en travaillant ou mourir en combattant. »
Nous proposons ci-dessous deux promenades à faire à pied sur les pentes et le plateau de la Croix-Rousse.

1 Gros Caillou

Partir de la place Tolozan (**MZ**).

Sur la place trône la sculpture de César *L'Homme de la liberté*. Le n° 19 (imposant portail) mène au n° 8, Petite-Rue des Feuillants.

Dans la rue du Griffon, à gauche, entrer au n° 8, on ressort au n° 10 après avoir traversé une cour ; tourner à droite dans la rue Terraille.

Le n° 10 traboule avec le n° 11, rue Désirée.

Gagner la rue St-Polycarpe.

La soie

Découverte en chine, la soie (bave du « **Bombyx de mûrier** ») s'implante en France par la volonté de Louis XI, en 1466. Elle ne se développe réellement qu'au 16e s. avec le choix de Lyon comme entrepôt de la soie et la plantation massive de mûriers. Cette expansion continue sous Louis XIV, favorisée par d'illustres novateurs comme **Philippe de Lassalle**, mais est brutalement stoppée par la Révolution. Dopée par une forte relance sous l'Empire, la soierie lyonnaise va atteindre son apogée vers 1850, avant que la pébrine ne décime les élevages français. La concurrence extérieure, la découverte de fibres artificielles et l'industrialisation massive ont depuis profondément modifié cette industrie ; mais la soierie lyonnaise est restée une référence au service de la mode et du luxe français.
La soie est obtenue par l'éducation du bombyx dans des **magnaneries** : c'est la **sériciculture**. Après l'étape de la filature, la **soie grège** n'est pas assez résistante pour être tissée : il faut donc une opération préparatoire, le **moulinage** : assemblage et torsion du fil. Les bobines sont alors disposées sur un cadre, le **cantre**, puis déroulées en faisceau sur un **ourdissoir** ; les **chaînes** ainsi réalisées sont tendues sur le métier (fils parallèles) et sont croisées perpendiculairement par des fils de **trame** placés dans les **canettes**. Pour laisser passer la trame, les fils de chaîne sont soulevés par des cordelettes, les **lisses**, qui sont actionnées par différentes mécaniques dont la plus célèbre est celle de **Jacquard** (cartons perforés). Il existe plusieurs types de croisement possibles que l'on appelle **armures** : les principales sont le taffetas, le sergé et le satin. Mais pour obtenir des tissus **façonnés** (décor avec fils de couleur), il faut avoir recours à un système plus complexe, le **semple**, commandé par des ficelles nommées **lacs**. Le velours nécessite quant à lui la mise en œuvre d'une 2e chaîne dite de **poil**, qui produit le velouté. Ces façonnés peuvent être plats (damas, lampas) ou en relief (broché, brocart).
La soie peut également être travaillée après le tissage : impression au **cadre** ou gravure à la **planche**, obtention de différents apprêts comme le **gaufrage** et le **moirage**...

LA CROIX-ROUSSE

Algérie (Rue d') LZ
Annonciade (Rue de l') KLZ
Audran (Rue) MY 2
Barodet (Rue) KY
Bât d'Argent (R. du) MZ
Belfort (R. de) MY
Bellevue (Pl.) MY
Bertone (Pl. M.) MY
Bodin (R.) MY
Bondy (Quai de) KLZ
Bon-Pasteur (R. du) LYZ
Burdeau (R.) LMZ
Calas (R.) LY
Canuts (Bd des) LY
Capucins (Pl. des) LZ 4
Capucins (R. des) LMZ
Carmélites (Montée des) LZ
Chardonnet (Pl.) LMZ
Chartreux (Impasse des) KZ
Chazette (Pl. L.) MY
Colbert (Pl.) MYZ
Comédie (Pl. de la) MZ
Constantine (R. de) LZ
Couturier (R. V.) KLY
Crimée (R. de) LY
Croix-Rousse (Bd de la) KLY
Croix-Rousse (Gde-Rue de la) LY
Croix-Rousse (Pl. de la) LY
Curie (R.) LY
Denfert-Rochereau (R.) KY
Désirée (R.) MZ
Diderot (R.) MZ
Dumont d'Urville (R.) MY 6
Dupont (R. P.) KZ
Fantasques (R. des) MYZ
Feuillants (Petite rue des) MZ
Feuillée (Pont de la) LZ
Forez (Pl. du) LMZ
Giraud (Cours Gén.) KZ
Godart (R. J.) MY
Gonin (Passage) KZ
Gorjus (R. H.) KY
Grande-Côte (Montée de la) LZ
Griffon (Pl. du) MZ
Griffon (R. du) MZ
Grognard (Rue) MY 12
Ivry (Rue d') LMY
Jacquard (Rue) KY
Lassalle (R. Ph.-de) KY
Leynaud (Rue) LMZ
Mail (R. du) LY
Martinière (R. de la) LZ
Millaud (Pl. Ed.) KY
Ornano (R.) KZ
Pelletier (R.) LY
Perron (Montée du) MZ 14
Philibert-Delorme (R.) MY
Pouteau (Rue) LYZ
Pradel (Pl. L.) MZ
Puits Gaillot (R.) MZ 16
République (R. de la) MZ 17
Roussy (R. Ph.) KY
Rouville (Place) KZ
Rozier (Rue) MZ 18
Saint-Polycarpe (Rue) MZ 20
Saint-Sébastien (Montée) MYZ
Saint-Vincent (Quai) KZ
Sainte-Catherine (Rue) LMZ 22
Sainte-Marie des Terreaux (R.) LZ 24
Sathonay (Pl.) LZ
Savy (R. de) LZ 26
Scize (Quai P.) KZ
Tabareau (Place) KY
Tables-Claudiennes (R. des) LMZ
Terme (Rue) LZ
Terraille (R.) MZ
Terreaux (Pl. des) LZ
Thiaffait (Passage) LMZ 30
Tolozan (Pl.) MZ
Tourette (R. de la) KYZ
Villeneuve (R.) LY
Voraces (Cours des) MZ

La « **Condition publique des Soies** » (**MZ B**) s'ouvre au n° 3 par un porche dont l'arcade supérieure est décorée d'une majestueuse tête de lion et de feuilles de mûrier. Dans cet établissement, qui abrite aujourd'hui un centre culturel et social, on contrôlait, au 19e s., le conditionnement hygrométrique des étoffes de soie. En effet, en raison de la capacité de ce tissu d'absorber jusqu'à 15 % de son poids en eau, il s'avère nécessaire d'en garantir le poids loyal et marchand.

Remonter la rue Rozier.

Dans l'axe, se dresse l'**église St-Polycarpe** des 17e et 18e s. Au n° 19, rue Leynaud (face au n° 14), s'ouvre, encadré par deux colonnes, le passage Thiaffait qui aboutit par un escalier à double volée à la rue Burdeau. En face du n° 36, s'élève la montée du Perron conduisant à la charmante **place Chardonnet** (**MZ**), dominée par le monument élevé à la mémoire du comte Hilaire de Chardonnet (1839-1924), inventeur de la soie artificielle.

Gagner la rue des Tables-Claudiennes.

Elle doit son nom aux inscriptions sur bronze découvertes par le drapier Gribaud dans sa vigne *(voir p. 133 : le musée de la Civilisation gallo-romaine)*.

Monter les degrés de la rue Pouteau et prendre à droite la rue Diderot jusqu'au 9, place Colbert.

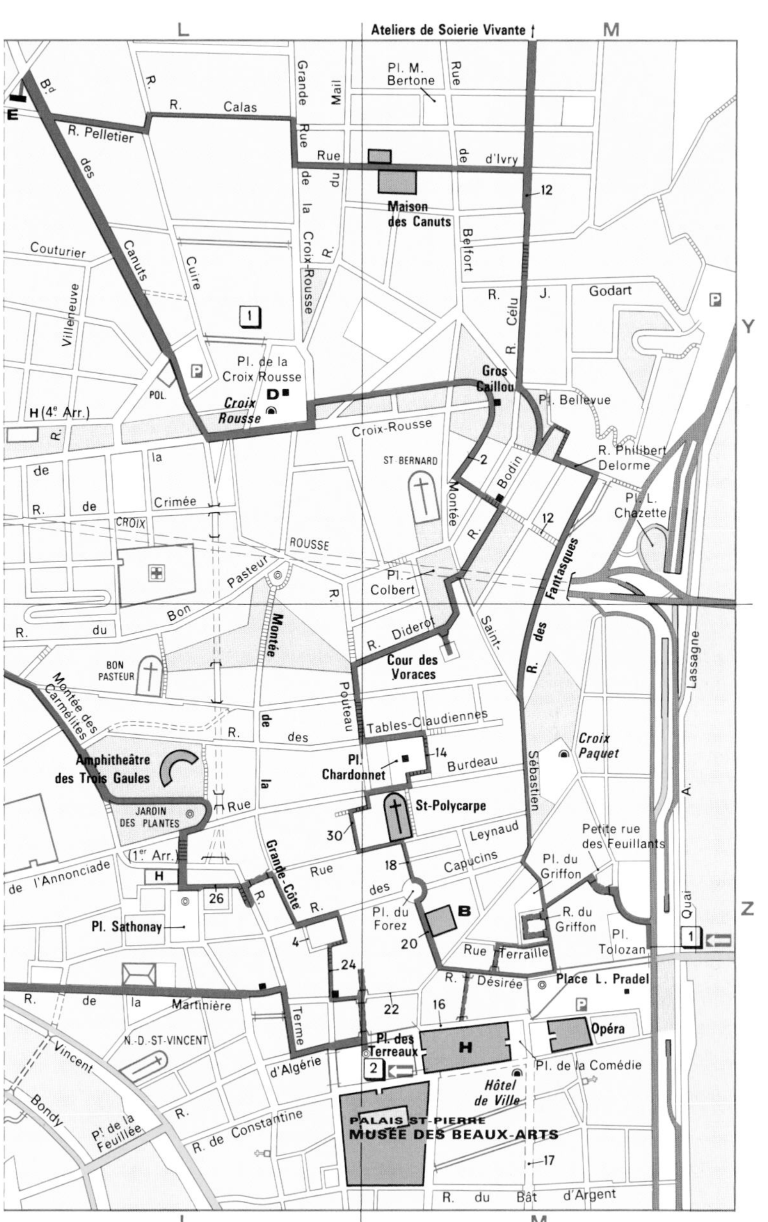

La **cour des Voraces** (**MZ**), impressionnante avec son gigantesque escalier, était, au siècle dernier, le lieu de réunion d'une confrérie de canuts, dite des Voraces ou des Dévorants.

Par les rues Bodin (Vierge d'angle à l'intersection avec la rue Grognard) *et Audran, rejoindre l'extrémité Est du boulevard de la Croix Rousse.*

Tous les jours, sauf le lundi, s'y tient un marché coloré. Le **Gros Caillou** (**MY**) est un bloc erratique déposé par les glaciers du quaternaire qui modelèrent le site de Lyon. Sur la place de la Croix-Rousse se dresse la statue de J.-M. Jacquard (**LY D**).

Gagner le boulevard des Canuts.

Mur des Canuts (**LY E**) – A l'intersection du boulevard avec les rues Denfert-Rochereau et Pelletier se dresse un grand mur peint en trompe l'œil (superficie : 1 200 m²), réalisé en décembre 1987 et évoquant de façon pittoresque la vie dans un quartier de la Croix-Rousse. Remarquer, aux fenêtres, Guignol, son épouse Madelon et le bailli.

Par les rues Pelletier et Calas, gagner la rue d'Ivry.

Maison des Canuts (**MY**) ⓥ – Aux nos 10 et 12, les artisans de la coopérative ouvrière de tissage à domicile (Cooptiss) font revivre les traditions des canuts lyonnais et font connaître les tissus de haute qualité. Au cours de la visite guidée, on peut voir fonctionner un métier à la grande tire et un métier de velours. Une exposition de tissus anciens (lampas, damas, brochés, velours aux fers et aux sabres), des tableaux et portraits tissés sur soie instruisent sur l'histoire de la soierie lyonnaise.

Rejoindre la rue Dumont d'Urville et la remonter jusqu'à la rue Richan (5e rue à droite).

★**Ateliers de Soierie Vivante** ⓥ – (hors plan) *21, rue Richan.*
Cette association s'est créée en 1993 pour sauvegarder et mettre en valeur le patrimoine des métiers de la soierie à la Croix-Rousse. Elle propose, à partir de l'Atelier Municipal de Passementerie, plusieurs circuits de visite d'ateliers familiaux authentiques. La passementerie est expliquée dans l'Atelier Municipal où l'on peut voir fonctionner de vénérables métiers en noyer. Quelques rues plus loin revit un atelier de tissage à bras qui, à l'étage, dans un cadre intact et typique des ateliers de la Croix-Rousse, conserve des métiers à grande largeur très rares. Les autres ateliers présentent, avec également de nombreuses démonstrations, le tissage mécanique, le tissage de velours, la guimperie et la peinture à la main.

Redescendre les rues Dumont D'Urville et Célu pour gagner la place Bellevue : dans l'angle gauche, en contrebas, un escalier mène à la rue Philibert-Delorme.

Rue des Fantasques (MYZ) – Tracée en belvédère au-dessus du Rhône, elle offre des **vues**★ caractéristiques sur les cheminées de la cité, le fleuve, la tour du Crédit Lyonnais et plus loin vers l'Est, sur la plaine du Dauphiné.

La montée St-Sébastien, puis les rues des Capucins et du Griffon mènent à la rue Désirée.

Le n° 4 traboule par des degrés avec le n° 7, rue Puits-Gaillot.

2 Des Terreaux au quai St-Vincent (LMZ)

Partir du n° 6, place des Terreaux, la traboule débouche au n° 12, rue Ste-Catherine.

Au n° 13, en face, entrer dans la cour voir le lion de pierre sur la droite. Avant de s'engager dans la rue Ste-Marie-des-Terreaux (escalier), remarquer au n° 3 la belle imposte rocaille. Vierge d'angle à l'intersection. On arrive sur la place des Capucins.

Prendre l'escalier, à droite. On sort, 6, rue des Capucins. A droite, s'ouvre la montée de la Grande-Côte.

Montée de la Grande-Côte (LZ) – Dans l'axe de la presqu'île, la Grande-Côte, dans le vocabulaire de Guignol, est le « gosier » des amateurs de Beaujolais.

Entrer au n° 118 ; on sort au n° 7, rue Terme ; traverser ; en face un escalier descend, rue de Savy d'où l'on gagne la place Sathonay.

Place Sathonay (LZ) – Elle est dominée au Nord par l'escalier monumental de la montée de l'Amphithéâtre, encadré par deux fontaines en forme de lions.

Gagner l'Amphithéâtre des Trois Gaules qui jouxte le Jardin des Plantes.

Amphithéâtre des Trois Gaules (LZ) – Selon la dédicace découverte au fond d'un puits en 1958, ce lieu vénérable fut construit en 19 avant J.-C. par Rufus afin de réunir les délégués des soixante tribus gauloises. Agrandi sous l'empereur Hadrien, il connut une triste notoriété sous Marc Aurèle en devenant le lieu de supplice des nouveaux adeptes du christianisme, au nombre desquels figure sainte Blandine qui y périt en 177 (un poteau dans l'arène signale l'endroit du martyre). De l'ensemble composé d'une arène entourée d'un caniveau et d'un podium qui supportait les gradins, n'a été dégagée que la partie Nord.

Par la montée des Carmélites et la rue Pierre-Dupond, gagner l'impasse des Chartreux.

Église St-Bruno (KZ) – Édifiée sur une terrasse de la Croix-Rousse, elle est dominée par un joli dôme octogonal surmonté d'un lanternon et percé d'œils-de-bœuf. L'intérieur est un exemple de style baroque ; remarquer la disposition du transept dont les croisillons sont masqués par de fausses absides, décorées de grands tableaux de Trémolières (18e s.) ; leurs cadres, somptueux, ont été dessinés par Soufflot. Sous la coupole centrale, un monumental baldaquin de Servandoni abrite le maître-autel.

Faire demi-tour et par la rue Ornano, gagner la place Rouville.

Les murs peints de Lyon

Le groupe décorateur qui a créé le Mur des Canuts a exécuté d'autres surprenantes fresques murales ayant trait pour la plupart à la vie lyonnaise. Le principal ensemble peint constitue le « **Musée urbain Tony-Garnier** » *(voir p. 148)*.
D'autres fresques égayent les murs de Lyon :
- « Voyage dans la ville au fil du temps », 98, avenue Lacassagne (3e) ;
- « Lyon, la santé, la vie », 115, avenue Lacassagne (3e) ;
- « A la rencontre des Lyonnais célèbres », 49, quai St-Vincent (1er) ;
- « La Cour des Loges », 3, place Fousseret (5e).

J.-L. Barde/SCOPE

Les toits de Lyon

Place Rouville (**KZ**) – Elle offre un joli **coup d'œil★** sur Lyon : de l'immense horizon de toits rouges de la presqu'île émergent, à gauche, le beffroi de l'hôtel de ville, le quartier de la Part-Dieu dominé par la tour du Crédit Lyonnais, à droite, les flèches de St-Nizier ; la dernière boucle de la Saône est dominée par la colline de Fourvière, au pied de laquelle se dresse le clocher de St-Paul. Au Nord, les n°s 5 et 6 abritent la **maison Brunet** (**KZ**) aux 365 fenêtres, caractéristique de l'habitat canut.

Descendre vers les quais de la Saône par le passage Gonin.

A l'Ouest, les terrasses ombragées du jardin des Chartreux dominent la rivière. Remarquer, à mi-pente, les terre-pleins réservés aux joueurs de boules.

Quai St-Vincent (**KZ**) – Il offre des vues sur la boucle de la Saône dominée par un front d'immeubles aux façades ornées dans le style « Art nouveau » (cariatides, motifs floraux).

Suivre la rue de la Martinière jusqu'au n° 35.

L'école, dite « la Martinière des Jeunes Filles », construite au début du siècle, représente bien, avec ses mosaïques polychromes et son portail en fer forgé, l'art de cette époque. Remarquer, à l'intersection avec la rue Terme, le mur peint en trompe l'œil.

La rue Terme et la rue d'Algérie ramènent à la place des Terreaux.

AUTRES CURIOSITÉS

Sauf indications contraires, voir plans p. 118 et 119.

Quais du Rhône – A hauteur de l'Hôtel-Dieu, le quai Augagneur est bordé d'immeubles bourgeois imposants, construits à la fin du 19e s. Cette très belle promenade sous les platanes, égayée (sauf le lundi) par un marché en plein air, est particulièrement attachante par temps brumeux, lorsque le fleuve roule ses eaux tumultueuses. A l'Est, s'étend le quartier des Brotteaux (**BP**) aux rues géométriquement tracées ; il occupe l'emplacement des bancs de sable déposés autrefois par le Rhône, d'où il tire son nom. Du pont Wilson (**FT**) – *plan p. 140* –, la **vue★** s'étend, en face, sur les hauteurs de la Croix-Rousse, où s'étagent les hautes maisons des anciens canuts.
Au Sud du pont Wilson, le pont de la Guillotière, remplace depuis 1958, un ouvrage établi au 13e s. par les Frères Pontifes. Il offre une bonne **vue** sur la colline de Fourvière.

★ **Parc de la Tête d'Or** (**BCP**) ⓥ – Ce parc à l'anglaise, qui couvre une superficie de 105 ha en bordure des centres de Congrès, tire son nom d'une tradition d'après laquelle serait enterrée à son emplacement une tête de Christ en or. Des grilles monumentales dorées signalent l'entrée principale. Il offre aux citadins de nombreuses possibilités de promenades à pied, à bicyclette ou en petit train. Un passage souterrain permet de gagner l'Ile du Souvenir émergeant du plan d'eau et couronnée par le monument aux Morts de Tony Garnier.

E. Baret

Lyon – Parc de la Tête d'Or

Jardin botanique ⓥ – Aménagé au Sud-Est du parc, il comprend 6 ha de plantes en extérieur, les **grandes serres** qui, sur 7 000 m², abritent une végétation exotique luxuriante, dont de nombreux palmiers, enfin un **jardin alpin** permettant d'effectuer un petit tour du monde des zones montagneuses et de découvrir leurs tapis végétaux.

★ **Grande roseraie** ⓥ – Aménagée entre le lac et le quai Achille-Lignon, elle est riche de 70 000 plants environ, représentant 350 variétés qui forment une superbe parure entre juin et octobre.

Jardin zoologique ⓥ – Au Nord du jardin botanique, c'est l'un des plus anciens d'Europe (1858). Il compte 1 100 pensionnaires dont de nombreux animaux sauvages non européens. A l'Est du zoo, s'étend le **parc aux daims**.

Cité Internationale (**BCP**) – Ce vaste programme, composé d'un imposant palais des Congrès de 15 000 m², de cinémas (14 salles), d'hôtels, et du Musée d'Art Contemporain a pris place entre le parc de la Tête d'Or et le Rhône. Un nouveau parc doit faire la transition entre celui de la Tête d'Or et les berges du fleuve.

Musée d'Art Contemporain (**PC M¹⁰**) ⓥ – Nouveau pôle culturel de la Cité Internationale construit autour de l'atrium de l'ancien Palais de la Foire ; sa structure moderne permet une grande flexibilité et une bonne mise en valeur des œuvres. La collection est présentée sous forme de spectacle permanent, juxtaposition d'« espaces » régulièrement renouvelés. La collection est très variée, car depuis sa première acquisition (*Ambiente Spaziale*, par Fontana), le musée est devenu un « centre de production » qui accueille les œuvres de Baldessari, Brecht, Filliou, Kosuth, Yvonnet et de nombreux autres artistes.

★★ **Muséum d'Histoire naturelle** (**BP M⁷**) ⓥ – *Entrée boulevard des Belges.*
Créé en 1879 par l'industriel et savant Émile Guimet (fondateur du musée du même nom à Paris), il rassemble de belles collections concernant non seulement l'histoire naturelle, mais encore l'art d'Extrême-Orient, celui de l'ancienne Égypte ainsi que des sections d'ethnographie.
Les **collections asiatiques** *(niveau 5)*, particulièrement intéressantes, montrent des sculptures bouddhiques (statuettes et têtes) du Gandhara (Inde) et du Cambodge (art khmer), des

Musée Guimet, Lyon

Musée Guimet – Le mammouth de Choulans

objets relatifs au tantrisme tibétain (religion inspirée des « Tantras » ou livres sacrés), des céramiques chinoises. L'art japonais est représenté par des armes anciennes et surtout par la reconstitution de la « salle des Cigognes » de Kyoto au 17e s. Le continent africain et la Nouvelle-Guinée sont respectivement évoqués par des masques et des crânes tatoués.

Surplombant la Grande Salle, la galerie de zoologie *(niveau 4)* illustre la diversité du règne animal : poissons, amphibiens, reptiles, oiseaux, mammifères, en provenance de toutes les parties du monde.

La **Grande Salle** *(niveau 1)* abrite de très riches collections de **paléontologie** où figurent des vertébrés contemporains de l'homme (mammouth découvert à Choulans en 1859, ours des cavernes, grand cerf d'Irlande, tatou géant). La section de **minéralogie**, très complète, présente une collection unique de **chessylites** *(voir p. 71)*. Au même étage, des dioramas évoquent la faune et la flore typiques de la région lyonnaise ; amusante collection d'oiseaux-mouches d'Amérique du Sud.

Dans la section d'**égyptologie** *(niveau 0)*, le **grand sphinx de Médamoud** se distingue au milieu d'un ensemble de momies humaines et surtout animales (chat, crocodile, etc.), et d'objets prédynastiques (vases en brèche, palettes en schiste). Au même niveau, la vie de l'homme préhistorique est illustrée à travers son habitat, ses outils et ses petits objets d'art. Remarquer les momies de femmes péruviennes. Dans les aquariums est présentée la faune tropicale et rhodanienne.

Quartier de la Part-Dieu (CPQ) – D'après son étymologie, cet emplacement aurait été placé par quelque propriétaire au Moyen Âge sous la protection divine.

Sur un ancien terrain militaire couvrant 22 ha a été réalisé un vaste projet réunissant des services administratifs, des activités commerciales et bancaires, la vie culturelle. L'ensemble, desservi par une dalle piétonne élevée à 6 m du sol, comprend un grand nombre d'immeubles et de tours, parmi lesquels la cité administrative d'État, l'hôtel de la Courly, le centre commercial (3 niveaux de galeries marchandes couvrant 110 000 m^2, la Maison de la Radio, la Bibliothèque. Au Nord-Est se dresse **l'auditorium Maurice-Ravel** à l'architecture originale ; en forme de coquille, il comporte une voûte couvrant une portée de 70 m.

La **tour « Crédit Lyonnais »**, familièrement appelée « crayon » par les citadins, domine l'ensemble de ses 140 m *(les derniers étages sont occupés par un hôtel)* ; devenue un second repère dans le paysage urbain, après les tours de Fourvière, elle arbore une couleur brique qui s'harmonise avec les toits des vieux quartiers.

A l'Est, la nouvelle gare de la Part-Dieu, réalisée pour permettre l'accueil du TGV, est ouverte sur les deux façades Ouest et Est, les voies ferrées se trouvant au-dessus du bâtiment d'accueil. Des hôtels et des logements complètent cet équipement. Diverses sculptures modernes et des espaces verts agrémentent les esplanades. Le niveau 0 correspondant à la voirie urbaine est réservé à la circulation.

★**Centre d'Histoire de la Résistance et de la Déportation** (BQ M9) ⊙ – *12, avenue Berthelot.*

Ce musée est établi dans une partie des bâtiments qui ont abrité de 1882 aux débuts des années 70 l'École de santé militaire, et constitué de novembre 1942 à 1944 le siège lyonnais de la Gestapo. Le centre a pour vocation de perpétuer la mémoire des événements ayant trait à la Résistance et à la Déportation en France, et à Lyon en particulier. Il se veut en même temps un lieu d'étude et de documentation.

La visite audioguidée s'effectue le long d'un circuit jalonné de bornes. Elle débute au 1er étage par une mise en scène de documents, d'affiches, animés de projections d'extraits de films et de diffusions de discours des personnalités de l'époque. Cette présentation rappelle l'importance de Lyon dans l'éveil et le développement de la Résistance, et restitue les événements locaux de juillet 1941 et les premiers mouvements de la Résistance lyonnaise, exécutions massives et publiques des otages par les Allemands en août 1944, préludes à l'insurrection et la libération de la ville par les forces alliées, en passant par la rafle de Vénissieux en août 1942 et l'arrestation de Jean **Moulin à Caluire** en juin 1943.

Un autre ensemble de salles détaille le drame de la Déportation et la chronologie du génocide des juifs. L'importance de l'information et de la propagande en temps de guerre est affirmée par la reconstitution d'une placette lyonnaise ornée de documents de propagande d'époque et d'un intérieur bourgeois meublé avec un poste de radio diffusant les célèbres « messages personnels » de Radio Londres.

D'autres salles présentent du matériel d'imprimerie clandestine et des émetteurs radio. La visite des sous-sols qui furent transformés en cellules pendant l'Occupation est possible sur demande auprès du personnel.

A l'entrée des bâtiments, l'aile droite accueille la gypsothèque et le musée des Moulages.

Musée des Moulages d'Art antique (BQ) ⊙ – Il rassemble une collection très complète de moulages des principaux chefs-d'œuvre de la sculpture grecque et romaine, conservés dans les musées français et étrangers ; on peut y voir en particulier le moulage des sculptures des frontons et de la frise du Parthénon d'Athènes.

Musée africain (**CQ M**[13]) ⓥ – *150, cours Gambetta.*
Appartenant à la Société des Missions africaines, ce musée présente sur trois niveaux plus d'un millier d'objets provenant de l'Afrique de l'Ouest, notamment du Bénin et de la Côte-d'Ivoire.
Parmi les collections illustrant la vie quotidienne, sociale et religieuse de ces contrées, on remarque, au 1er étage, les figurines de bronze du Bénin, les armes et les ouvrages de passementerie Touareg, et surtout, au 2e étage, un ensemble de poids géométriques et figuratifs (Ashanti du Ghana et Baoulé de Côte-d'Ivoire) servant à peser la poudre d'or. Au 3e étage, statuettes, masques et autres objets rituels témoignent d'un art où le symbole est roi.

Musée urbain Tony-Garnier *(boulevard des États-Unis –* **P14** *et* **P15** *du plan n° 30) – De part et d'autre du boulevard, entre la rue Paul-Cazeneuve et la rue Jean-Sarrazin.*
Cet ensemble immobilier collectif a été construit dans les années 30 par l'architecte urbaniste lyonnais Tony Garnier. A compter de 1991, les façades aveugles de ces grandes bâtisses ont bénéficié d'une mise en valeur originale par le groupe d'artistes « **La Cité de la Création** ».
Ayant fait le choix d'un musée de plein air, ce groupe a réalisé une série de seize peintures murales monumentales suivant les thèmes de l'œuvre de Garnier : cité industrielle (plan général), stade Gerland, tour d'horloge, abattoirs de La Mouche, etc. Au Sud de cet ensemble, six nouvelles fresques murales sont en cours de réalisation.

Quartier de Gerland (**BQ**) – Face au confluent du Rhône et de la Saône, le quartier de Gerland, dont la Halle Tony-Garnier constitue le noyau central, est appellé à devenir une technopole. L'aménagement en cours a déjà permis d'accueillir l'École normale supérieure, l'Institut Mérieux, l'Institut Pasteur et le palais des sports. La Cité scolaire internationale, œuvre des architectes Jourda et Perraudin, constitue un ensemble en verre ouvert sur **le parc du Confluent**.
Ce parc, d'une dizaine d'hectares, relie les berges du Rhône depuis le pont Pasteur jusqu'au port Édouard-Herriot et offre une intéressante variété d'équipements de loisirs (petit train, canoë-kayak, ski nautique, piste cyclable). L'implantation d'une université scientifique est prévue au sein du parc. La prolongation projetée de la ligne de métro améliorera la desserte du quartier.

Halle Tony-Garnier *(**R9** du plan n° 30)* – Dans le cadre de son projet de « Cité industrielle », l'architecte urbaniste lyonnais Tony Garnier crée en 1914 la Grande Halle des abattoirs de La Mouche. Sa structure métallique représente le symbole même de l'architecture de fer avec une surface de près de 18 000 m² d'un seul tenant sans piliers, sous une hauteur de 24 m.
Après un long abandon, cette « cathédrale » de fer a bénéficié d'une heureuse restauration à partir de 1988, avec notamment la mise en valeur de la charpente par un important ensemble de vitrages permettant une transparence maximale de la toiture et des façades latérales. Un éclairage nocturne particulièrement étudié accentue ces particularités architecturales. La halle accueille de nombreux spectacles, des manifestations culturelles et commerciales avant de devenir au terme de l'aménagement en cours du quartier une « cité de l'image et du temps ».

Les réalisations de Tony Garnier visibles à Lyon

Outre le quartier des États-Unis, Garnier a conçu le stade de Gerland, les abattoirs de La Mouche (devenus la Halle Tony-Garnier), l'hôpital Édouard-Herriot, l'École de tissage au 43, cours Général-Giraud et au parc de la Tête d'Or, le monument de l'Île du Souvenir, ainsi que la vacherie du parc.

Château Lumière (**CQ M**[12]) ⓥ – *25, rue du Premier-Film, Lyon-Monplaisir.*
Antoine Lumière, père d'Auguste et de Louis, inventeurs du cinéma et de la plaque autochrome *(voir p. 30)*, fit construire de 1889 à 1901 cette demeure dans le style majestueux cher à la grande bourgeoisie de l'époque, en transition entre le Second Empire et l'Art nouveau. Boiseries somptueuses, lustres sophistiqués, planchers en marqueterie, motifs d'inspiration florale, constituent l'étonnant décor intérieur de cet édifice, qui abrite l'Institut Lumière et accueille des rencontres autour de l'image fixe et animée.
Des appareils anciens sont présentés dans plusieurs salles d'exposition.

Île Barbe (**BP**) – Masse de verdure d'où émerge la pointe d'un clocher roman, l'Île Barbe abritait l'une des plus puissantes abbayes lyonnaises, fondée au 5e s. C'est aujourd'hui le domaine de calmes propriétés privées.

Les noms des rues principales sont soit écrits sur le plan soit répertoriés en liste et identifiés par un numéro.

L'OUEST LYONNAIS

Parc départemental de Lacroix-Laval – *Sortir de Lyon par ⑩ du plan, puis suivre la D 7 en direction de Charbonnières.*
Situé à l'Ouest de l'agglomération lyonnaise dont il constitue un des poumons verts, il couvre une superficie de 119 ha. Parmi ses aménagements, un intéressant parcours de courses d'orientation.
Un **petit train touristique** ⓥ, « Le Furet », offre une présentation ludique mais documentée du château et de son parc.

S. Weiss/RAPHO

Île Barbe

★Château de la poupée ⓥ – *Accès direct en voiture en direction de Charbonnières.*
A l'extrémité Est du parc de Lacroix-Laval, un élégant château du 18ᵉ s. abrite un exceptionnel ensemble de poupées du 18ᵉ s. à nos jours provenant d'une collection particulière. La visite s'effectue sur deux niveaux : au niveau supérieur « l'univers de la poupée » correspondant à la création, la décoration et l'environnement de la poupée, et au niveau 1, le « carrefour des regards » qui présente un historique de la poupée, objet d'art. Dans chaque salle des bornes vidéo guident le visiteur.
Dans un cadre imitant une mise en scène de théâtre, les étapes de la fabrication de la poupée ancienne sont détaillées, particulièrement celle des têtes qui ont été de tous temps l'objet d'améliorations : en papier mâché jusqu'au début du 19ᵉ s., elles deviennent en cire, puis en porcelaine et enfin en biscuit. La porcelaine et le biscuit proviennent tous deux de la terre de Kaolin. A l'inverse de la porcelaine qui rend les visages blancs, le biscuit garde son teint mat après cuisson et permet d'approcher la coloration de la carnation humaine. La tête en biscuit est entièrement peinte.
Les salles suivantes exposent de beaux ensembles de maisons de poupées, de nurseries et habits du 19ᵉ s. Le rôle de la poupée dans l'action éducative en faveur de l'hygiène est mis en valeur avec l'invention et la popularisation du baigneur en celluloïd. La reconstitution d'un atelier actuel de moulages de poupées en plastique fait découvrir la complexité des étapes de fabrication. Remarquer la machine pour implanter les cheveux.
Par un bel escalier, on rejoint le niveau 1 où, au terme de la visite, est présentée sur le mode thématique une riche **collection de poupées** : poupées historiques, religieuses et de sorcellerie.

‡ **Charbonnières-les-Bains** – *10 km par ⑩ du plan, puis N 7.*
Dans un cadre de bois exploités jadis par des charbonniers, le vallon de Charbonnières constitue un lieu de détente traditionnel des Lyonnais. La légende attribue la découverte, au 18ᵉ s., des vertus reconstituantes des eaux d'une source à un innocent aliboron. Pelé et galeux, abandonné par son maître, l'âne erre dans les bois et vient boire à la fameuse source. On le voit réapparaître, peu après, tout ragaillardi.
La source ferrugineuse fut officiellement mise au jour par un abbé en 1778. Un établissement de bains et un casino furent bientôt mis en service. En 1900, les curistes affluèrent nombreux et firent la réputation de cette station où l'on soigne actuellement les séquelles de brûlures, les maladies rhumatismales et les voies veineuses.
Le parc de l'établissement thermal, le casino, ouvert toute l'année, les espaces de verdure offrent des distractions variées. Le rallye automobile Lyon-Charbonnières est réputé pour ses étapes de montagne particulièrement sévères.

★BORDS DE SAÔNE *38 km – environ 3 h*

Quitter Lyon par 12. Sur la gauche, se détache l'imposante masse de verdure de l'Île Barbe (voir p. 148). La D 433 longe la rive gauche de la Saône bordée d'épais ombrages jusqu'à La Rochetaillée.

Les versants escarpés, dominant la Saône, ont accueilli depuis le 18ᵉ s. de nombreuses maisons de maîtres lyonnais et des petits châteaux.

Les berges, qui connurent l'intense activité des lavandières et des bateliers, devinrent ensuite des lieux de baignade et de détente champêtre pour les Lyonnais qui s'y rendaient en utilisant le « train bleu » dont on peut voir un exemplaire au musée Henri-Malartre. De nos jours, les rives de la Saône ont retrouvé une animation les fins de semaine avec le chemin de halage en partie aménagé de la rive gauche. A la belle saison, les « guinguettes » et les « clos », autrefois très nombreux sur les bords du fleuve, proposent de retrouver cette ambiance en dégustant une friture arrosée de Beaujolais (notamment autour de Collonges, à l'Île Roy et à Neuville-sur-Saône).

★★ Musée de l'Automobile Henri-Malartre Ⓥ **à Rochetaillée-sur-Saône** – *2 km après Fontaines-sur-Saône, suivre à droite les indications fléchées.*
Dans ce château du 15e s., restauré, acquis par la ville de Lyon et, dans son parc en terrasses au-dessus de la Saône, sont réunies de remarquables collections d'automobiles (1890 à 1986), cycles (1818 à 1960), motocycles (1904 à 1964) et véhicules de transports en commun (1886 à 1935), tous en état de marche.
M. Henri Malartre gérait en 1929 une entreprise de démolition d'automobiles. Sa passion de collectionneur commença en 1931, avec une Rochet-Schneider de 1898 dont le moteur fonctionnait encore, puis deux ans plus tard, avec un double-phaeton Gobron-Brillié, pièce unique, de 1898 également.
Sur les 150 **automobiles** exposées, 50 modèles sont antérieurs à 1914, 18 sont de fabrication lyonnaise rappelant que dans la région une centaine de constructeurs se sont lancés dans l'aventure automobile.
Certaines pièces sont uniques comme la Rochet-Schneider (1895), la Gobron-Brillié (1898), la Luc Court (1901), la Thieulin (1908) ; d'autres ont fait date dans le développement technologique comme la Ford T (1910), la Peugeot BB (1913), la berline Voisin (1932). L'omnibus à vapeur Scotte (1892), la voiturette électrique Mildé (1900), le prototype de la 2 CV Citroën (1936), maquillé en camionnette pendant l'Occupation, cumulent les deux particularités.

Musée de l'Automobile Henri-Malartre – Lorraine-Dietrich (1925)

A noter également : un coupé-docteur De Dion Bouton (1900), un taxi de la Marne (1914), un ensemble de trois voitures Sizaire (1908, 1924, 1927), une décapotable Bugatti (1930), la Mercedes blindée (1942) d'A. Hitler, saisie en 1945 par la division Leclerc à Berchtesgaden, l'Hispano-Suiza (1936), coupé de ville utilisé par le général de Gaulle après la Libération de Paris, la Renault Espace utilisée par le pape Jean-Paul II, lors de son passage à Lyon en 1986.
Exposées dans le Hall Gordini, les **voitures de course** ont été pilotées par les plus grands champions : Rolland Pilain (1923), Talbot Lago (1949), Gordini (1952).
Une série de **cycles** allant de la draisienne au vélo d'Anquetil comprend ces étonnants « Grands Bi ».
Plus de 50 **motocyclettes** sont présentées, parmi lesquelles une Herdtlé-Bruneau (1904), la Koehler-Escoffier (1935) de Georges Monneret, des side-cars et des Zundapp (1937) de l'armée allemande en Afrique et en Russie.
Un hall est consacré aux **transports en commun**. On y voit un tramway hippomobile à impériale ouverte (1880) et à conduite bi-directionnelle (les deux chevaux pouvant être attelés indifféremment à l'avant et à l'arrière pour éviter de tourner le véhicule) ; la « motrice salon » (1900) utilisée par le président Poincaré à l'exposition de Lyon, en 1914 ; le premier trolleybus lyonnais (1935) et la motrice du « Train bleu » qui jusqu'en 1957 passait au pied de Rochetaillée pour aller vers les lieux de baignades et les guinguettes de Neuville-sur-Saône.

Poursuivre en direction de la D 433 que l'on prend à droite.

Le Franc-Lyonnais – Représentant la superficie d'un actuel canton, le Franc-Lyonnais était composé de treize « marches » s'étendant entre la Dombes et la rive gauche de la Saône. Une enclave isolée, en amont de Trévoux, formait le « Petit » Franc-Lyonnais. Le territoire principal allait de Genay, en amont de Neuville-sur-Saône, jusqu'au plateau de la Croix-Rousse qui échappait ainsi à la juridiction de Lyon. Les Francs-Lyonnais, pour s'être séparés volontairement du reste de la Bresse et du duché de Savoie, obtinrent de François Ier, en 1525, un véritable statut d'indépendance qui faisait de leur territoire une sorte de protectorat. Fort chatouilleux de leurs franchises et privilèges, refusant de payer aide, gabelle, taille et autres impôts, à l'exception d'un « don gratuit » de 30 000 livres au roi de France, tous les huit ans, les habitants – à peine 4 000 au total – avaient à leur tête un Syndic général. Les Francs-Lyonnais n'hésitaient pas, lorsque leurs libertés étaient contestées, à en appeler au Parlement de Paris. La création des départements, sous la Révolution, mit fin à l'histoire du Franc-Lyonnais.

Neuville-sur-Saône – La ville est joliment située à un coude de la Saône. L'**église** ⓥ, dominée par des clochers jumeaux du 17e s., abrite un ensemble de boiseries du sculpteur lyonnais Perrache (18e s.). Neuville, qui s'appelait jadis Vimy, fut, sous l'Ancien Régime, la capitale du Franc-Lyonnais.

Trévoux – *Voir à ce nom.*

La D 933 et la D 504 à gauche mènent à Villefranche-sur-Saône.

Villefranche-sur-Saône – *Page 267.*

★LE MONT-D'OR LYONNAIS

Circuit de 55 km – environ 2 h 1/2. Description p. 162

Monts du LYONNAIS★

Cartes Michelin n° 88, plis 6, 7, 18, 19 ou 244, plis 12, 13, 14, 23, 24.

Dressés entre le bassin de la Loire et la plaine lyonnaise, les monts du Lyonnais ont constamment fait obstacle aux communications entre St-Étienne et Lyon.

Le relief – Vieux bastion hercynien, les monts du Lyonnais sont coupés de profondes dépressions : Brévenne : et Azergues au Nord, Gier au Sud, qui séparent la montagne des massifs voisins : Pilat, monts de Tarare et du Beaujolais. Les gisements houillers de la Brévenne et du Gier datent de la formation du massif, à l'ère primaire.
A l'ère quaternaire, les glaciers ont raboté la partie orientale, donnant naissance au plateau lyonnais. Son rebord domine le Rhône, de 100 à 150 m, par un front de collines portant la trace d'anciennes moraines.

Le pays – Cultures maraîchères, vignes et vergers occupent les basses vallées. Plus haut se dressent les croupes de la montagne : pâturages et cultures réduisent la forêt à d'épais taillis de châtaigniers ou de chênes. C'est une zone d'élevage et de production laitière. Les vieilles maisons rurales, à la disposition caractéristique – trois bâtiments en équerre enserrant une cour généralement fermée – y sont encore nombreuses.
La « fabrique » lyonnaise s'est implantée de bonne heure ici, employant à domicile la main-d'œuvre locale. L'activité proprement industrielle est limitée aux localités les plus importantes : Chazelles-sur-Lyon, St-Symphorien-sur-Coise, St-Galmier, Ste-Foy-l'Argentière, qui s'efforcent d'adjoindre à leurs fabrications traditionnelles (confection, chaussures, tanneries, tuileries, meubles et les fameux saucissons de Lyon) des industries nouvelles : conserveries, outillage, moteurs et matériel électriques, textiles artificiels, optique.

Pratto/ICONOS

Arches de Chaponost

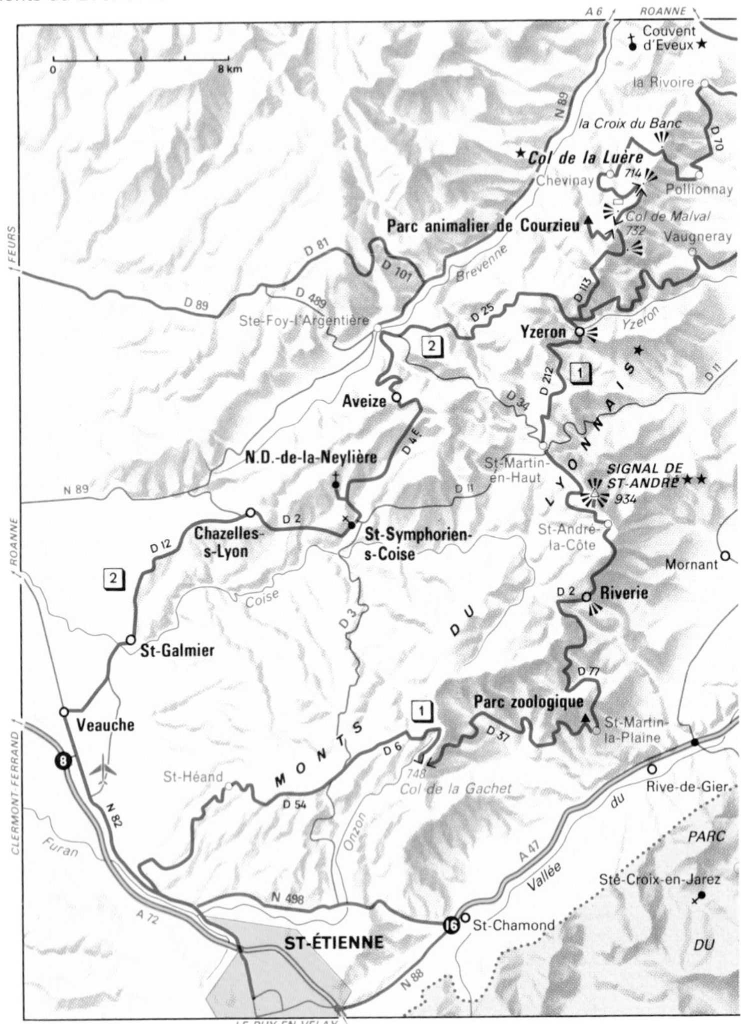

AQUEDUCS ROMAINS *schémas p. 118 et 153*

Le plateau conserve de nombreux vestiges des aqueducs qui alimentaient le Lyon gallo-romain en eau. La ville recevait journellement 75 000 m³ d'eau de ses quatre aqueducs : Mont-d'Or, Brévenne, Yzeron et Gier.

C'est l'aqueduc du Gier, le dernier construit, long de 75 km, qui a laissé le plus de vestiges. Sa construction, sous le règne d'Hadrien, au début du 2ᵉ s., fut particulièrement soignée : parement réticulé, à moellons clairs et foncés, disposés en nid d'abeilles, arcades à claveaux alternés de pierres et de briques, canal cimenté. Il était le seul à alimenter les hauteurs de la colline de Fourvière. La prise d'eau principale se situait à proximité de St-Chamond.

Plus encore que par leur architecture, les aqueducs romains nous étonnent par la science hydraulique dont ils témoignent. La technique des ponts-siphons fait l'originalité des aqueducs lyonnais. Ils permettaient de franchir les vallées sans avoir recours à de gigantesques et coûteux ponts-aqueducs, comme celui du Gard. Un pont-siphon comprenait un réservoir situé en amont, une conduite par tuyaux multiples – pour éviter l'éclatement qu'aurait entraîné une trop forte pression – et un réservoir de fuite, en aval, la différence de niveau entre les deux réservoirs étant calculée en fonction du débit.

Aux conduits primitifs en grès ou en pierre, les ingénieurs romains substituèrent des canalisations en plomb, de coût élevé.

★Arches de Chaponost – *Sud-Ouest du plan, p. 118.*

A **Beaunant**, dans le creux du vallon de l'Yzeron, envahi par les constructions suburbaines, subsiste une partie du pont-siphon.

Poursuivre par la D 50.

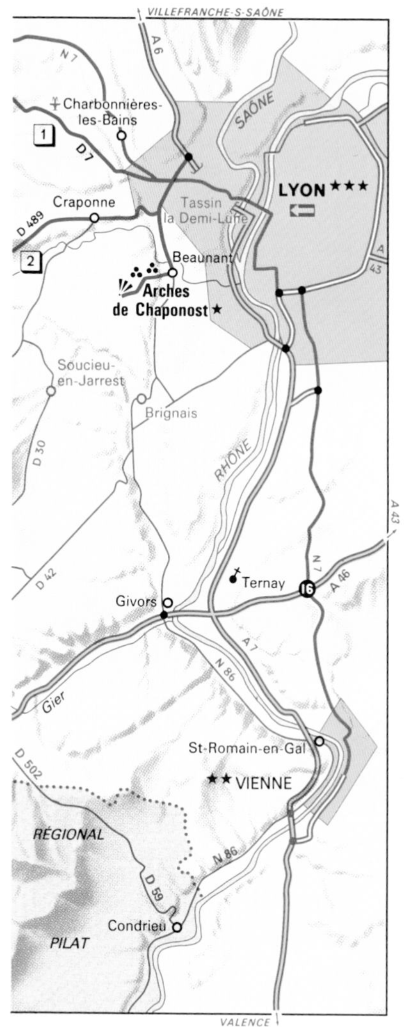

Au débouché sur le plateau, au « Plat de l'Air », la route offre, à droite, une jolie **perspective★** sur l'enfilade d'une quarantaine d'arches subsistantes, sectionnées en plusieurs tronçons.

Laisser la voiture à l'entrée du chemin et longer à pied l'aqueduc.

A l'extrémité de l'enfilade, l'ancien réservoir de chasse du pont-siphon de Beaunant est encore visible, sur la pile terminale. Un plan incliné, en maçonnerie, permet d'accéder au sommet. On distingue les orifices des tuyaux et l'enduit de ciment rougeâtre du canal *(1/4 h à pied AR)*.

Autres vestiges – D'autres vestiges subsistent à **Brignais** (mur réticulé), **Soucieu-en-Jarrest** (gerle de l'aqueduc ou « chameau », en raison de sa silhouette bossue), **Craponne** (tourillons ou piles d'un réservoir) et **Mornant** : à 300 m du bourg – qui conserve une belle église gothique – emprunter sur la D 63, direction St-Sorlin, un sentier, à droite, menant au pied d'une arche, dans le creux d'un vallon *(5 mn à pied AR)*. A Lyon même, au sommet de Fourvière, on peut voir également des vestiges d'aqueduc à l'entrée de l'ancienne voie d'Aquitaine, aujourd'hui rue Roger-Radisson.

COL DE LA LUÈRE ET SIGNAL DE ST-ANDRÉ

1 De Lyon à St-Étienne

128 km – compter 1 journée sans la visite de Lyon – schémas p. 152 et 153.

★★★ **Lyon** – *Visite : 2 jours. Description p. 115.*

Quitter Lyon, à l'Ouest, par l'autoroute A 6. A la sortie de Tassin-la-Demi-Lune, suivre la RN 7 sur 1 km pour prendre à gauche la D 7. A la Rivoire, prendre à gauche la D 70 et, à Pollionnay, la route à droite qui s'élève en forêt et offre, à la Croix du Banc, une belle vue, à droite, sur le bassin de l'Arbresle. Après Chevinay, prendre la D 24 à gauche.

★**Col de la Luère** – Agréable site forestier.
Entre les cols de la Luère et de Malval, près du château de St-Bonnet-le-Froid, la route offre, à droite, une **vue★** sur la vallée de la Brévenne.

Au col de Malval, prendre deux fois à droite la D 50 et une route forestière.

Parc animalier de Courzieu ⓥ – Sur une superficie de 20 ha, ce parc fait découvrir par une promenade en sous-bois la vie des prédateurs d'Europe (loups, lynx, chats sauvages). Un amphithéâtre naturel permet d'assister à des démonstrations et spectacles d'aigles, faucons, vautours et hiboux. Une structure d'accueil d'inspiration nordique (cabanes en rondins de mélèzes et toit en gazon), ainsi qu'une aire de jeux de même inspiration et un jardin botanique agrémentent la visite.
Après le col de Malval, la D 113 ménage successivement des échappées sur la vallée du Rhône à gauche et la vallée de la Brévenne à droite. A environ 800 m au Sud du col, un **panorama★** se dégage sur la plaine du Rhône, le Mont-d'Or à gauche, le mont Pilat à droite et, au fond, les contreforts des Alpes.

Yzeron – De l'église, la **vue★** vers la vallée du Rhône s'inscrit dans l'axe de la trouée de l'Yzeron.

A St-Martin-en-Haut, prendre la D 113.

★★**Signal de St-André** – *3/4 h à pied AR.* A environ 800 m au Nord-Ouest du bourg de St-André-la-Côte, un sentier, partant de la D 113, mène au sommet du signal (alt. 934 m). Un **panorama** se révèle face aux Alpes et en arrière sur des villages perchés.

Riverie – Vieux bourg féodal établi sur un promontoire. De l'ancien chemin de ronde, vue bien dégagée en direction du Sud-Est.

Quitter Riverie à l'Ouest par la D 2, puis à Ste-Catherine, suivre la D 77 jusqu'à l'entrée de St-Martin-la-Plaine, où l'on prend la D 37, à droite.

Parc zoologique de St-Martin-la-Plaine ⊙ – A proximité de la vallée du Gier, ce parc s'attache aux problèmes de reproduction des espèces menacées dans leur milieu naturel. De nombreux animaux ont été placés en prêt, pour l'élevage par d'autres zoos. Parmi les espèces présentes et devenues rares : des gorilles, chimpanzés, tigres de Sibérie, loups à crinière des pampas d'Amérique du Sud, des binturongs, babiroussas et jaguarondis, ainsi que de nombreuses espèces de perroquets des Philippines ou de Bolivie. Dans la maison des gorilles, où sont recréées les conditions climatiques des forêts humides équatoriales, évoluent quelques représentants de ces grands anthropoïdes.

Poursuivre par les D 37, D 6 et D 54.

Jusqu'à St-Héand, la route, par son tracé sur les hauteurs, offre de belles échappées sur les monts du Lyonnais. En fin de parcours les vues plongent au-dessus de la vallée du Gier, à gauche, et du bassin de la Loire, à droite, dévoilant ainsi le versant Nord du mont Pilat, la plaine et les monts du Forez. De St-Héand, la D 102 descend dans la vallée du Furan.

Gagner St-Étienne par la N 82.

St-Étienne – *Page 215.*

VALLÉES DE LA BRÉVENNE ET DE L'YZERON

2 De St-Étienne à Lyon

108 km – compter 1 journée sans la visite de Lyon – schémas p. 152 et 153

St-Étienne – *Page 215.*
Quitter St-Étienne au Nord par la N 82 qui suit la vallée du Furan.

Veauche – *Voir à ce nom.*

St-Galmier – *Voir à ce nom.*

Chazelles-sur-Lyon – *Page 81.*

St-Symphorien-sur-Coise – Son église gothique domine cet ancien bourg fortifié. C'est aujourd'hui un petit centre industriel où l'on fabrique du saucisson sec.

N.-D.-de-la-Neylière ⊙ – Maison d'accueil des Pères maristes bâtie sur une colline dominant la vallée de la Coise. Dans la chapelle très dépouillée mais ornée de vitraux et d'une fresque modernes, repose le père Jean-Claude Colin (1790-1875), fondateur de la Société de Marie. Un petit musée d'Océanie peut être visité sur demande.

Aveize – A la sortie Nord du bourg, de la D 4, **vue**★ sur Ste-Foy-l'Argentière établie au creux de la dépression de la Brévenne.
La montée vers Montromant par la D 25, étroite et très sinueuse, s'effectue dans un charmant décor de montagnettes. Dans un virage, avant le col de la Croix de Part, la route offre une belle vue sur la vallée de la Brévenne.

Yzeron – *Page 153.*
A l'entrée de Tassin-la-Demi-Lune, tourner à droite dans la D 42.

★ **Arches de Chaponost** – *Page 152.*
Gagner Lyon par la D 50.

★★★ **Lyon** – *Visite : 2 jours. Description p 115.*

Grotte de la MADELEINE★

Cartes Michelin n° 80 pli 9 ou 245 Nord du pli 15 ou 246 pli 23 – Schéma p. 57.

Cette grotte s'ouvre dans le flanc Nord de la falaise où se creusent les gorges de l'Ardèche.

La route d'accès, en descente, s'embranche sur la D 290, route des gorges de l'Ardèche, et mène au porche d'entrée (parking).

VISITE ⊙ *3/4 h*

La grotte, découverte en 1887, a été creusée par un ancien cours d'eau souterrain qui drainait jadis une partie du plateau des Gras. On y pénètre par la Grotte Obscure, puis un tunnel taillé dans le roc (escalier assez raide) permet d'atteindre la salle du Chaos. Au-delà de cette salle, divisée en deux compartiments par un amas de colonnes détachées de la voûte, s'étend une vaste galerie richement décorée de concrétions : draperies sonores, orgues de 30 m de hauteur, excentriques en forme de cornes, etc. Remarquer en particulier une magnifique coulée blanche entre deux amas rouges de draperies évoquant une cascade par sa fluidité et des concrétions en forme de rose des sables.
Les parois de la salle sont couvertes de petites cristallisations semblables à des coraux.

Aven de MARZAL*

Cartes Michelin n° 80 pli 9 ou 245 plis 2, 15 ou 246 pli 23 – Schéma p. 57.

S'enfonçant sous le plateau des Gras, cet aven est riche en concrétions de calcite, colorées par divers oxydes allant de l'ocre brun au blanc neigeux *(illustration p. 19)*.

La découverte – Le nom patois de marzal désigne une graminée sauvage. Il fut donné vers 1810 au garde forestier de St-Remèze, Dechame, à la suite de l'amende qu'il avait infligée à sa femme coupable d'en avoir ramassé, pour ses lapins, dans le champ d'un voisin. Peu après, Marzal fut tué par un habitant de la commune. Pour se débarrasser du cadavre, le meurtrier alla le jeter, ainsi que le chien du garde forestier, dans un puits dit « Trou de la Barthe ». Le crime découvert, les habitants de la région prirent l'habitude de donner à ce puits le nom de Marzal.
L'aven ne fut véritablement connu qu'en 1892 lorsque le spéléologue E.-A. Martel (1859-1938) en fit la première exploration. Mais une erreur de signalisation fit oublier sa situation exacte. Marzal ne fut redécouvert qu'en 1949 par le spéléologue Pierre Ageron, après des années de recherches, parmi les fourrés de chênes verts du plateau des Gras.

Musée du Monde souterrain ⏱ – Il évoque les grands noms et les grandes étapes de la spéléologie en France par l'exposition de pièces authentiques comme les ouvrages majeurs, l'échelle et le bateau Berthon (1890) de Martel ; un équipement de spéléologue de 1892 ; la tenue de Robert de Joly, créateur d'un matériel adapté aux conditions et aux exigences du monde souterrain ; le casque, le matériel électrique et le sac étanche d'Élisabeth et de Norbert Casteret ; la tenue de plongée (1946) de Guy de Lavaur.

Aven ⏱ – *Température intérieure : 14° ; 743 marches.*
Un escalier métallique *(parcours assez pénible)* emprunte l'orifice naturel par lequel P. Ageron pénétra dans la grotte en 1949. L'aven, puits naturel, débouche dans la Grande Salle, ou salle du Tombeau. Tout près sont disposés des ossements d'animaux tombés dans la grotte (ours, cerfs, bisons).

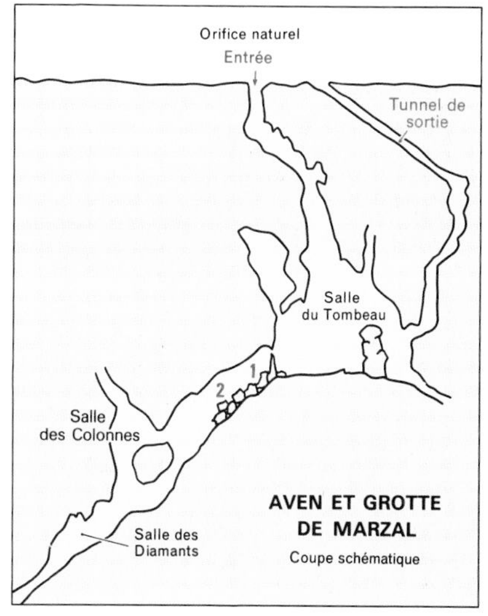

AVEN ET GROTTE DE MARZAL
Coupe schématique

Grotte – La salle du Chien (**1**), dont l'entrée est surmontée d'une coulée de draperies blanches, contient des concrétions très variées, excentriques, orgues de couleurs vives, formations en disques et en grappes de raisins.
La salle de la Pomme de pin (**2**) est intéressante par la richesse de ses coloris.
La salle des Colonnes a été le lit où cascadait une rivière souterraine disparue.
La salle des Diamants (à 130 m au-dessous du sol) marque le terme de la visite ; elle scintille de milliers de cristaux dans une féerie de reflets et de couleurs.

Zoo préhistorique ⏱ – Tout au long d'un parcours ombragé de 800 m, le visiteur découvre des reproductions grandeur nature, plus ou moins crédibles, de quelques spécimens de la faune du primaire (dimétrodon, moschops), du secondaire (stégosaure, brachiosaure, tyrannosaure), jusqu'au mammouth du quaternaire.

MAZAN-L'ABBAYE*

210 habitants

Cartes Michelin n° 76 pli 18 ou 239 pli 47.

Dans un repli isolé du massif forestier de Mazan, qui culmine à 1 467 m, fut fondée au 12e s. la plus ancienne abbaye cistercienne de la province de Languedoc. Ce sont des moines de Mazan qui, plus tard, fondèrent les abbayes provençales de Sénanque et du Thoronet *(voir respectivement les guides Verts Michelin Provence et Côte d'Azur)*. De la vaste abbatiale romane, ne subsistent que des ruines. Seule reste debout la sobre arcature de l'abside surplombant le ruisseau de Mazan.
A côté, le château, bâti avec des matériaux arrachés aux ruines, est dominé par le clocher-peigne de sa modeste église.

★ **Forêt de Mazan** – *Circuit à pied, environ 3 h. Quitter Mazan par la D 239 vers le col de la Chavade et emprunter sur la gauche, à environ 400 m, à la sortie d'un virage prononcé, une route non revêtue (interdite aux voitures). On débouche sur la D 239 près de la scierie de Banne ; prendre à droite pour arriver à la maison forestière de Banne et continuer la D 239 pour revenir à Mazan.*
Rochers moussus, cascatelles, airelles et framboisiers sauvages agrémentent le sous-bois de la splendide futaie de sapins. De larges coupes reboisées témoignent des dégâts occasionnés par la tempête de 1982.

ENVIRONS

St-Cirgues-en-Montagne – *5 km au Nord par la D 239.*
La route laisse à droite le tunnel routier du Roux. Cet ouvrage rectiligne, long de 3,3 km, relie le bassin supérieur de la Loire à la vallée de la Fontaulière, affluent de l'Ardèche. L'**église** de St-Cirgues est un édifice roman typique de la montagne avec son clocher-peigne et ses assises trapues ; la corniche du chevet est joliment décorée de modillons à masques, têtes d'animaux, feuilles d'acanthe... L'intérieur surprend par l'appareil soigné de la nef, voûtée en berceau brisé, et par sa belle abside en cul-de-four.

Massif du MÉZENC

Cartes Michelin n° 76 pli 18 ou 239 pli 47 – Schémas p. 97 et 113.

Le massif volcanique du Mézenc (prononcer : Mézin) forme une barrière naturelle déterminant la ligne de partage des eaux entre l'Atlantique et la Méditerranée. Il culmine à 1 753 m au mont Mézenc, qui a donné son nom à l'ensemble du massif. Prolongé au Nord par le Meygal, au Sud-Est par le Coiron, le Mézenc constitue le centre d'une traînée volcanique coupant l'axe des Cévennes. Il est flanqué à l'Ouest par les monts granitiques de la Margeride, à l'Est par les plateaux cristallins du Haut Vivarais. Un vaste domaine skiable, dit **« zone nordique du Mézenc »**, se prête l'hiver à la pratique du ski de fond *(voir p. 284)*. Plus de 100 km de pistes entretenues et aménagées sont réparties sur les communes de Fay-sur-Lignon, Chaudeyrolles, Freycenet-la-Cuche, les Estables et St-Front.

Tous les types de volcans – A la période miocène (ère tertiaire), le soulèvement alpin casse, par contrecoup, le vieux plateau central et provoque une série d'éruptions volcaniques : à l'emplacement du Mézenc s'ouvrent les premiers cratères – méconnaissables aujourd'hui. Plus tard, de nouvelles éruptions entraînent la formation de grandes planèzes sur le flanc occidental du Mézenc ; puis surgissent de puissants sucs phonolithiques. L'ère quaternaire voit d'abord l'extension des glaciers puis les dernières éruptions, qui comblent les vallées d'épaisses coulées basaltiques.
Malgré le travail intense de l'érosion, particulièrement forte sur le versant rhodanien en raison de la pente du terrain, les géologues discernent, dans le relief tourmenté du massif, à peu près tous les types de volcans connus : hawaiien aux laves très fluides (planèzes du versant vellave, Ray-Pic), strombolien aux scories grossières (coupe d'Aizac, suc de Bauzon), vulcanien aux laves pulvérisées en cendres et aux scories fines (Gravenne de Montpezat), ou encore péléen aux dômes et aiguilles de lave pâteuse (sucs phonolithiques, tel le Gerbier de Jonc). On trouve, sur l'ensemble du massif, de nombreuses variétés de laves : labradorites noires ; basaltes, parfois bleutés, mais le plus souvent d'un noir violacé ; phonolithes, roches légères et sonores – d'où leur nom – de couleur gris clair.

Des versants d'aspect contrasté – Du côté Velay, le Mézenc offre l'aspect d'un immense plateau dénudé. En été, il évoque l'image d'une véritable steppe balayée par le vent, parsemée de fermes basses aux toits de chaumes ou de lauzes. Le versant vivarois présente un paysage des plus tourmentés, s'enfonçant brutalement en direction du Rhône. Les torrents ont mis à nu le soubassement granitique. Sur les crêtes des serres ne subsistent plus que des aiguilles volcaniques.

De splendides coulées basaltiques – Au flanc des vallées, l'érosion a dégagé d'amples coulées basaltiques, particulièrement remarquables dans le cours supérieur de l'Ardèche et de ses affluents : la Volane, la Bourges, la Fontaulière, le Lignon. Ces coulées, en forme d'orgues prismatiques, ont créé des sites célèbres : cascade du Ray-Pic, chaussée de Thueyts, éperon de Pourcheyrolles, Jaujac, Antraigues.

Un cortège royal – Les sucs phonolithiques apparus à la fin de l'ère tertiaire forment, de part et d'autre du mont Mézenc, un cortège majestueux : au Nord, le mont Signon (1 454 m), à l'Est, la montagne de Roche Borée et le suc de Touron (1 290 m) ; au Sud-Est, le suc de Sara (1 520 m), le Gerbier de Jonc (1 551 m), les sucs de Montivernoux (1 441 m) et de l'Areilladou (1 448 m) ; au Sud, les sucs du Pal et de Bauzon ; au Sud-Ouest, le suc de Montfol (1 601 m) ; à l'Ouest, le Rocher-Tourte (1 535 m) et le mont d'Alambre (1 691 m).

La flore des sommets – Le haut Mézenc possède une flore qui fera la joie des botanistes. Le séneçon leucophylle n'apparaît, dans tout le Massif central, qu'au sommet du Mézenc : c'est la fameuse « herbe du Mézenc », aux feuilles argentées et aux

J. Guillard/SCOPE

Le mont Mézenc

capitules d'un beau jaune vif. La grande violette des montagnes, l'anémone des Alpes, gentianes de toutes sortes, trolles, arnicas, épilobes, saxifrages sont les plus répandus. Mais c'est à la floraison des narcisses, au mois de juin, que la montagne offre sa plus belle parure. Un marché traditionnel de plantes médicinales, la « foire des Violettes », se tient à **Ste-Eulalie**, chaque année *(voir p. 290)*.

★★★LE MONT MÉZENC

Accès par la Croix de Peccata – *3 km au départ des Estables. Laisser la voiture à la Croix de Peccata (alt. 1 570 m), puis prendre, à droite, le sentier (1 h à pied AR).*
Il s'élève sous bois puis serpente au milieu des bruyères et des genévriers.

Obliquer à gauche vers le sommet Nord (1 749 m), surmonté d'une croix.

Accès par la Croix de Boutières – *2,5 km au départ des Estables par la D 631 à l'Est. Laisser la voiture à la Croix des Boutières (alt. 1 508 m).*
Le rocher qui domine le col de la Croix de Boutières, à droite, offre une belle **vue**★★ sur le suc de Sara, la montagne de Roche Borée et les Boutières.

Prendre le GR 7 (1 h 1/4 à pied AR) qui s'élève, à gauche, vers le sommet.

Par le replat intérieur séparant les deux sommets, on gagne le sommet Sud (1 753 m).

★★★ **Panorama** – Du sommet, un **panorama** immense se révèle : au Nord, le Meygal et les monts du Forez ; à l'Ouest, le bassin du Puy, le Velay et les monts d'Auvergne ; au Sud, le lac d'Issarlès et un horizon de sucs ; à l'Est, les gorges de la Saliouse et de l'Eysse creusent, vers le Haut-Eyrieux, le pays des Boutières aux trouées profondes entrecoupées de crêtes, de serres et de pics : des plans multiples, enchevêtrés, se dessinent jusqu'à la vallée du Rhône. Au-delà, apparaissent les Alpes dont on distingue, par temps clair, les principaux sommets.
Si le temps le permet, le lever du soleil derrière les Alpes est un spectacle inoubliable, mais qui impose de partir des Estables de très bonne heure et chaudement vêtu.

MIRABEL★

293 habitants

Cartes Michelin n° 76 pli 19 ou 246 pli 21 – Schéma p. 82.

Place forte qui commandait jadis la grande route du Rhône aux Cévennes, Mirabel joua un rôle stratégique important pendant les guerres de Religion. En 1628, le duc de Montmorency prit et démantela la forteresse. Aujourd'hui seul subsiste, dressé sur la plate-forme basaltique, le donjon carré *(propriété privée)* construit en moellons de basalte *(voir p. 41)* sombre, aux chaînages d'angle en calcaire blanc.

★★ **Panorama** – *A l'entrée du village, après le monument aux Morts, prendre à gauche une route en montée.*
Du rebord du plateau basaltique dominant le village, le panorama s'étend sur la dépression de l'Auzon, l'ensemble du Bas Vivarais, la trouée de l'Ardèche et les crêtes découpées du Tanargue. A droite, St-Laurent-sous-Coiron occupe une situation analogue à celle de Mirabel.

Le MONASTIER-SUR-GAZEILLE

1 828 habitants (les Monastérois)

Cartes Michelin n° 76 pli 17 ou 239 plis 46, 47.

Ce gros bourg de la Haute-Loire doit son nom à un monastère bénédictin, le plus ancien du Velay : son origine remonte à la fin du 7e s. Les bâtiments conventuels qui abritent actuellement la mairie sont ceux élevés au 18e s. sous l'abbatiat de l'abbé de Castries. Saint Calmin, comte d'Auvergne, le fonde et en devient le premier abbé. En 728, **saint Théofrède**, son successeur, est massacré lors d'une incursion sarrasine. Le monastère, relevé de ses ruines, connaît durant plusieurs siècles un rayonnement extraordinaire. A la fin du 12e s., le domaine abbatial compte 235 dépendances ou prieurés, notamment Chamalières-sur-Loire *(p. 77)*, en Velay, Veyrine *(p. 109)* et Thines *(voir le guide Vert Michelin Gorges du Tarn)*, en Vivarais. Le déclin est très rapide à partir du 16e s., quand des abbés commendataires succèdent aux abbés réguliers.

L'équipée de Stevenson – Devant la poste, une stèle commémore la randonnée que fit, à travers les Cévennes, à l'automne 1878, le romancier britannique **R.L. Stevenson**, auteur de *L'Île au Trésor*. Autant pour satisfaire son humeur vagabonde que pour retrouver la trace du vieil esprit camisard, l'écrivain, alors âgé de 28 ans, a décidé de traverser à pied les Cévennes, du Monastier à Alès. Couchant à la belle étoile ou dans des auberges de fortune – tables d'hôtes et chambres communes –, il met douze jours pour rallier Alès, par Goudet, Pradelles, Langogne, la Bastide, le Bleymard, Pont-de-Montvert, Florac et St-Jean-du-Gard. Son carnet de voyage est une mine d'observations humoristiques et pénétrantes sur l'admirable paysage qu'il découvre et la diversité des êtres rencontrés au hasard de sa promenade. A la trappe de N.-D.-des-Neiges, ce protestant devra résister au zèle de conversion de deux « retraitants » soucieux du salut de son âme ; plus loin, dans « les Cévennes des Cévennes », il ressent profondément la noblesse de l'âme cévenole.
Son équipée est jalonnée d'incidents comiques, contés avec saveur. Pour porter l'invraisemblable sac de couchage qu'il s'est fait confectionner, Stevenson a fait l'acquisition d'une ânesse, aussitôt baptisée **Modestine**. Le conflit entre l'obstination du romancier écossais et l'entêtement d'une ânesse du Velay durera autant que le voyage. « Ce qu'était l'allure de Modestine, aucune phrase ne serait capable de la décrire. C'était quelque chose de beaucoup plus lent qu'une marche lorsque la marche est plus lente qu'une promenade. Elle retenait chaque pied en suspens pendant un temps incroyablement long... » Finalement, un paysan avisé fournit à Stevenson un aiguillon, qui fit merveille sur l'ardeur de Modestine.

★L'ABBATIALE *visite : 1/2 h*

Le sanctuaire roman élevé au 11e s. a été profondément remanié au 15e s.

★**Façade** – Du 11e s. Ses pierres volcaniques de différentes couleurs illustrent la technique décorative des architectes romans du Velay. C'est particulièrement à l'étage, au-dessus du porche creux, que le jeu des couleurs est le plus marqué, notamment dans l'encadrement de la baie principale *(illustration p. 38)* : colonnettes d'angle aux fûts torsadés rouges, claveaux alternativement clairs et foncés, surmontés d'un appareil en mosaïque. La corniche du grand fronton triangulaire est décorée d'une frise d'animaux, de figures grotesques et de feuillages.

Intérieur – Les robustes piliers de la nef, en pierre volcanique grise et le chœur de style flamboyant, en arkose claire, forment un puissant contraste. Le remaniement du sanctuaire, à l'époque gothique, apparaît dans les travées de la nef qui supportent, entre les arcs doubleaux primitifs, des voûtes à croisées d'ogives. Transept et collatéraux ont conservé leurs voûtes romanes. Remarquer les chapiteaux qui, dans la nef, ornent les consoles d'appui des arcs doubleaux.
Le chœur du 15e s. est entouré d'un petit déambulatoire sur lequel s'ouvrent cinq chapelles rayonnantes. La deuxième à droite, la plus tardive, est de pur style Renaissance, avec son plafond à caissons agrémenté d'écussons et de médaillons. Dans le bas-côté Nord, un bel **orgue**★ de 1518, restauré, attire l'attention par la délicatesse du décor peint et des claires-voies ornant le buffet. Il repose sur une tribune ouvragée dont la poutre d'appui porte un hexamètre en caractères gothiques.
Dans la partie haute, figure, dans un écu, les armes de l'abbé Gaspard de Tournon.

Trésor ⓥ – Présenté dans la sacristie attenante au bas-côté Nord, il abrite une Pietà en pierre polychrome du 15e s., deux étoffes de soie byzantines ayant enveloppé les reliques des saints fondateurs, une Vierge en bois polychrome du 17e s. La pièce maîtresse est le **buste-reliquaire**★ de saint Théofrède en chêne recouvert de plaques d'argent serties de pierres précieuses.

AUTRES CURIOSITÉS

Musée municipal ⓥ – Il est aménagé dans les belles salles voûtées du **château abbatial** (sous-sol et rez-de-chaussée). Le bâtiment actuel, cantonné de quatre grosses tours rondes, fut élevé en 1525, sur les fondations d'un château du 14e s., par Charles de Sennecterre (ou Saint-Nectaire), dont la famille fournit des dignitaires ecclésiastiques au Velay pendant un siècle et demi (blason aux 5 fuseaux surmontés d'une crosse).

Les collections illustrent l'ethnologie régionale (dentelles, costumes vellaves traditionnels), la préhistoire de la haute vallée de la Loire. Une salle est consacrée à R.L. Stevenson, une autre abrite un ensemble lapidaire (vestiges de l'abbaye). Au 1er étage, dans la tour Sud, la chapelle de l'abbé présente des vestiges de fresques du 17e s.

Église St-Jean – Située à l'extrémité Sud du village, cette ancienne église paroissiale édifiée au 9e s., et très remaniée au 15e s. est d'une sobre élégance.

ENVIRONS

Viaduc de la Recoumème – *2 km. Quitter le Monastier au Sud par la D 500, puis la D 535 en direction d'Aubenas.*
Ce bel ouvrage d'art, franchissant la Gazeille à près de 66 m de hauteur, fut construit entre 1921 et 1925. Comportant huit arches en basalte, il était destiné à former un jalon sur la ligne de chemin de fer le Puy-Niègles (Ardèche), qui ne fut jamais mise en service.

Château de Vachères – *7,5 km, au Sud-Est du Monastier par la D 38. On ne visite pas.*
Un donjon massif flanqué de tours à poivrières donne à ce château (13e s.), avec ses blocs de basalte noir noyés dans un mortier blanc, une silhouette très vellave.

MONISTROL-SUR-LOIRE

6 180 habitants

Cartes Michelin n° 88 pli 17 ou 239 pli 35 – Schéma p. 113.

Cette petite ville surprend par son caractère méridional, ses maisons à génoise et ses toits à faible pente. Son climat et son site devaient séduire les évêques du Puy-en-Velay qui en firent l'un de leurs séjours favoris.

CURIOSITÉS

Allées du château – Partant de la place Néron, une promenade plantée de tilleuls monte vers les grosses tours rondes de l'ancien **château épiscopal** ⏲ (15e-17e s.), qui abrite aujourd'hui l'Office de tourisme et des expositions.

Contourner le château par l'allée à droite.

De l'extrémité de la terrasse Ouest, jolie vue sur la vallée de la Loire, le bassin de Bas-en-Basset et le plateau de St-Bonnet.

Église – Sa nef centrale est plus étroite que les collatéraux, eux-mêmes de largeur inégale. Elle possède une coupole romane au transept et une tour-clocher du 17e s.

Vieux quartier – *Emprunter, en partant de l'église, la rue du Commerce puis la première rue à droite.* Lacis de ruelles d'aspect médiéval.

LA RIVE GAUCHE DE LA LOIRE *38 km – environ 2 h 1/2*

Quitter Monistrol par la D 12, en direction de Bas-en-Basset. A environ 300 m au-dessus de la place des Marronniers, emprunter le chemin s'amorçant à gauche d'un mur d'enceinte (3/4 h à pied AR).

Château de Rochebaron – On atteint les ruines du château féodal (11e-13e s.) de Rochebaron, précédé d'une triple enceinte et perché sur un éperon dominant la Loire. Seule reste intacte une tour ronde avec ses salles voûtées, reliées par un escalier à vis. De l'extrémité du promontoire, **vue★** sur le Basset et la vallée de la Loire.

Reprendre la D 12 sur la droite, puis le CD 125 à gauche. A Valprivas, gagner le haut du village, au-delà de l'église.

Château de Valprivas ⏲ – Sur les vestiges d'une place forte établie au 10e s., fut élevé cet édifice Renaissance, restauré. L'humaniste forézien, Antoine Verd du Verdier, ami des poètes de la Pléiade, y rédigea sa *Bibliothèque française*, premier essai de bibliographie en France.
Dans la cour d'honneur, la tour ronde, qui abrite un rare escalier à vis tout en chêne, présente un portail encadré de cariatides et surmonté d'un blason ; attenantes, deux galeries superposées, à l'italienne, montrent au rez-de-chaussée des voûtes sur croisées d'ogives, à l'étage, un plafond à caissons.
La chapelle est décorée de deux **peintures murales★**, réalisées à la fin du 16e s. par des artistes de l'école de Fontainebleau ; sur le mur Est, figure la Résurrection des Morts (A. Verd du Verdier est représenté en orant, à gauche) ; sur le mur Sud, une étonnante scène évoque l'enfer. La visite fait encore découvrir de vastes pièces aux belles cheminées ; à l'étage dans la grande salle Renaissance, reconstituée, ont lieu les manifestations musicales du **Centre culturel de Valprivas**.

Regagner Monistrol en empruntant la petite route qui redescend vers la vallée de l'Ance en traversant le hameau de Coutenson.

VALLÉE DE L'ANCE *83 km – environ 2 h 1/2*

Quitter Monistrol par la D 12, en direction de Bas-en-Basset. Au pont, prendre à gauche la D 42, puis la D 44 vers Tiranges.

La route suit d'abord la riante **vallée de l'Ance**, puis, à partir du village du Vert, s'élève en **corniche★**. Entre Chales et les Arnauds, le parcours offre de belles échappées sur le bassin de la Loire, la vallée de l'Andrable et les monts du Velay.

A Tiranges, emprunter à gauche la D 24.

Au cours de la descente sur l'Ance, la tour de Chalencon apparaît sur un piton.

Poursuivre par la D 24 jusqu'au carrefour avec la D 9. Remonter la D 9, puis la D 29 à droite.

Château de Chalencon – *Page 77.*

Regagner la D 46, en direction de Beauzac.

Beauzac – Sa petite **église** (12e-17e s.) présente un portail latéral flamboyant et un élégant clocher-peigne à trois étages ; sous l'abside se trouve une crypte romane. Quelques maisons du bourg, installées dans les anciens remparts, percés de deux portes, montrent, à la naissance du toit, de curieuses galeries de bois reposant sur de gros corbeaux.

Retour à Monistrol par le Pont de Lignon (D 461) et la N 88.

MONTBRISON

14 064 habitants

Cartes Michelin n° 88 pli 17 ou 239 pli 23 – Schéma p. 101.

Montbrison, bâtie en cercle autour d'une butte volcanique, est dominée par le dôme (18e s.) de l'ancien couvent de la Visitation (actuel palais de Justice) et par l'imposant clocher de son église gothique.

Au 11e s., quelques maisons se groupent au pied du château des comtes du Forez. Après le pillage de la ville par les Anglais au début de la guerre de Cent Ans, les habitants construisent des remparts dont le tracé se trouve dans le boulevard qui fait le tour de la ville. Les guerres de Religion marquent le début d'une ère troublée ; en 1562, la ville est prise et pillée par les protestants. Moins de deux siècles plus tard, le célèbre bandit Mandrin *(p. 248)* s'en empare ; il n'y cause d'ailleurs aucun dommage et se contente d'emporter la caisse du receveur des gabelles, à la grande joie des Montbrisonnais. En 1789, la chapelle des Pénitents (transformée en Maison de la Culture) abrite les préparatifs de réunion pour les futurs États Généraux, le président est le marquis de Rostaing, bailli du Forez, compagnon de La Fayette pendant la guerre d'Indépendance en Amérique.

L'ancienne capitale du comté du Forez vit aujourd'hui surtout de son commerce.

Le marché du samedi est animé, ainsi que les journées annuelles de la Fourme (Mariage de la Fourme, du pain bis et des vins des côtes du Forez) – *voir p. 290.*

CURIOSITÉS

Église N.-D.-d'Espérance (**Z**) – Fondée en 1226, c'est une importante construction gothique restaurée en 1970. L'austérité de la façade est accentuée par l'aspect massif de la tour-clocher épaulée de contreforts. Le portail flamboyant, ajouté au 15e s., montre au tympan une jolie Vierge à l'Enfant du 14e s.

★ **Intérieur** – Il frappe par l'aspect harmonieux et la longueur de la nef. Remarquer la disposition des grandes fenêtres en triple lancette ; leur partie inférieure offre l'aspect d'un triforium aux arcatures trilobées. Le chœur, de style gothique rayonnant, abrite, à gauche, le tombeau de Guy IV. A l'extrémité du collatéral Nord, beau gisant du 14e s.

La Diana (**Z**) ⓥ – Construite à l'occasion du mariage du comte du Forez, Jean Ier, en 1296, cette salle servit plus tard de lieu de réunion aux prêtres du doyenné, en latin « decanatus », d'où son nom de Diana. L'intérieur (14e s.) est remarquable par sa voûte en bois, divisée en petits caissons peints – près de 1 700 – représentant les armoiries, répétées plusieurs fois, de grandes familles françaises et maisons nobles du Forez. Les baies à remplages gothiques des extrémités ont été percées au 19e s. La salle donne accès à un musée lapidaire, réunissant des collections préhistoriques, gallo-romaines, médiévales et Renaissance.

Musée d'Allard (**Z M**) ⓥ – *Entrée : boulevard de la Préfecture.*

Situé dans l'ancien hôtel particulier de Jean-Baptiste d'Allard, ce musée est aménagé sur 4 niveaux.

Au sous-sol et au rez-de-chaussée sont rassemblées d'importantes collections de minéraux (beaux spécimens de roches fluorescentes) et d'oiseaux naturalisés.

Au 1er étage est exposée une importante collection de poupées et de marionnettes du monde entier (plus de 600 pièces) depuis les pièces « shaouabtis » découvertes dans les sarcophages égyptiens jusqu'aux poupées de mode du 18e s. en passant

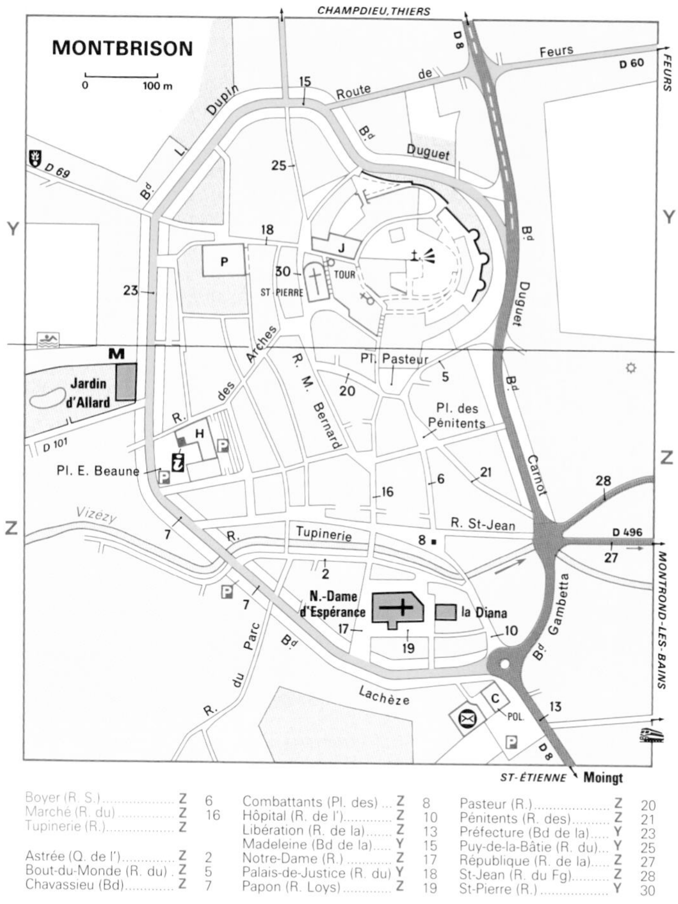

Boyer (R. S.)	Z	6
Marché (R. du)	Z	16
Tupinerie (R.)	Z	
Astrée (Q. de l')	Z	2
Bout-du-Monde (R. du)	Z	5
Chavassieu (Bd)	Z	7
Combattants (Pl. des)	Z	8
Hôpital (R. de l')	Z	10
Libération (R. de la)	Z	13
Madeleine (Bd de la)	Y	15
Notre-Dame (R.)	Z	17
Palais-de-Justice (R. du)	Y	18
Papon (R. Loys)	Z	19
Pasteur (R.)	Z	20
Pénitents (R. des)	Z	21
Préfecture (Bd de la)	Y	23
Puy-de-la-Bâtie (R. du)	Y	25
République (R. de la)	Z	27
St-Jean (R. du Fg)	Z	28
St-Pierre (R.)	Y	30

par les modèles précolombiens en terre cuite. Remarquer l'amusant ensemble de mobilier de poupée, les dînettes anciennes et récipients miniatures, en porcelaine de Limoges ou de Chine et en faïence de Nevers. Une remarquable collection de bénitiers de chevet réunit plusieurs centaines de pièces du 17e au 20e s. confectionnées dans les matières les plus diverses : faïence, verre, métal, os...

Jardin d'Allard (Z) – Ce jardin public est agréablement tracé et ombragé.

Moingt – *Sortie Sud de Montbrison, par la D 8.*
Cette ancienne cité, de fondation romaine, possède l'église St-Julien dont le clocher est remarquable par ses chapiteaux à entrelacs datant du 11e s.
La place de l'église s'ouvre par une porte voûtée, flanquée d'une tour du 15e s., derniers vestiges d'un château médiéval.

EXCURSIONS

Circuit de 17 km – *environ 1 h 3/4. Quitter Montbrison au Nord par la D 8.*

★**Champdieu** – *Page 79.*

Chalain-d'Uzore – Le **château** ⓥ (14e-16e s.) est surtout intéressant pour son ancienne salle de Justice, transformée en salle des Fêtes à la Renaissance (cheminée monumentale), et pour sa galerie aux portes sculptées. De la terrasse, jolie vue sur les monts du Forez. Jardins à la française.

Regagner Montbrison par les D 5 et D 8.

Montrond-les-Bains – *Quitter Montbrison à l'Est par la D 496.*
Cette station thermale du Forez, où l'on soigne l'obésité et le diabète, possède un **château** ⓥ dont les ruines se dressent sur une motte près de la Loire. Brûlé au 18e s., il a gardé intact son mur d'enceinte. On pénètre par un vaste porche orné de pilastres cannelés et de chapiteaux. Le corps de logis des 14e et 15e s. en partie ruiné présente de belles fenêtres à meneaux et de monumentales cheminées. Belle vue sur la plaine et les monts du Forez à l'Ouest, le mont Pilat au Sud-Est.

★**Circuit de 70 km par le col des Supeyres** – *Description p. 101.*

Le MONT-D'OR LYONNAIS★

Carte Michelin n° 246 plis E, F.

Dominant la vallée de la Saône en amont de Lyon, le petit massif du Mont-d'Or constitue un pays au charme rural. Ses sommets offrent d'admirables points de vue.

Un îlot calcaire – Vu du Nord, le Mont-d'Or semble un récif émergeant de l'ample val de Saône en raison de ses dimensions modestes (6 km sur 12) et de l'altitude de ses sommets : mont Verdun (625 m), mont Thou (609 m), mont Cindre (469 m). Les affleurements calcaires donnent au terrain une riche coloration ocrée. Carrières exploitées depuis le 15e s.

Végétation et habitat – Les pentes exposées au Midi sont assez arides, piquetées de buis sauvages et d'arbustes. Les versants Nord sont plus boisés. Vergers, vignes, jardinets fleuris, petites cultures et pâturages composent le joli décor des vallons intérieurs. On y voit, surtout du côté de Lyon et sur le versant regardant la Saône, des villas et des maisons modernes. Mais les restes de l'habitat ancien, de type méridional, des parcelles cultivées bordées de vieux murs de pierre sèche subsistent notamment autour de Poleymieux.

CIRCUIT DES SOMMETS

55 km – environ 2 h 1/2 – schéma ci-dessous

Quitter Lyon par ⑪ du plan, N 6, et emprunter à droite la D 42 vers Limonest. Au centre du bourg, tourner à droite dans la D 73 puis, à la sortie du village, prendre, à gauche, la D 92 en direction du col du mont Verdun.

La route contourne le **château de la Barollière** (18e s.), flanqué de tourelles carrées, et offre de belles **échappées★** vers les monts du Lyonnais.
Le col **du mont Verdun** est occupé par un fort datant de 1875 *(accès interdit).*

Au col, tourner à gauche.

La descente offre de jolies vues sur le val de Saône.

Aux premières maisons de Poleymieux, prendre à gauche, puis à droite dans un chemin de terre sur 200 m. L'accès à la Croix-Rampau se fait à pied par un sentier en montée à gauche.

★**Croix-Rampau** – Table d'orientation. Le **panorama** s'étend, par temps favorable, du Puy de Dôme au mont Blanc.

Regagner le bourg de Poleymieux en se dirigeant vers l'église et remonter le vallon jusqu'à la maison d'Ampère.

Maison d'Ampère ⓥ – Le savant lyonnais **A.-M. Ampère** (1775-1836) passa ici son enfance et ses premières années d'homme.
Ses découvertes en mathématiques, en physique, en chimie, le placent au premier rang des pionniers de la science au 19e s. Ses distractions *(voir p. 27)* sont bien connues. Dans la chapelle, à droite, on peut suivre une présentation audiovisuelle de la vie et de l'œuvre d'Ampère. La « chambre à recevoir » évoque le cadre de l'existence familiale ; la salle des « Trois Ampère » rappelle la vie du savant, celle de son père mort sur l'échafaud en 1793 et celle de son fils Jean-Jacques, historien et littérateur. Dans le **musée de l'Électricité★**, des appareils permettent d'exécuter les expériences fondamentales sur les courants, les aimants, etc. Une importante collection d'appareils électroniques, de génératrices électriques, permet de comprendre l'histoire de l'électricité.

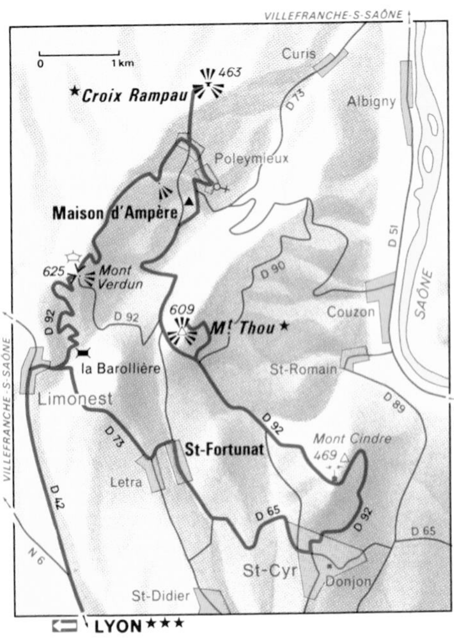

Prendre la direction de St-Didier et, au 1er carrefour, obliquer à gauche vers le mont Thou.

★**Point de vue du mont Thou** – A 50 m du sommet *(terrain militaire, accès interdit)*, une esplanade offre une **vue** sur le val de Saône, le mont Cindre, Fouvière et l'agglomération lyonnaise.

A la descente du mont Thou, se diriger vers le mont Cindre. Contourner, par la droite, la tour-relais de télédiffusion, d'où la D 92 descend vers St-Cyr. A l'entrée de St-Cyr, dominé par un donjon, prendre à droite la D 65 en direction de Limonest, puis encore à droite la route menant à St-Fortunat.

St-Fortunat – Le village, étiré en ruelle sur une raide échine rocheuse, est amusant à découvrir. A mi-côte, s'inscrit le portail flamboyant de son humble chapelle.

Du haut de St-Fortunat, prendre à gauche, redescendre vers St-Didier et, aussitôt, tourner à droite dans la D 73.

Vues sur les monts du Lyonnais, en arrière de Fourvière.

Retour à Lyon par Limonest, la N 6 et ⑪ du plan.

MONTÉLIMAR

29 982 habitants (les Montiliens)

Cartes Michelin n° 81 pli 1 ou 246 plis 21, 22 – Schéma p. 196.

Montélimar doit son nom à une forteresse féodale – « Mont-Adhémar » – élevée au 12ᵉ s. par la puissante famille des Adhémar. Son dernier représentant fut, au 17ᵉ s., le comte de Grignan, gendre de Mme de Sévigné. Des neuf portes que comportait l'enceinte, seule subsiste la porte **St-Martin** (Y) au Nord.

L'« aménagement de Montélimar » a constitué la deuxième étape du programme d'équipement du Bas-Rhône, par la CNR, après les travaux de Donzère-Mondragon et s'apparente à ceux-ci par la conception d'ensemble et par la technique.

La dérivation de Montélimar alimente l'**usine de Châteauneuf** *(voir p. 196)*.

Le nougat – L'industrie du nougat est relativement récente. C'était à l'origine une simple fabrication artisanale. Au 16ᵉ s., l'amandier, originaire d'Asie, fit son apparition en France. Olivier de Serres en fit planter dans son domaine du Pradel *(p. 270)*. La proximité de cette culture des amandes, qui se généralisa sur le plateau des Gras, du miel de Provence et des Alpes a fixé l'industrie du nougat à Montélimar. Dans la première moitié du 20ᵉ s., des usines furent créées et la fabrication prit dès lors une grande extension. Les magasins de nougat sont concentrés sur les allées du Champ-de-Mars et la route de Marseille.

CURIOSITÉS

Château (Y) ⏱ – La forteresse primitive (12ᵉ s.) a été agrandie au 14ᵉ s. sous la domination papale. Elle servit de prison de 1790 à 1929. La visite se limite au logis seigneurial et au chemin de ronde.

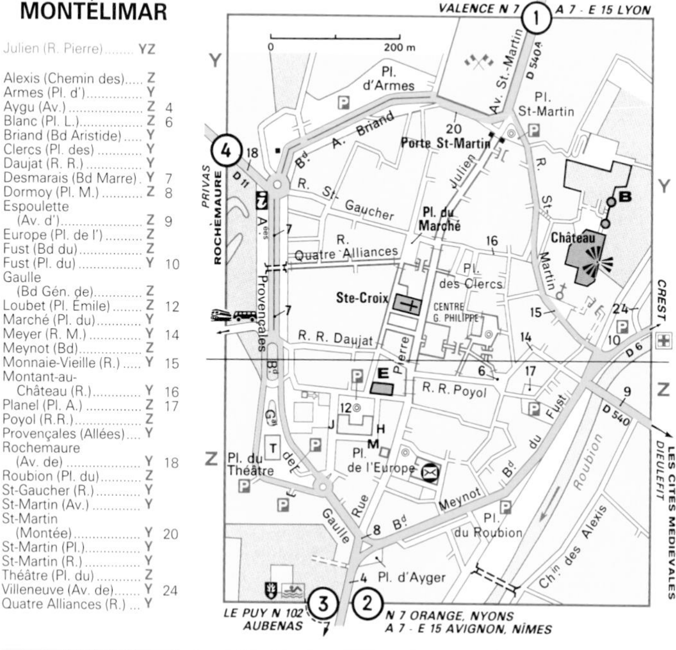

B Tour de Narbonne — **E** Maison de Diane de Poitiers

Au Nord, se dresse la massive **tour de Narbonne** (**Y B**). Du rez-de-chaussée du donjon, un escalier à vis mène au chemin de ronde d'où un vaste **panorama** se découvre à l'Ouest sur la ville, et à l'Est sur les Préalpes drômoises.
La façade Ouest du **logis seigneurial** est percée, au 1er étage, de **neuf belles fenêtres romanes**.

Vieille ville – Autour de la **collégiale Ste-Croix** du 15e s. (**Y**), mais reconstruite après les guerres de Religion, la plupart des rues sont surplombées par des génoises *(voir p. 41)*. Avec ses façades colorées ornées de balcons en fer forgé et ses arcades, la **place du Marché** présente un caractère typiquement méridional.
La place Émile-Loubet est bordée au Nord par la **maison de Diane de Poitiers** (**Z E**) qui présente une belle façade percée de fenêtres à meneaux.

★CHÂTEAU DE ROCHEMAURE

7 km par ④ du plan – environ 3/4 h. Description p. 204

★LES CITÉS MÉDIÉVALES

Circuit de 78 km – environ 3 h 1/2

Quitter Montélimar par la D 540. A 2 km sur la droite, s'élève une ancienne usine de moulinage, où on laisse la voiture.

Montboucher-sur-Jabron – Dans ce village, un intéressant **musée de la Soie** ⓥ a été aménagé dans un ancien moulinage. La chaîne complète du travail de la soie, qui faisait vivre les magnaneries de la région au 19e s., est évoquée par une série de métiers d'époque introduisant dans le domaine de la filature (dévidage du cocon), du moulinage (opération consistant à tordre le fil de soie pour le rendre plus solide) et du tissage. Un petit montage audiovisuel instruit sur la sériciculture (éducation méthodique du bombyx du mûrier ou ver à soie).

Peu après le passage sous l'autoroute, prendre à droite vers Puygiron.

Remarquer les maisons rurales de la plaine de la Valdaine. Les habitations, en calcaire, dépouillées extérieurement, se protègent parfois du mistral, du côté Nord, par un mur aveugle et un rideau de cyprès.

Puygiron – Dominé par son ancien château (13e-16e s.), le village vaut surtout par son **site**★. Il offre une vue sur les Trois-Becs, Marsanne et le plateau du Coiron.

Revenir à la D 540, que l'on emprunte à droite.

★**La Bégude-de-Mazenc** – *Au carrefour central du bourg moderne, emprunter, à gauche, la D 9 puis la petite route revêtue menant à l'entrée du vieux village perché ; y laisser la voiture.*
On pénètre dans le lacis des ruelles par une porte fortifiée, s'adossant au chevet de l'église en partie romane. Les vieilles maisons se relèvent peu à peu de leurs ruines grâce, notamment, à une activité d'artisanat d'art. Un chemin en forte montée mène au sommet de la butte couronnée d'une jolie pinède. Dans le vieux cimetière, remarquer le chevet à trois absidioles de la chapelle Notre-Dame (12e s.).
A la descente, jolies vues plongeantes.

La D 540 remonte, en direction de Dieulefit, la vallée du Jabron.

Le Poët-Laval – Lieu de séjour. Le village occupe un **site**★ escarpé et conserve un ensemble médiéval intéressant : une commanderie de Malte, un donjon du 12e s., des vestiges de remparts et des maisons du 15e s.
De l'ancienne église, ne subsistent que le clocher et l'abside romane. L'ancien temple, aménagé au 17e s. dans la maison d'un chevalier du 15e s. au centre du village *(suivre les indications)*, abrite la bibliothèque (documents sur l'histoire régionale) et le **musée du Protestantisme dauphinois** ⓥ.

J. Guillard/SCOPE

Le Poët-Laval

Reprendre la D 540.

La vallée du Jabron est jalonnée d'ateliers de potiers.

Dieulefit – Joliment située dans un bref élargissement de la vallée du Jabron, cette petite ville, de confession en partie protestante, vit du tourisme, du séjour des curistes, grâce à son centre de remise en forme, et de son artisanat d'art qui a contribué à la renommée de ses poteries.

La D 538 descend la vallée du Lez, dominée par les vestiges féodaux de Béconne et le donjon de Blacon (14e s.).

Tourner à droite dans la D 14 vers Taulignan.

Taulignan – *Description dans le guide Vert Michelin Provence.*

★**Grignan** – *Description dans le guide Vert Michelin Provence.*

Retour à Montélimar par la D 4.

Beaux **points de vue** en direction des contreforts du Vercors et vers le bassin du Roubion. A la descente du Fraysse, on aperçoit, en avant, les ruines imposantes du **château de Rochefort-en-Valdaine**, dominant le vallon boisé de la Citelles.

Le Teil – *6 km par ③ du plan.* *Description p. 236.*

DE MONTÉLIMAR A MIRMANDE *55 km – environ 2 h 1/2*

Quitter Montélimar par la N 7, route de Valence. A l'Homme-d'Armes, prendre la direction de Savasse par la D 165. A 2 km, prendre la deuxième route à gauche en montée vers le relais de télévision, signalé table d'orientation.

Savasse – Du sommet de la colline (alt. 388 m, table d'orientation), dont le versant méridional porte le vieux village avec ses vestiges de remparts et son église du 12e s., se découvre un vaste **panorama**★ : à l'Ouest, le talus vivarois précédé des installations de la centrale nucléaire de Cruas-Meysse, au Nord et à l'Est, les Préalpes drômoises, dont les Trois-Becs, au Sud, le défilé de Donzère et les promontoires du Tricastin, derrière lesquels se profile le mont Ventoux.

Poursuivre par la D 165, à gauche, puis la D 6[AD] en direction de St-Marcel-lès-Sauzet.

St-Marcel-lès-Sauzet – Ce village conserve une église romane qui appartenait jadis à un prieuré clunisien (11e-12e s.). Remarquer surtout l'harmonieuse ordonnance intérieure, de type roman provençal.

Par Sauzet et la D 105, gagner Marsanne.

Marsanne – Patrie d'**Émile Loubet**, président de la République de 1899 à 1906. Le bourg est dominé par les vestiges d'un village féodal, escaladant un éperon rocheux. En haut d'une ancienne porte fortifiée, église romane du prieuré St-Félix. Au Nord du village, dans un vallon de la forêt de Marsanne, la **chapelle N.-D. de Fresneau** édifiée par Bossan, architecte de Fourvière à Lyon, accueille un pèlerinage depuis le 12e s. *(le 8 septembre ou le dimanche le plus proche).*

Par la D 57, gagner Mirmande.

Mirmande – Ancien bourg fortifié dont les vieilles maisons s'étagent joliment au flanc d'une colline.

Laisser la voiture en bas du village.

Vers 1930, grâce au peintre André Lhote (1885-1962), s'y établit une colonie d'artistes séduits par le site. La montée à l'église Ste-Foy (12e s.), tout en haut du village, procure de belles vues sur la vallée du Rhône et les monts du Vivarais.

Revenir à Montélimar par la N 7.

MONTPEZAT-SOUS-BAUZON

698 habitants

Cartes Michelin n° 76 pli 18 ou 239 pli 47 - Schéma p. 60.

Le vieux bourg de Montpezat domine un cirque de prairies et de châtaigniers. La route montant de Pont-de-Labeaume à Montpezat (D 536) est établie sur la coulée basaltique du volcan voisin, la Gravenne de Montpezat, qui a comblé la vallée au début de l'ère quaternaire. La Fontaulière, affluent de l'Ardèche, a dû se creuser un nouveau lit à travers les laves, ou parfois entre lave et granit, mettant au jour de belles colonnades prismatiques. Montpezat a donné son nom à un important ensemble hydro-électrique.

L'ensemble hydro-électrique – Mis en service en 1954, c'est le premier exemple en France d'un ensemble chevauchant la ligne de partage des eaux entre l'Atlantique et la Méditerranée. EDF a utilisé une disposition géographique à peu près unique : la Loire coule à la Palisse, près du lac d'Issarlès, à une altitude voisine de 1 000 m ; à 17 km de là, sur le versant Sud-Est du massif du Mézenc, la Fontaulière coule à l'altitude de 350 m, si bien qu'en perçant un tunnel de 13 km de longueur on réalisait une chute de 650 m.

L'ensemble comprend plusieurs barrages destinés à collecter les eaux de la vallée supérieure de la Loire et de ses affluents. Le lac d'Issarlès est utilisé comme réservoir. Le tunnel d'amenée des eaux débouche à l'altitude de 912 m, au-dessus du

ravin de la Fontaulière. Une conduite forcée longue de 1 450 m conduit l'eau à **l'usine souterraine** ⊙ située à 60 m au-dessous du lit du torrent : cette disposition a permis d'augmenter d'autant la hauteur de chute de la centrale de Montpezat (640 m) dont la puissance s'élève à environ 120 000 kW et la productibilité moyenne à 300 millions de kWh.
Depuis juin 1987, à 1 km en amont de la Fontaulière, le barrage du **Pont de Veyrières** assure, entre autres, avec une puissance totale de 3 050 kW et une productibilité moyenne de 12 GWh la régularisation des restitutions de l'usine de Montpezat.

CURIOSITÉS

★**Éperon de Pourcheyrolles** – *En venant de Pont-de-Labeaume, 800 m avant Montpezat, emprunter à droite, 600 m après le chemin d'accès à l'usine électrique, un court chemin revêtu. Laisser la voiture au terme du revêtement et se diriger (1/4 h à pied AR), côté amont, vers des vestiges de constructions en béton.*
A environ 100 m, en contrebas du dernier pylône en fer, un promontoire offre un point de vue excellent sur l'éperon basaltique portant les ruines du château féodal de Pourcheyrolles, à droite, la coulée basaltique s'arrondit en forme de cirque : la Pourseille saute l'obstacle par une jolie cascade.

Église N.-D.-de-Prévenchère ⊙ – *Aussitôt franchi le pont sur la Fontaulière, emprunter en voiture la petite route des Chaudouards qui s'embranche à droite.*
C'est un sobre édifice, des 12e et 13 s. L'intérieur est remarquable par ses quatre courtes nefs et par la variété de leurs voûtes, romanes ou gothiques. La nef principale est flanquée, à droite, de deux collatéraux. Remarquer les voûtes à pans des absides polygonales.

La ville basse – *Reprendre en voiture la direction de Montpezat.*
L'étroite rue de traversée est bordée de vieilles maisons de granit de type montagnard, à la silhouette trapue, aux façades souvent bombées, percées de porches bas en plein cintre.
L'une d'entre elles, à droite, se distingue par sa construction en pierres volcaniques noires et son joli décor sculpté (17e s.).

MONTVERDUN

698 habitants

Cartes Michelin n° 88 Sud du pli 5 ou 239 pli 23.

Le « pic » de Montverdun est une éminence volcanique, formée, à l'ère tertiaire, par les mouvements tectoniques qui ont donné naissance à la plaine du Forez. Le prieuré, fondé au 8e s. par **saint Porcaire**, fut confié au 13e s. aux bénédictins de l'abbaye de la Chaise-Dieu *(voir le guide Vert Michelin Auvergne)*, qui, au gré des extensions territoriales, en firent un domaine important en Forez. Le dernier moine s'y éteignit en 1700.

ANCIEN PRIEURÉ ⊙ *visite : 1/2 h*

Partant du bourg moderne, une route mène à la butte. Laisser la voiture à l'extérieur de l'enceinte.

Du monastère fortifié ne subsistent plus que des soubassements en pierre, l'église et quelques vestiges des bâtiments conventuels, dont le logis prieural. Le cloître a complètement disparu.

Église – C'est un édifice des 12e et 15e s., dont la sévérité est accentuée par l'emploi de basalte noir. La nef et l'unique bas-côté, au Sud, sont voûtés en ogives. Remarquer un bénitier du 15e s. et un autel en bois doré du 18 s., dédié à la Vierge. Dans le transept coupé d'une coupole sur trompes, des pierres tombales sont encastrées au sol, dont celle portant l'effigie et l'épitaphe de Renaud de Bourbon, archevêque de Narbonne et prieur à Montverdun de 1466 à 1482 (croisillon Sud). A gauche, dans le chœur, est exposée la châsse en argent, finement ciselée (17e s.) de saint Porcaire, torturé par les Sarrasins au 8e s.
Des peintures murales ont été dégagées : remarquer celles surmontant la porte dans le mur Nord, qui donne accès au cimetière.

Cimetière – Il est jonché de croix en fonte, disposées dans un aimable désordre. Du cimetière, l'aspect fortifié du monastère apparaît plus évident : hautes murailles percées de meurtrières, tour crénelée. Les dimensions imposantes du clocher de l'église laissent supposer la présence d'un hourd autrefois. Par ailleurs, on distingue les deux absidioles du chevet, invisibles de l'intérieur parce que murées.

Logis du Prieur – Il a conservé sa remarquable **galerie en chêne**★ du 15e s. A l'étage, dans la salle ornée d'une cheminée gothique aux armes de Renaud de Bourbon, a été dégagé un ensemble de décors peints superposés, dont les premiers dateraient du début du 13e s.

★**Point de vue** – Du terre-plein, la vue s'étend sur le Forez, le Beaujolais, le Lyonnais, et barrant la perspective au Sud, le mont d'Uzore.

MORESTEL

2 972 habitants

Cartes Michelin n° 88 Sud du pli 10 ou 244 pli 16.

La D 517, en venant de Crémieu, offre, à 800 m de Morestel, une jolie **vue** sur le bourg, dominé par son église gothique et les vestiges d'une tour carrée du 12e s. Le site et sa lumière très particulière attirent, depuis le milieu du 19e s., de nombreux artistes (Corot, Daubigny, Turner), ce qui a valu à Morestel le surnom de « cité des peintres ».

EXCURSIONS

Circuit de 25 km – *Compter 1/2 journée. Quitter Morestel au Nord par la D 16 jusqu'à Creys où l'on prend à droite vers le plateau.*

Château de Mérieu – Datant, en majeure partie, du 17e s., il occupe un **site★** magnifique sur la rive gauche du Rhône, dans un cadre de prairies et de bois se détachant sur les escarpements du Bugey méridional.

Revenir à Creys et prendre à droite vers le site de la centrale nucléaire.

Centre nucléaire de Creys-Malville ⓥ – Du belvédère d'observation situé à l'extrémité du parking, la vue embrasse l'ensemble du site.
Construite sur des alluvions du Rhône, face aux monts du Bas Bugey, « Superphénix » est une centrale nucléaire équipée d'un réacteur à neutrons rapides refroidi au sodium. Réalisée par la société européenne NERSA, elle développe une puissance électrique de 1 200 MW. Prototype de taille industrielle de la filière des surgénérateurs, elle produit plus de matière fissile (productrice d'énergie) qu'elle n'en consomme, assurant ainsi pour l'avenir d'importantes réserves. C'est ce que symbolise, sur la face Est de la salle des machines, un phénix (oiseau mythologique renaissant de ses cendres) stylisé.
Entre deux films documentaires (20 mn chacun) suivis d'un petit exposé, le visiteur est conduit devant le bloc-réacteur abrité dans un cylindre de 85 m de hauteur que flanquent 4 générateurs de vapeur, puis introduit dans la salle des machines où deux groupes turbo-alternateurs de 620 MW produisent l'énergie électrique, qui, en finale, est couplée au réseau d'EDF.

Retour à Morestel par les D 14 et N 75.

Parc d'attractions Walibi Rhône-Alpes ⓥ – *15 km. Quitter Morestel au Sud par la N 75, route de Grenoble. A Veyrins, prendre à gauche vers les Avenières où l'on prend à droite la D 40 vers le parc (accès signalisé).*
Environné d'étangs, ce parc propose aux amateurs de sensations fortes, dans une ambiance de Far West, le « grand huit », la « grande roue », aux passionnés de jeux aquatiques, la « piscine-toboggan », la « rivière canadienne », le spectacle « féerie des eaux ».
Des petits manèges, un podium animé par des clowns ainsi qu'un ranch à poneys amuseront les enfants.
On peut faire le tour du parc dans un petit train et parcourir l'étang à bord d'un bateau à roues.

Aven d'ORGNAC★★★

Cartes Michelin n° 80 pli 9 ou 245 pli 14 ou 246 pli 23 – Schéma p. 57.

Jusqu'au 19 août 1935, les habitants d'Orgnac-l'Aven ne s'étaient guère souciés du gouffre qu'ils avaient appelé « le Bertras ». **Robert de Joly** (1887-1968), président de la Société spéléologique de France, qui l'explora à cette date, leur en révéla les richesses. Cet ingénieur de l'École d'électricité de Paris, passionné de spéléologie, fut un hardi explorateur de cette région des Cévennes où il résida. Il joua également un rôle fondamental dans la mise au point du matériel et de la technique d'exploration.
Les immenses salles de cet aven doivent leur origine à l'action des eaux souterraines alimentées par infiltration dans les calcaires fissurés. Les premières concrétions, qui avaient parfois 10 m de diamètre, furent brisées par un tremblement de terre qui se produisit à la fin de l'ère tertiaire ; ces colonnes tronquées ou renversées servent de base à des stalagmites plus récentes *(1)*.

VISITE ⓥ *environ 1 h*

Température intérieure 13°. 788 marches à gravir ou à descendre.

La salle supérieure, dans laquelle s'élève un énorme cône d'éboulis, est étonnante par ses dimensions et ses perspectives. La faible lueur qui tombe de l'orifice naturel de l'aven l'éclaire d'une teinte bleutée un peu irréelle ; à l'aplomb de cet orifice, la hauteur sous voûte atteint 40 m. Cette salle possède de magnifiques stalagmites, dont la diversité se constate aisément : l'aspect de « palmiers » des plus volumi-

(1) Pour plus de détails, lire « L'Aven d'Orgnac », par R. de Joly (en vente à l'aven).

neuses, au centre, indique une formation par écoulement relativement rapide des eaux infiltrées dans la voûte ; les « pommes de pin » s'en distinguent par un étranglement de leur fût témoignant des variations du climat ; d'autres stalagmites, plus grêles, évoquant des « piles d'assiettes », résultent du lent suintement de hauts plafonds peu épais ; sous les plafonds bas prospèrent essentiellement les « cierges », bien lisses, au tracé rectiligne ou « en baïonnette ». La plupart du temps la hauteur de voûte n'a pas permis aux stalagmites de former des colonnes ; elles se sont épaissies à la base, atteignant parfois un diamètre imposant.
Dans une niche du « buffet d'orgues », monumentale collusion de draperies et de stalagmites, est déposée l'urne contenant le cœur de R. de Joly.
Dans la salle du Chaos, encombrée de concrétions tombées de la salle supérieure, de magnifiques draperies blanches, rouges ou brunes s'échappent d'une fissure de la voûte. L'éclairage variable offre l'attrait d'une découverte progressive des stalagmites et stalactites ; l'épaisseur de la voûte, bien plus importante qu'au-dessus de la salle supérieure, favorise la croissance de ces dernières en régularisant le débit des eaux d'infiltration.
Le décor fantastique de la première salle rouge s'agence autour de colossaux piliers de calcite. Les salles rouges doivent leur nom au manteau d'argile, résidu de la dissolution du calcaire, qui tapisse sol, parois et concrétions. Là s'ouvre aussi le puits intérieur le plus profond de l'aven (34 m), qui conduit à une autre cavité.

« Rando' souterraine » ⌚ – Aux visiteurs passionnés, s'offre la possibilité d'un contact unique et privilégié avec l'aven : le parcours des salles rouges, magnifique secteur demeuré tel que lors de sa découverte, exempt d'aménagement hormis l'éclairage électrique. Cette promenade effectuée en groupe restreint, raisonnable compromis entre la visite traditionnelle et le safari spéléologique, ne présente pas de difficulté et ne requiert aucun effort physique particulier.

Musée de Préhistoire ⌚ – Les salles ordonnées autour d'un patio rassemblent les produits des fouilles pratiquées en Ardèche et dans le Nord du Gard depuis le paléolithique inférieur jusqu'au début de l'âge du fer, soit de 350 000 à 600 ans avant J.-C. Des reconstitutions (cabane acheuléenne d'Orgnac 3, atelier de taille du silex ou grotte ornée de la Tête du Lion) introduisent dans le mode de vie des hommes préhistoriques.

S. Van Poucke/AVEN d'ORGNAC

Aven d'Orgnac – La salle supérieure

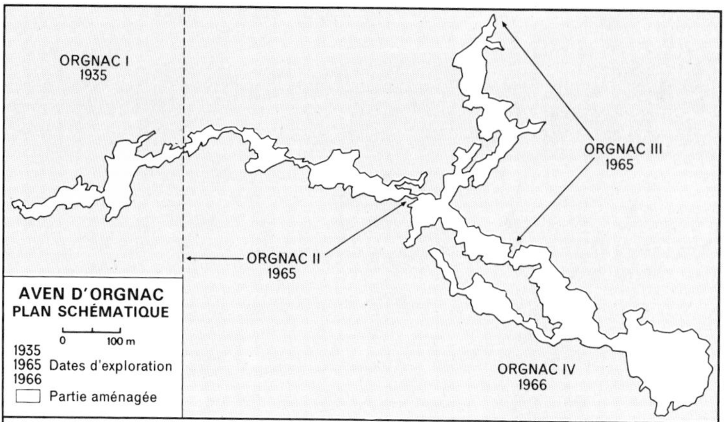

ORGNAC I
1935
ORGNAC II
1965
ORGNAC III
1965
ORGNAC IV
1966
AVEN D'ORGNAC
PLAN SCHÉMATIQUE
0 100 m
1935
1965 Dates d'exploration
1966
Partie aménagée

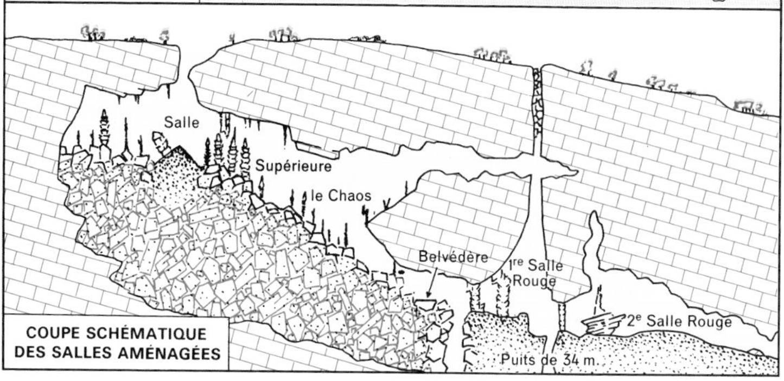

Salle
Supérieure
le Chaos
Belvédère
1re Salle
Rouge
2e Salle Rouge
Puits de 34 m.
COUPE SCHÉMATIQUE
DES SALLES AMÉNAGÉES

Bois de PAÏOLIVE★

Carte Michelin n° 80 pli 8.

Ce chaos calcaire du Bas Vivarais s'étend sur environ 16 km², au Sud-Est des Vans, de part et d'autre du Chassezac *(voir le guide Vert Michelin Gorges du Tarn).*
Le calcaire de Païolive est une roche grisâtre d'époque jurassique (ère secondaire), dure et qui résiste bien à l'érosion mécanique ; sa perméabilité résulte uniquement de ses fracturations. En revanche, elle subit fortement l'érosion chimique. Les eaux de pluie, chargées d'acide carbonique, ont, en dissolvant le carbonate de chaux que contient le calcaire, transformé de simples fissures en crevasses profondes, donnant naissance à des rochers ruiniformes. D'autre part, les résidus argileux provenant de la décomposition de la roche, associés aux anciennes alluvions, ont permis le développement de la végétation (chênes rouvres surtout).

VISITE *environ 2 h*

La D 252 traverse le bois d'Ouest en Est.

A environ 300 m de la D 901, on découvre à une vingtaine de mètres, à droite en venant des Vans, un rocher caractéristique : l'Ours et le Lion.

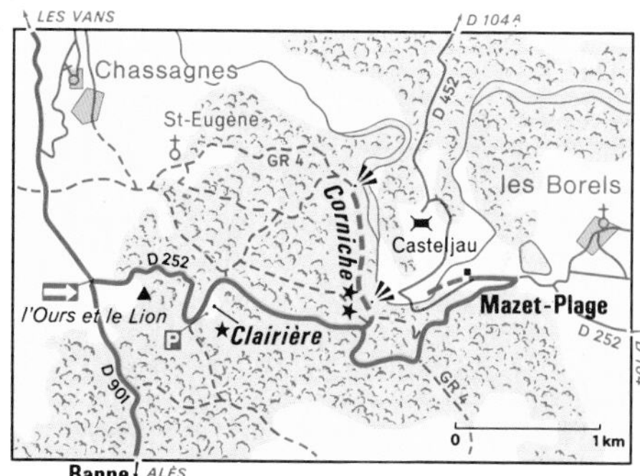

★**Clairière** – Une clairière est accessible aux voitures près de la D 252, dans un grand virage à droite en venant des Vans, par une rampe non revêtue. Cette clairière est établie sur une doline *(voir p. 18)*. La dimension des arbres permet d'y pique-niquer à l'ombre. De là, on peut partir à la découverte des rochers les plus proches.

LES VANS
D 104 A
Chassagnes
St-Eugène
GR 4
D 452
les Borels
Corniche
Casteljau
D 252
l'Ours et le Lion
★Clairière
Mazet-Plage
D 252
D 104
D 901
GR 4
0
1 km
Banne
ALÈS

★★**Corniche du Chassezac** – *3/4 h à pied AR. Emprunter à gauche le sentier tracé dans le prolongement de la D 252 venant des Vans et passant sous une ligne téléphonique (laisser à gauche un autre sentier passant également sous la ligne).*
Après s'être avancé de quelques mètres, on aperçoit au loin, sur la ligne du plateau, le manoir de Casteljau, flanqué de deux tours d'angle d'égale hauteur. Suivre le sentier en prenant pour repère le château dont la silhouette se précise. Au bout d'une centaine de mètres, le sentier oblique légèrement à gauche, toujours en direction du manoir.
A moins de 10 mn de marche, on découvre soudain la grandiose tranchée du Chassezac, serpentant au pied de falaises forées de cavités. La corniche, en à pic de 80 m, se poursuit à gauche, face au château, jusqu'à un belvédère situé en amont.
Revenir par le même chemin ou, pour les amateurs de marche, par les sentiers indiqués sur le schéma ci-dessus.

Mazet-Plage – *Un chemin revêtu, partant de la D 252, mène, en 300 m, à quelques maisons proches de la rivière.*
On peut longer le Chassezac vers la gauche, sur environ 500 m, parmi les gros galets et les petits saules face aux étranges falaises criblées de cavités *(1/4 h à pied AR).*

Banne – *A 6 km du carrefour entre les D 901 et D 252. Laisser la voiture sur la place. Gravir la rampe derrière le calvaire.*
On accède à une plate-forme gazonnée dominant la dépression du Jalès. Du sommet des rochers, portant les vestiges de l'ancienne citadelle de Banne, vaste **panorama**★ sur les confins du Gard et de la Basse-Ardèche. A demi enfoncée dans la plate-forme, du côté Sud-Ouest, on peut voir une longue galerie voûtée : elle servait d'écuries au château de Banne, abattu après l'échec des contre-révolutionnaires du camp de Jalès.

Lac de PALADRU★

Cartes Michelin n° 88 pli 22 ou 246 pli 3.

Le lac de Paladru (390 ha) occupe une dépression d'origine glaciaire parmi les collines verdoyantes du Bas-Dauphiné. Principalement alimenté par les précipitations, il possède, à son extrémité Sud, un émissaire, la Fure qui va se jeter dans l'Isère. Ses eaux couleur d'émeraude forment une jolie nappe étirée sur 6 km, qui, pendant la belle saison, attire de nombreux Lyonnais et Grenoblois, amateurs de sports nautiques et de randonnées. Les pêcheurs s'y exercent avec satisfaction : omble chevalier, lavoret et écrevisses.
Les fermes des coteaux dominant le lac et la vallée supérieure de la Bourbre intéresseront les curieux d'habitat traditionnel. Elles sont remarquables par leur vaste toiture débordante, encapuchonnant parfois la grange presque jusqu'au sol. Les murs sont en pisé parfois associé aux galets.
C'est dans le cadre agreste de la vallée voisine de la Bourbre, au château de Pupetières que **Lamartine** composa, en 1819, son célèbre poème : *Le Vallon*, publié l'année suivante avec ses *Premières Méditations*.

LA CIVILISATION DU BOIS

Dans sa partie méridionale, le lac de Paladru recèle deux sites archéologiques immergés d'un grand intérêt. Loin de conforter l'existence de cités palafittes (bâties sur pilotis), la découverte de nombreux pieux et madriers émergeant par basses eaux a permis d'affirmer que ceux-ci constituaient l'ossature de maisons construites sur des hauts-fonds de craie lacustre, lesquels furent, à plusieurs reprises, affectés par des variations du niveau du lac.
La variété et l'abondance des vestiges mis au jour ainsi que l'analyse des pollens contenus dans les sédiments ont contribué à définir la nature du manteau forestier environnant et les activités quotidiennes des habitants, largement orientées vers l'exploitation du bois. Cette matière première, très abondante dans la région, a été utilisée, en effet, à des fins multiples, dont l'habitat et le façonnage des objets domestiques.

La station des « Baigneurs » – Ce village néolithique d'agriculteurs a connu autour de l'an 2700 avant J.-C. deux phases d'occupation successives se rattachant à la civilisation Saône-Rhône. Grâce à la présence de manches de haches et de cuillères en bois, de silex taillés, de fusaïoles ainsi que de débris calcinés, on a pu mettre en évidence, outre la production artisanale, la pratique, après déforestation, de l'écobuage – fertilisation des sols par brûlage des arbres abattus – précédant la mise en culture (blé, pavot, lin).

Le site de Colletière – Actuellement noyé sous 6 m d'eau, il révèle un habitat fortifié établi à la fin du 10e s. à la suite d'une baisse sensible du niveau du lac correspondant à une embellie climatique. Les habitants ont vécu là jusqu'au début de l'an mille lorsqu'une montée brusque des eaux les ont obligés à quitter précipitamment les lieux en abandonnant leurs biens. L'intérêt archéologique exceptionnel de Colletière réside dans l'absence, depuis son immersion, de pillage ou de dégradation.

Les habitants étaient à la fois cultivateurs, éleveurs et pêcheurs. La bonne préservation des habitats a permis la reconstitution très élaborée du site, avec une maquette représentant les trois bâtiments identifiés. Au centre, la principale demeure comporte un toit à 4 pans en chaume et aux murs de pisé. Les deux autres demeures, plus petites, présentaient la même configuration. L'ensemble était protégé par une palissade de 4 à 5 m de haut. Les archéologues estiment probable une population d'une centaine d'individus. Le milieu lacustre a parfaitement protégé de nombreux objets usuels fragiles qui habituellement nous parviennent rarement : chaussures en cuir intactes, textiles, instruments rares de musique en bois (tambourin, hautbois, embout de cornemuse), des jeux (intégralité d'un jeu d'échecs) et même des jouets reproduisant des armes (arbalète). L'étude des restes alimentaires et des débris laisse à penser qu'il y avait une entière polyvalence dans les activités et peu de hiérarchie entre les groupes.
La découverte d'équipements d'équitation, des lances et des armes lourdes attestent que des cavaliers, ayant des fonctions militaires régulières, assuraient la défense de la communauté. Les paysans-pêcheurs de Colletière étaient, en fait, aussi chevaliers. Cette société pré-féodale était régie par des règles égalitaires devant le travail et paraissait subvenir largement à ses besoins.
Vers 1040, l'abandon des habitats littoraux, la colonisation du lac de Paladru se poursuit avec l'apparition sur les collines environnantes des premières « mottes castrales ». Remplacées pour bon nombre d'entre elles par des constructions en pierres au cours du 12e s., elles constituent les noyaux des futurs fiefs des grandes familles dauphinoises : tour de Clermont *(voir ci-dessous)*, les 3 Croix (à Paladru), château de Virieu, La Louvatière et château de Montclar.

Musée du lac de Paladru ⓥ – Il présente le résultat des fouilles subaquatiques des villages engloutis du néolithique et du Haut Moyen Âge. La présentation des plus belles pièces mises au jour, de superbes maquettes et des audiovisuels font revivre au visiteur la vie quotidienne des habitants à deux époques charnières de l'histoire du lac.

ENVIRONS

Au départ de Charavines, des promenades faciles procurent d'agréables vues d'ensemble sur le lac et le relief méridional. Il existe des possibilités de tour pédestre du lac, se renseigner à l'Office de tourisme de Paladru. Des **visites découvertes du patrimoine** ⓥ du lac sont organisées par la Maison du Pays d'art et d'histoire de Paladru.

La tour de Clermont – *(45 mn). Au départ de Charavines, suivre le chemin longeant la Fure jusqu'au pont de la D 50, puis prendre à gauche le chemin balisé en jaune qui monte à travers prés. Après la traversée du hameau de la Grangière, un chemin à gauche mène à la tour de Clermont.*
Ce fier donjon du 13e s., à trois niveaux, de forme pentagonale, est le seul vestige du puissant château de Clermont démantelé au début du 17e s. Le sommet a disparu et la porte a été percée ultérieurement (à l'origine une passerelle était jetée au niveau du 1er étage). C'était la demeure d'une des plus anciennes familles du Dauphiné dont la descendance unie à la Bourgogne allait donner la branche des Clermont-Tonnerre.

La croix des Cochettes – *Cet itinéraire plus pentu que le précédent offre l'avantage d'être bien balisé (45 mn). Depuis le parking de Colletière, prendre le sentier en montée, marqué en orange, en direction de Louisias. A un replat, poursuivre vers l'Est à flanc de coteau pour rejoindre un sentier balisé en bleu qui permet d'atteindre la croix des Cochettes.*
Vue panoramique sur le lac.

★**Tour du lac** – Deux Jolies routes – D 50 et D 50D (prolongée par la D 90) – permettent de faire le tour du lac *(15 km)*. Elles relient la station animée de **Charavines**, à la pointe Sud du lac, au village plus paisible de Paladru, à l'autre extrémité.
Elles permettent d'admirer en plusieurs points les évolutions de cygnes et des oiseaux habitant les nombreuses roselières.
En direction de Chambéry par l'autoroute A 48 *(itinéraire fléché)*, on admirera la pureté des lignes de la grange dimière de la **Silve bénite** ⓥ (16e s.) qui abrite des expositions en saison.

★**Château de Virieu** ⓥ – *7,5 km au Nord-Ouest par la D 17.*
Dominant la vallée supérieure de la Bourbre, cette demeure a conservé son allure de forteresse. La construction, échelonnée du 11e au 18e s., fut restaurée au début du 20e s.
Remarquer, notamment, l'ancienne cuisine avec une grande cheminée à arc surbaissé de la fin du 15e s. et une plaque portant les armoiries primitives de l'ordre des Chartreux, la Grande Salle, la Chambre de Louis XIII où logea le monarque, en 1622, à son retour de Montpellier où il avait signé la paix et fait don, lors de sa halte à Virieu, de plusieurs canons, conservés avec leurs affûts fleurdelisés sous les arcades de la cour intérieure.

PÉROUGES**

851 habitants

Cartes Michelin n° 88 plis 8, 9 ou 246 pli A.

Couronnant une colline, enfermée dans des remparts, avec ses rues tortueuses, ses vieilles maisons, Pérouges plaît aux amateurs de cités anciennes et reste un modèle d'architecture médiévale préservée *(1)*.
Le décor pérougien est si typique que les cinéastes l'ont utilisé dans des films à cadre historique comme *Les Trois Mousquetaires, Vingt Ans après* ou encore *Monsieur Vincent*.

Grandeur et décadence – Pérouges aurait été fondée, avant l'occupation romaine, par une colonie italique venue de Perugia (Pérouse). Pendant le Moyen Âge et jusqu'à l'annexion française (1601), les souverains du Dauphiné et de la Savoie se disputent la ville. Le siège de 1468, épisode de cette lutte, est resté fameux dans les annales locales. **Vaugelas** (1585-1650), le célèbre académicien, l'arbitre du bon langage, a été l'un des barons de Pérouges.
Dans la cité, riche et active, des centaines d'artisans tissent la toile tirée du chanvre qu'on cultive tout alentour. Au 19e s., cette prospérité disparaît : Pérouges est loin du chemin de fer ; la main-d'œuvre artisanale ne peut soutenir la concurrence des usines. Des 1 500 habitants qu'elle comptait au temps de sa splendeur, l'agglomération tombe à 90. En 1909-1910, elle est sur le point de disparaître tout à fait.
Beaucoup de propriétaires sont pris d'une fièvre de destruction. Des pâtés entiers de vieilles demeures tombent sous le pic. Fort heureusement, les Lyonnais amis du passé, quelques Pérougiens artistes interviennent avec vigueur, aidés par les Beaux-Arts. Les maisons les plus intéressantes sont achetées, restaurées avec goût, classées monuments historiques. L'essentiel de la cité est sauvé.
Cet effort de sauvegarde se poursuit grâce au Comité du Vieux Pérouges et aux habitants.

Vieilles rues, vieilles maisons – La plupart des maisons de Pérouges, rebâties après le siège de 1468, sont du style de transition. Les demeures seigneuriales ou de la riche bourgeoisie se distinguaient par l'importance de leurs dimensions et par leur luxe intérieur : hautes et vastes salles, plafonds à poutres sculptées, cheminées monumentales, fresques intérieures et extérieures. Celles des artisans et des marchands étaient beaucoup plus simples, les baies cintrées du rez-de-chaussée éclairaient l'atelier ou servaient à l'étalage des marchandises. Les plus anciennes maisons sont à pans de bois, avec des étages en encorbellement. Des rues sont restées telles qu'elles étaient au Moyen Âge. Étroites et sinueuses, elles avaient un pavage à double pente avec une rigole médiane pour l'écoulement des eaux. Les toits des maisons, débordant très largement, abritaient le « haut du pavé », réservé aux personnes de qualité. Les gens du commun devaient céder le pas et marcher au milieu de la chaussée.

Corrieras/ICONOS Lyon

Place de la Halle

1. *Pour plus de détails, lire « Guide à Pérouges » par A.-G.Thibault*

★★LA CITÉ *visite : 2 h*

Laisser la voiture, à l'extérieur, à gauche de l'église ou sur le parking en contrebas.

PÉROUGES

« Boulevard »	2	Halle-au-Four (R.)	7
Brune (R. de la)	3	Herriot (R. E.)	8
Contreforts (R. des)	4	Place (R. de la)	10
Filaterie (R. de la)	6	Tambour (R. du)	12

B	Ostellerie	**E**	Maison Cazin
D	Maison du Vieux-St-Georges	**K**	Puits de la Tour
		M	Musée du Vieux-Pérouges

★Porte d'En-Haut – Entrée principale de Pérouges, elle était aussi la plus exposée, en raison de la pente douce du terrain à cet endroit. Sa défense était renforcée par l'église-forteresse et par une barbacane. Dans l'encadrement ogival apparaît la maison Vernay. Du terre-plein, jolie vue sur la campagne, au-delà du fossé des fortifications.

★Rue du Prince – C'était la voie principale. Les bouchers, vanniers, drapiers, l'armurier et l'apothicaire y tenaient boutiques : on y voit encore les tables de pierre des éventaires. Elle est bordée par la **maison des Princes de Savoie** ⓥ.

★★★Place de la Halle – Au centre de la Cité, elle offre l'un des décors les plus évocateurs qu'on puisse rencontrer en France. Elle doit son nom aux halles qui brûlèrent dans un incendie en 1839. Le splendide tilleul qui se dresse au centre est un arbre de la liberté planté en 1792. Presque toutes les maisons qui entourent la place sont pittoresques.

Ostellerie (B) – Elle est signalée par une enseigne portant les armes de la Cité. La façade Est, à pans de bois, est du 13e s., la façade Sud Renaissance.

Musée du Vieux-Pérouges (M) ⓥ – Il est aménagé dans une partie de la maison des Princes de Savoie et dans la maison Heer qui donne sur la place par une galerie à piliers gothiques. Les collections concernent l'histoire et l'archéologie de la Dombes et de la Bresse : gravures, ustensiles, mobilier, faïences de Meillonas ; au rez-de-chaussée a été reconstitué un atelier de tisserand avec son métier.
De la tour de guet, **vue panoramique** sur les toits rouges de la cité et leurs cheminées, les monts du Bugey et, en contrebas, l'hortulus (jardin moyenâgeux) de la maison des Princes de Savoie.

Maison du Vieux-St-Georges (D) – Sur la façade, une niche en coquille abrite une curieuse statue en bois du 15e s., représentant saint Georges, patron de Pérouges, en cavalier.

Prendre, au fond de la place, une ruelle en descente.

Maison Herriot – Avec ses vastes baies (en plein cintre, au rez-de-chaussée, à meneaux, à l'étage), elle a un aspect cossu.

Revenir sur la place et prendre la rue de la Place, au Nord.

Maison Cazin (E) – L'une des plus belles demeures de Pérouges présente des étages en encorbellement et à pans de bois. Au rez-de-chaussée, les fenêtres en plein cintre sont grillagées.

Prendre à droite, la rue des Rondes.

En face de la maison Cazin, adossée au rempart Nord, s'élève le **manoir de l'Ostellerie**, ancienne maison Messimy.

★Rue des Rondes – Elle a conservé, presque partout, son pavage ancien et sa rigole centrale. Les maisons anciennes qui la bordent, dont le **grenier à sel** et la **maison Thibaut**, sont protégées par des toits en surplomb.

Porte d'En-Bas – Plus ancienne que la porte d'En-Haut, elle est en plein cintre. Sur sa face extérieure, une inscription, d'un latin approximatif, est relative au siège de 1468. Elle peut se traduire ainsi : « Pérouges des Pérougiens ! Ville imprenable ! Ces coquins de Dauphinois ont voulu la prendre, mais ils n'ont pas pu. Cependant, ils emmenèrent les portes, les ferrures, les serrures et dégringolèrent avec elles. Que le diable les emporte ! » Des abords de la porte, on a une jolie **vue★** sur les environs, les monts du Bugey et par temps clair, les Alpes.

Poursuivant dans la rue des Rondes, on débouche sur la place de l'Église.

Église Ste-Marie-Madeleine ⓥ – Elle a l'aspect d'une forteresse. Édifiée au 15e s., elle présente au Nord-Ouest une muraille percée de créneaux, de meurtrières et de baies très hautes et très étroites. Le clocher, détruit sous la Révolution, a été reconstruit sous l'Empire et doté d'un dôme à quatre pans, à la manière franc-comtoise. Le chemin de ronde, qui faisait le tour de l'enceinte, passe, dans l'église, au-dessus des voûtes latérales et dans les tribunes du mur de façade. A l'intérieur, remarquer l'ensemble des clefs de voûtes armoriées ; la voûte centrale, notamment, porte le blason de la Maison de Savoie et les symboles des quatre évangélistes. A droite du chœur, statue en bois polychrome du 17e s., représentant saint Georges.

Par la rue des Rondes, gagner la rue de la Tour.

Puits de la Tour (**K**) – Pendant longtemps, il suffit seul à fournir l'eau à toute la ville. La tour édifiée par les Romains fut détruite en 1749 (le presbytère occupe une partie de son emplacement). D'une lanterne située à sa partie supérieure, on pouvait communiquer par signaux lumineux avec des tours analogues formant relais jusqu'à Lyon.

Les deux enceintes – La rampe partant de la porte d'En-Haut mène à la **Promenade des Terreaux★** tracée dans le fossé de l'enceinte extérieure réduite à l'état de vestiges ; l'enceinte intérieure est presque complète : elle sert de soubassement aux maisons qui bordent la rue des Rondes.
La **tour ronde**, où s'adosse la maison du Sergent de Justice, servait de prison.

Mont PILAT★★

Cartes Michelin n° 88 plis 18, 19 ou 246 plis 16, 17.

Le mont Pilat s'élève, à l'Est de St-Étienne, entre le bassin de la Loire et la vallée du Rhône. Le massif subissant les influences méditerranéenne, à l'Est, et atlantique, à l'Ouest, comporte donc une ligne de partage des eaux, notamment au col de Chaubouret (1 363 m), et joue, pour la région stéphanoise, un rôle de « château d'eau ». La fraîcheur de ses sapinières, de ses eaux vives et de ses hauts pâturages contraste avec les vallées industrieuses de l'Ondaine, du Janon et du Gier.
La formation du massif remonte au plissement hercynien *(voir p. 14)*. C'est alors une haute montagne aux plis orientés du Sud-Ouest au Nord-Est. A l'ère secondaire, l'érosion le réduit à l'état de plateau, incliné vers l'actuelle vallée du Rhône. Ce plateau est ensuite recouvert à son tour par les eaux qui y déposent plusieurs couches de sédiments. A l'ère tertiaire, les eaux se retirent. A ce moment, le plissement alpin provoque l'effondrement du fossé rhodanien et le redressement du massif. Le mont Pilat ainsi « rajeuni » est porté à 1 500 m d'altitude tandis que des rivières, le Gier au Nord, le Limony au Sud, se glissent au pied des failles. A l'époque quaternaire, l'érosion reprend son œuvre.
Les principaux sommets du Pilat : le Crêt de la Perdrix (point culminant à 1 432 m), le Crêt de l'Œillon (alt. 1 370 m), aux croupes gazonnées, se hérissent de curieux amas de blocs granitiques provenant du démantèlement des sommets : ce sont les « chirats » *(voir p. 16)*.
De nombreuses rivières descendent rapidement vers le Gier, le Rhône ou la Loire par des vallées encaissées. Le Gier, lui-même, peu après sa source, franchit un chirat ; c'est le **Saut du Gier** *(voir p. 103)*.

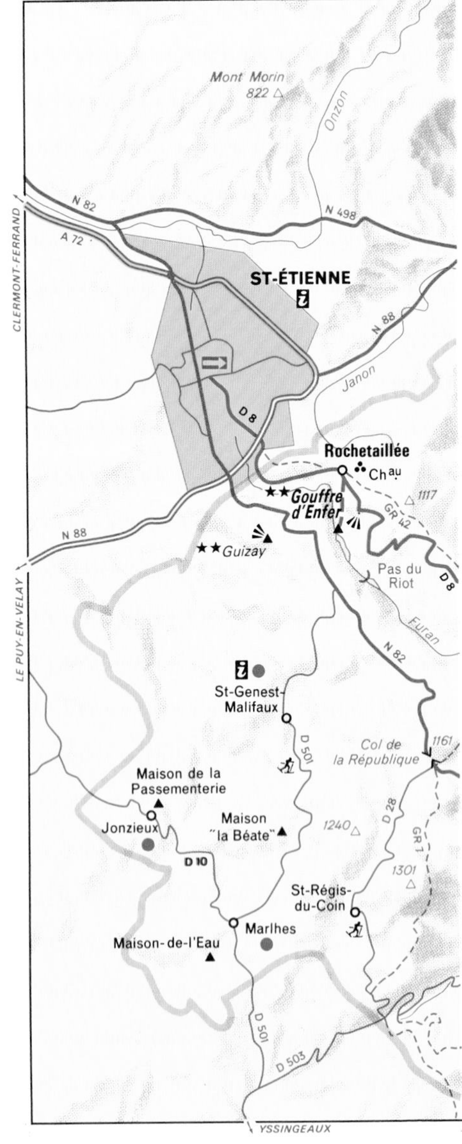

Parc naturel régional du Pilat ⓥ – Créé en 1974, le parc s'étend sur 65 000 ha et regroupe une cinquantaine de communes réparties sur les départements du Rhône et de la Loire. Il se caractérise par une grande diversité de paysages : forêts de hêtres et de sapins en altitude, pâturages sur les plateaux, vergers et vignobles au bord du Rhône. Soucieux de préserver la nature et l'environnement, il développe des activités liées aux domaines rural, artisanal, touristique et culturel.

Pour faciliter une approche de la flore et de la faune, le parc propose un important réseau d'itinéraires de randonnée :

– 500 km de sentiers pédestres balisés (traits marron et blancs) dont des tronçons des GR 7 et GR 42 (traits blancs et rouges) ;

– 3 sentiers d'interprétation avec des boucles de 3 à 4 km. Les milieux traversés sont détaillés sur une plaquette proposée par la Maison du Parc ;

– 8 sentiers thématiques identifiés par un numéro.

Le **sentier Jean-Jacques Rousseau**, de Condrieu à la Jasserie ①, rappelle que l'écrivain-philosophe vint en 1769 herboriser dans le massif du Pilat ; le **sentier Flore** ⑨ permet de passer très rapidement (sur 22 km) de la végétation quasi méditerranéenne de la région de Malleval à l'étage subalpin du Crêt de la Perdrix, soit du cactus raquette à l'arnica des montagnes. Le **sentier ornithologique**, tracé entre St-Pierre-de-Bœuf et

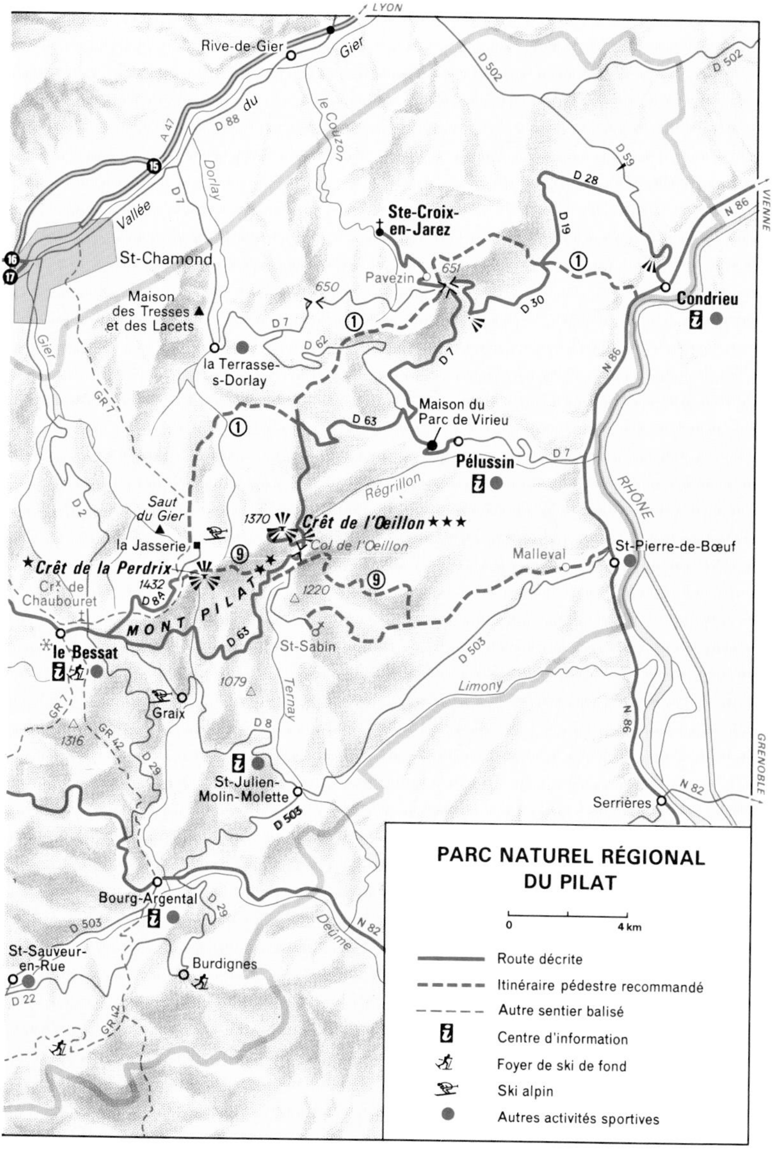

PARC NATUREL RÉGIONAL DU PILAT

0 — 4 km

- Route décrite
- Itinéraire pédestre recommandé
- Autre sentier balisé
- Centre d'information
- Foyer de ski de fond
- Ski alpin
- Autres activités sportives

la chapelle St-Sabin, permet d'observer (surtout de la mi-mai à la mi-juin), parmi les 90 espèces d'oiseaux recensées, le canard colvert sur le plan d'eau de St-Pierre, le cingle plongeur près des torrents, le bec-croisé des sapins et le bruant fou de la lande à genêts.
Au nombre des aménagements touristiques et sportifs comptent : la base de loisirs de St-Pierre-de-Bœuf dont la rivière artificielle pour la pratique du canoë-kayak, la base de canoë à la Terrasse-sur-Dorlay, les stations de ski alpin à la Jasserie et à Graix, les foyers de ski de fond au Bessat, à Burdignes, St-Régis-du-Coin et St-Genest-Malifaux. D'autres sites se prêtent à la pratique de l'escalade, du delta-plane, du cyclotourisme et de courses d'orientation. La pratique du VTT se développe, facilitée par le balisage de nombreux circuits, répertoriés selon les niveaux de difficultés. Pour faire connaître les activités traditionnelles ou faire revivre les métiers disparus, le Parc a ouvert la **Maison de l'Eau** ⓥ et la **Maison des Arts et Traditions populaires « la Béate »** ⓥ à Marlhes, la **Maison de la Passementerie** ⓥ à Jonzieux et la **Maison des Tresses et Lacets** ⓥ à la Terrasse-sur-Dorlay.
Par ailleurs, des journées d'animation comme la **Journée de la Pomme**, le 11 novembre à Pélussin (siège du Parc) ou les journées des Produits fermiers à Bourg-Argental en juin ou le Marché au vin de Chavanay le 2e week-end de décembre et « Vins et Rigottes en fête » à Condrieu le 1er mai font connaître les produits du terroir. L'ensemble des informations sur le Parc est disponible auprès de la Maison du Parc *(voir la partie Renseignements pratiques)*.

DE ST-ÉTIENNE A CONDRIEU

89 km – environ 6 h, visite de St-Étienne non comprise – schémas p. 174 et 175

St-Étienne – *Visite : 2 h. Description p. 215.*

Quitter St-Étienne vers le Sud-Est par la D 8.

Au cours de la montée, on découvre le site bien exposé de Rochetaillée.

Rochetaillée – Petit village perché sur un étranglement rocheux, entre deux ravins, et dominé par les tours en ruine d'un château féodal.

★★ **Gouffre d'Enfer** – *1 h à pied AR.*
A droite de l'auberge de la Cascade, un chemin suit le lit de l'ancien torrent jusqu'au pied du barrage. Le site est impressionnant : les parois rocheuses, vigoureusement taillées, se referment jusqu'à former un étroit et sombre goulet. Le barrage a été construit en 1866 pour alimenter St-Étienne en eau. Des escaliers permettent d'accéder sur la crête. La retenue se développe au pied de versants couverts de sapins. A 50 m à gauche, des escaliers donnent accès à un **belvédère** face à Rochetaillée.

Pour rejoindre la voiture, tourner à gauche et prendre à droite le chemin passant devant la maison des Ponts et Chaussées.

Après Rochetaillée, jolies vues plongeantes, à droite, sur le barrage du Gouffre d'Enfer et le barrage du Pas-du-Riot.

Le Bessat – Station estivale et de sports d'hiver.

Au Bessat, poursuivre en direction de la Croix-de-Chaubouret.

★ **Crêt de la Perdrix** – *Peu après la Croix-de-Chaubouret, prendre à gauche la D 8A vers la Jasserie.*
Épicéas, hauts chaumes et bruyères se succèdent.

A environ 5 km, au sommet de la montée, laisser la voiture à hauteur du sentier conduisant (1/4 h à pied AR) au Crêt de la Perdrix couronné par un chirat.

De la table d'orientation, le **panorama** s'étend sur les pics du Mézenc, du Lizieux, du Meygal et du Gerbier de Jonc.

Revenir à la D 8 et emprunter la D 63 en direction du Crêt de l'Œillon.

La route serpente tantôt parmi les conifères, tantôt au milieu des landes à bruyères.

★★★ **Crêt de l'Œillon** – *1/4 h à pied AR. Au col de la Croix de l'Œillon, emprunter à gauche la route conduisant à l'embranchement de la route privée menant au relais de télédiffusion. Laisser la voiture au parc de stationnement. Au sommet, contourner l'enceinte du relais par sa gauche ; la table d'orientation se trouve à l'extrémité Est du promontoire, au pied d'une croix monumentale.*
Le **panorama** est l'un des plus grandioses de la vallée du Rhône. Au premier plan, au-delà des rochers du Pic des Trois Dents, vue plongeante sur la vallée du Rhône, de Vienne à Serrières. Au loin à l'Est, la vue s'étend sur les Alpes ; au Sud-Est, sur le mont Ventoux ; à l'Ouest, sur le Puy de Sancy et les monts du Forez ; au Nord, sur les monts du Lyonnais et au Nord-Est sur le Jura.

Poursuivre vers Pélussin.

Au belvédère de la Faucharat, belles échappées sur la vallée du Régrillon, celle du Rhône et Pélussin.

Pélussin – *Laisser la voiture sur la place Abbé-Vincent, devant l'hôpital rural. Descendre la rue Dr-Soubeyran et prendre à gauche de la rue de la Halle.*
L'ancienne halle forme belvédère au-dessus de la plaine du Rhône et de l'agglomération de Pélussin. Passer ensuite sous une porte fortifiée et tourner à gauche. Remarquer l'ancienne chapelle et le vieux château.

Faire demi-tour et prendre la D 7 à droite vers le col de Pavezin.

Ste-Croix-en-Jarez – *Page 229.*

Au col de Pavezin, emprunter à droite la D 30 offrant au début de la descente une belle vue sur la vallée du Rhône. Par les D 19 et D 28, on atteint Condrieu.

L'arrivée est précédée, au tournant du calvaire, au-dessus de la ville, d'une **vue★** panoramique sur le bassin de Condrieu et la boucle du Rhône.

Condrieu – *Page 83.*

POLIGNAC★

2 384 habitants (les Pagnas)

Cartes Michelin n° 76 pli 7 ou 239 pli 34 – 6 km au Nord-Ouest du Puy-en-Velay.

Sur sa butte de basalte, la forteresse de Polignac conserve, de l'Antiquité et du Moyen Âge, d'imposants vestiges de sa puissance guerrière. La découverte du site, de la N 102, est superbe.

L'oracle d'Apollon – Le rocher est illustre dès l'époque romaine ; il porte alors un temple d'Apollon fameux par ses oracles. L'empereur Claude le visite en l'an 47. Ces oracles sont prononcés par un énorme masque d'Apollon. Le pèlerin, arrivant au pied du rocher, va déposer ses offrandes dans une salle où il prononce ses vœux. Il ignore que ses paroles parviennent distinctement au temple par un puits en forme d'entonnoir, creusé dans le roc. Pendant qu'il gravit péniblement les flancs de la butte, les prêtres préparent la réponse : à l'aide d'un porte-voix, ils la font prononcer par la bouche de pierre du dieu, devant le pèlerin admiratif et terrorisé.

La famille Polignac – Viennent les temps troublés du haut Moyen Âge. La butte est une position défensive si forte que les seigneurs de Polignac, à l'abri dans leur forteresse, deviennent les maîtres du pays, les « rois de la montagne ». L'un d'eux, le vicomte Héracle, participe à la première croisade et tombe en 1098 devant Antioche. Mais certains vicomtes de Polignac commettent des excès : c'est ainsi qu'un concile tenu au Puy en 1181 condamne un autre Héracle à venir nu-pieds, un cierge à la main, devant le porche de St-Julien de Brioude et à y recevoir à genoux la discipline de la main d'un moine, pour prix des déprédations dont il s'était rendu coupable.
Au 17e s., Melchior de Polignac, habile diplomate, haut dignitaire de l'Église et fin lettré, négocie le traité d'Utrecht, devient cardinal en 1713 et entre à l'Académie française. Le pape Alexandre VIII lui disait : « Je ne sais comment vous faites ; vous paraissez toujours être de mon avis et c'est moi qui finis par être du vôtre. »
Mais la fortune rapide et courte de la famille est due surtout à Yolande de Polastron, femme de Jules de Polignac. L'amitié que lui témoigne Marie-Antoinette lui fait obtenir des sommes folles, des bijoux, un titre de duc pour son mari, un comté que le roi feint de leur vendre. Cette abondance de faveurs excite la colère populaire. A la Révolution, le couple se hâte d'émigrer.
Leur second fils, fait prince par le pape, deviendra Premier ministre de Charles X. Il contribuera indirectement à la conquête de l'Algérie. Ses ordonnances feront éclater la révolution de 1830.

CURIOSITÉS

Pour monter au château en partant de la place de l'Église, prendre le sentier entre la mairie et l'auberge du Donjon. Peu après, emprunter un escalier à droite, puis suivre un chemin bitumé en forte montée ; passer sous une porte en arc brisé (13e s.), fermée par un portail de bois ; un peu plus loin se trouve la maison où, en saison, se tient le gardien.

★**Château** ⏱ – L'édifice, qui pouvait abriter 800 soldats, en plus de la famille et des domestiques, est perché sur une table de basalte, fragment d'une coulée volcanique. Cette table repose sur un socle de roches plus tendres qu'elle a protégées de l'érosion. Le rocher domine de près de 100 m la plaine alluviale déblayée par la Loire et la Borne. La table a des rebords abrupts, ce qui a évité d'avoir à construire de hautes murailles d'enceinte.
Visiter d'abord, au Sud du donjon, les restes des habitations des seigneurs, des 15e et 17e s., au centre desquelles se creuse un large puits profond de 83 m. Au rez-de-chaussée du donjon, élevé entre 1385 et 1421, et haut de trois étages, remarquer des débris antiques, notamment le masque d'Apollon *(voir p. 177)*. Du haut du **donjon**, on découvre un beau **panorama★** sur le bassin du Puy, les monts du Velay, les massifs du Meygal et du Mézenc.

E. Baret

Château de Polignac

Revenir à la maison du gardien par le chemin de ronde qui s'amorce à gauche, en sortant du donjon.

Remarquer au passage les « mouches » percées dans la muraille et qui permettaient aux sentinelles de surveiller les alentours.

Église – C'est un bel édifice roman à porche gothique. A l'intérieur, restauré, remarquer la coupole romano-byzantine du 12e s. ; dans le chœur, une fresque du 12e s. évoque le Jugement dernier, le ciel et l'enfer ; au-dessus, la frise « des anges musiciens » du 15e s. Dans la chapelle à droite du chœur, une fresque du 15e s. illustre des scènes de la vie de la Vierge Marie. Au-dessus de la porte du bas-côté Sud, un vitrail moderne représentant trois des membres les plus célèbres de la famille Polignac : à droite, le vicomte Héracle mort au siège d'Antioche ; au centre, le cardinal Melchior de Polignac ; à gauche, le prince Jules de Polignac.
Dans l'abside : deux niches abritent, l'une, un groupe en bois polychrome de sainte Anne, la Vierge et l'Enfant, du 13e s. ; l'autre, un reliquaire de la Vraie Croix et deux chandeliers (pièces d'orfèvrerie en argent du 18e s.).

POMMIERS

296 habitants (les Pommerois)

Cartes Michelin n° 88 pli 5 ou 239 pli 23 – 4 km à l'Est de St-Germain-Laval.

Pommiers s'est construit autour d'un prieuré bénédictin dépendant, dès le 9e s., de l'abbaye de Nantua. Le Vieux Pommiers toujours enfermé dans son enceinte s'ouvre par deux portes fortifiées. L'arrivée à Pommiers par le Sud (D 94) offre un joli coup d'œil : la route traverse l'Aix et laisse à gauche le pont en dos d'âne de la Vala (15e s.).

Église – L'austérité de cet édifice des 11e et 12e s. est frappante. De robustes piliers séparent la nef principale, voûtée en berceau, des collatéraux à voûtes d'arêtes. Une coupole sur trompes coiffe la croisée du transept. A hauteur de la 5e travée, la voûte de la nef est percée de petits orifices, les échéas, sortes d'amphores encastrées dans la maçonnerie et servant à améliorer l'acoustique. L'absidiole Nord conserve d'intéressantes peintures murales du 16e s. Remarquer, dans le collatéral Nord, une arcature sur pilastres, d'inspiration rhodanienne, et, dans une niche, un très beau torse de Christ en bois, du 13e s. Un immense couvercle de sarcophage gallo-romain constitue le support du maître-autel.

Musée du Vieux-Pommiers ⓥ – Art et artisanat foréziens y sont présentés à l'aide d'objets évoquant les périodes préhistorique, gallo-romaine et médiévale.

Le POUZIN

2 693 habitants

Cartes Michelin n° 76 pli 20 ou 246 pli 20 – Schéma p. 196.

Sur le « rivage » vivarois, le Pouzin a subi deux destructions au cours de l'Histoire : place forte huguenote, la ville fut brûlée en 1629 par les armées royales. En août 1944, bombardements américains et représailles allemandes l'anéantissaient. De nos jours, de petites usines et entreprises de travaux publics marquent son activité.

Église catholique – Elle a été édifiée en 1958. Le clocher, surmonté d'une petite flèche aiguë, donne à l'ensemble une silhouette élégante.
La nef, construite en béton armé et marbre gris du pays, frappe par sa disposition intérieure dissymétrique, excentrée par rapport au chœur. Les stalles réservées aux fidèles sont alignées le long du mur Nord. Le flanc Sud s'ouvre par une large baie habillée de dalles de verre coloré.
Le chœur, sobrement décoré d'une fine et haute croix, reçoit latéralement une vive clarté d'une baie invisible de la nef : le jeu des volumes et des lumières concourt à diriger les regards vers l'autel.

PRIVAS

10 600 habitants

Cartes Michelin n° 76 plis 19, 20 ou 246 pli 20 – Schéma p. 69.

Privas occupe un **site★** original dans le bassin de l'Ouvèze, au pied du mont Toulon : inversion de relief typique, la ville est construite sur une coulée de lave jadis au fond de la vallée et maintenant en relief alors que les anciennes hauteurs de calcaire non protégées ont été déblayées par l'érosion.
La ville répartit son activité entre de petites industries (moulinage, sommiers métalliques) et la fabrication des marrons glacés dont elle est la capitale.

LE SIÈGE DE PRIVAS

Le « Rempart » de la Réforme – *Lire le chapitre « La vie religieuse dans les pays rhodaniens », p. 25.*
Privas a joué pendant les guerres de Religion un rôle de premier plan qui lui valut le titre de « Boulevard (rempart) de la Réforme ». C'est un prêtre privadois, Jacques Valery (ou Vallier), qui introduisit la Réforme à Privas dès 1534. Au centre des premières luttes religieuses, la ville fut l'une des places fortes concédées aux protestants par Henri IV, lors de l'édit de Nantes, en 1598.

PRIVAS

Champ-de-Mars (Pl. du) ... B 5
Esplanade (Cours de l') ... B 9
République (R. de la) ... B 26

Baconnier (R. L.) ... B 2
Bœufs (Pl. des) ... A 3
Coux (Av. de) ... B 7
Durand (R. H.) ... B 10
Faugier (Av. C.) ... A 12
Filliat (R. P.) ... B 14
Foiral (Pl. du) ... A 16
Gaulle (Pl. Ch. de) ... B 17
Hôtel-de-Ville (Pl. de l') ... B 18
Mobiles (Bd des) ... B 20
Ouvèze (R. d') ... B 22
Petit-Tournon (Av. du) ... B 24
St-Louis (Cours) ... A 28
Vanel (Av. du) ... B 30

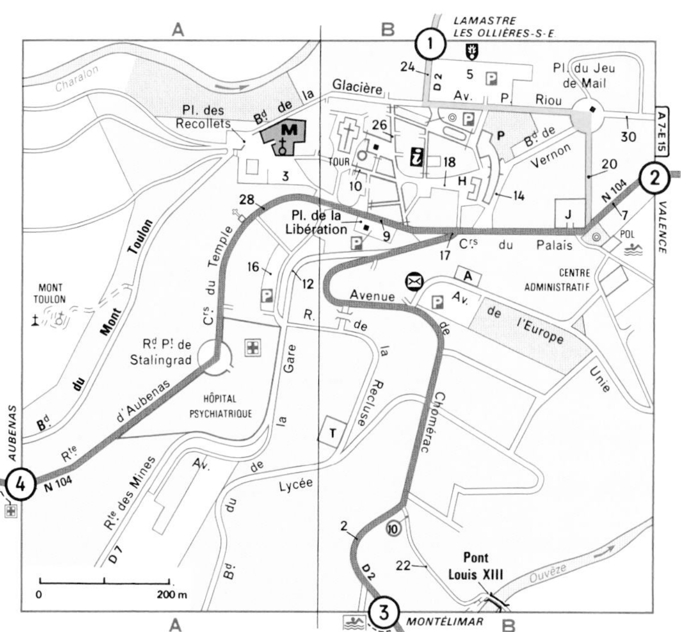

La prise de Privas – La politique d'unification de Richelieu, des haines encore vivaces raniment le conflit religieux qu'attise en Vivarais une question de mariage. **Paule de Chambaud**, veuve du chef huguenot, Jacques de Chambaud, héritière de la baronnie de Privas, a le choix, pour se remarier, entre deux prétendants, un catholique et un protestant. Elle choisit le plus jeune, le catholique **Claude de Hautefort-Lestrange**, à la grande colère des Privadois, en majorité protestants, et qui ne veulent pas d'un « papiste » pour seigneur.
Les combats reprennent. En 1629, l'armée royale, commandée par Schomberg et Biron, vient camper devant Privas. Le cardinal de Richelieu loge au château d'Entrevaux ; Louis XIII s'installe au Sud de la ville, dans une demeure désignée depuis sous le nom de logis du Roi. Face à l'armée royale, forte de 20 000 hommes, les assiégés ne disposent que de 1 600 défenseurs. Après un siège de 16 jours, la ville est prise d'assaut, pillée et brûlée, les habitants massacrés. Le butin se révèle « très bon », les protestants des Boutières ayant mis en sûreté dans la place leurs biens les plus précieux.
Une partie des défenseurs s'est réfugiée sur le mont Toulon, l'un de leurs chefs, préférant « périr par le feu plutôt que par la corde », met le feu aux poudres. Ses compagnons, pris de panique, se jettent dehors où ils se font tuer par les soldats du roi.

La revanche des Privadois – Les habitants qui avaient réussi à s'échapper obtinrent plus tard le droit de revenir, poursuivis cependant, de tribunaux en tribunaux, par le vicomte de Lestrange, leur seigneur, qui leur réclamait le prix de son château détruit... du moins jusqu'en 1632. Compromis dans l'un des complots de Gaston d'Orléans, Lestrange fut alors fait prisonnier et fouetté publiquement à Privas, puis exécuté à Pont-St-Esprit.
La construction d'un pont sur l'Ouvèze scella, peu de temps après, la réconciliation entre le pouvoir royal et les Privadois, qui relevèrent peu à peu les ruines de leur cité.

CURIOSITÉS

Musée de la Terre ardéchoise (A M) Ⓥ – Aménagé dans les bâtiments de l'ancien collège des Récollets, il présente des expositions sur l'archéologie et la géologie régionales.

Boulevard du Mont-Toulon (A) – Il offre de jolies vues sur la ville, la vallée de l'Ouvèze, le Rhône et les Alpes.

Pont Louis-XIII (B) – Construit sur l'Ouvèze, il conserve son couronnement de gros corbeaux de pierre et offre une bonne vue sur le site de Privas *(voir p. 179)*.

★★ LE COIRON

Circuit de 77 km – compter une 1/2 journée. Voir à ce nom

★ ENTRE OUVÈZE ET EYRIEUX

Circuit de 88 km – compter une 1/2 journée. Quitter Privas par ① du plan

La D 2 s'élève sur des versants rayés par les murettes des cultures en terrasses et offre une **vue★** sur la ville. Après le Moulin-à-Vent, la descente vers les Ollières-sur-Eyrieux s'effectue au flanc de versants ombragés de châtaigniers.

Remonter l'Eyrieux des Ollières à St-Sauveur-de-Montagut où prendre, à gauche, la D 211.

Par Tauzuc, la D 8, St-Étienne-de-Serre, la D 244, Foulix, la Pervenche, la **route★**, tracée en corniche au-dessus des vallées de l'Orsanne et de l'Auzène, offre de beaux coups d'œil sur des hameaux isolés.

Tourner à gauche dans la D 344 et gagner le Bouschet de Pranles par Pranles.

Le Bouschet de Pranles – Un petit musée protestant a été installé dans la **maison natale de Pierre Durand** Ⓥ, pasteur des églises du Désert au 18e s., et de sa sœur **Marie Durand**. Cette héroïne huguenote du 18e s. resta enfermée 38 années dans la tour de Constance d'Aigues-Mortes (1730-1768). Pranles est devenu un haut lieu du protestantisme vivarois ; un rassemblement protestant s'y tient le lundi de Pentecôte.

La D 2 ramène à Privas.

Pour organiser vous-même vos itinéraires,
consultez tout d'abord les cartes au début de ce guide ;
elles indiquent les parcours décrits, les régions touristiques,
les principales villes et curiosités.
Reportez-vous ensuite aux descriptions, dans la partie « Villes et curiosités ».
Au départ des principaux centres, des buts de promenades sont proposés.
En outre, les cartes Michelin *nos 239, 240, 244, 245* et *246*
signalent les routes pittoresques, les sites
et les monuments intéressants, les points de vue, les rivières, les forêts...

Le PUY-EN-VELAY★★★

21 743 habitants (les Ponots)

Cartes Michelin n° 76 pli 7 ou 239 pli 34 – Schéma p. 113.

Le **site★★★** du Puy-en-Velay, l'un des plus extraordinaires de France, est inoubliable. Dans une riche plaine en cuvette se dressent d'énormes pitons d'origine volcanique : le plus aigu, le rocher St-Michel (ou mont d'Aiguilhe), est surmonté d'une chapelle romane qui le prolonge encore : quant au plus gros, le rocher Corneille (ou mont d'Anis), ce sont les maisons mêmes de la ville et la cathédrale qui l'escaladent. Vision étrange et splendide, complétée par la visite de Notre-Dame du Puy, non moins étrange, presque orientale, abritant la Vierge noire encore vénérée par de nombreux pèlerins.

Commémorant une ancienne coutume locale, qui consacrait par concours le meilleur archer de la cité, se déroulent à l'automne les **fêtes du Roi de l'Oiseau** dans une atmosphère Renaissance envahissant la haute ville *(voir p. 290)*.

Les ressources de la région proviennent de la production agro-alimentaire (liqueurs, conserveries), de l'industrie mécanique (fabrication de pièces pour le TGV à Brives-Charensac), de la fabrication de dentelles à la main ou aux fuseaux mécaniques, du tourisme. Depuis 1977, dans la zone industrielle de Blavozy-St-Germain-Laprade, fonctionne une unité de production Michelin fabriquant des pneumatiques géants destinés à équiper les engins de terrassement du génie civil.

Par ailleurs, le Centre Pierre-Cardinal (**BY**) aménagé dans un ancien couvent accueille des manifestations culturelles.

Le samedi, jour de marché, la ville offre un spectacle étonnant. La place du Breuil et les vieilles rues entre celle-ci et le marché présentent une animation extraordinaire.

Le bassin du Puy – Le bassin du Puy doit sa formation première à l'effondrement du plateau vellave, en contrecoup du plissement alpin, à l'ère tertiaire. Puis des sédiments arrachés aux hauteurs environnantes comblent en partie le bassin où la Loire s'enfonce en gorge. A la fin du tertiaire, une série d'éruptions volcaniques bouleverse la région ; le lit de la Loire se trouve déporté à l'Est.

A l'ère quaternaire, l'érosion reprend son travail, laissant en saillie des récifs volcaniques plus résistants, d'origine diverse ; on reconnaît : des tables basaltiques, restes de coulées (rocher de Polignac), des cheminées de volcans (rocher St-Michel, piton d'Espaly, piton de l'Arbousset), des parties de cônes éruptifs (rocher Corneille, rocher de Ceyssac, volcan de Denise). Les coulées en se refroidissant ont donné naissance à des assemblages de colonnes prismatiques comme les orgues d'Espaly. C'est à ces phénomènes volcaniques que le bassin doit sa physionomie si originale. Il est fermé de tous côtés, à part les deux coupures pratiquées par la Loire ; celle du Sud, ouverte dans les argiles et les marnes, est plus large ; celle du Nord, qui a dû s'opérer dans une barrière granitique, est étroite.

Des rebords des plateaux qui le limitent, de belles vues s'offrent sur le bassin du Puy, surtout quand les tons dorés de ses vastes chaumes sont mis en valeur par les rayons du soleil couchant.

UN PEU D'HISTOIRE

La cité de la Vierge – La capitale vellave de l'époque romaine, Ruessium, a été identifiée à St-Paulien *(p. 227)*.

Le site du Puy (le puy d'Anis) semble avoir été un très ancien lieu de culte païen (restes d'un sanctuaire du 1er s. dans les fondations de la cathédrale), christianisé à partir du 3e s. Des apparitions de la Vierge, des guérisons miraculeuses auprès d'une table de dolmen appelée depuis lors « pierre aux fièvres » incitèrent les premiers évêques à se transporter en ces lieux et à s'y établir, sans doute à la fin du 5e s. Une basilique s'éleva, puis une cathédrale autour de laquelle se développa une ville, l'ancienne Ruessium étant déchue de son rang.

Au Moyen Âge, le pèlerinage du Puy connaît un succès d'autant plus important que la cité constitue elle-même un point de départ pour St-Jacques-de-Compostelle. Avec Chartres, c'est le plus ancien lieu de culte marial de France. Des rois, des princes, des foules d'humbles gens s'y pressent pour invoquer la mère de Dieu. L'évêque en tire un grand prestige. En 990, il impose aux féodaux turbulents du Velay une paix de Dieu très novatrice. En 1095, il accueille Urbain II et, comme légat, reçoit le commandement de la croisade. En 1163, le roi le fait comte.

La Vierge noire accroît encore la célébrité du Puy. Elle fut apportée d'Orient par Louis VII ou par Saint Louis. Lorsque, pendant la Révolution, on la mutila et on la brûla, on s'aperçut qu'il s'agissait d'une représentation de la déesse Isis.

Le Puy-en-Velay (au Moyen Âge, le Puy-Notre-Dame ou Puy-Ste-Marie) est resté la cité de la Vierge ; la haute statue de N.-D. de France, au sommet du rocher Corneille, évoque à la fois un passé et une destinée.

Les Cotereaux – Au 12e s., les ravages d'un corps d'aventuriers, les Cotereaux, compromettent gravement les pèlerinages et tout ce qu'ils valent à la ville de prospérité et de renom.

Les marchands du Poitou, de la Provence et d'Espagne ne viennent plus étaler leurs armes, leurs étoffes et leurs joyaux. Les troubadours n'y tiennent plus leur cour ou « puy d'amour ».
La Vierge, apparue à un charpentier nommé Durand, ordonna la guerre sainte contre les Cotereaux. Les nouveaux croisés, qui se coiffent d'un chaperon de toile blanche, courent sus aux brigands, les pendent par 500 à la fois. Malheureusement, ils prennent goût à ces expéditions et se mettent en état de révolte. Les troupes royales doivent les massacrer à leur tour.

J.-D. Sudres/SCOPE

Le Puy – Dentellière

La ville de la dentelle – Au Puy et dans le Velay, comme dans la région d'Arlanc, la dentelle à la main tenait autrefois une place importante dans l'économie locale.
Son origine remonte probablement au 15e s., mais c'est au 17e s. qu'elle prend un essor décisif et qu'une organisation particulière se met en place. Dans tous les villages, des femmes travaillent à domicile pour le compte de marchands établis dans les villes voisines. Des « leveuses », apportant fils et cartons aux ouvrières, servent d'intermédiaires avec les patrons. Ce travail d'appoint est une nécessité pour la paysannerie pauvre de la région.
D'abord réservée aux gens de qualité, la dentelle se vulgarise à tel point que le Parlement de Toulouse, en 1640, en interdit le port sur les vêtements. Un père jésuite, Jean-François Régis *(voir p. 108)*, ému par la détresse des dentellières réduites au chômage, parvient à faire annuler la mesure. Bien mieux, il invite ses confrères missionnaires à faire connaître la dentelle du Puy dans le monde entier. Ce bienfaiteur du Puy, canonisé sous le nom de saint François-Régis, est devenu le patron des dentellières. La chapelle du collège des Jésuites, où il exerça pendant cinq ans son ministère, est l'actuelle église St-Georges-St-Régis (**BY**).
L'imprégnation religieuse du métier resta longtemps très forte. La transmission du savoir-faire se faisait de mères en filles, mais aussi par des femmes pieuses appelées « **béates** », qui enseignaient en même temps le catéchisme et soignaient les malades.
Au **Centre d'enseignement de la dentelle au fuseau et à l'Atelier Conservatoire National de la Dentelle du Puy** (**X N** – *2, rue Du-Guesclin*) ⓥ, on peut voir des dentellières au travail et une exposition d'œuvres réalisées à l'aiguille ou aux fuseaux depuis le 17e s.
En été, un petit **train touristique** ⓥ fait découvrir les principales curiosités de la ville.

LE PUY-EN-VELAY

Belges (Av. des)	X	4
Bérard (Av.)	X	
Capucins (Fg des)	X	7
Chevaliers-St-Jean (R. des)	X	14
Clair (Bd A.)	X	16
Dr. Chantemesse (Av.)	X	24
Doue (Bd de)	X	
Dupuy (Av. Ch.)	X	26
Gambetta (Bd)	X	30
Joffre (Bd Mar.)	X	33
Jourde (Bd Ph.)	X	
Ours Mons (Chemin d')	X	
Puy (R. du)	X	39
Saugues (Route de)	X	
Vals (Av. de)	X	

N Atelier Conservatoire National de la Dentelle du Puy

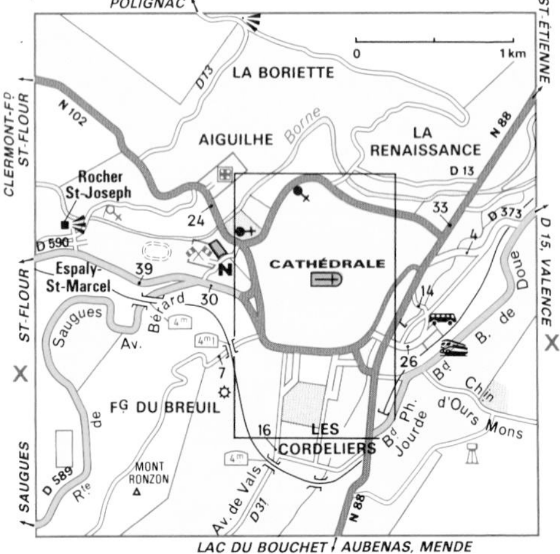

★★★LA CITÉ ÉPISCOPALE *visite : 2 h*

Elle domine la ville haute, secteur sauvegardé, qui fait actuellement l'objet d'importants travaux de restauration.
Partir de la place des Tables où s'élève la gracieuse fontaine du Choriste (15e s.) et monter vers la cathédrale par la pittoresque **rue des Tables** (**AY 52**) aux escaliers latéraux bordés de quelques demeures anciennes.

★★★**Cathédrale Notre-Dame** (**BY**) ⓥ – C'est un merveilleux édifice *(1)* de style roman qui doit son originalité à l'influence de l'Orient. On y retrouve également l'influence byzantine, due aux croisés, dans les coupoles octogonales des voûtes de la nef.
L'église primitive correspond au chevet actuel. Quand, au 12e s., on entreprend de l'agrandir, la place manque bientôt. Et les dernières travées de la nef (bâties deux par deux, en deux campagnes) ainsi que le porche Ouest sont construits pour ainsi dire dans le vide, de hautes arcades servant de pilotis. A la fin du 12e s., on ajoute les porches du For et St-Jean. La cathédrale a subi au siècle dernier d'importantes restaurations.

Façade Ouest – Un large escalier donne accès à l'étrange façade Ouest aux laves polychromes et parements mosaïques, où l'on décèle des apports hispano-mauresques. Le 4e étage, en petit appareil réticulé, est ajouré de trois fenêtres et le dernier étage est coiffé de trois pignons. L'ensemble est soutenu par les arcades des trois portails.

Trajet sous la cathédrale – Les degrés se prolongent jusqu'à la « Porte Dorée » sous les quatre travées construites au 12e s. Au niveau de la 2e, deux portes à **vantaux**★ ferment deux chapelles latérales. Leurs sculptures à faible relief retracent la vie de Jésus. Elles sont du 12e s. Dans la travée suivante, on voit deux **fresques** restaurées : la Vierge Mère (13e s.) à gauche, la Transfiguration de Notre-Seigneur, à droite. Franchir la « Porte Dorée », encadrée de deux colonnes de porphyre rouge. Sur la 4e travée se trouve la « Pierre aux Fièvres », dalle (reste de dolmen) près de laquelle une malade aurait été guérie par la Vierge mais dont la réputation date peut-être des druides. Ici bifurque l'escalier qui, jadis, se prolongeait et venait déboucher dans la cathédrale face au maître-autel, ce qui faisait dire « on entrait à Notre-Dame du Puy par le nombril, et qu'on en sortait par les oreilles ».

Emprunter la branche de droite, qui conduit à une porte située dans le bas-côté.

Intérieur – L'originalité de l'église réside dans la suite de coupoles qui couvrent la nef (celle de la croisée du transept est moderne). Remarquer la chaire (**1**) et le beau maître-autel (**2**), élevé par le chapitre en 1723, qui porte la statue en bois remplaçant la première Vierge noire brûlée lors de la Révolution.
Dans le bas-côté Nord, un grand tableau de Jean Solvain dit *Vœu de la Peste* (1630) (**3**) illustre une procession d'actions de grâces qui se déroula sur la place du For.
Dans le bras gauche du transept, belles fresques romanes, récemment restaurées : les Saintes Femmes au tombeau (**4**) et le Martyre de sainte Catherine d'Alexandrie (**5**). Un petit escalier, sur la gauche, mène à une tribune où se trouve une **fresque de St-Michel**★ ⓥ (fin 11e s.-début 12e s.) la plus grande peinture connue en France représentant l'Archange.
Les plus belles pièces du **trésor**★ ⓥ exposé dans la sacristie sont : du 15e s., une Pietà, peinture sur bois de l'école bourguignonne, une tête de Christ en cuivre doré ; du 17e s., un Christ en ivoire, une croix de bateliers du Rhône et les boiseries en noyer.

Porche du For – Il date de la fin du 12e s. ; ses chapiteaux sont très fouillés. Sa porte la plus petite est dite « Porte Papale », selon l'inscription qui la surmonte. Dans l'angle intérieur, les ogives retombent sur un pilastre que soutient une main ouverte sortant de la muraille.
De la petite place du For, on a une jolie vue sur la partie moderne de la ville, et on détaille bien le clocher légèrement détaché du chevet fortement restauré : c'est une construction de forme pyramidale, à sept étages.

Contourner le chevet par la rue de la Manécanterie.

Porche St-Jean – Précédé d'une grande arcade surbaissée, ce porche était destiné au passage des souverains. Les battants, recouverts de cuir, arborent de belles pentures (appliques en fer forgé) du 12e s. Il relie la cathédrale au baptistère St-Jean des 10e-11e s., dont l'entrée est flanquée de deux lions en pierre.

Passer sous le clocher pour gagner la petite cour attenante au chevet.

Remarquer, au passage, les tombeaux d'abbés et de chanoines, et dans la cour (**6**), derrière le puits roman, les bas-reliefs gallo-romains encastrés dans la base du chevet et la frise qui les couronne. Ils représentent des scènes de chasse.

Bâtiment des mâchicoulis – Cette construction massive abritée derrière la chapelle de l'Hôtel-Dieu est l'ancien lieu de réunion des États du Velay. Le bâtiment faisait partie des fortifications de la cathédrale et du palais épiscopal au 13e s.

---

(1) Pour plus de détails, lire « Le Puy : Cathédrale, Cloître, Pénitents » ou « Le Puy-en-Velay, ville aux huit merveilles », par Louis Comte, en vente à la sacristie.

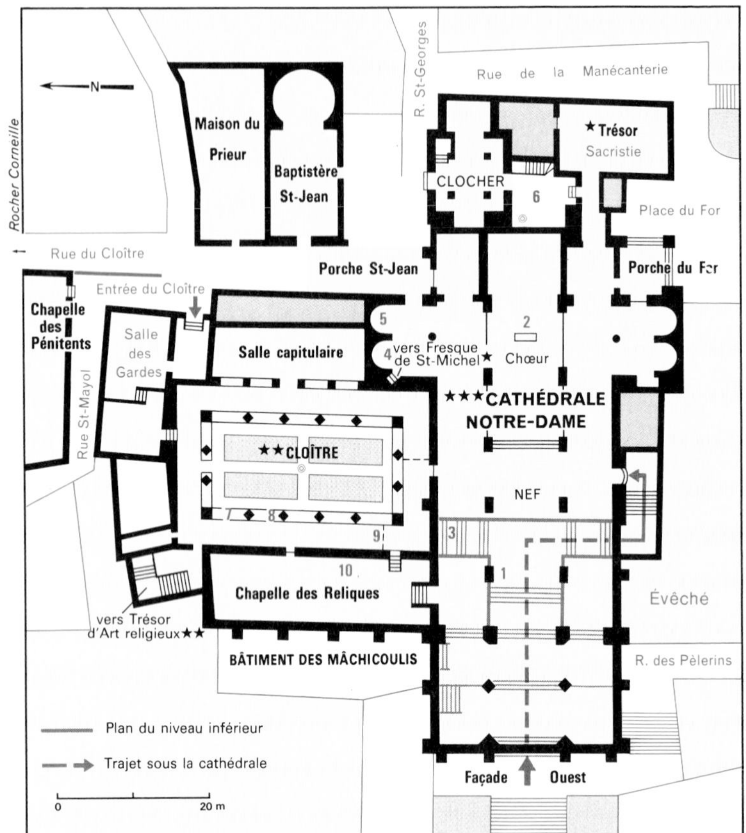

Il comporte deux niveaux, accessibles aux visites par deux entrées différentes : le niveau inférieur abrite la chapelle des reliques dont l'accès se fait par le collatéral gauche de la cathédrale, et le niveau supérieur, la salle du trésor d'art religieux est rattachée au musée du cloître.

Chapelle des Reliques ⓥ – Située au 3e étage du bâtiment des Mâchicoulis, la chapelle des Reliques ou chapelle d'hiver (elle s'ouvre sur le bas-côté Nord de la cathédrale) tire son nom du beau retable doré qui abritait, jusqu'à la Révolution, les reliques apportées à Notre-Dame du Puy. Ancienne bibliothèque de l'université Saint-Mayol, elle fut ornée, au 15e s., sur le mur Est, de la célèbre peinture des **Arts libéraux**★ (**10**). Chaque art libéral (Grammaire, Logique, Rhétorique, Musique) est représenté par une femme assise et par un personnage allégorique.
La précision des étoffes et des bijoux est riche d'enseignements sur les goûts de cette époque.

Baptistère St-Jean – Relié à la cathédrale par le porche du même nom, cet édifice, datant des 10e-11e s., servit de baptistère à l'ensemble des paroisses de la cité jusqu'à la Révolution. L'entrée Sud est flanquée de lions en pierre érodés. A l'intérieur, on voit la cuve baptismale de forme pyramidale.

Maison du Prieur ⓥ – Attenante au baptistère St-Jean, l'ancienne résidence de l'administrateur des baptêmes abrite dans ses salles voûtées l'exposition « **En Velay autrefois** », remarquable collection d'outils ruraux et artisanaux.

★★**Cloître** (**BY**) ⓥ – Ce très beau cloître, accolé au Nord de la cathédrale, est composé de galeries d'époques différentes, s'ordonnant selon un plan rectangulaire ; la plus ancienne, au Sud, est romane. L'ensemble a été restauré au 19e s. Ces galeries s'ouvrent sur une aire centrale par des arcades en plein cintre s'appuyant sur des piliers carrés dont les faces sont flanquées de colonnes monolithes. Au nombre des **chapiteaux historiés** comptent, dans la galerie Ouest, l'un (**7**), représentant une dispute autour d'une crosse abbatiale, et l'autre (**8**) figurant un centaure.
Une remarquable **grille romane**★ (**9**) ferme la galerie Ouest. De l'angle Sud-Ouest du cloître, on découvre la cheminée romane coiffant le logis des clergeons.
Tout autour du cloître, au-dessus des arcades, court une **corniche** délicatement ornée, illustrant avec verve le bestiaire du Moyen Âge.

La polychromie des claveaux, les écoinçons en losanges rouges, ocre, blancs ou noirs formant des mosaïques composent un décor proche de l'art islamique.
Sur la galerie Est s'ouvre la **salle capitulaire**, chapelle des Morts au 14e s., dont l'entrée est encadrée par des pilastres striés de cannelures à double ondulation (motif rare). Elle est ornée, sur le mur Sud, d'une fresque du 13e s., représentant la Crucifixion *(éclairage à l'entrée)*.

★★ **Trésor d'Art religieux** ⓥ – Aménagé dans l'ancienne **salle des États du Velay**, au-dessus de la chapelle des Reliques, il rassemble un bon nombre d'œuvres d'art, parmi lesquelles on remarque une chape de soie du 11e s., une châsse en émail champlevé du 13e s., une Vierge allaitant du 15e s., en pierre polychrome, la tapisserie à fleurs de lys de l'évêque Jean de Bourbon (fin 15e s.), un magnifique manteau brodé de la Vierge noire du 16e s. et un remarquable **parchemin** du 15e s. « Genèse de la création du monde à la Résurrection ».
Au nombre des tableaux comptent *L'Adoration des Mages*, par Claude Vignon (1640) mais, surtout, la *Sainte Famille* attribuée au Maître de Flémalle (fin 15e s.). L'art du sculpteur montpelliérain, Pierre Vaneau (1653-1694), qui, en son temps, travailla beaucoup pour l'évêque du Puy est représenté par des panneaux illustrant des thèmes mythologiques et par deux statues d'esclaves en noyer.

Chapelle des Pénitents (**BY B**) ⓥ – On y pénètre par une porte aux vantaux de bois sculptés dans le style Renaissance et flanquée de deux groupes de colonnes torses. A l'intérieur, les peintures décorant la tribune, les parois lambrissées de la nef unique, mais surtout le beau plafond caissonné relatent la vie de la Vierge. Elles ont été réalisées aux 17e et 18e s. Les nombreux bâtons de la confrérie des Pénitents blancs, fondée en 1584, sont encore portés en procession *(voir p. 289)*.

Rocher Corneille (**BY**) ⓥ – C'est un reste de cône appartenant sans doute au volcan dont le rocher St-Michel représente la cheminée.
De la plate-forme, **vue★** panoramique sur les toits rouges de la ville et le bassin du Puy, sur le rocher St-Michel au Nord-Ouest, derrière lequel se profile le château de Polignac. Le rocher est surmonté d'une colossale **statue de N.-D. de France**, érigée en 1860, par souscription nationale. Cette statue en fonte mesure 16 m de hauteur et pèse 110 tonnes. 213 canons prélevés sur les trophées de la prise de Sébastopol et mis à la disposition des maîtres d'œuvre par Napoléon III servirent à la couler. On peut monter à l'intérieur de la statue, jusqu'au niveau du cou.

Revenir à la place des Tables.

★ LA VIEILLE VILLE

La vieille ville regroupe ses hautes maisons aux toits rouges autour du rocher Corneille, tandis que les boulevards circulaires marquent le début de la ville basse moderne.
Au pied de la cathédrale, la place des Tables (**AY 49**) offre un intéressant aperçu de la cité épiscopale. A gauche, au n° 56 de la rue Raphaël, un beau logis du 16e s. à 5 niveaux, dit « **le logis des Alix Selliers** ».
Au terme de cette rue, prendre à gauche la rue Roche-Taillade. A l'angle de la rue du Cardinal-de-Polignac s'élève l'**hôtel du Lac de Fugères** (**L**), du 15e s., et en s'engageant dans cette rue, au n° 8 l'**hôtel de Polignac** (**D**) présente une tour polygonale du 15e s.
En revenant vers le croisement de la rue Roche-Taillade, remarquer au n° 3 de la rue Vaneau, l'**hôtel des Laval d'Arlempdes** (**F**). Descendre la rue Roche-Taillade qui se prolonge par la rue Chênebouterie ; au n° 8, cour avec tourelle du 15e s. et en face au n° 9, la maison natale (16e s.) du maréchal Fayolle. On gagne la **place du Plot** (**AZ 38**) (ancienne place du Pilori) animée en fin de semaine par un marché coloré autour de la **fontaine de la Bidoire**, datée de 1246. En face, **rue Courrerie** (**AZ 20**), au n° 8 intéressante façade du 16e s. suivie de celle de l'hôtel de Marminhac, aux baies en plein cintre dont les clefs portent des masques sculptés. On atteint la place du Martouret (ancien lieu d'exécution sous la Révolution), où se dresse la façade de l'hôtel de ville.

Rejoindre la place du Plot et emprunter la rue Pannessac.

Cette rue en partie piétonne est bordée d'élégantes maisons Renaissance des 16e et 17e s. présentant des façades en encorbellement parfois flanquées d'une tour ou échauguette, notamment aux nos 16, 18 et 23. A droite, les ruelles de traverse (rue **Philibert** (**AY 36**) et du **Chamarlenc** (**AY 10**) ont conservé leur caractère médiéval ; au 16, rue du Chamarlenc, la façade de la **demeure des Cornards**, dont le privilège était de brocarder les bourgeois de la ville, est ornée de deux têtes à cornes, l'une hilare, l'autre tirant la langue, et surmontées d'inscriptions facétieuses.
Au 42, rue Pannesac, le **logis des André**, au 46, le **logis des frères Michel** du 17e s., orné au rez-de-chaussée de masques et d'écoinçons sculptés et aux étages de mascarons, de guirlandes et de cartouches, affichent l'opulence des commerçants qui habitaient ce quartier. Au bout de la rue, la **tour de Pannessac** (**K**) du 13e s. conserve un étage garni de mâchicoulis tréflés. C'est le dernier vestige des 18 portes fortifiées, à tours jumelles, que possédait l'enceinte.
L'écrivain **Jules Vallès**, natif du Puy, décrit son enfance pénible dans les rues de la vieille ville dont il restitue l'ambiance de 1840 dans le premier volume de la trilogie *L'Enfant*, *Le Bachelier* et *L'Insurgé*.

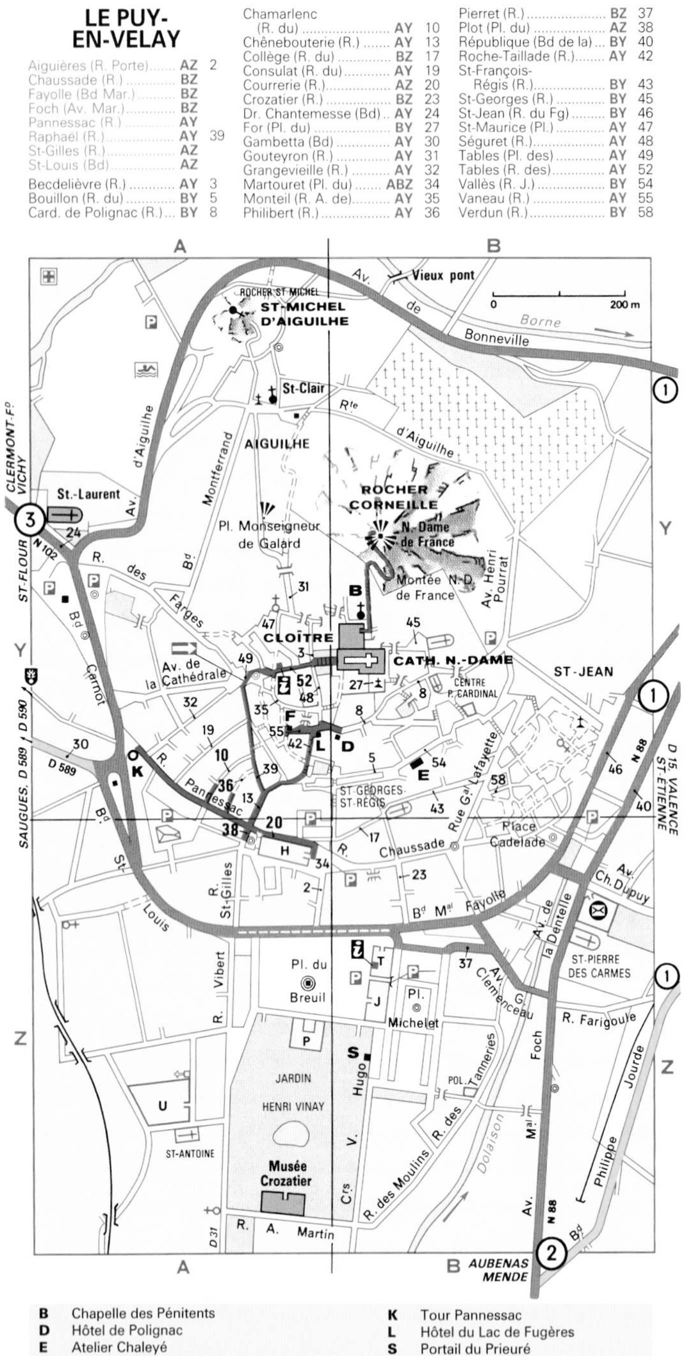

★★CHAPELLE ST-MICHEL D'AIGUILHE (AY) ⌚ *visite : 3/4 h*

La chapelle surmonte le rocher St-Michel, gigantesque aiguille de lave qui s'élève d'un jet à 80 m au-dessus du sol. Son fin clocher, en forme de minaret, semble prolonger le doigt rocheux. On y accède par un escalier de 268 marches. La chapelle St-Michel d'Aiguilhe remplaça probablement un temple dédié à Mercure. La construction actuelle, de la fin du 11e s., est d'inspiration orientale avec son portail trilobé, son gracieux décor d'arabesques, ses mosaïques de pierres noires, grises, blanches. A l'intérieur, le plan, très irrégulier, épouse les contours du rocher. La complexité du système de voûtes témoigne de l'art avec lequel les architectes ont su tirer parti du terrain. Les colonnettes, qui dessinent comme un déambulatoire autour d'une courte nef, sont surmontées de chapiteaux sculptés.

La voûte de la petite abside est décorée de peintures murales du 10e s. A droite, une vitrine abrite des objets d'art trouvés sous l'autel en 1955 et notamment un petit Christ-reliquaire en bois du 11e s. et un coffret en ivoire byzantin du 13e s.
Un chemin de ronde contourne la chapelle, d'où l'on domine, à l'Est, le **vieux pont** (BY) à redents qui enjambe la Borne.

Chapelle St-Clair (AY) – Au pied du rocher St-Michel, c'est un édifice du 12e s., qui fut peut-être un baptistère ou la chapelle d'un ancien hôpital.
A l'extérieur, décoration d'arcatures et de losanges, caractéristiques du pays vellave.

D. Faure/SCOPE

Chapelle St-Michel d'Aiguilhe

AUTRES CURIOSITÉS

Musée Crozatier (AZ) ⓥ – Le jardin Vinay, où est situé ce vaste musée, renferme, entre autres monuments, le beau portail du prieuré de Vorey (BZ **S**).
Au sous-sol est exposé un beau carrosse du 18e s., appelé « berline à la française ».
Au rez-de-chaussée, face à la section de paléontologie et de préhistoire régionales, est présentée une **collection lapidaire★** (art roman et gothique), où l'on peut admirer des panneaux de chancel et des chapiteaux historiés provenant de la cathédrale. A l'entresol, deux salles rassemblent des œuvres du sculpteur Pierre Julien (1731-1804), ainsi que des maquettes animées de machines.
Dans la section réservée aux arts locaux, au 1er étage, on découvre une tapisserie du 16e s. aux armes des Polignac et Pompadour, une Vierge de l'Annonciation en pierre polychrome et dorée de la fin du 15e s. et surtout une riche collection de **dentelles★** à la main du 16e s. à nos jours, magnifiques ouvrages aux fuseaux ou à l'aiguille. Au même niveau, évocation d'Émile Reynaud, inventeur du praxinoscope, ancêtre du cinématographe.
Le deuxième étage, auquel on accède par une porte-tambour du 17e s., rapportée du couvent de la Visitation, est réservé aux Beaux-Arts. Parmi les peintures et sculptures couvrant la période du 14e au 20e s., remarquer la **Vierge au manteau**, du 15e s., à la composition et aux coloris étonnants, des œuvres d'artistes locaux comme Guy François (1578-1650) et des paysages du pointilliste Dubois-Pillet *(St-Michel d'Aiguilhe sous la neige)*.
Au dernier étage, dans la section d'histoire naturelle, la collection ornithologique regroupe près de 400 espèces.

Église St-Laurent (AY) – Rare exemple de l'art gothique en Velay, elle date du 14e s. et faisait partie d'un couvent de dominicains. Le portail de la façade a été construit au 19e s. dans le style flamboyant ; remarquer les trois niches à baldaquins du tympan.
A l'intérieur, la nef épaulée par deux bas-côtés et couverte de voûtes d'ogives surprend par son ampleur. Dans le chœur, à droite, le tombeau de Du Guesclin contient les entrailles du connétable, mort en 1380 pendant le siège de Châteauneuf-de-Randon *(voir le guide Vert Michelin Gorges du Tarn)*.
Des travaux effectués dans le chœur ont amené la découverte du tombeau de l'évêque Bernard de Montaigu (13e s.).
A gauche de l'église, une ancienne chapelle du 14e s., dite salle capitulaire, a été dégagée.

Atelier Chaleyé (BY **E**) ⓥ – Il est situé au 1er étage de la demeure dans laquelle le peintre (1878-1960) passa les dernières années de sa vie.
Post-impressionniste, il peint la nature, les fleurs ; de nombreuses toiles sont exposées. Il crée également des modèles de dentelles dont certains cartons sont conservés au musée Crozatier.

ENVIRONS

★**Polignac** – *5 km – environ 1 h. Quitter le Puy-en-Velay par ③ du plan, N 102, vers Clermont-Ferrand, et prendre, après l'hôpital, la D 13, à droite, qui offre des échappées sur le site du Puy. Description p. 177.*
Au sommet de la montée se dégage subitement la table basaltique de Polignac.

Espaly-St-Marcel – *2 km, puis 3/4 h de visite. Accès par le boulevard Gambetta et la D 590 en direction de St-Flour. Dans Espaly, quitter la D 590 et emprunter la rue signalée « St-Joseph », jusqu'au parc de stationnement.*

Piton d'Espaly – Il était jadis couronné d'un château qui, après avoir servi de résidence aux évêques du Puy – Charles VII, dauphin puis roi de France, y reçut l'hospitalité lors de ses fréquents pèlerinages –, fut ruiné durant les combats de la Ligue.

Rocher St-Joseph ⓥ – La terrasse supérieure, aménagée au pied de la statue, offre une **vue★** sur la vieille ville du Puy-en-Velay, d'où émergent la cathédrale, le rocher Corneille et St-Michel d'Aiguilhe.

Château de St-Vidal ⓥ – *11 km. Quitter le Puy par ④ du plan, N 102. A 8 km, prendre à gauche, au lieu dit Bleu, la route de St-Vidal (D 112).*
Dominant de ses tours massives le village groupé sur une éminence dans la vallée de la Borne, ce château, qui fut le fief du baron **Antoine de la Tour**, gouverneur du Velay au 16e s., conserve de son origine féodale des caves voûtées et une cuisine ogivale pourvue d'immenses cheminées. Des remaniements opérés aux 15e et 16e s. subsistent des éléments décoratifs gothiques et Renaissance, dont les galeries voûtées d'ogives bordant la cour intérieure sur trois côtés, le plafond à la française et le portail en pierre sculpté de la salle d'apparat, la façade Sud. Un escalier à vis mène au dernier étage de la tour de l'Église (14e s.), qui était affecté à l'artillerie.

E. Baret

Château de St-Vidal

CIRCUIT DU LAC DU BOUCHET

49 km – environ 2 h. Quitter le Puy par ② du plan

La N 88 monte en serpentant sur les plateaux dominant le bassin du Puy.

A Montagnac prendre à droite la D 33 en direction de Cayres, puis suivre la D 31 en direction du Bouchet-St-Nicolas. A 1,5 km prendre à droite la D 312 vers le lac.

★**Lac du Bouchet** – *Page 93.*

Faire demi-tour. Prendre à gauche la route forestière, puis à droite la D 33.

Vues sur les pentes du Devès et les monts du Velay.

A partir de Cayres, suivre la D 31 puis la D 621 qui traversent un plateau, à plus de 1 000 m d'altitude.

Sur la gauche, on voit la ligne de faîte du Devès.

De Bains, la D 589 ramène au Puy-en-Velay.

Belles vues sur la ville et son site.

Moyenne vallée du RHÔNE***

Carte Michelin n° 246.

Le Rhône est le plus puissant et le plus rapide des grands fleuves français. C'est aussi le plus majestueux : au Sud de Lyon, sa course vers le Midi, entre les talus du Massif central et des Préalpes, offre l'aspect d'une percée lumineuse, d'une ampleur magnifique.
A chaque instant, la vallée se pare d'une nouvelle beauté. Coteaux sourcilleux, comme les a chantés Mistral, tour à tour sévères ou souriants, bassins épanouis à l'approche de la Provence, brusques étranglements des défilés ; les paysages grandioses se succèdent, escortant le fleuve sur près de 200 km.
Vestiges romains, ruines perchées évocatrices des temps de rapine et de violence, églises et châteaux juchés sur des promontoires, face à face de cités dégringolant vers le fleuve et que relient les ponts suspendus, imposants aménagements techniques et ensembles industriels composent, avec les vignobles des versants et les vergers de la plaine, un incomparable paysage sans cesse modelé par les générations de Rhodaniens.

LE COULOIR RHODANIEN

Profil de la vallée – Au Sud de Lyon, la moyenne vallée du Rhône se présente comme une immense gouttière, ancienne fosse marine, resserrée entre la bordure du Massif central et les Préalpes. Elle s'élargit par de brusques à-coups : bassins dégagés par l'érosion dans les terrains tendres de la rive gauche, terrasses de cailloux roulés ou de molasse du Dauphiné, plateaux calcaires du Tricastin alternant avec les défilés, taillés par l'enfoncement progressif du fleuve dans l'ancien socle cristallin ou, parfois, comme à Donzère, dans un môle de calcaire. A mesure qu'on descend vers le Sud, les bassins s'amplifient, se développant à l'Est, tandis que le fleuve longe le talus vivarois. L'opposition entre les deux rives est soulignée par le profil différent des affluents ; ceux de la rive droite débouchent brusquement des gorges entaillant l'abrupt du talus ; rive gauche, ils vont à la rencontre du Rhône à travers de basses plaines alluviales.

Un flot puissant et rapide – Le Rhône roule en toutes saisons, à vive allure, un important volume d'eau. Son impétuosité est due à sa pente relativement forte : 0,50 m par km entre Lyon et Valence ; elle s'accentue encore : 0,77 m entre Valence et le confluent de l'Ardèche, pour retomber à 0,49 m entre le confluent de l'Ardèche et celui du Gardon. Plus à l'aval, la pente diminue fortement.
La puissance hydraulique du Rhône est remarquable : 1 350 m^3/s en eaux moyennes à Valence. Pour un tel débit, sa vitesse est de l'ordre de 2,50 m/s. Pendant son cours français, le fleuve reçoit des affluents de régimes différents : rivières alpines en crue au printemps et en été, torrents du Vivarais en automne et en hiver, si bien que, même en été, le Rhône garde un débit important. Ses crues sont liées à celles de ses affluents. Les plus fortes se produisent en automne *(voir les « coups » de l'Ardèche, p. 54)*. C'est alors la « grande rivière sauvage » de Chateaubriand, le « taureau furieux descendu des Alpes » de Michelet.

Le mistral – Certains jours, il règne en « maître » dans la vallée. Faible encore dans la partie septentrionale, il prend toute sa force au Sud de Valence : la plaine valentinoise joue le rôle de foyer d'appel. Les différences de température entre les bassins de plus en plus chauds à l'approche de la Méditerranée expliquent la violence des appels d'air et des « coups » du mistral.

Des nautes aux automoteurs – Les Grecs de Marseille empruntaient déjà le Rhône pour aller chercher l'étain en Cornouaille. A l'époque romaine, la navigation devient très active. Le fleuve est alors la grande voie de commerce du vin. Les nautes rhodaniens forment les corporations les plus puissantes des villes romaines.
Sous l'Ancien Régime, les « coches d'eau » desservent les villes bordières qui toutes ont leur port, déterminant une intense vie marinière. Mais cette belle voie de transport est dangereuse les jours de crue ou de mistral. Mme de Sévigné, sachant sa fille sur « ce diable de Rhône », vit des heures d'angoisse.
En 1829, les bateaux à vapeur apparaissent sur le Rhône et la circulation se développe encore. Le chemin de fer faillit ruiner ce mode de transport, puis l'ère de la houille blanche et les travaux entrepris sur le fleuve redonnent au Rhône toute son importance. Après l'exploitation par remorqueurs, le transport est maintenant assuré, grâce aux travaux d'aménagement de la Compagnie nationale du Rhône *(voir p. 191)*, par des automoteurs de 1 500 t et des convois poussés de 5 000 t et plus. Le tonnage annuel (4 100 000 t) comprend hydrocarbures, produits métallurgiques et agricoles, matériaux de construction.

Les ponts – Alors que les Romains n'avaient construit que deux ponts sur le Rhône, l'un en bois entre Arles et Trinquetaille, l'autre en pierre à Vienne, les architectes du Moyen Âge, déjouant les difficultés, lancèrent trois ponts. Le pont St-Bénézet d'Avignon fut construit en onze ans, de 1177 à 1188, par les célèbres Frères Pontifes, qui édifièrent au siècle suivant le pont de la Guillotière à Lyon et celui de Pont-St-Esprit.

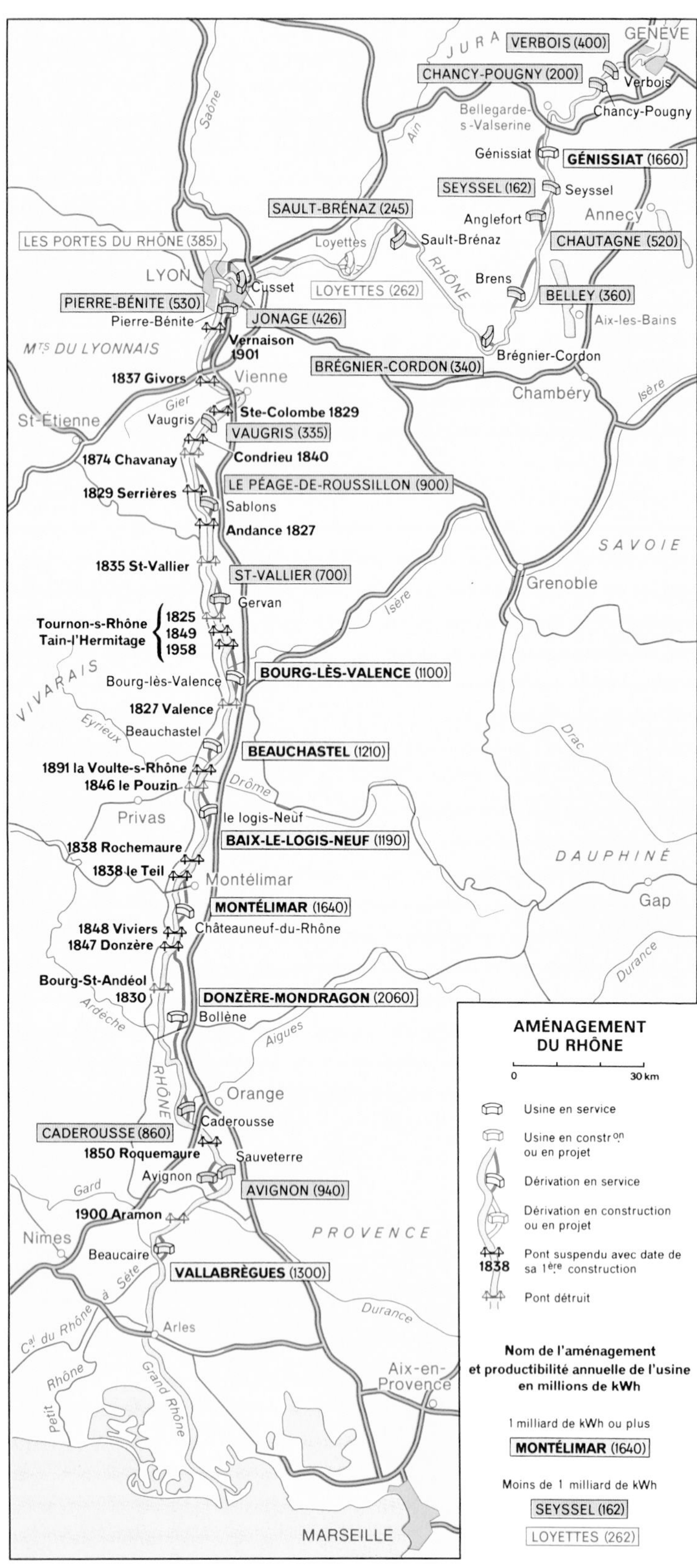

VERBOIS (400)
GENÈVE
CHANCY-POUGNY (200)
Verbois
Bellegarde-s-Valserine
Chancy-Pougny
Génissiat
GÉNISSIAT (1660)
SEYSSEL (162)
Seyssel
SAULT-BRÉNAZ (245)
Anglefort
Annecy
LES PORTES DU RHÔNE (385)
Loyettes
Sault-Brénaz
CHAUTAGNE (520)
LYON
Cusset
LOYETTES (262)
Brens
BELLEY (360)
PIERRE-BÉNITE (530)
Pierre-Bénite
JONAGE (426)
Aix-les-Bains
Mts DU LYONNAIS
Vernaison 1901
Brégnier-Cordon
BRÉGNIER-CORDON (340)
1837 Givors
Vienne
Chambéry
St-Étienne
Vaugris
Ste-Colombe 1829
VAUGRIS (335)
1874 Chavanay
Condrieu 1840
LE PÉAGE-DE-ROUSSILLON (900)
1829 Serrières
Sablons
Andance 1827
SAVOIE
1835 St-Vallier
ST-VALLIER (700)
Grenoble
Gervan
Tournon-s-Rhône
Tain-l'Hermitage
1825
1849
1958
VIVARAIS
Bourg-lès-Valence
BOURG-LÈS-VALENCE (1100)
1827 Valence
Beauchastel
BEAUCHASTEL (1210)
1891 la Voulte-s-Rhône
1846 le Pouzin
Privas
le logis-Neuf
BAIX-LE-LOGIS-NEUF (1190)
1838 Rochemaure
DAUPHINÉ
1838 le Teil
Montélimar
MONTÉLIMAR (1640)
Gap
1848 Viviers
Châteauneuf-du-Rhône
1847 Donzère
Bourg-St-Andéol 1830
DONZÈRE-MONDRAGON (2060)
Bollène
Orange
Caderousse
CADEROUSSE (860)
1850 Roquemaure
Sauveterre
Avignon
AVIGNON (940)
1900 Aramon
Nîmes
PROVENCE
Beaucaire
VALLABRÈGUES (1300)
Arles
Aix-en-Provence
MARSEILLE
AMÉNAGEMENT DU RHÔNE
0
30 km
Usine en service
Usine en constr.on ou en projet
Dérivation en service
Dérivation en construction ou en projet
1838
Pont suspendu avec date de sa 1ère construction
Pont détruit
Nom de l'aménagement et productibilité annuelle de l'usine en millions de kWh
1 milliard de kWh ou plus
MONTÉLIMAR (1640)
Moins de 1 milliard de kWh
SEYSSEL (162)
LOYETTES (262)

Au 19e s., les **frères Seguin**, en créant la technique du pont suspendu par câble de fer, apportèrent au problème du franchissement du fleuve une solution économique. Le premier pont suspendu construit sur le Rhône fut celui de Tournon ; lancé en 1825, il a été démoli en 1965 (celui visible aujourd'hui date de 1846).
La dernière guerre a été marquée par l'anéantissement presque total des ponts suspendus. A l'occasion de leur reconstruction, on a fait appel à la technique la plus récente, comme à Vernaison, Tournon, le Teil, Viviers ; la travée centrale suspendue dépasse souvent 200 m de longueur (le Teil : 235 m, Vernaison : 231 m).
La technique du béton précontraint a été utilisée pour lancer des ponts non suspendus ; le plus remarquable est le pont de chemin de fer de la Voulte (1955). Les derniers ponts routiers ouverts à la circulation sont ceux de la déviation de Vienne (autoroute A 7) en 1973, celui de Chavanay en amont du Péage-de-Roussillon, fin 1977, et le pont de Tricastin sur le canal d'amenée de la chute de Donzère-Mondragon, en 1978.

AMÉNAGEMENT DU RHÔNE

La **Compagnie Nationale du Rhône** Ⓥ a été créée en 1934 en vue de l'aménagement du fleuve. Sa règle d'or se résume en trois mots : navigation, irrigation, électricité. 23 ouvrages, dont 20 édifiés par la Compagnie, feront du Rhône un gigantesque escalier d'eau entre le lac Léman et la mer et fourniront chaque année environ 16 milliards de kWh (production française totale : 450 000 millions de kWh en 1991).

Des travaux imposants – En aval de Lyon, la vallée large et cultivée, aux berges généralement basses, ne permettait pas l'aménagement de réservoirs artificiels alimentant de hautes chutes comme en montagne. Aussi est-ce le Rhône lui-même que l'on a barré et dérivé dans un lit artificiel. Chaque ouvrage comprend un barrage, au travers du fleuve, qui dérive l'eau dans un canal d'amenée alimentant une usine « au fil de l'eau » avec un gros débit sous basse chute. Sortant de l'usine, les eaux rejoignent le Rhône par un canal de fuite. Des écluses équipent ces canaux à hauteur des usines et permettent le passage des bateaux. L'aménagement complet du Rhône de Lyon à la mer a été achevé en 1980 par la mise en service des ouvrages de Vaugris, près de Vienne.
En amont de Lyon, l'aménagement de 4 usines de basse chute valorisant l'utilisation de l'ensemble Génissiat-Seyssel est achevé. Deux aménagements restent à construire en amont de Lyon.
Ainsi sera réalisée la liaison des bassins rhodanien et rhénan.

L'irrigation, source de richesse – Les plaines de la vallée du Rhône deviennent peu à peu des terres de haut rendement, grâce à l'irrigation de plus de 200 000 hectares. La production fruitière en particulier doit bénéficier de cette mise en valeur.

L'expansion industrielle – Le développement industriel de la vallée, lié aujourd'hui aux aménagements du fleuve, est en train de modifier profondément l'aspect du couloir rhodanien. De Lyon à Avignon, usines et installations se succèdent : raffineries de Feyzin, constructions mécaniques, verre, engrais, papier, carton de Chasse et Givors, centrale thermique de Loire-sur-Rhône, usines chimiques des Roches, St-Clair-du-Rhône et Péage-de-Roussillon, ensemble industriel de Porte-lès-Valence et Montélimar, textiles de la Voulte, chaux et ciments de Cruas, le Teil et Viviers. Dans le domaine nucléaire, les centrales de St-Alban-St-Maurice, de Cruas-Meysse, du Tricastin et l'ensemble des aménagements de Pierrelatte confèrent à la vallée du Rhône un rôle de tout premier plan dans l'approvisionnement énergétique du pays et des États limitrophes.

DESCENTE DU RHÔNE EN BATEAU

Se reporter au chapitre des Renseignements pratiques en fin de volume

★LE COULOIR INDUSTRIEL

1 De Lyon à Vienne

30 km – environ 5 h, visite de Lyon non comprise – schéma p. 194

Quitter Lyon par ⑦ du plan, autoroute A 7

A la section en quai à la sortie de Lyon, succèdent les hautes structures industrielles de **Pierre-Bénite** et de **Feyzin** Ⓥ. L'éclat métallique des installations souligne l'importance de ce complexe. L'autoroute A 7 franchit le fleuve juste en amont du barrage de Pierre-Bénite.
Au pied des coteaux verdoyants où s'accrochent quelques clochers perchés comme celui de **Ternay** *(p. 266)*, d'autres implantations industrielles se révèlent : Givors, la centrale thermique de Loire-sur-Rhône.
Dans une longue courbe, Vienne apparaît : la vallée se desserre en un bref bassin.

★★**Vienne** – *Page 258.*

★★★ VERGERS ET VIGNOBLES

2 De Vienne à Valence

147 km – compter 1 journée sans la visite de Vienne et de Valence – schéma p. 194

★★**Vienne** – *Visite : 1/2 journée. Description p. 258.*

Quitter Vienne par le grand pont sur le Rhône, ⑦ du plan.

St-Romain-en-Gal et Ste-Colombe – *Page 265.*

Aussitôt après le pont sous la voie ferrée, prendre à gauche la D 502.

Au cours de la montée, sur les premiers contreforts du Pilat, les **vues**★ s'élargissent sur la vallée du Rhône d'abord puis, après le Recru, sur celle du Gier.

A la Croix-Régis, prendre à gauche la D 59 vers Condrieu.

Après avoir longé les derniers escarpements du Pilat (mont Monnet : 789 m), la descente offre dans le tournant du calvaire, au-dessus de Condrieu, une **vue**★ jusqu'au défilé de St-Vallier. Entre le fleuve et la ligne des coteaux, les vergers (abricotiers, poiriers, cerisiers et pêchers) couvrent l'étroite plaine côtière.

Condrieu – *Page 83.*

Suivre la N 86 et emprunter à la sortie de Vérin la D 34 étroite, sinueuse en montée, vers St-Michel.

St-Michel-sur-Rhône – Le clocher présente de curieux acrotères d'angle. Du chevet de l'église, on découvre les sinuosités du fleuve, de la boucle de Condrieu jusqu'à Vienne. A droite, au premier plan, s'élèvent les fumées des usines de St-Clair-du-Rhône.
La route serpente sur la crête des coteaux, dominée, à droite, par le mont Pilat ; la descente sur Chavanay se fait au milieu des anciens jardins en terrasses ; sur la gauche se profilent les installations de la centrale nucléaire de St-Alban-St-Maurice *(p. 209)*.

A 4 km, prendre à droite la D 503 vers Malleval.

Malleval – *Page 232.*

Regagner la N 86.

Serrières – *Page 231.*

Champagne – *Page 79.*

A l'arrivée à Andance, au pied des aiguilles granitiques, on aperçoit au loin, sur la rive gauche, la silhouette de l'altière tour d'Albon.

Andance – L'**église** abrite une remarquable **croix des Équipages**★ de la marine du Rhône *(à droite, dans la chapelle latérale)*. Beaux pilastres romans.

A Andance, franchir le Rhône par le pont suspendu (1827), puis par la D 122^A, qui passe sous l'autoroute, gagner la tour d'Albon.

Tour d'Albon et château de Mantaille – La tour ruinée d'**Albon** domine un vaste horizon.

Le Rhône à Tain-l'Hermitage

Les comtes d'Albon, en étendant leurs possessions, à partir du 11e s. ont créé le Dauphiné. La tour d'Albon porte aujourd'hui des inscriptions commémorant, entre autres, un feu de joie des « Républicains d'Albon » qui célébrèrent, le 14 juillet 1889, le centenaire de la prise de la Bastille.
Du pied de la tour, **panorama★** sur la vallée du Rhône, du défilé de St-Vallier à la plaine de St-Rambert, le débouché de la Valloire et, à l'Ouest, les Cévennes.
A 4 km à l'Est, les ruines du **château de Mantaille** se dressent au flanc du paisible vallon du **Bancel**. C'est à Mantaille que Boson se fit couronner roi de Bourgogne en 879.

Faire demi-tour par Albon et Andancette. A Beausemblant, prendre, avant l'église, à gauche, la D 312 vers St-Uze. 2 km plus loin, à hauteur de l'entrée d'un vaste domaine, prendre à droite. Après un coude de la route, passé la première maison à droite, prendre à droite, à angle aigu, une petite route et, 400 m plus loin, à hauteur d'un pylône, appuyer encore à droite. La route, très étroite (croisement difficile), descend en lacet sur St-Vallier.

La route domine ainsi l'entrée du défilé, face à Sarras. Les lignes de coteaux se rapprochent, étranglant la vallée.

St-Vallier – Les Poitiers, comtes de St-Vallier, y avaient leur résidence : Diane de Poitiers passa une partie de son enfance au **château** *(on ne visite pas).*

Franchir la N 7 et le Rhône ; à Sarras, prendre la D 6 vers St-Jeure-d'Ay, puis à 5 km tourner à gauche dans la D 506.

La descente, très rapide, au-dessus du village d'Ozon, encore invisible, offre, dans deux virages prononcés, un superbe **coup d'œil★★** sur le **défilé de St-Vallier★**. De part et d'autre du fleuve, les coteaux s'alignent en rangs serrés. Leurs versants abrupts portent des cultures en terrasses, vergers et vignes. La vue plonge sur les méandres du Rhône, parsemé d'îles et bordé de rideaux de peupliers.

De St-Vallier à Tain-l'Hermitage, emprunter la N 7, tracée sur la rive gauche.

Cette portion de vallée, resserrée en couloir, est la plus évocatrice du Rhône féodal. Ruines de châteaux forts et vieilles tours de défense et de guet se succèdent à la pointe des escarpements. L'arrivée à **Serves-sur-Rhône** est précédée d'une superbe **vue** en avant sur les vestiges imposants de son château. En face se dresse, sur la rive droite, la **tour** rivale d'**Arras-sur-Rhône**.
Peu après l'embranchement vers Crozes-Hermitage, un coteau sauvage, « Pierre-Aiguille », qu'entaille la voie ferrée, rejette la route au bord du fleuve.
On aperçoit, affleurant les eaux, le petit rocher de la **Table du Roi**, surmonté d'une balise – recouvert en période de crue. La ligne de coteaux s'entrouvre à gauche, dégageant le coteau de l'Hermitage, zébré par les terrasses de son célèbre vignoble *(voir p. 239).*

★Belvédère de Pierre-Aiguille – *Page 241.*

Traverser le Rhône par le pont suspendu.

★Tournon-sur-Rhône – *Page 239.*
De Tournon-sur-Rhône à Valence, la **route panoramique★★★**, tracée en corniche, offre d'extraordinaires points de vue.

Pratta/ICONOS-EXPLORER

Quitter Tournon au Sud par la rue du Dr-Cadet et la rue Greffieux en direction de St-Romain-de-Lerps.

La montée, en lacet, très raide, est éblouissante. On domine bientôt la plaine valentinoise, que limite à l'Est la haute barre du Vercors. Un peu plus loin, se creusent, sur la droite, les gorges du Doux *(p. 242)*.

Dans le village de Plats, tassé sur le plateau, tourner à gauche dans le GR 42 devant le monument aux Morts.

A la sortie du village, on aperçoit la « tour » de St-Romain-de-Lerps.

★★★ **Panorama de St-Romain-de-Lerps** – Deux balcons d'orientation sont aménagés de part et d'autre d'une petite chapelle, sur une plate-forme, à quelques mètres de la « tour », surmontée d'un relais de télédiffusion. Le **panorama**, immense, couvre 13 départements. C'est l'un des plus grandioses de la vallée du Rhône.
Du côté Est, au-dessus de la plaine de Valence, s'élèvent les barres du Vercors, entrecoupées de failles sombres et dominées par la dent de la Moucherolle et le dôme du Grand Veymont. Au-delà, scintillent les sommets neigeux des Alpes et la masse du mont Blanc. Au Nord, dans l'axe du Rhône, légèrement à gauche, se dresse le mont Pilat ; au Sud, se profile le mont Ventoux. Du côté Ouest, s'étendent les plateaux et les serres vivaroises. Le sommet du Mézenc domine au loin cette tourmente de crêtes.

De St-Romain-de-Lerps, la descente sur St-Péray s'effectue par la D 287 offrant de remarquables vues sur le bassin de Valence.

En avant, l'échine pelée de la montagne de Crussol porte en saillie les ruines du château.

★★★ **Crussol** – *Page 92.*

La N 532 mène à Valence.

★ **Valence** – *Visite : 2 h 1/2. Description p. 247.*

Sachez tirer parti de votre **guide Michelin**.
Consultez la légende en p. 2.

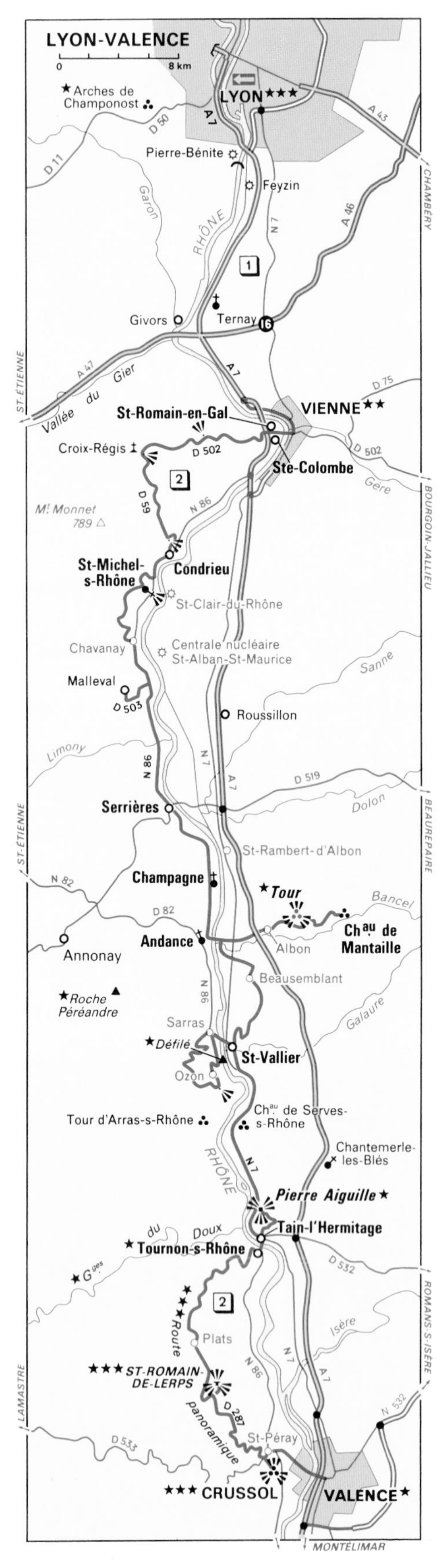

★★★CONTREFORTS DU VIVARAIS ET PROMONTOIRES DU TRICASTIN

3 De Valence à Rochemaure

130 km – compter 1 journée – schéma p. 196.

★**Valence** – *Visite : 2 h 1/2. Description p. 247.*

Au Sud de Valence, face à Montélimar, les premiers contreforts calcaires du Vivarais sont barrés par les traînées volcaniques du Coiron.

Quitter Valence par ⑥. A St-Péray, poursuivre par la D 533, en direction de St-Agrève, puis prendre tout de suite à gauche la D 279 vers Toulaud.

La route suit d'abord le fond du bassin du Mialan, dominé par les revers de la montagne de Crussol. Prendre à gauche la D 379 qui rejoint Soyons au pied de la falaise, en offrant au premier virage un panorama sur Valence et le Rhône.

Soyons – Ce petit village, adossé aux collines, s'étale le long du Rhône et recèle un important site de peuplement préhistorique dans des **grottes** Ⓥ dont la visite peut être groupée avec celle du musée archéologique.

Musée archéologique Ⓥ – Ce musée de site présente les produits des fouilles archéologiques réalisées sur les collines des alentours. Le rez-de-chaussée rassemble dans des vitrines des vestiges gallo-romains dont un bel autel. Le premier étage est consacré à la vie de l'homme préhistorique et à son environnement. On remarque notamment les vestiges d'un mammouth découvert à Soyons : vertèbres, molaires et impressionnante mâchoire. Il y a 30 000 ans, se situait là une aire de dépeçage pour les chasseurs préhistoriques.

Reprendre le même itinéraire jusqu'à la D 279 puis tourner à gauche.

La route s'élève ensuite vers le vieux village perché de **Toulaud**. La montée en **corniche**★ fait pénétrer en pays vivarois : les premiers châtaigniers apparaissent.

Prendre la D 479, à gauche, vers St-Georges-les-Bains.

Les virages offrent des vues sur la dépression du Mialan, richement colorée par des arrachements de tuf rougeâtre (arrêt recommandé au **col des Ayes**).

Au col de Rôtisson, emprunter à gauche la D 232.

Au cours de la descente vers St-Georges-les-Bains, une échancrure découvre une **vue**★ sur le ruban lumineux du Rhône ; au premier plan, les ruines du **château de St-Marcel** s'accrochent à une âpre arête granitique.

De St-Georges, par la D 232, on rejoint la N 86 à Charmes-sur-Rhône, où l'on tourne à droite.

A l'approche de l'Eyrieux, les vergers de pêchers prennent l'aspect d'une monoculture.

★★★**Corniche de l'Eyrieux** – *Schéma et description p. 257.*

De Beauchastel, gagner St-Laurent-du-Page, d'où l'on effectuera l'excursion ; au retour, à St-Laurent-du-Pape, gagner la D 120 puis la N 86, à droite.

La Voulte-sur-Rhône – *Voir à ce nom.*

Jusqu'au Pouzin, la N 86 longe le Rhône, formant ici un vaste plan d'eau artificiel.

Le Pouzin – *Page 179.*

A Payre, emprunter à droite la D 22, puis la D 322 vers St-Lager-Bressac.

La route, que prolonge au Sud la D 2, pénètre dans la vaste dépression du **Barrès** aux riches cultures.

St-Vincent-de-Barrès – *Page 83.*

La route emprunte la vallée affluente du Rhône qui sépare le massif calcaire de Cruas à gauche et les Coirons volcaniques à droite. Bientôt, surgissent sur la gauche les quatre tours empanachées du centre de production nucléaire de Cruas-Meysse *(p. 92)*.

Meysse – *Page 83.*

Quitter Meysse par la N 86 au Sud.

A la sortie du village se détache de la falaise, à droite, une aiguille basaltique, puis apparaissent les ruines du château de Rochemaure.

★**Château de Rochemaure** – *Schéma et description p. 204.*

★★**Pic de Chenavari** – *Au départ du château de Rochemaure. Accès et description p. 205.*

4 De Rochemaure à Bollène

73 km – compter 6 h – schéma ci-contre

★**Château de Rochemaure** – *Schéma et description p. 204.*

Suivre la N 86.

Le Teil – *Page 236.*

Prendre la N 102 qui traverse le Rhône et tourner à droite dans la petite route tracée entre le lit naturel du fleuve et le canal de dérivation.

Le trajet, bordé de saules, donne l'impression de toucher le fond de la cuvette rhodanienne. A droite, les blessures géantes de la cimenterie Lafarge mettent à vif le talus vivarois.

La route se poursuit par la D 237, en direction de Châteauneuf-du-Rhône.

Puis l'**usine de Châteauneuf** (production annuelle d'électricité : 1,6 milliard de kWh) surgit en avant : on longe les bâtiments, en surplomb de la chute. En aval, les falaises des deux rives se rapprochent brusquement : le défilé de Donzère est tout proche.

On découvre les ruines du château dominant Châteauneuf-du-Rhône. Les deux forteresses « **Châteauneuf** » et « **Châteauvieux** », possessions des évêques de Viviers, commandaient en vis-à-vis l'entrée du défilé. A droite, surgit sur son rocher le vaisseau flamboyant de la cathédrale de Viviers.

A l'entrée de Châteauneuf-du-Rhône, emprunter à gauche la D 126. En arrivant à Malataverne, prendre à droite la route en forte montée menant à la chapelle N.-D. de Montcham.

★**Belvédère de la chapelle N.-D. de Montcham** – Aménagé à droite de la chapelle, il offre une belle **vue** sur le mont Ventoux et, en contrebas, sur la trouée où se resserrent les trois voies routières N 7, A 7 et D 169.

Faire demi-tour.

★★**Défilé de Donzère** – Très beau passage encaissé. Le Rhône fonce par la brèche ouverte : la paroi verticale de la rive gauche contraste avec l'aspect de la rive droite d'où se détachent des pitons isolés. Le plus aigu porte à son sommet une statue de St-Michel, protecteur de ce passage jadis redouté des mariniers. Le défilé marque traditionnellement l'entrée en Provence. Les ponts qui franchissent le Rhône, à l'amont et à l'aval du défilé, offrent de beaux points de vue.

Arrêt conseillé à l'entrée des ponts, sur lesquels on se rendra à pied. Laisser la voiture après avoir franchi le 1er pont, en vue de Viviers, et descendre au bord du Rhône par le chemin d'accès au camping (1/4 h à pied AR).

Les eaux, divisées en amont par la dérivation, se rejoignent ici ; leur masse, le « souffle » de la course, les bouillonnements de la surface sont impressionnants.

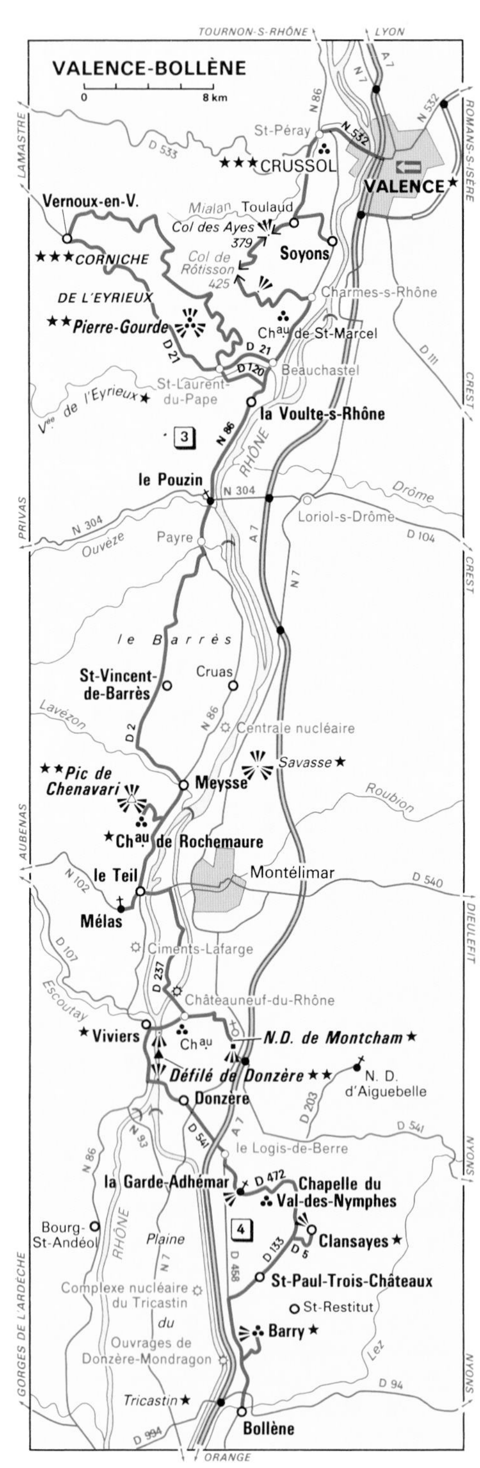

★**Viviers** – *Voir à ce nom.*

Sortir de Viviers au Sud par la N 86 et prendre à gauche la D 486 vers Donzère. Belle vue au Nord sur le défilé.

Donzère – Le bourg étagé sur les flancs d'une colline, au pied du château du 15ᵉ s., fit partie du fief des évêques de Viviers ; il conserve encore quelques vestiges médiévaux : église du 12ᵉ s., de style roman provençal, remaniée au 19ᵉ s., enceinte percée de portes, ruelles sous voûte. Remarquer dans la grand-rue, à un angle, sous un porche, des mesures à blé en pierre.

A la sortie de Donzère, la D 541 coupe la N 7 et passe sous l'autoroute. Au Logis-de-Berre, tourner à droite en direction de St-Paul-Trois-Châteaux et emprunter tout de suite à gauche la route qui mène à la Garde-Adhémar.

La Garde-Adhémar – *Page 102.*

Quitter la Garde-Adhémar en direction de Pierrelatte et tourner à gauche vers la petite route étroite, D 472, qui conduit au Val-des-Nymphes.

Chapelle du Val-des-Nymphes – *Page 102.*

2 km après la chapelle prendre à droite la D 133 et, 3 km plus loin, la D 571 qui s'élève vers le village anciennement fortifié de Clansayes.

★**Clansayes** – *Laisser la voiture sur l'esplanade et gagner l'extrémité du promontoire qui porte une statue monumentale de la Vierge.* De là, la **vue**★★ s'étend sur les pitons du Tricastin, découpés par l'érosion ; les arrachements du tuf forment un étonnant mélange de coloris. Sur le rebord des pentes, gisent, en équilibre instable, d'énormes blocs de grès. Le panorama sur la vallée prend, avec le recul, une magnifique ampleur ; le regard s'accroche, à droite, à la silhouette de la Garde-Adhémar. Au loin s'étale la plaine de Pierrelatte dont on distingue les installations industrielles. En face se profilent les contreforts du Bas Vivarais et la Dent de Rez.

St-Paul-Trois-Châteaux – *Voir à ce nom.*

A St-Paul, prendre la direction de Bollène par les D 71 et D 26. A St-Pierre, à la hauteur de l'église, prendre à gauche et remonter la rue Fontaine-Wallace en direction du camping. Au café Bel Air, prendre la route à droite jusqu'à l'entrée du village de Barry, où laisser la voiture.

★**Barry** – Adossé à une falaise dans laquelle plusieurs de ses maisons sont creusées, le village de Barry, situé sur la commune de Bollène, a connu une occupation humaine depuis l'époque préhistorique jusqu'à la Seconde Guerre mondiale. Peut-être serait-il l'oppidum celtique Aeria cité par le géographe grec Strabon au 1ᵉʳ s. avant J.-C. Le plateau qui est sillonné de deux sentiers balisés marque la frontière entre le Dauphiné et la Provence. Le village, abandonné, est en cours de restauration ; lors de la montée sur le chemin principal, on remarque les habitations troglodytiques (occupées par un mobilier creusé dans le roc : évier, placards...), la chapelle N.-D.-de-l'Espérance (17ᵉ s.), restaurée en 1906, et les ornières creusées dans la roche par les carriers (le quartier de Perrache à Lyon a été édifié, en partie, avec des pierres de Barry).
Très bonne **vue**★★, du sommet de l'éperon rocheux, sur la plaine de Pierrelatte *(p. 244)* avec le complexe nucléaire du Tricastin, les ouvrages de Donzère-Mondragon, les plaines de la Drôme et du Vaucluse, ainsi que le Bas Vivarais, du défilé de Donzère jusqu'au-delà de Pont-St-Esprit. Au sommet du plateau subsistent quelques vestiges d'un château du 12ᵉ s.

Gagner Bollène par la D 158ᴬ.

Bollène – *Description dans le guide Vert Michelin Provence.*

LE RHÔNE PROVENÇAL

De Bollène à la Camargue, le Rhône et les curiosités bordant ses rives sont décrits dans le guide Vert Michelin Provence.

ROANNE

Agglomération 77 160 habitants

Cartes Michelin n° 88 pli 5 ou 239 pli 11.

L'origine de la cité, Rodumna dans l'Antiquité, remonte à plus d'un siècle avant l'ère chrétienne. Au 11ᵉ s., les seigneurs de Roanne élèvent une forteresse. Successivement la seigneurie de Roanne appartient aux comtes du Forez, à Jacques Cœur, aux ducs de Bourbon, puis aux ducs du Roannais.
A partir de 1838, date de la mise en service du canal de Roanne à Digoin, le port de Roanne a connu une intense activité, décidant de la vocation industrielle de la ville.

Cabanes et saint Rambertes – Jusqu'à la fin du 17ᵉ s., le trafic sur la Loire n'est possible qu'en aval de la ville. Des bateaux en chêne, les cabanes, du nom de l'abri qu'ils transportent, assurent le trafic des voyageurs et des marchandises entre Roanne et Paris, par le canal de Briare, ouvert en 1538, ou entre Roanne et Nantes.

Au 18e s., des travaux rendent la Loire navigable en amont de Roanne. De nouvelles embarcations, en sapin, construites à St-Rambert d'où leur nom de « saint Rambertes », transportent le charbon et le vin de St-Étienne à Roanne et Nantes. Arrivées à destination, elles sont détruites ou vendues, car on ne peut leur faire remonter le courant. Chaque année, les mariniers se rendaient à la chapelle de leur corporation, St-Nicolas-du-Port, située près des quais.

Le port de plaisance, départ du canal de Roanne à Digoin – Le trafic commercial du canal a été important, de sa mise en service en 1838 jusqu'en 1945. A l'origine, le canal servait presque exclusivement dans le sens Roanne-Digoin pour le transport du charbon venant de St-Étienne, puis le charbon de Montceau-les-Mines « monta » vers Roanne. A partir de 1970 le déclin s'accentue et malgré une reprise de 1976 à 1982, le trafic commercial s'est définitivement arrêté en 1992.
La navigation de plaisance a pris le relais et le canal confirme sa nouvelle vocation touristique depuis l'ouverture des écluses le dimanche, d'avril à fin octobre. L'aménagement en haltes nautiques des terre-pleins des anciennes installations portuaires est en cours. Le nouveau port de plaisance de Roanne propose des **promenades en péniches**, ainsi qu'en amont à **Briennon** ⓥ.

Roanne aujourd'hui – Roanne est l'un des centres français les plus réputés de l'industrie textile pour la confection, la maille (2e rang en France) et le tissage éponge. Les autres activités économiques sont diversifiées : agro-alimentaire, métallurgie, armement blindé (chars Leclerc), outillage, chaudronnerie, tanneries, teintures, papeteries, plastiques et pneumatiques. Une unité de production Michelin fonctionne depuis 1974 au Nord-Est de la ville. Par ailleurs, la gastronomie roannaise, hautement appréciée, a entraîné le développement d'une nouvelle industrie : la cuisine « sous vide » et la création d'un institut spécialisé dans cette technique.

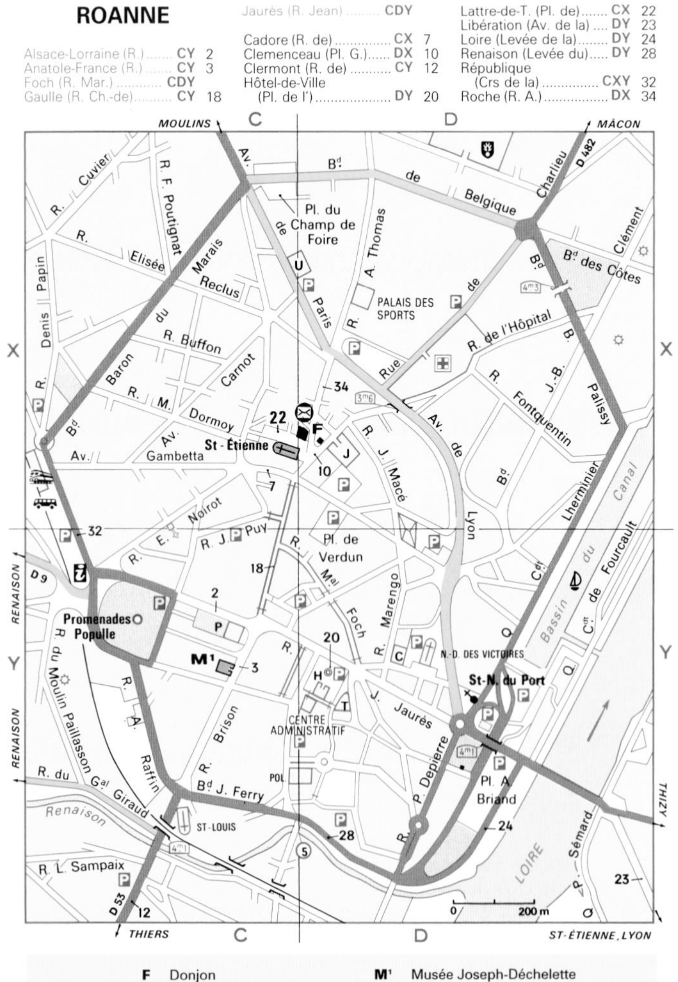

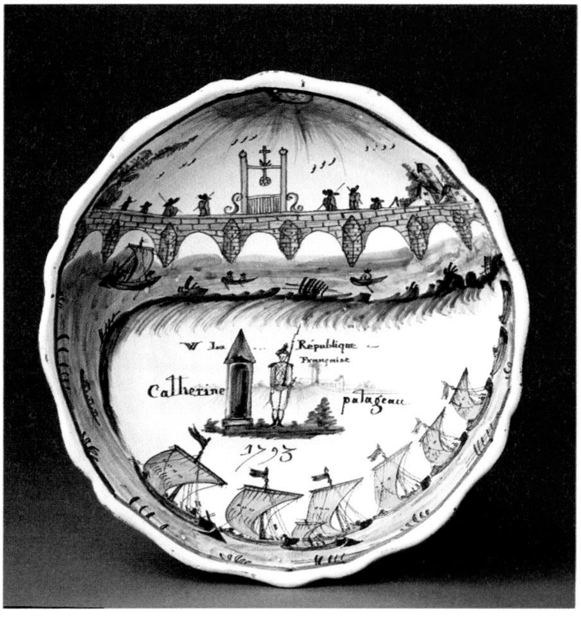

Musée Joseph-Déchelette, Roanne/J.-F. Claustre, Roanne

Faïence révolutionnaire (Nevers, 1793)

CURIOSITÉS

Musée Joseph-Déchelette (CY M¹) ⓥ – Il est installé dans un hôtel construit à la fin du 18e s., ancienne demeure de l'archéologue Joseph Déchelette, originaire de la ville et auteur d'un manuel d'archéologie. A droite du hall d'entrée, une salle est dédiée aux œuvres du peintre fauve **Jean Puy** (1876-1960), originaire de Roanne. Après avoir traversé la cour, on accède à l'hôtel particulier. Le rez-de-chaussée est affecté en partie aux antiquités préhistoriques et gallo-romaines provenant des fouilles réalisées dans la région. On s'attardera tout particulièrement sur les belles collections de faïences, où parmi les 300 pièces du 16e s. au 20e s. prennent place des majoliques italiennes des 16e s. et 17e s., ainsi que des faïences grand feu de Delft et de Nevers, dont des hauts de cheminée du 18e s. Des vitrines exposent des objets en faïence du 18e s. (tabatières, boîtes de Saxe et boutons illustrés de miniatures...). Les créations roannaises sont présentes, avec les productions des ateliers des frères Nicolas et de Jacques-Maurice Gay.
Au 1er étage, la salle de droite est consacrée aux **faïences révolutionnaires★**, regroupées par thèmes. On remarque des œuvres originales : bouteilles en forme de livre et décorées de scènes historiques...
Les autres salles de l'étage exposent un ensemble de peintures des écoles française, nordique et italienne du 17e s. au 19e s. D'autres œuvres de Jean Puy accompagnent des peintures représentant les courants artistiques du premier quart du 20e s.

Place de Lattre-de-Tassigny (CX **22**) – L'ancienne place du château dont une partie du donjon reste encore debout (**F**) est bordée au Sud par l'**église St-Étienne**, dont subsiste du 15e s. le vitrail représentant le martyre de saint Sébastien (à droite, dans la 2e travée de la nef).
Au chevet de l'église, on a mis au jour des fours de potiers gallo-romains (2e s. après J.-C.). Flanquant l'église au Nord, le « caveau de Roanne » est une petite maison à colombage.

Promenades Populle (CY) – Le jardin public perpétue le nom d'un ancien maire, François Populle. En 1814, la ville, sous sa direction, résista, pendant sept jours, aux Autrichiens, avec seulement deux canons. Après la capitulation, Populle réussit à éviter le pillage.

Chapelle St-Nicolas-du-Port (DY) – Sa courte silhouette se dresse à proximité des quais du port. La date inscrite au fronton – 1630 – évoque le vœu, fait cette année-là par les mariniers, d'élever une chapelle à leur patron s'ils échappaient à l'épidémie de peste.

Écomusée du Roannais ⓥ – *Passage du général Giraud. Il est préférable de se garer sur la rue du général Giraud.*
Installé dans une ancienne usine fabriquant du tissu-éponge, il propose une intéressante rétrospective de l'activité textile dans le Roannais depuis un siècle. Un circuit audioguidé permet de découvrir les étapes de fabrication, d'expansion des

divers types de tissus et surtout l'évolution de cette importante activité industrielle régionale jusqu'à son déclin dans les années 70.
L'industrie textile a pris son essor dans la région à partir de 1880, époque où s'affairaient plus de 6 000 tisserands. A la fin du 19e s., l'essor de l'industrie cotonnière s'étendait des monts de la Madeleine à l'Ouest aux monts du Beaujolais à l'Est. Dès le 16e s., le travail domestique des étoffes passa sous le contrôle des négociants lyonnais, qui fournirent la matière première et appliquèrent à cette main-d'œuvre dispersée les règles du système manufacturier.
Le tisseur à domicile exerçait son activité dans un bâtiment ou une pièce annexe à son habitation (la cabine) et continuait à cultiver la terre pour améliorer son revenu. On remarque divers engins, dont une imposante machine à vapeur de 1905, et avec un intérêt particulier la reconstitution d'une « boutique » d'un paysan-tisseur du début du siècle, pièce à demi enterrée et éclairée par une lucarne au ras du sol.

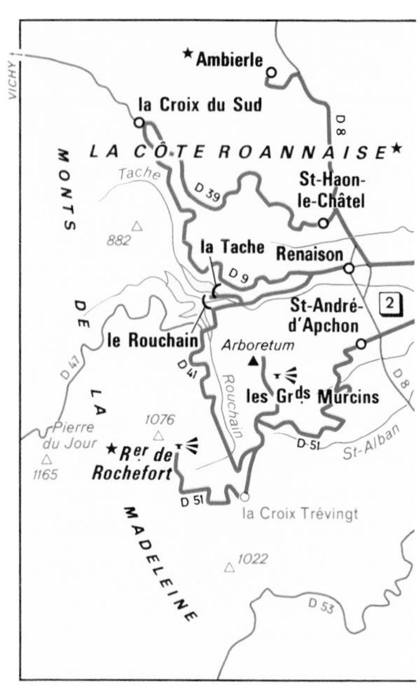

Des possibilités de visite de magasin d'usine textile existent ; se renseigner à l'accueil de l'Écomusée.

Musée de la Maille ⏱ à **Riorges** – *3 km à l'Ouest de Roanne par la D 31.*
Situé au milieu d'un parc au 2e étage d'un hôtel particulier du 19e s., le château de Beaulieu, ce musée retrace l'historique local de la fabrication de la maille. Riorges fut en effet au temps de l'apogée de l'industrie textile le second centre français du tissu tricoté après Troyes. Le traitement de la laine et du coton est montré depuis l'état brut jusqu'à la matière façonnable sur machine. Diverses machines à tricoter du 20e s. sont exposées, ainsi qu'une curieuse « grazeuse » du 19e s., destinée à molletonner les vêtements en laine à l'aide de rouleaux composés de chardons naturels.

Le **vichy** provient de la manufacture des Grivats dans la banlieue de Vichy, et était à l'origine de couleur uniquement bleu et blanc.

★GORGES ROANNAISES DE LA LOIRE

Circuit de 139 km – compter 1/2 journée

Quitter Roanne au Sud par l'avenue de la Libération et prendre à droite la D 43 puis la D 56 en direction du belvédère de Commelle-Vernay, signalisé.

La construction en amont de Roanne du barrage de Villerest a fait apparaître un nouveau « lac de Loire », qui s'allonge sur 33 km et attire, l'été, de nombreux plaisanciers.

★**Bélvédère de Commelle-Vernay** – La **vue** embrasse, au Nord, l'agglomération roannaise et le pont de Vernay, à l'Ouest, la commune et le barrage de Villerest, ainsi que les installations modernes des Papeteries de Villerest, à l'arrière-plan, les monts de la Madeleine.

Barrage de Villerest – Destiné à assurer le soutien des étiages et à maîtriser les crues de la Loire, c'est un ouvrage en béton de type poids d'une longueur de crête de 469 m. Sa forme en arc en accentue la stabilité. La retenue à niveau variable a une longueur de 30 km pour une largeur moyenne de 250 m ; sa capacité en exploitation normale est de 128 millions de m^3. La chute est équipée pour produire 167 millions de kWh par an.
Autour du lac de retenue s'est développée une aire de loisirs avec base nautique, terrain de golf, etc. Des **promenades en bateaux-mouches** ⏱ de Villerest à St-Maurice ou au château de la Roche sont organisées au départ de l'embarcadère situé au pied du barrage, sur la rive gauche de la Loire.
Franchir la crête du barrage pour gagner Villerest.

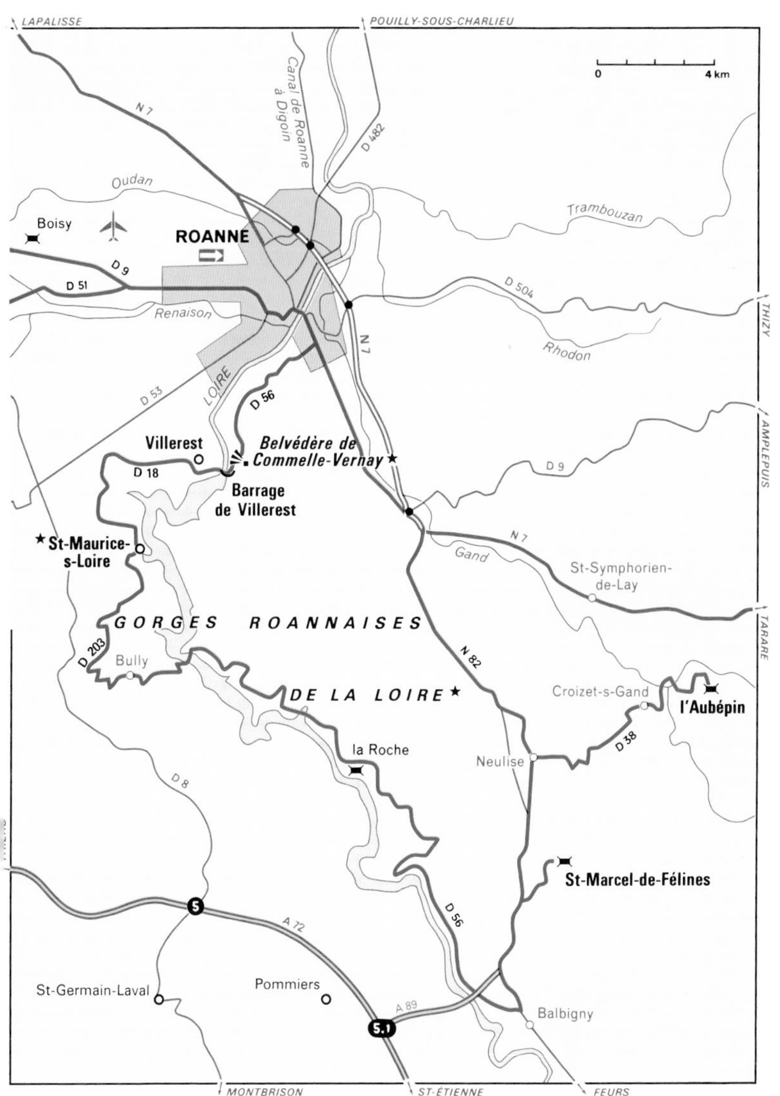

Villerest – Le vieux **bourg médiéval★** est agréable à parcourir. Il conserve de nombreuses maisons à encorbellement ou à pans de bois et des vestiges de remparts. La **Porte de Bise**, du 13e s., marque le début de la visite à pied dont les étapes intéressantes sont illustrées de panneaux explicatifs. En période estivale, les vieilles échoppes sont animées par des artisans.
Chaque année à l'époque de la fête des Mères a lieu une manifestation médiévale avec embrasement des remparts, défilé historique et danses folkloriques *(voir p. 289)*.

Musée de l'Heure et du Feu ⓥ – Cet original musée, installé dans une vieille demeure forézienne, se compose de deux parties. La **section du feu★** retrace l'histoire de la création et la conservation du feu domestique depuis l'Antiquité et à travers les pays. Une présentation de l'amadou, champignon arboricole, et son traitement rappellent qu'il fut la composante essentielle de la création du feu avec le silex et une pièce métallique. Les diverses vitrines exposent toutes sortes de briquets : on remarque en particulier un briquet japonais miniature du 18e s, un briquet-couteau à pinces datant de la Révolution française, et le célèbre briquet hydropneumatique de Gay Lussac, dangereux à manipuler car fonctionnant à l'hydrogène. Une autre vitrine présente une pièce intéressante ayant fonctionné dans les cours européennes du 19e s. : le briquet électrochimique de Lorentz. L'autre section, plus éclectique, propose d'abord un bel assortiment d'horloges et de montres curieuses du 18e au 20e s. Une salle est consacrée à l'intéressante collection de briquets fabriqués par les poilus de la guerre 1914-1918 et léguée par un grand fabricant actuel de

briquets. On remarque en outre d'amusantes caricatures et une infinie variété de créations réalisées dans les tranchées avec des pièces de munition. Une projection vidéo replace ces objets dans l'action historique de l'époque.
Une collection de postes de radio à galène occupe le 1er étage.

Prendre la direction de St-Jean-St-Maurice.

★**St-Maurice-sur-Loire** – *Page 226.*

Prendre la direction de Bully d'où l'on redescend du coteau vers la Loire au pont de Presle. Prendre à droite, la D 56, route bordière.

Le parcours offre un beau passage rocheux au **château de la Roche** *(on ne visite pas)* de style troubadour. En amont, la vallée présente un aspect plus pastoral.

Peu après le viaduc de Chessieux, on atteint Balbigny où l'on emprunte à gauche la N 82 vers Neulise. A 6 km, tourner à droite dans la D 5.

St-Marcel-de-Félines – *Page 225.*

Revenir sur la N 82, puis à Neulise tourner à droite dans la D 38. Après Croizet, franchir le Gand et prendre le chemin à droite.

Château de l'Aubépin – ⓥ Cette jolie demeure (16e-18e s.), flanquée de pavillons d'angle coiffés en poivrière et précédée d'un avant-corps à décor de mascarons, est campée en terrasses dans un cadre verdoyant.

Regagner Roanne par la N 82.

La route offre des vues sur la côte roannaise et vers la cuvette de la Loire, en aval.

La côte ROANNAISE★

Cartes Michelin n° 88 pli 5 ou 239 pli 11 – Schéma p. 200.

Une ligne de coteaux à vignobles, « la côte », orientée Nord-Sud, domine à l'Ouest le bassin de Roanne.
Séparés d'elle par les vallées du Rouchin et de la Tache, se dressent en arrière-plan les **monts de la Madeleine**, hauteurs granitiques culminant à la Pierre du Jour (1 165 m) et prolongeant les monts du Forez et les Bois Noirs. A la sévérité des monts de la Madeleine, la côte oppose un aspect riant et coloré, avec ses vignobles produisant des vins rouges réputés classés AOC, mais aussi des vins rosés ou blancs ; elle se caractérise également par son terrain rougeâtre et ses maisons rectangulaires, souvent crépies et parées de volets verts, couvertes d'un toit de tuiles rouges à quatre versants.

CIRCUIT DE LA CÔTE

114 km – compter 1/2 journée

Quitter Roanne par la D 9, et emprunter la D 51 vers St-André-d'Apchon.

Jolie vue de face sur les coteaux.

St-André-d'Apchon – Au centre du bourg se cache, dans un cadre retiré, un château du 16e s. construit pour le maréchal de St-André et conservant sa façade primitive décorée de médaillons Renaissance.

Emprunter à pied, sur la place du monument aux Morts, la rue située à l'angle de l'hôtel du Lion d'Or, puis passer sous le passage voûté à 30 m, à droite, à côté d'une boucherie.

L'**église** ⓥ, de style flamboyant, est ornée de vitraux du 16e s. A l'extérieur, à droite du clocher, remarquer le portail Renaissance : au tympan, belle statue en pierre de saint André (16e s.), surmontée d'une petite effigie du Père éternel. Toiture en tuiles vernissées.

Poursuivre la D 51 vers Arcon.

La montée en lacet, au-dessus de St-André, offre une succession de vues sur la plaine roannaise.

Quitter Arcon par le Nord et gagner l'arboretum des Grands-Murcins.

Les Grands-Murcins – *1/4 h à pied AR.* L'arboretum créé en 1936-37, au cœur d'un domaine forestier de 150 ha, à une altitude moyenne de 770 m, est surtout riche en résineux, parmi lesquels figurent des pins pleureurs de l'Himalaya, des sapins « Abies alba », « Tsuga canadensis » aux branches en draperies, et « Douglas » qui prospèrent dans la région à une altitude inférieure à 900 m.
De la table d'orientation, **vue** sur la plaine de Roanne et les monts du Lyonnais.

Revenir à Arcon et gagner la Croix Trévingt. Prendre la D 51 vers St-Priest.

★**Rocher de Rochefort** – Le rocher de Rochefort est surmonté d'une table d'orientation. **Vues** sur la plaine de Roanne, les monts du Beaujolais et du Lyonnais.

Revenir à la Croix Trévingt. Par la D 51 à gauche puis la D 41, encore à gauche, empruntant la vallée du Rouchain, on atteint le barrage du Rouchain.

Y. Travert/DIAF

La côte roannaise – Les barrages de la Tache et du Rouchain

Barrage du Rouchain – Doublant le barrage de la Tache pour alimenter en eau potable l'agglomération roannaise, cet ouvrage (1977) en enrochement est long de 230 m, haut de 55 m, large de 9 m en crête et de 190 m à la base. Pourvue d'un évacuateur de crue sur la rivière le Rouchain, la retenue possède une capacité de 6 500 000 m^3 et occupe trois vallées. La D 47, reliant Renaison au bourg des Noës, suit la berge de la retenue. Un emplacement pour voitures et une zone piétonne permettent de s'approcher de l'ouvrage. Le pied du barrage est accessible à partir de la route qui va au barrage de la Tache.

Barrage de la Tache – Le barrage de la Tache, long de 221 m et haut de 51 m, a été construit de 1888 à 1892. Son épaisseur, qui n'est que de 4 m au sommet, atteint 47,50 m à la base. Il est du type « barrage-poids », c'est-à-dire qu'il résiste par sa masse à la poussée des eaux. Sa capacité est de 3 326 000 m^3. Un parking est aménagé au pied de l'ouvrage ; des sentiers s'élèvent vers la crête du barrage. De l'extrémité droite de la crête, près de la D 41, jolie vue sur le lac-réservoir *(1/2 h à pied AR)*.
Au cours de la descente vers Renaison, bordée de belles plantations de cèdres bleus de l'Atlas, on découvre le vignoble de la côte roannaise.

Renaison – Centre économique de la Côte roannaise ; l'église néo-gothique renferme un orgue romantique du facteur John Abbey.

Faire demi-tour ; suivre la D 9 en direction de la Croix du Sud.

A gauche, un **rocher-belvédère★** offre une jolie vue sur le plan d'eau de la Tache. La montée vers le col ménage ensuite des vues sur les hauteurs de la Madeleine.

La Croix du Sud – Important carrefour de routes établi sur un seuil séparant les monts de la Madeleine de la « côte », et les vallées de la Teyssonne et de la Tache. Au cours de la **descente★** par la D 39, remarquer l'étagement de la végétation : sur la crête, landes de bruyères ou manteau forestier ; au-dessous, pâturages et cultures diverses ; plus bas la zone viticole, et enfin, au loin, la plaine, avec ses riches herbages et ses vastes domaines. Avant d'arriver au-dessus des terres rouges du vignoble, la route offre des vues sur les villages de St-Haon-le-Vieux et St-Haon-le-Châtel.

St-Haon-le-Châtel – (prononcer St-Han). *Laisser la voiture sur une place dans le haut du village et passer, à gauche d'une boucherie, sous une porte fortifiée, à vantaux de bois cloutés.*
Le **bourg**★ a conservé son aspect médiéval ; une partie des remparts est restée en place.
Au hasard des ruelles, on découvrira de charmants manoirs du 15e s. ou Renaissance, notamment l'ancienne prévôté (panonceau de notaire et mairie).
L'**église** (12e-17e s.), restaurée, est un modeste édifice, au mobilier typiquement forézien : ensemble de statues naïves et, à l'entrée du chœur, un arc décoratif baroque en bois sculpté, surmonté d'un grand Christ en bois. Des peintures murales du 16e s., mise au jour, sont en cours de restauration.

★**Ambierle** – *Page 50.*

Retour à Roanne par les D 8 et D 9.

A gauche, jolie vue sur la grosse tour ronde du **château de Boisy** *(on ne visite pas)*. Ce château (14e-16e s.) occupe une place importante dans l'histoire roannaise. Il appartint successivement aux Couzan, à Jacques Cœur puis aux Gouffier. C'est en faveur d'Arthur Gouffier, son ancien précepteur, que François Ier érigea la terre de Boisy en duché-pairie de Roannais.

ROCHECOLOMBE★

131 habitants (les Rochecolombiens)
Cartes Michelin n° 80 pli 9 ou 246 pli 22 – Schéma p. 60.

Le village féodal de Rochecolombe domine un petit ruisseau aux eaux limpides jaillissant au fond d'un cirque calcaire. Le **site**★ est très retiré. Rochecolombe est formé de deux villages bien distincts. En arrivant au premier groupe de maisons serrées autour de l'église du Bas, construite en 1858, on aperçoit sur un piton les vestiges d'une tour carrée.

VISITE *1/2 h à pied AR*

Sur la première place rencontrée où se trouve un petit monument aux Morts, tourner à gauche dans un chemin goudronné qui mène à un pont franchissant le ruisseau.

Laisser la voiture à environ 300 m, à hauteur d'un virage.

Un sentier descend vers le lit du torrent qu'enjambent des ponceaux en dos d'âne. A droite, s'élève le **village féodal**, dominé par les restes de la tour et le charmant campanile d'une chapelle romane, appelée chapelle du Vieux Rochecolombe.

Gagner le fond du cirque rocheux fermé par de hautes falaises.

A leur pied, sourdent deux **fontaines vauclusiennes**. Les parois calcaires sont forées de cavités où s'agrippent des buis sauvages. La vue sur le village ruiné, les restes de piliers d'un moulin disparu, la transparence de l'eau verte - réduite à de simples vasques en été - composent un décor paisible.

Château de ROCHEMAURE★

Cartes Michelin n° 76 Sud du pli 20 ou 246 pli 21 – Schémas p. 82 et 196.

Dominant la plaine de Montélimar et le pont suspendu enjambant le Rhône, d'aspect moyenâgeux mais construit au 19e s., les ruines de Rochemaure se tiennent sur une arête marquant l'extrême avancée du Coiron. Le **site**★★ est impressionnant. Les prismes de basalte (Rochemaure = roche noire) succédant, sur la rive du fleuve, aux escarpements calcaires voisins, créent un puissant contraste.
La forteresse (12e-14e s.), avec son village féodal protégé par une ceinture de remparts, appartint durant plusieurs siècles à une branche de la famille des Adhémar, qui s'allia aux comtes de Poitiers.
Les Adhémar de Poitiers conservèrent le château jusqu'en 1378. Après la mort d'Aymar de Poitiers, Rochemaure appartint tour à tour aux plus nobles familles : les Anduze, les Levis-Vendatour, les Rohan-Soubise. La citadelle, plusieurs fois assiégée par les huguenots aux 16e et 17e s., est abandonnée au 18e s.

Ruines du château ⓥ – *Dans Rochemaure, emprunter à hauteur de l'église la petite route, passant entre le monument aux Morts et la mairie, fléchée « château ».*

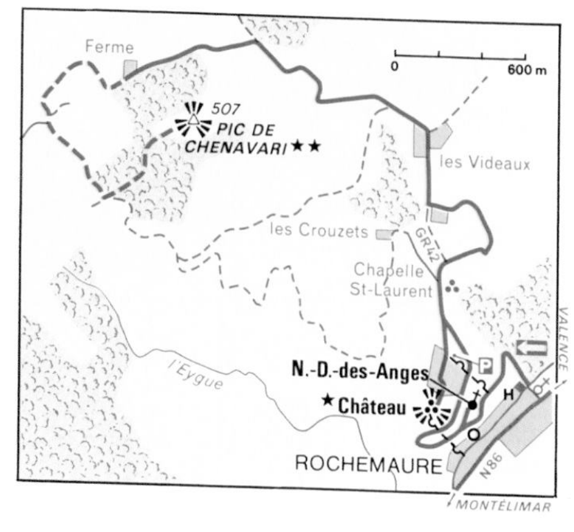

Chapelle N.-D.-des-Anges – *A droite sur la route montant au château.* Cette chapelle du 13e s., détruite en 1567 par les protestants, fut reconstruite en 1596. De style gothique, elle servit de sépulture à de nombreuses familles nobles *(voir ci-dessus).*

Au cours de la montée, on traverse deux fois l'enceinte du 14e s.

Tourner à gauche en débouchant sur le plateau et laisser la voiture au pied de l'enceinte fortifiée. Gagner les ruines, en empruntant la route goudronnée qui bifurque sur la gauche.

Le **donjon** imposant, érigé au 12e s. sur un piton basaltique, est constitué d'une tour carrée surmontée d'une tour pentagonale qui permettait aux archers de varier leur angle de tir.

La **vue**★ s'étend au Nord sur les tours de réfrigération de la centrale de Cruas-Meysse, le barrage de Rochemaure, à l'Est, sur la plaine de Montélimar, au Sud, sur le défilé de Donzère ; en arrière-plan, se profilent les Préalpes du Vercors et le mont Ventoux.

Le vieux village – *En revenant du château, emprunter devant la mairie la rue du Faubourg puis la rue de la Violle.* Ces rues sont bordées de nombreuses maisons à façades médiévales ; remarquer une maison du 15e s. ornée d'une fenêtre d'angle à doubles meneaux. L'extrémité Sud du village est limitée par la porte des Tournelles surmontée de son mâchicoulis.

ENVIRONS

★★ **Pic de Chenavari** – *4,5 km au départ du château de Rochemaure. Au pied de la chapelle St-Laurent, prendre la route de droite, s'élevant vers les Videaux. Aux Videaux, prendre à gauche le chemin des Freydières, puis continuer à monter et laisser à droite le chemin d'accès à une ferme et suivre à gauche une route non revêtue : gagner un seuil (pylônes électriques). De là on atteint facilement le sommet (3/4 h à pied AR).* Du sommet (alt. 507 m), **vue** sur le Rhône, avec le donjon de Rochemaure : plus à droite s'étendent les collines de la Basse-Ardèche. Le Vercors et les Baronnies ferment l'horizon à l'Est. Du côté Sud, s'étend en contrebas une vaste plate-forme basaltique dont le rebord repose, du côté du Rhône, sur une coulée d'orgues.

ROMANÈCHE-THORINS

710 habitants

Cartes Michelin n° 73 Nord-Ouest du pli 10 ou 244 plis 2, 3.

Ce bourg du Beaujolais s'enorgueillit, au même titre que Chénas, du cru du Moulin-à-Vent.

CURIOSITÉS

Parc zoologique et d'attractions Touroparc Ⓥ – *Accès : au carrefour de la Maison Blanche, sur la N 6, prendre la D 466E route de St-Romain-des-Îles.* Dans un cadre de verdure avec des constructions ocrées, ce centre d'élevage et d'acclimatation présente, sur 10 ha, des animaux et des oiseaux des cinq continents, la plupart dans une apparente liberté, sauf certains grands fauves. Parcs de jeux, petit train monorail aérien, aire de pique-nique avec bars.

Maison de Benoît Raclet Ⓥ – Vers 1830, les vignes du Beaujolais étaient dévastées par le « ver coquin » ou pyrale. Les vignerons essayaient de combattre ce fléau par tous les moyens, sans aucun succès. C'est alors que Benoît Raclet remarqua qu'un pied de vigne planté le long de sa maison, près du déversoir d'eaux de ménage, se portait à merveille. Il décida d'arroser tous ses ceps avec de l'eau chaude et sauva ainsi sa vigne sous l'œil sceptique des voisins. Ceux-ci finirent pourtant par adopter cette technique. L'échaudage fut généralisé et utilisé jusqu'en 1945. Souvenirs divers et matériels d'échaudage : chaudrons, cafetières... sont rassemblés dans sa maison.

★« **Le Hameau du vin** » **S.A. Dubœuf** ⓥ – « Stationné » en gare de Romanèche-Thorins, le musée se veut une vitrine de l'univers de la vigne et plus spécifiquement, du Beaujolais. Après l'accueil dans l'ancien hall de la gare, la visite se poursuit dans 15 salles consacrées à la vigne et au vin. La salle de muséologie viticole présente un impressionnant pressoir mâconnais de 1708, une statue de Bacchus, et de nombreuses collections qui illustrent le travail et la vie dans la région. Plus loin, un théâtre électronique met en scène « Toine » le vigneron, qui dialogue avec son cep « Ampelopsis », avec pour décor les quatre saisons beaujolaises. Les autres salles, dont la muséographie est résolument moderne, ont pour thèmes les étapes de fabrication, les différents crus et les métiers liés au vin. Une dégustation vient logiquement clore la visite, accompagnée par les chaudes sonorités d'un bouteillophone.

Musée du compagnonnage Guillon ⓥ – Des chefs-d'œuvre, des documents et des souvenirs ont été réunis dans cet ancien atelier où, à la fin du 19e s., Pierre-François Guillon dirigeait une école de trait (dessin linéaire et tracé des coupes de bois) pour les compagnons.

ROMANS-SUR-ISÈRE

32 734 h.

Cartes Michelin n° 77 pli 2 ou 246 pli 5.

La ville s'étage à flanc de coteau face à Bourg-de-Péage, dont le nom évoque un droit perçu jadis par le chapitre de St-Barnard pour le passage du pont qui reliait les deux cités. Romans, dont le négoce fut florissant au Moyen Âge, partage aujourd'hui son activité entre ses industries traditionnelles : chaussures, tanneries et des fabrications nouvelles : métallurgie, combustibles nucléaires, mécanique de précision, produits alimentaires. Les gourmets apprécieront les **pognes**, brioches parfumées à la fleur d'oranger, les **St-Genix** (pognes aux pralines), les « **ravioles** » au fromage de chèvre et la tomme de chèvre.

Le « Transport » du Dauphiné à la France – C'est dans la collégiale St-Barnard que fut solennellement conclu, le 30 mars 1349, le traité réunissant le Dauphiné, jusqu'alors terre d'Empire, à la France.
A partir du 11e s., les comtes d'Albon, originaires du Viennois, mettent peu à peu la main sur la région qui, de la vallée du Rhône aux Alpes, formera le Dauphiné. L'origine du surnom de « Dauphins », qui fut attribué aux membres de la dynastie qui régnera dès lors sur le Dauphiné, demeure incertaine.
Le dernier des dauphins de Viennois, Humbert II, réside habituellement au château de Beauvoir, en face de St-Marcellin. Après la mort de son fils qui le laisse sans héritier, il songe à vendre ses domaines à la couronne de France. Le 30 mars 1349, à Romans, Humbert II cède le Dauphiné à la couronne de France. Cette province deviendra par la suite l'apanage des fils aînés des rois de France, qui porteront le titre de Dauphin.

LA VIEILLE VILLE *visite : 2 h*

Partir de la place du Pont.

Un lacis de ruelles pittoresques s'étend autour de la collégiale St-Barnard et à mi-pente entre la collégiale, la place de la Presle et la place Jacquemart.

Collégiale St-Barnard (**BY**) ⓥ – Au 9e s., saint Barnard, archevêque de Vienne, fonde ici un monastère. Détruit au 12e s., celui-ci fut remplacé par un édifice roman dont subsistent encore, le porche occidental, le portail Nord et les parties basses de la nef. Vers le milieu du 13e s., le chœur et le transept furent ajoutés en style gothique. Dévastée par les protestants au 16e s., l'église fut entièrement restaurée au 18e s.

Extérieur – Vue du pont, sa silhouette massive se reflète dans l'Isère. A l'Ouest, le portail roman offre aux piédroits des statues d'apôtres, groupées par deux, reposant sur des lions dévorant, l'un, un humain, l'autre, un mouton. Bien que mutilées, elles sont intéressantes à observer.

Intérieur – Il doit son originalité à l'arcature romane, renforçant les murs de la nef ; les arcades reposent sur des colonnes ornées de remarquables chapiteaux historiés ou à feuillages. Au-dessus, court un triforium gothique dont les 160 arcades font le tour de l'édifice. Dans le chœur, remarquer les fresques du 14e s.
A droite de la nef, la **chapelle du St-Sacrement** ⓥ abrite une **tenture**★★ du 16e s., d'inspiration flamande, croit-on. Composé de 9 panneaux de broderies en laine, rehaussé de fils de soie, ce remarquable ouvrage figure des scènes de la Passion depuis le jardin des Oliviers jusqu'à la Résurrection. Les personnages, dans des tons brun-roux, forment des groupes serrés, sur fond bleu foncé ; remarquer, du côté de l'autel, la Mise en croix, le Golgotha et la Mise au tombeau. A la voûte centrale, une fresque du 15e s. retrace deux épisodes de la vie des Trois Doms (Séverin, Exupère et Félicien), martyrs viennois dont les reliques étaient vénérées dans l'église. Belles boiseries anciennes du 17e s. dans la sacristie.

Prendre la rue Pêcherie, en face de la collégiale.

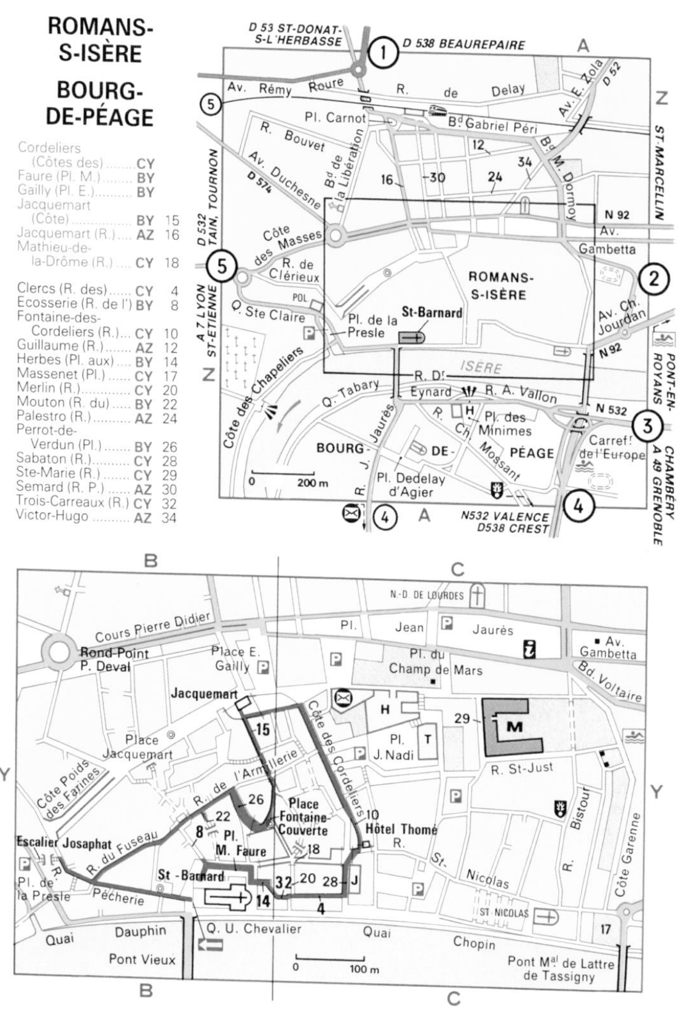

Escalier Josaphat (BY) – Il descend de la rue Pêcherie vers les maisons à galerie de bois de la place de la Presle. C'est un élément du « Grand Voyage », ou chemin de croix parcouru à travers la ville par une foule nombreuse le Vendredi saint.

Par la rue du Fuseau, gagner la rue de l'Armillerie.

Au n° 15 de la rue du Mouton, sur la droite, les fenêtres ogivales du 1er étage ont été transformées en fenêtres à meneaux : au-dessus, on devine les contours d'une tête de mouton taillée dans une pierre saillante.
Au n° 17, le portail en plein cintre présente une ornementation en pointes de diamant.

Descendre vers la place Fontaine-Couverte.

Place Fontaine-Couverte (BCY) – Au cœur de la vieille ville, elle est agrémentée d'une gracieuse fontaine moderne représentant un flûtiste.

Côte Jacquemart (BY 15) – Elle est bordée de maisons des 13e et 14e s. A gauche se profile la pittoresque côte Bouverie.

Le Jacquemart (BY) – C'est une ancienne tour carrée de l'enceinte de Romans, transformée au 15e s. en beffroi et dotée d'une horloge jacquemart portant depuis 1830 le costume de volontaire de 1792.

Descendre la côte des Cordeliers, aménagée dans les fossés de la première enceinte ; par la rue Fontaine-des-Cordeliers, gagner la rue St-Nicolas.

Hôtel Thomé (CY) – Il présente une façade Renaissance ; aux étages, belles fenêtres à meneaux. A droite, une niche abrite une Vierge à l'Enfant.

Par la rue Sabaton, gagner la rue des Clercs.

Rue des Clercs (CY 4) – Elle est pittoresque avec son pavement en galets roulés. Remarquer en face de la bibliothèque le portail orné de fines ciselures.
A l'angle avec la rue Merlin, la maison présente une tourelle d'angle.

Rue des Trois-Carreaux (**BCY 32**) – Elle prolonge la rue des Clercs. A son débouché sur la **place aux Herbes** (**BY 14**) s'ouvre une porte monumentale, curieusement surmontée par une structure en encorbellement et à mâchicoulis.

Place Maurice-Faure (**BY**) – A droite de la porte St-Jean, percée dans le flanc Nord de la collégiale, s'élève une belle demeure ornée d'une tour d'angle.
A l'angle Nord-Ouest de la place, s'amorce la **rue de l'Écosserie** (**BY 8**), dont les premières maisons sont reliées par un arceau.

AUTRES CURIOSITÉS

Musée international de la Chaussure (**CY M**) ⓥ – Il est installé dans l'ancien couvent de la Visitation, vaste bâtiment construit du 17e au 19e s.
On accède au musée par le portail de la rue Bistour, en traversant les jardins en terrasse qui précèdent le bâtiment orné d'une élégante colonnade.

Chaussure de femme
(fin 17e s., collection Guillen)

Collection Guillen/Musée de la chaussure et d'Ethnologie régionale, Romans-sur-Isère

★**Les collections de chaussures** – Le musée s'attache à présenter la chaussure sous l'angle technique, ethnographique et artistique ; de nombreux documents et matériels retracent l'évolution des métiers de la chaussure dans la ville de Romans (mégisserie, tannerie...).
Dans les anciennes cellules des religieuses visitandines, les collections sont présentées dans un ordre chronologique et thématique de l'Antiquité à 1900 ; certaines sont particulièrement importantes, comme celle du modéliste parisien Victor Guillen qui provient de cinq continents et couvre quatre millénaires ; celle de Jacquemart et l'originale collection Harms de boucles de chaussures offrent aux regards amusés un éventail très large de pièces provenant des cinq continents et couvrant quatre millénaires, soit des pieds momifiés de l'ancienne Égypte aux modèles originaux d'André Pérugia (20e s.). Tour à tour, somptueuses, drôles ou énigmatiques, ces chaussures révèlent l'ingéniosité de leurs créateurs et sont des témoins particulièrement évocateurs des coutumes de leur pays d'origine et de la mode à travers les âges : sandales romaines, chaussures « à la poulaine », plus ou moins longues selon le rang social, « chopines » vénitiennes du 16e s., bottes de mousquetaires ou de postillons du 17e s., patins incrustés d'écailles et de nacre de Mauritanie, mocassins d'Indiens d'Amérique du Nord, chaussures ardéchoises servant à décortiquer les châtaignes, bottines de la Belle Époque...
Enrichi de nombreux dons, ce patrimoine en constante expansion est présenté par roulement au public lors d'expositions temporaires.
Des peintres des 18e s. et 19e s. (J.J. Horemans et F. Bouvin) illustrent le thème de la chaussure et des métiers s'y rattachant.

Musée de la Résistance et de la Déportation – Le devoir de mémoire est à l'origine de ce centre historique qui présente des documents, objets et photos sur la vie secrète des combattants de la Drôme pendant la période 39-45 ; cette évocation est complétée par un montage audiovisuel (20 mn).

Points de vue – De l'esplanade Bellevue, à l'extrémité de la côte des Chapeliers, joli coup d'œil sur le site de Romans et de Bourg-de-Péage avec, à l'arrière-plan, le Vercors.
De la place Aristide-Briand, située à côté de l'hôtel de ville de Bourg-de-Péage, on découvre l'ensemble des maisons de Romans, étagées sur la colline.

ENVIRONS

Mours-St-Eusèbe – *4 km au Nord. Quitter Romans par ① du plan, D 538 puis D 608 à droite.*
L'église du village, qui du 11e s. n'a conservé que la tour-clocher, à l'Ouest, et le mur de la nef, au Sud, abrite un intéressant **musée diocésain d'Art sacré**★ ⓥ présentant ses riches collections (du 15e au 20e s.) selon un thème renouvelé chaque année. Parmi ces objets ayant servi au culte dans les églises drômoises, remarquer un bel ensemble de vêtements liturgiques (chapes, chasubles tissées ou brodées, souvent rehaussées de fils d'or ou d'argent), du linge d'autel en précieuse dentelle du Puy, de Bruges ou de Chantilly, d'émouvantes statues en bois polychrome représentant saint Roch, saint Jean ou la Vierge, un magnifique ostensoir dessiné par Viollet-le-Duc et réalisé par Armand Calliat, orfèvre lyonnais. La piété populaire est représentée par des bannières de procession, des croix de bateliers de l'Isère, des gonfalons (étendards utilisés par les ecclésiastiques et les corporations), de petits objets confectionnés en « paperolles ». Au fond de l'église, l'ancienne sacristie abrite une collection d'orfèvrerie religieuse d'origine dauphinoise.

CIRCUIT DES COLLINES

51 km – environ 2 h

Quitter Romans au Nord-Ouest par la D 53 (route de la piscine).

St-Donat-sur-l'Herbasse – Vieux bourg de la Drôme bien connu des mélomanes. La **collégiale** (12e-16e s.) abrite des orgues modernes construites suivant la facture des célèbres frères Silbermann (3 claviers, 35 jeux). Un célèbre **festival Jean-Sébastien Bach** s'y tient chaque année *(voir p. 290)*.
Sur la terrasse de l'église, la **chapelle St-Michel** ⓥ présente une originale chapelle absidale semi-circulaire, reposant hors œuvre sur une colonnette. A l'intérieur, remarquer les statues en bois des évangélistes, des restes de décoration murale géométrique peinte à la voûte, sur les murs et aux embrasures des fenêtres. A l'arc triomphal, au-dessus de l'autel, on voit saint Michel terrassant le dragon.

De St-Donat, la D 584 conduit au Nord, à Bathernay.

Bathernay – Joli village établi face à un paysage d'une remarquable harmonie. A l'Ouest de Bathernay, une petite route mène à la tour octogonale de **Ratières**.

Par la D 207 au Sud, la D 53 que l'on suit pendant 1,3 km et une petite route à droite, atteindre la chapelle St-Andéol.

Panorama de la chapelle de St-Andéol – Il s'étend sur la vallée de l'Isère, la dépression de la Galaure et le mont Pilat.

Une petite route pittoresque, au Sud, rejoint la D 112 que l'on prend à gauche à Bren pour revenir à St-Donat-sur-l'Herbasse d'où la D 53 ramène à Romans.

ROUSSILLON

7 365 habitants

Cartes Michelin n° 88 pli 19 ou 246 pli 17.

Accrochée à un coteau du Rhône, la vieille cité de Roussillon domine une vaste zone industrielle, dont le développement est lié à l'essor de Rhône-Poulenc. La localité voisine, le Péage-de-Roussillon, tire son nom d'un droit de passage perçu par les seigneurs de Roussillon.

Château ⓥ – C'est un robuste édifice Renaissance, de style florentin, flanqué d'une tourelle à l'Ouest, construit en 1552 par le cardinal de Tournon *(p. 241)*. En 1564, Charles IX, accompagné de sa mère, Catherine de Médicis, y signa l'**édit de Roussillon** fixant au 1er janvier le début de l'année qui commençait auparavant à des dates variables suivant les régions.
A l'intérieur, un escalier à balustres mène à la salle de l'Édit. A côté, la chambre de Catherine de Médicis conserve des vestiges de frise peinte au ras du plafond.

Église ⓥ – Elle fut construite aux 14e et 15e s. Son ordonnance générale et sa décoration sont de style flamboyant ; le clocher est moderne. Dominant l'église et le cimetière, la motte de l'ancien donjon occupe le sommet de la colline.

ENVIRONS

Centrale nucléaire de St-Alban-St-Maurice ⓥ – *5 km. Quitter Roussillon au Sud par la D 4, puis tourner à gauche dans la 37B.*
Implantée sur une superficie de 180 ha accueillant 4 unités de production, cette centrale constitue le deuxième site, après celui de Paluel en Normandie, de la génération des réacteurs à eau pressurisée (REP) du palier 1 300 MW. Actuellement, deux unités sont réalisées et fonctionnent respectivement depuis août 1985 et juillet 1986. Le circuit de refroidissement est assuré par la transmission de l'eau du Rhône dans un condenseur où la vapeur est en contact avec un faisceau de plus de 70 000 tubes ; l'eau utilisée, ayant subi un échauffement de quelques degrés, est rejetée dans le fleuve.

Musée animalier de Ville-sous-Anjou ⓥ – *Sortir de Roussillon par la D 134, en direction d'Assieu.*
La passion et de longues recherches sont à l'origine de ce musée privé ; plus de 500 animaux naturalisés sont exposés dans de vastes dioramas qui reconstituent leur milieu naturel. La collection permet ainsi d'admirer la faune de nombreuses régions, d'approcher sans crainte le tigre du Bengale, le léopard noir ou les grands lions d'Afrique. Une vidéo explique les principes de la taxidermie.

Gourmets...

Chaque année, le guide Rouge Michelin France vous propose un choix de bonnes tables.

ST-AGRÈVE

2 762 habitants

Cartes Michelin n° 76 plis 9, 19 ou 246 pli 19.

Très bien situé au flanc d'une butte, à 1 050 m d'altitude, au centre du massif granitique des Boutières, St-Agrève est un lieu de séjour apprécié.

★★ **Mont Chiniac** – Alt. 1 120 m. Table d'orientation. *Place de la République, prendre la montée des Sports, puis tourner à gauche à un carrefour. (Possibilité d'accès à pied par la rue de l'Église.)* La route mène au sommet du mont Chiniac dont la couronne de sapins domine le bourg.

Laisser la voiture sur un terre-plein à gauche, 150 m avant la table d'orientation.

La **vue** s'étend au Sud-Ouest sur le massif du Mézenc, où se détachent le suc de Montivernoux, le Gerbier de Jonc, la dorsale du Mézenc ; à l'Ouest sur le massif du Meygal et le pic du Lizieux ; au Nord-Est sur les monts de Lalouvesc.

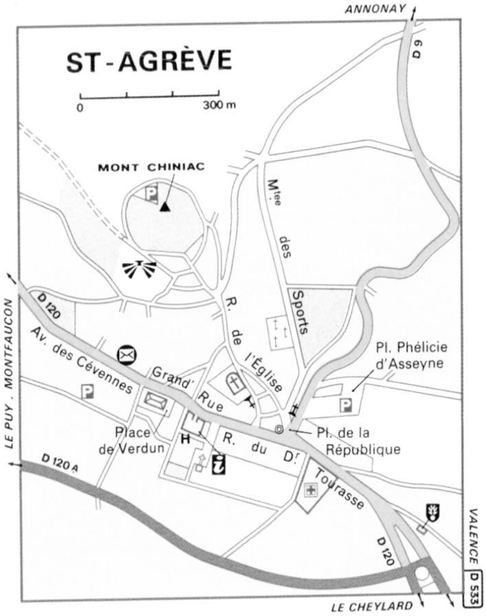

★★LES BOUTIÈRES

Circuit de 64 km – environ 2 h 1/2

Quitter St-Agrève au Sud par la D 120 vers le Cheylard.

Au cours de la descente, la vue se dégage sur le Mézenc puis la route (D 120) s'enfonce dans le ravin de l'Eyrieux naissant.

A la sortie de St-Julien-Boutières, prendre à droite la D 101, remontant la vallée encaissée de la Rimande.

La calotte du mont Signon ferme la perspective. En débouchant sur le plateau, on découvre à droite le pic du Lizieux et, à gauche, le Mézenc.

Fay-sur-Lignon – *Page 97.*

A Fay, emprunter, à gauche, la D 262, pittoresque, qui conduit à St-Clément.

St-Clément – *Page 97.*

En sortant de St-Clément, un saisissant **point de vue**★★ se découvre sur le Gerbier de Jonc, le suc de Sara et le Mézenc, dans l'axe du fossé de la Saliouse. Au-delà de Lachapelle-sous-Chanéac, la D 278 descend vers l'Eyrieux que l'on franchit à Armanas.
Le parcours (D 478), très accidenté, offre de très jolies vues sur le cirque du Haut-Eyrieux, puis sur St-Martin-de-Valamas, bien situé au confluent de l'Eysse et de l'Eyrieux.

★ **Ruines de Rochebonne** – *Laisser la voiture en bordure de la route.*
Le **site**★★ est grandiose. Étagés sur des rochers granitiques fissurés, dominant la trouée de l'Eyrieux, les vestiges de la forteresse féodale se découpent face à un immense **panorama** dominé par le Mézenc.

Descendre (1/2 h à pied) pour s'approcher des ruines, en appuyant à gauche.

Un sentier conduit près d'autres rochers fissurés encadrant un ravin piqueté de pins où un torrent tombe en fraîches petites cascades.

Poursuivre la D 478. Au sommet de la montée, peu avant Beauvert, on découvre St-Agrève, que l'on gagne par la D 21.

DE ST-AGRÈVE A TENCE PAR LE CHEMIN DE FER TOURISTIQUE DU VELAY ⓥ

Compter une journée

De St-Agrève, on peut se rendre à Tence ou à Dunières.

Ce train à voie métrique surplombe en corniche les gorges du Lignon, puis serpente à travers les vallons et les pentes boisées du Haut Vivarais et du Velay. *(Itinéraire décrit au départ de Tence.)*

ST-ANTOINE★

873 habitants (les Antonins)

Cartes Michelin n° 77 pli 3 ou 246 pli 4.

Une imposante abbatiale gothique domine ce vieux bourg de l'Isère, niché dans un vallonnement du plateau de Chambaran.
Chaque été, une reconstitution historique fait revivre les grandes heures locales du Moyen Âge.

Le Feu de St-Antoine – Au 11e s., un noble du Viennois, Jocelyn de Châteauneuf, accomplit un pèlerinage en Terre sainte. A son retour, il rapporte de Constantinople les ossements de saint Antoine, l'anachorète de la Thébaïde. C'est, au Moyen Âge, un saint rendu populaire tant par ses démêlés avec le démon, que par son cochon, compagnon de sa vie d'ermite.
Les reliques déposées dans l'église de la Motte-St-Didier, qui prend le nom de St-Antoine, sont confiées par l'évêque de Vienne à des bénédictins venus de l'abbaye de Montmajour. Un premier monastère s'élève. Peu après, en 1089, éclate en Dauphiné une redoutable épidémie, le Mal des Ardents, appelé aussi Feu de St-Antoine. C'est une sorte de gangrène qui brûle les membres. Les reliques du saint attirent une foule de malades et de pauvres gens. Pour les secourir et les soigner, un groupe de jeunes nobles crée une confrérie : les frères de l'Aumône.

Un ordre puissant – Au 13e s., les frères réussissent à évincer les bénédictins. En 1297 la confrérie devient l'ordre hospitalier de St-Antoine. Les « Antonins » fondent des hospices dans toute l'Europe. Dans la grande abbatiale de St-Antoine, dont la construction, commencée au 13e s., se poursuit jusqu'au 15e s., viennent s'agenouiller, devant les reliques, empereurs d'Allemagne, papes et rois de France.

★ABBATIALE *visite : 1 h*

*Laisser la voiture sur le parking en contrebas puis gagner la place F.-Gilibert (**6**) par le Chemin des Buttes (**5**) et la Grande-Rue.*

Dans la partie haute du bourg, l'accès à l'abbatiale se fait par l'**entrée d'honneur** du 17e s. (hôtel de ville-**H**) se signalant par la mosaïque de ses tuiles vernissées. Trois portails à fronton brisé décorent la façade. L'encadrement du portail central, qui a conservé ses vantaux de bois, est constitué de deux colonnes ioniques. Les portails latéraux portent des bossages en pointes de diamant.

Franchir le portail. On débouche sur l'esplanade qu'encadrent les anciens bâtiments hospitaliers occupés par des artisans, artistes et antiquaires. Contourner l'église à gauche, en direction du parvis.

H Hôtel de ville
M Musée départemental Jean-Vinay

Le parvis offre un joli coup d'œil sur la façade et deux portes monumentales. L'une de ces portes ouvre sur les anciens jardins, l'autre domine un degré descendant vers le bourg.

Façade – Ses portails flamboyants sont prolongés de chaque côté par les fenêtres basses des premières chapelles latérales. Une immense baie flamboyante s'inscrit au milieu de la façade. Le **portail central★**, décoré de trois voussures ornées de statuettes, est l'œuvre d'Antoine le Moiturier, qui séjourna à St-Antoine de 1461 à 1464, avant d'aller exécuter à Dijon le tombeau du duc de Bourgogne, Jean sans Peur. Au centre du portail, le Père éternel est entouré d'angelots. Au rang inférieur, sont représentés assis : à droite, Moïse avec les tables de la Loi et, au-dessous, la Sibylle.

Intérieur ⓥ – Le vaisseau est ample : 62 m de longueur, 22 m de hauteur, sur 36 m de largeur. La nef de sept travées, suivie d'un faux transept qui se distingue par les tribunes qui le coupent à mi-hauteur, est flanquée de collatéraux sur lesquels s'ouvrent des chapelles. Les 2e et 6e chapelles du bas-côté gauche ainsi que les 2e, 4e et 7e du bas-côté droit conservent des fresques des 15e s. et 16e s., restaurées. Les trois travées du chœur se terminent par une abside à pans dont le soubassement circulaire (13e s.) est la partie la plus ancienne de l'édifice. Le triforium illustre la progression de la construction : dans l'abside, arcs géminés en tiers-point, dans la nef, arcature trilobée plus tardive.

97 stalles du maître-menuisier François Hanard meublent le chœur. Dix tapisseries d'Aubusson (17e s.), représentant l'histoire de Joseph, décorent le chœur, le transept et les chapelles du bas-côté droit. Elles portent les armoiries des Antonins, reconnaissables au T ou tau figurant la croix de St-Antoine.
Le maître-autel, conçu comme un mausolée de marbre revêtu de bronzes ciselés, abrite la châsse de saint Antoine, recouverte de plaques d'argent repoussé (17e s.). Le buffet d'orgues, du 17e s., a été restauré et des concerts sont organisés ⓥ.

★**Trésor** ⓥ – Il abrite un **Christ**★ en ivoire du 16e s., célèbre par son expression d'agonie, des châsses et des bustes-reliquaires, des instruments de chirurgie légués par le dernier malade soigné par les Antonins et rappelant la vocation hospitalière de ces religieux ; dans la 2e pièce, est exposée une toile de Ribera : *Sainte Marie-l'Égyptienne* ; la 3e salle est décorée de ravissantes boiseries de style rocaille, elle renferme un intéressant chapier (meuble où sont disposées des chapes).

Emprunter l'escalier à l'angle du parvis de l'église. La descente offre une jolie vue sur les maisons anciennes du bourg. La Grande-Rue puis le Chemin des Buttes ramènent à la voiture.

AUTRE CURIOSITÉ

Musée départemental Jean-Vinay (**M**) ⓥ – Installé dans l'ancien noviciat du monastère, il abrite, outre des œuvres de Jean Vinay (1907-1978), peintre paysagiste dauphinois et de ses amis de l'école de Paris, des expositions thématiques sur le Moyen Âge ou l'ordre des Antonins.

ST-BONNET-LE-CHÂTEAU★

1 687 habitants (les Sambonitains)

Cartes Michelin n° 88 pli 17 ou 239 Nord du pli 35.

Une église gothique domine cette ancienne cité fortifiée juchée à l'extrémité méridionale des monts du Forez. Il faut découvrir le site en arrivant de l'Est par la D 3.
St-Bonnet est un petit centre industriel actif : armurerie, tôlerie, cycles, scieries, mobilier métallique et surtout fabriques de boules (1 million de paires par an).

LA VILLE ANCIENNE *visite : 1 h 1/2*

Maisons anciennes – Sur le chemin de l'église, remarquer au passage d'intéressantes demeures, notamment deux maisons Renaissance à l'entrée des rues s'ouvrant à gauche de la place du Cdt-Marey et, plus loin, d'autres maisons des 15e et 16e s., rue de la Châtelaine, rue et place des Fours-Banaux, où se dressent, à l'angle, deux vastes logis du 15e s.

Collégiale – Cet édifice gothique, du début du 15e s., a fière allure avec ses deux clochers, son abside surplombante et surtout son site bien dégagé.

ST-BONNET LE-CHÂTEAU

Châtelaine (R. de la) .... Z 2
Chevalier (R.) .... Z 4
Dessous-les-Remparts (R.) .... YZ 6
Doumer (Av. Paul) .... YZ
Église (Pl. de l') .... YZ
Fours-Banaux (Pl. des) .... Z
Fours-Banaux (R. des) .... Z 12
Gouraud (Av. Gén.) .... Y
Grand-Faubourg (Pl. du) .... Z 15
Grand'Rue .... Z
Hôpital (R. de l') .... Y
Lagnier (Pl.) .... Y
Marey (Pl. du Cdt) .... Z
Montorcier (R. du) .... Y
Murailles (Chemin des) .... YZ
Nord (R. du) .... Y
République (Pl. de la) .... Z
Verlaine (R. Paul) .... Y

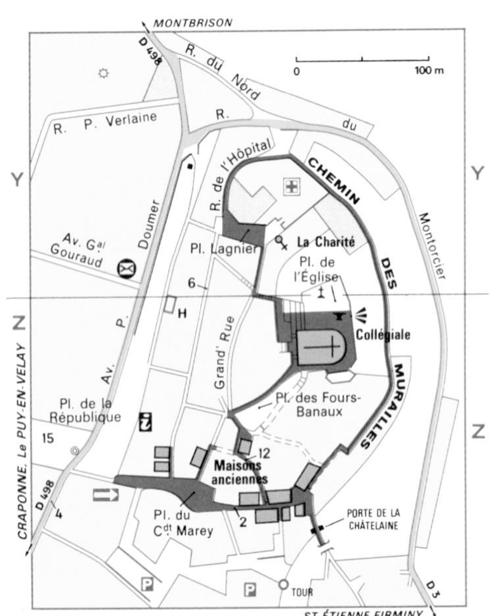

Gravir le perron de la façade et pénétrer dans l'église par le portail Renaissance.

L'intérieur surprend par la faible élévation des voûtes. Dans la nef, chaire du 17e s. avec jolie rampe en fer forgé.

Crypte, caveau des Momies et bibliothèque ⊙ – La **crypte**, située sous le chœur, est revêtue de peintures murales du 15e s. Parmi les sujets représentés, empruntés au Nouveau Testament, les plus remarquables sont les quatre évangélistes (petites voûtes du chœur) et la Crucifixion (mur Nord). On voit aussi des anges musiciens.
Dans l'église, à droite, s'ouvre le **caveau des Momies** contenant une trentaine de corps desséchés qui datent de la seconde moitié du 17e s. Découvertes en 1838, leur bon état de conservation leur a valu l'appellation impropre de momies.
La **bibliothèque** ⊙, installée dans une salle à gauche du chœur, présente des incunables, en particulier un missel lyonnais du 15e s., une bible de Louis XI de 1476, la première bible imprimée en France, et les Chroniques de Froissart (1490), reliées aux armes des Urfé. Voir aussi une bible de Robert Estienne (1565) et un exemplaire de *Lancelot du Lac* (1520).

★ **Point de vue** – De la terrasse au Nord du chevet de la collégiale (table d'orientation), la vue s'étend sur la plaine du Forez d'où émergent la butte de St-Romain-le-Puy, les monts du Beaujolais et du Lyonnais, les Alpes, le mont Pilat, le pic du Lizieux, le Mézenc.

Descendre l'escalier à gauche du parvis et tourner à droite dans la Grand'Rue.

Chapelle de la Charité – Cet édifice du début du 17e s. est intéressant par sa décoration et son mobilier : plafond à caissons peints, devant d'autel sculpté, statues anciennes et une très belle grille en fer forgé qui fermait la partie réservée aux religieuses.

★ **Chemin des Murailles** – Le panorama sur la plaine du Forez donne un vif attrait à cette promenade que l'on prolongera jusqu'à la porte de la Châtelaine du 14e s.

Musée international de la Pétanque et des Boules ⊙ – Aménagé dans des locaux d'un important fabricant de boules de pétanque, cet original musée offre dans une succession de vitrines une rétrospective du jeu de boules depuis l'Antiquité jusqu'à 1910 qui vit la naissance à la Ciotat de la pétanque (du provençal piès tanqués = pieds joints). On remarque tour à tour un remarquable **bas-relief** en bois sculpté et incrusté d'ivoire du 18e s. représentant des soldats jouant aux boules, une importante collection de boules cloutées (depuis le milieu du 19e s.), des représentations populaires de « Fanny » destinées aux joueurs perdants, des extraits de films et des répliques d'acteurs restituent l'ambiance des cours de boules. Une présentation sur écran vidéo des étapes d'une chaîne de fabrication moderne de boules de pétanque et de celle du façonnage artisanal du cochonnet à partir du buis termine cette visite.

CIRCUIT DES BELVÉDÈRES *35 km – 1 h 1/2*

Quitter St-Bonnet par la D 498, au Nord.

Luriecq – L'**église**, très simple, est un édifice de style gothique flamboyant, avec porche Renaissance ; beau Christ en bois dans la nef.
Dans une maison, sur la place de l'Église, modeste collection d'objets foréziens d'autrefois.

Faire demi-tour et prendre la D 5 à droite.

Marols – L'**église** a été fortifiée au 14e s. Des deux clochers, le plus élancé, au-dessus du chœur, est une véritable tour défensive.

St-Jean-Soleymieux – L'**église** est intéressante pour sa crypte du 12e s., dont les piliers trapus portent de frustes chapiteaux.

Poursuivre par la D 96 et la D 44.

Montarcher – De la terrasse de la petite **église** (12e-15e s.), ornée à l'entrée du chœur d'un bel arc décoratif rustique, **vue**★ sur le mont Pilat, le Mézenc, les sucs de la région d'Yssingeaux et les monts de la Margeride.

Les D 14 et D 498 ramènent à St-Bonnet.

LE HAUT-FOREZ *Circuit de 50 km – environ 2 h*

Quitter St-Bonnet par la D 3, au Sud-Est et prendre la D 109 à droite.

St-Nizier-de-Fornas – Jolie **église** de style flamboyant conservant d'importants éléments romans (façade et nef). Extérieurement, le clocher rectangulaire, dont les contreforts s'ornent de pinacles et de grosses gargouilles, lui donne, du côté Sud, une silhouette attachante. A l'intérieur, bel ensemble de clefs de voûte sculptées.

Rozier-Côtes-d'Aurec – L'**église** a été construite aux 11e et 12e s. pour un prieuré clunisien ; le clocher à double étage de baies géminées a été refait sur le modèle primitif. La façade présente un mur plat dont le pignon repose sur une corniche ornée d'une frise. Au tympan, un groupe sculpté, d'une admirable sobriété d'exécution : l'Adoration des mages suggère une influence espagnole ; remarquer l'allongement des visages.
A l'intérieur, la nef unique est étayée d'arcatures. Les chapiteaux sont d'un style rude. La croisée du transept est couverte d'une petite coupole sur trompes. L'abside est décorée d'une belle arcature dont les pilastres cannelés évoquent les églises romanes rhodaniennes héritières des traditions romaines. Dans la nef, à gauche, bas-relief roman, représentant le Christ bénissant. Dans la chapelle Sud, Pietà en pierre du 15e s.

Faire demi-tour et prendre à gauche la D 104, puis de nouveau à gauche la D 42.

St-Hilaire-Cusson-la-Valmitte – **Église** ⓥ en partie romane, remaniée aux 15e et 19e s. ; remarquer le petit déambulatoire ménagé en arrière de l'arcature de l'abside primitive. Deux statues de bois polychrome, du 15e s., la Vierge et saint Jean, sont disposées à l'entrée du chœur. Chaire du 18e s.

Par les D 125 et D 12 gagner St-Pal-de-Chalencon.

St-Pal-de-Chalencon – Bourg fortifié conservant plusieurs portes anciennes.
L'ensemble formé par l'église et la maison attenante du côté Sud offre un joli coup d'œil. A l'intérieur de l'**église**, remarquer surtout une Pietà du 15e s., dans le bas-côté gauche.

Usson-en-Forez – Le bourg, autrefois fortifié, est dominé par la haute flèche de son clocher (16e s.). La nef de l'**église** date du 15e s. ; de part et d'autre du chœur, remarquer le joli décor sculpté des deux petites niches ménagées dans les retombées des ogives et les statues en bois doré de saint Sébastien et de saint Roch.

Écomusée ⓥ – Créé en 1993 à partir d'une donation privée, il occupe d'anciens bâtiments conventuels restaurés ; il permet de faire survire les traditions, coutumes et métiers de la région au début du siècle. Une étable abrite les animaux vivants (ex : la vache ferrandaise) et les outils d'une ferme. Plusieurs salles conservent les objets de la vie quotidienne et religieuse du Haut-Forez, tandis que la maison des Métiers fait revivre des gestes aujourd'hui disparus, tels ceux des scieurs de long, paillons ou charrons.
A la sortie Sud du bourg, à 300 m à gauche de la D 498, **chapelle de N.-D. de Chambriac**, dont l'abside romane abrite une statue ancienne de la Vierge.

Prendre la D 498 vers Estivareilles.

Estivareilles – Ce lieu a été le théâtre de violents combats lors de la libération du Forez : le **Musée départemental de l'Armée Secrète et de la Résistance** ⓥ en perpétue la mémoire.

La D 498 ramène à St-Bonnet.

ST-CHEF

2 309 habitants

Cartes Michelin n° 88 pli 9 ou 246 pli 2.

Au milieu du 6e s., saint Theudère fonde ici une abbaye. Après sa mort, le « chef » du saint, conservé, devient l'objet d'une telle dévotion que la localité n'est plus désignée que par ce mot.

Église ⓥ – Cette église abbatiale des 10e et 11e s. possède un portail du 15e s. Elle est célèbre pour ses **fresques romanes★** qui se trouvent dans une chapelle à deux étages s'ouvrant sur le croisillon Nord *(1)*. De la chapelle inférieure, refaite en partie à l'époque moderne, un petit escalier à vis mène à la chapelle supérieure, conservant le remarquable ensemble de sa décoration primitive. Le Christ s'inscrit dans une gloire à la partie centrale de la voûte. Autour de lui la cour céleste est représentée : la Vierge entourée d'anges, la Jérusalem céleste figurée par une tour surmontée de l'agneau mystique : des anges complètent le chœur céleste. Au-dessus, sur les parois, prophètes, apôtres, saints, martyrs ou vieillards de l'Apocalypse occupent deux registres superposés.
L'ensemble de la décoration est d'une ordonnance admirable. Une grande habileté se remarque dans l'exécution et notamment la façon dont le peintre a joué avec l'attitude des personnages : les ailes des anges se dressent ou se ferment suivant la place disponible.
L'absidiole, contiguë à la chapelle haute, est également décorée de peintures : on remarque, à droite, le visage, en relief de stuc, de saint Georges. Le sol a conservé son pavement en mosaïque.

(1) Pour plus de détails, lire « St-Chef, visite de l'abbaye et de la cité », en vente à l'église.

ST-ÉTIENNE

Agglomération 313 338 habitants (les Stéphanois)
Cartes Michelin n° 88 pli 18 ou 246 pli 17 – Schémas p. 152 et 174.
Plan d'agglomération dans le guide Rouge Michelin France.

A proximité du verdoyant massif du Pilat *(p. 174)*, de la retenue de Grangent *(p. 114)* et de la plaine du Forez, St-Étienne occupe le fond de la dépression du Furan. Avec les cités suburbaines de la vallée de l'Ondaine et de la dépression du Gier, l'agglomération stéphanoise groupe 450 000 habitants.
Au centre du bassin houiller, qui a fourni plus de 500 millions de tonnes de charbon jusqu'à l'arrêt de l'exploitation dans les années 80, St-Étienne a fait peau neuve : les façades ont été reblanchies, des jardins et des parcs ont été aménagés au cœur de la ville. L'animation se concentre sur l'axe Nord-Sud : place Jean-Jaurès, place de l'Hôtel-de-Ville. La « **Grand'Église** » St-Étienne (15e-16e s.) (**Y**) reste chère au cœur des vrais « gagas », appellation familière que se donnent encore entre eux les Stéphanois *(voir : « Le parler stéphanois », p. 31)*.
St-Étienne, patrie de **Massenet** (1842-1912), auteur de nombreux opéras, connaît une vie intellectuelle et artistique qui rayonne sur l'ensemble du Forez. La ville possède une Maison de la Culture et de la Communication, un Palais des Sports et grâce à la « Comédie de St-Étienne », la cité est un foyer actif d'art théâtral. La présentation des collections d'Art moderne dans le nouveau musée, au Nord de la ville, entraîne un regain de l'animation culturelle.
Le site de l'ancienne usine Manufrance, qui reste un symbole pour les Stéphanois, a été réaménagé en Centre de Congrès.

UN PEU D'HISTOIRE

Au 12e s., St-Étienne n'est encore qu'un village sur les bords du Furan. Les grandes voies de communication l'ignorent. Grâce à la présence de la houille et à l'esprit d'entreprise de ses habitants, il va connaître un extraordinaire développement passant de 3 700 h. en 1515 à 45 000 h. en 1826 et à 146 000 h. en 1901, tandis que la zone industrielle s'étend dans les vallées de l'Ondaine (la Ricamarie, Firminy) à l'Ouest, du Janon et du Gier (Terrenoire et St-Chamond) à l'Est, du Furan (la Terrasse) au Nord.

Armeville – Dès 1296, les Stéphanois exploitent des « **perrières** » ou carrières de charbon, à des fins domestiques, puis pour alimenter des forges d'où sortent les premiers couteaux suivis des armes blanches, des arbalètes et enfin des armes à feu ; St-Étienne sait prendre à temps ce « virage » de l'armement.
En 1570, la Loge des Arquebusiers groupe 40 professions. On pratique déjà le travail en série. En 1746, est fondée la Manufacture Royale d'Armes. Ses activités sont aujourd'hui concentrées sur l'appareillage de détection nucléaire et chimique.
Cette activité vaudra à la cité de prendre sous la Révolution le nom d'Armeville.

De St-Étienne à Andrézieux – Entre St-Étienne et Andrézieux, sur une distance de 21 km, est mis en service, en mai 1827, le premier chemin de fer français construit d'après les plans de Beaunier ; il assure le transport du charbon. Les wagons sont tirés par des chevaux.
Cet ancêtre des moyens de communication modernes, perfectionné en 1829 par la chaudière tubulaire de Marc Séguin, entraîne une véritable révolution dans les transports et un prodigieux essor de l'industrie.

La ville où l'on fabriquait de tout – A l'industrie du ruban, importée d'Italie, s'est ajouté le tissu élastique dès la fin du 19e s. En métallurgie, le procédé de déphosphoration du minerai découvert par **Thomas**, en 1878, a permis le développement de la sidérurgie lorraine.
Pour éviter la crise, la région de St-Étienne s'était déjà spécialisée, à cette époque, dans les aciers de qualité, l'outillage, le fusil de chasse, la bicyclette et les pièces pour l'automobile.

Le temps de la reconversion – Naguère à la base du développement industriel, les mines ont vu leur production de charbon décroître régulièrement entre 1960 et 1980. Leur fermeture progressive a dû être envisagée, entraînant la nécessité de restructurer l'industrie métallurgique et textile, qui maintenant sont doublées d'activités diversifiées comme la mécanique de précision, l'électronique, les industries agro-alimentaires, les matières plastiques, le cartonnage.
La ville dispose d'une École Nationale Supérieure des Mines, d'un Centre technique des industries mécaniques, et pour développer les nouvelles technologies, du Pôle de Productique de la région Rhône-Alpes, notamment celle des technologies de l'eau et celles liées à la dépollution.

Quelques faits historiques.
Sous ce chapitre en introduction, le tableau évoque les principaux événements de l'histoire du pays.

ST-ÉTIENNE PRATIQUE

Se déplacer – Le célèbre tramway stéphanois est le moyen de transport le plus commode.

Commerce – Nouvelles Galeries, rue Gambetta ; la FNAC et la Galerie Dorian (nombreuses boutiques), rue Blanquil ; dans la rue Général-Foy, très commerçante, de nombreuses boutiques de prêt-à-porter.

Culture – Centre Dramatique National à la Comédie de St-Étienne, av. É.-Loubert ; théâtre, danse et musique à la Maison de la culture et de la Communication (Point-Virgule), au Jardin des Plantes ; spectacles humoristiques et de Music-hall au Théâtre de Poche, rue de la Mulatière ; musique au Palais des spectacles, bd J.-Janin.

Sortir le soir – La vaste place Jean-Jaurès offre de multiples possibilités avec le café « des Artistes », « Le Bistrot de Paris » ou « Les Jardins » ; des brasseries telles « Le Commerce » ou « La Brasserie Pauläner » ; des cinémas avec le « Gaumont », près de la cathédrale ; des pubs comme le « Midi-Minuit » ou « Le London Pub ». D'autres animations rue Dormoy : restaurants, discothèques (le « Rock-city », le « Vera-Cruz-Café »). Bowling, billard et patinoire, bd J.-Janin.

Spécialité – « La rapée », galette à base de pomme de terre.

Quelques dates – Foire à la brocante, en mai (place Villebœuf) ; Rallye du Forez, en juin ; Fête du livre en octobre (place de l'Hôtel-de-Ville).

★★ MUSÉE D'ART MODERNE *visite : 2 h*

A 4,5 km du centre-ville. Quitter St-Étienne au Nord par la rue Bergson (**X 9**), *en direction de la Terrasse. Sur l'autoroute en direction de Clermont-Ferrand, prendre la sortie la Terrasse-St-Priest-en-Jarez.*

Ce très vaste musée, conçu par l'architecte D. Guichard, est consacré à l'art du 20e s., dont il offre, grâce à une politique continue d'acquisitions et d'exposition alternée, une intéressante rétrospective. Le bâtiment sobre et fonctionnel qui couvre la « Terrasse » apparaît de l'extérieur comme une structure de type industriel dont les murs couverts de panneaux en céramique noire rappellent la vocation charbonnière (révolue) de la région. Agencés pour privilégier la contemplation, les espaces d'exposition couvrent près de 4 000 m^2.

Vivant foyer de rencontres, le musée propose une bibliothèque spécialisée, des salles de conférences, un atelier réservé aux enfants, une boutique, un restaurant.

Art contemporain depuis 1945 – Les œuvres, en général de grand format, sont disposées dans la partie centrale du musée, juste derrière l'« Espace Zéro », vaste composition de Jean-Pierre Raynaud, en carreaux de céramique blanche contrastant avec l'architecture extérieure du bâtiment. Les années 50 voient encore foisonner des courants d'abstraction : ainsi à l'Abstraction géométrique incarnée par Hélion, Herbin, Sonia Delaunay ou encore Bram van Velde et Atlan s'oppose l'Abstraction lyrique orientée vers le graphisme chez Hartung et Soulages.
Les années 60 marquant l'apogée de la consommation, les **Nouveaux Réalistes** redécouvrent les objets usuels. Ils sont assemblés chez Arman, compressés chez César, « piégés » chez D. Spœrri ou déchirés chez Hains. L'espace lui-même est matérialisé chez **Klein** *(Mono-chrome)*. Chez les adeptes de la Figuration narrative, Monory, Rancillac, Adami, on utilise les supports photographiques ou publicitaires, voire la bande dessinée.
Aux États-Unis c'est le **Pop Art** avec Dine, **Warhol** *(Autoportrait)* et Lichtenstein. L'Abstraction formaliste chez Noland ou **Stella** *(Agbatana II)* se traduit par des œuvres froides aux contours parfaits, et

Musée d'Art Moderne, St-Étienne

Agbatana II par F. Stella

chez Judd et Lewitt par des structures modulaires géométriques (bois, métal laqué). Les Italiens Merz, Zorio et Penone de l'Arte Povera, considérant l'Art comme une force active, cherchent à dévoiler l'énergie des objets les plus simples.
Précédés par Hantaï qui, dès 1960, libéra des couleurs en déployant des tissus froissés ou pliés, le groupe Supports/Surfaces est bien représenté ici avec **Viallat** (Peintures sur bâche), Dezeuze (Lamelles de bois agrafées et teintes), Grand, Saytour.
Le mouvement néo-expressionniste allemand, reconnu à partir de 1980, est suivi par **Baselitz** *(Elke VI)*, Gerhard Richter *(Glenn)*, **Penck** *(Meeting)* tandis que de nouveaux courants réalistes s'affirment avec des artistes comme Denis Laget. Une large place est faite à **Dubuffet**, initiateur de l'Art brut dès 1942, avec une dizaine d'œuvres dont *Le Site illusoire, le Déchiffreur* et des œuvres réalisées après 1980.

Art moderne (1900-1945) – Les œuvres, de petit ou moyen format, sont exposées dans les salles, à gauche de l'entrée. Elles forment un bon ensemble représentatif de l'évolution de l'abstraction.
Avoisinant un Monet *(Nymphéas)* et un Kupka *(Le Ruban bleu)*, le *Nu rouge* de **Chabaud** avec ses couleurs pures représente le fauvisme. *Explosion lyrique* de Magnelli, *Nature morte au journal Lacerba* de Severini sont des œuvres tardives du cubisme, défini par Braque et Picasso. Remarquer le *Portrait de Mme Heim* de Robert Delaunay ainsi que les *Quatre éléments* de Gleizes. L'avant-garde russe s'exprime chez Alexandra Hexter et Koudriachov. **Picasso** est représenté par deux *Natures mortes* des années 30 et **Léger** par la magistrale *Composition aux trois femmes*, ainsi que par la *Partie de campagne*, où objets et personnages sont géométrisés, vidés de toute expression. En réaction à la Première Guerre mondiale, le mouvement **Dada** élabore des œuvres dérisoires, voire absurdes : *Le Fiancé* de **Picabia**, *Assemblage* de **Schwitters**, *Ventre de Carosse* de R. Hausmann.
A leur suite, les surréalistes avec **Brauner, Ernst, Miró** et **Masson** cherchent à introduire l'onirisme dans leurs œuvres. Durant les années 30, **l'Art abstrait** développe une autre vision du monde avec : Hélion, Freundlich, M. Cahn et Magnelli.
Des sculptures intéressantes accompagnent ces tableaux : *Tête cubiste* de Czaky, œuvres de **Rodin, Laurents, Arp, Béothy, Calder** (mobile).

Art graphique – Située au 1er étage, une salle est aménagée pour recevoir des expositions temporaires de dessins, d'estampes et de photographies.
La **bibliothèque Jean-Laude** ouverte au public offre un des plus riches ensembles de consultation français sur l'art moderne et contemporain.

★LE VIEUX SAINT-ÉTIENNE *(environ 2 heures à pied)*

Départ de la **place Boivin** (**Y 12**) qui marque l'emplacement de l'ancien rempart Nord au 15e s. Se diriger vers la rue Émile-Loubet ; au n° 12, belle façade, ornée de cinq cariatides, de la **maison de « Marcellin-Allard »** (**B**) (16e s.). Un côté de la place est occupé par l'église St-Étienne, dite la Grand'Église.

Grand'Église – C'est sous cette appellation que la désignent familièrement les Stéphanois. Seul témoin de l'architecture gothique dans la ville et la plus vieille paroisse, elle fut bâtie en grès forézien au 15e s. Le clocher n'a été ajouté qu'au 17e s. Dans la première chapelle de gauche, une belle mise au tombeau polychrome du 16e s. Le chœur de style gothique flamboyant date du milieu du 15e s. et les vitraux actuels ont été placés au 19e s.
A gauche, en sortant de l'église, deux belles façades des 16e et 15e s. Celle du n° 5, dite « **maison François-Ier** » (**D**), est ornée de cinq médaillons Renaissance. Sur la droite, la rue du Théâtre est bordée de maisons en encorbellement.

Descendre la rue de la Ville.

La première maison à gauche possède des fenêtres à meneaux et cinq médaillons représentant des personnages. Le n° 22 abritait au 17e s. l'hôtel de ville.
On atteint la **place du peuple** (**Z 60**), champ de foire au Moyen Âge. L'angle de la rue Mercière est occupé par une tour du 16e s. s'ouvrant par des arcades et une croisée de pierre ; une maison à colombage de la même époque lui fait face.
Traverser l'avenue utilisée par les tramways pour atteindre la rue Denis-Escoffier qui marque l'entrée de l'ancien faubourg d'Outre-Furan. A l'angle de cette rue et de la rue des Martyrs-de-Vingré, une curieuse maison du milieu du 18e s., ornée d'une statue, est représentative de l'architecture urbaine du Forez avec sa génoise à quatre rangs de tuiles et des poutres apparentes de belle taille. A gauche au n° 3, rue Georges-Dupré, une façade massive arbore d'imposants linteaux d'une seule pièce. Reprendre la rue des Martyrs-de-Vingré ; les nos 19 et 30 sont des exemples de maisons du 18e s. abritant des ateliers. Remarquer les arcades à bossages au deuxième niveau.

On atteint la place Neuve. Emprunter à droite la rue Nautin pour rejoindre la rue Gambetta.

Musée du vieux Saint-Étienne (**Z M**) ⏲ – *Entrée dans la 2e cour à gauche.*
Une borne d'octroi du 18e s., provenant de l'ancienne commune d'Outre-Furan, marque l'entrée de l'hôtel de Villeneuve, du 18e s. Le musée occupe le 1er étage, dans une succession de salles aux beaux plafonds à caissons moulurés. On y

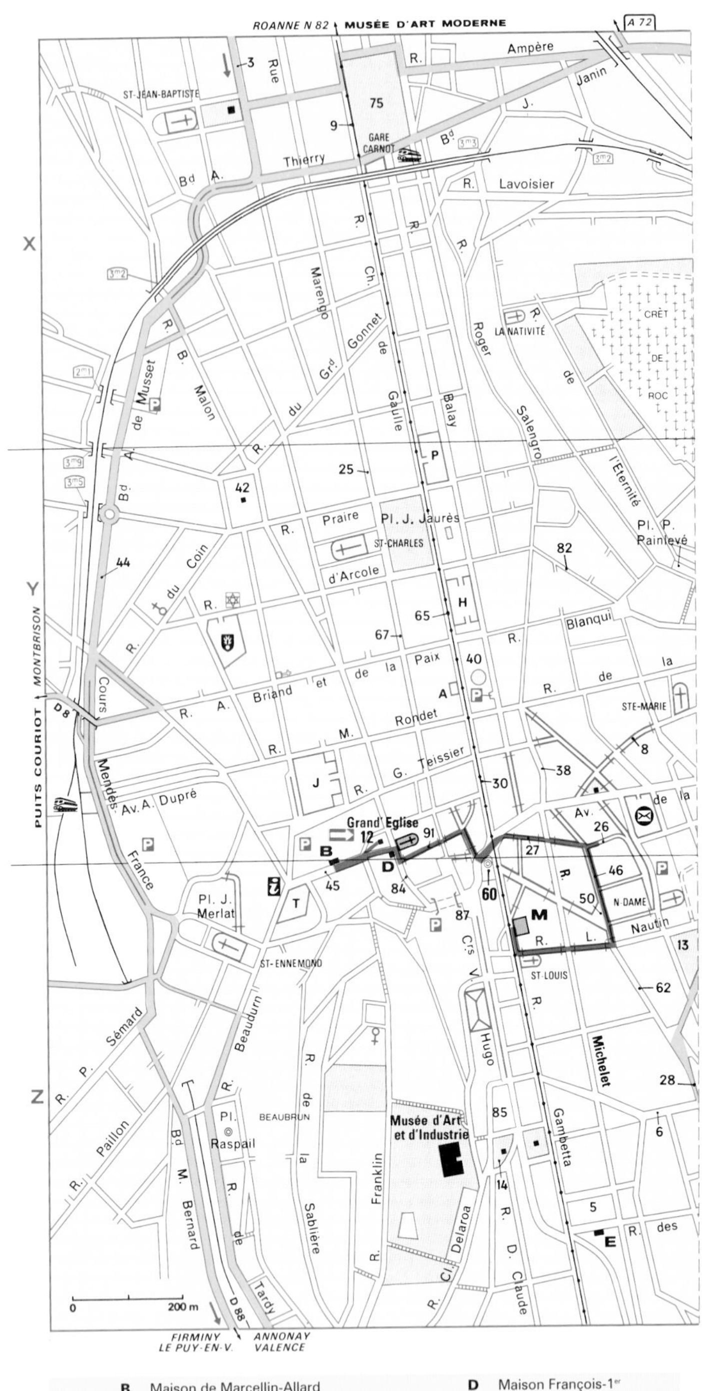

B Maison de Marcellin-Allard **D** Maison François-1er

découvre la première charte mentionnant le nom de St-Étienne en 1258 et divers plans ou gravures illustrant l'expansion de la ville. Un beau retable baroque sculpté et de statues provenant d'églises stéphanoises sont également exposés. La mise en service de la première ligne de chemin de fer industriel en 1828 à St-Étienne est rappelée à travers une série de documents, dont le premier billet délivré sur cette ligne.

AUTRES CURIOSITÉS

Musée d'Art et d'Industrie (Z) ⓥ – *La réouverture est prévue fin 1997, au terme d'importants travaux.* Le musée a été aménagé dans l'ancien Palais des Arts. Il constitue un véritable conservatoire du savoir-faire régional du 16e s. à nos jours.

ST-ÉTIENNE

Rue	Carré	N°
Bérard (R. P.)	Y	8
Foy (R. Gén.)	Y	30
Gambetta (R.)	Z	
De-Gaulle (R. Ch.)	X	
Gervais (R. E.)	Y	37
Grand-Moulin (R. du)	Y	38
Hôtel-de-Ville (Pl. de l')	Y	40
Libération (Av. de la)	Y	
Michelet (R.)	Z	
Peuple (Pl. du)	Z	60
Président Wilson (R.)	Y	65
République (R. de la)	Y	
Résistance (R. de la)	Y	67
Albert 1er (Bd)	X	3
Alliés (R. des)	Y	4
Ampère (R.)	X	
Anatole France (Pl.)	Z	5
Arago (R.)	Z	
Arcole (R. d')	Y	
Badouillère (R. de la)	Z	6
Balay (R.)	X	
Beaubrun (R.)	Z	
Bergson (R.)	X	9
Bernard (R. M.)	Z	
Blanc (R. Ph.)	Y	
Blanqui (R.)	Y	
Boivin (Place)	Y	12
Briand et de la Paix (R. A.)	Y	
Chavanelle (Pl.)	Z	13
Claude (R. D.)	Z	
Coin (R. du)	Y	
Comte (Pl. Louis)	Z	14
Delaroa (R. Cl.)	Z	
Denfert-Rochereau (Av.)	Y	19
Dormoy (R. M.)	Y	25
Dupont (R. P.)	X	
Dupré (Av. A.)	Y	
Dupré (R. Georges)	Y	26
Escoffier (R. Denis)	Y	27
Eternité (R. de l')	XY	
Fauriel (Cours)	Z	
Ferdinand (R.)	XY	
Fougerolle (R.)	Z	28
Fourneyron (Pl.)	Y	29
Foyatier (R.)	Y	
Francs-Maçons (R. des)	Z	
Franklin (R.)	Z	
Grand-Gonnet (R. du)	XY	
Jacquard (Pl.)	Y	42
Janin (Bd J.)	X	
Jaurès (Pl. J.)	Y	
Krumnow (Bd F.)	Y	44
Lavoisier (R.)	X	
Loubet (Av. Émile)	YZ	45
Malon (R. B.)	X	
Marengo (R.)	X	
Martyrs-de-Vingré (R. des)	Z	46
Mendès-France (Crs)	YZ	
Merlat (Pl. J.)	Z	
Mimard (R. E.)	YZ	
Montat (R. de la)	Y	48
Mulatière (R. de la)	Z	49
Muller (R. E.)	X	
Musset (Bd A.-de-)	XY	
Nadaud (Crs G.)	Z	
Nautin (R. L.)	Z	
Neuve (Place)	Z	50
Neyron (R.)	XY	
Paillon (R.)	Z	
Painlevé (Pl. P.)	Y	
Pointe-Cadet (R.)	Z	62
Praire (R.)	Y	
Raspail (Pl.)	Z	
Rivière (R. du Sergent)	X	70
Rondet (R. M.)	Y	
Sablière (R. de la)	Z	
Sadi-Carnot (Pl.)	X	75
Salengro (R. R.)	XY	
Sauzéa (R. H.)	Y	76
Semard (R. P.)	Z	
Servet (R. M.)	Y	82
Tardy (R. de)	Z	
Teissier (R.)	Y	
Théâtre (R. du)	Z	84
Thierry (R. A.)	X	
Thomas (Pl. A.)	Z	85
Ursules (Pl. des)	Z	87
Victor-Hugo (Crs)	Z	
Ville (R. de la)	Y	91
Villebœuf (Pl.)	Z	92

E Château Étienne-Mimard **M** Musée du vieux St-Étienne

Rubannerie, tissage – La salle des machines textiles illustre le tissage de rubans et le tressage des lacets, du 16e siècle à nos jours. Remarquer dans la « Chambre des Rubans » une belle collection de rubans, passementerie, métiers à tisser, tissus anciens et broderie. Reconstitution d'un atelier de passementerie, avec des machines en état de fonctionner. Démonstration de tissage.

★**Armes** – Armes blanches et armes à feu dont certaines sont très ouvragées, armes exotiques, casques et armures constituent un ensemble d'intérêt varié. A côté des pièces exposées, des vitrines montrent l'évolution de la fabrication des armes à feu, et notamment des fusils, depuis l'origine jusqu'au canon foré. Parmi les armures et les casques, on trouve des spécimens très rares comme un bassinet forgé d'une

seule pièce, une muserolle de cheval, travail allemand du 16e s., véritable dentelle de fer forgé, et un ensemble de casques du 16e s. Remarquer une collection d'armes africaines, océaniennes et orientales.
Le nouvel aménagement permettra d'exposer l'importante collection d'armes réglementaires de la Manufacture qui servit de référence aux divers types d'armes.

Cycles – Au dernier niveau, une cinquantaine de cycles, de la draisienne au vélo à cadre monocoque, retracent l'évolution de la technique cycliste.
De l'époque de son apogée industrielle au 19e s. et durant la première moitié du 20e s., la ville a gardé des éléments d'architecture et d'urbanisme, dus notamment aux **frères Lamaizière**, architectes qui édifièrent en style néo-Renaissance l'hôtel particulier du fondateur de la Manufacture, « **le château Étienne-Mimard** » (**E**), le siège des armuriers Colcombet (8, place de l'Hôtel-de-Ville), et celui de la Manufacture des Armes et Cycles.

Site de la Manufacture des Armes et Cycles de St-Étienne – *cours Fauriel.*
Tracé sous le Second Empire pour être, avec l'avenue de la Libération, l'une des vitrines de l'expansion industrielle stéphanoise, il fut essentiellement occupé par les bâtiments de la Manufacture édifiés par Léon Lamaizière en 1893. Celle-ci fonctionna jusqu'en 1985. Une partie du site a été restaurée et réaménagée depuis avril 1993 en Centre de Congrès accompagné de bureaux, d'une galerie marchande et d'un Planétarium (voir p. 288).

Rue Michelet (**Z**) – Cette artère, percée dans l'axe Nord-Sud et parallèle à la rue Gambetta, vaut par les exemples d'architecture novatrice des années 30 que l'on découvre aux nos 34, 36, 42 et particulièrement au n° 44, imposant immeuble en béton armé.

Rue Daguerre – Elle abrite une des curiosités de l'architecture moderne de la ville : aux nos 54 et 56, les **maisons sans escaliers**★ construites par l'architecte Bossu en 1933, immeubles conçus autour d'une cour sur laquelle donnent les diverses pièces de chaque appartement. Entrer dans le hall pour admirer la rampe d'accès hélicoïdale.

Le coup d'œil – Des allées du jardin des Plantes, en particulier de la terrasse qui s'étend devant la **Maison de la Culture** (1969) (**Z**) se révèle une **vue** caractéristique de la ville située au creux du bassin du Furan et dominée, sur le versant opposé, par la colline Ste-Barbe et plus loin par deux terrils, recouverts en partie par la végétation.

★ **Puits Couriot – Musée de la Mine** ⌚ – Le puits Couriot a été exploité de 1913 à 1973 par les Houillères du Bassin de la Loire. La cour intérieure est ornée d'un monument aux mineurs et d'engins modernes d'extraction. Au temps de sa pleine activité, le puits produisait 3 000 tonnes de charbon par jour et employait 1 500 mineurs.
La visite commence par la **« Salle des Pendus »**★, vaste pièce qui servait de vestiaire pour les mineurs : leurs tenues, suspendues au plafond pour gagner de la place et mieux sécher, donnent à cette pièce un aspect saisissant ; la salle de douche qui la jouxte témoigne des conditions de vie collective. La descente dans les galeries s'effectue grâce aux cages d'extraction qui servaient alternativement à la descente des mineurs puis à la remontée du charbon, et éventuellement des blessés.
A l'arrivée de l'ascenseur, la galerie d'accueil – **la recette** – est le départ d'un circuit en train de wagonnets de la partie aménagée pour les visites. Chaque halte est commentée par des bornes vidéo et constitue une étape de l'évolution des techniques d'extraction. L'itinéraire remonte le temps à partir des années 60, avec l'exploitation très automatisée et électrifiée utilisant la technique de la « taille à soutènement marchant » mise au point dans le bassin de la Loire (les piles de soutènement sont déplacées en fonction de l'avancement du front de taille puis relâchées pour provoquer l'effondrement du toit de la galerie).

Musée de la mine, St-Étienne

Puits Couriot

Dans les années 50, apparaît le soutènement métallique qui remplace les poteaux de bois, et les cintres constituent l'armature de la galerie moderne. Le charbon est abattu par le **piqueur** au marteau-piqueur sans soutirage latéral, avec une moyenne quotidienne de 10 tonnes ; la mécanisation ne fait que débuter.
Les années 30 sont marquées par l'installation des équipements d'extraction fonctionnant à l'air comprimé qui entraîne une rationalisation plus rigoureuse du travail et l'utilisation de l'éclairage portatif à accumulation.
La visite se poursuit avec une reconstitution fidèle d'un front de taille de 1900 où toute l'activité est manuelle : l'abattage au pic (avec une moyenne de 3 tonnes par jour) et le transport par bennes poussées par des enfants jusqu'à l'élargissement de la galerie. Enfin la reconstitution d'une écurie rappelle l'importance des chevaux qui passaient leur vie dans la mine et constituaient l'unique force de trait pour amener les bennes jusqu'à la recette. La vie souterraine pénible de ces animaux, caractéristique de la mine ancienne, fut décrite, avec le cheval « Bataille », par Zola dans *Germinal*.
Enfin les procédés d'orientation mis au point vers 1900 par les géomètres arpenteurs font mesurer le chemin parcouru par les techniques minières.
Avant la remontée en surface, la présentation de la patronne des mineurs sainte Barbe dans une niche évoque les grandes festivités religieuses et laïques auxquelles participe le 4 décembre chaque cité minière.

« Allez les Verts »

C'est l'histoire d'une légende et de la passion d'une ville pour son équipe de football qui porte le célèbre maillot vert. L'équipe de St-Étienne (A.S.S.E.) est née avec le soutien de l'entreprise Casino et la construction du stade Geoffroy-Guichard en 1931. Les débuts du club sont marqués par l'accession à la première division en 1938, puis la montée vers la gloire de 1957 à 1981, amorcée par de grands joueurs tels Mekloufi, Herbin et Keita ; avec la finale de la Coupe d'Europe des Clubs Champions en 1976, l'épopée atteint la dimension d'un mythe. La France va se passionner pour cette « bande à Herbin » qui fait vibrer le « Chaudron vert » de Geoffroy-Guichard. Revelli, Rocheteau (dit l'Ange Vert), Larqué puis Platini incarnent les « dieux du stade » portés aux nues par une médiatisation à l'image de l'extraordinaire palmarès de l'équipe : outre la finale de la Coupe d'Europe des Champions, 10 titres de Champion de France (1957, 64, 67, 68, 69, 70, 74, 75, 76, 81), six Coupes de France (1962, 68, 70, 74, 75, 77) et quatre doublés Coupe-Championnat (1968, 70, 74 et 75). Mais, en 1982, une affaire de caisse noire déstabilise l'équipe et met fin à ces grands moments. Depuis, la ville qui n'a pas oublié son heure de gloire rêve d'un nouveau « miracle stéphanois ».

EXCURSIONS

Circuit panoramique – *Environ 1 h 1/2. Quitter St-Étienne au Sud par le cours Fauriel (D 8). La N 82 s'élève au flanc du sauvage ravin du Furet, hérissé de sombres arrachements schisteux.*

Col du Grand Bois (ou de la République) – Très joli site forestier.

Faire demi-tour et, par Planfoy où l'on tourne à gauche, gagner Guizay.

★★ **Point de vue de Guizay** – Du pied de la statue du Sacré-Cœur, on découvre, juste dans l'axe de la célèbre Grande-Rue, une vue sur l'ensemble de la ville. A l'extrême-droite, Rochetaillée *(p. 176)* apparaît sur sa crête. En avançant vers le relais de télédiffusion, le panorama révèle à gauche le couloir de l'Ondaine : le Chambon-Feugerolles, Firminy et les monts du Forez. Au cours de la descente, belles échappées sur l'agglomération stéphanoise et la vallée de l'Ondaine.
La D 88 ramène à St-Étienne.

Retenue de Grangent – *Environ 2 h. Quitter St-Étienne par la D 8, à l'Ouest du plan et gagner Roche-la-Molière. A Roche-la-Molière, emprunter la D 3^A en direction de St-Victor. Au Berlan, tourner à gauche dans la D 25, à 1 km prendre à droite une route menant à Quéret. Laisser sur la droite le hameau de Trémas et, à 400 m, tourner à droite. A la sortie de Quéret, sur la place, prendre à droite une route en forte descente.*

Plateau de la Danse – *3/4 h à pied AR. Laisser la voiture au parc de stationnement et suivre un sentier balisé « Point de vue », serpentant dans la forêt.*
Ce lieu, chargé d'Histoire et de légendes, aurait accueilli un temple de Jupiter. D'un promontoire rocheux, **vue**★★ sur la retenue et l'île de Grangent *(p. 114)*, le promontoire de St-Victor, le château d'Essalois *(p. 114)*, l'église et la tour féodale de Chambles.

Reprendre la voiture et descendre à St-Victor.

St-Victor-sur-Loire – Ce bourg, dont la route d'accès est abondamment fleurie, de roses surtout, occupe un **site**★ remarquable sur un promontoire s'avançant dans le lac artificiel formé par la Loire en amont de Grangent. Cette retenue et ses rives, très fréquentées en saison par les Stéphanois, se prêtent aux activités sportives (voile, motonautisme, ski nautique, randonnées pédestres et équestres). Possibilité de **croisières en bateaux-mouches** ⓥ.

L'**église** est un édifice roman, remanié aux 16e et 17e s., qui présente une nef et des collatéraux voûtés en berceau et séparés par des piliers carrés. Le **maître-autel** est constitué par un précieux retable baroque du 17e s. et un devant d'autel en cuir de Cordoue, gaufré et peint, à décor d'hermines. Vitraux modernes de J.-M. Benoît et beau buffet d'orgue.

De la terrasse de l'église, la **vue★** sur la retenue est très belle. Le **château** ⓥ avec ses tours du 11e s., et le théâtre de plein air occupent le haut de la colline.

Par la D 3A et Roche-la-Molière, revenir à St-Étienne.

Firminy – *11 km. Quitter St-Étienne au Sud du plan, par la D 88.*

Située dans la vallée de l'Ondaine, Firminy a toujours servi de trait d'union entre la montagne et la « plaine » de St-Étienne. La cité se distingue par les réalisations de l'architecte **Le Corbusier**, qui y construisit une unité d'habitation, une Maison de la Culture, les tribunes d'un stade et l'église Saint-Pierre (inachevée) ; l'ensemble, unique en Europe, fait de Firminy le deuxième « site Le Corbusier » dans le monde, après Changigarh (Inde).

Château des Bruneaux ⓥ – En cours de restauration, il présente un atelier de cloutier et un « espace jouet » (collection venant de l'usine Gégé). Dans les communs, une mine témoin reconstituée par d'anciens mineurs permet de connaître les différents types de soutènement et l'évolution des matériels utilisés.

Le Pertuiset – *23 km. Quitter St-Étienne au Sud-Ouest par la D 25.*

Ce pont suspendu marque la transition entre la cité industrielle et les paysages sauvages des Gorges de la Loire. Il permet d'accéder aux circuits des Gorges décrits p. 114.

ST-GALMIER

4 272 habitants (les Baldomériens)

Cartes Michelin n° 88 pli 18 ou 244 pli 12 – Schéma p. 152.

Bien située sur un contrefort des monts du Lyonnais, d'où elle domine la plaine du Forez, St-Galmier doit sa célébrité à des sources d'eau minérale, très appréciée comme eau de table. Les eaux, connues dès l'époque romaine, ne devinrent vraiment réputées qu'au début du 19e s., grâce à l'esprit d'initiative de S. Badoit qui, le premier en France, eut l'idée de mettre l'eau en bouteilles. Pour vaincre les préjugés de son époque – on pensait alors que l'eau ainsi transportée perdait ses propriétés –, Badoit organise une véritable campagne publicitaire, en France et à l'étranger : la Société qui porte son nom connaît rapidement un essor important. Cette eau pétillante, froide et limpide, est riche en gaz carbonique, sels de calcium et fluorures. Elle est captée à une profondeur de 78 m et mise en bouteilles dans **l'usine** ⓥ située près de la source.

Église – C'est un édifice de style flamboyant, à trois nefs, avec voûtes d'ogives à pénétration. En entrant, à gauche, sous la tribune, très belle **Vierge du Pilier★** de l'école de Michel Colombe (16e s.). Contre le 2e pilier de la nef, à droite, **triptyque★** de l'école flamande (15e s.) ; le volet central, en bois sculpté et doré, représente une Vierge à l'Oiseau, entre sainte Barbe et sainte Catherine. Sur la droite, ciborium des fonts baptismaux (1718). Les vitraux du chœur ainsi que ceux des deux chapelles adjacentes sont l'œuvre du maître-verrier A. Mauvernay (1810-1898) et de son fils (1845-1909), dont l'atelier était situé à St-Galmier.

Hôpital – Il est installé dans un ancien couvent d'ursulines. La chapelle, à droite en entrant, possède un beau retable en bois sculpté, à colonnes torses du 17e s.

Vieux quartier ⓥ – *En sortant de l'hôpital, tourner à droite, puis emprunter à gauche la rue Félix-Commarmond.*

Cette rue bordée de maisons anciennes mène place des Roches.

ST-GERMAIN-LAVAL

1 510 habitants (les Germanois)

Cartes Michelin n° 88 plis 4, 5 ou 239 plis 22, 23 – Schéma p. 201.

La D 38, en venant de l'Ouest, offre une vue agréable de ce bourg forézien, établi sur un mamelon dominant le vallon de l'Aix ; au premier plan apparaît le dôme à lanternon (18e s.) de l'église, désaffectée, de la Madeleine.

CURIOSITÉS

Église – Située à l'autre extrémité du bourg, elle est de style néo-gothique et abrite une statue de Moïse (1065), en pierre, à droite en entrant, et une petite Pietà naïve en bois polychrome, dans une niche au-dessus des fonts baptismaux.

Place de la mairie – Elle est bordée de demeures anciennes : l'une d'entre elles, à pans de bois, est la maison natale de l'explorateur **Greysolon du Luth**, qui découvrit, au 17e s., les sources du Mississippi et donna son nom à la ville de Duluth (Minnesota, États-Unis).

La mairie, installée dans un hôtel du 18e s., abrite au 1er étage un petit **musée** ⓥ : tapisseries, mobiliers, miniatures françaises et orientales.

Chapelle N.-D. de Laval – *1,3 km par la D 38, à la sortie Ouest de St-Germain.* La **chapelle**, gothique, apparaît au bord de l'Aix. La façade s'orne d'un gâble flamboyant, surmontant deux portails en anse de panier ; à l'intérieur, statue vénérée de la Vierge noire.

Commanderie de Verrières – *2,5 km. Quitter St-Germain par la D 1, en direction de Balbigny puis emprunter la D 21 et, à gauche, la petite route d'accès.* Juxtaposée aux bâtiments d'une ancienne commanderie de l'Ordre de Malte, la **chapelle** du 12e s. est un sobre édifice de granit clair. L'intérieur, à nef voûtée en berceau brisé, est très dépouillé : la beauté du granit constitue son seul décor, à l'exception d'une croix de Malte peinte au-dessus de la baie centrale de l'abside. Sur l'esplanade, belle croix à personnages du 15e s.

ST-JULIEN

641 habitants

Cartes Michelin n° 88 Nord du pli 7 ou 244 Sud du pli 2 – 10 km au Nord-Ouest de Villefranche-sur-Saône – Schéma p. 70.

Ce charmant village de vignerons est la patrie de Claude Bernard (1813-1878).

Le père de la physiologie – Fils d'humbles vignerons, **Claude Bernard** *(p. 30)* vient à Paris en 1834 dans l'espoir d'y faire une carrière littéraire : peu encouragé par ses premiers travaux, il entreprend des études de médecine où il réussit brillamment. Professeur de talent, il succède à Magendie au Collège de France et l'on crée à son intention une chaire de physiologie expérimentale à la Sorbonne. Ses études sur la fonction glycogénique du foie, qui lui valent des récompenses, font de lui le véritable créateur de la physiologie. Ses travaux ont servi de base à la médecine moderne et ses méthodes, exposées dans l'*Introduction à l'étude de la médecine expérimentale*, font encore autorité.

Musée Claude-Bernard ⓥ – *Route fléchée.*
Au milieu des vignes se trouve la demeure acquise par le savant : « J'habite sur les coteaux qui font face à la Dombes... » Un musée y a été aménagé sous l'égide de la Fondation Mérieux, de Lyon. Manuscrits, documents, photographies évoquent la vie et les découvertes de Claude Bernard. Remarquer notamment les instruments qu'il utilisait lors de ses séjours à St-Julien.
En traversant le jardin qui longe les vignes, on peut accéder à sa maison natale située en arrière de la propriété.

ST-JULIEN-CHAPTEUIL

1 664 habitants (les St-Juliens)

Cartes Michelin n° 76 Sud-Est du pli 7 ou 239 Sud du pli 35. Schéma p. 276.

St-Julien, au centre d'un bassin verdoyant arrosé par la Sumène et hérissé de pitons volcaniques, occupe un **site★** original. Les maisons claires, de trachyte ou de grès, couvertes de lauzes d'un bleu cendré ou de tuiles, contribuent à donner à la patrie de Jules Romains un aspect coloré.
A l'Est, un rocher basaltique porte les vestiges du château féodal de Chapteuil.

Église – Bien située sur une plate-forme rocheuse, c'est un édifice assez vaste, roman dans son ensemble, mais qui a subi de nombreux remaniements ; la façade et le clocher sont modernes. L'intérieur est restauré ; remarquer quelques chapiteaux anciens, notamment dans l'abside.
De la terrasse proche du chevet, jolie vue sur les pitons voisins, en particulier le suc de Monac, belle falaise de trachyte et le suc de Chapteuil, reconnaissable à ses orgues basaltiques.

Musée Jules-Romains ⓥ – Dans une salle de l'Office de tourisme sont rassemblés des manuscrits, du mobilier, des photos et divers objets personnels évoquant la vie et l'œuvre de **Jules Romains** (1885-1972), né au hameau de la Chapuze au Nord de St-Julien-Chapteuil.
Romancier, dramaturge et essayiste, il est l'auteur de nombreux ouvrages dont *Knock ou le Triomphe de la Médecine*, immortalisé par l'acteur Louis Jouvet, *Les Copains* et *Les Hommes de bonne volonté*, vaste fresque sociale couvrant la période de 1908 à 1933.

★MASSIF DU MEYGAL *Circuit de 31 km – environ 2 h*

Sortir de St-Julien au Nord-Ouest en direction de St-Pierre-Eynac par la D 26. *Description p. 276.*

ST-JUST-ST-RAMBERT

12 299 habitants (les Pontrambertois)

Cartes Michelin n° 88 pli 17 ou 244 Nord du pli 23 – Schéma p. 113.

Situé au débouché des gorges de la Loire, dans le Sud de la plaine du Forez, St-Rambert, ancien bourg gallo-romain d'Occianum, est accroché au flanc d'une butte ; St-Just, la partie moderne de la localité, s'étend sur la rive droite.

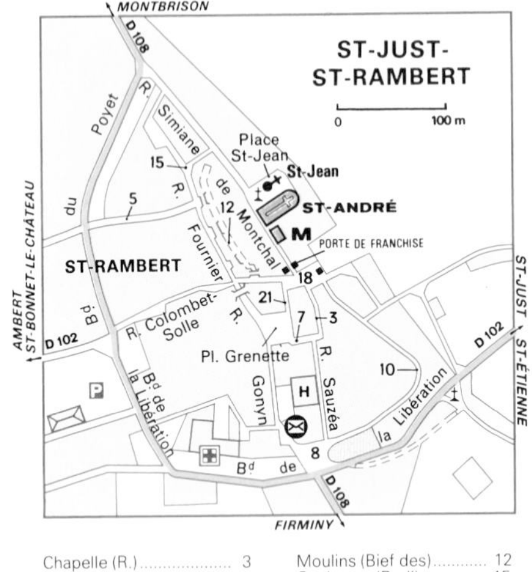

Chapelle (R.) 3
Dubreuil-de-l'Oratoire (R.) 5
Forez (R. du) 7
Libération (Pl. de la) 8
Loire (R. de la) 10
Moulins (Bief des) 12
Occiacum (R. d') 15
Paix (Pl. de la) 18
République (Pl. de la) 20
8-Mai (R. du) 21

CURIOSITÉS

★ **Église St-André** – C'est un robuste édifice des 11e et 12e s. Deux clochers le surmontent : au-dessus de la façade s'élève un clocher-tour fortifié (11e s.). A la croisée du transept se dresse le **clocher**★ proprement dit *(illustration p. 38)* du 12e s. Une souche carrée décorée d'une arcature aveugle supporte l'étage supérieur dont chacune des faces est percée de baies géminées, coiffées de mitres entre lesquelles s'ouvrent de petits arcs de décharge romans.

A l'intérieur, les arcs situés entre la nef et les bas-côtés sont de plus en plus larges à mesure que l'on approche du chœur, ce qui a pour effet de donner plus de profondeur à la perspective. A la croisée du transept, une coupole sur trompes soutient le clocher central.

L'abside principale est flanquée, dans le prolongement des bas-côtés, de deux absidioles communiquant avec le chœur (petite Vierge noire dans l'absidiole de droite). Remarquer en sortant, dans le bas-côté Sud, l'arcade gothique encadrant les fonts baptismaux avec son décor d'angelots aux traits fins et déliés.

Chapelle St-Jean – Cet édifice du 11e s., qui servait de baptistère, flanque l'église au Nord.

Musée « le Prieuré » (M) ⓥ – L'histoire locale est représentée par des objets d'art évoquant le passé de la cité : la chasuble de saint Rambert (11e s.), manteau de cérémonie finement brodé qui aurait servi à envelopper les reliques du saint ; un ensemble de statues qui ornaient les portes de la ville, notamment la Vierge (16e s.) de la Porte de Franchise, d'une grande finesse, une statue de saint Rambert, une croix de marinier de la Loire avec les attributs de la Passion. Rubans Jacquard du 19e s. fabriqués dans la région. Caricatures de Cham, Daumier, etc. D'autres salles abritent des collections de divers pays en particulier une collection d'art africain et océanien : **bronzes**★ du Bénin, et un beau masque égyptien en obsidienne (18e dynastie).

Grotte de St-MARCEL★

Cartes Michelin n° 80 pli 9 ou 245 pli 15 ou 246 pli 23 – Schéma p. 57.

S'ouvrant naturellement par un abri sous roche au flanc des gorges de l'Ardèche, cette grotte, découverte en 1835 par un chasseur d'Aiguèze, a été formée par une rivière souterraine depuis longtemps tarie, qui évoluait autrefois au sein du plateau karstique des Gras. Le réseau développe 32 km de galeries, dont l'accès est resté longtemps réservé aux scientifiques. Aujourd'hui, une section est ouverte aux visiteurs *(bâtiment d'accueil au Nord de la D 290, à 200 m en aval du Grand Belvédère)*.

VISITE ⓥ *1 h environ*

Empruntant un tunnel creusé dans la roche, on traverse d'impressionnants couloirs permettant de détailler stalactites, stalagmites, draperies, fistuleuses et autres excentriques. Le parcours est ponctué d'intéressantes haltes dont le nom évoque la forme ou la nature des concrétions rencontrées : salle de la Fontaine de la Vierge, Galerie des Peintres striée de bandes blanches (calcite), rouges (oxyde de fer) et noires (manganèse), Salle des Rois, Cathédrale, etc. L'intérêt principal de la grotte réside toutefois dans ses **cascades de gours** appelées aussi « bassins de dentelles », façonnées par l'eau chargée de calcite et qu'un jeu de lumière approprié met particulièrement en valeur. Un sentier pédestre tracé autour du site fait découvrir la flore locale (chênes verts, buis, cistes, etc.) et deux monuments mégalithiques (dépliant remis à la caisse).

ST-MARCEL-DE-FÉLINES

700 habitants (les Marcellois)

Cartes Michelin n° 88 pli 5 ou 244 Est du pli 2 – Schéma p. 201.

Situé en terrasses sur une croupe de terrain dominant la cuvette de Feurs, face aux monts du Forez, ce bourg paisible possède un château, maison forte du 12e s., agrandie et embellie au 16e s.

Château ⓥ – Ses toitures, ses tours basses et la belle teinte dorée des pierres lui donnent une silhouette pittoresque ; remarquer les lucarnes aux frontons ornés de motifs en forme de bulbe. Par un pont franchissant les anciens fossés, on accède à la cour intérieure d'inspiration italienne ; un vieux puits est orné de sphinx à tête de femme. La décoration des salons doit son homogénéité à des **peintures★** de la seconde moitié du 17e s. Lambris et plafonds sont divisés en compartiments peints de rinceaux, figures allégoriques ou grotesques, natures mortes, paysages ou portraits. Dans le salon de Jeanne-d'Arc : un des rares portraits de la sainte habillée en femme.

L. Jahan/EXPLORER

St-Marcel-de-Félines – Salle à manger du château

ST-MARCELLIN

6 696 habitants

Cartes Michelin n° 77 pli 3 ou 246 pli 4.

Humbert II, le dernier Dauphin du Viennois, installa ici au 14e s. son conseil delphinal, qui servait de Parlement, de Conseil d'État et de Chambre des Comptes.
La ville ne fut pas épargnée par les guerres de Religion : prise deux fois par le baron des Adrets, elle fut définitivement récupérée par le camp des catholiques en 1568.
Le marché du samedi et les foires annuelles attirent les habitants du Bas-Grésivaudan.
Un savoureux fromage, le « St-Marcellin », petite tomme ronde obtenue avec un mélange de lait de vache et de chèvre, constitue la spécialité locale.

Promenade de Joud – Elle offre une jolie vue sur la vallée de l'Isère et le Royans dominés par la muraille du Vercors.

ENVIRONS

★**St-Antoine** – *12 km. Quitter St-Marcellin au Sud par les N 92 puis D 27, à droite.* *Description p. 211.*

ST-MAURICE-DE-GOURDANS

1 575 habitants (les St-Mauriaux)

Cartes Michelin n° 88 pli 9 ou pli 246 pli B.

La bourgade est située sur le rebord d'un plateau dominant le confluent du Rhône et de l'Ain.

Église – Elle date du 12e s. Une restauration adroite a mis au jour le mode de construction primitif ; pierres calcaires et cailloux roulés du Rhône, avec lits intercalaires de petites briques et de pierres plates.

L'**intérieur**★ frappe par son aspect archaïque : la nef unique, basse, est un long berceau reposant sur une suite d'arcatures aveugles. L'abside, flanquée de deux absidioles orientées, est décorée d'une jolie arcature.
Les peintures murales les mieux conservées ornent la nef ; disposées en bandeaux au-dessus des arcatures, elles représentent pour la plupart des scènes tirées des Évangiles : remarquer notamment, à droite, Adam et Ève sortant de la bouche du Léviathan.

ENVIRONS

Centre nucléaire de production d'électricité du Bugey ⓥ – *11 km. Quitter St-Maurice-de-Gourdans à l'Est par la D 84, puis la D 65 en direction de Loyettes. Peu avant Loyettes, tourner à gauche dans la D 20.*
Dominée par l'Île Crémieu *(voir p. 14 et 72)*, la centrale est située à St-Vulbas, sur la rive droite du Rhône.
Les installations comportent 5 unités de production : la centrale 1, dernière tranche exploitée en France de la filière uranium naturel-graphite-gaz (540 MWe), fermée en 1994, une centrale 2/3, tranche double équipée de réacteurs à eau sous pression (type REP, 2 x 925 MWe). Ce sont les eaux du Rhône qui constituent pour ces deux centrales la source froide indispensable au fonctionnement des turbines. La centrale 4/5 (2 x 905 MWe) relève également de la filière REP ; le refroidissement y est assuré par quatre tours aéroréfrigérantes. La puissance totale installée est de 4 200 MWe. Autour du site, tirant parti des eaux chaudes, s'est développée une zone horticole.
La visite comporte deux films documentaires de 20 mn chacun, entre lesquels on est conduit dans la salle des machines et près du simulateur de conduite. Au centre de documentation et d'information, des panneaux et des maquettes instruisent sur la production et la consommation d'énergie, ainsi que sur le cycle nucléaire et le fonctionnement des différents types de centrales.

ST-MAURICE-SUR-LOIRE★

1 061 habitants
Cartes Michelin n° 88 plis 4, 5 ou 239 plis 10, 11 – Schéma p. 201.

St-Maurice occupe un **site**★ pittoresque dans les gorges roannaises de la Loire. Dominant un méandre de la retenue du barrage de Villerest *(p. 200)*, les vieilles maisons du bourg s'accrochent sur un éperon couronné par les vestiges d'un château féodal.

Laisser la voiture sur la petite esplanade à l'entrée de la partie haute du bourg.

De la terrasse du **donjon** (12e s.), belle vue sur les gorges.

Église – L'édifice conserve une abside romane, à chevet plat, décorée d'intéressantes peintures romanes du 13e s. Elles représentent, sur les registres de la voûte, à gauche, l'Annonciation, la Visitation, la Nativité et la Fuite en Égypte illustrant le miracle du champ de blé : les grains, à peine semés, montent en épi et cachent la Sainte Famille au regard des poursuivants. A droite sont évoqués le Massacre des Innocents et le Paradis terrestre (Création d'Ève, le Fruit défendu).

Manoir des La mure-Chantois – On y accède par une porte ornée de sculptures représentant Adam et Ève ; la tour d'escalier, qui desservait une partie du logis aujourd'hui disparue, conserve un fronton finement sculpté.

F. Da Costa

St-Maurice-sur-Loire – Peintures romanes

ST-PAUL-DE-VARAX

1 081 habitants (les Varaxois)

Cartes Michelin n° 74 pli 2 ou 244 pli 4 – Schéma p. 95.

Au milieu des étangs et des bois de la Dombes, ce village possède une église romane.

Église – Elle date du 12e s. La nef lambrissée est prolongée par un transept non saillant dont les croisillons sont pris dans la largeur du vaisseau : cette disposition originale a permis, en rétrécissant le carré du transept, de le voûter en coupole.

La façade Ouest frappe par son bel appareil de pierres et son ordonnance d'arcatures en plein cintre. Deux arcs aveugles encadrent le portail central ; au tympan est représenté le Christ en majesté entre deux anges. L'originalité du décor sculpté réside dans une frise se déroulant à la naissance de l'arcature et représentant, à gauche, l'histoire de l'apôtre saint Paul ; à droite, le Jugement dernier.

Une petite porte s'ouvre du côté droit de l'église ; son tympan, fâcheusement mutilé, évoque un épisode de la vie de saint Antoine.

Château – C'est l'un des plus jolis manoirs de la Dombes. Ses grands toits, ses murs de briques et sa tourelle d'angle se reflètent dans un petit étang.

ST-PAULIEN

1 872 habitants (les Ruessiens)

Cartes Michelin n° 76 pli 7 ou 239 pli 34.

St-Paulien fut, à l'époque gallo-romaine, sous le nom de Ruessium, la capitale du Velay et le siège d'un évêché jusqu'au 6e s.

Église – C'est un édifice roman dont la disposition et la décoration du chevet attestent la filiation auvergnate. **L'intérieur★** a été profondément modifié au 17e s. par la réunion des trois nefs primitives en un seul vaisseau et, peut-être aussi, par le regroupement sous une voûte unique du chœur et d'un ancien déambulatoire. Par ces aménagements, l'édifice a gagné beaucoup d'ampleur et un grand dépouillement. Beaux chapiteaux romans dans les absidioles.

Château de la Rochelambert Ⓥ – *3 km à l'Ouest. Quitter St-Paulien par la D 13, puis prendre à gauche la D 25. A 2 km, à droite, s'amorce la route d'accès.*

Ce château, accroché sur la rive droite de la Borne, est une très gracieuse construction des 15e-16e s. dans un beau cadre de verdure. George Sand y situa les personnages de son roman *Jean de la Roche*. On visite des salles abritant meubles et œuvres d'art.

Près du château, on peut voir *(1/4 h à pied AR)* des grottes troglodytiques, où les vestiges découverts témoignent d'un habitat paléolithique. Elles communiquent entre elles et constituent une véritable maison souterraine à plusieurs étages. Du balcon de la salle supérieure, jolie vue sur la vallée.

ST-PAUL-TROIS-CHÂTEAUX

6 789 habitants (les Tricastinois)

Cartes Michelin n° 81 pli 1 ou 246 pli 23 – Schéma p. 196.

La vieille ville est cernée par des restes de remparts, mais n'a jamais possédé trois châteaux. Elle fut désignée capitale de la contrée, à l'époque romaine, sous l'appellation « Augusta Tricastinorum ». Dans la seconde moitié du 4e s., la ville abandonna la première partie de son nom romain pour prendre celui de Paul, l'un de ses premiers évêques. Sans doute quelque clerc francisa-t-il au 16e s. en « trois châteaux » le nom de l'ancienne capitale des « Tricastini », mais il ne s'agit là, selon toute vraisemblance, que d'une fantaisie d'érudit.

La cité fut le siège d'un évêché jusqu'à la Révolution.

Elle demeure aujourd'hui le cœur de la première région trufficole de France.

CURIOSITÉS

★Cathédrale – Cet imposant édifice, commencé au 11e s. et terminé au 12e s., est un remarquable exemple de l'architecture romane provençale.

Extérieur – On est frappé par la hauteur exceptionnelle des murs du transept et l'aspect puissant de la nef. Quelques détails décoratifs tranchent sur l'austérité de ces murailles, notamment le portail de la façade Ouest dont le cintre finement sculpté encadre des vantaux de bois du 17e s.

Intérieur – *Entrer par le portail latéral Sud.* La nef de trois travées en berceau sur doubleaux, épaulée de bas-côtés, est d'une magnifique élévation (24 m). La travée précédant le transept présente, à l'étage, un faux triforium *(illustration p. 38)* ; les niches, encadrées de pilastres et de colonnettes, surmontent une frise de draperies très fine. Une coupole sur trompes recouvre la croisée du transept. L'abside, voûtée en cul-de-four, est sous-tendue de nervures plates ; elle s'ouvre sur la croisée par un arc triomphal à double ressaut.

F. Da Costa
Trufficulture

Noter le buffet d'orgues réalisé en 1704 par le sculpteur avignonnais Boisselin, le bas-relief du deuxième pilier à gauche, représentant le Jugement dernier, des fresques des 14ᵉ et 15ᵉ s. ainsi qu'une mosaïque du 12ᵉ s. située derrière le maître-autel. Dans le bas-côté Nord est conservé l'ancien maître-autel en bois doré du 17ᵉ s.
De nombreuses marques laissées par les tâcherons qui taillaient la pierre sont visibles à l'intérieur et à l'extérieur.

Maison de la Truffe et du Tricastin ⓥ – Située derrière le chevet de la cathédrale dans les locaux du Syndicat d'initiative, elle présente, sous forme de panneaux explicatifs, de vitrines, et d'un programme vidéo, une exposition sur la trufficulture et la commercialisation de cette « perle noire » du Tricastin, qui entre dans la composition de savoureuses spécialités locales.
Dans les caves voûtées sont présentés les vins des coteaux du Tricastin ainsi que quelques accessoires vinicoles anciens.

ST-PIERRE-DE-CHANDIEU

3 523 habitants (les St-Pierards)
Cartes Michelin n° 74 pli 12 ou 246 pli D.

Situé au Sud-Est de Lyon, au cœur des Balmes Viennoises, le Bourg est dominé par son château. Il a été construit et plusieurs fois remanié par les seigneurs de Chandieu qui ont animé la vie locale du 10ᵉ au 17ᵉ s. Le plus célèbre de la famille est Antoine de Chandieu qui fut un des maîtres à penser de la Réforme.

Château – *Privé.*
Assez sévère d'aspect, il mêle d'importants bâtiments du 16ᵉ s à des parties plus anciennes : tour du 13ᵉ s., donjon, vestiges d'une chapelle et de l'enceinte du 12ᵉ s. Du haut de la colline, on découvre un vaste **panorama** sur les Alpes, le Jura, l'agglomération lyonnaise et les monts du Lyonnais.

ST-RESTITUT

947 habitants
Cartes Michelin n° 81 pli 1 ou 246 pli 23.

Ce vieux village perché du Tricastin séduit par le charme de ses maisons serrées autour de son église flanquée à l'Ouest par une haute tour carrée à la silhouette insolite.

Les origines du village – D'après la légende, Restitut ne serait autre que Sidoine, l'aveugle né de l'Évangile guéri par le Christ de son infirmité. En souvenir de ce miracle, Sidoine aurait pris le nouveau nom de Restitut, celui « qui a recouvré la vue ». Après avoir débarqué aux Stes-Maries-de-la-Mer, en compagnie des Saintes Femmes et de quelques disciples *(voir le guide Vert Michelin Provence)*, il se fixa dans le Tricastin où les fidèles en firent leur pasteur. Il mourut en Italie, d'où ses reliques furent rapportées dans le village qui porte aujourd'hui son nom. Sur la place de l'église, une fontaine miraculeuse a attiré de nombreux pèlerins jusqu'au 18ᵉ s.

CURIOSITÉS

Au carrefour de la Poste, s'engager dans la rampe signalée « église 12ᵉ s. » et laisser la voiture sur une esplanade plantée d'arbres à droite.

★ **Église** – De style roman provençal, elle est surtout remarquable par l'ensemble de sa **décoration sculptée★**, inspirée de l'art antique et des traditions gallo-romaines.
A l'extérieur, il s'agit du chevet polygonal avec sa corniche délicatement sculptée et du portail Sud *(illustration p. 38)* qu'encadrent deux contreforts reliés par un puissant arc en plein cintre ; au-dessous, un beau fronton, supporté par deux colonnes engagées à chapiteaux corinthiens, couronne le portail proprement dit.
A l'intérieur, la nef unique, légèrement désaxée, est couverte d'une voûte en berceau brisé. A hauteur des chapiteaux court une élégante corniche. Dans l'abside, cinq arcatures à chapiteaux corinthiens supportent une demi-coupole en cul-de-four. A l'Ouest, la nef est raccordée à la face Est de la tour carrée par un arc à triple rouleau, où apparaît une frise sculptée.

Tour funéraire – Elle flanque la partie Ouest de l'église et recouvre, dit-on, le tombeau de saint Restitut. La partie basse, en petit appareil surmonté d'une frise et d'une corniche sculptées, serait du 11e s. ; la partie haute, en moyen appareil, aurait été restaurée à l'époque de la construction de l'église. Cette frise, encadrée de rangées de damiers, qui court sur les quatre pans de la tour, comporte des panneaux sculptés empruntant leurs thèmes à la Bible, au bestiaire du Moyen Âge ou aux métiers.

Chapelle du St-Sépulcre – *1/4 h à pied AR.*
A 400 m du bourg, la petite chapelle hexagonale du St-Sépulcre, perchée sur le rebord de l'escarpement, a été édifiée en 1504 par l'évêque Guillaume Adhémar, au retour d'un pèlerinage en Terre sainte.

ENVIRONS

Route des carrières – *3 km. Quitter St-Restitut en direction de Bollène.*
Sur la D 59A, à la sortie de St-Restitut, s'embranche à droite une route sinueuse. Elle court à la surface du plateau calcaire, où croissent les chênes-truffiers, et qui est percé, çà et là, de vastes carrières souterraines exploitées du 18e s. au début du 20e s. Certaines, aménagées en caves de vieillissement pour le vin, abritent le « **Cellier des Dauphins** » ⓥ, ouvert aux visiteurs.

ST-ROMAIN-LE-PUY

2 616 habitants (les Romanais)

Cartes Michelin n° 88 pli 17 ou 239 pli 23 – 7 km au Sud de Montbrison.

L'église de l'ancien prieuré de St-Romain-le-Puy qui dépendait, dès la fin du 10e s., de l'abbaye St-Martin-d'Ainay, à Lyon, se dresse sur un piton volcanique émergeant de la plaine du Forez, dominant une verrerie de St-Gobain située au pied du pic. Une source minérale est exploitée au Nord-Est de la localité près de la D 8 (Source Parot).

★**Église du prieuré** ⓥ – *Accès en voiture à partir de la place Michalon jusqu'au parking situé à mi-pente.*
De la plate-forme devant l'église, le panorama s'étend sur un vaste cercle montagneux : monts du Forez à l'Ouest, d'Uzore au Nord et de Tarare et du Lyonnais du Nord-Est au Sud-Est.
Par sa situation, son ancienneté, l'originalité de sa construction et de son décor sculpté, l'édifice est très curieux. On y relève la trace de plusieurs chantiers successifs. Les vestiges les plus anciens sont antérieurs au 10e s. (partie proche de la porte et, du côté droit, deux portes, murées, présentant des intercalations de briques). Au 11e s., les moines, voulant agrandir l'église, éventrèrent l'abside primitive et construisirent une crypte qui servit de soubassement au chœur et à la nouvelle abside. Des modifications furent encore exécutées aux 15e et 16e s. Les murs sont construits en moellons de granit rose ou gris, mêlés de blocs de basalte *(voir p. 41)*. Le chevet est la partie la plus intéressante avec son arcature en plein cintre, son appareil partiellement réticulé et surtout la curieuse frise sculptée encastrée sous l'arcature et constituée de plaques rectangulaires ou carrées, décorées de motifs en relief très frustes.

Intérieur – Il frappe par son aspect archaïque et la dissymétrie du plan. Le sol de l'abside et du chœur est surélevé par rapport au niveau de la nef primitive. L'ensemble des chapiteaux est à décor géométrique.
Des vestiges de peintures murales, exécutées en plusieurs étapes du 12e au 15e s., sont visibles en différents endroits ; elles ont été restaurées. Les colonnes de la crypte ont des chapiteaux représentant notamment des animaux qui s'affrontent.

STE-CROIX-EN-JAREZ

329 habitants (les Cartusiens)

Cartes Michelin n° 88 pli 19 ou 246 pli 17 – Schéma p. 175.

La chartreuse de Ste-Croix fut fondée en 1280 par Béatrix de Roussillon. A la Révolution, les Pères chartreux qui partageaient leur temps entre la prière, l'étude et les travaux manuels, durent quitter Ste-Croix ; le monastère fut alors mis en lotissement ; les cloîtres furent démolis en 1840, et en 1888, on érigea Ste-Croix en commune.
Ce village occupant les bâtiments de l'ancienne chartreuse, dans la haute vallée du Couzon, a donc un caractère insolite.

ANCIENNE CHARTREUSE *visite : 1 h*

Façade – Sur la façade des anciens bâtiments conventuels a été ouverte, au 17e s., une **porte monumentale** en granit, flanquée de tours rondes en moellons de schiste. Les armoiries des chartreux figurent au centre : un globe terrestre portant une croix, entouré de sept étoiles symbolisant saint Bruno, fondateur de l'ordre et ses six compagnons. Au-dessous, un fronton triangulaire, brisé, surmonte une niche à coquille, vide.

De chaque côté de ce portail d'honneur s'étend l'ancienne enceinte, transformée en maisons d'habitation et défendue, à ses extrémités, par deux tours d'angle.

Passer sous ce portail ; on atteint une première cour.

Cour des Frères – Cette vaste cour rectangulaire est bordée par les bâtiments qui abritaient autrefois les activités des frères convers et « donnés » (liés à l'ordre non par des vœux mais par des contrats civils) permettant d'assurer la vie matérielle de la communauté : pressoirs, celliers, boulangerie, ateliers, forges, écuries... Le clocher de l'église, visible de la cour, est du 19e s. Sur la gauche, un passage en pente, sous voûte (**1**), mène à l'entrée du jardin potager, que borde le Couzon : remarquer la belle imposte en fer forgé (17e s.) (**2**), qui surmonte le vieux portail en bois.
Au fond de la cour, à gauche, s'ouvre une rue dallée, autrefois entièrement couverte, le « **corridor** », qui desservait les pièces destinées à un usage commun (réfectoire pour les repas des dimanches et de certains jours de fête, bibliothèque, etc.).

Emprunter le corridor.

Église Ⓥ – Son portail est signalé par la présence de deux bénitiers latéraux, en pierre. L'édifice du 17e s. abrite des boiseries des 16e et 17e s., ainsi que des stalles du 14e s., dont les miséricordes *(voir p. 35)* et les accoudoirs sont sculptés de motifs très variés : masque grimaçant, coiffe de paysanne du Pilat, animaux, etc. Le mur du fond, au-dessus du portail, est orné de trois tableaux représentant : au centre, le Martyre de saint Sébastien (réplique ancienne d'un tableau de Mantegna) ; à gauche, saint Charles Borromée, agenouillé ; à droite, saint Bruno refusant l'épiscopat, vêtu de l'habit cartusien, la « cuculle » blanche.
Du chœur, on accède aux vestiges de l'église primitive : l'**ancienne salle capitulaire** (**3**) et l'**ancienne sacristie** Ⓥ (**4**) du 13e s. Celle-ci conserve des **fresques** du 14e s., restaurées, qui illustrent avec un certain réalisme : le Couronnement de la Vierge, la Crucifixion (inspirée de Giotto), les Funérailles de Thibaud de Vassalieu, qui, en 1312, traita avec Philippe le Bel pour le rattachement du Lyonnais à la couronne de France.

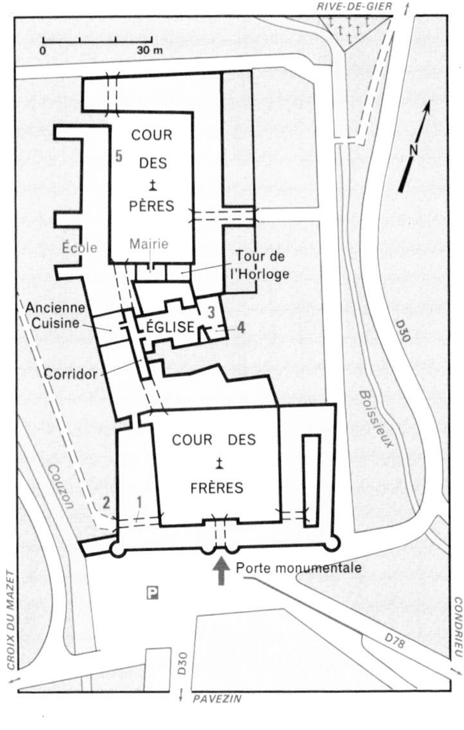

Au-dessus de la Crucifixion figure le groupe des chartreux de Ste-Croix.

En sortant de l'église, voir, en face, l'ancienne cuisine, voûtée, avec sa cheminée monumentale (lieu d'exposition). A l'extrémité du corridor, on débouche dans la deuxième cour. A gauche de l'entrée monumentale, l'accueil est installé dans l'ancienne boulangerie du monastère.

Cour des Pères – Elle était, autrefois, entièrement bordée par un cloître, sur lequel donnaient les cellules des chartreux. Aujourd'hui, le cloître a disparu et les cellules ont été transformées en logements, mairie, école... Chaque cellule comportait, au niveau de la cour, un oratoire, une chambre, une terrasse et un promenoir ; au niveau inférieur, se trouvaient le bûcher, l'atelier et le jardin ; le moine recevait sa nourriture, les jours de semaine, par un guichet situé à côté de la porte d'entrée de sa cellule.
L'une de ces cellules, à l'Ouest, dans la cour, est surmontée d'une scène en bas-relief représentant saint Bruno méditant sur la mort (**5**).
Au Sud-Est, à un angle, se dresse la **tour dite de l'Horloge**, qui n'a plus son cadran depuis la Révolution.

En ville, sauf indication contraire,
nos itinéraires de visite sont à suivre à pied.

SALLES-ARBUISSONNAS-en-Beaujolais

507 habitants

Cartes Michelin n° 88 Nord du pli 7 ou 244 pli 2 – Schéma p. 70.

Salles-Arbuissonnas-en-Beaujolais a conservé quelques bâtiments d'un prieuré fondé au 10e s. par les moines clunisiens et occupé à partir du 14e s. par un chapitre de religieuses bénédictines qui deviendront, au 18e s., chanoinesses-comtesses ayant une vie moins cloîtrée (parmi elles, Mme Lamartine du Villard, tante du poète).

LE PRIEURÉ *visite : 1/2 h*

Église – Elle s'ouvre par une belle porte romane. A l'intérieur, chœur du 11e s., jolie chaire du prieur, du 16e s., et stalles du 18e s.

Salle capitulaire ⓥ – *Accès par le jardin et le cloître, à droite de l'église. Minuterie près de la porte de gauche.*
Les voûtes de cette salle du 15e s. retombent sur un pilier central. Remarquer les élégantes clés de voûte décorées des symboles des quatre évangélistes, ainsi que des fresques, malheureusement très abîmées.
Différents souvenirs et objets d'art ont été rassemblés dans cette salle.

Cloître – A droite de la façade de l'église, une petite porte de style flamboyant donne accès à l'ancien cloître roman dont il ne reste qu'une galerie à gracieuse colonnade composée alternativement d'une colonne et de deux colonnettes jumelles ; la cour était le cimetière de la communauté ; à droite de la salle capitulaire, le passage est voûté d'ogives, avec une clef de voûte armoriée.

Place du Chapitre – Ombragée de tilleuls et bordée par les anciennes maisons des chanoinesses, elle permet d'admirer la sobriété du chevet de l'église et de son clocher roman coiffé d'une toiture en pyramide, comme le sont souvent les églises bâties au 12e s. en Beaujolais.

Château de SEPTÈME

Cartes Michelin n° 88 pli 20 ou 246 pli 2 – 11 km à l'Est de Vienne.

Près du bourg de Septème (dont le nom évoque la septième borne milliaire de la voie romaine qui reliait Vienne à Bourgoin), ce château des 14e et 15e s. se dresse au milieu d'une enceinte plus ancienne. Il faut découvrir le site en arrivant de Moidieu-Détourbe par la D 38.

VISITE ⓥ *3/4 h*

Enceinte – Longue de près d'un kilomètre, elle montre encore toutes ses meurtrières. L'ancien chemin de ronde subsiste par endroits. A l'extrémité Sud, sur la partie la plus élevée du coteau, le soubassement du château fort primitif forme aujourd'hui un **parc** clos, aménagé à la française et agrémenté de paons en liberté ; cet espace surélevé offre un joli coup d'œil d'ensemble sur l'enceinte et le château.

Château – Il offre un aspect imposant avec ses tours et ses hautes toitures ; l'ensemble des bâtiments, s'ordonnant autour d'une cour à loggia, a été largement remanié à la Renaissance.
L'intérieur abrite des cheminées anciennes.

SERRIÈRES

1 154 habitants

Cartes Michelin n° 88 pli 19 ou 246 pli 17 – Schémas p. 175 et 196.

Vieille cité marinière des bords du Rhône, Serrières intéressera les curieux de la vie rhodanienne d'autrefois par son musée, installé au Sud de la ville, dans la chapelle St-Sornin (12e-14e s.).

Musée des Mariniers du Rhône ⓥ – Sous la charpente de bois de l'église sont exposés d'humbles souvenirs des célèbres « culs-de-piau » *(voir à Condrieu, p. 83)* : porte-voix, palonnier servant à fixer les chaînes des chevaux haleurs, table d'équipage d'une auberge en bordure de l'eau, cannes de compagnon, gilets brodés de cérémonie, bagues en crin de cheval ornées de perles de verre, plusieurs spécimens de **croix des Équipages**.
Les croix, fixées à la proue de l'embarcation, protégeaient l'équipage d'une navigation toujours périlleuse. Elles étaient décorées des emblèmes de la Passion, naïvement sculptés et peints : clous, bourse de Judas, dés des légionnaires, fouet de la flagellation, gouttes de sang du Christ, main de Justice, etc. Au sommet se dressait un coq, symbole de virilité et surtout de l'éveil constant du capitaine.

ENVIRONS

Malleval – *10 km au Nord de Serrières, par la N 86 et la D 503 à gauche, à la sortie de St-Pierre-de-Bœuf.*

La route remonte la gorge profonde de Malleval au nom évocateur. Sitôt passée la jolie cascade du Saut de Laurette qui coule sur la droite, prendre à droite une route étroite en montée qui mène à Malleval.

Ce village, autrefois fortifié, étage ses maisons du 16e s. sur un éperon rocheux couronné par l'église et les vestiges de l'ancien château. Malleval est le point de départ du sentier Flore tracé dans le Parc naturel régional du Pilat *(p. 174)*.

Pour jouir d'une belle vue sur le site de Malleval et les gorges, poursuivre en direction de Pélussin et s'arrêter après un virage à gauche très prononcé.

SURY-LE-COMTAL

4 592 habitants (les Suryquois)

Cartes Michelin n° 88 pli 17 ou 239 Sud du pli 23.

A l'extrémité Sud de la plaine du Forez, Sury-le-Comtal partage son activité entre ses industries : petite mécanique, pièces de cycles, confection, et son rôle de marché agricole.

CURIOSITÉS

Laisser la voiture sur la place de l'Église et se diriger vers l'entrée du château qui se trouve à droite de l'église.

Château ⓥ – La **décoration**★ de ce château du 17e s. est constituée de riches boiseries et plafonds sculptés du 17e s. Admirer dans le salon du cardinal de Sourdis les deux cheminées Louis XIII, l'une en pierre, l'autre en bois sculpté, et un cabinet dont les panneaux illustrent des scènes de *L'Astrée* ; dans le salon d'Été, le plafond et, au 1er étage, dans la chambre de Marie de Médicis, les boiseries et les coquilles du plafond.

Également dans la chambre de Diane restaurée, le panneau de la cheminée, l'arche de l'alcôve et le plafond sont remarquables.

La salle à manger, refaite au 19e s., est ornée d'une série de paysages, peints dans le goût romantique.

Église – C'est un édifice gothique, présentant de belles voûtes d'ogives. Remarquer la clef de voûte du chœur, représentant le Père éternel entouré des quatre évangélistes et la première chapelle du collatéral gauche, d'époque Renaissance.

Massif du TANARGUE★★

Cartes Michelin n° 76 Sud des plis 17, 18 et n° 80 Nord du pli 8 ou 239 plis 47, 48 et 240 plis 3, 4.

A l'extrémité méridionale des hautes terres volcaniques du Velay et du Vivarais, le Tanargue, massif cristallin composé de granit, de gneiss et de micaschistes, doit son allure déchiquetée aux bouleversements qui l'ont affecté aux ères tertiaire et quaternaire. C'est une des régions les plus sauvages de la montagne vivaroise.

Jusqu'à la fin de l'ère secondaire, cette partie de l'ancienne chaîne hercynienne, nivelée par l'érosion, se présentait comme un immense plateau. Au tertiaire, le contrecoup du plissement alpin se traduit par un relèvement vertical des micaschistes que l'érosion découpe en arêtes déchiquetées.

L'ère quaternaire a été marquée par une intense activité volcanique qui a affecté la bordure du massif et dont témoigne la coulée de Jaujac qui, après avoir comblé la vallée du Lignon, a été déblayée en partie par la rivière.

Les orages du Tanargue sont célèbres particulièrement en automne pour leur violence. Des crues soudaines, rendues redoutables par la pente du terrain, transforment les torrents en un flot furieux mais vite apaisé.

DE VALS-LES-BAINS A VALGORGE

80 km – environ 3 h – schéma ci-contre

♆ **Vals-les-Bains** – *Page 252.*

Quitter Vals-les-Bains par ③ du plan, N 102 en direction du Puy-en-Velay. A Pont-de-Labeaume emprunter la D 5 vers Jaujac.

La route se déroule en vue des coulées basaltiques de la vallée du Lignon ; à mi-parcours (panneau), laisser la voiture et s'approcher du rebord de la plate-forme volcanique sur laquelle est tracée la route ; de part et d'autre, la **coulée**★ est remarquable par ses orgues d'une verticalité parfaite, certaines d'une coloration gris-bleu.

Jaujac – Le bourg présente un aspect attrayant avec ses maisons anciennes des 15e et 16e s., notamment dans le quartier du Chastelas, rive gauche, et les vestiges de son château fort. Au Sud-Est de la localité, se dresse la « coupe » de Jaujac, volcan quaternaire d'où proviennent les coulées du Lignon et d'où jaillissent des sources minérales.
Dès la sortie de Jaujac on aperçoit, à droite, le petit **château de Bruget**, du 15e s.
A partir de la Souche, le parcours devient très montagnard ; le sommet du rocher d'Abraham se détache en avant à droite, tandis que le tracé en corniche montre, sur la gauche, de sombres versants boisés de sapins.
A 10 km de la Souche, **vue**★ dans l'axe de la vallée du Lignon. A l'horizon se profile la barre du Coiron.

M. Claye/EXPLORER

Coulée basaltique de Jaujac

★**Col de la Croix de Bauzon** – Du col, altitude 1 308 m, la **vue** s'étend sur l'enfilade des vallées de la Borne et du Masméjean, avec à l'horizon les monts de la Margeride ; à l'Est, la trouée du Lignon est prolongée par la dépression d'Aubenas. Une petite station de ski a été créée au pied des pentes du Tanargue à hauteur du chalet d'accueil sur la D 319.

Poursuivre dans la D 19 en direction de St-Étienne-de-Lugdarès, puis tourner à gauche dans la D 301 (route étroite).

★**Gorges de la Borne** – Après un passage au milieu des landes à genêts, la descente sur Borne offre des vues plongeantes sur les gorges.
A l'Ouest, se profile la montagne du Goulet. Le village de **Borne**★ occupe un site retiré, en corniche au-dessus du torrent encaissé. Dans un amphithéâtre rocheux, un château ruiné, juché sur un piton, domine la Borne.
Une route communale permet de gagner le minuscule hameau de **Mas-de-Truc**, perdu dans la montagne.

Gagner le col de Meyrand par Loubaresse. Jusqu'à ce village la route est étroite et parfois impraticable en raison des chutes de pierres.

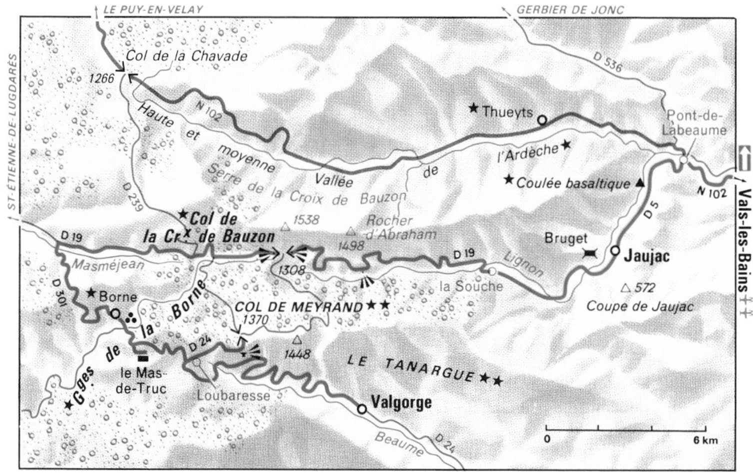

★★Col de Meyrand – Altitude 1 371 m. Il dévoile soudain une splendide corniche : en contrebas du col, un balcon d'orientation est aménagé à gauche d'un rocher isolé. Un immense **panorama** s'étend, de gauche à droite, sur le sommet du Tanargue, la vallée de Valgorge, la dépression de l'Ardèche dominée par la Dent de Rez, la serre de Valgorge en face et, à droite, la dorsale du mont Lozère.

Faire demi-tour.

Après Loubaresse, aux vues d'enfilade sur la trouée de Valgorge succèdent les passages ombragés de châtaigniers.
La route descend en lacet dans la haute vallée de la Beaume tandis que les flancs du Tanargue se dénudent.

Valgorge – Lieu de séjour. Modeste bourgade bien située dans un cadre verdoyant de vignes et de vergers.

TARARE

10 720 habitants

Cartes Michelin n° 88 pli 6 ou 244 plis 1, 2, 12, 13.

Au confluent de la Turdine et du Taret, encaissée dans le chaînon occidental des **Monts du Beaujolais**, cette petite ville active a dû sa fortune à l'industrie de la mousseline : l'essor de celle-ci au 19e s. et la proximité de Lyon expliquent la ressemblance des maisons du centre-ville avec les maisons lyonnaises du siècle dernier : façades percées de hautes fenêtres dont le linteau s'orne d'un lambrequin en fer forgé ou bois travaillé. Après la Seconde Guerre mondiale, l'industrie textile s'est orientée vers la décoration de l'habitation et le linge de maison. Depuis, le canton a su diversifier ses activités, réparties entre la broderie, les revêtements de sol, les salaisons sèches, les pompes à chaleur, la mécanique de précision et la fabrication de bateaux de plaisance.
Tous les 5 ans, la ville commémore son glorieux passé : pendant la **Fête des Mousselines**, elle se pare de plus de 150 000 mètres de voile qui forme des dômes et des guirlandes multicolores.

LA MOUSSELINE

Une famille tenace – Jusqu'au milieu du 18e s., Tarare compte à peine 1 500 âmes. Lorsqu'en 1754, **Georges-Antoine Simonet**, fils d'un marchand de Tarare, décide d'aller étudier en Suisse la fabrication de la mousseline, les habitants n'ont encore jamais filé que de grossiers fils de chanvre en se servant d'un rouet. Les mousselines – tissus en laine originaires de Mossoul, d'où leur nom – étaient tissées de façon très claire et très légère. Les Suisses réussirent à les imiter en utilisant du coton.
A son retour en France, Simonet intéresse l'Intendant général des Finances Trudaine à ses projets et, grâce à son appui, monte à Tarare les premiers métiers à mousseline. Le coton est importé du Levant ; il arrive à Lyon et à Tarare en gros ballots et se vend au détail. Mais pour la beauté et la solidité du tissu, il fallait des fils fins et égaux ; les fils obtenus sont défectueux et Simonet meurt dans la misère en 1778.
En 1786, son neveu, Adrien Simonet, reprend son œuvre. Il rapporte de Suisse des filés de coton et les fait tisser au métier à bras dans les campagnes.
Dans la première moitié du 19e s., les mousselines de Tarare commencent à gagner les grands marchés.

Le triomphe de la mousseline – Pendant le Premier Empire, le blocus continental, en interdisant l'entrée en France de tissus étrangers, fait la fortune de l'industrie de la mousseline.
L'essor de la ville provoque l'éclosion et le développement d'industries parallèles : broderie au début du siècle, fabrique de peluche pour chapeau d'homme et velours en 1836.
En 1863, on introduit le tissage mécanique du coton pour faire face à la concurrence des manufactures d'Alsace et des Vosges.
En juillet 1893, la ville se couvre de guirlandes de mousselines multicolores à l'occasion de l'inauguration d'une statue de G.-A. Simonet : c'est la première **fête de la Mousseline**, qui a lieu maintenant tous les 5 ans *(les années se terminant par le chiffre 0 ou 5 – voir p. 289).*

La mode et ses caprices – La mode évoluant, Tarare dut s'adapter aux nouvelles exigences féminines. Après 1918, la reproduction des filés de rayonne accroît son développement tandis que la fabrication et la vente des voiles commencent à prendre de l'importance.
A l'heure actuelle, Tarare est un grand centre de tissage et de montage du rideau ; les tissus synthétiques fins ont remplacé la mousseline.

★LES MONTS DE TARARE

Circuit de 113 km – compter une demi-journée

Quitter Tarare par la D 8. Dans un virage, à l'entrée du Charpenay, situé au pied d'une butte rocheuse portant la statue de N.-D.-de-la-Roche, tourner à droite, à angle droit.

Et ensuite, à la hauteur de la Croix du col des Cassettes, prendre à gauche la D 56.

Cette **route de crête★** offre de belles échappées sur de profonds vallons ou traverse de sombres bois de sapins.
Au col du Pilon (alt. 750 m), au cœur de la zone de sapins de Douglas, une petite route, à gauche, mène en direction de **St-Apollinaire**, centre de sylviculture beaujolaise.

Au Savin, tourner à gauche dans une route en montée qui conduit à la pépinière départementale.
Le circuit en forêt mène à St-Apollinaire avant de rejoindre la D 13, où l'on tourne à droite. Gagner Amplepuis.

Amplepuis – Dans cette petite ville industrielle a vécu Barthélemy Thimonnier (1793-1857), inventeur de la machine à coudre *(voir p. 28)*. Aménagé dans la chapelle de l'ancien hôpital, le **musée de la Machine à coudre et du Cycle** ⓥ présente à l'aide de modèles français et étrangers (Berthier, Omega, Hurtu, Peugeot, Wheeler et Wilson, etc.) une rétrospective de l'histoire de cette machine pour laquelle le génial tailleur dépose un premier brevet en 1830.
A l'étage est évoqué le passé d'Amplepuis depuis la préhistoire ; on peut voir également une collection de fers à repasser, un atelier de couturière et de blanchisseuse. D'autres salles abritent des cycles anciens dont les fabricants et négociants ont souvent été les mêmes que ceux des machines à coudre.

Suivre au Nord d'Amplepuis la D 10 puis la D 504.

La route suit la verdoyante vallée du Reins.

Lac des Sapins – Enchâssé dans les prairies et les conifères, ce plan d'eau de 40 ha se prête, en saison, à la pratique de la baignade, de la voile et de la pêche. Un sentier pédestre *(1 h)* en fait le tour.

Faire demi-tour et prendre à gauche la D 56, puis la D 98 qui traverse la bourgade rurale de Ronno et débouche sur la D 13 où l'on tourne à gauche. A 1 km, reprendre à gauche la D 98, qui conduit au col de la Croix des Fourches (alt. 776 m), situé en pleine forêt.

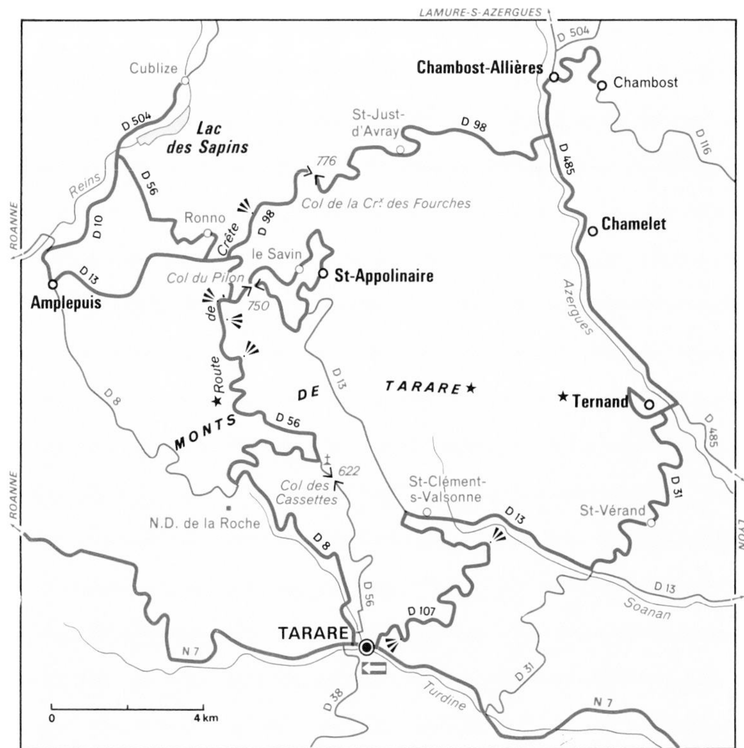

Au cours de la montée se révèle un panorama sur la chaîne du Forez, de Pierre sur Haute aux monts de la Madeleine avec, en arrière-plan, par temps clair, le sommet du Puy de Dôme.

Descendre vers St-Just-d'Avray, curieusement bâti sur une crête.

Chambost-Allières – *Page 69.*

Faire demi-tour. Par la D 485, au Sud, rejoindre Chamelet.

Chamelet – Le bourg est dominé par la haute flèche de son église, aux tuiles vernissées, et par les vestiges de ses fortifications. On y pénètre en passant sous de petites halles restaurées, très rustiques. Dans **l'église** ⏲ l'abside, séparée de la nef par un bel arc ogival, abrite deux belles verrières du 15e s., représentant saint Claude et saint Sébastien, ce dernier en noble de la cour de Charles VIII.

Continuer à suivre la D 485 le long de la riante vallée de l'Azergues.

★**Ternand** – *Page 72.*

La D 31, puis, à droite, la D 13 mènent à St-Clément-sur-Volsonne. La pittoresque D 107 ramène à Tarare.

La route domine la vallée du Soanan et offre un joli coup d'œil sur le site de Tarare.

GUIDES MICHELIN

Les guides Rouges (hôtels et restaurants) :

Benelux - Deutschland - España Portugal - Main cities Europe - France - Great Britain and Ireland - Ireland - Italia - London - Paris et environs - Portugal - Suisse.

Les guides Verts (paysages, monuments, routes touristiques) :

Allemagne - Autriche - Belgique Grand-Duché de Luxembourg - Bruxelles - Canada - Californie - Disneyland Paris - Espagne - Florence et la Toscane - France - Grande-Bretagne - Grèce - Hollande - Irlande - Italie - Londres - Maroc - New York - Nouvelle-Angleterre - Paris - Pays rhénans - Portugal - Le Québec - Rome - Suisse

... et la collection des guides régionaux sur la France.

Le TEIL

7 779 habitants

Cartes Michelin n° 80 pli 10 ou 246 pli 21 ou 22 – Schéma p. 196.

Sur la rive droite du Rhône, dominée par les ruines du château d'Adhémar de Monteil (13e s.), cette cité industrielle doit son développement à l'exploitation des falaises calcaires du talus vivarois.
Au début du 19e s., de petites entreprises locales exploitaient déjà des carrières à ciel ouvert pour la fabrication de chaux et de ciment.
La construction des voies de chemin de fer, qui nécessitait de grosses quantités de ciment, et surtout celle du canal de Suez (1859-1869) devaient donner une extension considérable à l'une de ces modestes entreprises ardéchoises. Celle-ci, depuis cette époque, n'a cessé de se développer pour devenir aujourd'hui une société de rang international.
De part et d'autre du Teil, en particulier à Lafarge, en aval, et Cruas, en amont, le paysage rhodanien est profondément marqué par cette activité.
A proximité des fours à chaux une pellicule blanchâtre recouvre végétation et maisons.

Église de Mélas – *Laisser la voiture sur la place, d'où l'on domine l'église. Accès par la porte de côté à droite.*
De dimensions modestes, cet édifice présente une nef centrale (12e s.), en berceau brisé sur doubleaux, flanquée de collatéraux en demi-berceaux ; celui de gauche est du 11e s.
Une coupole sur trompes, très creuse, couvre le chœur.
Remarquer, à gauche, dans la nef, deux beaux chapiteaux sculptés : le Sacrifice d'Abraham et le Pèsement des âmes (12e s.).

★**Baptistère** – Sur le bas-côté gauche de l'église, s'ouvre le baptistère dont la construction remonte au 10e s. L'édifice occupe l'emplacement d'une nécropole primitive ; sa destination de baptistère a été souvent mise en doute. Le sanctuaire abritait, peut-être, dans ses niches, des reliques de saints.
L'intérieur se singularise par son plan alvéolé, inscrit dans l'octogone de la construction ; d'étroites et hautes niches alternent avec les absides en cul-de-four, un peu plus profondes.
Sa coupole est nervurée de doubleaux archaïques, en forme de bandeaux plats de type lombard, retombant en étoile sur des colonnes engagées.

TENCE

2 788 habitants

Cartes Michelin n° 76 pli 8 ou 244 Sud du pli 23 – Schéma p. 113.

Situé à 840 m d'altitude, le bourg de Tence, traversé par le Lignon et la Sérigoule, renommées pour leurs truites, constitue un bon centre d'excursions.
Dans les ruelles en contrebas de l'église, remarquer les quelques maisons encore coiffées de lauzes, et la forme des anciennes cheminées, solidement ancrées sur la construction pour résister au vent.

Église – Dominé par la haute flèche de son clocher, l'édifice possède une nef du 17e s. Le chœur, gothique (15e s.), restauré, est la partie la plus intéressante ; remarquer les retombées sculptées des croisées d'ogives représentant les symboles des évangélistes.
Les salles du 17e s. proviennent de l'ancienne chartreuse de Bonnefoy *(p. 97)*.

EXCURSIONS

Circuit de 37 km – *Environ 2 h. Quitter Tence vers l'Ouest par la D 103, route d'Yssingeaux. A 8 km, prendre à droite la D 47.*

Barrage de Lavalette – Établi sur le Lignon, il offre un vaste plan d'eau dans son décor boisé.

Suivre au Nord la D 47 puis, à droite, la D 105.

Montfaucon-en-Velay – La **chapelle Notre-Dame** située sur la gauche de l'hospice, sur la route d'Yssingeaux, abrite un ensemble de 12 tableaux exécutés en 1592 par le peintre flamand Grimmer (vers 1575-1619) et représentant des paraboles évangéliques dans le décor des travaux des mois.
La première peinture *(à droite en entrant, à côté du dispositif d'éclairage)* a pour thème l'arrivée de Marie et Joseph à Bethléem, en décembre, dans l'indifférence des habitants d'un petit village flamand du 16e s. ; la deuxième, remarquable paysage de neige (janvier), montre à gauche l'Adoration des Bergers, à droite la Fuite en Égypte. Le dernier tableau (novembre), aux tonalités tristes, est centré sur l'appel des apôtres qui pêchent ; remarquer les détails d'arrière-plan, évoquant l'art de la miniature. Au fond du sanctuaire, Vierge couronnée et habillée, du 16e s.

Poursuivre par la D 105 et prendre à droite la D 233.

Montregard – Ce village est un belvédère face au Meygal et au Mézenc. De la butte la plus à l'Ouest, surmontée d'une statue de saint François-Régis *(p. 108)*, on découvre un **panorama**★ sur la partie Nord du massif du Mézenc, le pic du Lizieux, les sucs dominant la dépression d'Yssingeaux et les monts du Velay.

Retour à Tence par la D 233 et à droite la D 18.

De Tence à Dunières par le chemin de fer touristique du Velay ⏲ – *Compter une journée. De Tence, on peut se rendre à Dunières au Nord (voir aussi la rubrique Renseignements pratiques, Excursions en chemin de fer). La reprise de l'exploitation vers St-Agrève est en projet.*
Ce tronçon du réseau du Haut Vivarais, en fonction de 1902 à 1968, constituait le trait d'union entre le Velay et le Vivarais. Actuellement, les trains de tourisme tractés par des locos Diesel ainsi qu'un autorail Billard relient Dunières à Tence. La ligne à voie métrique serpente sur 38 km à travers les vallons et les pentes boisés du Velay. De Tence à Chambon-sur-Lignon, la voie longe la route nationale et surplombe les gorges profondes du Lignon. Elle grimpe ensuite jusqu'à St-Agrève en franchissant le torrent de l'Eyrieux.
De Tence, on peut également atteindre Dunières par Montfaucon-en-Velay.

Si vous voulez découvrir la collection complète des Cartes et Guides Michelin, la Boutique Michelin, 32, avenue de l'Opéra, 75002 Paris (métro Opéra), ☎ 42 68 05 20, est ouverte le lundi de 12 h à 19 h et du mardi au samedi de 10 h à 19 h.

THINES★★

Cartes Michelin n° 80 pli 7 ou 240 pli 7 – Schéma p. 255.

Au terme d'une charmante route remontant le ravin de la Thines, cet humble village vivarois occupe un **site★★** perché au-dessus du torrent. Dans un âpre décor de terres schisteuses, il conserve ses vieilles maisons accrochées au rocher, ses ruelles étroites, enchevêtrées, et une belle église romane.

Meyssonnier/CAMPAGNE CAMPAGNE

Thines

Église – Le portail latéral construit en blocs de grès de différentes couleurs compte quatre belles statues-colonnes. Sur le linteau, une frise à petits personnages sculptés représente, de gauche à droite, l'entrée à Jérusalem, la Cène et le baiser de Judas. La décoration des parties hautes de l'édifice, particulièrement celle du **chevet★**, frappe d'admiration en ce site perdu. Au-dessous de la corniche, ornée de motifs d'une grande fantaisie, se déroule une petite arcature retombant sur des consoles sculptées ; au niveau du chevet, cette arcature s'appuie sur quatre colonnes engagées, prolongées jusqu'au sol par des pilastres. L'alternance des claveaux en grès rouge et en granit gris, les chapiteaux en calcaire blanc, créent une harmonie colorée.

A l'intérieur, l'appareil de l'abside montre la même recherche de polychromie qu'à l'extérieur. Remarquer le chapiteau de grande dimension, à l'entrée du chœur.

THUEYTS★

945 habitants (les Athogiens)

Cartes Michelin n° 76 Sud du pli 18 ou 244 Sud du pli 34 – Schémas p. 60 et 233.

Au pied du versant méridional de la Gravenne (volcan) de Montpezat, le bourg est campé sur une épaisse coulée qui a comblé la vallée de l'Ardèche au début de l'ère quaternaire. Peu à peu la rivière s'est creusé un nouveau lit, dégageant une chaussée basaltique qui domine aujourd'hui le fond des gorges.
Entouré de vergers, Thueyts, qui conserve quelques maisons anciennes, partage son activité entre le commerce des fruits, quelques ateliers et l'exploitation de carrières de pouzzolane, pierre appréciée en construction.

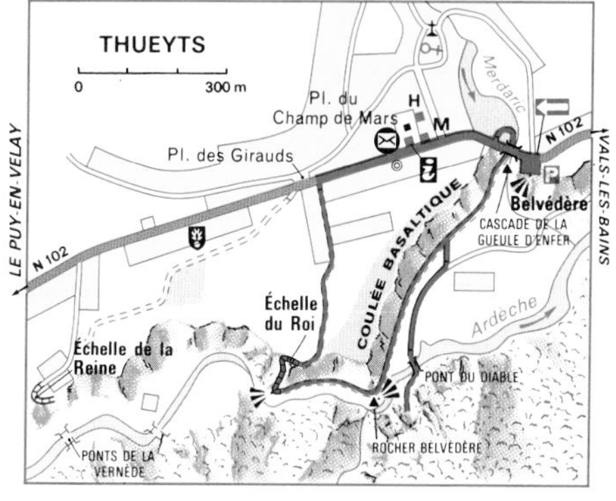

Belvédère – *Aménagé en bordure de la N 102, en direction de Vals (parking).* **Vue** sur la coulée basaltique et le pont du Diable.

★**Promenade au pied de la coulée basaltique** – *1 h 1/2 à pied AR. Partant du parking du belvédère, traverser le pont qui franchit le torrent du Merdaric et emprunter, à droite, un chemin qui passe sous le pont, entre le flanc de la coulée basaltique et la cascade de la Gueule d'Enfer. Suivre les flèches rouges. Continuer à descendre en direction du Pont du Diable (chemin de gauche à l'intersection) dont l'arche enjambe l'Ardèche qui forme une jolie vasque. Franchir le pont et remonter sur une centaine de mètres la rive opposée.*
L'Ardèche traverse ici, en bouillonnant, un étranglement ; le **site**★ de cette gorge, face à la sombre chaussée de basalte, est curieux.

Par le pont du Diable regagner la rive gauche ; au croisement des sentiers, prendre à gauche, en direction de l'Échelle du roi, le chemin longeant le pied de la paroi volcanique et conduisant à un rocher-belvédère.

On atteint ensuite, à droite, l'**Échelle du Roi**, étroit passage pratiqué dans une fissure de la coulée et dont les marches sont faites de prismes noirs ajustés grossièrement. Au cours de la montée, rude et glissante, une plate-forme ouvre une agréable perspective sur les ponts de la Vernède. Le retour se fait parmi les jardins entourant le bourg.

Échelle de la Reine – *1/2 h à pied AR.* Escalier plus facile ; vue sur la vallée.

TOURNON-SUR-RHÔNE★

9 546 habitant

Cartes Michelin n° 77 plis 1, 2 ou 246 pli 19 – Schéma p. 175.

Au pied de superbes coteaux granitiques, Tournon et Tain-l'Hermitage se font face de part et d'autre du Rhône ; au cœur du célèbre vignoble St-Joseph, les deux villes sont animées par un commerce actif. Des quais ombragés, les terrasses d'un vieux château et des ruines perchées composent un paysage rhodanien caractéristique.

Tain-l'Hermitage et son vignoble – Étirée sur la rive gauche du fleuve, Tain est bien connue des gastronomes. Son vignoble est l'un des plus fameux des Côtes du Rhône. L'Hermitage rouge est un vin corsé, délicat, de couleur rubis foncé, l'Hermitage blanc, doré et sec. Les cépages cultivés sont la Syrah pour le vin rouge, la Roussanne et la Marsanne pour le blanc. La production est d'environ 3 500 hl par an.

CURIOSITÉS

Collégiale St-Julien (**A B**) – Un clocher carré flanque la façade flamboyante de l'ancienne collégiale du 14e s. A l'intérieur, de belles arcades divisent en trois nefs le vaisseau couvert d'un plafond de bois à caissons. Sur le collatéral gauche s'ouvre la chapelle des Pénitents, décorée de peintures murales de la fin du 15e s.
Dans la chapelle des fonts baptismaux, remarquer une Résurrection, exécutée en 1576 par un élève de Raphaël, Jean Capassin, venu travailler ici à la demande du cardinal François de Tournon. Contre le mur du collatéral de droite, un beau triptyque sur bois (16e s.) d'influence italienne représente l'Annonciation, la Visitation et la Nativité.
Belles orgues du 17e s. (restaurées).

TAIN

Jaurès (Av. J.) .... BC
Taurobole (Pl. du) ..... BC

Batie (Quai de la) .... C 3
Defer (Pl. H.) .... C 8
Église (Pl. de l') .... C 12
Gaulle (Q. Gén. de) .... C 14
Grande-Rue .... B 16
Michel (R. F.) .... C 21
Peala (R. J.) .... B 24
Prés.-Roosevelt (Av.). C 29
Rostaing (Q. A.) .... C 30
Seguin (Q. M.) .... B 32
Souvenir-Français (Pl.) C 33
8-Mai-1945 (Pl. du) .. BC 39

TOURNON

Grande-Rue .... AB

Boissy d'Anglas (R.)... A 3
Dumaine (R. A.) .... AB 9
Faure (Pl. A.) .... A 12
Faure (R. G.) .... AB 13
Guéméné (R.) .... A 18
Juventon (Av. M.).... AB 19
Port (R.du) .... A 27
Thiers (R.) .... AB 35

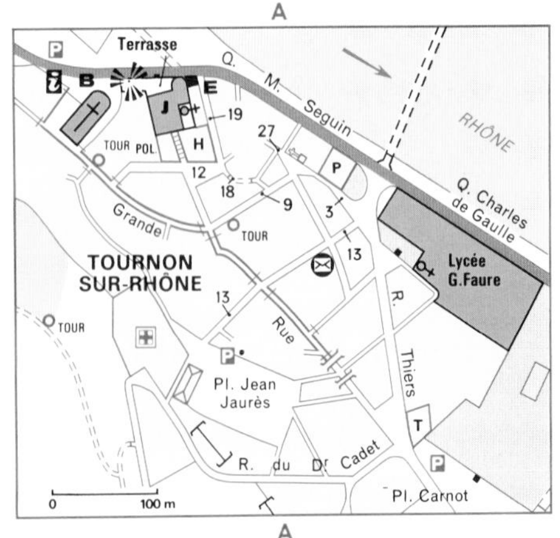

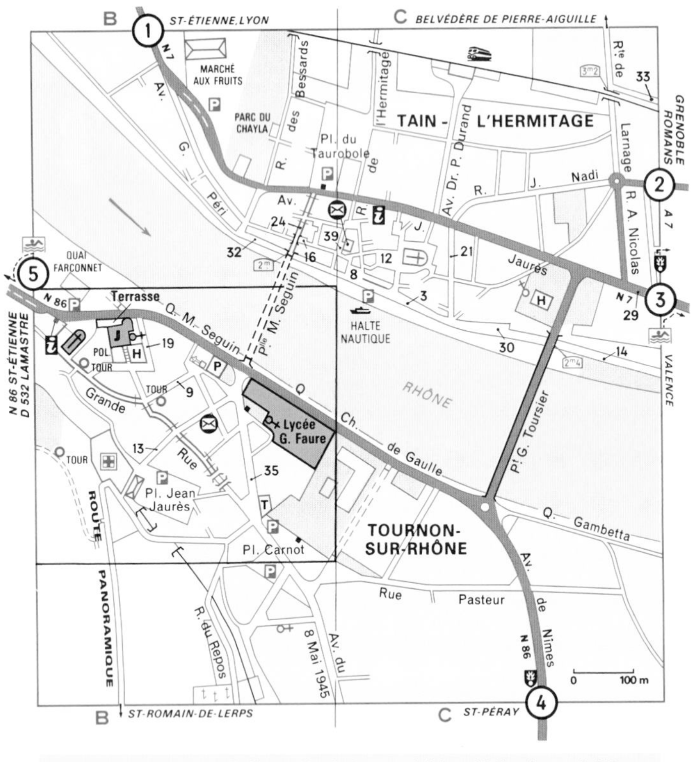

B Collégiale St-Julien **E** Maison d'angle évoquant Stéphane Mallarmé **J** Château

Château (A J) ⓥ – On accède à la cour intérieure par une ancienne porte conservant ses vantaux de bois. L'ensemble des bâtiments, d'aspect un peu lourd, date des 15e et 16e s. Le château vit mourir, en 1536, le fils aîné de François Ier, le dauphin François, alors âgé de 19 ans. Ronsard, qui n'avait que 12 ans et venait d'arriver à Tournon pour servir comme page dans la suite du prince, a fait, plus tard, le récit de cette fin tragique :

> « Mon malheur a voulu qu'au lit mort je le visse,
> Non comme un homme mort, mais comme un endormi,
> Ou comme un beau bouton qui se penche à demi,
> Le Rhône le pleura... »

Musée rhodanien – Il évoque la batellerie et les mariniers du Rhône, le sculpteur Gimond, l'éditeur Charles Forot, l'ingénieur ardéchois Marc Seguin qui construisit en 1825, à Tournon, le premier pont métallique suspendu sur le fleuve, démoli en 1965.

★**Terrasses** – La terrasse haute, aménagée en jardin suspendu d'où l'on domine le Rhône, forme un cadre charmant, qu'agrémente une chapelle Renaissance.

A l'opposé, la grande terrasse, établie au pied des tours en belvédère au-dessus du quai, offre un **coup d'œil**★ splendide sur la ville, le Rhône, le coteau de l'Hermitage.

En sortant du château, emprunter devant l'hôtel de ville, à l'angle de la place Auguste-Faure, l'étroite rue Guéméné qui évoque l'aspect du vieux Tournon. La rue du Port et la rue Boissy-d'Anglas mènent au lycée.

Lycée Gabriel-Faure (**A**) – Devant le lycée s'élève la statue de son fondateur, le cardinal de Tournon. Successivement abbé de St-Antoine *(p. 211)*, puis de la Chaise-Dieu, cardinal, archevêque de Lyon, aussi habile politicien qu'humaniste raffiné, **François de Tournon** sut gagner la confiance de François Ier qui en fit l'un de ses grands ministres : c'est lui qui négocia la mise en liberté du roi après la bataille de Pavie.

Grâce à son collège, créé en 1536, Tournon devint l'un des plus brillants foyers de culture de la Renaissance. Honoré d'Urfé, l'auteur de *L'Astrée*, y fut élève en 1583.

La façade Ouest du lycée est ornée d'un portail d'honneur, Renaissance ; avec la façade élégante de la chapelle (18e s.), disposée en retour d'équerre, elle forme un bel ensemble architectural.

A l'intérieur, on peut voir la salle des Actes : tableaux de Capassin, bustes par Coustou et Gimond (né à Tournon, 1894-1961) ; la galerie des tapisseries (Flandres et Aubusson, 17e s.) ouvre sur une cour plantée de gigantesques platanes.

La chapelle, de style jésuite, offre un intéressant exemple du style décoratif au 17e s.

En sortant du lycée, se diriger vers le Rhône et emprunter le quai à gauche.

Sur la maison d'angle (**A E**), au pied du château, à proximité du monument aux Morts, une plaque évoque **Stéphane Mallarmé**, professeur d'anglais au lycée de 1863 à 1866.

ENVIRONS

★ Belvédère de Pierre-Aiguille – *5 km*

Quitter Tain au Nord en direction de Larnage, puis suivre l'accès signalisé.

Dominant les coteaux, où s'étage le célèbre vignoble de Tain-l'Hermitage, le belvédère (alt. 344 m) offre un superbe panorama sur le Rhône et les deux cités en vis-à-vis, sur les contreforts du Vercors sur fond d'Alpes à l'Est, sur la vallée du Doux, le Mézenc et le Gerbier de Jonc à l'Ouest. Au retour, la descente procure également de bonnes vues sur les coteaux.

Chantemerle-les-Blés – *11 km*

Quitter Tain-l'Hermitage par ② et prendre à gauche la D 109 qui passe sous l'autoroute. Laisser la voiture sur la place située en arrière de la poste. Le chemin d'accès s'amorce à droite du monument aux Morts, au pied d'une chapelle.

Ce petit bourg de la Drôme conserve une modeste **église** romane d'aspect austère mais égayée par certains détails décoratifs comme l'arc de la baie centrale de la façade.

On s'attachera surtout au site et à la vue sur les coteaux environnants *(1/4 h à pied AR)*.

Meyssonnier/CAMPAGNE CAMPAGNE

Tain-l'Hermitage – Vue du vignoble

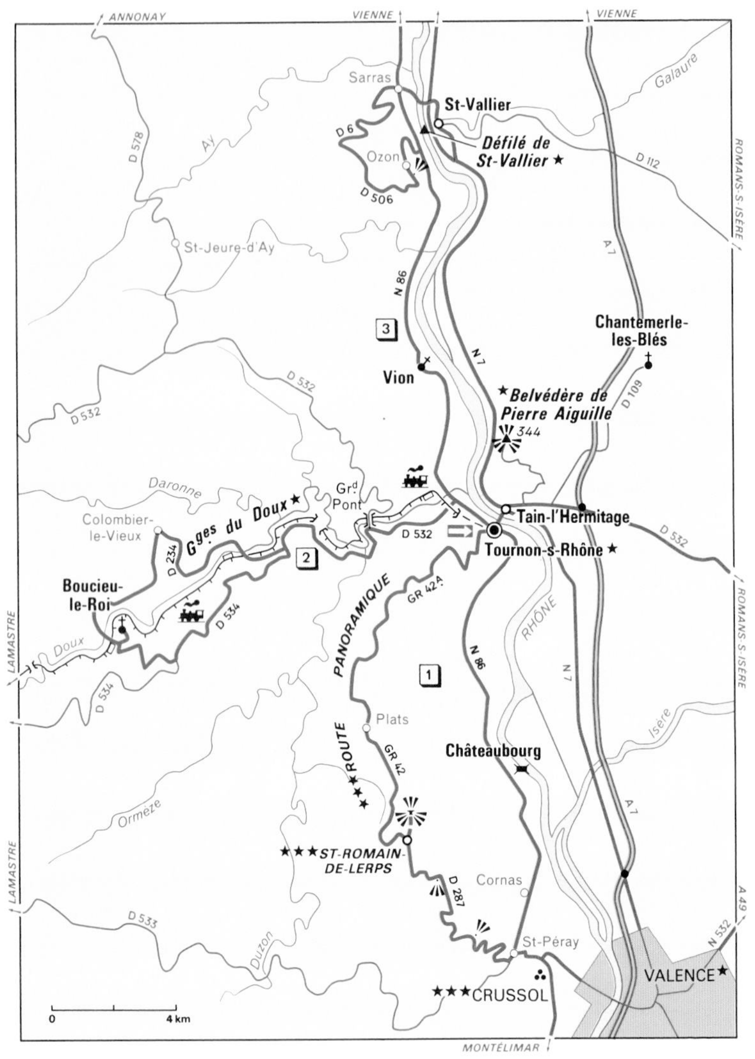

EXCURSIONS

★★ 1 Route panoramique – *Circuit de 41 km – environ 1 h*

Quitter Tournon-sur-Rhône par la rue du Dr-Cadet et la rue Greffieux en direction de St-Romain-de-Lerps, puis jusqu'à St-Péray suivre l'itinéraire décrit p. 195.

Tracée en corniche, elle offre de fort belles vues sur le Rhône.

A St-Péray, prendre à gauche la N 86, route de retour par Cornas.

Châteaubourg – Le château à la silhouette médiévale se dresse en bordure du Rhône.

★ 2 Gorges du Doux – Pénétration du « rivage » rhodanien vers le Haut Vivarais.

Par les routes de corniche – *Circuit de 50 km – environ 2 h*

Quitter Tournon-sur-Rhône par ⑤ *du plan*, route de Lamastre.

La route longe les vergers du bassin du Doux qui s'encaisse peu à peu. Laissant à droite la route d'Annonay qui franchit le Doux sur le « Grand Pont » (14e-18e s.) dont l'arche unique, en léger dos d'âne, mesure 50 m d'ouverture, poursuivre à gauche en direction de Lamastre.
La route en **corniche★** surplombe les gorges du Doux tapissées de chênes et chênes verts, genêts d'Espagne, fougères, buis sauvages et pins rabougris.

Emprunter la D 209, à droite, vers Boucieu-le-Roi.

Boucieu-le-Roi – Siège de l'ancien bailliage royal du Haut Vivarais ; l'église (13e-16e s.) offre une jolie silhouette.

Retour à Tournon-sur-Rhône par Colombier-le-Vieux et la D 234, tracée sur le versant opposé des gorges.

C'est la partie la plus sauvage : seuls le torrent, la voie ferrée et la route y trouvent place.

Par le fond des gorges, en empruntant le chemin de fer du Vivarais ⓥ – *Compter une journée d'excursion.*
Le train, authentique matériel de la fin du siècle dernier (locomotive à vapeur, voitures en bois, plates-formes), serpente dans la vallée du Doux empruntant une ligne à voie métrique et longeant arbres fruitiers et vignes, puis escaladant la montagne où voisinent bruyères, sapins et châtaigniers.
Après Colombier-le-Vieux et la sortie des gorges, il dessert Boucieu-le-Roi et Lamastre *(p. 109)*.

★3 Défilé de St-Vallier – *47 km – environ 1 h 1/2*

Quitter Tournon-sur-Rhône par ⑤ du plan, N 86.

Vion – **Église** en partie romane ; chapiteaux sculptés du transept, représentant des scènes de la Vie du Christ et de la Vierge *(illustration p. 38)*.

A Sarras, emprunter la direction de St-Jeure-d'Ay, puis tourner à gauche dans la D 506.

A la descente sur Ozon : **vue★★** sur le défilé de St-Vallier.

Par Sarras et le pont sur le Rhône, gagner St-Vallier.

St-Vallier – *Page 193.*

La N 7 traverse jusqu'à Tain-l'Hermitage un beau paysage rhodanien.

TRÉVOUX

6 092 habitants (les Trévoltiens)
Cartes Michelin n° 88 pli 7 ou 246 pli E – Schéma p. 95.

Allongée en terrasses sur la « côtière » de Saône, la ville étage, face au midi, ses façades colorées et ses jardins fleuris.
Au carrefour de trois voies romaines, ancienne capitale de la Principauté de Dombes, siège d'un Parlement souverain, Trévoux a été indépendante jusqu'en 1762. Le duc du Maine ayant imposé à ses magistrats l'obligation de résidence, la ville fut dotée au 18e s. d'un certain nombre d'hôtels parlementaires, bordant les ruelles des vieux quartiers.
La ville fut, aux 17e et 18e s., un des centres intellectuels les plus brillants de France. Son imprimerie, fondée en 1603, était célèbre.
En 1704, les jésuites firent paraître la première édition du fameux *Dictionnaire de Trévoux* ; sous leur direction, le *Journal de Trévoux* mena campagne, pendant 30 ans, contre Voltaire et les philosophes de l'*Encyclopédie*.

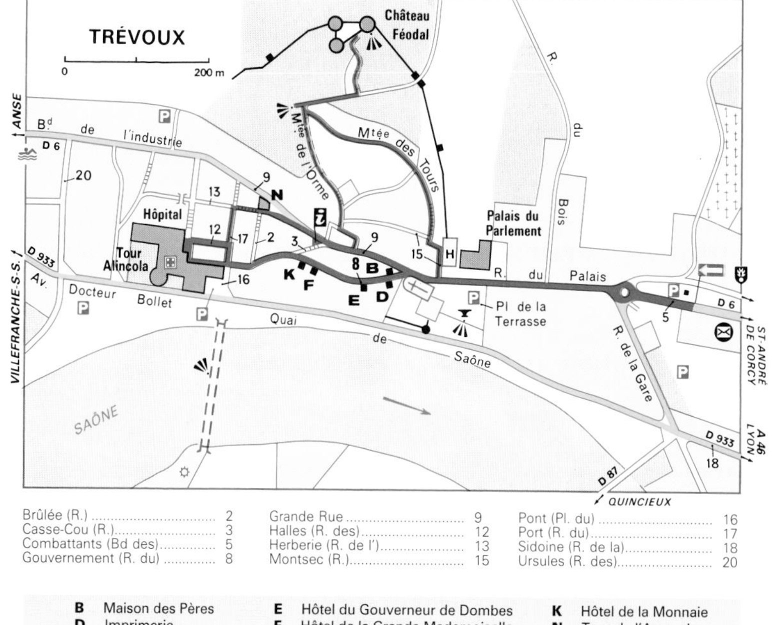

Brûlée (R.)	2	Grande Rue	9	Pont (Pl. du)	16
Casse-Cou (R.)	3	Halles (R. des)	12	Port (R. du)	17
Combattants (Bd des)	5	Herberie (R. de l')	13	Sidoine (R. de la)	18
Gouvernement (R. du)	8	Montsec (R.)	15	Ursules (R. des)	20

B Maison des Pères
D Imprimerie
E Hôtel du Gouverneur de Dombes
F Hôtel de la Grande Mademoiselle
K Hôtel de la Monnaie
N Tour de l'Arsenal

LA VIEILLE VILLE *visite : 1 h 1/2*

Laisser la voiture boulevard des Combattants. Gagner la place de la Terrasse, d'où l'on domine la boucle de la Saône (table d'orientation). De l'autre côté de la rue du Palais, s'élève le palais du Parlement.

Palais du Parlement ⏲ – Il fut construit à la fin du 17e s. Le Parlement de Dombes y siégea de 1697 à 1771.
Dans le vestibule, s'ouvre la salle d'Audience dont le beau plafond à la française est décoré de motifs peints ; remarquer, à l'extrémité droite de la 2e poutre en partant du fond, les orgueilleuses initiales SPQD : Senatus Populus Que Dumbensis. Au fond de la salle, portrait du duc du Maine par Rigaud.

Rue du Gouvernement (**8**) – De part et d'autre de cette rue, située en contrebas de l'église, furent rédigés et imprimés le *Dictionnaire* et le *Journal de Trévoux*. Les jésuites qui habitaient, à droite, la vaste et haute « Maison des Pères » (**B**) - dont l'entrée principale se trouvait aux nos 3 et 9 de la Grande-Rue - n'avaient que la rue à traverser pour porter leurs copies à l'imprimerie (**D**) située en face.
Plus bas, une suite de demeures anciennes : hôtels du Gouverneur de Dombes (**E**), de la Grande Mademoiselle (**F**) et hôtel de la Monnaie (**K**), cachant derrière d'austères façades leurs terrasses dominant la Saône. Le carrefour avec la rue Casse-Cou, bien nommée en raison de sa déclivité, offre un amusant coup d'œil.

Par la rue des Halles, gagner l'hôpital.

Hôpital ⏲ – Fondé en 1686 par la Grande Mademoiselle, il conserve sa pharmacie avec ses boiseries et une belle collection de pots de Nevers et de Gien. Sur le quai, on peut voir la tour Alincola (13e-17e s.), coiffée d'un dôme à lanternon.

Regagner la rue du Port que l'on remonte.

La rue de l'Herberie, à droite, était jadis réservée aux juifs. Le carrefour de la rue de l'Herberie et de la Grande-Rue forme une placette triangulaire dominée par la tour carrée de l'Arsenal (1405) (**N**), transformée plus tard en beffroi.

Par la montée de l'Orme gagner le château féodal.

Château féodal – Vestiges de l'ancien château (14e s.) ; du sommet de la tour octogonale, vue sur la Saône.

La montée des Tours, puis la rue du Palais ramènent boulevard des Combattants.

Plaine du TRICASTIN★

Cartes Michelin n° 81 pli 1 ou 246 plis 22, 23 – Schéma p. 196.

Le nom « Tricastin » d'origine celtique dériverait du mot « castine », élément calcaire mêlé au minerai de fer pour en faciliter la fusion. Il désigne les trois massifs montagneux en arc de cercle et la plaine de **Pierrelatte** qu'ils encadrent dans le Bas-Rhône. Ils recèlent dans leurs flancs des gisements de minerai de fer et de lignite, exploités par les Celtes dès le 4e s. avant J.-C. *(voir description des « Promontoires du Tricastin » p. 195)*. La capitale du Tricastin romain était St-Paul-Trois-Châteaux *(p. 227)*.
Région de transition entre le Nord et le Midi, la plaine du Tricastin, dite aussi « plaine de Pierrelatte », annonce la Provence de par ses caractéristiques climatiques et végétales. Ses implantations industrielles réunies dans le complexe du Tricastin sont essentiellement axées sur le nucléaire.
L'activité agricole, cependant, n'y est pas absente et se développe tout autour du site sous forme d'une zone horticole.

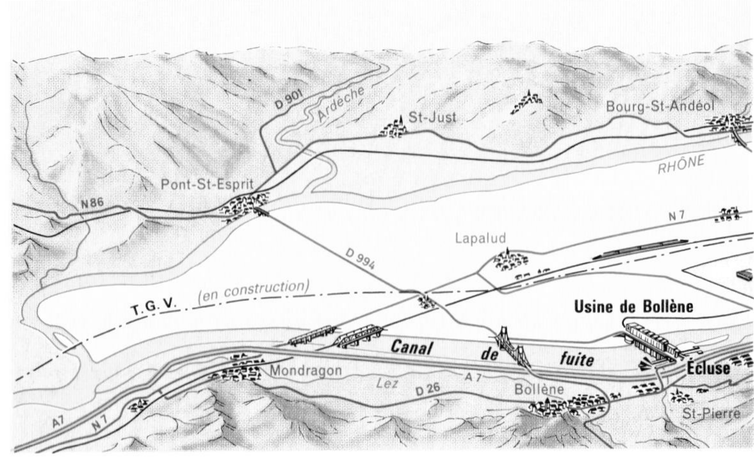

Le robinet de Donzère – Les plaines de Montélimar et du Tricastin sont séparées par une barrière calcaire dans laquelle le Rhône a taillé un étroit couloir appelé défilé ou « robinet de Donzère », long de 3 km et large de 300 m dans sa partie la plus étroite *(voir p. 196)*. Le défilé protège la plaine des influences continentales.

Points de vue – De la Garde-Adhémar, de St-Restitut, mais surtout de Barry *(p. 197)*, on découvre une bonne vue sur l'ensemble de ces aménagements.

LES OUVRAGES DE DONZÈRE-MONDRAGON

Autrefois, le Rhône, au sortir du défilé de Donzère, s'étendait dans la plaine de Pierrelatte en formant de nombreux bras ; à partir du 17e s., divers aménagements destinés à améliorer la navigation ont modifié ses rives ; mais ce sont surtout les gigantesques travaux réalisés par la Compagnie nationale du Rhône *(voir p. 191)* entre 1948 et 1952 qui ont défini la physionomie actuelle de la plaine, la transformant en une vaste île : deux ponts de chemin de fer et huit ponts routiers franchissant la dérivation et totalisant une longueur de plus de 1 700 m, 50 millions de m^3 de terrassement et 800 000 m^3 de béton en témoignent.
L'agriculture tire profit de ces travaux par l'assainissement des terres et l'extension des irrigations auxquelles 25 m^3/s d'eau prélevés dans le canal sont consacrés.

Le canal – Long de 28 km, large de 145 m et profond de plus de 10 m, il raccorde les communes de Donzère et de Mondragon, distantes de 31 km par le fleuve.
La prise d'eau comprend un barrage de retenue sur le Rhône situé à 1 500 m en aval de l'ancien pont de Donzère et trois barrages de garde sur les entrées usinières et navigables du canal de dérivation.
Ce canal, dont le débit peut atteindre en hautes eaux jusqu'à 2 000 m^3/s, comprend un canal d'amenée des eaux à l'usine, long de 17 km, et un canal de fuite long de 11 km. En amont de Bollène se trouve l'ensemble usine-déchargeur-écluse qui forme en même temps un barrage long de 340 m.

L'usine hydro-électrique – Utilisant la chute maximale de 23 m ainsi créée en amont de Bollène, elle peut produire annuellement plus de 2 milliards de kWh. Pour la France entière, la productibilité annuelle moyenne d'électricité d'origine hydraulique était évaluée fin 1987 à 65,9 milliards de kWh. Ces ouvrages en régularisant le cours et le débit du fleuve améliorent la navigation sur 40 km.
L'écluse, dont on ne peut voir le fonctionnement, est large de 12 m et longue de 195 m ; elle rachète, pour la navigation, la dénivellation créée pour l'usine.

LE COMPLEXE NUCLÉAIRE DU TRICASTIN

Sur ce vaste site, entre le canal d'amenée et la N 7, plusieurs sociétés développent des activités étroitement liées à la production d'énergie d'origine nucléaire. L'ensemble des installations, dont les deux tours réfrigérantes, a totalement modifié l'aspect de la plaine de Pierrelatte.

Commissariat à l'Énergie Atomique (CEA) – Il est présent sur le site de Pierrelatte et de Marcoule *(voir le guide Vert Michelin Provence)* par le Centre d'Études. Nucléaires de la Vallée du Rhône qui effectue des recherches dans le domaine des combustibles nucléaires, et par certaines de ses filiales industrielles.

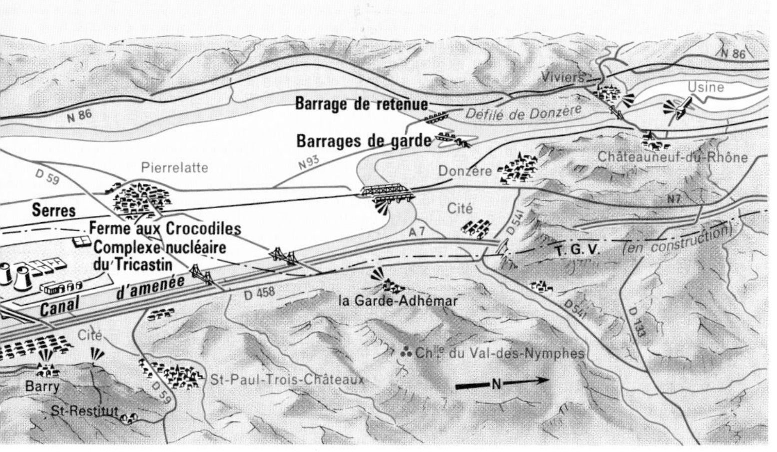

Compagnie Générale des Matières Nucléaires (**COGEMA**) – Dans son établissement de Pierrelatte couvrant plus de 700 ha, la COGEMA exploite un ensemble de quatre usines traitant l'uranium pour accroître sa puissance énergétique et pouvant l'enrichir jusqu'à un taux supérieur à 90 %.

Centre nucléaire de production d'électricité du Tricastin ⓥ – Cette centrale mise en place et exploitée par EDF compte quatre réacteurs à eau sous pression d'une puissance unitaire de 915 MWE, qui produisent annuellement 24 milliards de kWh. Elle assure principalement l'alimentation électrique de l'usine d'EURODIF. La visite comporte deux phases : la première, sous forme d'exposé et de projection de film, la deuxième consiste en la visite des installations.

Usine Georges-Besse-EURODIF – Cette usine européenne produit par le procédé de diffusion gazeuse l'uranium enrichi utilisé comme combustible dans les réacteurs nucléaires de la filière REP (Réacteur à Eau Pressurisée) qui sont, actuellement, les plus répandus dans le monde. L'énergie qu'elle reçoit de la centrale nucléaire du Tricastin, voisine, permet d'assurer l'approvisionnement annuel en uranium enrichi d'une centaine de centrales de 1 000 MWe. Elle représente actuellement le tiers de la capacité mondiale d'enrichissement de l'uranium.

Société Franco-Belge de Fabrication des Combustibles (**FBCF**) – Elle produit, à l'usage de la filière REP *(voir ci-dessus)*, des assemblages combustibles à base d'uranium faiblement enrichi.

Société COMURHEX – Par l'utilisation de procédés chimiques basés sur le fluor, ce groupe convertit annuellement 14 000 t d'uranium en métal et hexafluorure d'uranium. COMURHEX développe également des techniques de pointe, concernant notamment la médecine et la métallurgie spéciale.

Complexe des serres chauffées du Tricastin ⓥ – Utilisant les rejets thermiques de la société EURODIF, ces serres aménagées de façon ultramoderne sur une cinquantaine d'hectares assurent une production continue de cultures maraîchères (fruits et légumes), de fleurs coupées et de plantes en pots. L'eau chaude d'EURODIF sert également à approvisionner des élevages d'anguilles, ainsi que le complexe résidentiel de la ville de Pierrelatte (chauffage urbain).

Quitter Pierrelatte au Sud par la N 7 à emprunter jusqu'à l'échangeur avec la D 59, puis suivre les panneaux.

La Ferme aux Crocodiles ⓥ – Les eaux tièdes du complexe nucléaire du Tricastin alimentent une grande serre qui abrite un jardin tropical et plus de 300 crocodiles du Nil. Des expositions complètent cette présentation des crocodiliens.

Le tourisme technique en vallée du Rhône

Les visites, souvent gratuites, ont lieu en semaine afin de découvrir les sites en activité ; il est nécessaire de prendre rendez-vous à l'avance.
Outre les installations du complexe du **Tricastin**, les centrales hydro-électriques de la Compagnie Nationale du Rhône sont ouvertes aux visites publiques, à l'exception de celle de Bollène ; les rendez-vous sont à prendre auprès de la **C.N.R.**, 2, rue André-Bonin, 69316 Lyon Cedex 04.
En remontant le cours du fleuve, plusieurs C.N.P.E. (centre nucléaire de production d'électricité) sont accessibles à la visite : sur la rive droite, celui de **Cruas-Meysse**, reconnaissable à la fresque du Verseau peinte sur une des tours, et plus au Nord, celui de **St-Alban-St-Maurice**.
En amont de Lyon deux impressionnants centres sont à la pointe de la technique nucléaire : **Bugey** et **Creys-Malville**. Les modalités de visite sont fournies au chapitre des Conditions de visite.

Dans d'autres domaines, il est possible de visiter :

Le **Centre Régional d'Information et de Coordination Routière (CRICR)** : 292, route de Genas, 69677 Bron cedex. ☎ 04 78 54 33 33 ;

Le Progrès : 93, avenue du Progrès, à Chassieu. ☎ 04 72 22 23 23 ; visite pendant la fabrication du journal de 22 h 30 à 0 h 30 ;

France Nougat (SA) : ZI Sud, avenue de Gournier à Montélimar ; ☎ 04 75 00 27 60 (de préférence le matin) ;

France-Lames : Musée de l'Arme Blanche et Conservatoire de l'Épée ; démonstration de forge (étirage d'un fleuret). ZI La Borie, 42120 Monistrol-sur-Loire. ☎ 04 71 66 05 07 ;

Source Badoit : Usine d'embouteillage ; voir dans le chapitre des Conditions de visite à la rubrique St-Galmier ;

Le Palais du Chocolat : Histoire du chocolat et travail de l'artisan chocolatier ; dégustation. Château Louis XI, 38260, La Côte-St-André. ☎ 04 74 20 35 89.

VALENCE★

Agglomération 107 965 habitants (les Valentinois)
Cartes Michelin n° 77 pli 12 ou 246 plis 5, 19 – Schémas p. 194, 196 et 242.

Valence tire son nom du latin « colonia valentia » que lui donnèrent les Romains au début du 2e s. avant J.-C. La ville doit son développement à sa situation sur le Rhône, au débouché des vallées affluentes du Doux, de l'Eyrieux, de l'Isère et de la Drôme qui délimitent un vaste bassin intérieur, où pointe la nature méridionale.
Dominée par la cathédrale St-Apollinaire, la cité est bâtie sur un ensemble de terrasses descendant vers le fleuve. Le vieux Valence, entouré de boulevards percés au 19e s. à l'emplacement des anciens remparts, conserve un lacis de ruelles commerçantes et de « côtes » pittoresques, animées en saison par les « Fêtes de l'Été » *(voir p. 290)*.

Un pôle d'attraction ⓥ – La ville, très bien desservie par un large réseau de communications (autoroute A 7, RN 7, Rhône, Train à Grande Vitesse, aéroport), forme un relais entre l'Europe septentrionale ou centrale et la Méditerranée, entre le Massif central et les Alpes. C'est le véritable centre de la moyenne vallée du Rhône et un pôle d'attraction pour les départements de la Drôme et de l'Ardèche.
Industries alimentaires, textiles, fabriques de meubles ont été à l'origine de l'essor économique de la ville au 19e s. De nos jours, Valence, gros marché de fruits et de légumes, possède une activité richement diversifiée : électronique, mécanique de précision, bijouterie, produits chimiques, cartonnages, bonneterie, confection, etc.
La population de l'agglomération valentinoise, englobant les cités suburbaines environnantes, étalées dans la plaine de part et d'autre du Rhône – Bourg-lès-Valence, St-Péray, Portes-lès-Valence, Granges – est passée de 39 000 h. en 1921 à 96 000 h. en 1968. Elle dépasse aujourd'hui 100 000 h. dont de nombreux étudiants qui fréquentent la faculté de droit et les écoles d'ingénieurs.

UN PEU D'HISTOIRE

Une forte tête à l'Université – En 1452, le dauphin Louis, qui régnera quelques années plus tard sous le nom de **Louis XI** et qui, pour l'instant, apprend son métier de roi dans son apanage du Dauphiné, fonde à Valence une université qui groupe cinq facultés, dont une faculté des arts. Au rang de ses étudiants figure **François Rabelais**.
Il s'en souviendra plus tard en narrant les aventures de son héros Pantagruel.
L'enseignement est dispensé par des maîtres réputés, notamment le juriste Cujas. On prête à Rabelais une aventure galante avec la fille de l'austère professeur. Celle-ci, selon des écoliers, entendait mieux, à l'inverse de son père, l'amour que le droit.

Dessin de G. Doré/ROGER-VIOLLET

Panurge devant Pantagruel (illustration de Gustave Doré)

Une bête furieuse – La pénétration de la Réforme au milieu du 16e s. est favorisée à Valence par l'évêque Jean de Monluc. Mais le gouverneur de la ville, **La Motte-Gondrin**, hostile aux protestants, en fait pendre trois pour l'exemple. Alors entre en scène le terrible baron des Adrets.
François de Beaumont, baron des Adrets, est un Dauphinois, né au château de la Frette en 1513. Pour se venger des Guise, à qui il reproche une déception de carrière, cet ancien officier du roi se met à la tête des troupes protestantes de la région. Sa cruauté est légendaire : « une bête furieuse », dit de lui Coligny.
A l'annonce de la mise à mort des protestants de Valence, en 1562, les bandes du baron fondent sur la ville, s'en emparent et massacrent les catholiques. La Motte-Gondrin est pendu à une fenêtre de sa maison, en face du lieu d'exécution des trois protestants.
Le baron des Adrets ne s'arrête pas là. Ses bandes ravagent les deux rives du Rhône, du Lyonnais au Languedoc et à la Provence, s'en prenant particulièrement aux cathédrales de Lyon, de Vienne et de Valence.

Les derniers instants d'un condamné à mort – Pour lutter contre la contrebande d'étoffes et de tabac, les Fermiers généraux créent à Valence, en 1733, un tribunal d'exception qui reçoit le nom de Commission de Valence. Les sentences, exécutoires dans les vingt-quatre heures, sont sans appel. En quelques années, sur 767 accusés un seul est acquitté, les autres sont pendus, roués ou envoyés aux galères. C'est devant ce tribunal d'exception, rangé par Voltaire parmi les fléaux de l'humanité, que comparaît, en 1755, le célèbre Mandrin.

Louis Mandrin est né trente ans plus tôt à St-Étienne-de-St-Geoirs. A l'instar de nombreux Dauphinois, il se fait contrebandier et s'impose par ses qualités de chef.

C'est le début d'une série de campagnes fructueuses dont l'audace stupéfie et fait rire la France entière. Rodez, Montbrison, St-Chamond, Brioude, Bourg-en-Bresse, Ambert, Beaune, Autun reçoivent la visite des bandes de Mandrin, qui y tiennent marché ouvert en plein jour. Mandrin réussit toujours à échapper à ses poursuivants.

C'est seulement par une violation du territoire savoyard, où le contrebandier se croit à l'abri et où l'armée pénètre par surprise et le capture, que les Fermiers généraux parviendront à se débarrasser d'un concurrent redoutable.

Écroué à Valence, Mandrin demeure impassible sous la torture. Il est condamné à être rompu. Le jour de l'exécution arrive : le 26 mai 1755, sur la place des Clercs, 6 000 étrangers sont venus se joindre aux habitants de Valence. Au bourreau qui s'affaire, Mandrin déclare : « Fais ton devoir, mon ami, aussi promptement que tu le pourras », et, tandis que son confesseur s'évanouit, il boit un verre de la liqueur de la Côte, pour se donner du courage. Le supplice de la roue ne lui arrache pas un cri. Huit minutes après, il est étranglé, faveur spéciale accordée à la demande de l'évêque de Valence.

Bonaparte à Valence – En 1785, arrive à Valence le « cadet » Bonaparte, venu se perfectionner à l'École d'Artillerie. Il a 16 ans. Chaque matin, il se rend au Polygone pour diriger la manœuvre de ses bombardiers.

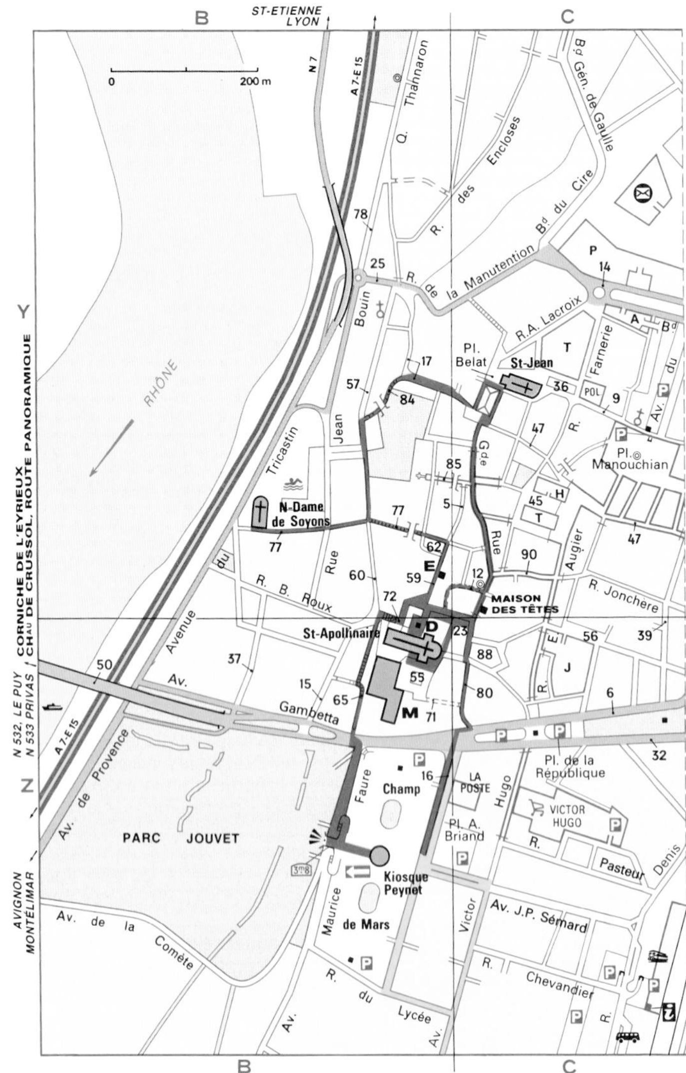

Il habite presque en face de la maison des Têtes où tient boutique un libraire, Pierre Aurel. Bonaparte devient bientôt son ami : en moins d'un an il dévore tout le fonds de la librairie. Déjà le futur empereur commence à prendre conscience de lui-même. Dans une lettre à un ami, il se dépeint en une image superbe : « Le sang méridional qui coule dans mes veines va avec la rapidité du Rhône... »
Le fils d'Aurel publiera en Avignon, quelques années plus tard, le célèbre *Souper de Beaucaire*, où Bonaparte expose ses idées sur la Révolution.

LA VIEILLE VILLE *visite : 2 h 1/2*

Partir du kiosque Peynet.

Kiosque Peynet (BZ) – Construit en 1880, il doit son nom au dessinateur **Raymond Peynet** (né en 1908) qui l'esquissa ainsi qu'un couple d'amoureux assis à côté.

Champ-de-Mars (BZ) – Cette vaste esplanade, établie en terrasses, face au Rhône, domine le parc Jouvet. Du belvédère, on découvre une belle **vue★** sur la montagne de Crussol *(p. 92)*. Les couchers de soleil, découpant l'échine de la montagne, sont célèbres. Mais c'est au soleil levant que la vue sur Crussol est la plus frappante.

Emprunter l'escalier en contrebas du belvédère et, à droite, l'avenue Maurice-Faure en direction de la vieille ville.

L'étroite rue des Repenties et la côte St-Estève contournent la cathédrale et mènent place du Pendentif.

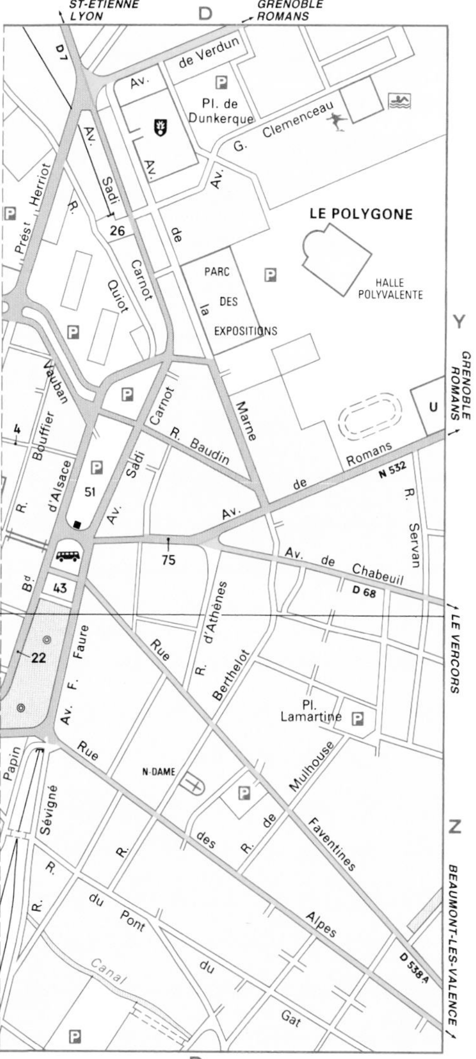

VALENCE

Alsace (Bd d') .... DY
Augier (R. Émile) .... CYZ
Bancel (Bd D.) .... CY 6
Félix-Faure (Av.) .... DZ
Gaulle (Bd Ch. de) .... CZ 32
Madier-de-Montjau (R.) CY 47
République (Pl. de la) .. CZ
Sémard (Av. J.-P.) .... CZ
Victor-Hugo (Av.) .... CZ

Arménie (R. d') .... DY 4
Balais (R. des) .... BCY 5
Belle-Image (R.) .... CY 9
Bonaparte (R. du Lieutenant) . BCY 12
Cardonnel (Pl. L. le) ..... CY 14
Chambaud (R. Mirabel) BZ 15
Championnet (Pl.) ..... BCZ 16
Chapeliers (Côte des) .. BY 17
Clerc (Bd M.) .... DZ 22
Clercs (Pl. des) .... BCZ 23
Docteur-Schweitzer (R. du) .... BY 25
Dragonne (Pl. de la) .... DY 26
Huguennel (Pl. Ch.) ..... CY 36
Jacquet (R. V.) .... BZ 37
Jeu-de-Paume (R. du) CYZ 39
Leclerc (Pl. Gén.) .... DY 43
Liberté (Pl. de la) .... CY 45
Mistral (Pont Frédéric) . BZ 50
Montalivet (Pl.) .... DY 51
Ormeaux (Pl. des) .... BZ 55
Palais (Pl. du) .... CZ 56
Paré (R. Ambroise) ...... BY 57
Pérollerie (R.) .... BY 59
Petit-Paradis (R.) .... BY 60
Pierre (Pl. de la) .... BY 62
Repenties (R. des) .... BZ 65
St-Didier (R.) .... BCZ 71
St-Estève (Côte) .... BY 72
St-Jacques (Faubourg) DY 75
St-Martin (Côte et R.) .. BY 77
St-Nicolas (Q.) .... BY 78
Saunière (R.) .... CZ 80
Sylvante (Côte) .... BY 84
Temple (R. du) .... BCY 85
Université (Pl. de l') ..... CZ 88
Vernoux (R.) .... CY 90

D Pendentif
E Maison Dupré-Latour
M Musée des Beaux-Arts

Pendentif (**BYZ D**) – Ce petit monument funéraire a été construit en 1548, sur le mode antique. L'édifice, de proportions harmonieuses, est ouvert sur chaque face d'une large baie en plein cintre. Il tire son nom de la forme de sa voûte, évoquant les pendentifs d'une coupole ; remarquer le curieux motif lancéolé surmontant les piliers d'angle intérieurs.

Cathédrale St-Apollinaire (**BZ**) – C'est un vaste édifice roman en grande partie reconstruit au 17e s. dans le style primitif.
Le clocher néo-roman (19e s.) présente sur un soubassement en marbre blanc de Crussol deux étages supérieurs en mollasse jaune de Châteauneuf-d'Isère.

Pénétrer dans la cathédrale par la porte Nord.

Sous le porche, à gauche, remarquer le linteau, provenant du portail primitif ; ses compartiments sculptés représentent l'Annonciation, la Nativité, l'Adoration des Mages et les Mages devant Hérode.

★**Intérieur** – L'influence du roman auvergnat est manifeste ; la nef, voûtée en berceau sur doubleaux, est éclairée par les fenêtres des collatéraux. Une arcature reposant sur des colonnes sépare le chœur du déambulatoire. Remarquer la profondeur, inhabituelle dans les édifices rhodaniens, des croisillons du transept. En arrière, des stalles du chœur se trouve le buste-cénotaphe du pape Pie VI, mort à Valence en 1799.

Sortir par la porte Sud.

Sous le porche, à gauche, le tympan sculpté de l'ancien portail montre le Christ bénissant. Au linteau, la Multiplication des pains.

Contourner le chevet.

Harmonieusement ordonné, il présente une élégante décoration de billettes courant au-dessus des arcatures de l'abside et des croisillons du transept.

Musée des Beaux-Arts (**BZ M**) ⓥ – Installé dans l'ancien évêché, son principal intérêt réside, au 1er étage, dans un ensemble de 97 **sanguines**★★, dessins et peintures du paysagiste **Hubert Robert** (1733-1808). La plupart représentent des vues de Rome et de la campagne romaine.
Après avoir fait ses débuts à Paris dans l'atelier du sculpteur Michel-Ange Slodtz, à qui l'on doit le mausolée des archevêques à Vienne *(p. 260)*, Hubert Robert vit à Rome de 1754 à 1765. Il y trouve le souvenir des peintres Claude le Lorrain et Joseph Vernet. Les ruines sont à la mode.
Durant ces onze années, Hubert Robert remplit ses carnets d'esquisses et de dessins où les architectures de la Rome antique et pontificale servent de décor à des scènes de la vie quotidienne.

Musée des Beaux-Arts, Valence
La statue mise à l'abri par H. Robert

Revenu à Paris, le peintre tire de ses carnets la matière première de ses tableaux et de nouveaux dessins, où éclate une science étonnante de la perspective, unie à une légèreté de touche, qui leur confère tout le charme de l'improvisation. Le musée conserve également une série de dessins de ses compagnons à Rome (Fragonard et Ango).
Le musée abrite, en outre, une collection archéologique, où l'on remarque deux mosaïques gallo-romaines, représentant, respectivement, les Travaux d'Hercule et Orphée charmant les animaux. Dans la collection lapidaire figure la porte Renaissance du jardin de la maison des Têtes *(voir ci-dessous)*.
Le département consacré à la peinture comprend un vaste ensemble d'œuvres des écoles française, flamande, hollandaise et italienne du 16e au 19e s. avec un intéressant ensemble de paysagistes réalistes de l'école de Barbizon et du pré-impressionnisme.
La section d'art contemporain, enfin, rassemble autour des peintres Bram van Velde, Michaux, Hantaï, Bryen et des sculpteurs B. Pagès, M. Gérard, Toni Grand, des œuvres illustrant le courant abstrait de la 2e moitié du 20e s.

Par la place des Clercs gagner la grande-Rue.

★**Maison des Têtes** (**CYZ**) – Au n° 57, la maison des Têtes (1532) se signale par l'abondance et l'originalité des sculptures de sa façade. Remarquer les deux personnages debout (à gauche, Ève) et, sous la toiture, les quatre énormes têtes en haut-relief, symbolisant les vents et qui ont donné son nom à ce logis Renaissance.

La rue du lieutenant-Bonaparte, puis la rue Pérollerie mènent à la maison Dupré-Latour.

Maison Dupré-Latour (BY E) ⏱ – Au n° 7, la cour intérieure conserve une tourelle d'escalier Renaissance dont la porte d'entrée est remarquable par son encadrement sculpté.

Par la place de la Pierre, au Nord, rejoindre la côte St-Martin.

Cette ruelle, en pente raide, l'une des mieux conservées de la basse ville, est pavée de cailloux roulés et entrecoupée d'escaliers.

Église N.-D. de Soyons (BY) – L'édifice, en partie restauré, possède une façade datant du 17e s.

Faire demi-tour ; emprunter à gauche la rue Ambroise-Paré, puis la côte Sylvante, ruelle pittoresque, coupée de marches et prolongée par la côte des Chapeliers.

Dans la maison d'un chanoine, bordant cette côte, mourut en 1626 le connétable de Lesdiguières. Ce protestant repenti, gouverneur du Dauphiné, qui fit construire le château de Vizille, venait de recevoir la mission de pacifier le Vivarais.

Église St-Jean (CY) – L'édifice a été reconstruit au 19e s. Le porche conserve d'intéressants chapiteaux romans.

La Grande-Rue, puis la rue Saunière, ramènent place du Champ-de-Mars.

EXCURSIONS

★★★**Crussol** – *5 km par la N 532 et St-Péray.* *Description p. 92.*

★★★**Route panoramique** – *Circuit de 49 km – environ 2 h. Quitter Valence par ⑥, N 86, taillée en corniche au-dessus du Rhône, et poursuivre jusqu'à Tournon.*

★**Tournon-sur-Rhône** – *Voir à ce nom.*

De Tournon à St-Péray, la route panoramique par St-Romain-de-Lerps est décrite p. 194.

★★★**Corniche de l'Eyrieux** – *Circuit de 97 km – environ 4 h. Quitter Valence par la N 532.*

De St-Péray, la D 533 puis la D 14, jolie route de crête, mènent à Vernoux-en-Vivarais ; de là, suivre l'itinéraire décrit p. 257 jusqu'à St-Laurent-du-Pape. Regagner Valence par la D 21 et la N 86.

Croisières en bateaux-mouches (BZ) ⏱ – Il est possible, en saison, de descendre le Rhône jusqu'à Avignon et de le remonter jusqu'à Lyon.

VALLON-PONT-D'ARC

1 914 habitants

Cartes Michelin n° 80 pli 9 ou 245 pli 1 ou 246 pli 23 – Schéma p. 57.

Vallon est le point de départ recommandé pour la visite et pour la descente en barque des gorges de l'Ardèche *(p. 57)*.
Au Sud-Est de la localité, sur le penchant d'un coteau, se dresse le château de Vieux Vallon, vestige du village féodal.

Tapisseries de la mairie ⏱ – La mairie est installée dans un ancien hôtel Louis XIII. Au rez-de-chaussée, une salle abrite sept tapisseries d'Aubusson (17e s.), remarquables par la fraîcheur de leur coloris.
Six d'entre elles représentent des épisodes de Jérusalem délivrée, du Tasse, la dernière une scène de jardinage : la greffe d'un arbre fruitier.

Magnanerie ⏱ – *3 km par la D 579, direction Ruoms.*
On peut visiter au village des **Mazes** une des dernières magnaneries vivaroises encore en activité.

Accès par un chemin s'embranchant à gauche en venant de Vallon.

Par le couradou *(terrasse couverte donnant accès aux diverses pièces)*, on accède à la magnanerie, vaste salle occupée par des bâtis de bois où sont disposés les vers à soie sur des cannisses (claies de roseaux). La visite permet de suivre la croissance des vers, de la taille d'une tête d'épingle à l'éclosion, puis devenant progressivement de grosses chenilles jusqu'à la formation du cocon, enveloppé de fils de soie. Les cocons sont expédiés à l'Institut de sériciculture d'Alès.

Pour trouver la description d'une curiosité,
l'évocation d'un souvenir historique,
le plan d'un monument,
consultez l'index à la fin du volume.

VALS-LES-BAINS

3 748 habitants

Cartes Michelin n° 76 pli 19 ou 246 pli 21 – Schéma p. 60.

Cette station thermale surprend par l'encaissement de son site, au creux de la vallée de la Volane. La ville a dû se développer en longueur, offrant l'aspect d'un étroit couloir urbain long de plus de 2 km, pour une largeur moyenne de 300 m.

Les eaux – Les centres d'animation de la station sont constitués par les sources, au nombre de 145. Exploitées à partir de 1600, elles ne prirent vraiment de l'essor qu'au milieu du 19ᵉ s. (la source intermittente ne fut connue qu'en 1865). Leurs eaux sont froides (13°), bicarbonatées et sodiques : leurs différences proviennent de leur degré de minéralisation : la plus connue, la source St-Jean, est faiblement minéralisée.
Les eaux, surtout utilisées comme boisson – plusieurs millions de bouteilles sont expédiées chaque année –, exercent une action sédative sur l'estomac et stimulante sur le foie. Elles sont recommandées pour le traitement du diabète et des maladies de la nutrition. Des douches, des bains et des massages complètent la cure de boissons prises aux sources de la station. L'établissement thermal et le centre hospitalier spécialisé « Paul Ribeyre » fonctionnent toute l'année.

CURIOSITÉS

Source intermittente – Plusieurs parcs agrémentent la station, notamment le parc du Casino.
Le parc de l'Intermittente doit son nom à une source, située au centre d'une vasque pavée de prismes basaltiques, qui jaillit à 8 m de hauteur toutes les six heures : dans la journée à 11 h 30 et 17 h 30 en été, à 10 h 30 et 16 h 30 en hiver conformément à l'horaire d'hiver.

Rocher des Combes – *2 km – plus 1/4 à pied AR.*
De la table d'orientation (altitude 480 m), **vue** sur la trouée de l'Ardèche, Aubenas, le Tanargue, la chapelle Ste-Marguerite au sommet de sa colline, le chaînon de Mézilhac, le roc de Gourdon et le plateau du Coiron.

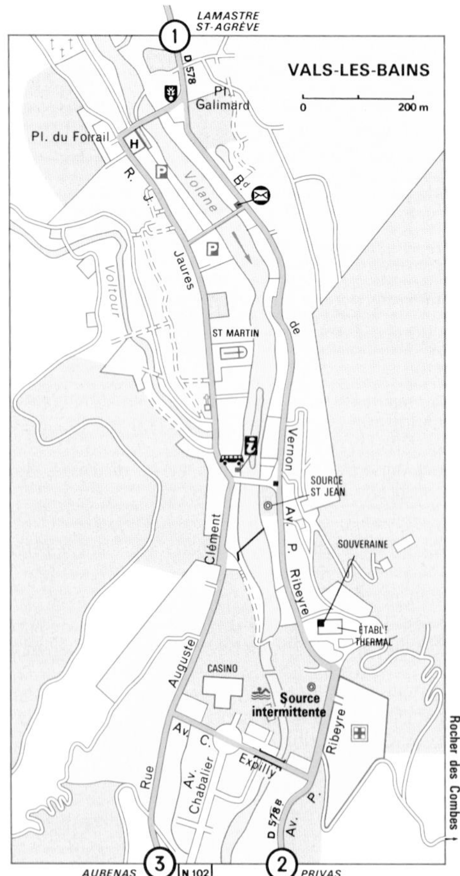

★VALLÉE DE LA VOLANE

Circuit de 69 km – environ 4 h. Quitter Vals par ①, D 578, vers Mézilhac

Tout de suite commence la montée de la vallée de la Volane, offrant des vues sur les coulées basaltiques qui assombrissent ce couloir ; remarquer la dispersion des maisons, en hameaux étagés, de la commune d'Asperjoc, disposition imposée par l'étranglement de la vallée. L'apparition d'**Antraigues**, sur un éperon dominant le confluent de la Volane et de la Bise, marque la fin des coulées volcaniques.
La montée se poursuit dans un décor d'éboulis.

Mézilhac – Le village occupe, sur le rebord de la montagne vivaroise, un seuil séparant les bassins de l'Eyrieux et de l'Ardèche. Au Nord, le ravin de la Dorne dévale vers l'Eyrieux ; au Sud, la Volane s'engouffre vers l'Ardèche et Vals-les-Bains.
A l'entrée du bourg, sur la route de Privas se dresse un monument élevé à la mémoire d'aviateurs qui percutèrent la montagne, à cet endroit pendant l'hiver 1970-71.

Du piton basaltique surmonté d'une croix, qui se dresse entre le vieux village et le col, la **vue★** s'étend au Nord-Ouest sur le Gerbier de Jonc et le Mézenc, au Nord-Est sur le cirque de Boutières, au Sud sur la trouée de la Volane.

Une route de crête, D 122, passant au pied du suc de Montivernoux, mène à l'entrée de Lachamp-Raphaël où l'on emprunte la D 215 descendant vers Burzet.

Une première **vue★** se dégage, en contrebas, à droite, sur le site du Ray-Pic.

★★**Cascade du Ray-Pic** – *Page 76.*

Burzet – *Page 75.*

Retour à Vals par St-Pierre-de-Colombier, Juvinas et une agréable petite route, D 243, descendant la vallée de la Bézorgues.

★CIRCUIT DU COL DE L'ESCRINET

85 km – environ 3 h – Quitter Vals par ② du plan, D 578ᴮ

Ucel – Vieux village bâti en cercle sur une butte dominant l'Ardèche.

A St-Privat, prendre à gauche la D 259 suivant les vallées du Luol et de la Boulogne.

Les vergers et les vignes alternent avec des châtaigniers et des pinèdes.

St-Julien-du-Serre – Le bourg possède une intéressante **église** ⓥ romane du 12ᵉ s., à la silhouette curieuse avec ses gros arcs-boutants soutenant l'abside. Le portail latéral est remarquable par les cinq tores ornant ses voussures en retrait.

Par St-Michel-de-Boulogne, on atteint les ruines du château de Boulogne.

★**Château de Boulogne** *(on ne visite pas)* – Ce fut à l'origine une forteresse dressée par les Poitiers, comtes de Valentinois, ses premiers seigneurs, sur un éperon, à la rencontre de deux ravins. Successivement les Lestrange, puis les Hautefort, transformèrent le château primitif en une somptueuse demeure, respectée par la Révolution, mais saccagée par des démolisseurs en 1820. René de Hautefort, issu d'une célèbre famille du Périgord et marié avec Marie de Lestrange, fit élever, à la fin du 16ᵉ s., le magnifique **portail★★** d'entrée, dont les colonnes torses s'allient harmonieusement avec l'héritage de la Renaissance. Ce chef-d'œuvre architectural, d'une élégance raffinée, perdu dans un site rural et ouvrant sur des ruines féodales, étonne.

Portail du château de Boulogne

Faire demi-tour pour reprendre la D 256 à droite. Traverser Gourdon, puis prendre à droite la D 122 qui contourne le roc de Gourdon. A 2 km, tourner à gauche dans une petite route au parcours pittoresque menant à Pourchères.

Pourchères – Bâti à flanc de montagne, ce village possède une **église** ⓥ du 12ᵉ s. à nef unique et abside en cul-de-four. Remarquer la cuve baptismale du 12ᵉ s. et un Christ en bois du 17ᵉ s.

Du terre-plein aménagé devant l'église, belle vue sur les monts environnants.

Faire demi-tour et reprendre la D 122 à gauche pour rejoindre la N 104 et le col de l'Escrinet.

Col de l'Escrinet (alt. 787 m) – Cette grande brèche constitue le principal accès au Sud de l'Ardèche et au plateau du Coiron. Son intérêt géographique et climatique se double d'un lieu privilégié d'observation des passages d'oiseaux.

Le **panorama** sur l'esplanade à gauche avant le col offre un bel aperçu du plateau du Coiron, la vallée de Privas, le Tanargue reconnaissable à sa forme trapézoïdale et lorsque le temps le permet le mont Lozère.

Les oiseaux migrateurs du col de l'Escrinet – La chasse à la « repasse » concerne essentiellement les migrations de palombes qui franchissent, en venant du Sud, le col de l'Escrinet au ras du relief.

Avant la descente vers Aubenas, prendre à gauche la D 224 en direction de Freyssenet.

La crête de Blandine (alt. 1 017 m) – Elle constitue le point culminant du plateau et un seuil oriental vers la vallée de Privas. Laisser la voiture sur le replat et poursuivre à pied vers le relais de télévision. Belle **vue★** dégagée en perspective à l'Est vers Privas et au Sud vers Mirabel et Aubenas.

Possibilité de poursuivre par la D 224 vers Freyssenet, à l'habitat typique des Coirons, puis par le col du Bénas rejoindre Privas et le musée de Verdus. *(Itinéraire décrit en sens inverse p. 82.)*

Retour au col de l'Escrinet, puis à Vals par St-Privat et Ucel.

Les VANS

2 668 habitants

Cartes Michelin n° 80 pli 8 ou 240 plis 3, 7 – Schéma ci-contre.

Au cœur du Bas Vivarais cévenol, dominés à l'Ouest par l'échine déchiquetée du serre de Barre, les Vans occupent le centre d'un riant bassin qu'arrose le Chassezac.
Le site, pour qui descend des Cévennes, constitue une magnifique révélation de la nature méridionale. A l'âpre décor de serres schisteux, succède l'éclatante blancheur du bas pays calcaire.

RÉFORME ET CONTRE-RÉVOLUTION

Les deux Claude de Roure – Dès 1517, la Réforme gagne les Vans ; en 1563, les habitants se convertissent au protestantisme sous la conduite de Claude de Roure. L'église est détruite et remplacée par un temple. Mais après la prise de Privas, en 1629, par Louis XIII, le temple devient lieu de réunion pour les catholiques. En 1664, il est démoli et remplacé par une nouvelle église, sous l'impulsion d'un autre Claude de Roure, neveu du précédent. De ces périodes troublées, subsistent aux Vans une église catholique (15e s.), restaurée, et un temple protestant à façade classique.

La commanderie de Jalès – La dépression s'étendant au Sud-Est des Vans, de part et d'autre du village de Jalès, demeure liée à un épisode sanglant de la contre-révolution. Entre 1790 et 1792, au château de Jalès se rassemblent les fidèles de l'Ancien Régime. La Constitution civile du clergé renforce les divisions ; de nombreux prêtres réfractaires se joignent aux royalistes.
Le 21 juin 1792, la cocarde tricolore est foulée aux pieds à Berrias. Reconnu pour chef des royalistes de la région, le **comte de Saillans**, Dauphinois d'origine, hâte la date du soulèvement. Son complot est dévoilé. Une troupe, envoyée contre les hommes de Saillans, les défait près de Courry *(18 km au Sud des Vans)* le 11 juillet. Saillans se réfugie au château de Banne, puis prend la fuite avec quelques compagnons. Arrêtés sur la route de Villefort, ils sont conduits aux Vans : la foule, qui reproche à Saillans l'exécution de plusieurs « patriotes », les massacre dans la rue. Selon la tradition, quelques royalistes auraient réussi à gagner le bois de Païolive (au Sud-Est des Vans) où ils périrent de faim.

ENVIRONS

1 Naves *2,5 km*

A la sortie des Vans, en direction de Villefort, tourner à gauche.

Ce vieux village qui domine le bassin des Vans a conservé son aspect médiéval. Ses ruelles à arceaux, ses maisons où s'allient le schiste et le calcaire, sa charmante église romane – malheureusement en mauvais état – bien située à l'extrémité du village, y attirent des artistes.

2 Route de Brahic *8 km*

Quitter les Vans au Sud-Est par la D 901 : à la hauteur du temple, prendre à droite la D 216, puis encore à droite la D 251 en direction de Brahic.

On pénètre en terrain schisteux, parmi les châtaigniers couvrant les flancs du serre de Barre.

Brahic – Village aux sombres maisons de schiste.

Laisser la voiture à l'entrée du village, où l'on pénètre par un passage voûté. Tourner à droite et emprunter le sentier s'amorçant à la hauteur d'une croix de Mission et menant à une châtaigneraie.

De là, la vue s'étend sur la vallée du Chassezac, dominée par la montagne du Serre.

★3 Villages du Vivarais cévenol

34 km – environ 2 h 1/2

Quitter les Vans au Nord par la D 10. Prendre à droite la D 250.

Chambonas – On accède au village par un vieux pont pointant ses avant-becs dans les eaux vertes du Chassezac.
L'église, en partie romane, est un robuste édifice dont la corniche du chevet s'orne d'une frise sculptée.
Près de l'église, le château (12e-17e s.) se signale par ses tours à tuiles vernissées ; jardins à la française dont le dessin est attribué à Le Nôtre.

Poursuivre la D 250.

Après avoir longé le Chassezac, la route franchit le ruisseau de Sure et s'élève sur le versant gréseux parmi les vignobles et les pins ; jolie vue sur le serre de Barre et le clocher de St-Pierre-le-Déchausselat.

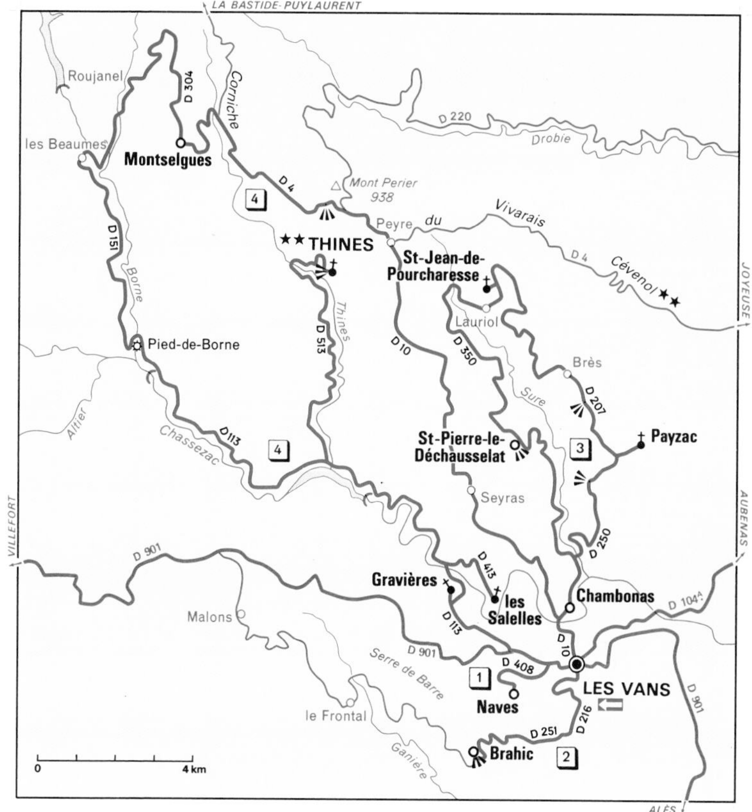

Payzac – Charmante église rurale (12e-15e s.) campée sur le plateau gréseux ; à l'intérieur, à gauche du retable, statue en bois de saint Pierre, vigoureusement traitée.

Prendre la D 207, direction St-Jean-de-Pourcharesse.

Le grès, de grisâtre, devient rouge : vue sur l'église de St-Pierre, l'arête du serre de Barre. Après le village de Brès, construit en grès rouge, nouveau changement d'aspect : le grès cède la place au schiste. La route serpente au flanc de versants ombragés de châtaigniers.

St-Jean-de-Pourcharesse – Église typique du pays du schiste avec son toit de lauzes, son clocher-peigne. De la terrasse, vue en direction des Vans, des « becs » de la Bannelle et du Guidon du Bouquet.

Rebrousser chemin jusqu'à l'entrée du village où l'on prend, à droite, la route en direction de Lauriol.

A partir de ce hameau, la route se poursuit parmi les châtaigniers, dans un décor de ravins abrupts où s'agrippent de pauvres hameaux. Remarquer au passage le mode de couverture des maisons de schiste, avec la curieuse disposition de leurs lauzes au faîte des toits.

St-Pierre-le-Déchausselat – Village étagé en terrasses. Laisser la voiture devant l'église et gagner les vignobles de la ferme en contrebas : vue, de gauche à droite, vers la Dent de Rès, le rocher de Sampzon, le mont Ventoux, le Guidon du Bouquet, la Bannelle et le serre de Barre.
De St-Pierre, la D 350, tracée au flanc d'un vallon cultivé, descend vers le Chassezac.

Retour aux Vans par Chambonas.

★ 4 Circuit par la vallée du Chassezac

77 km – environ 3 h

Quitter les Vans par la D 901 en direction de Villefort et tourner à droite dans la D 113.

Gravières – L'église ⓥ (12e-15e s.) est caractérisée par un clocher puissant ; elle abrite dans le mur du chœur, à gauche, un arbre de Jessé en pierre sculptée (14e s.), malheureusement mutilé. Retable en bois doré et chapelles gothiques.

Poursuivre par la D 113. Après le pont sur le Chassezac, prendre à droite la D 413.

Les Salelles – Sur une plate-forme dominant un méandre du Chassezac, l'église St-Sauveur, gothique, est construite en beaux moellons de grès rose. Le clocher fortifié, détruit par la foudre, a été reconstruit au début du 20e s.

Revenir à la D 113 que l'on prend à droite.

Le cours de la rivière est jalonné de barrages de retenue, de conduites forcées et d'usines appartenant à l'ensemble hydro-électrique du Chassezac *(voir ci-dessous)*.

Prendre à droite la D 513.

★★ Thines – *Page 238.*
Au confluent de l'Altier, du Chassezac et de la Borne, l'**usine de Pied-de-Borne** est alimentée par le barrage de Villefort et celui de Roujanel, plus au Nord sur la Borne. Cette usine, pièce maîtresse de l'ensemble hydro-électrique du Chassezac, produit plus de la moitié de l'énergie fournie par ce bassin.

Après avoir traversé la Borne et contourné l'usine, prendre à droite la D 151 vers la Bastide-Puylaurent.

La route suit, en hauteur, la vallée de la Borne, assez encaissée.

A la sortie du hameau des Beaumes, prendre à droite une petite route qui rejoint le fond de la vallée et traverse la rivière.

Après avoir longé l'étroite vallée de Chamier, la route s'élève en de nombreux lacets jusqu'au plateau de Montselgues qui domine les vallées environnantes à une altitude moyenne de 1 000 m.

Montselgues – Ce petit village isolé au milieu d'un vaste plateau ondulé, parsemé en juin de narcisses sauvages et de genêts, possède une robuste église au beau porche roman, accolée à une grande maison cévenole. Montselgues est un centre de ski de fond.

A l'entrée Nord du village, prendre la D 304 vers l'Est. La route descend vers la D 4 que l'on prend à droite.

Sur un replat, peu avant Peyre, **vue★**, à droite, sur le village de Thines, en contrebas, isolé sur un piton. Dans ce désert de pierraille, on aperçoit, à gauche de la route, près d'une ferme, un curieux ensemble de ruches creusées dans les troncs de châtaigniers et simplement couvertes d'une lauze (dalle) de schiste.
Suivant le tracé de la corniche alternant d'un versant à l'autre, le panorama se révèle tantôt sur les serres désolés s'étendant de la Drobie au Tanargue, tantôt vers les bassins de la Basse Ardèche.
Après un long parcours parmi les pins, on atteint Seyras où apparaît la vigne annonçant la nature méridionale.

Regagner les Vans par le pont de Chambonas (description p. 254).

VEAUCHE

7 282 habitants

Cartes n° 88 plis 17, 18 ou 244 Sud du pli 12 – Schéma p. 152.

Sur le rebord d'un coteau dominant la Loire, Veauche, dont l'activité principale est la fabrication des bouteilles pour les eaux de St-Galmier, est connue des archéologues et des amateurs d'art.

Laisser la voiture sur la grande place centrale (N 82) ou sur la place de l'Abbé-Blard.

Église ⓥ – C'était à l'origine un petit prieuré donné en 970 à l'abbaye de Savigny *(p. 53)*. Très modeste extérieurement, l'édifice a été presque entièrement rebâti aux 15e et 16e s.
Une partie de la construction primitive, remontant à la seconde moitié du 10e s., a été heureusement préservée.

Intérieur – Correspondant au niveau des deux premières travées de la nef, la partie préromane de l'édifice se distingue par une sobre arcature plaquée contre les murs des collatéraux.
Les chapiteaux sont décorés de motifs d'entrelacs.

Afin de donner à nos lecteurs l'information la plus récente possible, les conditions de visite des curiosités décrites ont été groupées en fin de volume.
Dans la partie descriptive du guide, le signe ⓥ placé à la suite du nom des curiosités soumises à des conditions de visite les signale au visiteur.

VERNOUX-EN-VIVARAIS

2 037 habitants

Cartes Michelin n° 76 pli 20 ou 246 plis 19, 20 – Schéma p. 196.

Sur le plateau vivarois, entre l'Eyrieux et le Doux, au centre d'une cuvette harmonieuse, Vernoux offre de loin une agréable silhouette de gros bourg, ramassé autour de la haute flèche de son église (19e s.).

CHÂTEAU DE LA TOURETTE

Laisser la voiture sur l'aire aménagée de la ferme de Pailler et terminer à pied : 1/2 h AR. Partant de Vernoux, une petite route goudronnée et fléchée « La Tourette » mène directement en voiture au château.

Les ruines de ce bastion, qui marquait jadis l'entrée des États du Languedoc, comptent, dans un **site★** très sauvage, parmi les plus évocatrices du Vivarais. Le corps principal est un énorme donjon gardant une partie de son couronnement de mâchicoulis et de corbeaux. Des ruines, la vue plonge sur le ravin de la Dunière dessinant une série de méandres profondément encaissés.

BOFFRES *8,5 km au Nord-Est par les D 14 et D 219*

Bâti sur un un ressaut de terrain, en demi-cercle au pied de sa toute simple église de granit rose et des vestiges d'un ancien château fort, le village perché de Boffres domine un paisible paysage rural, encadré de fraîches châtaigneraies.

A quelques centaines de mètres du village, un buste en bronze par le sculpteur ardéchois Gimond, érigé en bordure de la route, évoque la mémoire de **Vincent d'Indy**, célèbre compositeur (1851-1931), né à Paris, mais issu d'une famille de la région. C'est au **château des Faugs** ⓥ, à l'Ouest de Boffres, qu'il venait chercher l'inspiration de son œuvre musicale (symphonie sur un chant montagnard français dite *Symphonie cévenole*, 1886, *Jour d'été à la montagne*, chansons populaires du Vivarais), notant des thèmes au cours de ses promenades. Il composa sa 3e mélodie sans paroles à partir du chant d'un berger entendu près des Estables et son opéra *Fervaal*, un matin de brouillard sur les crêtes du mont Mézenc.

★★★ CORNICHE DE L'EYRIEUX

Circuit de 51 km – environ 2 h 1/2 – schéma ci-contre

Quitter Vernoux par la D 14, au Nord, et prendre, à droite, la D 232

La route serpente à flanc de coteau, offrant de belles vues sur Vernoux-en-Vivarais au centre de sa cuvette ; au fond, à gauche, s'étend la dépression du Duzon. Après Croix-de-Nodon, on découvre une ample échappée vers la vallée du Rhône ; la route, bordée de taillis et de bois maigres, domine alors, en premier plan, la profonde vallée boisée de l'Embroye.

Au Moulin-à-Vent, prendre à droite la D 266.

Après un long passage boisé, la route emprunte un tracé en corniche assez impressionnant, face au piton de Pierre-Gourde, en avant des crêtes fermant la vallée de l'Eyrieux.

A droite de la D 286 s'amorce le chemin d'accès au château de Pierre-Gourde, non revêtu. Laisser la voiture, à un col, en vue des ruines.

★★ **Panorama du château de Pierre-Gourde** – Ce château féodal en ruine occupe un **site★** magnifique. Au pied du piton qui portait le donjon, apparaissent les vestiges du corps de logis, des pans de murs de l'enceinte fortifiée et du village féodal.

Contourner les ruines par la gauche pour atteindre une plate-forme rocheuse.

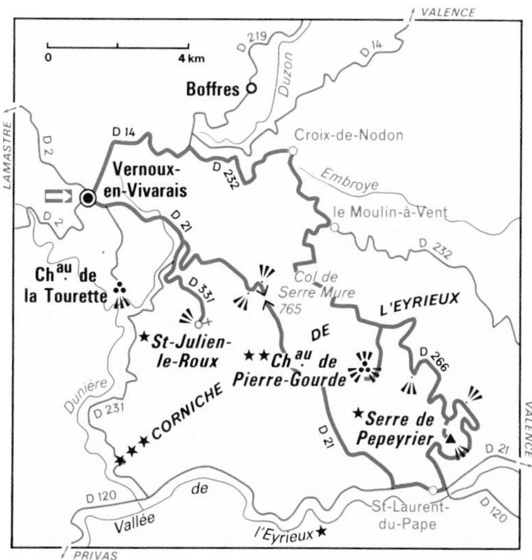

Le **panorama** découvre le Rhône, à travers l'échancrure du Bas-Eyrieux, et, dans l'axe, les Trois-Becs, entre la barre du Vercors, les Baronnies et le Ventoux. A l'opposé, l'échine déchiquetée de la Croix de Bauzon domine la trouée du Haut Eyrieux ; le sommet du Mézenc limite à l'horizon le réseau compliqué des serres vivarois.
Au cours de la descente, deux virages panoramiques offrent des vues impressionnantes sur la vallée de l'Eyrieux, dont les plans détachés de serres se répètent à l'infini, et sur la vallée du Rhône, à gauche.

A 5 km environ de Pierre-Gourde, un panneau, à droite de la D 266, indique la direction du serre de Pepeyrier. Laisser la voiture à 250 m en direction du relais de télédiffusion, et monter sur le rebord du serre.

★**Vue du serre de Pepeyrier** – *1/4 h à pied AR.* Très belle **vue** du serre sur le débouché de l'Eyrieux et ses vastes vergers de pêchers, Beauchastel et la plaine du Rhône ; au fond, le Ventoux se détache distinctement.

A St-Laurent-du-Pape, emprunter à droite la D 120, puis la D 21 ramenant à Vernoux.

Cette très belle route de crête offre, à la montée vers le col de Serre Mure (altitude 765 m), des vues sur les serres vivarois, le haut bassin de l'Eyrieux, le pays des Boutières et sur le versant Ouest du piton de Pierre-Gourde. A l'approche de Vernoux, au cours de la descente rapide sur les gorges de la Dunière, apparaît le château de la Tourrette.

Tourner à gauche dans la D 231 puis la D 331.

St-Julien-le-Roux – Du cimetière entourant l'église, on découvre un vaste **horizon**★ montagneux, au-dessus des ruines du château de la Tourrette.

Les D 331, D 231 et D 21 ramènent à Vernoux.

VIENNE★★

29 449 habitants

Cartes Michelin n° 88 plis 19, 20 ou 246 pli 16 – Schémas p. 152 et 194.

A un coude du Rhône, « assise comme un autel sur les contreforts du noble Dauphiné » (Mistral), Vienne offre un intérêt exceptionnel *(1)*. Dans un **site**★, que baigne la lumière rhodanienne, une cathédrale gothique côtoie un temple romain, un cloître roman et des églises vénérables voisinent avec un théâtre antique. Au charme de « Vienne la Belle » de l'époque romaine, s'ajoute celui de « Vienne la Sainte », la cité chrétienne. Une zone piétonne fleurie, sur le cours Brillier et autour de l'hôtel de ville, accueille de nombreux promeneurs.
Au cœur de la ville, se tient tous les samedis matin un grand marché.

UN PEU D'HISTOIRE

Vienne la Belle – Plus de cinquante ans avant la conquête de la Gaule par Jules César, le pays des Allobroges, dont Vienne devint la capitale au cours du 1er s. avant J.-C., est assujetti par les légions romaines. A défaut d'un site bien dégagé, la cité est favorisée par sa position géographique plus facile à exploiter que celle de Lyon : il n'y a qu'un fleuve à traverser.
Les monuments publics s'élèvent au pied de la colline de Pipet, les résidences particulières comme les édifices à vocation commerciale ou artisanale sur les deux rives. A l'emplacement des bourgs de Ste-Colombe *(p. 265)* et de St-Romain-en-Gal s'étendent les quartiers de Vienne au-delà du Rhône. Les drapiers, peaussiers et potiers déploient une activité florissante et le poète Martial peut parler de « Vienne la Belle ».
Sous le Bas-Empire, Vienne devient la métropole d'une vaste province, la Viennoise, s'étendant du lac Léman aux bouches du Rhône. En 177, la communauté chrétienne de Vienne est déjà bien vivante : le nom de son diacre, Sanctus, apparaît parmi ceux des martyrs de l'amphithéâtre de Lyon. L'organisation territoriale de l'Église étant calquée sur celle de l'Empire romain, les évêques de Vienne se trouvent bientôt à la tête d'une immense province métropolitaine, englobant Valence, Die, Grenoble, Genève, Viviers, la Maurienne.

Heurs et malheurs d'une « Grande Bourgogne » – Après la dissolution de l'Empire romain d'Occident en 476, Vienne est choisie comme résidence par les rois burgondes dont les peuples se sont répandus dans le bassin du Rhône. Ces princes tentent de constituer un État policé dans le Sud-Est de la Gaule, mais ils sont balayés par les Francs en 532.
En dépit de la confusion politique, Vienne reste un foyer d'art : la construction de l'église-nécropole St-Pierre se poursuit ; l'abbaye de St-André-le-Bas est fondée. La décoration du sarcophage de saint Léonien est un précieux exemple de l'art « barbare ». Les incessantes compétitions entre Carolingiens pour l'héritage de Charlemagne permettent, en 879, à Boson, comte de Vienne, d'Arles et de Provence, de se faire proclamer « roi de Bourgogne », au château de Mantaille *(p. 193)*. Il a son palais à Vienne.

(1) Pour plus de détails, lire « Vienne », par Roger Lauxerois (Éd. Ouest-France).

Vienne, cité Sainte – Le lointain empereur germanique n'exerçant qu'une suzeraineté nominale, l'autorité temporelle des archevêques, comtes de Viennois, s'exerce sur la cité et sur un territoire empiétant sur la rive droite du Rhône. Autour de l'abbaye St-André-le-Bas, parvenue au faîte de sa puissance, une nombreuse colonie juive entretient la prospérité commerciale.
Deux grandes figures de prélats illustrent alors le siège du « primat des primats des Gaules » : **Gui de Bourgogne** (1088-1119), couronné pape dans sa cathédrale sous le nom de Calixte II, et **Jean de Bernin** (1218-1266), qui préside aux travaux d'agrandissement de la cathédrale St-Maurice en adoptant les procédés gothiques, fait restaurer le pont romain sur le Rhône, construit un hôtel-Dieu et le château de la Bâtie.
De nombreux conciles se tiennent dans la ville, en particulier celui qui prononce, en 1312, la suppression de l'Ordre des templiers.
Mistral, dans son *Poème du Rhône*, célèbre cette période faste qu'évoque l'ancienne devise de la ville « Vienne, cité sainte ».

Une lutte inégale – La présence de cette terre d'Église aux confins du Royaume et de l'Empire ne laisse pas la monarchie française indifférente. Dès 1335, Philippe de Valois annexe Ste-Colombe et fait élever une tour marquant cette prise de possession. En 1349, le Dauphiné est cédé en apanage aux fils aînés de la Maison de France. Ils vont disputer à l'archevêque la juridiction temporelle dans sa ville même ; c'est ainsi que le Dauphin Louis, futur Louis XI, se fait instituer coseigneur de la cité, concurremment avec l'archevêque.
La mainmise française apparaît totale au cours du 15e s. avec la réunion définitive de Vienne à la France.

Les temps modernes – Comparé à la prospérité de Lyon, pendant les siècles de la Renaissance et de la monarchie absolue, l'étiolement de Vienne offre un pénible contraste. L'activité commerciale s'effondre et la population diminue d'un cinquième entre 1650 et le début du 18e s. Même le pont sur le Rhône, emporté par une crue en 1651, ne sera pas rétabli avant le 19e s.
Une certaine renaissance industrielle se manifeste à la fin de l'Ancien Régime : les manufactures de drap s'alignent le long de la Gère. Le travail du cuir, le commerce des fruits et de nombreuses industries de transformation relancent de nos jours les activités locales.

★★VIENNE ROMAINE ET CHRÉTIENNE *visite : 1/2 journée*

Partir de la place St-Maurice.

★★**Cathédrale St-Maurice** (BY) – Construite du 12e au 16e s., elle apparaît comme une œuvre réunissant des éléments romans et gothiques. Le patronage de St-Maurice rappelle la vénération en laquelle étaient tenus les martyrs de la légion thébaine dans les royaumes burgondes.

Les portails – La façade offre, avec ses trois portails, une précieuse parure flamboyante. Si les guerres de Religion l'ont dépouillée des statues ornant les niches des piédroits et des tympans, la décoration ravissante des voussures est heureusement intacte.

Le **portail méridional** (à droite), de la fin du 14e s., comprend deux voussures : le rang intérieur montre des prophètes assis sous des dais ; le rang extérieur ordonne des anges musiciens groupés par deux. Les gestes et les attitudes forment un ensemble plein de vie.

Le **portail central**, dont le gâble a été coupé, date de la fin du 15e s. Il présente trois voussures dont les sculptures se lisent horizontalement. La niche intérieure abrite un épisode de la vie du Christ ; la niche centrale, la scène de l'Ancien Testament qui le préfigure ; la niche extérieure, le prophète qui avait annoncé l'événement.

Dans les niches du 3e étage à droite, on reconnaît ainsi :

– intérieurement, Jésus descendu aux Enfers, faisant ouvrir la gueule du Léviathan qui happe un petit personnage (Abel), en présence d'Adam et Ève ;

– au centre, Loth quittant Sodome en flammes, tandis que sa femme qui a tourné la tête, malgré l'interdiction divine, est changée en statue de sel ;

A. Froissardey/EXPLORER

Cathédrale St-Maurice. Anges du portail Nord (détail)

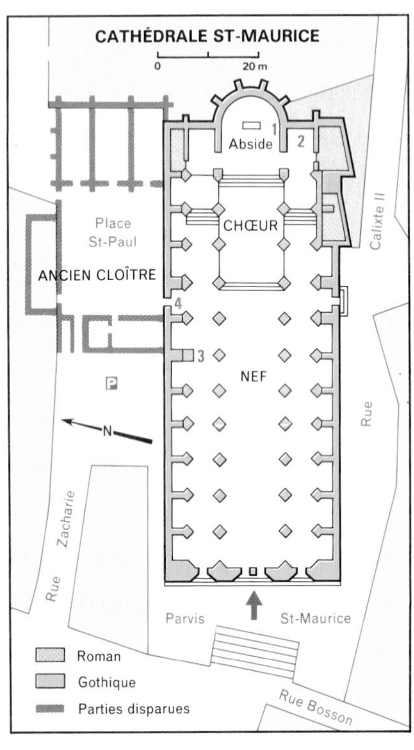

– extérieurement, le prophète Osée qui annonce la victoire du Christ sur la mort.

Les trois niches au-dessous représentent la Résurrection du Christ (soldats endormis), Jonas sortant de la baleine et le prophète Sophonie.

Dans le tympan du portail, au-dessus des colonnes torses, s'inscrivent deux statues personnifiant, à droite, l'Église, à gauche, la Synagogue.

Le **portail septentrional** (à gauche), du milieu du 15e s., est consacré à la Vierge. Au sommet de la niche centrale, deux anges, ailes repliées, apportent la couronne de la Vierge. La voussure intérieure représente des chérubins à six ailes ; sur la voussure extérieure, des anges musiciens accomplissent différentes fonctions liturgiques.

Intérieur – Long de 97 m, l'ample et lumineux vaisseau à trois nefs, dépourvu de transept, offre une admirable harmonie, malgré une construction échelonnée sur quatre siècles.

Enchâssées dans le vaisseau gothique, les sept premières travées présentent une ordonnance romane jusqu'au-dessus des grandes arcades ; survivance des souvenirs romains, les piliers sont flanqués de pilastres à l'antique et de demi-colonnes cannelées ; cette campagne de construction, du début du 12e s., est contemporaine ou légèrement postérieure au pontificat de Gui de Bourgogne.

Les quatre dernières travées de la nef ont été élevées au 15e s. en un pur style gothique ; leurs colonnes engagées s'élèvent d'un seul jet jusqu'à la naissance des ogives.

Un banc de marbre garnit le pourtour de l'abside ; le trône de l'évêque (« cathedra ») est dressé dans l'axe de la nef. Au-dessus du banc, des colonnettes soutiennent une corniche sous laquelle court une frise de marbre à incrustation de ciment brun ; une seconde frise de même style règne au-dessus du triforium.

Cette technique décorative, d'inspiration orientale – on en trouve le premier exemple à Ste-Sophie de Constantinople –, a gagné la vallée du Rhône par l'intermédiaire de l'Italie (St-Marc de Venise) ; elle caractérise l'art viennois-lyonnais : l'abside de la primatiale St-Jean à Lyon en témoigne. Les chapiteaux romans constituent un ensemble décoratif étroitement inspiré de l'antique. Ils présentent des scènes historiées (collatéral droit) ou des sujets fantaisistes ; certains témoignent d'un art de transition, avec leurs personnages enfouis dans un abondant décor végétal.

A droite du maître-autel, le mausolée (**1**) des archevêques Armand de Montmorin et Henri-Oswald de La Tour d'Auvergne (1747), dû à Michel-Ange Slodtz, figure parmi les meilleures œuvres du 18e s. en Dauphiné.

Autour du chœur, les tapisseries des Flandres représentent des scènes de la vie de saint Maurice (16e s.).

Une splendide verrière Renaissance, l'Adoration des Mages (**2**), éclaire le chevet du collatéral droit. Les vitraux des fenêtres hautes du chœur datent du 16e s. ; à la baie centrale, on reconnaît saint Maurice, cuirassé, et saint Pierre.

Le collatéral gauche conserve des sculptures intéressantes. Entre la 6e et la 7e chapelle, un grand bas-relief, du 13e s., représentant l'entrevue d'Hérode et des Rois Mages (**3**), se signale par la noblesse des attitudes. Un détail amusant est fourni par les deux têtes grotesques encadrant Hérode et symbolisant son double jeu : l'une, tournée vers les Rois, paraît les écouter avec gravité ; l'autre, hors de leur vue, ricane.

La cathédrale communiquait avec l'ancien cloître, disparu, par un passage voûté. Remarquer, à l'entrée, les chapiteaux à décor végétal d'une finesse extraordinaire. Au-dessus de l'arc, se déroule une frise de marbre blanc reproduisant les signes du Zodiaque ; ils ont été replacés, au 16e s., dans l'ordre nouveau de l'année fixé par l'édit de Roussillon *(p. 209)*, ce qui explique le décalage du chrisme (monogramme du Christ avec l'alpha et l'oméga) qui marquait à l'origine le centre de la frise.

A l'intérieur du passage, une arcature gothique encadre trois statues romanes de facture archaïque (**4**) : à gauche, saint Pierre, à droite, saint Jean l'Évangéliste et saint Paul. Les longs plis saillants, les pieds inclinés sur un support oblique évoquent l'art languedocien : on admirera la tête ascétique de saint Paul, au regard méditatif sous la lourde paupière.

Sortir de la cathédrale par le passage voûté.

A l'extérieur, la décoration de la porte Nord mêle des éléments romans et gothiques à des fragments romains. Remarquer sous l'arc en ogive la délicate frise de griffons et de feuillages ornant le linteau. Sur la place St-Paul s'étendait le cloître : aussi, le maître d'œuvre s'attacha-t-il à soigner la décoration. Les arcatures de l'ancien bas-côté roman furent remontées sur le faîte du mur fermant les chapelles gothiques ; les arcs accusent une décoration de plus en plus riche en progressant vers la façade.

Gagner la place du Palais.

★★Temple d'Auguste et de Livie (**BY B**) – C'est un édifice rectangulaire de proportions harmonieuses. Ses dimensions : 24 m de longueur, 14,50 m de largeur, 17 m de hauteur, sont à peu près les mêmes que celles de la Maison carrée de Nîmes. Une rangée de six colonnes corinthiennes supporte l'entablement, à la façade et sur les côtés ; l'ornementation sculptée est mieux conservée du côté Nord. La partie postérieure, la plus ancienne, date vraisemblablement de la fin du 1er s. avant J.-C.

Temple d'Auguste et de Livie

La façade, tournée vers l'Est, dominait le forum. Elle fut reconstruite sous le règne d'Auguste peut-être à la suite d'un incendie. Son fronton triangulaire portait une inscription de bronze à la gloire d'Auguste et de Livie, son épouse. A l'intérieur, se dressait la statue de l'empereur déifié.

Le temple a subi de nombreuses transformations. Au Moyen Âge, on en fit une église et l'on joignit toutes ses colonnes par un mur. Siège du club des Jacobins sous la Révolution, on y célébra le culte de la déesse Raison ; il fut utilisé ensuite comme tribunal, musée, bibliothèque ; ce n'est qu'au milieu du 19e s. que les colonnes furent dégagées et l'édifice restauré.

La rue des Clercs mène à l'église St-André-le-Bas.

★Église St-André-le-Bas (**BY**) ⓥ – A l'exception des parties basses du chevet, de l'abside (sauf la baie centrale), d'une grande partie du mur Sud et de quelques adjonctions postérieures, l'église dans son ensemble date du 12e s. Le grand mur pignon en pierre de taille est d'un effet décoratif original. Les trois premiers étages de la tour-clocher, restaurée, ont été édifiés au 12e s. sur une souche plus ancienne ; l'étage supérieur date du 13e s. L'ensemble de la décoration est remarquable : piliers et colonnettes des baies géminées, petites arcatures en festons retombant sur des consoles aux masques expressifs.

Pénétrer dans l'étroite cour Sud, limitée d'un côté par la base du clocher.

Le premier masque que l'on aperçoit tire une langue énorme.

La nef était primitivement couverte de charpente ; la restauration de 1152 consista à la surélever et à la voûter, ce qui nécessita la construction des arcs-boutants extérieurs et le renforcement des murs par des arcades et des piliers.

L'ensemble de la décoration des pilastres cannelés est attribué à Guillaume Martin qui a signé et daté son œuvre (1152) sur le socle du 2e pilier à droite ; les plus beaux des chapiteaux représentent Samson terrassant le lion (2e pilier à gauche - *illustration p. 38*) et Job grattant ses ulcères, à côté de sa femme qui exprime son dégoût (3e pilier). Les deux superbes chapiteaux corinthiens, à l'entrée de l'abside, proviennent d'un monument romain. Le mur Nord présente, dans un retrait, une grande statue de bois figurant saint André (17e s.), dont le visage est magnifique, et, contre la paroi un panneau de bois peint, l'Adoration des Mages 1543 *(momentanément déposée au musée des Beaux-Arts)*.

★Cloître St-André-le-Bas (**BY**) ⓥ – Ce petit cloître, de plan trapézoïdal, date du 12e s. Il présente une série d'arcatures en plein cintre, reposant alternativement sur des colonnettes géminées et des piliers délimitant les travées. Les chapiteaux sont historiés ou décorés d'animaux et de masques humains apparaissant parmi les feuillages.

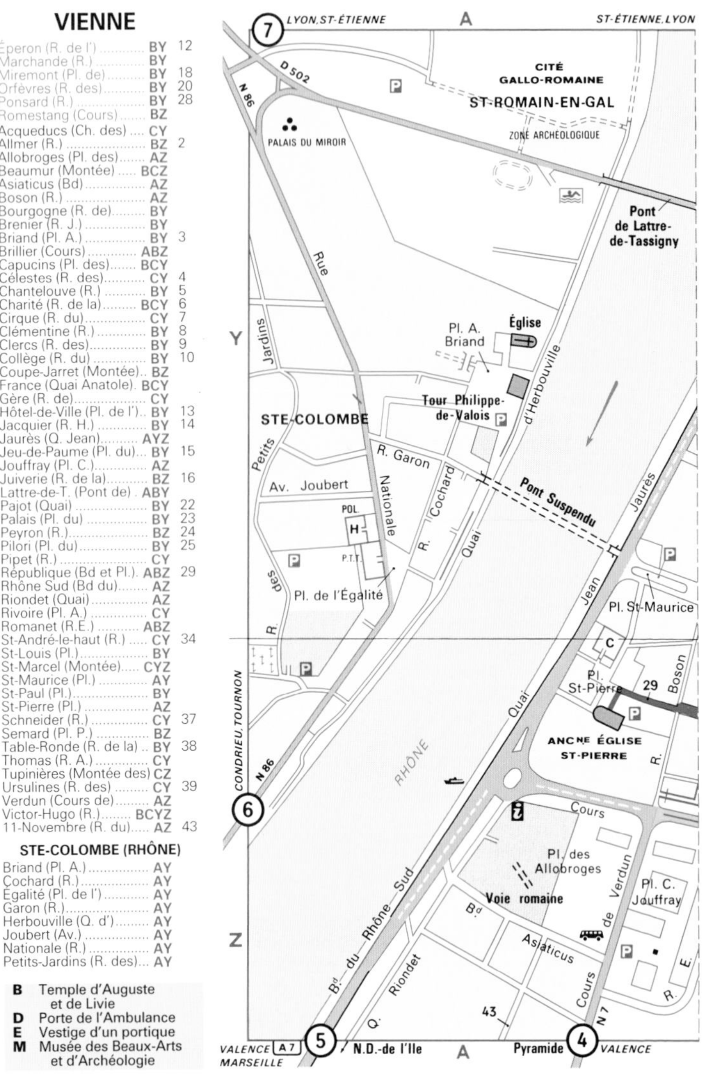

L'ornementation des colonnettes de la galerie Sud témoigne d'une certaine fantaisie : cannelures en spirale, en zigzag, ou ornées de chapelets de perles, palmettes aux tiges nouées.

Le cloître abrite une importante collection d'épitaphes chrétiennes – dont celle de Fœdula, Viennoise baptisée par saint Martin, remonte au début du 5e s. – et d'inscriptions médiévales couvrant les monuments funéraires. Dans l'angle Sud-Est sont rassemblés des fragments de chancel (clôture en pierre séparant le clergé des fidèles), à décor de tresses, de torsades et d'entrelacs (9e s.), ainsi qu'un autel en marbre blanc (11e s.) provenant de l'ancienne église St-Pierre.

De la terrasse, vue sur le Rhône et Ste-Colombe.

Par la rue de la Table-Ronde, gagner la rue Marchande.

Au n° 32, beau portail à voussures et claveau sculpté.

S'avancer dans la rue des Orfèvres.

Le n° 11 possède une cour intérieure des 15e et 16e s. ; au n° 9, belle façade Renaissance.

Faire demi-tour et prendre à droite la rue du Collège.

Église St-André-le-Haut (CY) – Anciennement chapelle du collège des jésuites, consacrée en 1725 à saint Louis, elle possède une belle façade classique.

Porte de l'Ambulance (CY **D**) – Entrée monumentale du 17e s. de l'ancien couvent de bénédictines de St-André-le-Haut.

★**Théâtre romain** (CY) ⓥ – *(Voir le plan d'un théâtre romain, p. 37.)* Abandonné depuis l'empereur Constantin, au début du 4e s., il était, en 1922, lorsque commencèrent les fouilles, enfoui sous 80 000 m^3 de terre ; son dégagement est

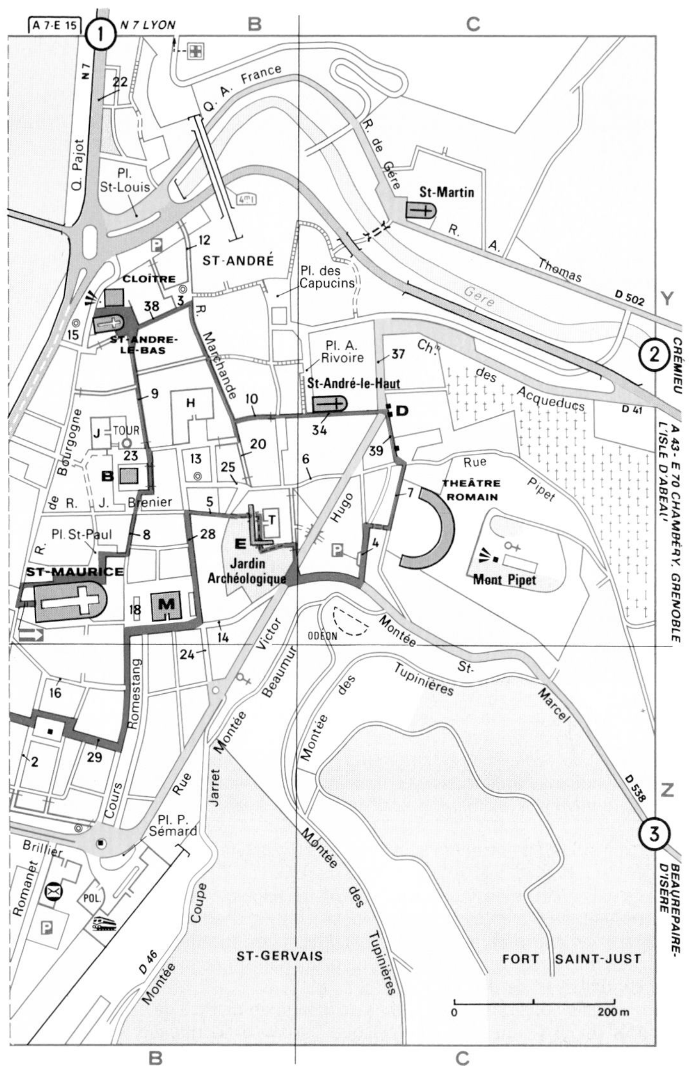

aujourd'hui achevé. C'était l'un des plus vastes de la Gaule romaine ; son diamètre (131 m) dépasse celui du théâtre d'Orange, et n'est que d'un mètre inférieur à celui du grand théâtre de Marcellus à Rome.

Adossé au mont Pipet, il comptait 46 gradins établis sur une série de galeries de circulation voûtées, bien conservées ; le petit appareil de maçonnerie des gradins était entièrement revêtu de dalles de pierre blanche. Près de 13 500 spectateurs pouvaient y prendre place. Les quatre gradins les plus proches de l'orchestre, réservés aux personnages officiels, étaient isolés des autres par une balustrade de marbre vert. Le sol de l'orchestre montre encore une partie de son dallage de marbre et le support antérieur du plancher de la scène présente la copie d'une admirable frise d'animaux dont l'original, en marbre blanc, se trouve au musée lapidaire. Enfin – disposition exceptionnelle – un temple couronnait le sommet des gradins.

Comme à Lyon, le grand théâtre se doublait d'un petit théâtre ou **odéon**. *(On ne visite pas.)* Le grand théâtre sert, en été, de cadre au **festival de jazz** *(voir p. 290)*.

Par la rue des Célestes, la montée St-Marcel, puis la rue Victor-Hugo, gagner le jardin archéologique.

Jardin archéologique (BY) – Une double arcade en pierre blanche est le vestige d'un **portique** (**E**) autrefois attribué à des thermes ; remarquer, du côté intérieur, la finesse de sa frise décorative.

A droite du portique, se dresse un mur qui fermait au Nord un **théâtre** que l'on a dit réservé aux représentations des Mystères de Cybèle. Les décrochements de ce mur correspondent aux passages d'accès aux gradins.

Par les rues Chantelouve et Ponsard, gagner le musée des Beaux-Arts.

Musée des Beaux-Arts et d'Archéologie (BY M) ⓥ – Aménagé dans une halle du 19e s., il réunit plusieurs collections : antiquités préhistoriques et gallo-romaines, faïences françaises du 18e s. (Moustiers, Lyon, Roanne, Marseille, Rouen, Nevers), peintures des écoles européennes des 17e et 18e s. et des écoles lyonnaise, viennoise et dauphinoise ; œuvres de J. Bernard, sculpteur viennois (1866-1931).
Remarquer la grande statue de bronze d'un dignitaire viennois de l'époque romaine, Pacatianus, les fragments retrouvés dans le Rhône d'une frise de dauphins en bronze, qui faisait partie de la décoration du pont romain, mais surtout l'argenterie romaine du 3e s. (coupes, plat finement ciselé à décor de scènes pastorales et de chasse) découverte fortuitement sur le site de l'actuelle place C.-Jouffray (AZ) en 1984.

Le cours Romestang, puis le boulevard de la République mènent à la place St-Pierre.

★**Ancienne église St-Pierre** (AZ) ⓥ – Transformé en musée lapidaire, cet édifice, le plus vénérable de la Vienne chrétienne, remonte au 5e s. A l'intérieur, on remarque la construction des murs latéraux présentant des arcatures aveugles à la partie inférieure ; une série de niches, remontant au 5e ou 6e s., est ménagée entre les colonnes. L'église servit surtout de basilique funéraire, des évêques de Vienne y étaient inhumés. St-Pierre, bâtie « hors les murs », eut à souffrir des dévastations des Sarrasins, vers 725, puis de celles des princes carolingiens en 882.
Au 12e s., l'abbaye de St-Pierre parvint au faite de sa prospérité. C'est alors que fut élevé, sur plan rectangulaire, le beau clocher roman *(illustration p. 38)* qui forme porche au rez-de-chaussée. Les baies de l'étage intermédiaire s'ouvrent sous des arcs trilobés, évoquant l'art du Velay. C'est à cette époque que la nef fut divisée en trois par de grandes arcades (restaurées au 19e s.).
Le **portail Sud** (12e s.) donnait autrefois sur le cloître de l'abbaye. Deux colonnettes octogonales supportent des chapiteaux symbolisant, à gauche, l'Humilité et l'Orgueil et, à droite, la Charité. L'inscription du tympan encadre une magnifique statue de saint Pierre. Il faut rapprocher cette œuvre des statues du porche Nord de St-Maurice, surtout en ce qui concerne la technique des draperies, aux longs plis presque concentriques.

★**Musée lapidaire** – Il fut constitué à l'origine par la collection de Pierre Schneyder (1733-1814). Étudiant l'architecture et la peinture, cet Alsacien, qui avait entrepris le classique voyage à Rome, fut si frappé par la beauté des monuments de Vienne qu'il s'y fixa.
A gauche et en face de l'entrée sont exposées deux œuvres romaines : une tête monumentale de Junon et une belle statue de marbre, la « Tutela » ou déesse protectrice de la ville. Les mosaïques forment un ensemble riche et varié : elles illustrent des thèmes empruntés à la mythologie (Orphée charmant les animaux au son de sa lyre – *en cours de restauration*), aux activités sportives (Athlètes vainqueurs des jeux du stade), ou présentent une ordonnance géométrique (mosaïque à décor de canthares et de fleurons).
Dans l'abside, à gauche, se trouve le beau sarcophage en marbre de saint Léonien, moine viennois du 6e s., au décor symbolique de paons becquetant des raisins. Remarquer, dans la chapelle à droite de l'abside, une Vénus accroupie, une collection d'amphores, des bustes d'empereurs et un bas-relief en marbre représentant une cérémonie de sacrifice.

AUTRES CURIOSITÉS

Le mont Pipet (CY) – *1/2 h à pied AR du bas de la rue Pipet.*
Le sommet de la colline est occupé par une chapelle et une statue de Notre-Dame de la Salette du 19e s. L'esplanade aménagée devant la chapelle offre une remarquable **vue**★ sur la ville et le magnifique vaisseau de St-Maurice. On distingue à gauche, au flanc du mont St-Just, les vestiges de l'odéon ; à droite, au-dessus de la trouée de la Gère, le mont Salomon porte les ruines du château épiscopal de la Bâtie et les bâtiments du nouvel hôpital. Le panorama trouve son ampleur dans les boucles harmonieuses du Rhône.

Ponts de Vienne (ABY) – Deux ponts relient Vienne à la rive droite du Rhône. L'ancien pont suspendu sert de passerelle pour les piétons ; le pont moderne (1949) présente une remarquable arche centrale de 108 m de portée. Un vieux pont en dos d'âne, du 15e s., franchit la Gère.
A proximité, l'**église St-Martin** ⓥ (CY), décorée de fresques de Maurice Denis, conserve un beau Christ ancien en bois sculpté.

Voie romaine (AZ) – Ce fragment de route pavée a été laissé à découvert lors de l'aménagement du jardin public. Remarquer les sillons creusés par les roues des chars, le trottoir qui bordait d'un côté la chaussée et une borne milliaire du début du 4e s.

Pyramide – *Sortir par ④ du plan et prendre à droite le boulevard F.-Point.*
Elle repose sur un petit portique carré. L'ensemble, haut d'une vingtaine de mètres, décorait le terre-plein central du vaste cirque de Vienne au 4e s.

Au Moyen Âge, on crut y reconnaître le tombeau de Ponce Pilate ; selon la légende, le procureur, ayant quitté Jérusalem pour Vienne, se serait, en proie au remords, jeté dans le Rhône. Le nom du massif du Pilat (une légende analogue court sur le mont Pilate, près de Lucerne, en Suisse) aurait pour origine cet événement.

Église N.-D. de l'Île – *Accès par le quai Riondet* (**AZ**).
Le clocher de cette humble église, dont les parties anciennes remontent aux 12e et 13e s., se dresse à l'entrée Sud de Vienne, en bordure de l'autoroute.

ST-ROMAIN-EN-GAL ET STE-COLOMBE (AY)

visite : environ 2 h

St-Romain-en-Gal et Ste-Colombe, sur la rive droite du Rhône, sont situées dans le département du Rhône ; Vienne en face se trouve dans le département de l'Isère. Dans l'Antiquité, ces trois localités formaient un ensemble urbain unique.

★**Cité gallo-romaine de St-Romain-en-Gal** ⓥ – Les fouilles pratiquées sur ce site, depuis 1967, ont mis au jour un quartier urbain, comprenant à la fois des villas somptueuses, des commerces, des ateliers d'artisans et des thermes. Les vestiges actuellement dégagés sur plus de 2 ha attestent une occupation allant de la fin du 1er s. avant J.-C. au 3e s. après J.-C., mais la structure de ce quartier ne correspond pas au schéma habituellement adopté par les Romains (quadrillage de rues) : trois voies et deux ruelles déterminent cinq îlots irréguliers, incomplètement dégagés. La grande **voie I**, Est-Ouest, est bordée par un portique. Les **voies II** et **III**, qui suivent approximativement une orientation Nord-Sud, se rejoignent au Nord du site.
Ces voies sont faites de grosses dalles de granit lisse et recouvrent des égouts collectant les eaux usées et les rejetant dans le Rhône.

Musée – Situé près de l'entrée, il rassemble quelques produits des fouilles effectuées à St-Romain-en-Gal : vases et coupelles en céramique, fragments de mosaïques découvertes dans les riches villas, stèle dédiée au dieu gaulois Sucellus. Une maquette de la maison des dieux océans évoque l'importance de cette villa gallo-romaine.

Habitat – A l'entrée du site, la **maison des dieux océans** est une vaste demeure orientée Nord-Sud, qui s'inscrit dans un rectangle de 110 m de long et 24 m de large et qui, à part l'entrée située au Sud, ne comporte pas d'ouverture vers l'extérieur. Le sol du vestibule était revêtu d'une mosaïque comportant des têtes de dieux océans barbus et chevelus et des motifs marins. Vient ensuite un petit jardin à péristyle cernant deux bassins : l'un en U, l'autre, rectangulaire. Le grand jardin à portique, au Nord, occupant le tiers de la surface est légèrement désaxé par rapport aux autres pièces. A l'Ouest, on peut observer un système, restauré, de chauffage par **hypocauste** (**1**) – *voir p. 37*.
Au Nord de la maison des dieux océans s'étend la **maison aux cinq mosaïques**, tirant son nom des différents pavements que l'on a découverts, entre autres, dans le péristyle, le triclinium (salle à manger) et la salle de réception.
Au Nord-Est du site, au-delà de la voie III se trouve une autre zone d'habitat avec des maisons et des **thermes** où l'on retrouve le plan classique adopté par les Romains : l'hypocauste, le caldarium (salle chaude), le tepidarium (salle tiède) et le frigidarium (salle froide).

Ateliers, boutiques et entrepôts – Ils sont irrégulièrement répartis sur le site. Entre la maison des dieux océans et la voie III, s'étendent plusieurs salles dont l'une (**2**) montre un ingénieux dispositif pour la conservation des denrées périssables : des amphores sphériques, soigneusement rangées, sont fichées en terre par le col, créant ainsi un vide sanitaire.

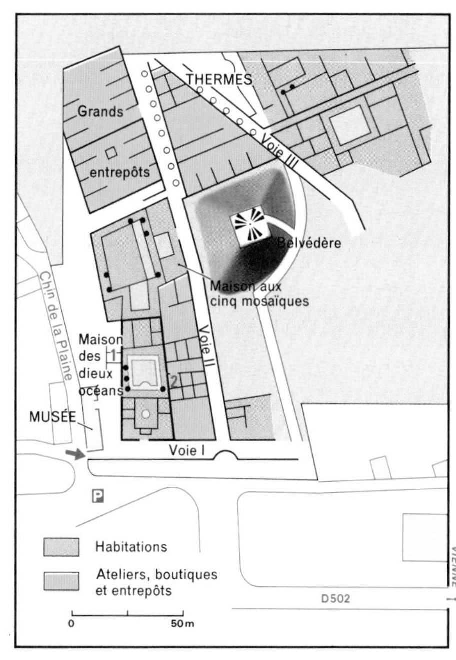

Bordant la voie II, au Nord-Ouest, les **grands entrepôts**, ou « horrea », s'étendent sur 3 000 m² (une partie est couverte par des jardins potagers). La façade Est est percée par une entrée unique, adaptée au passage des charrettes. Autour de la cour centrale s'articulent des compartiments dont le sol était assaini par un système d'amphores retournées.
L'îlot triangulaire formé par les voies II et III est un quartier artisanal bordé à l'Est et à l'Ouest par des portiques. Les salles du bâtiment Nord recèlent un système de canalisations ; lui fait suite, au Sud, un atelier composé de neuf pièces s'ordonnant autour d'une cour. La présence de bassins dans certaines pièces fait penser à une activité de foulons ou de teinturiers. La base du triangle, dite « le marché », est occupée par des ateliers et des boutiques.
La découverte de produits colorants, à l'angle des voies I et II, atteste l'existence d'un petit atelier de teinturier.

Belvédère – Aménagé sur les déblais des fouilles, il permet d'avoir une bonne **vue** d'ensemble de la partie du site, actuellement dégagée.

Ste-Colombe (AY) – Ce faubourg était couvert à l'époque romaine de luxueuses résidences, décorées d'œuvres d'art et d'immenses mosaïques. Les découvertes les plus importantes ont été faites au palais du Miroir (AY), vastes thermes appelés ainsi au 17ᵉ s. parce que l'on prenait l'une de ses piscines pour un miroir d'eau ; ses vestiges sont visibles à la limite de Ste-Colombe et de St-Romain-en-Gal.

Tour Philippe-de-Valois (AY) – Elle se dresse à proximité du Rhône. Philippe de Valois la fit construire en 1343, après l'annexion de Ste-Colombe au domaine royal.

Église (AY) ⌚ – Cette ancienne chapelle mérite une visite pour son remarquable **groupe sculpté★** du 14ᵉ s., en marbre blanc : sainte Anne instruisant la Vierge (à gauche en entrant).

ENVIRONS

Croisières en bateaux-mouches (AZ) ⌚ – Des possibilités sont offertes pour effectuer le parcours Vienne-Lyon dans les deux sens en saison.

Ternay – *Schéma p. 194. 13 km. Quitter Vienne par ①, N 7, et tourner dans la D 150ᴱ à gauche.*
L'**église** (12ᵉ s.), perchée sur le rebord du coteau dominant le Rhône, est un intéressant témoin de l'école romane rhodanienne. Autrefois dédiée à saint Mayol, elle appartenait à un prieuré clunisien. La partie supérieure de la façade Ouest, la façade Sud et les absidioles sont composées de rangs de briques et de tuf alternés.
A l'intérieur, la partie la plus attachante est l'abside principale, avec sa voûte en cul-de-four et son arcature à pilastres. Les sculptures des chapiteaux forment un ensemble intéressant. Au Sud de l'église, voir les vestiges du cloître.

Beauvoir-de-Marc – *19 km. Quitter Vienne par ②, D 502, et, à la Détourbe, prendre la D 53ᴮ à gauche.*
La petite **église** des 11ᵉ-14ᵉ s., avec son plafond en bois peint à 70 caissons, occupe un site perché d'où part un sentier menant au sommet de la butte – remarquer, dans le tuf des talus, les couches de cailloux roulés. Au pied de la statue de la Vierge (table d'orientation), **panorama★** sur les collines du Viennois, dominées à l'Ouest par la masse sombre du mont Pilat.

St-Mamert – *13 km. Quitter Vienne par ④, N 7, et tourner à gauche dans la D 131ᴬ.*
La **chapelle St-Mamert** au clocher-mur du 11ᵉ s. et intérieur du 17ᵉ s. restauré est construite sur une terrasse de galets d'où la vue s'étend sur le massif du Pilat.

VILLARS-LES-DOMBES

3 415 habitants (les Villardois)

Cartes Michelin n° 88 pli 8 ou 244 pli 4 – Schéma p. 95.

Au cœur de la Dombes, Villars-les-Dombes est bâtie sur la rive droite de la Chalaronne.

Église ⌚ – Cet édifice gothique, à nef lambrissée, présente une décoration flamboyante. Au fond de l'abside, à droite, remarquer une intéressante **Vierge à l'Enfant★** du 18ᵉ s.

★ **Parc ornithologique** ⌚ – *Situé au Sud de Villars, à 1 km, sur la N 83.*
Situé sur l'un des principaux axes de migration en Europe, le parc présente sur 23 ha, dont 10 en étangs, plus de 2 000 oiseaux appartenant à 400 espèces des 5 continents : de l'autruche africaine à l'oiseau-mouche sud-américain et au manchot austral. La toiture de la grande volière des hérons accueille des cigognes sauvages qui s'y reproduisent chaque année.
Un petit train permet de faire le tour des enclos et du grand étang sur lequel viennent se réfugier en hiver des milliers de canards sauvages.

A l'entrée, la « Maison des Oiseaux » héberge dans une atmosphère chaude et humide des oiseaux exotiques, rivalisant de couleurs : tangaras d'Amérique du Sud, gouras de Nouvelle-Guinée, toucans. La halle voisine présente un ensemble de véhicules lourds de la Fondation M. Berliet qui retrace de 1913 à 1920 l'évolution technique du camion militaire et civil. De la terrasse, la vue embrasse l'ensemble du parc et la campagne environnante.
Une autre attraction est le local des gorfous sauteurs, sortes de manchots habitant les terres australes et antarctiques. Dans le même bâtiment, un étang de la Dombes reconstitué, en coupe, fait connaître la faune aquatique locale. La visite le long des enclos permet de découvrir vautours, flamants roses, ibis, pélicans, nandous, émeus et autruches en semi-liberté. Des volières abritent des petits échassiers, des rapaces diurnes et nocturnes, des faisans et des colombes. En liberté dans les prairies, grues et paons...
Dans une volière géante vivent et se reproduisent les grands oiseaux de la Dombes : hérons cendrés, hérons bihoreaux et aigrettes. Sur l'un des poteaux métalliques, des cigognes blanches ont installé leur nid.

M. Denis-Huot/HOA QUI

Parc ornithologique de Villars-les-Dombes. Héron pourpré

VILLEFRANCHE-SUR-SAÔNE

Agglomération, 55 249 habitants (les Caladois)
Cartes Michelin n° 88 pli 7 ou 244 plis 2, 3 – Schémas p. 70 et 95.

Cité industrielle et commerçante, Villefranche est la capitale du Beaujolais.
Les sires de Beaujeu créèrent cette ville autour de la tour de péage de Limans, en 1140, pour faire pendant à la forteresse d'Anse appartenant aux archevêques de Lyon. Elle se développa rapidement et, en 1260, Guichard IV de Beaujeu accorda aux habitants une charte de libertés et franchises d'où son nom de « Villefranche ».
Autrefois, les commerçants avaient coutume de tenir marché sur le parvis de l'église qui était pavé de pierres plates appelées « calades ». « Aller à la calade » signifiait « aller à la ville », et le nom de « Caladois » est resté pour désigner les habitants de Villefranche.

Mouraret/ICONOS Lyon

« La vague »

VILLEFRANCHE-SUR-SAÔNE

Nationale (R.) .... BYZ

Belleville (R. de) .... BY 5
Carnot (Pl.) .... BZ 9
Faucon (R. du) .... BY 19
Fayettes (R. des) .... BZ 20
Grange-Blazet (R.) .... BZ 23
Marais (Pl. des) .... BZ 32

République (R. de la) ..... AZ 41
Salengro (Bd Roger) ...... AY 46
Savigny (R. J. M.) .... AZ 47
Sous-Préfecture (Pl.) ...... AZ 49
Sous-Préfecture (R.) ...... AZ 50
Stalingrad (R. de) .... BZ 52

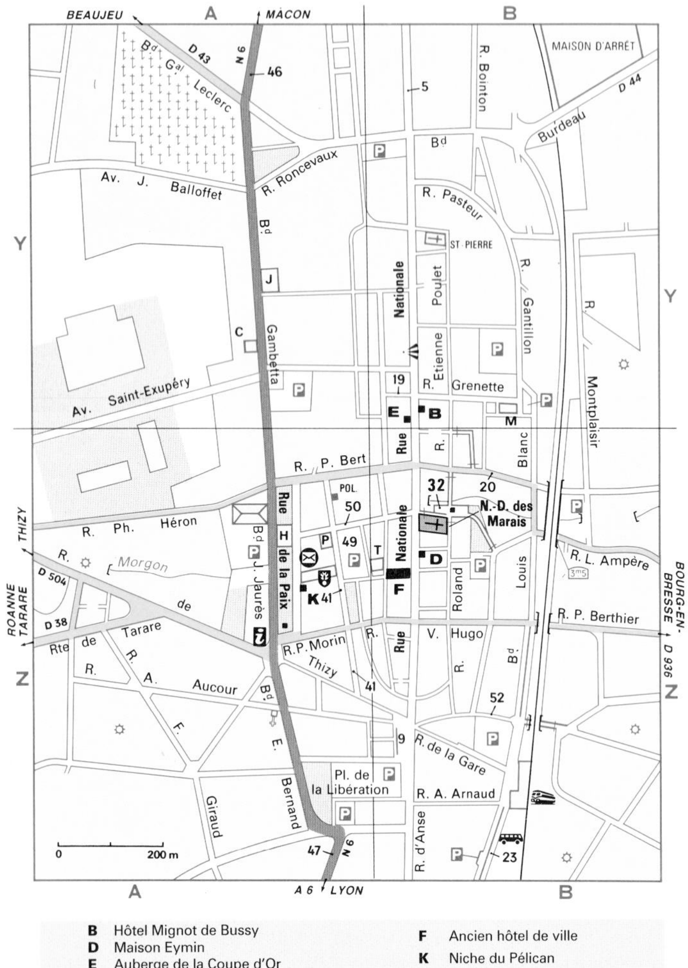

Le mode de numérotation des rues caladoises est fondé sur le système métrique qui prend en compte la distance depuis le début de la rue.
La numérotation débute depuis la rue Nationale et depuis le Nord de la ville.

« La Vague » – Chaque année, le dernier dimanche de janvier a lieu la **fête des conscrits** qui anime la ville vers 11 h du matin par un défilé haut en couleur. Dans un décor de mimosas et d'œillets, les hommes de 20 à 80 ans, au coude à coude, forment « la vague » de l'amitié. Ils défilent dans la rue Nationale en costume noir, coiffés d'un gibus orné d'un ruban de couleur différente selon la décennie (20 ans, 30 ans, etc.).

Villefranche aujourd'hui – En dehors de son rôle dans le négoce des vins, Villefranche doit sa notoriété aux vêtements de travail inventés en ces lieux en 1887 par **Joannès Sabot**. Cette industrie s'est surtout spécialisée dans la confection de vêtements de sport, dans la chemiserie et la bonneterie. La ville vit également d'industries métallurgiques, mécaniques et agro-alimentaires.

CURIOSITÉS

Vieilles demeures caladoises ⓥ – Érigées et transformées entre le 15e et le 18e s., elles bordent, de part et d'autre, la **rue Nationale** (**BYZ**). Elles doivent l'étroitesse de leurs façades à un article de la charte de 1260 prescrivant pour les nouveaux habitants, en contrepartie de la gratuité du terrain et des libertés et franchises accordées, une redevance annuelle de trois deniers par toise de largeur de façade (une toise équivalait à 1,95 m environ).

Côté impair – Remarquer les nos 375 (allée voûtée d'ogives), 401 (escalier à vis ajouré du 16e s. dans la cour) et, au n° 17 de la rue Grenette (**BY**), la tourelle d'escalier à claires-voies. Dans la cour du n° 507, le puits est surmonté d'un dais en coquille. Au n° 523, l'hôtel **Mignot de Bussy** (**BY B**) forme un bel ensemble Renaissance avec son escalier à vis, ses fenêtres à meneaux et sa niche à coquille qui abrite une élégante statue. Au n° 561, derrière la façade de 1760, une voûte d'ogives retombant sur des culots sculptés mène à une cour du 16e s., au crépi rose.
La **maison Eymin** au n° 761 (**BZ D**) présente une façade du 18e s. avec voûtes sur quatre niveaux dans la cour, armoiries martelées et élégante tourelle abritant un escalier à vis. Au n° 793, l'ancienne demeure de la famille Roland de la Platière, signalée par un médaillon et une plaque commémorative, possède un escalier monumental pourvu d'une belle rampe en fer forgé.

Côté pair - Du n° 400, on a une bonne vue sur la tour polygonale et la balustrade en pierre sculptée de la maison Renaissance italienne située au n° 407, en face. Au n° 476, à l'angle formé avec la rue du Faucon (**BY 19**), se dresse une maison du 15e s. à encorbellement et pans de bois. Au n° 486, au fond de l'allée, à droite, un bas-relief Renaissance montre deux angelots joufflus présentant des armoiries avec la date de 1537.
L'**auberge de la Coupe d'Or** (**BY E**), au n° 528, transformée au 17e s., était la plus ancienne auberge de Villefranche (fin du 14e s.). A l'angle avec la rue Paul-Bert, au n° 596, deux jolies façades : celle de droite est de la fin du 15e s. avec ses gâbles en accolade ornés de choux frisés et de pinacles à crochets ; celle de gauche, Renaissance, présente des fenêtres moulurées à meneaux, où s'intercalent des médaillons.
Remarquer la niche d'angle, gothique, au n° 706.
Le passage au n° 810 mène à une cour restaurée (puits, galerie et tourelle).
L'ancien **hôtel de ville** au n° 816 (**BZ F**), pillé en 1562 par les troupes du baron des Adrets, fut terminé en 1660. La façade, en pierres dorées de Jarnioux *(p. 72)*, possède un portail en chêne orné de clous forgés et d'une imposte à panneaux rayonnants. Au n° 834, la maison édifiée à la fin du 15e s. possède une jolie cour avec une haute tourelle à pans coupés logeant un escalier à vis. Le blason est aux armes de Pierre II de Bourbon et d'Anne de Beaujeu.

Rue de la Paix (**AZ**) – Sur la façade du bâtiment jouxtant la poste au Sud, a été rapportée de la rue Nationale la **niche du Pélican** (**AZ K**), sculpture gothique décorée de fleurons et de pinacles. En retrait, à côté, également rapporté de la rue Nationale, se dresse un gracieux puits Renaissance.

Place des Marais (**BZ 32**) – Jouxtant l'église au Nord-Est, cette place agrémentée d'une fontaine carrée est bordée de bâtiments modernes à arcades aux tons roses et ocre. Dans le prolongement de la place, à l'angle avec la rue Nationale, une inscription rappelle l'octroi, en 1260, de la charte de Villefranche. Au-dessus, une décoration en céramique représente Pierre II de Bourbon et Anne de Beaujeu, en orants, d'après le fameux triptyque du Maître de Moulins *(voir le guide Vert Michelin Auvergne)*.

Église N.-D.-des-Marais (**BZ**) ⓥ – Un jour, dans les marais qui entouraient Villefranche, des bergers trouvèrent une statue de la Vierge. On la transporta solennellement dans l'église Ste-Madeleine. Le lendemain elle avait disparu, elle était retournée dans le marais. Les habitants de Villefranche s'empressèrent alors de construire une chapelle à cet emplacement.
Seul subsiste de la chapelle primitive du 13e s. un petit clocher de style roman, au-dessus du chœur. L'église a subi de nombreux remaniements : la tour centrale est du 15e s., la somptueuse façade flamboyante du 16e s. a été offerte par Pierre II de Bourbon et Anne de Beaujeu, la flèche, détruite lors d'un incendie survenu en 1566, a été reconstruite en 1862. A l'intérieur, la nef surprend par son élévation ; jolie voûte ouvragée à clefs pendantes ; orgues de 1835, dues au facteur J. Callinet. Sur la façade Nord, remarquer les gargouilles ; l'une d'elles représente la luxure.

VILLENEUVE-DE-BERG

2 290 habitants

Cartes Michelin n° 80 pli 9 ou 246 plis 21, 22 – Schéma p. 82.

Cette cité paisible de caractère méridional établie sur la pente d'un plateau rocailleux a conservé quelques vestiges de ses anciens remparts du 14e s.

Une création politique – Au 13e s., les Capétiens s'emploient à étendre l'influence royale en Vivarais. De leur côté, les abbés de Mazan cherchent un protecteur. Philippe le Hardi saisit l'occasion et signe, en 1284, un traité de « pariage » avec l'abbaye de Mazan, propriétaire de la terre de Berg : le traité prévoit la création d'une ville forte pourvue d'une charte avantageuse pour les habitants. Droits de propriété et de juridiction sont partagés entre les deux cosignataires. La ville, bâtie en six ans, resta capitale judiciaire du Bas Vivarais jusqu'à la Révolution.

Les guerres de Religion furent particulièrement meurtrières dans la région, malgré les efforts d'apaisement prodigués par **Olivier de Serres**, gentilhomme huguenot originaire de la ville (1539-1619), rendu célèbre par ses innovations en matière agricole *(voir p. 28)*. Villeneuve-de-Berg est également la patrie d'**Antoine Court** (1695-1750) qui s'efforce après la guerre des Camisards de restaurer le protestantisme en Vivarais.

LA VIEILLE VILLE *visite : 1/2 h*

Elle vaut surtout par la physionomie du quartier qui s'étend au Sud de la N 102 : rues entières avec leurs alignements de portes cochères, d'hôtels à tourelle d'escalier Renaissance, à balcons ou impostes en fer forgé.

Laisser la voiture sur la place Olivier-de-Serres, ou la place de l'Esplanade.

Point de vue – Du terre-plein, où est érigée la statue d'Olivier de Serres, on découvre un bel horizon, du mont Lozère au plateau du Coiron. La tour de Mirabel se détache au premier plan à droite.

Prendre en contrebas de la place Olivier-de-Serres la rue du Barry qui longe l'enceinte de l'ancienne bastide royale.

Porte de l'Hôpital – Du 14e s., elle montre un écusson aux armes fleurdelisées à côté de la crosse des abbés de Mazan.

Maison natale d'Olivier de Serres – Située à l'angle de la rue St-Louis et de la Grande-Rue, elle est ornée d'une statue de la Vierge abritée dans une niche.

Hôtel de Barruel – *Au n° 4 de la Grande-Rue.*
Bâti au 15e s. par Charles des Astars, bailli du Vivarais, cet hôtel seigneurial abrita l'assemblée des États Généraux de 1789.

Église St-Louis – L'édifice (13e s.) laisse apparaître, par ses lignes sobres, l'influence cistercienne de Mazan. A l'intérieur, deux retables baroques des 17e et 18e s. et une chaire en bois sculpté ornée à la base d'un magnifique aigle du 17e s.

ENVIRONS

Le Pradel – *7 km, au Nord de Villeneuve par les D 258, 458, 458A et une route à droite – schéma p. 82.*
Dans ce domaine, Olivier de Serres *(p. 28)* perfectionna des méthodes de culture qui allaient transformer l'agriculture française au début du 17e s. ; c'est aujourd'hui une ferme-école. Le mas a été reconstruit au 17e s. par Denis de Serres, fils d'Olivier.

Haute vallée de l'Ibie – *12 km par la D 558, au Sud, qui suit la haute vallée de l'Ibie sur la bordure Ouest du plateau des Gras (p. 104).*

St-Maurice-d'Ibie – Sobre **église** Ⓥ romane dont l'abside est décorée de curieux médaillons peints aux couleurs vives (17e-18e s.).

Les Salelles – Village remarquable par l'ensemble de ses maisons montrant différents types de couradous *(voir p. 41)* qui comptent parmi les plus beaux du Vivarais.

Grottes de Montbrun – *13 km – plus 3/4 h à pied AR. Quitter Villeneuve-de-Berg par la N 102, en direction de Viviers ; à St-Jean-le-Centenier, prendre à gauche la D 7 ; à environ 6 km, sur le plateau, s'embranche à droite la route d'accès aux Balmes. Laisser la voiture à hauteur d'une ferme (panneau).*
Un ravin étroit présente des parois percées de grottes (balmes) ayant servi d'habitations troglodytiques. Pour en avoir le meilleur aperçu, descendre sur le flanc gauche du ravin par un sentier difficile. Sur ce versant se trouvent les balmes les plus curieuses, à deux étages ; la plus vaste s'ouvre sur un petit replat gazonné et montre, à l'intérieur, des banquettes taillées à même le roc.

Villages-belvédères du plateau du Coiron – *circuit de 45 km - environ 2 h 1/2. Description p. 82.*

Corniche du VIVARAIS CÉVENOL★★

Cartes Michelin n° 80 plis 7, 8 ou 240 plis 3, 7.

La route, tracée en corniche, passe d'un versant à l'autre dans les montagnes du Vivarais cévenol *(p. 18)* et révèle de superbes vues tantôt sur les serres désolés s'étendant de la Drobie au Tanargue, tantôt vers les collines de la Basse Ardèche.

DE LA BASTIDE-PUYLAURENT À JOYEUSE

49 km – environ 2 h

La Bastide-Puylaurent – Le village a été créé au 19e s. lors de la construction de la ligne de chemin de fer Paris-Nîmes. C'est une agréable et fraîche station estivale située dans la haute vallée de l'Allier dont les versants sont couverts de bois et de pâturages.

Quitter la Bastide à l'Est par la D 906, et prendre à gauche la D 4.

Meyssonnier/CAMPAGNE CAMPAGNE

La corniche du Vivarais cévenol

Trappe de N.-D.-des-Neiges – Cette abbaye cistercienne, fondée en 1850, est isolée au milieu des bois de résineux et de hêtres, dans un cirque de montagnes, à l'abri des vents qui balayent les hauts plateaux du Vivarais. Les bâtiments actuels ont été bâtis à la suite d'un incendie survenu en 1912 à l'ancien monastère édifié sur la hauteur.
C'est dans cette ancienne abbaye que **Charles de Foucauld**, explorateur et religieux (1858-1916), fit son noviciat, de janvier à juin 1890. Cet ancien officier est l'auteur de divers ouvrages dont un dictionnaire touareg-français.
Au cours de la descente rapide sur St-Laurent-les-Bains, un virage à gauche offre une **vue**★★ à l'entrée de la trouée de la Borne.

St-Laurent-les-Bains – Resserrée au creux d'un étroit vallon, cette petite station thermale traite les différentes formes de rhumatismes. De la rue principale, où se trouve une fontaine chaude (53°), on a une jolie vue sur l'arête portant les vestiges d'une vieille tour.
La route franchit la Borne par une descente, puis une remontée impressionnantes ; elle traverse ensuite une belle forêt de pins, à laquelle succède le paysage désolé des hauts serres schisteux.
Remarquer, à droite, le **Petit Paris**, hameau isolé au-dessus de blocs granitiques.
Sur un replat, peu avant Peyre, **vue**★, à droite, sur le village de Thines, en contrebas, isolé sur un piton *(voir à ce nom)*.

Poursuivre dans la D 4 traversant Peyre.

A partir de Peyre, apparaît la vigne annonçant la nature méridionale.

Par Planzolles et Lablachère, gros bourg vigneron, gagner Joyeuse.

L'éclatante blancheur du bas-pays calcaire avec ses vignobles et ses garrigues contraste avec le décor de serres schisteux du début de l'itinéraire.

Joyeuse – *Page 110.*

VIVIERS★

3 407 habitants (les Vivarois)

Cartes Michelin n° 80 pli 10 ou 246 pli 22 – Schéma p. 196.

C'est une vieille ville épiscopale, créée au 5e s., qui a donné son nom à la province du Vivarais. Elle doit à son site, resserré entre la colline de la Joannade et le piton rocheux, qui porte la ville haute, d'avoir échappé au développement industriel. Seules les carrières exploitées par les frères Pavin vers 1750 au lieu dit « Lafarge » (au Nord de la localité), pour produire divers ciments, témoignent de l'évolution d'une petite entreprise ardéchoise en société de rang international.
La ville ecclésiastique, construite au pied de sa cathédrale, domine l'entrée du Rhône dans le défilé de Donzère. Le contraste des falaises d'une rive à l'autre, les pitons détachés au milieu de la trouée, la puissance maîtrisée du fleuve en aval de la centrale de Châteauneuf forment un pittoresque tableau.

Les évêques de Viviers – Après qu'Alba, capitale romaine de l'Helvie *(voir p. 48)*, fut tombée en ruine, l'évêque Ausonne se fixe à Vivarium, au confluent de l'Escoutay et du Rhône où la cité avait son port, au pied d'un rocher portant un castrum romain. Une première cathédrale est bâtie sur le rocher. Dès le 5e s., la ville haute est fortifiée. En 1119, le pape Calixte II inaugure une nouvelle cathédrale romane. Un collège de chanoines s'installe au Château-Vieux, qui, ceint de remparts encore visibles, devient un quartier ecclésiastique.
De nombreuses donations, une politique habile font peu à peu des évêques de Viviers les suzerains d'un immense domaine, sur la rive droite du Rhône : le Vivarais. Ils défendent âprement son indépendance contre les convoitises des comtes de Toulouse, partageant avec eux la propriété des mines de Largentière et battant leur propre monnaie. En 1248, Saint Louis, en partance pour la 7e croisade, est leur hôte au Château-Vieux.
A la fin du 13e s., la monarchie française cherche à s'étendre dans la vallée du Rhône. Finalement, l'évêque de Viviers reconnaît, en 1308, la suzeraineté du roi de France : une grande partie du Vivarais devient terre du « Royaume », la rive gauche du Rhône demeurant terre d'« Empire », sous la lointaine dépendance des empereurs d'Allemagne.
Au pied du rocher, à l'intérieur d'un second système de remparts se développe une cité médiévale. Des tours de défense et des principales portes ne subsiste que l'actuelle tour de l'Horloge (**A**), très remaniée au 19e s. En 1498, Claude de Tournon, ancien aumônier d'Anne de Bretagne, devient évêque de Viviers. Il fait détruire la cathédrale romane et élever un chœur gothique flamboyant.
Noël Albert, parvenu enrichi dans le commerce du sel et la perception des impôts, fait construire la façade Renaissance de la « maison des Chevaliers ». Devenu chef des protestants, il prend d'assaut la cité ecclésiastique : la cathédrale est en partie ruinée, le cloître et les bâtiments canoniaux détruits. Noël Albert est arrêté, décapité, mais l'évêque a quitté Viviers et il faudra attendre 1731 pour qu'il y revienne. Cette année-là, François Reynaud de Villeneuve entreprend la construction de l'actuel évêché sur les plans de l'architecte avignonnais J.-B. Franque.
Au lendemain de Noël, Viviers organisait comme les villes du Midi, au Moyen Âge, la « fête des fous », parodie fort irrévérencieuse des coutumes ecclésiastiques mettant en scène des membres du clergé avec un « évêque fou » qui « gouvernait » la cité pendant trois jours. Les réjouissances et les libations entraînèrent de tels excès que les évêques interdirent la fête, qui reprit sous une forme moins licencieuse, jusqu'au 18e s.

★LA VIEILLE VILLE *visite : 1 h* ⊙

La ville ecclésiastique est distincte de la ville basse massée au couchant sur le versant le moins abrupt du rocher. Elles communiquent par la **porte de la Gâche** (**B**) à l'Ouest et la **porte de l'Abri** (**B**) au Sud. Les maisons de la ville basse, serrées les unes contre les autres, sont couvertes de tuiles creuses ; leurs murs gouttereaux (qui portent les gouttières) sont souvent couronnés de génoises *(voir p. 41)* ; parfois, les parois sont en moellons de calcaire avec quelques éléments de basalte. Elles comportent généralement deux étages au-dessus du rez-de-chaussée occupé par une cave haute ou une échoppe. Rares sont celles qui n'ont pas gardé un aspect médiéval, en dépit des nombreuses transformations opérées au cours des siècles.
A l'inverse, les demeures de la ville ecclésiastique cachent leurs jardins et leurs cours derrière des murs nus où s'ouvrent des portes souvent en plein cintre, parfois surmontées de blasons.

Laisser la voiture sur la place de la Roubine. La rue J.-B.-Serre puis la Grande-Rue mènent à la place de la République.

Maison des Chevaliers (**A**) – Dite aussi maison Noël Albert *(voir ci-dessus)*, elle fut élevée en 1546. Sur la belle façade Renaissance, observer les quatre personnages en haut-relief de la partie basse, séparés par des consoles décorées d'acanthe et des écussons armoriés surmontés chacun d'un heaume. Remarquer, au 1er étage, le riche encadrement des fenêtres constitué de colonnes et de pilastres cannelés aux chapiteaux ioniques ; aux linteaux, entre les consoles, des crânes de béliers et des guirlandes de feuillages. Au-dessus, deux bas-reliefs sculptés : à gauche, une chevauchée de cavaliers, à droite, un tournoi de chevalerie.
Sur la droite, franchissant la rue de la République, un arceau percé de petites baies gothiques est décoré de plusieurs têtes sculptées.

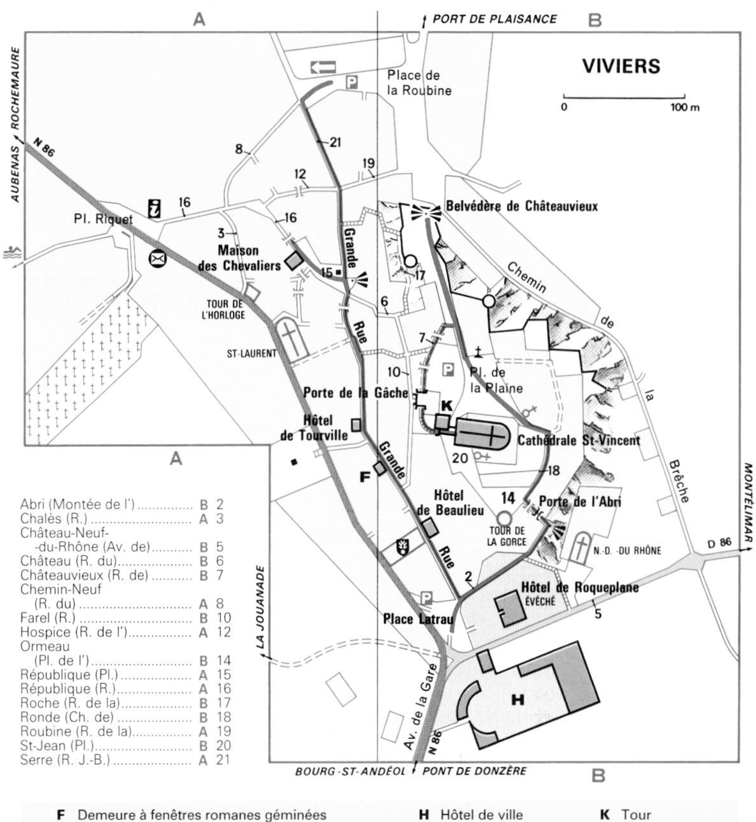

Grande-Rue (AB) – Elle est bordée de façades soigneusement appareillées. Certaines possèdent des portails cossus surmontés de balcons en fer forgé comme les **hôtels de Tourville et de Beaulieu** (18e s.). Parfois, des détails pittoresques agrémentent les demeures comme les belles fenêtres romanes géminées réunies par une colonne à chapiteau (**F**).

De la Grande-Rue part un réseau de ruelles transversales, étroites, coupées d'escaliers et souvent enjambées d'arceaux.

Passant l'emplacement de l'ancienne porte de Latrau, on débouche sur une place, plantée de platanes.

Place Latrau (B) – Elle est bordée par deux bâtiments élevés entre 1732 et 1738 par J.-B. Franque, qui, par leur symétrie classique et leur appareillage soigné, forment de beaux exemples de l'architecture du 18e s. à Viviers : l'ancien évêché, précédé d'un jardin, abrite l'**hôtel de Ville** (**H**) ; l'**hôtel de Roqueplane** est le siège de l'actuel évêché.

Prendre la montée de l'Abri, raide, qui débouche sur la place de l'Ormeau.

Elle procure une bonne vue sur l'entrée du défilé de Donzère et la chapelle N.-D. du Rhône, reconstruite par J.-B. Franque.

Place de l'Ormeau (B **14**) – Bordée d'anciennes maisons de chanoines du 17e s., elle doit son nom à un ormeau plusieurs fois centenaire qui périt en 1976 ; un nouveau sujet le remplace.

De la place, on découvre la riche décoration flamboyante du chevet de la cathédrale.

Contourner la cathédrale par le chemin de Ronde ; de la place de la Plaine un passage mène à une vaste terrasse.

Belvédère de Châteauvieux (B) – Établi sur une acropole naturelle, autrefois battue par le Rhône, en période de crue, il domine de 40 m la place de la Roubine. La **vue** s'étend d'Ouest en Est sur les vieux toits de la cité, la tour de l'Horloge, l'énorme entaille des carrières de Lafarge, les tours réfrigérantes de la centrale de Cruas, l'usine de Châteauneuf. Par beau temps, se profilent les Trois-Becs et le col de la Chaudière, premiers contreforts du Vercors.

A l'angle Sud-Ouest de la terrasse se dresse une tour médiévale, en ruine.

Revenir sur ses pas et descendre à droite par la rue de Châteauvieux jusqu'à la porte de la Gâche.

Avec son pavement en galets roulés, ses passages couverts et ses arceaux, la rue de Châteauvieux a conservé un pittoresque cachet moyenâgeux.

Gravir les marches jusqu'à la tour.

Tour (B K) – Au 12 s., elle constituait la porte d'entrée de la ville haute. Seule, la partie carrée de l'édifice existait alors avec, à l'étage, une chapelle romane dédiée à saint Michel. L'étage supérieur du 14e s., octogonal, est recouvert d'une plate-forme dallée et surmontée d'une tourelle de guet : la « Bramardière », d'où le « brameur » pouvait donner l'alerte, en cas de besoin.
La tour, devenue le clocher de la cathédrale, est reliée à celle-ci par un portique quadrangulaire aux ouvertures ogivales.

Cathédrale St-Vincent (B) – De l'édifice roman du 12e s., subsistent le porche, la façade et la partie basse des murs de la nef.
Le chœur, élevé à la fin du 15e s. par l'évêque Claude de Tournon, est remarquable par le **réseau**★ des nervures flamboyantes de sa voûte et par le fenestrage de ses verrières. La nef, reconstruite au 18e s., présente une voûte plate de pierres soigneusement appareillées, due à J.-B. Franque.
Des tapisseries des Gobelins, tissées d'après des dessins de Jouvenet et de Restout, ornent la nef et le chœur, juste au-dessus des stalles en noyer ; elles représentent, de gauche à droite : la Pêche miraculeuse, la Résurrection de Lazare, les Vendeurs chassés du temple, le Baptême du Christ et le Lavement des pieds.
A gauche de l'orgue (19e s.), figure une Annonciation attribuée à Mignard.

AUTRES CURIOSITÉS

★**Point de vue** – *1/4 h à pied AR. Accès par un sentier qui s'amorce en face de l'évêché, à l'Ouest de la RN 86.* La colline, dite la « Jouannade », doit son nom aux feux de la St-Jean. Au cours de la montée, se retourner pour admirer les vieilles maisons de Viviers serrées autour de la cathédrale et de la tour-clocher.
Du sommet, où se dresse une statue de la Vierge édifiée en 1862, se découvre une ample **vue** sur la cité, puis de gauche à droite, sur les carrières de Lafarge, la centrale de Cruas, l'usine de Châteauneuf et le robinet de Donzère.

Le port – Une magnifique allée de platanes mène au petit port de plaisance aménagé au confluent du Rhône et de l'Escoutay.

VOGÜÉ

631 habitants

Cartes Michelin n° 80 pli 9 ou 246 pli 22 – Schéma p. 60.

Adossé à une falaise surplombant l'Ardèche, le village de Vogüé, aux vieilles rues coupées d'arcades, est dominé par son château.

Une ancienne famille – Les seigneurs de Vogüé figurent parmi les plus célèbres du Vivarais ; ils ont été honorés des titres de baron des États de Languedoc, de grand bailli du Vivarais et de gouverneur de Provence. A la fin du 19e s., deux de leurs des-

Meyssonnier/CAMPAGNE CAMPAGNE

Vogüé

cendants ont continué à illustrer le nom de Vogüé : le marquis Charles-Jean-Melchior de Vogüé (1829-1916), diplomate, historien et archéologue, qui écrivit l'histoire de sa famille vivaroise, ouvrage riche en renseignements sur le Vivarais d'autrefois ; et le vicomte Eugène Melchior de Vogüé (1848-1910), auteur de l'essai *Le Roman russe*.

Château ⓥ – Cette vaste demeure a remplacé, au 16e s., la forteresse féodale primitive. L'édifice, qui sert de cadre à des expositions sur le Vivarais à travers les âges et à des manifestations culturelles, appartient encore à la famille des Vogüé.

ENVIRONS

★**Rochecolombe** – *5,5 km par les D 579 et D 1 au Sud, et la D 401 à gauche.* *Description p. 204.*

Sauveplantade – *4 km, au Sud-Est de Vogüé, par la D 579, et une route revêtue, à gauche.*
Au centre du village, petite église remontant en partie au 10e s. avec clocher aux fines ouvertures géminées.

La VOULTE-SUR-RHÔNE

5 116 habitants (les Voultains)
Cartes Michelin n° 76 pli 20 ou 246 pli 20 – Schéma p. 196.

La ville tire son nom d'un ancien méandre du Rhône. Cette cité industrielle : textiles, fonderies, est également un centre d'expédition de pêches.

Château ⓥ – Construit aux 15e et 16e s., il a été gravement endommagé pendant la Seconde Guerre mondiale. Sous l'Ancien Régime, les États du Languedoc y siégeaient dans une grande salle. La cour d'honneur est bordée par une galerie à bossages et par une chapelle de style flamboyant.

Église – Elle abrite un bas-relief du 16e s. en marbre blanc, encastré dans le maître-autel et représentant une Descente de croix. Remarquer également un tableau du 17e s. ayant pour thème l'Assomption.
En contrebas de la place, les ruelles de la vieille ville sont bordées de maisons anciennes.

Musée paléontologique ⓥ – Installé sur deux niveaux dans un bâtiment en bordure du Rhône, il présente uniquement des originaux. Le rez-de-chaussée est consacré aux fossiles de l'Ardèche qui proviennent d'une cinquantaine de sites répertoriés.
Il y a 155 millions d'années, la région de la Voulte était recouverte par une mer tropicale qui accueillait des requins, langoustes et autres crustacés des mers chaudes. Les algues fossilisées, la diatomite, ont constitué un milieu de conservation idéal pour les animaux piégés.
Parmi les pièces les plus remarquables, une pieuvre contemporaine des dinosaures et vieille de 155 millions d'années est considérée comme la plus vieille connue. La deuxième salle présente un superbe **hipparion** gravide, l'ancêtre du cheval, dont on distingue la finesse des détails de conservation, et un couple de sangliers.
Le premier étage expose des fossiles provenant du monde entier.

★**Plan d'eau du Rhône** – L'aménagement du fleuve (barrage de Loriol) a eu pour conséquence la formation, en aval de la Voulte, d'un magnifique plan d'eau au bord duquel la N 86, entre la Voulte et le Pouzin, est établie en quai.
A l'entrée Sud de la Voulte, remarquer les lignes élégantes du pont ferroviaire construit en 1955 en béton précontraint.

YSSINGEAUX

6 118 habitants (les Yssingelais)
Cartes Michelin n° 76 pli 8 ou 239 pli 35 – Schéma p. 113.

Cette petite ville active, une des plus vastes communes de France, est au cœur d'une région originale constituée de sucs volcaniques et de monts boisés. Son activité économique, fondée sur l'agro-alimentaire (salaisons), le textile et l'industrie du bois, a toujours recherché paradoxalement ses débouchés vers St-Étienne et la vallée du Rhône. L'installation récente de l'École internationale supérieure de pâtisserie a confirmé son importance régionale que lui assurait auparavant son marché agricole toujours actif. C'est un point de départ d'excursions et de randonnées.

Hôtel de ville – Il est installé dans le château du 15e s., ancienne résidence d'été des évêques du Puy. Remarquer sur la façade les intéressants mâchicoulis trilobés.

★LE MASSIF DU MEYGAL ET LE PAYS DES SUCS

Circuit de 57 km – environ 2 h

Quitter Yssingeaux au Sud par la D 7, puis à 3 km prendre à droite la D 42.

La route longe sur la droite les sucs d'Ollières (alt. 1 186 m) et de Bellecombe (alt. 1 182 m) et à gauche le suc d'Achon (alt. 1 151 m).
Le massif du Meygal culmine au Grand Testavoyre (alt. 1 436 m), cône de roches phonolithiques aux pentes parsemées d'éboulis rocheux. Ces roches grises, se découpant en grandes dalles sonores, sont utilisées comme lauzes dans la région. Dans les parties basses de la forêt, la roche est basaltique. Au carrefour des Quatre-Routes, on trouve même de l'andésite. Ce massif prolonge, au Nord, le Mézenc *(voir ci-dessous)* dont le sépare la haute vallée du Lignon vellave.

Forêt du Meygal – Ce manteau forestier de près de 1 200 ha a été constitué entre 1865 et 1880. Il s'accroche en partie aux flancs du Grand Testavoyre. Les 400 ha de la partie Sud anéantis par une tornade en 1982 ont été reboisés. Deux routes forestières traversent du Nord au Sud cette futaie de résineux où alternent pins sylvestres, sapins, épicéas.

Après la bifurcation d'Araules, prendre à droite la D 18 en direction de Queyrières, puis à gauche la première route forestière, balisée en rouge et bleu, s'engageant dans le sous-bois. A la bifurcation suivante, emprunter la route de gauche qui longe le flanc Est du Grand Testavoyre. Laisser la voiture sur l'aire de détente aménagée dans une clairière.

★★**Grand Testavoyre** – *Emprunter la route forestière, face Est, et laisser la voiture au parking aménagé à 300 m de la maisonnette forestière.*
Le sentier *(1/2 h à pied AR)* s'élève sous bois, puis serpente au milieu des bruyères et des myrtilles. Du sommet, le **panorama** révèle un beau paysage volcanique. Au Nord, c'est la région d'Yssingeaux et sa ceinture de sucs *(p. 16)*. A l'Est, le pic du Lizieux (1 388 m) domine l'horizon. Au Sud, on voit St-Front, face au Mézenc. Du Sud-Ouest au Nord-Ouest, les monts du Velay séparent le bassin du Puy et la vallée de la Loire de celle, plus lointaine, de l'Allier.

En redescendant du Grand Testavoyre, poursuivre la route forestière jusqu'à la sortie de la forêt.

Possibilité de s'engager à droite dans la route qui longe le flanc Ouest du Grand Testavoyre pour rejoindre la D 18 au point de départ du circuit.
La route Ouest passe devant la « **maison des copains** », lieu célèbre par le roman de Jules Romains, enfant du pays *(voir p. 223)*.

La route forestière de gauche aboutit à la D 15.

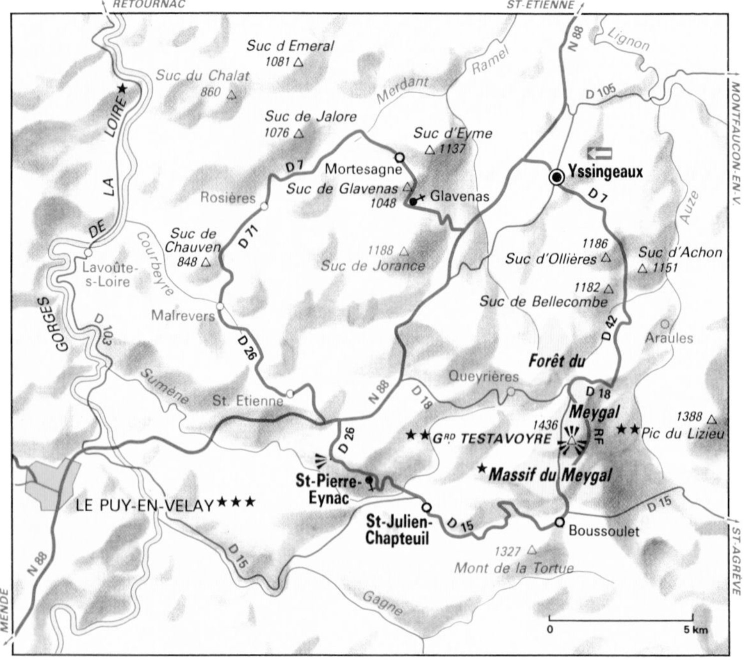

Le circuit contourne le massif du Meygal par le Sud. La longue descente vers St-Julien-Chapteuil se fait au milieu d'un paysage montagnard. On traverse le charmant hameau de **Boussoulet** aux habitations groupées, recouvertes de lauzes en phonolithe et à l'architecture massive, typique de cette région d'altitude. A gauche, on aperçoit le mont de la Tortue (alt. 1 327 m).

St-Julien-Chapteuil – *Page 223.*

A la sortie Nord de St-Julien, emprunter la D 26 en direction de St-Pierre-Eynac.

St-Pierre-Eynac – Jolie petite **église** rurale à clocher-peigne ; remarquer surtout le portail roman, sous un porche Renaissance.
Au cours de la montée vers Aupinhac, une **vue★** se découvre, à gauche, sur le bassin et la ville du Puy ; on distingue la cathédrale, le rocher Corneille et St-Michel-d'Aiguilhe.

Poursuivre en direction du village de St-Étienne par la D 26 en franchissant la N 88.
La D 71 remonte vers le Nord, en traversant un paysage jalonné de sucs. A la sortie de Malrevers, à gauche, le suc de Chauven (alt. 848 m).

Après Rosières, prendre à droite la D 7.

On longe successivement sur la gauche le suc de Jalore (alt. 1 076 m) et on distingue, en arrière-plan, le suc d'Émeral (alt. 1 081 m).

S'engager dans la première route à droite après un cimetière en direction de Mortesagne.
La route est dominée par le suc d'Eyme (alt. 1 137 m) que l'on aperçoit à gauche ; dans le village de Mortesagne, remarquer la maison forte du 16e s. Prendre la petite route revêtue à droite qui conduit au pied du suc de Glavenas (alt. 1 048 m). Au cours de la descente vers le village, belle **vue★** sur l'église perchée de **Glavenas** se détachant sur un étrange paysage de sucs.

Par la D 431 et la N 88 rejoindre Yssingeaux.

Quelques curiosités insolites proposées dans ce guide

Renseignements pratiques

Guignol et ses compères dans le castelet

Ch. Delpal/EXPLORER

Hébergement

Hébergement rural

La **Fédération nationale des Gîtes de France,** 59, rue St-Lazare, 75009 Paris. ☎ 01 49 70 75 75, donne les adresses des comités locaux et publie des guides nationaux sur les différentes possibilités d'hébergement rural : chambres d'hôtes, gîtes d'étape, gîtes de neige, gîtes et logis de pêche. Minitel 3615 GITES DE FRANCE.
Délégation Rhône-Alpes 1, rue Général-Plessier, 69002 Lyon, ☎ 04 72 77 17 55. Pour profiter du calme à la campagne et apprécier les bons produits du terroir, consulter les guides « Bienvenue à la ferme » *(Éditions Solar)* et « Vacances et week-ends à la ferme » *(Éditions Balland).*
Les randonneurs peuvent consulter le guide *Gîtes d'étapes, refuges*, par A. et S. Mouraret (Éditions La Cadole, 74, rue Albert-Perdreaux, 78140 Vélizy, ☎ 01 34 65 10 40, Minitel 3615 CADOLE). Cet ouvrage est principalement destiné aux amateurs de randonnées, d'alpinisme, d'escalade, de ski, de cyclotourisme et de canoë-Kayak.

Guide Michelin Camping Caravaning France

Guide révisé tous les ans, il propose une sélection de terrains. Pour chacun, il détaille les éléments de confort et d'agrément, le nombre d'emplacements, les numéros de téléphone et de télécopie pour réserver. Un symbole précise pour chaque terrain la possibilité de louer caravane, mobile homes, bungalows ou chalets.

Auberges de Jeunesse (A.J.)

La carte internationale des A.J. (70 F pour les moins de 26 ans, 100 F au-delà de cet âge) est en vente à la Ligue française pour les Auberges de Jeunesse, 38, boulevard Raspail, 75007 Paris ☎ 01 45 48 69 84. Minitel 3615 AUBERGE DE JEUNESSE.

Services Loisirs-Accueil (S.L.A.)

La **Fédération nationale** des services de réservation Loisirs Accueil (280, boulevard St-Germain, 75007 Paris. ☎ 01 44 11 10 44) propose un large choix d'hébergements et d'activités de qualité. Elle édite un annuaire regroupant les coordonnées des 58 S.L.A. et, pour certains départements, une brochure détaillée. En s'adressant au service de réservation de ces départements, on peut obtenir une réservation rapide. Minitel : 3615 DÉTOUR.

Bloc-notes

Comités régionaux du tourisme

Vallée du Rhône (Ain, Ardèche, Drôme, Loire, Rhône) : Comité régional de tourisme Rhône-Alpes, 104, route de Paris, 69260 Charbonnière-les-Bains. ☎ 04 72 59 21 59.

Auvergne (Haute-Loire) : Comité régional de tourisme Auvergne, 43, avenue Julien, BP 395, 63011 Clermont-Ferrand, ☎ 04 73 29 49 49. Le service Minitel 3615 AUVERGNE met à la disposition du public une banque de données touristiques : découverte de l'Auvergne, sélection de séjours à thèmes, événements sportifs et culturels, etc.

Comités départementaux du tourisme

Ain : 34, rue Général-Delestraint, BP 78, 01002 Bourg-en-Bresse cedex,
☎ 04 74 32 31 30.

Ardèche : 4, cours du Palais, BP 221, 07002 Privas, ☎ 04 75 64 04 66.

Drôme : 31, avenue Président-Herriot, 26000 Valence, ☎ 04 75 82 19 26.

Isère : 14, rue de la République, BP 227, 38019 Grenoble cedex,
☎ 04 76 54 34 36.

Loire : 5, place Jean-Jaurès, 42021 St-Étienne cedex 1, ☎ 04 77 43 24 42.

Haute-Loire : 12, boulevard Philippe-Jourde BP 332, 43012 Le Puy-en-Velay,
☎ 04 71 09 91 43.

Rhône : 35, rue St-Jean, BP 5009, 69245 Lyon cedex 05, ☎ 04 72 61 78 90.

Informations sur Minitel

Avant de prendre la route, consultez **3615 MICHELIN** pour décider du meilleur itinéraire, du choix de l'hôtel, restaurant, camping et connaître les propositions de visites touristiques.
Les informations touristiques régionales sont disponibles sur les services suivants : **3615 CAPLOIRE** (département de la Loire), **3615 CAPRHONEAL** (région Rhône-Alpes). Les renseignements de dernière minute concernant l'accès aux stations de sports d'hiver et leur enneigement peuvent être consultés sur **3615 CIMES** et **3615 AIRVIF.**
Pour les activités culturelles et les dates des manifestations lyonnaises, les dernières informations peuvent être obtenues sur le **3615 LYON.**

La météo

Les prévisions météorologiques régionales peuvent être obtenues par téléphone en composant le 08 36 68 02 suivi du numéro minéralogique du département (ex. pour l'Ardèche : 08 36 68 02 07). On peut également consulter sur Minitel le **3615 METEO, 3617 METPLUS** pour des prévisions sur 10 jours.

Les radios locales

Bien implantées dans leurs zones de diffusion, elles constituent une source de choix pour l'actualité des manifestations, foires et événements concernant la vie régionale. Quelques fréquences que l'on peut capter sur la bande FM à Lyon : Radio Fourvière 88.4 et Radio France Lyon 101.8 ; à Annonay : Radio Fourvière 90.9 et France Info 103.4.

Sans voiture

Liaisons aériennes – Les aéroports de Lyon-Satolas (pour le trafic commercial) et Lyon-Bron (pour l'aviation d'affaires) assurent des liaisons quotidiennes avec la plupart des villes de France et d'Europe. Pour s'informer des horaires, on peut consulter le service 3615 SATOLAS. En outre, l'aéroport de St-Étienne-Bouthéon (☎ 04 77 36 54 79) relie les grandes villes françaises et européennes à la métropole stéphanoise.

Tourisme et handicapés

Un certain nombre de curiosités décrites dans ce guide sont accessibles aux handicapés. Elles sont signalées par le symbole ♿ dans le chapitre des Conditions de Visite. Pour de plus amples renseignements au sujet de l'accessibilité des musées aux personnes atteintes de handicaps moteurs ou sensoriels, contacter la Direction des Musées de France, service Accueil des Publics Spécifiques, 6, rue des Pyramides, 75041 Paris cedex 01, ☎ 01 40 15 35 88.
Les **Guides Michelin France** et **Camping Caravaning France,** révisés chaque année, indiquent respectivement les chambres accessibles aux handicapés physiques et les installations sanitaires aménagées.
3614 Handitel, service télématique du Comité National Français de Liaison pour la Réadaptation des Handicapés (236 bis, rue de Tolbiac, 75013 Paris, ☎ 01 53 80 66 66) assure un programme d'information au sujet des transports et des vacances.

Découvertes insolites

La plupart des renseignements concernant les loisirs sportifs et la découverte de la région peuvent être fournis par les offices départementaux et régionaux de tourisme indiqués ci-dessus.

Avec une monture...

A l'image de R.L. Stevenson qui parcourut les Cévennes à dos d'âne, les multiples possibilités de location de monture offrent un large choix de moyens de déplacement à la journée ou pour des séjours itinérants.
La location d'un âne bâté pour des randonnées est possible dans plusieurs localités d'Ardèche. La liste en est fournie sur simple demande au Comité Départemental de Tourisme à Privas.
Des roulottes et des chariots bâchés avec initiation à l'attelage et l'entretien des montures sont disponibles, notamment auprès de l'association « l'Ardèche en calèche » ...
Des possibilités de chevauchée avec guide en 8 jours de la Loire au Rhône sont organisées pour les cavaliers confirmés par le Parc régional du Pilat, ☎ 04 74 87 52 00.

Au fil de l'eau...

Cette forme de tourisme permet la découverte notamment de la vallée du Rhône sous un aspect insolite. La grande variété d'embarcations disponibles à la location depuis le simple bateau habitable que l'on pilote soi-même, jusqu'à la péniche-hôtel confortablement aménagée pour des croisières, est associée à des formules de durée de séjour adaptables au goût de chacun.
De nombreux organismes proposent des excursions de durée variable sur un tronçon du Rhône et la partie basse de la Saône avec un large éventail de prestations (restauration, animation, guidage touristique).
Resto-Rhône (entre Vienne et la Camargue), quai Vercors, 26800 Étoile-sur-Rhône, ☎ 04 75 60 69 22.
Société Aquaviva, avec l'*Arlène*, quai Claude-Bernard à Lyon, organise des croisières d'une semaine de mai à octobre de Mâcon à Avignon. Renseignements et réservations à Paris, ☎ 01 45 75 52 60.
Naviginter (croisières, promenades et repas - Rhône et Saône), 13 bis, quai Rambaud, 69002 Lyon, ☎ 04 78 42 96 81.

Naviguer sur le Rhône et la Saône

En respectant la réglementation en vigueur, on peut soi-même naviguer sur la Saône et le Rhône de Corre à Port-St-Louis-du-Rhône. Les ports de Lyon, des Roches-de-Condrieu et de Valence-l'Épervière offrent des prestations complètes ; un ravitaillement élémentaire peut être obtenu à St-Germain-au-Mont-d'Or, Tournon-sur-Rhône, Viviers et Avignon.
De Lyon à la mer, la descente du Rhône, rendu navigable grâce aux canaux de dérivation, franchit 12 écluses sur un parcours de 310 km. La durée moyenne de la descente est de deux jours. L'agglomération lyonnaise a développé un système de haltes fluviales aménagées le long de la Saône pour permettre aux plaisanciers d'accoster en sécurité le temps d'une promenade pour admirer la région : Caluire, Albigny, Collonges-au-Mont-d'Or, Rochetaillée, Neuville-sur-Saône et Lyon.
Des bateaux habitables sont disponibles à la location à Port-sur-Saône, Gray, St-Jean-de-Losne et à Roanne.
Pour tous renseignements concernant la réglementation de la navigation fluviale dans cette région, s'adresser au Bureau de la Plaisance, 2, rue de la Quarantaine, 69321 Lyon cedex 05, ☎ 04 72 56 59 29.
Pour la documentation, il est recommandé de se munir du Guide Vagnon du Rhône de Lyon à la mer n° 5, aux Éditions du Plaisancier, BP 27, 69641 Caluire cedex, ☎ 04 78 23 31 14 et de la carte Navicarte n° 6, aux Éditions Grafocarte, 125, rue Jean-Jacques-Rousseau, 92130 Issy-les-Moulineaux, ☎ 01 41 09 19 00.
A lire également : *La France par les fleuves et les canaux* (Éd. Arthaud, Paris) qui propose les promenades fluviales possibles pour chaque bassin et *Fleuves et canaux, rivières et lacs de France*, guide-annuaire annuel (Éd. Danaé).

Les aménagements de la Compagnie Nationale du Rhône – La plupart sont ouverts au public. Les horaires sont précisés dans la partie « Conditions de visite » et la description en est faite à la rubrique correspondante. Nous rappelons ici l'ensemble des sites, barrages ou centrales, accessibles avec un rendez-vous préalable de 15 jours.
Outre l'ensemble le plus complet, celui de Montélimar, on peut visiter de Lyon à Avignon : Génissiat, Chautagne, Belley, Bregnier-Cordon, Sault-Brenaz, Pierre-Bénite, Vaugris, Péage-en-Roussillon, Saint-Vallier, Bourg-lès-Valence et Caderousse.
Les rendez-vous sont à prendre auprès de la CNR, Service des visites, 2, rue André-Bonin, 69316 Lyon cedex 04.

Le canal de Roanne à Digoin

Essentiellement aménagé pour la plaisance, il offre un parcours de 55 km jalonné de 10 écluses. D'avril à octobre, il est également ouvert les week-ends à la navigation de plaisance. La partie décrite dans ce guide se limite aux ports de Roanne et de Briennon.
Possibilités de location de bateau. « Les Marins d'eau douce », Port de plaisance 42720 Briennon, ☎ 04 77 69 92 92.
La retenue du lac de Grangent offre d'intéressantes opportunités de croisières le long des gorges de la Loire et vers le barrage. Réservation auprès de Naviginter, port St-Victor, 42230 St-Victor-sur-Loire. ☎ 04 77 90 32 38.
Pour les promenades en bateaux-mouches sur les retenues de Villerest et de St-Victor-sur-Loire, se reporter au chapitre des « Conditions de visite « au nom de ces localités.

Descente de l'Ardèche

Les informations concernant les sociétés de location d'embarcation sont fournies dans la partie « Conditions de visite » à la rubrique Gorges de l'Ardèche.
Dans les gorges de l'Ardèche, une zone comprise entre Charmes et Sauze est classée réserve naturelle sur environ 26 km (1 575 ha). Elle implique une réglementation particulière pour les visiteurs la parcourant en embarcation comme à pied :
- interdiction des planches à voile et des embarcations de plus de 3 personnes ;
- obligation du port du gilet de sauvetage.

L'existence de trois lieux de bivouac à Gaud, à Gournier et au Mas de Serret permet un séjour dans la Réserve limité à deux nuits.
Pour toute information pratique complémentaire, s'adresser à la Maison de la réserve à Gournier, ☎ 04 75 38 63 00 et au Syndicat d'initiative de Vallon-Pont-d'Arc ☎ 04 75 88 04 01.
L'Association TOURENA édite une carte plastifiée répertoriant les difficultés de navigation et points de ravitaillement dans les gorges. Elle est disponible auprès des Syndicats d'initiative locaux.

Vols en montgolfières

Outre les baptêmes de l'air traditionnels proposés par de nombreux aéro-clubs régionaux, les vols accompagnés et les vols découverte en montgolfières peuvent être réalisés en s'adressant aux organismes suivants :
Les montgolfières d'Annonay, BP 111, 07102 Annonay cedex, ☎ 04 75 67 57 56.
L'Association des montgolfières de la Haute-Loire, 43260 St-Étienne-Lardeyrol, ☎ 04 71 03 00 42
M. Cleyet-Marrel, 6, rue Rivet, 69001 Lyon, ☎ 04 78 39 50 55.

J. Sierpinski/SCOPE

Reconstitution du 1er vol en montgolfière

Loisirs sportifs

Le Comité régional de tourisme de la Vallée du Rhône diffuse un « **Guide des randonnées à pied, à vélo, à cheval et en canoë-kayak** ».

Les randonnées pédestres

De nombreux sentiers de Grande Randonnée, balisés par des traits horizontaux blancs et rouges sillonnent les régions de moyenne montagne décrites dans ce guide.
Le GR 3 part du Gerbier de Jonc (sources de la Loire), longe le fleuve dans son bassin supérieur et rejoint le col du Béal en suivant la ligne de crête des monts du Forez.
Le GR 7 et ses variantes permettent d'effectuer le tour des monts du Beaujolais et celui des monts du Lyonnais. Dans le massif du Pilat, le Haut Vivarais, et le Velay, il suit, au plus près, la ligne de partage des eaux entre l'océan Atlantique et la Méditerranée.
Le GR 40, qui fait le tour du Velay, est à découvrir en juin en raison de la floraison.
Le GR 42 domine en corniche la vallée du Rhône, découvrant d'amples panoramas.
Le GR 420 permet de faire le tour du Haut Vivarais en une dizaine de jours.

Le GR 427 est le sentier du balcon de l'Eyrieux.
Le GR 429, s'embranchant sur le GR 9, qui escalade les Préalpes drômoises jusqu'aux Trois-Becs, relie les deux rives du Rhône.
Le GR de pays « Tour de Tanargue », balisé avec des traits jaunes et rouges, fait découvrir les Cévennes vivaroises par les chemins de crêtes.
Le parc naturel régional du Pilat est sillonné, en dehors du GR 7, par plusieurs sentiers à thème. D'autres circuits font connaître les monts de la Madeleine (sentiers de Petite Randonnée, généralement balisés en jaune), le pays des Pierres Dorées, la forêt de Saou et les promontoires du Tricastin. En Ardèche sont organisées des randonnées pédestres en compagnie d'ânes bâtés. Enfin, à partir de Monastier-sur-Gazeille, débute l'itinéraire emprunté par R.-L. Stevenson jusqu'à St-Jean-du-Gard, et, du Puy-en-Velay, part le GR 5 vers St-Jacques-de-Compostelle par Conques.
Pour les randonnées dans le Velay, contacter « CHAMINA », 5, rue Pierre-le-Vénérable, BP 436, 63012 Clermont-Ferrand, cedex 1, ☎ 04 73 92 81 44.
Le guide annuel de la randonnée dans le Massif central, diffusé par CHAMINA, *Le Colporteur*, décrit également les randonnées possibles sur le versant Ouest de la vallée du Rhône.

Le tourisme équestre

Les centres équestres, regroupés dans les associations d'équitation départementales et régionales, proposent des stages d'initiation et de perfectionnement, ainsi qu'une gamme variée de sorties à cheval depuis la simple promenade d'une heure à la randonnée de plusieurs jours dans les monts du Beaujolais, du Lyonnais, du Forez, le massif du Tanargue, la vallée de l'Ardèche et le Haut Vivarais.
Les associations et comités départementaux ci-dessous fournissent les adresses des loueurs de chevaux, des centres équestres et relais équestres de leur département.
Ain : C.D.T.E. Maison des Sociétés, 01000 Bourg-en-Bresse.
Ardèche : C.D.T.E. Le Pont Sicard, 07210 Chomerac, ☎ 04 75 65 01 85.
Drôme : La Drôme à cheval, Les Pèlerins, 26330 Ratières, ☎ 04 75 45 78 79.
Isère : Isère Cheval Vert, Maison du Tourisme, B.P. 227, 38019 Grenoble cedex. ☎ 04 76 42 85 88.
Haute-Loire : C.D.T.E. Labauche, 43320 Vergezac, ☎ 04 71 08 08 81.
Loire : C.D.T.E., Chez M. Bout, 36, rue du Bois-d'Avaize, 42100 Saint-Étienne, ☎ 04 77 52 80 52.
Rhône : C.D.T.E., 45, chemin de la Beffe, 69570 Dardilly, ☎ 04 78 48 05 00.

Les sports d'hiver

Les hauts plateaux vellaves et ardéchois, qui s'étagent de 1 000 m jusqu'à 1 600 m d'altitude, se prêtent particulièrement bien en hiver à la pratique du ski de fond et à la randonnée nordique. Les pistes de fond balisées et régulièrement entretenues permettent des circuits de tous niveaux. Le massif du Pilat, les monts de la Madeleine et le secteur du col de la Loge dans les monts du Forez permettent également la pratique de ces disciplines.
Le ski alpin se pratique sur les pentes, équipées de remontées mécaniques, situées aux Estales, à la Croix de Bauzon, à Graix et à la Jasserie dans le parc du Pilat et à Chalmazel dans le Forez.
Ces domaines sont :
Aiglet, Chaudeyrac-les-Roches, Signon, Mézenc, Tourte, Suc-de-Pal, Gerbier-de-Jonc, Le Bois-de-Cuze-Lachamp-Raphaël, Le Tanargue, St-Agrève-Devesset et Lalouvesc.
Des informations concernant la météo et l'enneigement de ces sites peuvent être obtenues en composant sur le Minitel 3615 LMT code ASF ou en appelant le répondeur des neiges de la station.
Zone nordique du Mézenc : ADTM, 43150 Les Estables, ☎ 04 71 08 34 33.
Association des sites de fond de la Haute-Loire, 43230 Mairie de Jax.
Stations du massif du Pilat - Allô neige, ☎ 04 77 20 43 43 (station du Bessat).
Stations des monts du Forez - Allô neige, ☎ 04 77 24 83 11.
Répondeurs des neiges : Les Estables, ☎ 04 71 08 35 50, Chalmazel, ☎ 04 77 24 83 13 et La Loge des Gardes, ☎ 04 70 56 41 87.

Plans d'eau

Le nombre important de lacs naturels et artificiels permet la pratique de nombreux sports nautiques : natation, voile, planche à voile, et parfois ski nautique. L'aménagement de bases de loisirs sur certains d'entre eux, tels Miribel-Jonage, le lac de Paladru, les retenues de Villerest et de Grangent et surtout le plan d'eau artificiel de St-Pierre-de-Bœuf, remarquable base nautique.

Canoë-kayak

L'importance du réseau hydrographique, combiné à une bonne déclivité, recommande tout particulièrement cette région aux amateurs d'activités fluviales sportives tels le canoë-kayak, le rafting, ou la découverte en barque, etc. Le canoë-kayak se pratique sur des parcours limités dans le cadre d'un centre d'initiation ou sur des descentes de rivières en plusieurs jours.

Vallon Pont d'Arc

Les cours du Sornin, du Lignon, du Doux, de l'Eyrieux, la haute et moyenne vallée de l'Ardèche et la retenue de la Terrasse-sur-Dorlay offrent des parcours intéressants aux amateurs de canoë-kayak.
Les pratiquants sportifs pourront s'initier au « kayak de haute rivière » qui exige une très bonne forme physique et se pratique dans l'Ardèche au printemps et à l'automne.
La Fédération française de canoë-kayak met à la disposition des pratiquants un service télématique signalant la praticabilité des cours d'eaux : 3615 CANOE PLUS.

Cyclotourisme et tout terrain

Des étangs de la Dombes aux routes ardéchoises, les pays rhodaniens proposent aux amoureux de la « petite reine » un réseau secondaire varié et pittoresque. Les organismes locaux de tourisme proposent un grand choix de circuits de découverte aidés de publications spécialisées. Évasion Beaujolaise propose des balades, des randonnées à thème et un topoguide, « le Beaujolais à VTT », ☎ 04 74 02 06 84.
De nombreux autres topoguides voient le jour, comme « le lyonnais à VTT », « la Côte Roannaise », celui des Gorges de la Loire (VTT grand large), ou ceux de l'Ardèche.
Pour connaître l'agenda des activités régionales, consulter le Minitel : 3615 VTT ou FFCT.
Le VTT se loue dès la belle saison en Ardèche et dans tous les points d'information du parc naturel régional du Pilat.
La journée « **Velocio** » attire chaque année tous les « mordus » du cyclotourisme sur les pentes du col de la République. *(Voir rubrique Manifestations.)*

La pêche

La présence de nombreux lacs et étangs, associée à un réseau hydrographique particulièrement dense, favorise la pratique aisée de la pêche. Les affluents du Rhône et ses retenues, ceux de la Saône, de la Loire, de l'Ardèche, de l'Isère et de la Drôme offrent des tronçons classés, selon la qualité de leurs eaux en première catégorie (salmonidés dominants : truite, ombre ou omble chevalier), ou en deuxième catégorie (cyprinidés dominants : carpe, brème ou ablette). En règle générale, le cours supérieur est classé en 1re catégorie tandis que les cours moyen et inférieur rentrent dans la 2e.
Les étangs de la Dombes, exploités selon un cycle faisant alterner les périodes d'évolage et d'assec *(voir à la rubrique Dombes)*, regorgent de tanches, de gardons, de rotengles et de brochets. Ils sont le domaine privilégié des carpes royales ou carpes « miroir ».
Les lits de la Saône et du Rhône abritent, en outre, le plus grand poisson d'eau douce que l'on puisse pêcher en France : le **silure glane.** Ils peut atteindre 3 m de longueur pour un poids avoisinant les 100 kg et affectionne les fonds vaseux où il évolue lentement en se nourrissant principalement de poissons. Sa tête énorme, aplatie et munie de barbillons dont 2 très longs au-dessus d'une bouche largement fendue en fait une espèce aisément reconnaissable.
La Saône de Villefranche jusqu'au confluent du Rhône est particulièrement fréquentée par le silure qui se pêche au vif, au poisson mort ou au lancer avec des leurres, avec un matériel néanmoins suffisamment robuste pour supporter la traction d'un animal pouvant atteindre plusieurs dizaines de kilos.

Réglementation – Pour la pêche dans les lacs et les rivières, il convient d'observer la réglementation nationale et locale en vigueur et de prendre contact avec les associations de pêche ou les Syndicats d'initiative. Il convient généralement de s'affilier pour l'année en cours dans le département de son choix auprès de l'association agréée ou d'acheter une carte journalière auprès des vendeurs attitrés.

Ardèche – Fédération de pêche, ZI du Lac, Innoparc, avenue Marc-Seguin, 07000 Privas, ☎ 04 75 66 38 80.

Loire – Fédération départementale de la pêche, 24, rue d'Arcole, 42000 Saint-Étienne, ☎ 04 77 32 14 99.

Haute-Loire – Fédération de pêche, 32, rue Henri-Chas, 43000 Le Puy-en-Velay, ☎ 04 71 09 09 44.

Rhône – Fédération de pêche du Rhône, 88, rue Chevreul, 69007 Lyon, ☎ 04 78 58 10 25.
La carte-dépliant commentée « **Pêche en France** » est publiée et diffusée par le Conseil supérieur de la pêche. Elle est disponible au 134, avenue Malakoff, 75116 Paris. ☎ 01 45 02 20 20.

Sports aériens

Le plus accessible et le plus répandu des sports aériens, le **parapente**, dispose de plusieurs sites de choix dans la région décrite : le massif du Mézenc propose une dizaine de sites depuis l'initiation jusqu'au grand vol confirmé de 450 m. Le Comité départemental du tourisme fournit les coordonnées des animateurs et les périodes de pratique. La Drôme accueille les amateurs de vol libre à Ratières et à Romans-sur-Isère.

Golf

Les amateurs de ce sport consulteront la carte *Golfs, les parcours français*, établie à partir de la **carte Michelin 989**, aux Éditions Plein Sud. Cette carte fournit une localisation précise sur l'Hexagone, les adresses et les numéros de téléphone.

Excursions en chemin de fer

Le relief tourmenté du Velay et du Vivarais a favorisé le développement au début de ce siècle de réseaux ferrés d'intérêt locaux qui eurent leur heure de gloire pendant l'entre-deux-guerres, avant de connaître une fermeture progressive dans les années soixante. Certains de ces tronçons, remis en état par des associations, offrent le temps d'une excursion un aperçu original de sites naturels préservés, car à l'écart des grands axes de communication modernes.

Chemin de fer du Vivarais (Tournon/Lamastre)

Ce tronçon des anciens Chemins de fer départementaux construits en 1890 a fonctionné jusqu'en 1968 ; à Tournon, l'embranchement avec le réseau SNCF a d'ailleurs été maintenu. Tout au long du parcours, la ligne franchit un pont métallique, trois viaducs et deux tunnels et offre des vues saisissantes sur les vallées dominées par des à-pics impressionnants. Avant l'arrivée à Lamastre, le train franchit le 45e parallèle, qui symbolise parfois la limite du Midi. CFTM – 2, quai Jean-Moulin, 69001 Lyon, ☎ 04 78 28 83 34.

Chemin de fer touristique de montagne

Le chemin de fer du Vivarais

Chemin de fer du Haut-Rhône

Un train à vapeur relie en 40 minutes Montalieu au pont de Sault-Brenaz et permet de découvrir l'Est lyonnais. Se renseigner à la Maison d'Accueil, BP 36, 38390 Montalieu Vercieu, ☎ 04 74 88 49 23.

Chemin de fer touristique du Velay

La remise en état progressive de la ligne a permis la mise en service entre Tence et Dunières de plusieurs aller-retours par jour en juillet et août. Durée du trajet : environ 1 h 15.
Pour tout renseignement, s'adresser à l'Office de tourisme de Tence, ☎ 04 71 59 81 99.

Chemin de fer touristique d'Anse

Il exploite une ligne ferroviaire à écartement de 381 mm (norme anglaise de 15 pouces) qui longe les bords de l'Azergues jusqu'au pont Saint-Bernard sur la Saône. Il fonctionne de Pâques au dernier dimanche d'octobre, tous les dimanches et fêtes et les samedis de juin à fin septembre l'après-midi : 16 F ; enfants : 10 F. Association de la voie 38 cm, 8, avenue de la Libération, 69480 Anse, ☎ 04 74 60 26 01.

Le train de l'évasion des monts du Lyonnais

Les monts du Lyonnais se découvrent également en train. Le **petit train des monts du Lyonnais**, tiré par une locomotive à charbon de 1914, relie l'Arbresle à Ste-Foy-l'Argentière tous les dimanches de juin à septembre avec un thème de découverte différent chaque semaine et une animation dans un village-étape. Une exposition de matériel ferroviaire est organisée en été dans la gare de Ste-Foy. Réservation à la Maison du tourisme de Brussieu, ☎ 04 74 70 90 64.

Gastronomie

Guide Rouge Michelin France

Mis à jour chaque année, il recommande un choix d'hôtels établi après visites et enquêtes sur place. Entre autres informations, le guide signale pour chaque établissement les éléments de confort proposés, les prix de l'année en cours, les cartes de crédit acceptées et les numéros de téléphone et de télécopie pour réserver. Le symbole signale, à l'attention des vacanciers les hôtels tranquilles.
Il propose également une large sélection de restaurants qui concerne non seulement les bonnes tables « étoilées », mais aussi les établissements plus simples où l'on aura la possibilité de déguster les spécialités régionales. Dans le guide, lorsque le mot « Repas » figure en rouge, il signale à l'attention du gastronome un repas soigné à prix modéré. N'hésitez pas à faire confiance aux établissements qui bénéficient de cette mention.

Les « bouchons » lyonnais

Ces petits restaurants où l'on déguste dès 10 h, une assiette de charcuterie relevée d'un St-Marcellin et arrosée de Beaujolais, sont inséparables du prestige de la gastronomie lyonnaise. La variété des « bouchons » entre le Vieux-Lyon et les pentes de la Croix-Rousse laisse à l'amateur le plaisir du choix et de la découverte.
Les brasseries lyonnaises méritent également une halte. Construites pour la plupart au début du siècle, elles offrent une riche décoration intérieure de style Art Nouveau ou de l'entre-deux-guerres. La Brasserie Georges, notamment, la plus vaste de Lyon, propose un cadre inspiré de Puvis de Chavannes et distribue une bière de fabrication maison.

Caveaux de dégustation

De nombreux caveaux de dégustation (parfois installés dans les caves coopératives) permettent aux visiteurs d'apprécier les produits locaux. Certains ferment les jours fériés, il est prudent de s'informer auparavant par téléphone.
Pour le Beaujolais : **Pays Beaujolais** G.R.T.B., 172, boulevard Vermorel, 69400 Villefranche-sur-Saône, ☎ 04 74 02 22 00.
Maison des Beaujolais, RN 6, 69220 St-Jean-d'Ardières, ☎ 04 74 66 16 46.
Le « Hameau du vin » à Romanèche-Thorins *(voir aux Conditions de visite sous la rubrique Romanèche-Thorins)*.
Pour les Côtes du Rhône : **Maison des vins** (organisme d'information et de promotion), 6, rue des Trois-Faucons, 84024 Avignon cedex, ☎ 04 90 27 24 00.
La Cave de Tain-l'Hermitage, 22, route de Larnage, 26600 Tain-l'Hermitage, ☎ 04 75 08 20 87.
Le cellier des Dauphins à St-Restitut *(voir aux Conditions de visite sous la rubrique St-Restitut)*.
La Maison de la truffe et du Tricastin *(voir aux Conditions de visite sous la rubrique St-Paul-Trois-Châteaux)*.

Quelques bonnes adresses de spécialités

Bugnes : 37, rue St-Jean à Lyon.

Pralulines : chez « Pralus », 8, rue Ch.-de-Gaulle à Roanne.

Épicerie fine : « La Boutique des Gourmets », 29, quai St-Antoine à Lyon.

Chocolat : chez « Pignol », 17, rue Émile-Zola à Lyon ; Maison Weiss, 18, avenue Denfert-Rochereau à St-Étienne.

Nougat : pâtisserie Escobar, 2, place Léopold-Blanc à Montélimar.

Le « Coussin de Lyon » : spécialité de la Maison Voisin (confiseur), nombreux magasins répartis dans Lyon : Place Bellecour ou des Terreaux, quartier de la Croix-Rousse et centre commercial de la Part-Dieu...

Stages, artisanat et marchés

Stages

L'artisanat de la Haute-Loire est renommé pour ses ateliers de dentelles. Des écoles sont ouvertes et des stages de découverte et d'initiation sont proposés. S'adresser au Comité départemental du tourisme au Puy.
Le **parc du Pilat,** au Bessat, anime des activités saisonnières d'initiation à la vannerie et au rempaillage. S'adresser au siège du Parc du Pilat.
Le **planétarium** de St-Étienne propose des séances de découverte et de familiarisation de l'observation céleste. Espace Fauriel, St-Étienne, ☎ 04 77 33 43 01.

Artisanat

Les maisons des parcs régionaux proposent un choix intéressant de produits artisanaux et d'ateliers de fabrication. L'Ardèche est réputée pour les ouvrages en bois sculpté, les articles en peaux et de papeterie.
Dans la Drôme, les talents des artisans s'expriment dans la poterie, la céramique d'art (à Saint-Uze) et l'étain moulé (à Bourg-de-Péage notamment).
L'**Atelier de Soierie,** 33, rue Romarin à Lyon, propose des démonstrations d'impression sur soie et de peint-main sur velours. L'atelier est ouvert au public pour des visites commentées de 9 h à 12 h et de 14 h à 19 h, du lundi au samedi. Réservation pour les groupes, ☎ 04 72 07 97 83.

Tourisme technique – *Voir l'encadré p. 246.*

Marchés et foires

Le plus important marché aux fruits et légumes de la vallée du Rhône, à Pont-d'Isère, est ouvert aux particuliers à partir de 18 h tous les jours de mai à septembre.
Bourg-de-Péage, vendredi et dimanche
Hauterives, mercredi
Romans-sur-Isère, vendredi
St-Donat-sur-Herbasse, lundi
St-Rambert-d'Albon, vendredi
Tain-l'Hermitage, samedi.

Les foires – Quelques foires sont à signaler pour l'originalité de leur production et l'évocation de la tradition locale dont elles témoignent.
Fin mai à St-Michel-sur-Savasse et à Lens-Lestang, foire aux chevaux.
Le 29 août à Tournon-sur-Rhône, foire aux oignons.
Début septembre à St-Sorlin-en-Valloire ; foire aux poulains.
Le 11 novembre à Claveyson, foire aux truffes ; à Chenelette, foire aux chèvres.
Du 26 septembre à début octobre à Romans-sur-Isère, foire du Dauphiné.

Les guides Verts Michelin

Paysages
Monuments
Routes touristiques, Itinéraires de visite
Géographie
Histoire, Art
Lieux de séjour
Plans de villes et de monuments
Renseignements pratiques

Une collection de guides régionaux sur la France.

Principales manifestations

Dernier dimanche de janvier

Villefranche-sur-Saône .... Fête des Conscrits « La Vague » (voir p. 267).

Troisième dimanche de janvier

Côte Roannaise .... La Saint-Vincent : fête des vignerons ; fabrication de brioches reproduisant des formes humaines.

Février (années impaires)

Lyon .... Biennale d'art contemporain.

Mars

Lyon .... Rallye automobile Lyon-Charbonnières.

Jeudi saint

Le Puy-en-Velay .... Procession des Pénitents blancs : à la tombée de la nuit, à la lueur des torches, les Pénitents, voilés de cagoules, défilent dans les rues aux abords de la cathédrale.

Vendredi saint

Burzet .... Représentation de la Passion du Christ *(voir p. 75)*.

Fin-mars-début avril

Lyon .... Foire internationale.

Courant avril

Yssingeaux .... Carnaval d'Yssingeaux.

Jeudi de l'Ascension

Lyon .... Grand Steeple (hippisme).

Week-end de la Fête des Mères (les années paires)

Villerest .... Fêtes médiévales : défilé, embrasement des remparts.

Pentecôte

Lyon .... Tournois boulistes internationaux *(voir p. 42)*.

Lundi de Pentecôte

Sablons 76 pli 1 *(1)* .... Course de barques de sauvetage.

2e week-end de juin

Lyon .... Les Pennons de Lyon, fêtes de la Renaissance.

3e week-end de juin

Lyon .... Brocante du Vieux Lyon.

Les dimanches de mai

St-Victor-sur-Loire .... Les Heures musicales de St-Victor, ☎ 04 77 90 50 40.

Juin-septembre

Charavines-Paladru .... Régates.

1er dimanche de juin

Annonay .... Reconstitution historique du 1er lancement d'un aérostat par les frères Montgolfier *(voir p. 50)*.

Dimanche suivant le 15 juin

Lyon .... Grand prix de Lyon (courses de chevaux).

3e week-end de juin

Annonay .... Montgolfiades au parc de Déomas.

Vendredi le plus près du 24 juin

Villefranche-sur-Saône .... « La nuit de l'été » : feux de la St-Jean, troubadours, illuminations.

Fin juin (la prochaine fois en 2 000)

Tarare .... Fête de la Mousseline *(voir p. 235)*.

Dernier dimanche de juin

St-Étienne .... Journée Velocio : rassemblement international de cyclotouristes.

---

(1) Pour les localités non décrites nous indiquons le n° de la carte Michelin à 1/200 000 et le n° du pli.

Fin juin-début juillet

Romans-sur-Isère .... Festival international de Folklore.

Fin juin-mi-août

Valence .... Fêtes de l'été dans la vieille ville.

Vienne .... Festival de musique en Dauphiné.

1re quinzaine de juillet

Vienne .... Festival de jazz au théâtre antique.

Dimanche suivant le 12 juillet

Ste-Eulalie .... Foire des Violettes.

14 juillet

Tournon-sur-Rhône .... Joutes nautiques sur le Rhône.

Dimanche suivant le 14 juillet

Serrières .... Joutes nautiques.

2e quinzaine de juillet

Monistrol-sur-Loire, le Puy-en-Velay, St-Didier-en-Velay, Ste-Sigolène .... Festival folklorique international du Velay.

Mi-juillet à mi-août

Charlieu .... Été musical.

3e semaine de juillet

Tournon-sur-Rhône .... Festival des nuits musicales.

Dernier samedi de juillet

Charavines-Paladru .... Nuit du lac. Feu d'artifice.

Dernier dimanche de juillet

Saou .... Fête du picodon *(voir p. 90).*

Fin juillet-début août

St-Donat-sur-l'Herbasse .... Festival de musique consacré à J.-S. Bach, ☎ 04 75 45 10 29.

4 août

Ars-sur-Formans .... Pèlerinage.

1er week-end d'août

Condrieu .... Joutes nautiques, ☎ 04 74 59 82 67.

14 et 15 août

Le Puy-en-Velay .... Fêtes mariales : procession de Notre-Dame du Puy, ☎ 04 71 09 38 41.

1re semaine de septembre

Tournon-sur-Rhône .... Festival national des humoristes.

8 septembre

Mont Brouilly .... Pèlerinage des vignerons à la chapelle de Brouilly *(voir p. 68).*

2e week-end de septembre

Charlieu .... Fête folklorique.

Lyon .... Foire aux tupiniers (appellation locale des anciens potiers).

Mi-septembre

Le Puy-en-Velay .... Fêtes du Roi de l'Oiseau *(voir p. 181).*

2e quinzaine de septembre à mi-octobre

Lyon .... Biennale d'art contemporain les années impaires ; en alternance avec la Biennalle internationale de la Danse les années paires.

Dernière semaine de septembre

St-Étienne .... Foire-exposition.

1ers samedi et dimanche d'octobre

Montbrison .... Fête de la Fourme. Défilé à thème *(voir p. 160,* ☎ 04 77 96 08 69*).*

Novembre et décembre

Lyon .... Festival de musique sacrée du Vieux Lyon.

Les dimanches d'octobre

St-Victor-sur-Loire .... Les Heures musicales de St-Victor, ☏ 04 77 90 50 40.

11 novembre

Le Puy-en-Velay .... Rassemblement international de montgolfières.

8 décembre

Lyon .... Fête des lumières *(voir p. 117)*.

4 décembre

Pérouges .... Un « Cortège aux lanternes » se rend à l'église-forteresse où est célébrée la messe de minuit avec bénédiction des pains.

De septembre à décembre ont lieu dans les régions viticoles (Beaujolais, coteaux du Rhône et du Forez) de nombreuses fêtes des vendanges et foires aux vins.

Livres et Films

Ouvrages généraux - Tourisme

Pays et gens du Rhône *(Larousse, Sélection du Reader's Digest, Paris)*.

Les Alpes et le Rhône touristique *(Larousse, coll. Beautés de la France, Paris)*.

Le Beaujolais, par M. Chaix et M. Pocaut *(Autrement, Paris)*.

L'Ardèche, par M. Carlat *(Éd. Curandera)*.

Lyon et le Beaujolais en images, par F. Benoît *(Minerva)*.

Lyon Guide, par D. Bertin et A.-S. Clémençon *(Arthaud, Paris)*.

Guide des musées de Rhône-Alpes *(Glénat, Grenoble)*.

Guide du tourisme industriel et technique Rhône-Alpes, *coll. EDF (Solar)*.

Le Guide de l'Ardèche, par M. Riou *(La Manufacture, Besançon)*.

Le Guide de la Drôme des collines, par F. Gardelle *(La Manufacture, Besançon)*.

Les Gorges de l'Ardèche, par Carlucci *(Ouest-France)*.

La Loire, le département - Perspectives, par Martine Fort et René Bayle (LUGD).

Histoire – Art – Traditions

Le Rhône et Lyon de la Préhistoire à nos jours (Éditions Bordessoules, St-Jean-d'Angély).

Histoire de Lyon et des Lyonnais, par A. Latreille et R. Gascon (Privat, coll. Histoire des villes, Toulouse).

Histoire des Dauphinois, par L. Comby *(Fernand Nathan, Paris)*.

Histoire du Vivarais *(Privat, Toulouse)*.

L'Ardèche, la terre et les hommes du Vivarais, par P. Bozon *(Lyon, L'Hermès)*.

Les Canuts, par M. Moissonnier *(Éditions sociales, Paris)*.

Forez-Velay roman, Provence romane tome I *(Zodiaque, exclusivité Weber)*.

Châteaux du Forez et du Roannais et **Route Lafayette**, par Charles des Lyonnes, **Châteaux du Rhône**, par Paul Leutrat *(Nouvelles Éditions Latines, Paris)*.

Architecture rurale en Vivarais, par Michel Carlat *(Guénégaud, Paris)*.

La Soierie de Lyon, par Josette Gonthier *(Christine Bonneton, Paris)*.

La Vie quotidienne en Forez avant 1914, par B. Plessy *(Hachette)*.

La Vie quotidienne des canuts au XIXe siècle, par B. Plessy et L. Challet *(Hachette)*.

Les Grandes Heures de Lyon, par J. Étevenaux *(Perrin, Paris)*.

Lyon 1940-44, par G. Chauvy *(Payot)*.

Littérature

L'Astrée, par Honoré d'Urfé *(Folio, Paris)*.

Pirates du Rhône *(Laffont, Paris)*, par Bernard Clavel.

Clochemerle, par Gabriel Chevallier *(Livre de Poche, Paris)*.

Voyages avec un âne dans les Cévennes (du Puy à Alès), par R.-L. Stevenson *(Union générale d'Éditions, coll. 10-18, Paris)*.

Les Copains, Mort de Quelqu'un, par Jules Romains *(J'ai lu)*.

L'Enfant, Le Bachelier, par Jules Vallès *(Folio Gallimard)*.

Le Poème du Rhône, par F. Mistral *(Éd. bilingue Marcel Petit)*.

Gastronomie

Le Cœur et la Fourchette, la cuisine ardéchoise d'autrefois, aujourd'hui, par J.-P. Barras *(Éd. De Plein Vent, Vals-les-Bains)*.

Le Grand Livre des Côtes-du-Rhône, par G. Jacquemont et P. Galant *(Chêne, Paris)*.

Le Grand Livre du Beaujolais, par G. Jacquemont et P. Méréand *(Chêne, Paris)*.

Les Merveilles de la cuisine lyonnaise, par P. Grison *(Éd. Lejeune, Lyon)*.

Rhône-Alpes *(Albin Michel, coll. L'inventaire du patrimoine culinaire de la France)*.

La Vallée du Rhône et le cinéma

L'industrie cinématographique est née à Lyon avec les frères Lumière. La ville et sa région sont devenues des lieux importants de tournage et de production de films. Parmi les films tournés en Vallée du Rhône, citons :

La Sirène du Mississippi, 1969, par F. Truffaut avec C. Deneuve et J.-P. Belmondo (Quais de Saône à Lyon).

L'horloger de St-Paul, 1973, par B. Tavernier avec P. Noiret et J. Rochefort (Lyon).

Les Valseuses, 1974, par B. Blier, avec G. Depardieu, Miou-Miou et P. Dewaere (Valence).

Le Juge et l'Assassin, 1975, par B. Tavernier avec P. Noiret, M. Galabru et I. Huppert (Ardèche).

La Truite, 1982, par J. Losey avec I. Huppert (Vienne et la Côte St-André).

L'Honneur d'un capitaine, 1982, par P. Schoendorffer avec N. Garcia et J. Perrin (Ardèche).

Zone Rouge, 1986, par R. Enrico (Lyon).

L'insoutenable légèreté de l'être, 1987, par Ph. Kaufman avec J. Binoche (Lyon).

L'Affût, 1991, par Y. Bellon (La Dombes).

Tout ça pour ça, 1992, par C. Lelouch avec V. Lindon (Lyon).

Regarde les hommes tomber, 1993, par J. Audiard avec J.-L. Trintignant (Lyon, Vienne).

Le Cri du cœur, 1995, par I. Ouedraogo avec R. Bohringer (Lyon).

La télévision a permis, au travers de feuilletons tels **Ardéchois cœur fidèle** et **Gaspard des montagnes**, de découvrir les traditions de certaines de ces régions.

*Vous avez apprécié votre séjour dans la région.
Retrouvez le charme de celle-ci,
son atmosphère, ses couleurs,
en feuilletant l'***album « France »***,
ouvrage abondamment illustré,
édité par les* ***Services de Tourisme Michelin.***

Conditions de visite

Les renseignements énoncés ci-dessous s'appliquent à des touristes voyageant isolément et ne bénéficiant pas de réduction. Pour les groupes constitués, il est généralement possible d'obtenir des conditions particulières concernant les horaires ou les tarifs. Ces données ne peuvent être fournies qu'à titre indicatif en raison de l'évolution du coût de la vie et de modifications fréquentes dans les horaires d'ouverture de nombreuses curiosités. Lorsqu'il nous a été impossible d'obtenir des informations à jour, les éléments figurant dans l'édition précédente ont été reconduits. Dans ce cas ils apparaissent en italique.

*Les **édifices religieux** ne se visitent pas pendant les offices. Certaines églises et la plupart des chapelles sont souvent fermées. Les conditions de visite en sont précisées si l'intérieur présente un intérêt particulier ; dans le cas où la visite ne peut se faire qu'accompagnée par la personne qui détient la clé, une rétribution ou une offrande est à prévoir.*

*Dans certaines villes, des **visites guidées** de la localité dans son ensemble ou limitées aux quartiers historiques sont régulièrement organisées en saison touristique. Cette possibilité est mentionnée en tête des conditions de visite, pour chaque ville concernée. Dans les Villes d'Art et d'Histoire et les Villes d'Art* A, *les visites sont conduites par des guides-conférenciers agréés par la Caisse Nationale des Monuments Historiques et des Sites.*

Lorsque les curiosités décrites bénéficient de facilités concernant l'accès pour les handicapés, le symbole ♿ figure à la suite de leur nom.

Notre-Dame d'AIGUEBELLE

Église abbatiale – Ouvert toute la journée. Seul le fond de l'église est accessible aux visiteurs.

ALBA-LA-ROMAINE

Château – Visite tous les jours de 10h à 12h et de 15h à 19h de juillet à fin septembre ; de 14h 30 à 19h, le dimanche et les jours fériés seulement, de fin septembre à la Toussaint. 15F. ☎ 04 75 52 40 90 (saison), 04 72 39 04 46 (hors saison).

AMBIERLE

Musée Alice Taverne – Visite de 10h à 12h et de 14h à 18h de février à fin novembre ; sur réservation le reste de l'année. Fermé en décembre et janvier. 20F. ☎ 04 77 65 60 99.

AMPLEPUIS

ℹ place de l'Hôtel de Ville – 69550 – ☎ 04 74 89 01 71

Musée de la Machine à Coudre et du Cycle – Visite tous les jours de 14h 30 à 18h 30 de mi-juin à mi-septembre ; aux mêmes heures le mercredi, le vendredi, le week-end et les jours fériés de mi-septembre à mi-juin. Fermé de fin décembre à début janvier. 15F. ☎ 04 74 89 08 90.

ANNOISIN-CHATELANS

Musée de la lauze – Visite tous les jours (sauf le mardi) de 9h à 19h toute l'année. Entrée gratuite. Pour des visites commentées, s'adresser plusieurs jours à l'avance à la Maison du patrimoine à Hières. ☎ 04 74 95 13 90.

ANNONAY

ℹ place des Cordeliers – 07100 – ☎ 04 75 33 24 51

Visite guidée de la ville – S'adresser à l'Office de tourisme.

Musée des Papeteries Canson et Montgolfier – Visite tous les jours de 14h 15 à 18h de mi-juillet à fin août ; de 14h 30 à 18h le mercredi et le dimanche seulement le reste de l'année. Fermé à Noël et à Pâques. 15F. ☎ 04 75 69 88 00.

Musée vivarois César-Filhol – Visite de 14h à 18h le mercredi, le samedi, le dimanche et les jours fériés, toute l'année. Fermé le 25 décembre. 11F. ☎ 04 75 33 24 51.

Gorges de l'ARDÈCHE

Descente en barque ou en canoë – Selon la saison et la hauteur des eaux, prévoir de 6 h à 9h pour la descente (départ interdit après 18h). Quelques passages difficiles en raison des rapides nécessitent une expérience confirmée de la pratique du canoë-kayak. Il est impératif de savoir nager. Un règlement de la navigation est consultable chez tous

les loueurs de canoës, dans les mairies, les Offices de tourisme et les gendarmeries. Par ailleurs, il est très utile de se procurer le Plan-guide des Gorges de l'Ardèche, édité par l'association Tourena. L'arrêt pour le pique-nique peut avoir lieu tout au long de la rivière, mais le bivouac n'est autorisé que sur les aires de Gaud et de Gournier (25 F à 35 F par personne et par nuit) car la rivière traverse une réserve naturelle ; des séjours de plus longue durée sont possibles aux campings du Mas de Serret, des Templiers (naturisme) et des grottes de St-Marcel. Une cinquantaine de loueurs implantés à Vallon-Pont-d'Arc, Salavas, Ruoms, St-Martin, St-Remèze proposent la descente des gorges, soit en location libre soit en location accompagnée de 1 à 2 jours pour un forfait variant entre 120 F et 150 F par personne. Demander la liste des loueurs aux Syndicats d'initiative de Ruoms (rue Alphonse-Daudet, 07120, ☎ 04 75 93 91 90), Vallon-Pont-d'Arc (Cité administrative, 07150, ☎ 04 75 88 04 01), et St-Martin-d'Ardèche (rue de la mairie, 07700, ☎ 04 75 98 70 91).

Descente à pied – Le Plan-guide édité par l'association Tourena donne de précieux renseignements sur les parcours à pied dans les gorges. Si l'on entreprend la promenade à partir de la rive gauche, il est prudent de se renseigner auparavant sur le niveau des eaux auprès des gendarmeries locales ou du Service Départemental d'Alerte des Crues. Les gués « des Champs » et « de Guitard » sont en effet inévitables. ☎ 04 75 64 54 55.

ARLEMPDES

Église – S'adresser à l'hôtel du manoir.

Château – Visite libre toute la journée de mars à fin octobre. 20 F. S'adresser à l'hôtel du Manoir. ☎ 04 71 57 17 54.

ARS-SUR-FORMANS

Ancien presbytère du curé d'Ars – ♿ Visite de 7 h à 20 h de Pâques à la Toussaint ; de 7 h à 19 h le reste de l'année. ☎ 04 74 08 17 17.

Historial du Saint Curé d'Ars – ♿ Visite tous les jours (sauf le lundi matin) de 10 h à 12 h et de 14 h à 19 h de mars à fin octobre ; de 14 h à 17 h le week-end, les jours fériés et pendant les vacances scolaires, le reste de l'année. Fermé le 25 décembre. 25 F. ☎ 04 74 00 70 22.

AUBENAS

ℹ 4, boulevard Gambetta – 07200 – ☎ 04 75 35 24 87

Dôme St-Benoît – ♿ Visite tous les jours (sauf le dimanche) de 14 h 30 à 18 h 30 en juillet et août. Fermé le reste de l'année. Entrée gratuite. ☎ 04 75 87 81 11.

Château – Visite accompagnée (3/4 h) tous les jours à 11 h, 15 h, 16 h, 17 h et 18 h en juillet et août ; à 15 h et 16 h du mardi au samedi seulement, le reste de l'année (également à 11 h en juin et septembre). 20 F. ☎ 04 75 87 81 11.

Aérocity Parc – Ouvert tous les jours de 10 h à 19 h en juillet et en août ; tous les jours (sauf le lundi) de 10 h à 18 h à partir du 8 juin ; de 10 h à 18 h (19 h le dimanche) le dimanche, les jours fériés et le mercredi pendant les vacances de printemps, en avril, mai et septembre. 62 F ; enfants : 48 F ; gratuit pour les enfants dont la taille n'excède pas 1 m. ☎ 04 75 35 00 00.

Château de l'AUBÉPIN

Visite du jardin seulement de 11 h à 17 h le week-end et les jours fériés toute l'année. Entrée gratuite. ☎ 04 77 64 40 04.

AURIOLLES

Centre culturel du Mas de la Vignasse (musée Alphonse-Daudet, musée d'Arts et Traditions populaires) – Visite accompagnée (1 h) tous les jours de Pâques à la Toussaint. Sur rendez-vous le reste de l'année. Téléphoner pour connaître les horaires précis. 29 F. ☎ 04 75 39 65 07.

B

BAGNOLS

Église – Visite accompagnée sur rendez-vous. ☎ 04 74 71 80 00 ou 04 74 71 80 16.

Grottes de la BALME

Visite accompagnée (1 h 1/4) tous les jours de 10h à 12h et de 14h à 18h d'avril à fin septembre ; de 10h à 12h et de 14h à 18h le week-end et les jours fériés en mars et en octobre ; de 14h à 17h le dimanche et les jours fériés en février. Fermé de mi-décembre à fin janvier. 31 F. ☎ 04 74 90 63 76.

R. Delon/CASTELET

Grotte de la Balme – Un gour

La BASTIE-D'URFÉ

Visite de 10h à 12h et de 13h à 18h en juillet et août ; de 10h à 12h et de 14h 30 à 18h d'avril à juin et de septembre à octobre ; tous les jours (sauf le mardi) de 14h à 17h de novembre à fin mars. 25F. ☎ 04 77 97 54 68.

BEAUJEU

ℹ square de Grandhan – 69430 – ☎ 04 74 69 22 88

Musée des traditions populaires Marius-Audin – Visite tous les jours (sauf le mardi) de 10h à 12h et de 14h 30 à 18h d'avril à novembre. Fermé de décembre à fin mars. 10F. ☎ 04 74 69 22 88.

Église St-Nicolas – Habituellement fermé. Pour une visite accompagnée, s'adresser à l'avance à la mairie. ☎ 04 74 04 87 75.

BELLEVILLE

ℹ 68, rue de la République – 69220 – ☎ 04 74 66 44 67

Église – Visite libre ou accompagnée (1/2h) de 15h à 18h en semaine, de juillet à mi-septembre. S'adresser au Syndicat d'initiative. ☎ 04 74 66 44 67.

Hôtel-Dieu – Visite accompagnée (3/4h) à 15h et 17h en juillet et août ; à 10h 30 le 1er et le 3e samedi du mois en mai, juin, septembre et octobre ; le 1er samedi du mois de janvier à avril, en novembre et en décembre. Fermé les 1er janvier et 25 décembre. 15F. ☎ 04 74 66 44 67.

BOËN

Château de Boën – Musée de la vigne – Visite tous les jours de 14h à 18h en juillet et août ; aux mêmes heures, le dimanche seulement, en septembre. Fermé le reste de l'année. 15F. ☎ 04 77 24 09 07.

BOFFRES

Château des Faugs – Provisoirement fermé pour restauration.

BOURGOIN-JALLIEU

Musée Victor-Charreton – Visite tous les jours (sauf le lundi) de 14h à 18h. Fermé les jours fériés. 10F. ☎ 04 74 28 19 74.

Le BOUSCHET DE PRANLES

Maison natale de Pierre et Marie Durand – Visite tous les jours (sauf le dimanche matin) de 10h à 12h et de 14h 30 à 18h 30 de juillet à mi-septembre ; tous les jours (sauf le vendredi) de 14h 45 à 18h d'avril à fin juin et de mi-septembre à fin octobre. Fermé de novembre à fin mars. 15F. ☎ 04 75 64 22 74.

Centre nucléaire de production du BUGEY

Visite accompagnée des installations (3h) tous les jours (sauf le dimanche) sur rendez-vous pris 15 jours à l'avance. Fermé les jours fériés. S'adresser au C.N.P.E. du Bugey, Service Communication, BP 14, 01366 Camp de la Valbonne cedex. ☎ 04 74 34 30 09. Pièce d'identité exigée. Âge minimum requis : 10 ans révolus.

Col du BUISSON

Village ardéchois en miniature – Visite tous les jours de 10h à 20h d'avril à octobre. 7F. ☎ 04 75 23 14 77.

C

CERVIÈRES

Église – Visite tous les jours de Pâques à la Toussaint.

CHALAIN-D'UZORE

Château – Visite accompagnée (1/2h) de 14h à 18h de mi-juillet à fin août. Fermé le reste de l'année. 20F. ☎ 04 77 97 13 12.

CHALMAZEL

Château des Talaru-Marcilly – Visite accompagnée (1/2h) tous les jours (sauf le mardi) de 14h à 17h en juillet et août ; uniquement sur rendez-vous en juin. Fermé le reste de l'année. 9F. ☎ 04 77 24 84 92.

CHAMALIÈRES-SUR-LOIRE

Église – Visite accompagnée de 10h à 12h et de 14h à 18h de juin à septembre sur demande auprès de Mme Rose Ouilhon. ☎ 04 71 57 41 43.

Le CHAMBON-SUR-LIGNON

Chemin de fer touristique du Velay – Voir à Tence.

CHAMELET

Église – Visite le week-end seulement.

CHÂTILLON-SUR-CHALARONNE

ℹ place du Champ-de-Foire – 01400 – ☎ 04 74 55 02 27

Visite guidée de la ville – S'adresser à l'Office de tourisme.

Maison St-Vincent – Visite accompagnée le dimanche matin : sonner à la Communauté des Soeurs. ☎ 04 74 55 26 64.

Centre culturel de la Dombes – ♿ Le centre d'accueil, propose des activités culturelles (expositions, spectacles, conférences). Ouvert tous les jours (sauf le dimanche) de 9h à 12h et de 14h à 18h. Fermé les 1er janvier et 25 décembre. ☎ 04 74 55 03 70.

Apothicairerie – ♿ Visite accompagnée (1/2h) tous les jours (sauf le mardi) de 15h à 19h de juin à fin août, de 15h à 18h en mai et septembre ; de 15h à 18h le samedi, le dimanche et les jours fériés de Pâques à fin avril et d'octobre au 11 novembre. Fermé le reste de l'année. 15F. ☎ 04 74 55 15 70.

CHAZELLES-SUR-LYON

Musée du Chapeau – Visite de 14h à 18h du lundi au samedi, de 14h 30 à 18h 30 le dimanche et les jours fériés, de mi-juin à mi-septembre ; tous les jours (sauf le mardi) aux mêmes heures, le reste de l'année. Fermé les 1er janvier et 25 décembre. 25F. ☎ 04 77 94 23 29. Démonstrations par des chapeliers, les 1er et 3e dimanches de chaque mois.

Château de CORCELLES

♿ Visite de 10h à 12h et de 14h 30 à 18h 30 du lundi au samedi. Fermé le dimanche et les jours fériés. Entrée gratuite. ☎ 04 74 66 00 24.

La CÔTE-ST-ANDRÉ

Musée Hector-Berlioz – Visite tous les jours (sauf le mardi) de 9h à 12h et de 15h à 18h. Fermé le 1er janvier, le 1er mai et le 25 décembre. 20F. ☎ 04 74 20 24 88.

Ancien château – Le Palais du Chocolat – ♿ Téléphoner à l'avance pour visiter la salle Henri Gérard. ☎ 04 74 20 27 00. Le Palais du Chocolat est ouvert toute l'année. Se renseigner pour les conditions de visite. 15 F. ☎ 04 74 20 35 89.

Musée des Liqueurs – Visite accompagnée (1 h) tous les jours (sauf le lundi) de 9 h à 12 h et de 15 h à 18 h en juillet et août. Fermé les jours fériés. Entrée et dégustation gratuites. ☎ 04 74 93 38 10.

COURZIEU

Parc animalier – Visite tous les jours de 10 h à 19 h de mars à fin octobre. Spectacles de rapaces en vol à 14 h 30 et 16 h 30. Fermé de novembre à fin février. 49 F, enfants : 37 F. ☎ 04 74 70 96 10.

CRÉMIEU

ℹ 5, rue du Four-Banal – 38460 – ☎ 04 74 90 45 13

Visite guidée de la ville A – S'adresser à l'Office de tourisme.

Hôtel de Ville – ♿ Visite accompagnée (1 h 1/2) à 15 h 30 le samedi et le dimanche de juin à septembre ; rendez-vous à l'Office de tourisme. 25 F. ☎ 04 74 90 45 13.

Église – Visite tous les jours de 14 h à 17 h 30 de début juin à mi-septembre. Possibilité de visite accompagnée hors période d'ouverture en s'adressant à l'avance à l'Office de tourisme. ☎ 04 74 90 45 13.

Château Delphinal – ♿ Visite de 10 h à 12 h et de 14 h à 17 h 30. Fermé le 1er mai et de Noël au jour de l'An. Renseignements à l'Office de tourisme. ☎ 04 74 90 45 13.

CREST

ℹ place du Docteur-Maurice-Rozier – 26400 – ☎ 04 75 25 11 38

Donjon – Visite tous les jours de 9 h 30 à 19 h de début juin à fin septembre ; tous les jours de 14 h à 18 h le reste de l'année ; le week-end seulement en janvier. Fermé les 1er janvier et 25 décembre. 25 F. ☎ 04 75 25 11 38.

Centre nucléaire de production de CREYS-MALVILLE

Visite accompagnée (3 h) du lundi au samedi toute l'année. S'adresser 15 jours à l'avance, par téléphone à E.D.F., Centrale de Creys-Malville, Mission Communication. ☎ 04 74 33 34 82 ou 04 74 80 27 30. Se munir d'une pièce d'identité. Âge minimum requis : 10 ans.

Le CROZET

Maison des Amis du Vieux Crozet – Visite de 15 h à 19 h le dimanche et les jours fériés de mi-juin à fin septembre. Fermé le reste de l'année. 10 F. ☎ 04 77 64 30 79.

CRUAS

ℹ 9, place G. Clémenceau – 07350 – ☎ 04 75 49 59 20

Ancienne église abbatiale – Visite de 14 h à 18 h du mardi au samedi. Renseignements au Syndicat d'initiative. ☎ 04 75 49 59 20.

Centre nucléaire de production d'électricité de Cruas-Meysse – ♿ Visite accompagnée (2 h 1/2) des installations, du lundi au vendredi, de 8 h 30 à 12 h 30 et de 14 h à 18 h : sur rendez-vous le week-end et les jours fériés. Âge minimum requis : 10 ans. Pièce d'identité exigée. Prendre rendez-vous à l'avance en écrivant à E.D.F., Mission Communication, BP 30, 07350 Cruas. Visite libre du Centre d'information en semaine et aux mêmes heures. ☎ 04 75 49 30 45 ou 75 49 30 46.

E

ESPALY-ST-MARCEL

Rocher St-Joseph – Accès à la statue et au diorama tous les jours de 9 h à 19 h en juillet et août. 12 F. ☎ 04 71 09 16 71.

ESTIVAREILLES

Musée départemental de l'Armée Secrète et de la Résistance – Musée en cours de réorganisation. Réouverture prévue en 1998. Se renseigner au ☎ 04 77 50 22 67.

Le lecteur attentif de la carte Michelin
découvre toutes sortes d'informations intéressantes :
un château au bord d'un étang,
une route forestière invitant au pique-nique,
un panorama, un monument qui rappelle quelque fait d'armes.
Cette inépuisable variété, c'est celle de la France.

ÉVEUX

Couvent Ste-Marie-de-la-Tourette – Visite accompagnée (1 h) de 9h (10h le dimanche) à 12h et de 14h à 18h de mi-juin à mi-septembre ; de 14h à 17h le samedi, à 10h et de 14h à 17h le dimanche, le reste de l'année. Fermé les 1er janvier et 25 décembre. 25 F. ☎ 04 74 01 01 03.

F

FEURS

Musée d'Assier – Visite tous les jours (sauf le mardi) de 14h à 18h toute l'année. Fermé les 1er janvier et 25 décembre. 10 F. ☎ 04 77 26 24 48.

FIRMINY

Château des Bruneaux – Visite du château tous les jours de 14h à 18h ; visite de la mine-témoin sur demande trois jours à l'avance. Fermé les 1er janvier, 11 novembre et 25 décembre. 15 F (château), 25 F (billet combiné incluant la visite de la mine-témoin). ☎ 04 77 89 38 46.

Aven de la FORESTIÈRE

Visite accompagnée (1 h) de 10h à 18h d'avril à septembre. Fermé le reste de l'année. 32 F. ☎ 04 75 38 63 08.

G

La GARDE-ADHÉMAR

ℹ ancienne mairie – 26700 – ☎ 04 75 04 40 10

Chapelle des Pénitents – ♿ Visite de 15h à 19h le dimanche et les jours fériés d'avril à mi-novembre. 15 F. ☎ 04 75 04 41 21.

GRAVIÈRES

Église – Visite de 17h 30 à 18h en été et de 16h 30 à 17h en hiver, le vendredi seulement. S'adresser à M. le curé. ☎ 04 75 37 30 22.

H

HAUTERIVES

Le Palais Idéal – Visite libre ou audioguidée de 9h à 19h de mi-avril à mi-septembre ; de 10h à 16h 30 en décembre et janvier ; de 9h 30 à 17h 30 le reste de l'année. Fermé les 1er janvier et 25 décembre. 24 F. ☎ 04 75 68 81 19.

HIÈRES-SUR-AMBY

Maison du Patrimoine – Visite de 10h à 12h et de 14h à 18h du lundi au vendredi toute l'année ; de 10h à 12h et de 14h à 19h le samedi et le dimanche. Fermé les 1er janvier et 25 décembre. 20 F. ☎ 04 74 95 13 90.

Grottes des HUGUENOTS

Visite de 10h à 19h de début juin à fin août. Fermé le reste de l'année. 20 F.

J

JARNIOUX

Château – Visite de 9h à 12h le mardi et le jeudi, de 14h à 18h le lundi, le mercredi et le vendredi, la première quinzaine de juillet et de mi-août à fin septembre. Fermé le reste de l'année. 25 F. ☎ 04 74 03 80 85.

Les cartes Michelin du pays
figurent sur le tableau d'assemblage en page de sommaire.
Dans les descriptions, nous renvoyons à celles qui, par leur échelle
ou leur découpage, présentent le plus de clarté ou de commodité.

JULIÉNAS

Cellier – ♿ Visite tous les jours de 9 h 45 à 12 h et de 14 h 30 à 18 h. Fermé le mardi d'octobre à fin mai, les 1er janvier et 25 décembre. ☎ 04 74 04 42 98.

L.-Y. Loirat/EXPLORER

Juliénas – Préparation des fûts avant le soutirage

L

LABASTIDE-DE-VIRAC

Château des Roure – Visite (accompagnée en juillet et août, 3/4 h) de 10 h à 12 h et de 14 h à 19 h de Pâques à mi-septembre, de 14 h à 19 h la seconde quinzaine de septembre. Fermé le reste de l'année ainsi que le mardi d'avril à juin et en septembre. 25 F. ☎ 04 75 38 61 13.

Château de LAVOÛTE-POLIGNAC

Visite accompagnée (3/4 h) tous les jours de 10 h à 12 h 30 et de 14 h à 18 h 30 en juillet et août ; tous les jours de 14 h à 18 h en juin et septembre ; de 14 h à 18 h le week-end et les jours fériés seulement en mai et octobre. Fermé le reste de l'année. Tarifs non communiqués. ☎ 04 71 08 50 02.

LAVOÛTE-SUR-LOIRE

Église – Visite l'été seulement.

Parc naturel régional du LIVRADOIS-FOREZ

Maison du parc ouverte de 8 h 30 à 12 h et de 14 h à 17 h 30 (17 h le vendredi) du lundi au vendredi. Pour tout renseignement, s'adresser au centre d'information, B.P. 17, 63880 St-Gervais-sous-Meymont. ☎ 04 73 95 57 57.

LYON

i place Bellecour – 69000 – ☎ 04 72 77 69 69

Une carte valable une journée donne accès à un tarif réduit à l'ensemble des musées municipaux de Lyon : Musée des Beaux-Arts, Musées de l'Hôtel de Gadagne, Musée d'Art contemporain, Musée de l'Imprimerie et de la Banque, Centre d'Histoire de la Résistance et de la Déportation et le musée Henri-Malartre à La Rochetaillée.

Visite guidée de la ville A – L'Office de tourisme du Grand Lyon propose toute l'année, pour les individuels et pour les groupes, de nombreuses visites guidées en plusieurs langues. Les plus classiques font découvrir les traboules de la Croix-Rousse (2 h), le Vieux Lyon Renaissance et ses traboules (2 h) ou d'autres quartiers. Pour tout renseignement, s'adresser à l'Office de tourisme, place Bellecour, ouvert tous les jours. ☎ 04 72 77 69 69.

Promenades en bateaux-mouches – A l'Ile-Barbe (1 h), départs à 14 h et 17 h (et 18 h de mai à mi-juillet) ; au confluent (1 h 20), départs à 15 h. 42 F ; enfants : 30 F. Embarcadère : quai des Célestins. Réservations : Navig'inter, 13 bis, quai Rambaud, 69002 Lyon. ☎ 04 78 42 96 81.

E. Baret

Le Vieux Lyon – Une cour, rue St-Jean

Le Guignol de Lyon – Les spectacles ont lieu tous les jours à 15h et 16h en période de vacances scolaires ; aux mêmes heures le mercredi, le samedi et le dimanche le reste de l'année. Adultes : 45F à 95F ; enfants : 35F à 40F. Se renseigner sur le programme des spectacles et réserver à l'avance. ☎ 04 78 28 92 57.

Hôtel de Gadagne :

Musée historique de Lyon – Visite tous les jours (sauf le mardi) de 10h 45 à 18h. Fermé la plupart des jours fériés. 25F. ☎ 04 78 42 03 61.

Musée International de la Marionnette – Visite tous les jours (sauf le mardi) de 10h 45 à 18h. Fermé la plupart des jours fériés. 25F. ☎ 04 78 42 03 61.

Palais de la Miniature – Visite tous les jours de 10h à 19h de mi-juillet à fin août ; de 10h à 12h et de 14h à 19h le reste de l'année. Fermé les 1er janvier et 25 décembre. 25F. ☎ 04 72 00 24 77.

Église St-Paul – Visite tous les jours de 13h à 18h. ☎ 04 78 28 67 93.

Primatiale St-Jean – Ouvert tous les jours. Visite accompagnée avec la visite du Vieux-Lyon. S'adresser à l'Office de tourisme. ☎ 04 72 77 69 69.

Horloge astronomique – Jeux d'automates à 12h, 14h, 15h et 16h.

Trésor – La visite est momentanément suspendue.

Basilique Notre-Dame de Fourvière – Visite tous les jours de 7h à 19h ; visite guidée possible l'après-midi de mai à octobre ; s'adresser le matin à la sacristie. ☎ 04 78 25 13 01.

Musée de Fourvière – Visite tous les jours de 10h à 12h et de 14h à 18h de début avril à début décembre ; de 14h à 17h de janvier à fin mars. 15F. ☎ 04 78 25 13 01.

Observatoire – Visite tous les jours de 10h à 12h et de 14h à 18h 30 d'avril à fin octobre ; de 14h à 18h le vendredi, de 10h à 12h et de 14h à 18h le week-end et les jours fériés seulement de novembre à fin mars. 10F. ☎ 04 78 25 13 01.

Musée de la Civilisation gallo-romaine – ♿ Visite de 9h 30 à 12h et de 14h à 18h du mercredi au dimanche. Fermé les jours fériés. 20F. ☎ 04 72 38 81 90.

Parc archéologique de Fourvière – Visite de 7h à 21h de mi-avril à mi-septembre ; jusqu'à 19h le reste de l'année. Pour les visites accompagnées, se renseigner au ☎ 04 78 25 74 44.

Musée des Hospices civils – ♿ Visite de 13h 30 à 17h 30 du lundi au vendredi. Fermé les jours fériés. 10F. ☎ 04 72 41 30 42.

Église St-Nizier – Ouvert de 15h à 18h le lundi, de 8h à 13h et de 15h à 20h du mardi au samedi, de 9h 30 à 12h et de 15h à 18h le dimanche. ☎ 04 72 41 18 05.

Musée de l'Imprimerie et de la Banque – Visite de 9h 30 à 12h et de 14h à 18h du mercredi au dimanche toute l'année ; sans interruption à midi le vendredi, sauf pendant les vacances scolaires de la zone. Fermé les jours fériés. 25F. ☎ 04 78 37 65 98.

Musée des Beaux-Arts – ♿ Visite de 10h 30 à 18h du mercredi au dimanche. Fermé les jours fériés. 25F. ☎ 04 72 10 17 40.

Musée des Tissus – Visite tous les jours (sauf le lundi) de 10h à 17h 30. Fermé les jours fériés. 28F (billet combiné incluant la visite du musée des Arts Décoratifs) ; gratuit le mercredi pour les individuels. ☎ 04 78 37 15 05.

Musée des Arts décoratifs – Visite tous les jours (sauf le lundi) de 10h à 12h 30 et de 14h à 17h 30. Fermé les jours fériés. 28F (billet jumelé avec le musée des Tissus). ☎ 04 78 37 15 05.

Maison des Canuts – ♿ Visite accompagnée (1h) de 8h 30 à 12h et de 14h à 18h 30 du lundi au vendredi ; de 9h à 12h et de 14h à 18h le samedi. Fermé le dimanche et les jours fériés. 15F. ☎ 04 78 28 62 04.

Soierie Vivante – Visite accompagnée à 14h 30, 16h et 17h 30 le mercredi après-midi ; visite d'autres ateliers à 15h, certains jeudis et samedis. De 15F à 60F selon les cicuits. Il est conseillé de prendre rendez-vous auprès de l'association. ☎ 04 78 27 17 13.

Parc de la Tête d'Or – Ouvert de 6h à 23h (21h d'octobre à fin mars) toute l'année. Entrée gratuite.

Jardin botanique – Visite du jardin de plein air tous les jours de 8h à 11h 30 et de 13h à 17h toute l'année ; visite du jardin alpin de 8h à 11h 30, visite des serres de 9h à 11h 30 et de 13h 30 à 16h 45.

Grande roseraie – Ouvert tous les jours de 6h à 23h de début avril à fin septembre ; de 6h à 21h le reste de l'année.

Jardin zoologique – Visite tous les jours de 9h à 17h en semaine, de 9h à 11h et de 14h à 17h le week-end et les jours fériés d'avril à fin septembre ; de 9h à 16h 30 en semaine, de 9h à 11h et de 13h 30 à 16h 30 le week-end et les jours fériés le reste de l'année.

Musée d'Art contemporain – ♿ Visite de 12h à 19h du mercredi au dimanche de février à juillet. Pour les autres périodes, se renseigner auprès du musée. 25F. ☎ 04 72 69 17 18.

Muséum d'Histoire naturelle – Visite de 13h à 18h du mercredi au dimanche toute l'année ; de 10h 30 à 18h du lundi au dimanche pendant les congés scolaires de Lyon. Fermé tous les jours fériés. 20F. ☎ 04 72 69 05 00.

Centre d'Histoire de la Résistance et de la Déportation – Visite de 9h à 17h 30 du mercredi au dimanche toute l'année. Fermé les jours fériés. 25F. ☎ 04 78 72 23 11.

Musée des Moulages d'Art antique – ♿ Visite de 14h à 18h le mercredi ou sur rendez-vous les autres jours en semaine. Fermé en d'août et les jours fériés. 20F (visite accompagnée). ☎ 04 72 73 33 20.

Musée africain – Visite de 14h à 18h du mercredi au dimanche toute l'année. Fermé le 1er janvier, à Pâques, le 1er mai et le 25 décembre. 20F. ☎ 04 78 58 45 70.

Institut Lumière – Visite tous les jours (sauf le lundi) de 14h à 19h toute l'année. Plusieurs séances de cinéma dans l'après-midi. Fermé les 1er janvier et 25 décembre. 25F. (29F avec la séance de cinéma). ☎ 04 78 78 18 95.

Train touristique de Lacroix-Laval – Visite guidée en petit train (1/2h) tous les jours pendant les vacances scolaires ; le mercredi, le week-end et les jours fériés seulement le reste de l'année. Départ à l'entrée du musée, devant le château. 22F. ☎ 04 78 42 88 70.

Château de la poupée (parc Lacroix-Laval) – Visite tous les jours (sauf le lundi) de 10h à 17h de mi-février à mi-novembre, du mercredi au dimanche de mi-novembre à mi-février. Fermé les 1er janvier, 1er mai et 25 décembre. 25F, enfants : 15F (6 à 16 ans) et 10F (moins de 6 ans). ☎ 04 78 87 87 00.

Grotte de la MADELEINE

Visite accompagnée de 9h à 19h en juillet et août, de 10h à 18h d'avril à juin et en septembre, de 10h à 17h en octobre. Dernière visite 1/2h avant la fermeture. Fermé de novembre à mars. 37F, 22F (enfants). ☎ 04 75 04 22 20.

MANTHES

Prieuré – Ouvert tous les jours de 8h à 17h, comme l'église.

MARCY

Tour Chappe – Visite de 14h 30 à 18h 30 le dimanche d'avril à fin novembre. 5F. ☎ 04 78 47 98 15.

Aven de MARZAL

Musée du Monde souterrain – ♿ Visite de 10h à 19h en juillet et août, de 10h à 18h d'avril à juin et de septembre à octobre, de 10h à 17h 30 le dimanche et les jours fériés en mars et novembre. Fermé de décembre à février. Entrée gratuite. ☎ 04 75 04 12 45.

Aven – Visite accompagnée (1h) de 11h à 17h en juillet et août ; à 11h, 14h, 15h, 16h et 17h d'avril à juin et de septembre à octobre ; à 11h, 14h, 15h et 16h le dimanche et les jours fériés, en mars et novembre. Fermé de décembre à février. 39F (25F enfant) ; billet combiné incluant la visite du zoo préhistorique : 66F (42F, enfant). ☎ 04 75 55 14 82 ou 04 75 04 12 45.

Zoo préhistorique – ♿ Visite de 10h à 18h 30 en juillet et août ; de 10h à 12h et de 14h à 17h 30 (18h le dimanche et les jours fériés) d'avril à juin et de septembre à octobre ; de 10h à 12h et de 14h à 17h 30 le dimanche et les jours fériés, en mars et novembre. Fermé de décembre à février. 39F, 25F (enfant) ; billet combiné incluant la visite de l'aven : 66F (42F, enfant). ☎ 04 75 55 14 82 ou 04 75 04 12 45.

Château de MOIDIÈRE

Visite tous les jours (sauf le mardi) de 14h 30 à 18h de mi-avril à début septembre ; aux mêmes heures, le dimanche et les jours fériés seulement, le reste de l'année. 35F, enfants : 25F. ☎ 04 74 96 44 63.

MOINGT

Église – Visite de 9h à 12h. ☎ 04 77 96 12 90.

Le MONASTIER-SUR-GAZEILLE

ℹ mairie – 43150 – ☎ 04 71 08 37 76

Musée municipal – Visite tous les jours (sauf le lundi) de 10h 30 à 12h et de 15h à 19h en juillet et août ; de 10h 30 à 12h et de 14h 30 à 17h en septembre ; de 14h 30 à 17h en juin et octobre. Fermé de novembre à fin mai. 10F. ☎ 04 71 03 94 08.

Trésor de l'abbatiale – Visite accompagnée (2h) de 10h à 12h le mardi de mi-juin à mi-septembre ; sur rendez-vous le reste de l'année. ☎ 04 71 08 31 88.

MONISTROL-SUR-LOIRE

Château épiscopal – Visite de 9h 30 à 12h et de 14h 30 à 18h 30 du lundi au samedi de mai à octobre ; de 9h à 12h et de 14h à 17h 30 du lundi au samedi de novembre à avril ; de 10h à 12h le dimanche toute l'année. 10F. ☎ 04 71 66 03 14

MONTBOUCHER-SUR-JABRON

Musée de la Soie – Visite de tous les jours (sauf le dimanche matin) de 9h 30 à 11h 30 et de 14h 30 à 18h 30 en juillet et août ; aux mêmes heures tous les jours (sauf le samedi) de mars à juin et de septembre à novembre. Fermé de décembre à fin février. 35F. ☎ 04 75 01 47 40.

MONTBRISON

ℹ cloître des Cordeliers – 42600 – ☎ 04 77 96 08 69

Visite guidée de la ville – S'adresser à l'Office de tourisme.

La Diana – Visite de 9h à 12h et de 14h à 17h le mercredi, de 14h à 17h le samedi ; sur rendez-vous les autres jours de la semaine. 15F. ☎ 04 77 96 01 10.

Musée d'Allard – Visite tous les jours (sauf le mardi) de 14h 30 à 18h. Fermé les 1er janvier et 25 décembre. 15, 30F. ☎ 04 77 58 33 07.

MONTÉLIMAR

ℹ avenue Rochemaure – 26200 – ☎ 04 75 01 00 20

Visite guidée de la ville – S'adresser à l'Office de tourisme.

Château – Visite de 9h 30 à 11h 30 et de 14h à 17h 30 (18h en juillet et août) ; se renseigner car les horaires et tarifs peuvent varier en fonction des animations. Fermé le mardi de novembre à fin mars, les 1er janvier et 25 décembre. 12F. ☎ 04 75 01 07 85.

Chapelle Ste-Guitte – En cours de restauration.

MONTPEZAT-SOUS-BAUZON

Usine souterraine – La visite de l'usine est provisoirement suspendue ; une présentation du site et la visite d'installations voisines est possible sur demande écrite adressée au moins 15 jours à l'avance, à E.D.F., 07560 Montpezat-sous-Bozon, en précisant le jour et l'heure souhaités ainsi que le nombre de visiteurs et leur âge (groupe à partir de 10 personnes). Fermé le vendredi après-midi, le samedi, le dimanche et les jours fériés. ☎ 04 75 94 42 83.

Église N.-D.-de-Prévenchère – Pour visiter hors saison, s'adresser à M. Lombard. ☎ 04 75 94 48 14.

MONTROND-LES-BAINS

Château – Visite tous les jours (sauf le mardi) de 14h 30 à 18h 30 de juin à fin septembre. 10F. ☎ 04 77 94 64 74.

MONTVERDUN

Ancien prieuré de Montverdun – Visite de 14h à 18h du lundi au samedi toute l'année ; de 14h à 19h le samedi, de 15h à 19h le dimanche d'avril à fin octobre et sur rendez-vous. Pour une visite accompagnée, s'adresser à l'Association des Amis du Pic, Le Prieuré, 42130 Montverdun. 10F. ☎ 04 77 97 53 33.

MOUDEYRES

Ferme des frères Perrel – Visite accompagnée (3/4h) tous les jours de 10h à 12h et de 15h à 19h de juillet à mi-septembre. Fermé le reste de l'année. 15F. ☎ 04 71 05 12 13.

MOURS-ST-EUSÈBE

Musée diocésain d'Art sacré – Visite accompagnée (1h 1/2) tous les jours (sauf le samedi) de 14h 30 à 18h 30, de mai à fin octobre. Fermé le reste de l'année. 20F. ☎ 04 75 02 01 26.

N

NEUVILLE-SUR-SAÔNE

Église – Visite de 10h à 12h le vendredi seulement. ☎ 04 78 91 32 03.

NOTRE-DAME-DE-LA-NEYLIÈRE

Outre la chapelle, il est possible de visiter les musées d'Océanie et de Jean-Claude Colin, en s'adressant, au préalable, à la Neylière. ☎ 04 78 48 40 33.

Abbaye N.-D.- DES DOMBES

Visite de l'église seulement, en respectant le silence du monastère.

O

OINGT

Église – Visite de 15h à 18h le dimanche et les jours fériés de mai à fin septembre, en semaine sur rendez-vous auprès de la mairie. ☎ 04 74 71 21 24.

Tour – Visite de 15h à 19h du lundi au samedi en juillet et août ; de 15h à 18h le dimanche et les jours fériés de mai à fin septembre. 5F. ☎ 04 74 71 21 24.

Aven d'ORGNAC

Visite accompagnée (1h) de 9h 30 à 18h en juillet et août, de 9h 30 à 12h et de 14h à 18h d'avril à juin et en septembre, de 9h 30 à 12h et de 14h à 17h en mars et d'octobre à mi-novembre. Fermé de mi-novembre à fin février. 39F (billet combiné incluant la visite du musée : 50F). ☎ 04 75 38 62 51.

Rando' Souterraine – Visite accompagnée (3h) de mars à mi-novembre. La réservation est obligatoire au moins une semaine à l'avance. 120F ; enfants : 108F. ☎ 04 75 38 62 51.

Musée de Préhistoire – ♿ Visite de 10h à 19h en juillet et août, de 10h à 13h et de 14h à 18h d'avril à juin et en septembre, de 10h à 12h et de 14h à 17h en mars et d'octobre à mi-novembre. Fermé de mi-novembre à fin février. 29F (billet combiné incluant la visite de l'aven : 50F). ☎ 04 75 38 65 10.

P

Lac de PALADRU

i Maison du pays d'Art et d'Histoire à Charavines – 38850 – ☎ 04 76 55 77 47

Visite guidée du lac de Paladru – Visite (2h) en juillet et août ; s'adresser à la maison du pays d'Art et d'Histoire à Charavines. ☎ 04 76 55 77 47.

Lac de PALADRU

Charavines :

Musée du lac de Paladru – Visite tous les jours de 10 h à 12 h et de 15 h à 19 h en juillet et août ; de 10 h à 12 h et de 14 h à 18 h en juin et en septembre ; de 14 h à 18 h le week-end et les jours fériés seulement en mai, octobre et novembre. 18 F. ☎ 04 76 55 77 47.

Grange dimière de la Sylve Bénite – Ouvert de 15 h à 19 h en juillet et août, de 14 h à 18 h en septembre. 12 F. ☎ 04 76 55 77 47.

Safari-parc de PEAUGRES

♿ Visite tous les jours de 9 h 30 (9 h le dimanche) à 18 h d'avril à fin septembre ; de 10 h à 18 h en mars et octobre ; de 11 h à 17 h en semaine et de 10 h à 17 h 30 le week-end et les jours fériés de novembre à fin février. 85 F ; enfants : 55 F. On parcourt cette réserve en voiture particulière fermée. ☎ 04 75 33 00 32.

HAUTEFEUILLE

Safari-parc de Peaugres

PÉROUGES

ℹ 01800 – ☎ 04 74 61 00 88

Maison des Princes de Savoie – Visite jumelée avec celle du musée du Vieux-Pérouges.

Musée du Vieux-Pérouges – Visite tous les jours de 10 h à 12 h et de 14 h à 18 h de Pâques à la Toussaint. Fermé en hiver. 15 F, billet donnant accès à la maison des Princes de Savoie (expositions d'art) et à l'hortulus. ☎ 04 74 61 00 88.

Église Ste-Marie-Madeleine – Ouvert de 10 h à 18 h. Entrée par la porte latérale près du monument aux morts.

Pays des PIERRES DORÉES

S'adresser à l'Office de tourisme de Châtillon, place de la Mairie, 69380 Châtillon. ☎ 04 78 47 98 15.

PIERRE SUR HAUTE

Accès au sommet par télécabine de 13 h à 17 h en semaine et de 9 h à 17 h le dimanche et les jours fériés de fin décembre à fin mars ; de 13 h à 17 h 30 le mercredi, le jeudi, le dimanche et les jours fériés de début juillet à fin août ; de 13 h à 17 h 30 le dimanche et les jours fériés en septembre. L'ouverture reste subordonnée aux conditions météo. Une piste de « Dévalkart » (700 m – 15 F) fonctionne en parallèle de la télécabine. 35 F AR. ☎ 04 77 24 85 09.

Parc naturel régional du PILAT

Adresse principale – Maison du Parc et Office de tourisme, Moulin de Virieu, 42410 Pélussin. ☎ 04 74 87 52 00. Ouvert de 8 h 30 à 12 h 30 et de 14 h à 18 h (17 h le vendredi) en semaine, de 9 h à 12 h 30 et de 14 h à 18 h 30 le week-end et les jours fériés, de Pâques au 11 novembre ; aux mêmes heures, en semaine seulement, le reste de l'année. Minitel 3615 Pilat.

Pour les randonnées accompagnées, il est possible d'obtenir la liste de guides/animateurs diplomés à la Maison du Parc.

Maison de l'Eau – Animations thématiques réservées aux groupes. ☎ 04 77 40 01 40.

Maison des Arts et Traditions populaires « la Béate » – Visite de 14h 30 à 18h 30 le dimanche et les jours fériés, ou sur rendez-vous en semaine, de mi-juillet à fin septembre. ☎ 04 77 51 24 70 et 04 77 51 20 33.

Maison de la Passementerie – Visite de 14h 30 à 18h 30 le dimanche et les jours fériés, ou sur rendez-vous en semaine, de mai à fin septembre. ☎ 04 77 39 91 92 ou 04 77 39 91 10.

Maison des Tresses et Lacets – ♿ Visite tous les jours (sauf le mardi) de 14h 30 à 18h en juillet et août ; le mercredi, le vendredi et le dimanche seulement de septembre à fin novembre et de février à fin juin. Fermé en décembre et janvier. 20F. ☎ 04 77 20 91 06 ou 04 77 20 95 59.

Le POËT-LAVAL

Musée du Protestantisme dauphinois – Visite tous les jours de 15h à 18h 30 de juin à mi-septembre ; aux mêmes heures, le dimanche seulement, en avril et mai. Fermé le reste de l'année. 20F.

POLEYMIEUX-AU-MONT-D'OR

Maison d'Ampère – Visite de tous les jours (sauf le mardi) de 9h à 12h et de 14h à 18h. 20F. Compter 1h pour le programme audio-visuel. ☎ 04 78 91 90 77.

POLIGNAC

Château et donjon – Visite libre ou accompagnée (3/4h) tous les jours de 10h à 19h de juin à septembre ; de 14h 30 à 18h de Pâques à mai et d'octobre à la Toussaint. Fermé le reste de l'année. 12F. ☎ 04 71 02 46 57.

POMMIERS

Musée du Vieux-Pommiers – Pour visiter, s'adresser à M. Putet, place de l'église. ☎ 04 77 65 47 02.

POURCHÈRES

Église – Pour visiter, s'adresser à la personne dont le nom est affiché sur la porte de l'église.

PRADELLES

Maison de l'Oustaou – Visite des expositions de 10h à 12h et de 14h à 18h en juillet et en août. ☎ 04 71 00 80 37.

Musée Vivant du Cheval de Trait – ♿ Visite de 10h à 19h en juillet et août ; de 10h à 12h et de 14h à 18h de Pâques à fin juin et de septembre au 11 novembre. Fermé le reste de l'année. 45F. ☎ 04 71 00 87 87.

PRIVAS

ℹ 3, rue Elie-Reynier – 07000 – ☎ 04 75 64 33 35

Musée de la Terre Ardéchoise – Visite tous les jours de 10h à 12h et de 15h à 19h en juillet et août ; de 14h à 18h du mercredi au dimanche de septembre à juin. Fermé les jours fériés. 20F. ☎ 04 75 64 43 69.

Le PUY-EN-VELAY

ℹ place du Breuil – 43000 – ☎ 04 71 09 38 41

Visite guidée de la ville A – S'adresser à l'Office de tourisme.

Train touristique – Départ place Michelet (en face de l'Office de tourisme) toutes les heures de 9h à 19h (en juillet et août nocturne à 21h), de mai à octobre. 35F (adulte) ; 20F (enfant). ☎ 04 71 02 70 70.

Atelier conservatoire de la dentelle du Puy – Visite tous les jours (sauf le mercredi et le week-end) de 10h à 11h et de 14h à 15h. Fermé tous les jours fériés. Entrée gratuite. ☎ 04 71 09 74 41.

Centre d'enseignement de la dentelle au fuseau – Visite tous les jours (sauf le dimanche) de 9h à 19h en juillet et août ; tous les jours (sauf le dimanche et le lundi) de 10h à 12h et de 14h à 19h de mi-mai à juin et la deuxième quinzaine de décembre ; de 10h à 12h et de 15h à 19h de mi-septembre à mi-décembre et de janvier à mi-mai ; de 15h à 19h la première quinzaine de septembre. Fermé tous les jours fériés. Entrée gratuite. ☎ 04 71 02 01 68.

Cathédrale Notre-Dame :

Visite commentée – S 'adresser à la sacristie ou à M. le recteur. ☎ 04 71 05 44 93.

Fresque de St-Michel – Visite commentée en saison ; s'adresser à la sacristie.

Trésor de la cathédrale – Visite de 9h à 18h en saison (hors saison, interruption de 12h à 14h).

Maison du Prieur – Visite de 9h à 12h et de 14h à 18h en juillet et août. 6F.

Cloître – chapelle des Reliques – trésor d'Art Religieux – Visite libre ou accompagnée (3/4h) tous les jours de 9h 30 à 18h 30 de juillet à septembre ; de 9h 30 à 12h 30 et de 14h à 18h de début avril à juin ; de 9h 30 à 12h et de 14h à 16h 30 d'octobre à mars. Fermé les 1er janvier, 1er mai, 1er et 11 novembre, 25 décembre. 25F. ☎ 04 71 05 45 52.

Chapelle des Pénitents – Visite de 15h à 19h en été (18h en hiver). ☎ 04 71 09 38 41.

Rocher Corneille – Visite tous les jours de 9h 30 à 19h 30 en juillet et août ; de 9h à 19h en mai, juin et septembre ; de 9h à 18h de mi-mars à fin avril ; de 10h à 17h d'octobre à mi-mars. Fermé en décembre et janvier (sauf vacances scolaires de la zone et dimanche après-midi). 10,5F. ☎ 04 71 04 11 33.

Chapelle St-Michel d'Aiguilhe – Visite tous les jours de 9h à 19h de mi-juin à mi-septembre ; de 10h à 12h et de 14h à 19h la première quizaine de juin ; de 9h 30 à 12h et de 14h à 17h 30 de mi-septembre à mi-novembre ; de 10h à 12h et de 14h à 17h de mi-mars à mai ; de 14h à 16h de mi-février à mi-mars et pendant les vacances scolaires de Noël. Fermé de mi-novembre à mi-février ainsi que les 1er janvier et 25 décembre. 10F. ☎ 04 71 02 71 32.

Musée Crozatier – Visite libre ou accompagnée (1 h 1/4) tous les jours (sauf le mardi) de 10h à 12h et de 14h à 18h de mai à septembre ; tous les jours (sauf le mardi et le dimanche matin) de 10h à 12h et de 14h à 16h d'octobre à avril. Fermé les 1er janvier, 1er novembre et 25 décembre. 12,5F. ☎ 04 71 09 38 90.

Atelier Chaleyé – Visite accompagnée (1/2h) sur demande préalable ; s'adresser à l'atelier. Entrée gratuite. ☎ 04 71 09 31 38.

R

ROANNE

ℹ cours de la République – 42300 – ☎ 04 77 71 51 77

Promenades en péniche – Des excursions d'une demi-journée, d'une journée ou plus sont possibles à partir ou à destination de Roanne. Plusieurs formules, en priorité pour les groupes, sont proposées à bord des péniches.

« Le Sagittaire » ; Port de Roanne (individuels). ☎ 06 07 30 81 64.

« L'Infatigable » ; s'adresser à Marins d'Eau Douce, Port de plaisance de Briennon. ☎ 04 77 69 92 92.

« Palombe » ; s'adresser à la Fédération des Oeuvres Laïques, 12, avenue de Paris à Roanne. ☎ 04 77 71 25 81.

Musée Joseph-Déchelette – Visite tous les jours (sauf le mardi) de 10h à 12h et de 14h à 18h. Fermé les jours fériés. 20F. ☎ 04 77 70 00 90.

Écomusée du Roannais – ♿ Visite tous les jours de 15h à 19h. Fermé les 1er janvier et 25 décembre. 15F. ☎ 04 77 71 31 88.

Riorges :

Musée de la Maille – ♿ Visite de 14h à 18h le mercredi, le samedi, et les dimanches « pairs ». Fermé les dimanches « impairs » et les jours fériés. 5F. ☎ 04 77 70 02 42.

ROCHEMAURE

Ruines du château – Visite tous les jours (sauf le mardi) de 15h à 19h en juillet et août ; le samedi et le dimanche seulement en juin et septembre. Fermé le reste de l'année. 15F. ☎ 04 75 49 08 07.

ROCHETAILLÉE-SUR-SAÔNE

Musée de l'Automobile Henri-Malartre – Visite tous les jours de 9h à 19h en juillet et août ; de 9h à 18h le reste de l'année. Les guichets ne délivrent plus de billets 1h avant la fermeture du musée. Fermé les 1er janvier et 25 décembre. 20F. ☎ 04 78 22 18 80.

ROMANÈCHE-THORINS

Parc zoologique et d'attractions Touroparc – Visite tous les jours de 9h à 19h de mars à octobre, ouverture de la base aquatique à partir de juin ; visite du parc zoologique seulement de 10h à 12h et de 13h 30 à 17h 30 le reste de l'année. 80F en saison. ☎ 03 85 35 51 53.

Maison de Benoît Raclet – Visite accompagnée (1/2h) le dernier samedi d'octobre lors de la fête Raclet ; sur rendez-vous auprès de M. Brault, le reste de l'année. ☎ 03 85 35 51 37.

Le Hameau du vin, Duboeuf en Beaujolais – Visite (2h) de 9h à 18h. Fermé la première quinzaine de janvier. 70F. ☎ 03 85 35 22 22.

Musée départemental du compagnonnage – Visite tous les jours de 10h à 18h en juillet et août ; tous les jours (sauf le mardi) de 14h à 18h d'avril à fin juin et de septembre à fin octobre. Fermé le reste de l'année. 12F. ☎ 03 85 35 22 02.

ROMANS-SUR-ISÈRE

ℹ place Jean-Jaurès – 26100 – ☎ 04 75 02 28 72

Visite guidée de la ville – S'adresser à l'Office de tourisme.

Collégiale St-Barnard, chapelle du St-Sacrement – Visite libre ou accompagnée (1 h) tous les jours (sauf le dimanche matin) de 10 h à 12 h et de 15 h à 18 h de mi-juin à mi-septembre ; de 15 h à 18 h, le dimanche seulement, le reste de l'année. Se renseigner sur les différentes possibilités hors saison. 15 F. ☎ 04 75 02 28 72.

Musée international de la chaussure – Visite de 10 h à 18 h 30 du lundi au samedi en juillet et août ; de 9 h à 11 h 45 et de 14 h à 17 h 45 du mardi au samedi de janvier à fin juin et de septembre à fin décembre ; de 14 h 30 à 18 h le dimanche toute l'année et certains jours fériés. Fermé les 1er janvier, 1er mai, 1er novembre et 25 décembre. 25 F. ☎ 04 75 05 81 30.

ROUSSILLON

Château – Visite le lundi et le jeudi après-midi de janvier à juin ; sur rendez-vous le reste de l'année. 15 F. ☎ 04 74 29 01 00 (mairie – M. Mougel) ou ☎ 04 74 86 72 07 (Maison de Pays – M. Martinez).

Église – Pour visiter, s'adresser à M. le curé, 49, Grande rue. ☎ 04 74 86 29 37.

S

ST-ALBAN-ST-MAURICE

Centre nucléaire de production d'électricité – Visite accompagnée (2 h 1/2) des installations tous les jours sur rendez-vous. Pièce d'identité exigée. Prendre rendez-vous 3 semaines à l'avance par téléphone ou par écrit. EDF/CNPE de St-Alban-St-Maurice, Service Communication, BP 31, 38550 St-Maurice-l'Exil. ☎ 04 74 29 33 66.

ST-ANDRÉ-D'APCHON

Église – Pour visiter, s'adresser à M. Bonnefoy, Place de l'église.

ST-ANTOINE-L'ABBAYE

Intérieur de l'abbatiale et trésor – Visite tous les jours (sauf le mardi) de 10 h à 12 h et de 14 h 30 à 18 h 30 du lundi au samedi, de 15 h à 18 h le dimanche, de mars à fin novembre. Fermé de décembre à fin février. 20 F. ☎ 04 76 36 44 46.

Musée départemental Jean-Vinay – Visite tous les jours (sauf le mardi) de 11 h à 12 h 30 et de 13 h 30 à 19 h en juillet et août ; de 14 h à 18 h seulement de mars à juin et en septembre. Visite accompagnée (1 h) tous les jours à 15 h et 16 h en juillet et août et seulement le dimanche et les jours fériés le reste de la saison. Fermé d'octobre à février. 20 F, gratuit le mercredi. ☎ 04 76 36 40 68.

ST-BONNET-LE-CHÂTEAU

ℹ place de la République – 42380 – ☎ 04 77 50 52 48

Crypte, caveau des Momies – Visite accompagnée tous les jours de 9 h à 12 h et de 14 h à 18 h 30 de mai à fin septembre ; ouvert tous les jours (sauf le mardi et le jeudi) jusqu'à 17 h le reste de l'année. Fermé à Noël et de janvier à mi-février. 12 F. ☎ 04 77 50 11 15.

Bibliothèque – Se renseigner à la mairie. ☎ 04 77 50 52 49.

Musée International Pétanque et Boules – Visite tous les jours de 14 h 30 à 17 h 30 en semaine et de 15 h à 18 h le week-end et les jours fériés d'avril à fin octobre. Fermé le reste de l'année. 12 F. ☎ 04 77 50 15 33 ou 04 77 50 16 23.

ST-CHEF

Église – Possibilité de visite accompagnée (chapelle des fresques) à 15 h 30 le troisième dimanche de chaque mois. Prendre rendez-vous. ☎ 04 74 27 73 83.

ST-DONAT-SUR-L'HERBASSE

Chapelle St-Michel – Visite tous les jours l'après-midi de mi-juin à mi-septembre ; en cas de fermeture s'adresser à l'Office de tourisme. ☎ 04 75 45 12 99.

ST-ÉTIENNE

ℹ 3, place Roannelle – 42000 – ☎ 04 77 25 12 14

Musée d'Art moderne – ♿ Visite tous les jours de 10 h à 18 h. Fermé la plupart des jours fériés. 27 F. ☎ 04 77 79 52 52.

Musée d'Art et d'Industrie – Fermé pour travaux de réaménagement. Réouverture prévue en 1998. Se renseigner à l'Office de tourisme.

Musée du Vieux St-Étienne – Visite tous les jours (sauf le dimanche) de 14 h 30 à 18 h. 10 F. ☎ 04 77 25 74 32.

Musée de la Mine – Visite accompagnée (1 h 1/2) tous les jours (sauf le lundi matin) de 10h à 12h 45 et de 14h à 18h 45 (19h 45 le week-end) pendant les vacances scolaires ; de 10h à 12h 45 et de 14h à 17h 45 (19h 45 le week-end) le reste de l'année. Fermé la première quinzaine de janvier et certains jours fériés. Dernier départ 1 h 30 avant la fermeture. 35 F ; enfants : 25 F. ☎ 04 77 43 83 26.

ST-GALMIER

ℹ boulevard du Sud – 42330 – ☎ 04 77 54 06 08

Visite guidée de la vieille ville – S'adresser à l'Office de tourisme.

Usine d'embouteillage – Visite accompagnée (1 h 1/2) le matin du mardi au jeudi d'avril à fin septembre sur rendez-vous. ☎ 04 77 54 00 03.

ST-GERMAIN-LAVAL

Musée – Visite accompagnée (1/4) tous les jours (sauf le samedi après-midi et le dimanche) de 9h à 12h et de 13h 30 à 16h. Entrée gratuite. ☎ 04 77 65 41 30.

ST-HILAIRE-CUSSON-LA-VALMITTE

Église – Ouvert seulement pendant les offices.

ST-JEAN-DES-VIGNES

Pierres Folles – Visite de 8h 30 à 12h 30 et de 14h à 18h (l'après-midi seulement le mercredi, le dimanche et les jours fériés) de mars à novembre. 25 F. ☎ 04 78 43 69 20.

ST-JULIEN

Musée Claude-Bernard – Visite de 10h à 12h et de 14h à 18h (17h d'octobre à fin février) du mercredi au dimanche. Fermé en mars, le 1er mai et de Noël au jour de l'An. 10 F. ☎ 04 74 67 51 44.

ST-JULIEN-CHAPTEUIL

Musée Jules-Romains – Visite accompagnée de 10h à 12h le lundi et le jeudi de mi-juin à mi-septembre. Sur rendez-vous les autres jours. 10 F. ☎ 04 71 08 77 70.

ST-JULIEN-DU-SERRE

Église – Visite sur demande auprès de la mairie. ☎ 04 75 37 95 28.

ST-JUST-ST-RAMBERT

ℹ place de la Paix – 42170 – ☎ 04 77 52 05 14

Musée du Prieuré – Visite tous les jours (sauf le mardi) de 14h à 18h. Fermé les 1er janvier et 25 décembre. 20 F. ☎ 04 77 52 08 51.

Grotte de ST-MARCEL

Visite accompagnée (3/4h) de 10h à 18h de mi-mars à mi-novembre. 37 F, 10 F (enfant). ☎ 04 75 97 26 10.

ST-MARCEL-DE-FÉLINES

Château – Visite de 14h à 18h le dimanche et le lundi en juillet et août ; aux mêmes heures le dimanche et les jours fériés de Pâques à la Toussaint. 30 F. ☎ 04 77 63 23 08.

ST-MARTIN-LA-PLAINE

Parc zoologique – ♿ Visite tous les jours de 9h à la tombée de la nuit (en été, jusqu'à 19h). 45 F, enfants de 3 à 10 ans : 30 F. ☎ 04 77 75 18 68.

ST-MAURICE-D'IBIE

Église – Ouvert l'après-midi en semaine et le dimanche. ☎ 04 75 94 84 43.

ST-PAULIEN

Château de la Rochelambert – Visite accompagnée (3/4h) tous les jours de 10h à 12h et de 14h à 17h 30 en juillet et août ; tous les jours (sauf le jeudi) aux mêmes heures, d'avril à fin juin et en septembre ; tous les jours (sauf le jeudi) sur rendez-vous le reste de l'année. Fermé les 1er janvier et 25 décembre. 25 F. ☎ 04 71 00 48 99.

ST-PAUL-TROIS-CHÂTEAUX

Maison de la Truffe et du Tricastin – Visite tous les jours (sauf le lundi matin) de 9h (10h le dimanche) à 12h et de 15h à 19h de mai à septembre ; tous les jours (sauf le lundi matin) de 9h (10h le dimanche) à 12h et de 14h à 18h en avril et octobre ; aux mêmes heures du lundi au samedi de novembre à fin mars. Fermé les jours fériés. 15 F. ☎ 04 75 96 61 29.

ST-RESTITUT

Caves-cathédrales Cellier des Dauphins – Visite accompagnée (3/4h) tous les jours (sauf le lundi) à 10h, 11h, 15h, 16h et 17h. Fermé du 12 novembre à fin février. 20 F. ☎ 04 75 04 95 87.

ST-ROMAIN-EN-GAL

Visite guidée de la ville – S'adresser à l'Office de tourisme de Vienne.

Musée archéologique – Un nouveau musée a ouvert ses portes fin 96. Visite tous les jours (sauf le lundi) de 9h 30 à 18h 30. Fermé les jours fériés. 30F. Pour une visite accompagnée, s'adresser au musée ou à l'Office de tourisme de Vienne. ☎ 04 74 53 74 00 (musée), ou 04 74 85 12 62 (OT).

Ste Colombe :

Église – Ouvert seulement pendant les offices. Le reste du temps, s'adresser à la cure, 2, rue du Salin, 69560 Ste-Colombe, ☎ 04 74 53 11 55.

ST-ROMAIN-LE-PUY

Église du prieuré – Visite libre ou accompagnée d'avril à fin novembre. Se renseigner à la mairie. ☎ 04 77 76 60 55.

ST-VICTOR-SUR-LOIRE

Croisières en bateaux-mouches – Croisières (1 h) sur le site enchanteur du lac de Grangent à bord du bateau « Ville de St-Etienne » de début avril à fin octobre. Départs tous les jours (sauf le lundi) à 14h 30, 16h et 17h 30. 42F, enfant : 30F. Possibilités de croisière plus longues (1 h 30 à 2h) sur demande, à partir de 20 personnes. Renseignements à Navig'Inter, port de St-Victor, 42230 St-Victor-sur-Loire. ☎ 04 77 90 32 38.

Château – ♿ Visite seulement pendant les expositions. Se renseigner à l'Office de tourisme de St-Etienne. ☎ 04 77 25 12 14.

ST-VIDAL

Château – Visite accompagnée (1/2h) tous les jours de 14h à 19h (dernière entrée à 18h 30) en juillet et août. ☎ 04 71 08 03 68.

STE-CROIX-EN-JAREZ

Église – Visite accompagnée tous les jours et toutes les heures de 10h à 12h et de 14h à 18h. ☎ 04 77 20 20 81.

Fresques dans l'église – ♿ Visite accompagnée (1/4h) tous les jours de 10h à 12h et de 14h à 18h. 10F. S'adresser à l'Association de Sauvegarde de la Chartreuse, 42800 Ste-Croix-en-Jarez. ☎ 04 77 20 20 81.

SALLES-ARBUISSONNAS-EN-BEAUJOLAIS

Salle capitulaire – Visite accompagnée (1/2h). 10F. S'adresser 48h à l'avance à Mme Médal, à Salles. ☎ 04 74 67 51 81 ou 04 72 84 45 45.

SAVIGNY

Musée Lapidaire – Visite accompagnée (1 h 1/2) à 15h 30 le samedi en été ; sur rendez-vous les jours ouvrables. Entrée gratuite. S'adresser à la mairie, ☎ 04 74 72 09 09 ou à l'Office de tourisme, ☎ 04 74 01 48 87.

SEPTÈME

Visite accompagnée (1/2h) de 14h 30 à 18h le week-end et les jours fériés d'avril à fin octobre. Sur rendez-vous pour les groupes le reste de l'année. 30F (château et parc). ☎ 04 74 58 26 05.

SERRIÈRES

Musée des Mariniers du Rhône – Fermé provisoirement pour travaux.

SOYONS

Musée Archéologique – ♿ Visite tous les jours de 10h à 12h et de 14h à 18h en juillet et août ; aux mêmes heures du mercredi au dimanche en mai, juin et septembre ; de 14h à 17h le mercredi, le dimanche, les jours fériés et pendant les vacances scolaires d'octobre à fin avril. 25F. ☎ 04 75 60 88 86.

Site archéologique et grottes – Visite accompagnée (1 h 1/2) tous les jours de 14h à 18h en juillet et août ; de 14h à 17h le mercredi, le dimanche, les jours fériés et pendant les vacances scolaires de septembre à fin juin. 40F (billet combiné incluant la visite du musée). ☎ 04 75 60 88 86.

SURY-LE-COMTAL

Château – Visite tous les jours (sauf le dimanche matin) de mai à octobre. Groupes de 15 personnes minimum. 20F. ☎ 04 77 52 05 14 (Office de tourisme de St-Just-St-Rambert).

T

TENCE

Chemin de fer touristique du Velay – La remise en état progressive de la ligne a permis la mise en service entre Tence et Dunières de plusieurs aller-retours par jour en juillet et août. Se renseigner à l'Office de tourisme de Tence. ☎ 04 71 59 81 99.

TERNAND

Église – Visite accompagnée sur rendez-vous. S'adresser à la mairie. ☎ 04 74 71 33 43.

THEIZÉ

Château de Rochebonne – Visite tous les jours (sauf le mardi) de 15h à 19h de juin à mi-septembre ; aux mêmes heures, le week-end et les jours fériés seulement en mai et de mi-septembre à mi-octobre. 15F. ☎ 04 74 71 29 67.

Église – Ouvert tous les jours (sauf le mardi) de 15h à 19h de juin à mi-septembre ; aux mêmes heures le week-end et les jours fériés seulement en mai et de mi-septembre à mi-octobre. ☎ 04 74 71 29 67.

TOURNON-SUR-RHÔNE

ℹ place St-Julien – 07300 – ☎ 04 75 08 10 23

Visite guidée de la ville – S'adresser à l'Office de tourisme.

Château – Visite tous les jours (sauf le mardi) de 10h à 12h et de 14h à 18h de juin à fin août ; l'après-midi seulement en avril, mai, septembre et octobre, (fermeture à 17h en octobre). Fermé le reste de l'année. 20F. ☎ 04 75 08 10 23 et 04 75 08 10 30.

TRÉVOUX

ℹ place du Pont – BP 108 – 01600 – ☎ 04 74 00 36 32

Visite guidée de la ville – S'adresser à l'avance à l'Office de tourisme.

Palais du Parlement – Visite libre de 9h à 12h et de 14h à 18h du lundi au vendredi (sauf jours d'audience), de 14h à 18h 30 le week-end et les jours fériés de mi-juin à mi-septembre ; en semaine seulement le reste de l'année. 5F. ☎ 04 74 00 36 32.

Hôpital – ♿ Visite de 14h à 18h 30 le lundi, le vendredi, le week-end et les jours fériés de mi-juin à mi-septembre. 5F. ☎ 04 74 00 36 32.

TRICASTIN

Centre nucléaire de production d'électricité du Tricastin – Visite accompagnée (2h 1/2) tous les jours, sauf le samedi, le dimanche et les jours fériés, sur demande préalable au C.N.P.E. du Tricastin, BP 9, 26130 St-Paul-Trois-Châteaux. Carte nationale d'identité exigée. Âge minimum requis : 10 ans. ☎ 04 75 50 37 10.

Complexe des serres chauffées – ♿ Visite accompagnée (1h) de 9h à 12h et de 14h à 17h du lundi au vendredi de janvier à juin. Fermé les jours fériés. S'annoncer 3 semaines à l'avance pour constituer un groupe à Jacqueline Girard, BP 195, 26702 Pierrelatte. 17F. ☎ 04 75 98 93 38.

Ferme aux Crocodiles – ♿ Visite tous les jours de 9h 30 à 19h de juin à septembre ; de 9h 30 à 17h d'octobre à mai. 40F. ☎ 04 75 04 33 73.

La Ferme aux crocodiles, Pierrelatte

Serres du Tricastin – La Ferme aux crocodiles

U

UPIE

Jardin aux oiseaux – Visite tous les jours de 10 h à 19 h en été ; de 10 h à la tombée de la nuit en hiver. 50 F. ☎ 04 75 84 45 90.

USSON-EN-FOREZ

Écomusée – Visite tous les jours de 14 h à 19 h en juillet et août, de 14 h à 18 h le reste de l'année. Fermé les 1er janvier et 25 décembre. 20 F. ☎ 04 77 50 67 97.

VALENCE

ℹ 54, rue Denis-Papin – 26000 – ☎ 04 75 44 90 44

Visite guidée de la ville [A] – S'adresser au service Valence Ville d'Art et d'Histoire, 57 Grand'Rue, 26000 Valence. ☎ 04 75 79 20 86.

Musée des Beaux-Arts – Visite de 9 h à 12 h et de 14 h à 18 h le mercredi, le samedi et le dimanche ; l'après-midi seulement les autres jours de la semaine. Fermé les jours fériés. 15 F (gratuit le dimanche). ☎ 04 75 79 20 80.

Maison Dupré-Latour – Visite libre de 14 h à 17 h le lundi, de 9 h à 12 h et de 14 h à 17 h du mardi au vendredi. Visite accompagnée incluse dans les visites de la vieille ville. Se renseigner auprès du service Valence Ville d'Art et d'Histoire, 57 Grand'Rue, 26000 Valence. ☎ 04 75 79 20 86.

Croisières sur le Rhône – Possibilités de croisières, en saison, de Valence vers Vienne, Avignon et la Camargue ; se renseigner pour les réservations préalables auprès de la Société RestoRhône, Quartier Vercors, 26800 Étoile-sur-Rhône. ☎ 04 75 60 69 22.

VALLON-PONT-D'ARC

ℹ cité administrative – 07150 – ☎ 04 75 88 04 01

Tapisseries de la mairie – ♿ Visite de 10 h à 12 h et de 15 h à 17 h du lundi au vendredi. Fermé le week-end et les jours fériés. 15 F. ☎ 04 75 88 02 06.

Visite d'une magnanerie – ♿ Visite accompagnée (1 h) tous les jours (sauf le dimanche) de 9 h à 12 h et de 14 h à 19 h de fin avril à fin septembre. Fermé le reste de l'année. 25 F, 15 F (enfant). ☎ 04 75 88 01 27.

VALPRIVAS

Château – Visite de 10 h à 12 h et de 15 h à 18 h d'avril à fin août ; de 10 h à 12 h et de 15 h à 17 h 30 de septembre à fin décembre ; sur rendez-vous le reste de l'année. Fermé à Pâques et à la Pentecôte. 15 F. ☎ 04 71 66 71 33.

VEAUCHE

Église – Visite libre en semaine. ☎ 04 77 54 61 20.

Chemin de fer touristique du VELAY

Voir à Tence.

VEYRINES

Église – Pour visiter, s'adresser chez M. et Mme Deygas. ☎ 04 75 34 95 37.

VIENNE

ℹ cours Brillier – 38200 – ☎ 04 74 85 12 62

Visite guidée de la ville [A] – S'adresser à l'Office de tourisme.

Église St-André-le-Bas – S'adresser au cloître de St-André-le-Bas.

Cloître St-André-le-Bas, théâtre romain, musée des Beaux-Arts et d'Archéologie, église St-Pierre – Visite tous les jours (sauf le mardi) de 9 h 30 à 13 h et de 14 h à 18 h d'avril à fin septembre ; horaires non définis pour le reste de l'année. Fermé les 1er janvier, 1er mai, 1er et 11 novembre, 25 décembre. 11 F par musée. ☎ 04 74 85 50 42.

Église St-Martin – Pour visiter, s'adresser à la cure, 6, place St-Martin. ☎ 04 74 85 18 43.

VILLARS-LES-DOMBES

Église – Visite en semaine sauf pendant les offices. ☎ 04 74 98 06 29.

Parc ornithologique – Visite tous les jours de 9 h à 19 h en été et de 9 h à 17 h en hiver. Le guichet ferme 1 h avant le parc. 35 F, enfants : 17 F. ☎ 04 74 98 05 54.

VILLEFRANCHE-SUR-SAÔNE

ℹ 290, rue de Thizy – 69400 – ☎ 04 74 68 05 18

Visite guidée de la ville – S'adresser à l'Office de tourisme.

Vieilles demeures caladoises – Visite accompagnée (2 h) de 10 h à 12 h le samedi de juillet à fin août. Départ de l'Office de tourisme. 15 F.

VILLEREST

ℹ Le Bourg – 42300 – ☎ 04 77 69 71 50

Musée de l'heure et du feu – Visite tous les jours (sauf le lundi) de 15 h à 19 h de juillet à mi-septembre ; le week-end et les jours fériés seulement de Pâques à fin juin et la seconde quinzaine de septembre. Fermé le reste de l'année. 15 F. ☎ 04 77 69 71 97.

Promenades en bateaux-mouches – Les promenades en bateaux sont momentanément suspendues. S'informer auprès de l'Office de tourisme de Roanne ou à la base de loisirs de Villerest ☎ 04 70 31 35 99.

VILLE-SOUS-ANJOU

Musée animalier – ♿ Visite tous les jours de 9 h à 19 h d'avril à fin septembre ; le dimanche et les jours fériés seulement d'octobre à fin mars. 34 F. ☎ 04 74 84 49 39.

VINEZAC

Église – Ouvert en juillet et août. ☎ 04 75 36 81 20 (Mairie).

VION

Église – Visite le dimanche seulement. ☎ 04 75 08 11 27.

Château de VIRIEU

Visite accompagnée (1 h) tous les jours (sauf le lundi) de 14 h à 18 h de juillet à fin septembre ; le week-end et les jours fériés seulement en mai, juin et octobre. Fermé le reste de l'année. 30 F. ☎ 04 74 88 27 32.

Chemin de fer du VIVARAIS

Trajets Tournon-Lamastre dans les deux sens en train à vapeur ou en autorail. Trains à vapeur tous les jours en juillet et août ; tous les jours (sauf le lundi) en mai, juin et septembre ; le samedi, le dimanche et les jours fériés de Pâques à début mai et de fin septembre à fin octobre. Départs de Tournon à 10 h. Durée : 2 h (aller simple) en train à vapeur, 1 h en autorail. Train à vapeur : 110 F, aller simple (enfant : 85 F), autorail : 80 F, aller simple (enfant : 65 F). ☎ 04 78 28 83 34 à Lyon.

VIVIERS

ℹ 07220 – ☎ 04 75 52 77 00

Vieille ville – S'adresser à l'Office de tourisme ou à l'Association Patrimoine vivarois. ☎ 04 42 21 05 11.

VOGÜÉ

Château – Visite tous les jours (sauf le samedi) de 14 h 30 à 19 h 30 en juillet et août ; de 14 h à 18 h le dimanche et les jours fériés seulement d'avril à juin et en septembre. Fermé le reste de l'année. 20 F. ☎ 04 75 35 76 50.

La VOULTE-SUR-RHÔNE

Château – Visite à 11 h et de 15 h à 19 h du lundi au samedi, de 10 h à 13 h le dimanche, de juillet à septembre ; départ de l'Office de tourisme. Fermé le reste de l'année. 20 F. ☎ 04 75 62 44 36.

Musée paléontologique – Visite libre ou accompagnée (1 h 1/2) tous les jours (sauf le samedi) de 10 h à 19 h en juillet et août ; les mêmes jours de 14 h à 18 h le reste de l'année. Fermé en janvier, le 1er mai, les 24, 25 et 31 décembre. 22 F. ☎ 04 75 62 44 94.

Parc d'attractions WALIBI RHÔNE-ALPES

♿ Ouvert tous les jours de 10 h à 19 h (horaires prolongés) en juillet et août, de 10 h à 18 h de mi-avril à fin juin et en septembre. Fermé d'octobre à mi-avril. 120 F ; enfants : 105 F (de 1 m à 1 m 20) ; gratuit pour ceux dont la taille n'excède pas 1 m. ☎ 04 74 33 71 80.

Index

Corcelles (Château) .... Ville, curiosités et régions touristiques.

Ampère (André-Marie)...... Noms historiques ou célèbres et termes faisant l'objet d'une explication

Les curiosités isolées (châteaux, abbayes, monts, causses, grottes, vallées...) sont répertoriées à leur nom propre.

A

B

C

D

E

F

G

H

I

J

L

M

N

O

P

Q - R

S

T

U

V

W - Y

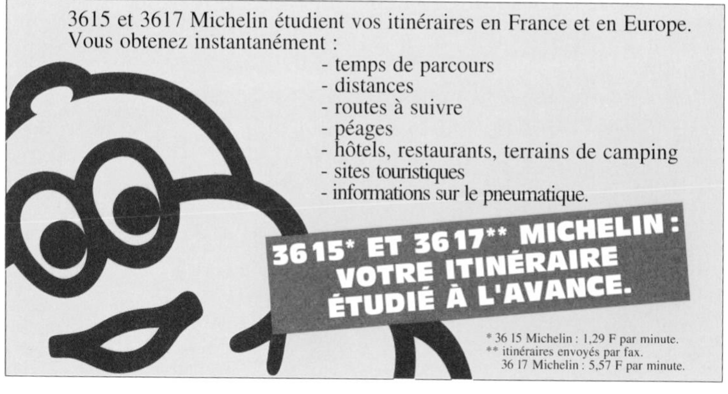

MANUFACTURE FRANÇAISE DES PNEUMATIQUES MICHELIN

Société en commandite par actions au capital de 2 000 000 000 de francs

Place des Carmes-Déchaux – 63 Clermont-Ferrand (France)

R.C.S. Clermont-Fd B 855 200 507

© Michelin et Cie, Propriétaires-Éditeurs 1996

Dépôt légal juin 1996 – ISBN 2-06-037303-4 – ISSN 0293-9436

Toute reproduction, même partielle et quel qu'en soit le support, est interdite sans autorisation préalable de l'éditeur.

Printed in the EC 5-97/1

Photocomposition : NORD COMPO, Villeneuve-d'Ascq

Impression et brochage : CASTERMAN, Tournai

Illustration de la couverture par Gérard RADEGONDE

Une invitation à la rencontre et à la découverte de Michelin

Une découverte du monde Michelin...

Le Pneumatique,
les Cartes et Guides et Bibendum:
trois grandes histoires racontées au travers des expositions thématiques et un espace multimédia sur deux niveaux.

Bibendum...

Bibendum by Michelin,
sous toutes ses formes d'hier et d'aujourd'hui, il est présent avec une multitude d'objets à son image.

Le voyage...

Les routes du monde entier vous sont ouvertes avec la collection intégrale des Cartes et Guides Michelin.

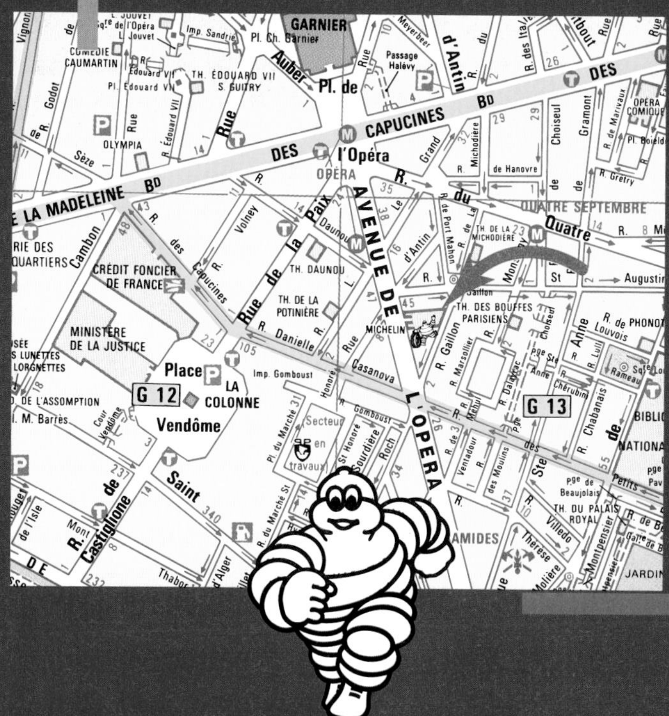

La Boutique MICHELIN
32, avenue de l'Opéra 75002 Paris

Ouverte le Lundi
de 12 h à 19 h
et du Mardi au Samedi
de 10 h à 19 h

Bibendum by Michelin
Tél. : 01 42 68 05 00

Cartes et Guides
Tél. : 01 42 68 05 20

Fax : 01 47 42 10 50

Métro Opéra

Pour mieux voyager

les guides verts touristiques et les cartes détaillées sont complémentaires

MICHELIN®